DIREITO ADMINISTRATIVO INFORMACIONAL

para uma dimensão cognitiva do controle jurídico das decisões administrativas

CONTRACORRENTE

Ino Augsberg

DIREITO ADMINISTRATIVO INFORMACIONAL

para uma dimensão cognitiva do controle jurídico das decisões administrativas

Tradução de Luiz Felipe Osório

SÃO PAULO

2023

CONTRACORRENTE

Alameda Itu, 852 | 1º andar |
CEP 01421 002
www.loja-editoracontracorrente.com.br
contato@editoracontracorrente.com.br

EDITORES
Camila Almeida Janela Valim
Gustavo Marinho de Carvalho
Rafael Valim
Walfrido Warde
Silvio Almeida

EQUIPE EDITORIAL
COORDENAÇÃO DE PROJETO: Juliana Daglio
REVISÃO E PREPARAÇÃO DE TEXTO: Douglas Magalhães
REVISÃO TÉCNICA: Amanda Dorth
DIAGRAMAÇÃO: Gisely Fernandes
CAPA: Maikon Nery

EQUIPE DE APOIO
Fabiana Celli
Carla Vasconcelos
Regina Gomes
Nathalia Oliveira

Dados Internacionais de Catalogação na Publicação (CIP)
(Câmara Brasileira do Livro, SP, Brasil)

Augsberg, Ino
Direito administrativo informacional : para uma dimensão cognitiva do controle jurídico das decisões administrativas / Ino Augsberg ; [tradução Luiz Felipe Brandão Osório]. -- São Paulo : Editora Contracorrente, 2023.

Título original: Informationsverwaltungsrecht
Bibliografia.
ISBN 978-65-5396-141-8

1. Direito administrativo 2. Informação - Administração 3. Gestão do conhecimento I. Título.

23-172178 CDU-35

Índices para catálogo sistemático:

1. Direito administrativo 35
Eliane de Freitas Leite - Bibliotecária - CRB 8/8415

@editoracontracorrente
Editora Contracorrente
@ContraEditora

SUMÁRIO

PREFÁCIO

Ninguém pode negar que o volume de informações existente no mundo vem crescendo em proporções geométricas. A conhecida teoria do visionário Buck Fuller, a respeito da curva de conhecimento da humanidade, especula que, a partir do ano 1 da Era Cristã, teriam sido necessários 1500 anos para que o estoque de conhecimento então existente viesse a ser duplicado, ao passo que a duplicação seguinte ocorreria já em 1750, interregno temporal 4 vezes menor. As duplicações seguintes ocorreriam em um ritmo cada vez mais intenso, de tal modo que, no fim da Segunda Guerra, a taxa de duplicação do conhecimento produzido pelo homem estaria em apenas 25 anos. Com a sequente revolução tecnológica, que permitiu florescer a indústria 4.0 e o ingresso da economia na era digital, marcas da presente quadra histórica, há quem diga que o conhecimento humano tem dobrado a cada 12 meses. A iminente junção da inteligência artificial com a computação quântica, atração que já se anuncia, poderá reduzir esse tempo para 12 horas!

Essa pletora de dados, informações e conhecimento produzidos pela humanidade, em velocidade muito superior à própria capacidade humana individual de absorção, filtragem, reflexão e decisão, é uma realidade inevitável. Trata-se de verdadeira revolução que, ademais de fazer surgir novas questões – afetas aos mais variados campos da atividade humana, inclusive ao direito –, gera dois grandes problemas paradoxais em si mesmos. O primeiro deles, objeto de atenção – e preocupação – em várias partes do mundo, é que o excesso de informações, impulsionado por um ambiente multimidiático sem filtros e de amplo acesso, ao mesmo tempo em que facilita o acesso à informação, favorece o fenômeno da desinformação, aqui considerada em sentido amplo. Isso porque não apenas permite a manipulação do debate público, motivada por interesses subalternos – se é que isso já não havia –, mas também funciona como subproduto quase que natural do *efeito desorientador* que advém dessa avalanche de informações disponíveis a todos.

A segunda questão problemática se apresenta com maior sutileza e tem raiz filosófica. É a constatação, algo socrático, de que, quanto mais se produz conhecimento, mais se aumentam os pontos de contato com o desconhecido. Em outras palavras, por paradoxal que possa parecer, *mais conhecimento implica mais ignorância*! Ainda, ao particularizar a questão para o âmbito do sistema de justiça, tal proposição conduz a outra: quanto mais conhecimento se produz ou quanto mais – e diferentes – teorias abordam o mesmo assunto, mais se aumenta o campo da incerteza, reduzindo-se, por outro lado, na mesma proporção, a ideia de segurança jurídica, ativo mais valioso que o conceito tradicional de direito tenta prometer. Eis o busílis!

Vale ressaltar que o problema não é apenas teórico. Os fenômenos contemporâneos que propiciam vivermos na chamada *sociedade da informação*, marcada por uma realidade multidimensional que afeta o processo cognitivo e, portanto, impõe incontornáveis desafios de natureza epistemológica, exigem a superação das bases tradicionais que estruturaram a concepção do sistema de justiça do século XX, sob o risco de dele não sairmos. Nenhuma formulação jurídica que se pretenda efetiva – e prática, portanto – e consentânea com a realidade social dos tempos correntes pode prescindir, por exemplo, (*i*) de um *enfoque transdisciplinar*, caracterizado pelo envolvimento do direito com searas diversas do conhecimento humano; (*ii*) de um *sistema interconectado*, formado a partir de subsistemas em que as soluções supostamente "autônomas" sejam vistas, entendidas e postas em prática de maneira holística; e (*iii*) de um *sistema comunicativo*, aberto, democrático, que valorize a intersubjetividade, a integração e a solidariedade.

Daí a grande alegria que tive ao saber da iniciativa dos renomados juristas e professores Ricardo Campos e Rafael Valim, de viabilizar o acesso da comunidade jurídica nacional, em temas de Direito Administrativo, à doutrina estrangeira da mais alta envergadura, iniciando com a estupenda obra do Professor Doutor Ino Augsberg, catedrático da Universidade de Kiel, Alemanha, sobre o Direito Administrativo Informacional. À alegria se somou a honra, ao ser convidado para prefaciar a publicação desta edição em português, a qual, não tenho dúvida, fomentará acesos e profundos debates não apenas entre os administrativistas como também entre os devotos do Direito Constitucional, da Filosofia e da Teoria do Direito, e de outros ramos da ciência jurídica, que terão em mãos material de primeiríssima grandeza para suas reflexões e pesquisas.

A obra do Professor Augsberg não é apenas instigante ou meramente contributiva para o Direito brasileiro. Seus ensinos e formulações constituem material de primeiríssima necessidade, uma vez que o seu objeto de reflexão – notadamente os fenômenos sociais que derivam da sociedade da informação e de risco – está batendo à porta de todos os que atuam no sistema de justiça e, com maior razão ainda, daqueles que assumem, na academia e na práxis, a árdua missão de prospectar formulações para o seu adequado funcionamento. Se vivemos um momento de transição, no qual o excesso de informação nos desorienta, é essencial haver fontes de qualidade não apenas para aprimorarmos a gestão da informação e do conhecimento, mas também, como provoca o autor, para implantarmos uma revolucionária "gestão da ignorância". No mínimo, a presente obra terá o condão de estremecer os alicerces das vetustas concepções burocrática ou gerencial do Direito Administrativo pátrio, que ainda insistem em navegar nos mares da era pré-informacional.

Como ensina o autor, o grande desafio dos dias atuais é que a inexistência de um "quadro quase ontológico", característica inafastável da realidade social contemporânea, induz a necessidade de construir soluções artesanais – e, por isso mesmo, contingenciais –, o que abre vasto campo para serem mal compreendidas e, fatalmente, percebidas como "arriscadas". Esse fenômeno, aliás, ocorre diariamente nos espaços decisórios de todos os Poderes da República, talvez até com maior dramaticidade que no âmbito do Poder Judiciário.

Enfatizo que, dado o seu caráter fortemente abstrato, as propostas e lições vertidas na presente obra permitem aplicação em qualquer subsistema do setor público – e até mesmo das organizações privadas. A título de exemplo, cita-se a questão do *recrutamento adequado do pessoal*. Isso porque os concursos públicos devem medir não somente o conhecimento técnico dos candidatos ao cargo, mas também – e talvez principalmente – a vocação e a capacidade de aprendizado contínuo, de trabalhar em equipe e de buscar soluções para a acertada implantação das políticas públicas. *Mutatis mutandis*, o mesmo desafio se faz presente no processo seletivo de recursos humanos para as organizações privadas. Isso demonstra que, apesar de vivermos na era da informação e do incremento da inteligência artificial, o ser humano permanecerá essencial para uma boa gestão do conhecimento.

Iniciei este prefácio com Fuller e finalizo com outro visionário bastante conhecido: Alvin Toler. Para ele, "os analfabetos do próximo século não são aqueles que não sabem ler ou escrever, mas aqueles que se recusam a aprender, desaprender e voltar a aprender". A necessidade de construção do conhecimento jurídico em novas bases não é exatamente uma novidade. O que há de inédito são a fragmentação e a pluralização dessa construção. Daí porque, para além da ideia de *sociedade da informação*, se remete ao conceito de *sociedade em redes*, a reclamar uma nova epistemologia jurídica. Eis aí os desafios cognitivos desta geração, para os quais a presente obra, certamente seminal, revela-se imprescindível.

Brasília, outubro de 2023.

ANDRÉ LUIZ DE ALMEIDA MENDONÇA

Ministro do Supremo Tribunal Federal

APRESENTAÇÃO

O estudo a seguir foi aprovado como tese de habilitação no semestre de inverno de 2012/2013, da Faculdade de Direito da Universidade Ludwig-Maximilian de Munique. A supervisão do trabalho coube aos professores Dr. Stefan Korioth (como orientador principal e primeiro revisor), ao juiz do Tribunal Constitucional Dr. Peter Michael Huber, assim como (como membro externo e segundo revisor) ao Dr. (e doutor *honoris causa*) Karl-Heinz Ladeur (Universidade de Hamburgo). A eles o meu sincero agradecimento pela engajada orientação e pelos muitos anos de apoio pessoal.

Também gostaria de agradecer a amigos e colegas, com quem pude discutir o trabalho ou parte dele, especialmente a meu irmão Steffen Augsberg, bem como a Jörg Philipp Terhechte e a Fabian Steinhauer. Sou grato ainda a Kent Lerch, a Gunther Teubner e a Thomas Vesting pelos conselhos extremamente úteis dados em relação às questões aqui tratadas. Os recursos e o suporte científico da VG WORT custearam a publicação do trabalho em razão de seu alto curso de impressão; naturalmente, sou grato a isso também.

Nos últimos meses de trabalho no texto, as noites foram mais agitadas e curtas, e os dias foram mais barulhentos, coloridos e, sobretudo, mais alegres do que antes; no início de abril de 2012, nosso filho Carl nasceu. A ele e à minha esposa Suzanne eu dedico este livro.

Munique, junho de 2013.

INO AUGSBERG

CAPÍTULO I

DIREITO ADMINISTRATIVO INFORMACIONAL COMO A GESTÃO DO CONHECIMENTO PELO DIREITO ADMINISTRATIVO

1.1 Abordagens indutivas e dedutivas sobre o tema

O Direito Administrativo Informacional não é uma mera seara pertencente ao Direito Administrativo especial. Ele não se limita a trazer para sua área temática um recorte claramente acabado da realidade social, a qual, devido a determinadas evoluções sociais ou tecnológicas, se revelou particularmente carente de regulamentação. A "informação" não é apenas uma área especializada em si, com constelações de problemas particulares a serem regulamentados pelo Direito, comparável ao meio ambiente ou às telecomunicações. Ao contrário, a expressão designa uma operação comunicativa básica da sociedade, que é de fundamental importância em todas as áreas sociais.[1] Isso não significa, contudo, que certas áreas temáticas não possam ser sistematizadas devido à sua particular proximidade com eventos de informação como "Direito Informacional".[2] A relevância específica do conceito de informação para a sociedade contemporânea em geral, e para o Direito Administrativo em particular, não é captada em sua plenitude. Ao mesmo tempo, isso já indica que a ideia de uma possível codificação no sentido de um "estatuto de gestão da informação",[3] que vem sendo alvo de discussões acaloradas há algum tempo, promete pouco sucesso.[4]

---

1 Ver também VESTING, Thomas. "Die Bedeutung von Information und Kommunikation für die verwaltungsrechtliche Systembildung". *In*: HOFFMANN-RIEM, Wolfgang; SCHMIDT-ASSMANN, Eberhard; VOSSKUHLE, Andreas (Coord.). *Grundlagen des Verwaltungsrech ts*: Informationsordnung, Verwaltungsverfahren, Handlungsformen. vol. II. München: Verlag C. H. Beck, 2012, § 20 parágrafo 5; MASING, Johannes. "Transparente Verwaltung: Konturen eines Informationsverwaltungsrechts". *Veröffentlichungen der Vereinigung der Deutschen Staatsrechtslehrer*, vol. 63, 2004, pp. 377 e ss. (432 e ss.); ALBERS, Marion. "Information als neue Dimension im Recht". *Rechtstheorie*, vol. 33, 2002, pp. 61 e ss. (66).

2 Cf. KLOEPFER, Michael. *Informationsrecht*. München, 2002, que define a área da seguinte forma: "O direito da informação é o direito especificamente relacionado à informação da sociedade" (KLOEPFER, Michael. *Informationsrecht*. München, 2002, p. V). Cético em relação a ele é TRUTE, Hans-Heinrich. "Öffentlich-rechtliche Rahmenbedingungen einer Informationsordnung". *Veröffentlichungen der Vereinigung der Deutschen Staatsrechtslehrer*, vol. 57, 1998, pp. 216 e ss. (219): "um (...) direito geral da informação deveria ser (...) necessariamente concebido de forma abstrata". Para um fundamento histórico dos respectivos debates KAISER, Anna-Bettina. *Die Kommunikation der Verwaltung*: Diskurse zu den Kommunikationsbeziehungen zwischen staatlicher Verwaltung und Privaten in der Verwaltungsrechtswissenschaft der Bundesrepublik Deutschland. Baden-Baden: Nomos, 2009, pp. 247 e ss.

3 Para essa discussão, ver MASING, Johannes. "Transparente Verwaltung: Konturen eines Informationsverwaltungsrechts". *Veröffentlichungen der Vereinigung der Deutschen Staatsrechtslehrer*, vol. 63, 2004, p. 433, além de outras referências.

4 De uma maneira ainda mais acentuada, ver ALBERS, Marion. "Die Komplexität verfassungsrechtlicher Vorgaben für das Wissen

Tampouco, o termo nomeia um aspecto parcial do Direito Administrativo geral, o qual foi negligenciado pela dogmática clássica, mas que deve ser trabalhado mais intensamente nas atuais condições da sociedade moderna, uma vez que ele não lhe é totalmente alheio. Mesmo assim, o caráter abrangente do Direito Administrativo Informacional, envolvendo tanto a parte geral quanto a parte específica do Direito Administrativo, não seria suficientemente preciso. Os problemas vinculados ao conceito de informação não podem ser sintetizados exaustivamente em normas processuais, institucionais ou organizativas gerais que podem ser colocadas à frente da tematização das áreas jurídicas especializadas. Por outro lado, isso não exclui a possibilidade de que, à luz do conceito de informação, os institutos e conceitos gerais conhecidos possam ou mesmo devam sofrer uma recodificação específica,[5] por exemplo, considerando os procedimentos

---

der Verwaltung. Zugleich ein Beitrag zur Systembildung im Informationsrecht". *In*: DÖHMANN, Indra Spiecker gen.; COLLIN, Peter (Coord.). *Generierung und Transfer staatlichen Wissens im System des Verwaltungsrechts*. Tübingen: Mohr Siebeck, 2008, pp. 50 e ss. (68): "O direito da informação não é um conceito fechado, mas, sim, uma necessária dimensão transversal fragmentada nos respectivos contextos objetivos. Uma sistematização como ordem jurídica ou até uma codificação uniforme e abrangente seria contraprodutivo". A direção geral dessa crítica não atinge com a mesma acidez o projeto de um "código de direito da informação" claramente mais restrito. Para os respectivos anteprojetos concretos de um "código de direito da informação", que deve ser em grande parte relacionado à sistematização de diferentes leis sobre liberdade de informação, ver SCHOCH, Friedrich. "Der deutsche Professorenentwurf für ein deutsches Informationsgesetzbuch unter besonderer Beachtung des Ausgleichs zwischen Informationsfreiheit und Datenschutz". *In*: LIPOWICZ, Irena; SCHNEIDER, Jens-Peter (Coord.). *Perspektiven des deutschen polnischen und europäischen Informationsrechts*: Ergebnisse einer deutsch-polnischen Alexander von Humboldt-Institutspartnerschaft. Göttingen: V & R Unipress, 2011, pp. 11 e ss.

5 Para uma conceituação do Direito Administrativo Informacional como uma "categoria transversal" que engloba "todos os elementos existentes do Direito Administrativo geral, mas também numerosos complexos normativos das matérias separadas do

administrativos como "processos normativamente estruturados" de obtenção e de "processamento"[6] de informação, bem como definindo[7] as "organizações como sistemas de processamento de informações",[8] o que pode acarretar consequências, mormente, na relação entre o agente administrativo e o controle do Poder Judiciário.[9]

Tomada no sentido indutivo, a expressão "Direito Administrativo Informacional" denota, primeiramente, "o conjunto de normas de Direito Público que se relacionam com o tratamento estatal das atividades de informação e de comunicação que regulam o comportamento informacional das autoridades entre si e perante

---

Direito Administrativo especial", ver GURLIT, Elke. "Konturen eines Informationsverwaltungsrechts". *DVBl*, 2003, pp. 1119 e ss. (1119).

6 TRUTE, Hans-Heinrich. "Die Verwaltung und das Verwaltungsrecht zwischen gesellschaftlicher Selbstregulierung und staatlicher Steuerung". *DVBl*, 1996, pp. 950 e ss. (960).

7 Assim ALBERS, Marion. "Information als neue Dimension im Recht". *Rechtstheorie*, vol. 33, 2002, p. 76; sobre o problema da correlação de novas "categorias básicas" sob o manto da informação ver ALBERS, Marion. "Information als neue Dimension im Recht". *Rechtstheorie*, vol. 33, 2002, pp. 86 e ss.

8 Cf.ALBERS, Marion. "Umgang mit personenbezogenen Informationen und Daten". *In*: HOFFMANN-RIEM, Wolfgang; SCHMIDT-ASSMANN, Eberhard; VOSSKUHLE, Andreas (Coord.). *Grundlagen des Verwaltungsrechts*: Informationsordnung – Verwaltungsverfahren – Handlungsformen. vol. II. 2ª ed. München: C. H. Beck, 2012, § 22 parágrafo 5, com referência à descrição detalhada dada por VESTING, Thomas. "Nachbarwissenschaftlich informierte und reflektierte Verwaltungsrechtswissenschaft – Verkehrsregeln und Verkehrsströme". *In*: SCHMIDT-ASSMANN, Eberhard; HOFFMANN-RIEM, Wolfgang (Coord.). *Methoden der Verwaltungsrechtswissenschaft*. Baden-Baden: Nomos, 2004, pp. 253 e ss. (284 e ss.).

9 Cf. SCHULZ, Wolfgang. "Institute der Wissensverteilung zwischen Verwaltung und Gerichten und ihre Konsequenzen". *In*: RÖHL, Hans Christian; TRUTE, Hans Heinrich (Coord.). *Wissen/Nichtwissen in Organisationen und Netzwerken*. Alemanha: University of Konstanz 2013 (i.Vorb.).

o cidadão".[10] Essa caracterização remete a uma dimensão especialmente problemática da ação administrativa moderna, a qual demanda um tratamento jurídico adequado tanto no plano geral quanto no plano específico.[11] Isso se baseia na percepção de que "os processos de obtenção, elaboração, processamento e armazenamento de informações (...) [podem] ser juridicamente relevantes e (...) a esse respeito exigem um tratamento jurídico adequado".[12] A definição mais detalhada do conceito requer, portanto, em um primeiro momento, a compilação dos respectivos regulamentos administrativos, preferencialmente, com base em "áreas de referência"[13] que se afiguram particularmente apropriadas, que, posteriormente, em um segundo ínterim – eventualmente, mais uma vez, diferenciadas de acordo

---

10 PITSCHAS, Rainer. "Allgemeines Verwaltungsrecht als Teil der öffentlichen Informationsordnung". *In*: HOFFMANN-RIEM, Wolfgang; SCHMIDT-ASSMANN, Eberhard; SCHUPPERT, Gunnar Folke (Coord.). *Reform des Allgemeinen Verwaltungsrechts*. Grundfragen. Baden-Baden: Nomos, 1993, pp. 219 e ss. (242). Igualmente em GURLIT, Elke. "Das Informationsverwaltungsrecht im Spiegel der Rechtsprechung". *Die Verwaltung*, vol. 44, 2011, pp. 75 e ss. (75).

11 Cf. PITSCHAS, Rainer. "Das Informationsverwaltungsrecht im Spiegel der Rechtsprechung". *Die Verwaltung*, vol. 33, 2000, pp. 111 e ss. (114 e ss.), que, portanto, deseja diferenciar a parte geral de uma parte especial do Direito Administrativo Informacional.

12 HOFFMANN-RIEM, Wolfgang. "Verwaltungsrecht in der Informationsgesellschaft – Einleitende Problemskizze". *In*: HOFFMANN-RIEM, Wolfgang; SCHMIDT-ASSMANN, Eberhard (Coord.). *Verwaltungsrecht in der Informationsgesellschaft*. Baden-Baden: Nomos, 2000, pp. 9 e ss. (12).

13 Cf. SCHMIDT-ASSMANN, Eberhard. *Das allgemeine Verwaltungsrecht als Ordnungsidee*. 2ª ed. Berlim: Springer, 2004, cap. 1 parágrafo 12 e ss.; SCHMIDT-ASSMANN, Eberhard. "Zur Reform des Allgemeinen Verwaltungsrechts – Reformbedarf und Reformansätze". *In*: HOFFMANN-RIEM, Wolfgang; SCHMIDT-ASSMANN, Eberhard; SCHUPPERT, Gunnar Folke (Coord.). *Reform des Allgemeinen Verwaltungsrechts*. Grundfragen. Baden-Baden: Nomos, 1993, pp. 11 e ss. (14 e ss. e 26 e ss.).

com setores regulatórios distintos,[14] mas objetivamente relacionados e inter-relacionados – podem ser analisadas em relação a possíveis estruturas regulatórias comuns. Em um terceiro momento, essas estruturas podem, por fim, ser conceituadas como particularidade da área jurídica da ação informacional moderna dentro do setor administrativo.

Essa abordagem indutiva parece plausível à primeira vista, mas abriga a mesma problemática, própria do tratamento do Direito Administrativo para determinadas áreas de referências como um todo, ou pelo menos em uma certa leitura delas. Basicamente, é verdade que os "processos [d]escritivos (...) obnubilam a quantidade de atenção que é investida neles".[15] Tendo em vista a metodologia da área de referência, o problema, que inicialmente é tratado de forma muito geral, pode ser determinado de forma mais próxima. O desenvolvimento de áreas selecionadas constitui uma forma específica do círculo hermenêutico, no qual todo entendimento é apenas uma explicação do que já foi compreendido.[16] O entendimento sempre

---

14 Cf. VOSSKUHLE, Andreas. "Der Wandel von Verwaltungsrecht und Verwaltungsprozeßrecht in der Informationsgesellschaft". *In*: HOFFMANN-RIEM, Wolfgang; SCHMIDT-ASSMANN, Eberhard (Coord.). *Verwaltungsrecht in der Informationsgesellschaft*. Baden-Baden: Nomos, 2000, pp. 349 e ss. (356 e ss.); VOSSKUHLE, Andreas. "Neue Verwaltungsrechtswissenschaft". *In*: HOFFMANN-RIEM, Wolfgang; SCHMIDT-ASSMANN, Eberhard; VOSSKUHLE, Andreas (Coord.). *Grundlagen des Verwaltungsrechts*: Methoden, Maßstäbe, Aufgaben, Organisation. 2ª ed. vol. I. München: C. H. Beck, 2012, § 1 parágrafo 67.

15 BLUMENBERG, Hans. *Theorie der Lebenswelt*. Frankfurt am Main, 2010, p. 172, baseado na fenomenologia de Husserl.

16 Ver fundamentalmente HEIDEGGER, Martin. *Sein und Zeit*. 17ª ed. Tübingen, 1993, § 32: Verstehen und Auslegung, pp. 148 e ss.; em seguida com especial referência à hermenêutica jurídica, GADAMER, Hans-Georg. *Wahrheit und Methode*: Grundzüge einer philosophischen Hermeneutik. Gesammelte Werke vol. 1. Tübingen: Mohr, 1990, pp. 330 e ss., com referência em particular a BETTI, Emilio. *Allgemeine Auslegungslehre als Methodik der Geisteswissenschaften*.

inclui a aplicação do significado compreendido.[17] A escolha de referências exemplares só é possível na medida em que haja pelo menos uma ideia implícita do que constitui as características estruturais procuradas. Nesse sentido, a declarada "inter-relação" entre o geral e o particular[18] é sempre implicitamente determinada por uma certa preponderância do geral.[19]

Problemático aqui não é o inevitável caráter circular desse movimento. Aqui, como sempre, hermeneuticamente, não se trata de "sair do círculo, mas de entrar nele na direção correta – ou seja, de lidar com ele de maneira metodologicamente consciente e refletida".[20] O processo somente se torna difícil se os requisitos da busca forem ofuscados ao invés de nomeados claramente. Considerando a discussão aberta a partir de minhas próprias premissas, eu gostaria, portanto, de franquear uma abordagem mais dedutiva a seguir. Os fenômenos individuais devem ser considerados à luz de uma tese geral a ser previamente determinada. A metodologia da área de referência

---

Tübingen: Mohr Siebeck, 1967. Além disso, especialmente em relação à recepção jurídica da hermenêutica, ESSER, Josef. *Vorverständnis und Methodenwahl in der Rechtsfindung*: Rationalitätsgarantien der richterlichen Entscheidungspraxis. Frankfurt am Main: Athenäum Verlag, 1970.

17 Cf. GADAMER, Hans-Georg. *Wahrheit und Methode*: Grundzüge einer philosophischen Hermeneutik. Gesammelte Werke vol. 1. Tübingen: Mohr, 1990, pp. 338 e ss.

18 Cf. SCHMIDT-ASSMANN, Eberhard. "Zur Reform des Allgemeinen Verwaltungsrechts – Reformbedarf und Reformansätze". *In*: HOFFMANN-RIEM, Wolfgang; SCHMIDT-ASSMANN, Eberhard; SCHUPPERT, Gunnar Folke (Coord.). *Reform des Allgemeinen Verwaltungsrechts*. Grundfragen. Baden-Baden: Nomos, 1993, p. 14.

19 Para o problema geral de relacionar o geral e o particular, ver em GROSS, Thomas. "Die Beziehungen zwischen dem Allgemeinen und dem Besonderen Verwaltungsrecht". *In*: *Die Wissenschaft vom Verwaltungsrecht*. Werkstattgespräch aus Anlaß des 60. Geburtstages von Prof. Dr. Eberhard Schmidt-Aßmann, DV Beiheft 2. Berlim: Duncker & Humblot, 1999, pp. 57 e ss.

20 HEIDEGGER, Martin. *Sein und Zeit*. 17ª ed. Tübingen, 1993, p. 153.

não é abandonada, continua sendo possível e útil; entretanto, ela não é vista como uma abordagem prioritariamente "empírica" – no sentido de: simplesmente constatar circunstâncias já existentes –, mas se explicita em seu caráter essencialmente construtivo.[21] O caráter referencial do Direito do Risco [*Risikorecht*], por exemplo, só se mostra aparente quando essa área não é considerada como uma mera variante do clássico direito à legítima defesa policial, mas, sim, compreendida a partir da perspectiva do Direito Administrativo Informacional como uma reação jurídica a um desafio especial epistemológico.[22]

O Direito Administrativo Informacional não significa uma mera expansão ou complementação do tema clássico do Direito Administrativo. Seguindo *Thomas Vesting*, me refiro a "um novo fundamento do Direito Administrativo"[23] como um todo. O termo

---

21 De maneira semelhante fala Schmidt-Aßmann de uma simultaneidade de métodos indutivos e dedutivos em Direito Administrativo ver SCHMIDT-ASSMANN, Das allgemeine Verwaltungsrecht als Ordnungsidee, cap. 1 parágrafo 12 e ss.

22 Em relação a isso, ver, por exemplo, AUGSBERG, Ino. "Von der Gefahrenabwehr zum Risikomanagement und Opportunitätswahrnehmung – Neue Paradigmen im Verwaltungsrecht". *In*: FUNCKE, Dorett; PETER, Claudia (Coord.). *Wissen an der Grenze*: Zum Umgang mit Ungewissheit und Unsicherheit in der modernen Medizin. Frankfurt am Main: Campus Verlag, 2013, pp. 209 e ss.; mais sobre o conceito jurídico de risco e sua relação como Direito de Gestão de Informação ver abaixo, cap. 2 e cap. 7.

23 Cf. VESTING, Thomas. "Die Bedeutung von Information und Kommunikation für die verwaltungsrechtliche Systembildung". *In*: HOFFMANN-RIEM, Wolfgang; SCHMIDT-ASSMANN, Eberhard; VOSSKUHLE, Andreas (Coord.). *Grundlagen des Verwaltungsrechts*: Informationsordnung, Verwaltungsverfahren, Handlungsformen. vol. II. München: Verlag C. H. Beck, 2012, parágrafo 5; além disso, também VESTING, Thomas. "Nachbarwissenschaftlich informierte und reflektierte Verwaltungsrechtswissenschaft – Verkehrsregeln und Verkehrsströme". *In*: SCHMIDT-ASSMANN, Eberhard; HOFFMANN-RIEM, Wolfgang (Coord.). *Methoden der Verwaltungsrechtswissenschaft*. Baden-Baden: Nomos, 2004, pp. 282

descreve uma "mudança de paradigma"[24] dentro de todo Direito Administrativo, a qual ocorre pela necessidade de processar juridicamente uma evolução específica dentro do ordenamento jurídico. Em poucas palavras, esse desenvolvimento pode ser resumido como um crescente ocultamento do nível normativo e cognitivo do Direito.[25] Nessa perspectiva, a situação em que a norma de Direito Administrativo deve ser aplicada não é mais algo dado, simplesmente encontrado no mundo exterior, mas, sim, o produto de um processo de construção que deve ser em si orientado normativamente.[26] O

---

e ss. Vesting, por sua vez, acompanha o trabalho feito por Ladeur; especialmente em LADEUR, Karl-Heinz. *Das Umweltrecht der Wissensgesellschaft*: Von der Gefahrenabwehr zum Risikomanagement. Berlim: Duncker & Humblot, 1995; LADEUR, Karl-Heinz. "Privatisierung öffentlicher Aufgaben und die Notwendigkeit der Entwicklung eines neuen Informationsverwaltungsrechts". *In*: HOFFMANN-RIEM, Wolfgang; SCHMIDT-ASSMANN, Eberhard (Coord.). *Verwaltungsrecht in der Informationsgesellschaft*. Baden-Baden: Nomos, 2000, pp. 225 e ss.; LADEUR, Karl-Heinz. *Der Staat gegen die Gesellschaft*: Zur Verteidigung der Rationalität der "Privatrechtsgesellschaft". Tübingen: Mohr Siebeck, 2006, pp. 331 e ss. (lá p. 332, Anm. 207, no entanto, também um certo ceticismo quanto à fecundidade do "Direito Geral de Gestão da Informação").

24 ALBERS, Marion. "Die Komplexität verfassungsrechtlicher Vorgaben für das Wissen der Verwaltung. Zugleich ein Beitrag zur Systembildung im Informationsrecht". *In*: DÖHMANN, Indra Spiecker gen.; COLLIN, Peter (Coord.). *Generierung und Transfer staatlichen Wissens im System des Verwaltungsrechts*. Tübingen: Mohr Siebeck, 2008, p. 51.

25 A perspectiva investigativa, portanto, enfraquece a clássica dicotomia ser-dever ser. Sobre seus problemas de um ponto de vista filosófico, porém com vistas principalmente não ao direito, mas à economia, ver PUTNAM, Hilary. *The Collapse of the Fact/Value Dichotomy and other Essays*. Cambridge: Harvard University Press, 2002.

26 Nessa direção, ver – sob as palavras-chave de uma "estrutura normativa", que abriga os dois aspectos do "âmbito normativo" e do "programa normativo" – já desde cedo presente, mas que, em minha opinião, ainda não suficientemente radical, MÜLLER, Friedrich. *Strukturiende Rechtslehre*. Berlim, 1984. Nesse contexto, a "normatividade" descreve "a propriedade dinâmica de uma (...) norma, tanto para ordenar a realidade em que se baseia – normatividade concreta (...) – como para

nível factual e o contrafactual da aplicação do Direito (no sentido mais amplo) não podem mais claramente se descolar um do outro, mas, sim, influenciar um ao outro.[27] De acordo com as fórmulas de autodescrição, populares no campo dos estudos culturais, pode-se falar de *epistemological turn* no Direito Administrativo:[28] em contraposição à sua definição tradicional, que caracteriza o conhecimento, principalmente, como conhecimento baseado na experiência de fatos e de suas conexões, e, assim, em grande medida, situa-o fora da área jurídica original, o conhecimento é agora reconhecido como uma dimensão constitutiva dos processos jurídicos.[29] O conhecimento como condição da ação racional, e também, principalmente, da operação jurídica racional, passa a designar um pré-requisito do Direito, que, ao mesmo tempo, pertence ao próprio Direito.[30] O

---

ser condicionada e estruturada pela própria realidade – normatividade objetiva" (MÜLLER, Friedrich. *Strukturiende Rechtslehre*. Berlim, 1984, p. 17); no entanto, "a" realidade ainda aparece como um singular problemático. Para uma crítica correspondente, ver TRUTE, Hans-Heinrich. "Staatsrechtslehre als Sozialwissenschaft?" *In*: SCHULZE-FIELITZ, Helmuth (Coord.). *Staatsrechtslehre als Wissenschaft*. DV Beiheft 7. Berlim: Duncker & Humblot, 2007, pp. 115 e ss. (131, Fn. 87).

27 Cf. LADEUR, Karl-Heinz. "Wissenserzeugung im und durch Recht – und das Problem der 'evidenzbasierten Medizin'". *GesundheitsRecht*, 2011, pp. 455 e ss. (456).

28 Para tanto, ver AUGSBERG, Ino. "Observing (the) Law: The 'Epistemological Turn' in Public Law and the Evolution of Global Administrative Law". *In*: JURČYS, Paulius; KJAER, Poul F.; YATSUNAMI, Ren (Coord.). *Regulatory Hybridization in the Transnational Sphere*. Leiden: Martinus Nijhoff, 2013, pp. 11 e ss. Ademais, para a relevância específica epistemológica da *linguistic turn* ver KOSCHORKE, Albrecht. *Wahrheit und Erfindung*: Grundzüge einer Allgemeinen Erzähltheorie. Frankfurt am Main: Fischer, 2012, p. 22.

29 Por exemplo, ver os artigos em RÖHL, Hans Christian (Coord.). *Wissen – Zur kognitiven Dimension des Rechts*. (DV Beiheft 9). Berlim: Duncker & Humblot, 2010; assim como em ENGEL, Christoph; HALFMANN, Jost; SCHULTE, Martin (Coord.). *Wissen – Nichtwissen – Unsicheres Wissen*. Baden-Baden: Nomos: 2002.

30 Cf. FASSBENDER, Bardo. "Wissen als Grundlage staatlichen Handelns". *In*: ISENSEE, Josef; KIRCHHOF, Paul (Coord.). *Handbuch*

que está em questão é a necessidade de uma epistemologia especificamente jurídica.[31] Portanto, a mudança da perspectiva clássica, orientada para a ação e para a decisão no Direito Administrativo, para o novo paradigma central da informação como base operacional decisiva para a tomada de decisões administrativas,[32] não representa apenas uma expansão da área jurídica para incluir o processamento jurídico de fluxos informacionais, mas também uma nova forma de autorreferencialidade do Direito. Nesse sentido, a transição para o Direito Administrativo Informacional significa uma reflexão mais sofisticada em relação ao Direito Administrativo clássico.[33]

1.2 Fundamentos sociológicos do conhecimento

As razões pelas quais essa mudança de perspectiva é necessária não são puramente de natureza jurídica interna, mas de natureza social.[34] A mudança de paradigma, que "enfatiza a importância

---

des Staatsrechts der Bundesrepublik Deutschland. 3ª ed. Band IV. Heidelberg: C.F. Müller Verlag, 2006, § 76 parágrafo 1 e ss.

31 De forma geral, sobre a necessidade de diversificação da epistemologia em RHEINBERGER, Hans-Jörg. *Iterationen*. Berlim, 2016, p. 110.

32 Cf. VESTING, Thomas. "Die Bedeutung von Information und Kommunikation für die verwaltungsrechtliche Systembildung". *In*: HOFFMANN-RIEM, Wolfgang; SCHMIDT-ASSMANN, Eberhard; VOSSKUHLE, Andreas (Coord.). *Grundlagen des Verwaltungsrechts*: Informationsordnung, Verwaltungsverfahren, Handlungsformen. vol. II. München: Verlag C. H. Beck, 2012, parágrafo 2 e ss.

33 Sobre o conceito geral de direito reflexivo, ver TEUBNER, Gunther. "Reflexives Recht: Entwicklungsmodelle des Rechts in vergleichender Perspektive". *ARSP*, vol. 68, 1982, pp. 13 e ss.; TEUBNER, Gunther; WILLKE, Helmut. "Kontext und Autonomie. Gesellschaftliche Selbststeuerung durch reflexives Recht". *Zeitschrift für Rechtssoziologie*, vol. 6, 1984, pp. 4 e ss.; de maneira crítica em LUHMANN, Niklas. "Einige Probleme mit 'reflexivem Recht'". *Zeitschrift für Rechtssoziologie*, vol. 6, 1985, pp. 1 e ss.

34 Em relação a essas "transformações no âmbito da realidade", ver em VESTING, Thomas. "Die Bedeutung von Information und

da comunicação e da informação para a formação dos sistemas administrativos",[35] é consequência de um processo de evolução social que pode já estar, pelo menos parcialmente, refletido nos regulamentos individuais relevantes, mas, por vezes, ainda é necessário e, em todo caso, para sua própria relevância específica, deve ser explicitado. O Direito Administrativo Informacional designa a reação do Direito Administrativo a um desenvolvimento social que tem sido descrito sob diferentes perspectivas e com distintas ênfases, mas que, no fundo, trata do mesmo fenômeno, uma transição para a "informação", o "conhecimento" ou a "sociedade de risco".[36] Essa permutabilidade

---

Kommunikation für die verwaltungsrechtliche Systembildung". *In*: HOFFMANN-RIEM, Wolfgang; SCHMIDT-ASSMANN, Eberhard; VOSSKUHLE, Andreas (Coord.). *Grundlagen des Verwaltungsrechts*: Informationsordnung, Verwaltungsverfahren, Handlungsformen. vol. II. München: Verlag C. H. Beck, 2012, parágrafo 36 e ss.; WOLLENSCHLÄGER, Burkard. *Wissensgenerierung im Verfahren*. Tübingen: Mohr Siebeck, 2009, pp. 29 e ss.

35 SCHMIDT-ASSMANN, Eberhard. "Der Verfahrensgedanke im deutschen und europäischen Verwaltungsrecht". *In*: HOFFMANN-RIEM, Wolfgang; SCHMIDT-ASSMANN, Eberhard; VOSSKUHLE, Andreas (Coord.). *Grundlagen des Verwaltungsrechts*: Informationsordnung – Verwaltungsverfahren – Handlungsformen. vol. II. 2ª ed. München: C. H. Beck, 2012, § 27 parágrafo 1; assim, ver os artigos que trazem essa mudança de ênfase em HOFFMANN-RIEM, Wolfgang. "Verwaltungsrecht in der Informationsgesellschaft – Einleitende Problemskizze". *In*: HOFFMANN-RIEM, Wolfgang; SCHMIDT-ASSMANN, Eberhard (Coord.). *Verwaltungsrecht in der Informationsgesellschaft*. Baden-Baden: Nomos, 2000.

36 Ver em relação às tentativas de descrição BECK, Ulrich. *Risikogesellschaft*: Auf dem Weg in eine andere Moderne. Frankfurt am Main: Suhrkamp, 1986; STEHR, Nico. *Arbeit, Eigentum und Wissen*: Zur Theorie von Wissensgesellschaften. Frankfurt am Main: Suhrkamp, 1994; STEINBICKER, Jochen. *Pfade in die Informationsgesellschaft*: Eine historisch-komparative Analyse der Entwicklung der Informationsgesellschaft in Europa. Weilerswist: Velbrück, 2010. Crítico dos esforços para determinar a necessidade de mudança no Direito Administrativo por meio da orientação sobre esses conceitos sociológicos do passado, MÖLLERS, Christoph. "Historisches Wissen in der Verwaltungsrechtswissenschaft". *In*: SCHMIDT-ASSMANN, Eberhard; HOFFMANN-RIEM, Wolfgang

das definições é, por sua vez, característica do fenômeno geral; a dificuldade de encontrar um termo adequado que traduza a visão da sociedade como um todo.[37] O que caracteriza a atual sociedade do conhecimento, da informação ou do risco é justamente a falta de uma posição de observador central a partir da qual ainda seria possível compreender a sociedade como um fenômeno global.[38] Em relação a isso, cada um dos termos mencionados pode ser lido como um procedimento retórico específico, nomeadamente como uma espécie de metáfora ou, mais precisamente, como uma sinédoque da sociedade que não pode ser representada como um todo.[39] A sociedade moderna é ilustrada pela ausência de um quadro quase ontológico, um ponto de referência comum que garanta a ordem social. O que

---

(Coord.). *Methoden der Verwaltungsrechtswissenschaft*. Baden-Baden: Nomos, 2004, pp. 131 e ss. (152 e ss.).

37 Ver a crítica correspondente dessas tentativas de conceituação em LUHMANN, Niklas. *Die Gesellschaft der Gesellschaft*. Frankfurt am Main: Suhrkamp, 1997, pp. 1088 e ss.; especialmente em relação à "sociedade da informação", ver ESPOSITO, Elena. *Soziales Vergessen*: Formen und Medien des Gedächtnisses der Gesellschaft. Frankfurt am Main: Suhrkamp, 2002, p. 345. Cético a uma perspectiva jurisprudencial é VESTING, Thomas. "Zwischen Gewährleistungsstaat und Minimalstaat. Zu den veränderten Bedingungen der Bewältigung öffentlicher Aufgaben in der 'Informations- oder Wissensgesellschaft". *In*: HOFFMANN-RIEM, Wolfgang; SCHMIDT-ASSMANN, Eberhard (Coord.). *Verwaltungsrecht in der Informationsgesellschaft*. Baden-Baden: Nomos, 2000, pp. 101 e ss. (107 e ss.).

38 LUHMANN, Niklas. *Beobachtungen der Moderne*. Opladen, 1990, p. 100; do ponto de vista do direito em VESTING, Thomas. "Politische Verfassung? Der moderne (liberale) Verfassungsbegriff und seine systemtheoretische Rekonstruktion". *In*: CALLIESS, Gralf-Peter (Coord.). *Soziologische Jurisprudenz*: Festschrift für Gunther Teubner zum 65. Geburtstag. Berlim: De Gruyter, 2009, pp. 609 e ss. (609); LADEUR, Karl-Heinz. *Der Staat gegen die Gesellschaft*: Zur Verteidigung der Rationalität der "Privatrechtsgesellschaft". Tübingen: Mohr Siebeck, 2006, p. 3 f.

39 Para o problema, ver LÜDEMANN, Susanne. *Metaphern der Gesellschaft*: Studien zum soziologischen und politischen Imaginären. München: Wilhelm Fink, 2004, p. 11.

lhe falta nas estruturas dadas, ela mesma tem que produzir por meio de processos de tomada de decisão. Essas decisões são sempre contingentes porque não são alicerçadas em bases sólidas. Elas são, portanto – com razão –, percebidas como arriscadas.[40]

No foco está o desenvolvimento cunhado por diferentes conceitos, um processo no qual a estrutura reflexiva, que era uma característica principalmente da ciência em formas anteriores de sociedade, também é adotada em outros âmbitos da sociedade. Desse ponto de vista, a "sociedade do conhecimento" é definida pela institucionalização de mecanismos reflexivos que ocorre em todas as subáreas funcionalmente específicas. (...) Os mecanismos reflexivos diferem dos mecanismos de coleta de experiências de formas passadas de sociedade, bem como da racionalização no sentido de Max Weber como uma característica da modernidade em que as experiências não são mais passivamente "feitas" e processadas, mas prospectivamente buscadas por meio da "pesquisa" do comportamento, bem como escolhidas e refletidas no formato de variações sistemáticas. A inovação social em todas as áreas funcionais está cada vez mais sujeita ao imperativo da aprendizagem controlada pela "experiência ativa": para poder agir estrategicamente, o futuro é antecipado por meio de esboços hipotéticos, simulações e modelos, as causas dos desvios dos eventos reais em relação aos esperados são sistematicamente pesquisadas, os dados produzidos são armazenados e processados, ou seja, devolvidos ao processo. Isso altera a velocidade e o volume do processamento de informações nas modernas sociedades do conhecimento em ordem de grandeza. O novo tipo de sociedade pode, portanto, ser reconhecido pela generalização de métodos operacionais funcionalmente específicos da ciência, ou seja, a pesquisa. O conhecimento sistemático e os métodos de sua produção adquirem uma função

40 Cf. LUHMANN, Niklas. "Entscheidungen in der 'Informationsgesellschaft'". *In*: CORSI, Giancarlo; ESPOSITO, Elena (Coord.). *Reform und Innovation in einer unstabilen Gesellschaft*. Stuttgart: Lucius &Lucius, 2005, pp. 27 e ss. (38).

central nas sociedades modernas, justificando o epíteto de sociedade do conhecimento.[41] O efeito paradoxal desse desenvolvimento é que, no mesmo momento em que o conhecimento (cientificamente organizado) se torna a função central da sociedade moderna, não há mais uma área funcional central dentro da sociedade que possa cumprir essa tarefa.[42] O conhecimento está se tornando um fator indispensável em toda a sociedade, que, ao mesmo tempo, nem se faz onipresente como um "*common knowledge*", possível de ser alcançado no mundo da vida, nem pode ser produzido no cerne das subáreas especializadas para a sociedade como um todo, sendo, então, repassado para os setores periféricos.[43] O discurso da "sociedade científica"[44] é, portanto, no mínimo, enganoso:[45] nem o "Estado" nem a "ciência" podem, por si mesmos, fornecer adequadamente o conhecimento exigido pela sociedade;[46] qualquer reivindicação nesse sentido seria um "fundamentalismo epistemológico" e, como tal,

---

41 WEINGART, Peter; CARRIER, Martin; KROHN, Wolfgang. *Nachrichten aus der Wissensgesellschaft*: Analysen zur Veränderung der Wissenschaft. Weilerswist: Velbrück Wissenschaft, 2007, p. 38.

42 Para o requisito necessário para vincular ciência e direito da informação TRUTE, Hans-Heinrich. *Die Forschung zwischen grundrechtlicher Freiheit und staatlicher Institutionalisierung*: Das Wissenschaftsrecht als Recht kooperativer Verwaltungsvorgänge. Tübingen: Mohr Siebeck, 1994, pp. 6 e ss.

43 Conferir especialmente com a mudança fundamentada de status do conhecimento científico em particular sobre a mudança de status do conhecimento científico fundamentada em LYOTARD, Jean-François. *Das postmoderne Wissen*. Ein Bericht. 4ª ed. Wien: Passagen Velag, 1999, pp. 19 e ss.

44 Cf. KREIBICH, Rolf. *Die Wissenschaftsgesellschaft*: Von Galilei zur High-Tech Revolution. Frankfurt am Main: Suhrkamp, 1986.

45 Cf. WILLKE, Helmut. *Systemisches Wissensmanagement*. 2ª ed. Stuttgart: Lucius & Lucius, 2001, pp. 333 e ss.

46 Para as consequências de uma possível desdiferenciação da ciência para a liberdade científica AUGSBERG, Ino. "Wissenschaftsverfassungsrecht". *In*: VESTING, Thomas; KORIOTH, Stefan (Coord.). *Der Eigenwert des Verfassungsrechts*: Was bleibt von der Verfassung nach der Globalisierung? Tübingen: Mohr Siebeck, 2011, pp. 187 e ss.

"nada mais que a aversão científica da ideologia".[47] Essa necessidade de conhecimento é tão específica que, por um lado, ela não pode prescindir das técnicas especiais do aparato científico desenvolvido para gerar conhecimento, mas não pode – pelo menos não integralmente – terceirizar a produção de conhecimento a esse arcabouço. Por sua vez, a geração do conhecimento necessário deve ser *ad hoc* e relacionada a um problema específico.[48] Ademais, isso também se aplica à própria ciência, na qual as clássicas estratificações de problemas na forma de diferenças firmemente estabelecidas, como aquela entre pesquisa básica e pesquisa orientada para a aplicação, estão se tornando cada vez mais porosas.

> As soluções não surgem da utilização de conhecimento que já existe em algum lugar, podendo ser simplesmente transmitido. O conhecimento necessário é, no entanto, produzido sob medida, por assim dizer, como uma resposta às especificações que devem ser sempre elaboradas a partir de um caso concreto, inicialmente.[49]

Assim produzido como reação a constelação de problemas individuais, o conhecimento torna-se tão específico quanto frágil; uma

---

47 MARCHART, Oliver. *Die politische Differenz*: Zum Denken des Politischen bei Nancy, Lefort, Badiou, Laclau und Agamben. Berlim: Suhrkamp, 2010, p. 146, com referência a LEFORT, Claude. *The Political Forms of Modern Society*: Bureaucracy, Democracy, Totalitarianism. Cambridge: Polity Press, 1986, p. 299.

48 Por exemplo, em LADEUR, Karl-Heinz. *Postmoderne Rechtstheorie*: Selbstreferenz – Selbstorganisation – Prozeduralisierung. 2ª ed. Berlim: Duncker & Humblot, 1995, pp. 209 e ss.

49 NOWOTNY, Helga. *Es ist so. Es könnte auch anders sein*: Über das veränderte Verhältnis von Wissenschaft und Gesellschaft. Frankfurt am Main: Suhrkamp, 1999, p. 71. Para uma concepção epistemológica correspondente da confusão entre método e aplicação BACHELARD, Gaston. *Der neue wissenschaftliche Geist*. Frankfurt am Main: Suhrkamp, 1988; como, por exemplo, em RHEINBERGER, Hans-Jörg. *Iterationen*. Berlim: Merve, 2005, pp. 89 e ss. e 101 e ss.

vez que já não existe um contexto empírico universalmente vinculativo que possa servir de referência, trata-se "concomitantemente de um conhecimento prognóstico hipotético, cuja possibilidade de erro só se torna aparente no processo de sua implementação nas decisões".[50]

Essa mudança de *status* do conhecimento necessário para resolver os problemas modernos foi reconhecida e problematizada desde cedo no campo do Direito, particularmente no Direito Ambiental,[51] principalmente no tocante à modificação nas normas de segurança pertinentes à prevenção de perigos para a gestão de riscos.[52] A transformação parte da percepção de que as bases cognitivas tradicionalmente disponibilizadas ao Direito não são mais suficientes, mas que emergem novas formas de lidar com a ignorância e a geração explícita de conhecimento. Assim, risco e perigo não formam dois cenários de ameaça que diferem amplamente apenas em sua intensidade quantitativamente determinável. A transição conceitual refere-se, entretanto, a uma diferença fundamental relacionada à possibilidade de captar cognitivamente o problema.[53]

---

50 WEINGART, Peter; CARRIER, Martin; KROHN, Wolfgang. *Nachrichten aus der Wissensgesellschaft*: Analysen zur Veränderung der Wissenschaft. Weilerswist: Velbrück Wissenschaft, 2007, p. 301.

51 Cf. LADEUR, Karl-Heinz. *Das Umweltrecht der Wissensgesellschaft*: Von der Gefahrenabwehr zum Risikomanagement. Berlim: Duncker & Humblot, 1995; LADEUR, Karl-Heinz. "Drittschutz bei der Genehmigung gentechnischer Anlagen". *NVwZ*, 1992, pp. 948 e ss.

52 Para tanto, ver LADEUR, Karl-Heinz. *Das Umweltrecht der Wissensgesellschaft*: Von der Gefahrenabwehr zum Risikomanagement. Berlim: Duncker & Humblot, 1995; para mais ver BORA, Alfons (Coord.). *Rechtliches Risikomanagement*: Form, Funktion und Leistungsfähigkeit des Rechts in der Risikogesellschaft. Berlim: Duncker & Humblot, 1999; o resumo dos debates estão em JAECKEL, Liv. *Gefahrenabwehrrecht und Risikodogmatik*: Moderne Technologie im Spiegel des Verwaltungsrechts. Tübingen: Mohr Siebeck, 2010.

53 Para uma visão geral sobre o assunto ver AUGSBERG, Ino. "Von der Gefahrenabwehr zu Risikomanagement und Opportunitätswahrnehmung – Neue Paradigmen im Verwaltungsrecht". *In*: FUNCKE, Dorett; PETER, Claudia (Coord.). *Wissen an der Grenze*: Zum Umgang mit

1.3 Consequências metodológicas

Da perspectiva do Direito Administrativo Informacional, fica evidente que os efeitos dessa alteração de posição do conhecimento na sociedade como um todo não podem mais se limitar a certos setores do Direito Administrativo. Ao contrário, a mudança tem um impacto sobre as concepções clássicas da aplicação do Direito.[54] O tradicional pressuposto metodológico, segundo o qual a aplicação do Direito ocorre por meio de um "ir e vir" do olhar entre a norma e os fatos,[55] torna-se problemático. O que deve ser determinado como um estado de coisas escapa à visão meramente observadora; tem que ser construído ativamente,[56] e "isso muitas vezes em conjunto com os futuros destinatários da norma, em razão da natureza descentralizada do corpo de conhecimento".[57] A "crise da informação", que já se instaurou décadas atrás para o Direito (Administrativo),[58] não é,

---

Ungewissheit und Unsicherheit in der modernen Medizin. Frankfurt am Main: Campus-Verlag, 2013.

54 Cf. LADEUR, Karl-Heinz. "The Postmodern Condition of Law and Societal 'Management of Rules': Facts and Norms Revisited". *Zeitschrift für Rechtssoziologie*, vol. 27, 2006, pp. 87 e ss. (102).

55 Ver o clássico ENGISCH, Karl. *Logische Studien zur Gesetzesanwendung*. 2ª ed. Heidelberg: Carl Winter, 1960, p. 15.

56 Cf. GUSY, Christoph. "Die Informationsbeziehungen zwischen Staat und Bürger". *In*: HOFFMANN-RIEM, Wolfgang; SCHMIDT-ASSMANN, Eberhard; VOSSKUHLE, Andreas (Coord.). *Grundlagen des Verwaltungsrechts*: Informationsordnung, Verwaltungsverfahren, Handlungsformen. vol. II. München: Verlag C. H. Beck, 2012, § 23 parágrafo 48; KOPP/RAMSAUER. *Lei do Porcesso Administrativo*, § 28 parágrafo 1.

57 TRUTE, Hans-Heinrich. "Die konstitutive Rolle der Rechtsanwendung". *In*: ______. (Coord.). *Allgemeines Verwaltungsrecht – zur Tragfähigkeit eines Konzepts*. Tübingen: Mohr Siebeck, 2008, pp. 211 e ss. (218).

58 Ver SIMITIS, Spiros. *Informationskrise des Rechts und Datenverarbeitung*. Karlsruhe: C.F. Müller, 1970. Quanto a isso também VOSSKUHLE, Andreas. "Der Wandel von Verwaltungsrecht und Verwaltungsprozeßrecht in der Informationsgesellschaft". *In*: HOFFMANN-RIEM, Wolfgang; SCHMIDT-ASSMANN, Eberhard

portanto, apenas um problema gradual-quantitativo, mas estrutural. No entanto, o passo decisivo no desenvolvimento da sociedade do conhecimento não reside no mero fato de que a realidade não constitui um dado ontológico facilmente encontrado, mas aparece como uma construção social.[59] A familiaridade cotidiana com um determinado ambiente também deverá ser vista como um construto desse tipo,[60] e isso vale tanto mais para formas mais sofisticadas de abertura ao mundo. Para "poder decidir sobre os conflitos sociais a partir da normatividade da forma jurídica", o Direito sempre teve que "criar uma realidade jurídica no sentido estrito da palavra".[61]

(Coord.). *Verwaltungsrecht in der Informationsgesellschaft*. Baden-Baden: Nomos, 2000, pp. 352 e ss. Em relação ao contexto histórico KAISER, Anna-Bettina. *Die Kommunikation der Verwaltung*: Diskurse zu den Kommunikationsbeziehungen zwischen staatlicher Verwaltung und Privaten in der Verwaltungsrechtswissenschaft der Bundesrepublik Deutschland. Baden-Baden: Nomos, 2009, pp. 130 e ss.

59 Ver o clássico BERGER, Peter L.; LUCKMANN, Thomas. *Die gesellschaftliche Konstruktion der Wirklichkeit*: Eine Theorie der Wissenssoziologie. Frankfurt am Main: Fischer, 1969; especificamente do ponto de vista jurídico em LEE, Kye Il. *Die Struktur der juristischen Entscheidung aus konstruktivistischer Sicht*. Tübingen: Mohr Siebeck, 2010, pp. 52 e ss.

60 Para um conceito de mundo da vida, ver fundamentalmente HUSSERL, Edmund. *Die Krisis der europäischen Welt und die transzendentale Phänomenologie. Eine Einleitung in die phänomenologische Philosophie*, Husserliana VI, Den Haag 1954, §§ 28 e ss.; mais próxima da conexão entre o mundo da vida e a concepção de realidade BLUMENBERG, Hans. *Theorie der Lebenswelt*. Frankfurt am Main, 2010, pp. 159 e ss.; sobre o "estoque de conhecimento" do mundo da vida e sua relevância SCHÜTZ, Alfred; LUCKMANN, Thomas. *Strukturen der Lebenswelt*. Konstanz: UVK Medien Verlagsgesellschaft, 2003, pp. 149 e ss., especialmente em relação à "confiança", pp. 196 e ss.

61 TEUBNER, Gunther. "Reflexives Recht: Entwicklungsmodelle des Rechts in vergleichender Perspektive". *ARSP*, vol. 68, 1982, p. 56, com referência ao trabalho de BERGER, Peter L.; LUCKMANN, Thomas. *Die gesellschaftliche Konstruktion der Wirklichkeit*: Eine Theorie der Wissenssoziologie. Frankfurt am Main: Fischer, 1969. Para uma abordagem mais detalhada sobre a questão BERGER, Peter L.; LUCKMANN, Thomas. "Die Episteme des Rechts. Zu erkenntnistheoretischen

Em relação a isso, *Karl-Heinz Ladeur* apontou, com razão, que o conceito tradicional de causalidade, no qual se baseia o poder de polícia clássico, não representa de forma alguma a simples imagem de uma necessidade do Direito Natural, mas se refere a construções sociais específicas, em particular a uma ideia socialmente formatada de "normalidade", a partir da qual se pode, então, eclodir uma cadeia de causas.[62] Mesmo o conceito aparentemente básico de experiência tem uma história que impede seu uso generalizado.[63] Nesse sentido, a demanda por uma "revolução empírica" na jurisprudência é insustentavelmente ingênua enquanto não se reconhecer que um empirismo vulgar, ainda não socialmente, mas, no contexto jurídico, normativamente formatado e suas correspondentes "leis empíricas" não são reconhecidos por ninguém.[64] Logo, essa demanda perpetua uma certa "ontologia cotidiana", segundo a qual "há um

---

Grundlagen des reflexiven Rechts". *In*: GRIMM, Dieter (Coord.). *Wachsende Staatsaufgaben – sinkende Steuerungsfähigkeit des Rechts*. Baden-Baden: Nomos, 1990, pp. 115 e ss.

62 Cf. LADEUR, Karl-Heinz. *Das Umweltrecht der Wissensgesellschaft*: Von der Gefahrenabwehr zum Risikomanagement. Berlim: Duncker & Humblot, 1995.

63 Cf. DASTON, Lorraine. "Baconsche Tatsachen". *Rechtsgeschichte*, 1, 2002, pp. 36 e ss. (38). Baseado em FLECK, Ludwik. *Entstehung und Entwicklung einer wissenschaftlichen Tatsache*: Einführung in die Lehre vom Denkstil und Denkkollektiv. Frankfurt am Main: Suhrkamp, 1980 (Primeira Impressão em Basel, 1935).

64 Por exemplo, ver PETERSEN, Niels. "Braucht die Rechtswissenschaft eine empirische Wende?" *Der Staat*, vol. 49, 2010, pp. 435 e ss. Uma abordagem crítica pode ser vista em AUGSBERG, Ino. "Von einem neuerdings erhobenen empiristischen Ton in der Rechtswissenschaft". *Der Staat*, vol. 51, 2012, pp. 117 e ss. Para mais sobre o problema da compatibilidade da epistemologia construtivista e da aceitação de fatos empíricos – mas precisamente: incognoscíveis LUHMANN, Niklas. "Das Erkenntnisprogramm des Konstruktivismus und die unbekannt bleibende Realität". *In*: ______. *Soziologische Aufklärung 5*: Konstruktivistische Perspektiven. 4ª ed. Wiesbaden: VS Verlag, 2009, pp. 31 e ss.

mundo lá fora, no qual o Direito é aplicado".[65] O sistema jurídico sempre soube disso. O caráter construtivo do conhecimento jurídico de mundo está até mesmo consagrado de forma proverbial na memória coletiva da jurisprudência.[66] A famosa paródia *quod non est in actis non est in mundo* não apenas consagra a primazia do escrito sobre o oral; ela significa, sobretudo, que, do ponto de vista do Direito, a realidade somente pode ser operacionalizada por meio de técnicas específicas de seleção e de arquivamento – ou seja: de conhecimento burocrático. "Esse lado produtivo da burocracia pode [contudo] ficar em segundo plano por tempos se a organização do conhecimento da sociedade não for minimamente estável",[67] o que não impacta em nada sua importância geral para o processamento do Direito. O fator decisivo aqui não é a função de armazenamento de arquivos e dos documentos, mas, sim, a garantia de repetição futura do evento armazenado, que só permite o que juridicamente não é rejeitado como singularidade irrelevante, mas que foi aceito como fato. As técnicas de arquivamento pressupõem uma concepção do saber que se destina a ser repetido; elas combinam conhecimento com experiência contínua.[68] A compilação seletiva do passado que se

---

65 MÖLLERS, Christoph. "Philosophie – Recht – Kultur: Zur kulturwissenschaftlichen Perspektiverweiterung einer Philosophie des Rechts". *In*: RUSTEMEYER, Dirk (Coord.). *Symbolische Welten*: Philosophie und Kulturwissenschaften. Würzburg: Königshausen & Neumann, 2002, pp. 109 e ss. (128).

66 Ver em geral sobre a importância de tais condensações proverbiais para a constituição de um "conhecimento comum" VESTING, Thomas. *Die Medien des Rechts*: Sprache. Weilerswist: Velbrück, 2011, p. 92.

67 LADEUR, Karl-Heinz. "Die Kommunikationsinfrastruktur der Verwaltung". *In*: HOFFMANN-RIEM, Wolfgang; SCHMIDT-ASSMANN, Eberhard; VOSSKUHLE, Andreas (Coord.). *Grundlagen des Verwaltungsrechts*: Informationsordnung, Verwaltungsverfahren, Handlungsformen. vol. II. München: Verlag C. H. Beck, 2012, § 21 parágrafo 2.

68 Cf. LADEUR, Karl-Heinz. "Die Kommunikationsinfrastruktur der Verwaltung". *In*: HOFFMANN-RIEM, Wolfgang; SCHMIDT-ASSMANN, Eberhard; VOSSKUHLE, Andreas (Coord.). *Grundlagen*

manifesta no arquivo não significa uma construção exclusivamente retrospectiva da realidade; ao contrário, ela denota a estruturação e prefiguração fundamental de nossa maneira de perceber o mundo.[69] Assim, determina os futuros processos de tomada de decisão. "O arquivo não reúne uma realidade passada, ele codifica uma realidade vindoura. O arquivo, especialmente o arquivo jurídico, não reflete (...), ele codifica. Determina de fora o que pode e o que não pode ser considerado fato no futuro".[70]

Nesse diapasão, não é novidade que o conhecimento jurídico seja construído.[71] O que vale também para o passado: "*legal systems create facts in order to treat them as facts*".[72] O novo é, porém, a fragmentação e a pluralização dessa construção. Enquanto que, em sociedades ainda mais tradicionalmente arraigadas, o processo de constituição social da realidade pode ocorrer em um nível amplamente generalizado, permitindo vínculos de diferentes âmbitos sociais aos mais diversos processos – o que significa o contato com

---

des Verwaltungsrechts: Informationsordnung, Verwaltungsverfahren, Handlungsformen. vol. II. München: Verlag C. H. Beck, 2012, parágrafo 8.

69 Cf. ERNST, Wolfgang. *Das Rumoren der Archive*: Ordnung aus Unordnung. Berlim: Merve, 2002, p. 24.

70 EBELING, Knut. "Die Asche des Archivs". *In*: DIDI-HUBERMAN, Georges; EBELING, Knut. *Das Archiv brennt*. Berlim: Kadmos, 2007, pp. 33 e ss. (56 e ss.).

71 Ver a própria definição de realidade do direito em ENGEL, Christoph. "Herrschaftsausübung bei offener Wirklichkeitsdefinition. Das Proprium des Rechts aus der Perspektive des öffentlichen Rechts". *In*: ENGEL, Christoph; SCHÖN, Wolfgang (Coord.). *Das Proprium des Rechts*. Tübingen: Mohr Siebeck, 2002, pp. 205 e ss. (236 e ss.).

72 ROSEN, Lawrence. *Law as Culture*: an Invitation. Princeton: Princeton University Press, 2006, p. 68. Um prisma correspondente pode ser encontrado na perspectiva teórico-científica geral em relação a Latour (que por sua vez atribui a Bachelard o aforismo) RHEINBERGER, Hans-Jörg. *Epistemologie des Konkreten*: Studien zur Geschichte der modernen Biologie. Frankfurt am Main: Suhrkamp, 2006, p. 31: "*Un fait est fait*. Um fato é um fato. Um fato científico deve ser feito".

um "*common knowledge*" amplamente acessível –, na sociedade moderna, a construção da realidade precisa ser muito mais especializada, imiscuída dentro das esferas individuais da sociedade vislumbrando processos e operações singularizadas.[73] Nesse panorama, uma reação cognitiva adequada à fragmentação dos acervos modernos de conhecimento[74] não significa que um todo anteriormente existente possa ser reconstruído, ou seja, "juntado e colado" para "restaurar novamente uma unidade que seria igual à original".[75] Essa perspectiva não estaria adequada à situação atual: "a crença em uma determinação tanto original quanto total" se esvaiu.[76] Em contrapartida, são necessárias as técnicas de construção do conhecimento que não despertem esses fantasmas. A realidade construída não é mais apenas a imagem incompleta do real, a "realidade real".[77] Um modelo funcionalmente orientado à operacionalidade do sistema ocupa o

---

73 Ver a conexão entre o construtivismo epistemológico e o processo de diferenciação social em LUHMANN, Niklas. "Das Erkenntnisprogramm des Konstruktivismus und die unbekannt bleibende Realität". *In*: ______. *Soziologische Aufklärung 5*: Konstruktivistische Perspektiven. 4ª ed. Wiesbaden: VS Verlag, 2009, pp. 53 e ss.

74 O conceito de "fragmentação do todo social" está presente em TEUBNER, Gunther. *Verfassungsfragment*: Gesellschaftlicher Konstitutionalismus in der Globalisierung. Berlim: Suhrkamp, 2012, p. 19.

75 DELEUZE, Gilles; GUATTARI, Félix. *Anti-Ödipus*: Kapitalismus und Schizophrenie I. Frankfurt am Main: Suhrkamp, 1974, p. 54.

76 (DELEUZE, Gilles; GUATTARI, Félix. *Anti-Ödipus*: Kapitalismus und Schizophrenie I. Frankfurt am Main: Suhrkamp, 1974). Portanto, também crítico da retórica da fragmentação é STEINHAUER, Fabian. *Gerechtigkeit als Zufall*: Zur rhetorischen Evolution des Rechts. Nova York: Springer, 2007, pp. 111 e ss. Ver também os artigos em geral sobre o problema em DÄLLENBACH, Lucien; NIBBRIG, Christian L. Hart (Coord.). *Fragment und Totalität*. Frankfurt am Main: Suhrkamp, 1984.

77 Ver sobre as condições de possibilidade histórica dessa concepção, que não é de forma alguma autoevidente em ESPOSITO, Elena. *Soziales Vergessen*: Formen und Medien des Gedächtnisses der Gesellschaft. Frankfurt am Main: Suhrkamp, 2002, p. 218.

lugar de uma realidade ontologicamente compreendida.[78] Sob esse ponto de vista funcional, a suposição de que algo é a "*the real thing*" pode ser ainda mais problemática porque é mais disfuncional do que a simulação consciente, que permite ajustes mais rápidos às mudanças nos requisitos do sistema.[79] Concomitantemente, porém, o componente do conhecimento também configura um fator que prejudica a formação aparentemente pura de esferas e o obriga a vincular-se às diferentes perspectivas.[80]

A ênfase no caráter construtivo da geração de conhecimento revela que conhecimento e informação não formam conceitos universalmente aplicáveis, naturalizados, como poderia sugerir uma teoria científica da matemática da informação a partir dos estudos de Claude E. Shannon e Warren Weaver.[81] Tampouco constituem elementos antropológicos ou, nem mesmo, possibilidades comportamentais que se relacionam exclusivamente com a compreensão humana.[82] Ao

---

78 Cf. LUHMANN, Niklas. *Die Wissenschaft der Gesellschaft*. Frankfurt am Main: Suhrkamp, 1990, p. 147.

79 Ver o debate literário dessa situação em JAMES, Henry. "The Real Thing". *In*: ______. *The Turn of the Screw and Other Stories*. Köln: Konemann, 1996, pp. 7 e ss.

80 Cf., por exemplo, – sobre a crítica contra a separação de Habermas do mundo da vida e da racionalidade do sistema – HÖRNING, Karl H. *Experten des Alltags*: Die Wiederentdeckung des praktischen Wissens. Weilerswist: Velbrück Wiss, 2001, p. 27.

81 Cf. SHANNON, Claude; WEAVER, Warren. *The Mathematical Theory of Communication*. Champaign, 1963; em relação a isso a crítica de JANICH, Peter. *Was ist Information? Kritik einer Legende*. Frankfurt am Main: Suhrkamp, 2006. Sobre o contexto histórico do desenvolvimento da teoria da informação de GLEICK, Shannon James. *The Information*: a history, a theory, a flood. Nova York: Pantheon Books, 2011.

82 Nesse sentido caminha JANICH, Peter. *Was ist Information? Kritik einer Legende*. Frankfurt am Main: Suhrkamp, 2006; de forma similar, no ponto de vista jurídico, DRUEY, Jean Nicolas. *Information als Gegenstand des Rechtp*: Entwurf einer Grundlegung. Baden-Baden: Nomos, 1995, pp. 3 e ss. e 27. Concisamente em ROSSI,

contrário, a ideia clássica do sujeito cognitivo não deve ser entendida como o ponto de partida do conhecimento, mas como o efeito de um processo complexo, voltada à geração do conhecimento, que é composto por diversas práticas sociais, trabalha com figuras específicas de atribuição e está por si só sujeito a mudanças históricas.[83] Com isso, o foco nos indivíduos direcionados à gestão do conhecimento que considera as condições modernas deve ser abandonada em favor de um conceito que se concentre muito mais nas competências correspondentes dentro das redes organizacionais,[84] ou seja, que se desdobre para uma "*information society*" e, ao mesmo tempo, para uma "*network society*".[85] É justamente esse desenvolvimento que está sendo retomado e retrabalhado juridicamente pelo Direito Administrativo Informacional. Ele coloca "a estreita ligação e a dependência mútua entre o tratamento da informação e as decisões administrativas"[86] no centro de sua própria atividade, adequando as

---

Matthias. *Informationszugangsfreiheit und Verfassungsrecht*: Zu den Wechselwirkungen zwischen Informationsfreiheitsgesetzen und der Verfassungsordnung in Deutschland. Berlim: Duncker & Humblot, 2004, p. 19: "Informationen entstehen im Kopf". Cf. a distinção paralela entre os conceitos de comunicação técnico-matemática ("postal") e de compreensão ("erótica") em KRÄMER, Sybille. *Medium, Bote, Übertragung*: Kleine Metaphysik der Medialität. Frankfurt am Main: Suhrkamp, 2008, pp. 9 e ss.

83 Cf. o clássico FOUCAULT, Michel. "Die Wahrheit und die juristischen Formen". *In*: ______. *Schriften in vier Bänden – Dits et Ecrits*, vol. II: 1970-1975. Frankfurt am Main: Suhrkamp, 2002, pp. 669 e ss. (670). Pela perspectiva da Teoria do Direito ver TEUBNER, Gunther. "Die Episteme des Rechts. Zu erkenntnistheoretischen Grundlagen des reflexiven Rechts". *In*: GRIMM, Dieter (Coord.). *Wachsende Staatsaufgaben – sinkende Steuerungsfähigkeit des Rechts*. Baden-Baden: Nomos, 1990.

84 Cf. WILLKE, Helmut. *Systemisches Wissensmanagement*. 2ª ed. Stuttgart: Lucius & Lucius, 2001, pp. 15 e ss.

85 Cf. CASTELLS, Manuel. *The Rise of the Network Society – The Information Age*: Economy, Society, and Culture. vol. 1. Second Edition, with a new Preface. Oxford: Wiley-Blackwell, 2009.

86 VESTING, Thomas. "Die Bedeutung von Information und Kommunikation für die verwaltungsrechtliche Systembildung". *In*:

condições de decisão jurídica à construção da realidade e da norma que lhe cabe. Logo, a "*tarefa* principal do Direito Administrativo Informacional" consiste em "mostrar que *toda ação administrativa* é *processamento de informação* em uma organização administrativa, que, por sua vez, nada mais é do que um sistema de processamento de informação".[87] Tendo em vista a enorme importância da informação e do conhecimento para a sociedade moderna em geral e para o Direito Administrativo em particular, o foco deve ser alterado e "antes de qualquer sentença decisória, deve-se formar um sistema de informação pública que trate das condições em que as decisões são tomadas, especificamente em relação à coleta, à seleção e ao processamento de informações de interesse da Administração".[88]

Dessa forma, fica evidente o caráter da decisão jurídica como um processo de tratamento de informações que deve prioritariamente desenvolver suas próprias bases cognitivas, por exemplo, quando o Direito se refere a padrões externos como critérios de tomada de decisão.[89] Os elementos cognitivos e normativos do processo de aplicação do Direito estão aqui vinculados de uma maneira que não

---

HOFFMANN-RIEM, Wolfgang; SCHMIDT-ASSMANN, Eberhard; VOSSKUHLE, Andreas (Coord.). *Grundlagen des Verwaltungsrechts* : Informationsordnung, Verwaltungsverfahren, Handlungsformen. vol. II. München: Verlag C. H. Beck, 2012, parágrafo 8.

87 VESTING, Thomas. "Die Bedeutung von Information und Kommunikation für die verwaltungsrechtliche Systembildung". *In*: HOFFMANN-RIEM, Wolfgang; SCHMIDT-ASSMANN, Eberhard; VOSSKUHLE, Andreas (Coord.). *Grundlagen des Verwaltungsrechts*: Informationso rdnung, Verwaltungsverfahren, Handlungsformen. vol. II. München: Verlag C. H. Beck, 2012, parágrafo 49.

88 SCHMIDT-ASSMANN, Eberhard. "Verwaltungsrecht in der Informationsgesellschaft: Perspektiven der Systembildung". *In*: HOFFMANN-RIEM, Wolfgang; SCHMIDT-ASSMANN, Eberhard (Coord.). *Verwaltungsrecht in der Informationsgesellschaft*. Baden-Baden: Nomos, 2000, pp. 405 e ss. (407).

89 Cf., por exemplo, a referência a padrões científicos na legislação sobre drogas (por exemplo, "eficácia terapêutica") em FABIO, Udo Di. "Verwaltungsentscheidung durch externen Sachverstand. Am Beispiel

permite uma distinção clara entre esses elementos. Ao contrário do que parece à primeira vista, falta uma "clara distinção entre normas legais e extralegais", porque o Direito processa os critérios externos como parte do processo legal, integrando-os em seus próprios mecanismos e, ao mesmo tempo, tendo que desenvolver estratégias de tradução específicas para eles.[90] A aparentemente simples técnica de referenciação acaba por ser um fenômeno complexo que pode ser vinculado a propósitos normativos muito diversos, contribuindo somente para a tomada de decisões administrativas dentro dessa contextualização legal.

Nessa toada, as possibilidades tecnológicas, muitas vezes ampliadas devido aos sistemas computadorizados de processamento de informações, não são a causa, mas apenas a expressão técnica de um fenômeno global subjacente que não se esgota na tecnologia. O que não quer dizer que a mudança tecnológica decorrente da introdução dos meios eletrônicos não tenha também efeitos próprios sobre o desenvolvimento social. Ao contrário, também a esse respeito – como em relação às inovações cruciais da mídia nos séculos passados[91] –, múltiplas interferências e influências mútuas devem ser esperadas.[92] O interessante é que, nesse contexto, a velha terminologia marxista é muito utilizada, quando se fala de uma mudança

---

des arzneimittelrechtlichen Zulassungs- und Überwachungsverfahrens". *VerwArch*, 81, 1990, pp. 193 e ss. (198 e ss.).

90 Em relação ao problema, ver FEHLING, Michael. "Das Verhältnis von Recht und außerrechtlichen Maßstäben". *In*: TRUTE, Hans-Heinrich. (Coord.). *Allgemeines Verwaltungsrecht – zur Tragfähigkeit eines Konzepts*. Tübingen: Mohr Siebeck, 2008, pp. 461 e ss., com a citação na p. 465.

91 Cf. fundamentalmente em relação ao assunto em VESTING, Thomas. *Die Medien des Rechts*: Sprache. Weilerswist: Velbrück, 2011; VESTING, Thomas. *Die Medien des Rechts*: Schrift. Weilerswist: Velbrück, 2011.

92 Com um olhar específico em relação ao Direito em KATSH, M. Ethan. *Law in a Digital World*. Nova York: Oxford University Press, 1995.

nas forças produtivas que afetam as relações de produção.[93] Mesmo pelo lado das abordagens materialistas clássicas, no entanto, não se deve subestimar a influência da mudança tecnológica e da mídia no desenvolvimento geral. Isso se aplica em particular no tocante à transição para sistemas de TI [tecnologia da informação] "inteligentes", que se caracterizam por um *feedback* de tecnologia e de conteúdo. Aqui não se deve mais assumir, "como no passado, que o sistema técnico é imutável e impõe sua forma à gestão de conteúdo, mas que a forma se torna muito mais permeável às condições determinadas pelo conteúdo".[94] Nesse âmago, a perspectiva sociológica sobre a sociedade do conhecimento deve ser acoplada a uma reflexão teórica sobre a mídia. Portanto, é também tarefa do Direito Administrativo Informacional "reunir os novos meios de armazenamento e comunicação e as fontes de informação".[95] Assim,

> a ideia de que poderia haver conhecimento "puro", existindo completamente independente das respectivas condições culturais e midiáticas de reprodução em uma sociedade, é substituída pela hipótese (...) de que o conhecimento sempre foi social, cultural e midiático e que conhecimento e sociedade,

---

93 LENK, Klaus. "Ausserrechtliche Grundlagen für das Verwaltungsrecht in der Informationsgesellschaft: Zur Bedeutung von Information und Kommunikation in der Verwaltung". *In*: HOFFMANN-RIEM, Wolfgang; SCHMIDT-ASSMANN, Eberhard (Coord.). *Verwaltungsrecht in der Informationsgesellschaft*. Baden-Baden: Nomos, 2000, pp. 59 e ss. (96).

94 LADEUR, Karl-Heinz. "Die Kommunikationsinfrastruktur der Verwaltung". *In*: HOFFMANN-RIEM, Wolfgang; SCHMIDT-ASSMANN, Eberhard; VOSSKUHLE, Andreas (Coord.). *Grundlagen des Verwaltungsrechts*: Informationsordnung, Verwaltungsverfahren, Handlungsformen. vol. II. München: Verlag C. H. Beck, 2012, parágrafo 89.

95 GURLIT, Elke. "Konturen eines Informationsverwaltungsrechts". *DVBl*, 2003, p. 1119.

cognição e cultura, conhecimento e mídia sempre estiveram interligados.[96]

Uma epistemologia jurídica própria também deve levar em conta essas condições constitutivas do arcabouço social. Com efeito, a passagem para a era da informação, exigida pelo Direito Administrativo Informacional, não pode ser reduzida à pertinência específica da respectiva formatação midiática de cada informação isoladamente.[97] A tematização dos problemas de cognição não entra completamente nas análises teóricas da mídia.

1.4 Desafios teóricos e dogmáticos

O Direito Administrativo Informacional trata, portanto, "de nada menos que a estruturação jurídica de um novo sistema de conhecimento e a determinação adequada das contribuições administrativas necessárias à sua constituição autônoma".[98] Logo, o Direito Administrativo Informacional mina a figura comum da teoria jurídica quanto à separação entre operações de sistemas normativamente fechados e cognitivamente abertos.[99] Ele desafia a concepção do

---

96 VESTING, Thomas. *Die Medien des Rechts*: Sprache. Weilerswist: Velbrück, 2011, p. 13.

97 Cf. a crítica de abordagens excessivamente "generativas" na teoria da mídia em KRÄMER, Sybille. *Medium, Bote, Übertragung*: Kleine Metaphysik der Medialität. Frankfurt am Main: Suhrkamp, 2008, pp. 20 e ss.

98 SCHMIDT-ASSMANN, Eberhard. *Das allgemeine Verwaltungsrecht als Ordnungsidee*. 2ª ed. Berlim: Springer, 2004, cap. 6 parágrafo 11.

99 Em relação a essa separação, ver LUHMANN, Niklas. *Das Recht der Gesellschaft*. Frankfurt am Main: Suhrkamp, 1993, p. 77. Para sua crítica, ver LADEUR, Karl-Heinz. "The Postmodern Condition of Law and Societal 'Management of Rules': Facts and Norms Revisited". *Zeitschrift für Rechtssoziologie*, vol. 27, 2006; VESTING, Thomas. *Die Medien des Rechts*: Sprache. Weilerswist: Velbrück, 2011, pp. 33 e ss.

Direito como garantidor de expectativas contrafactuais e, portanto, resistentes ao aprendizado, apontando que o próprio Direito deve se tornar capaz de aprender.[100] A capacidade de aprender, nessa linha, inclui a possibilidade de poder decidir contra a aprendizagem dependendo da situação;[101] entretanto, essa resistência não é mais a característica primária do Direito. Isso significa, em particular, que uma certa leitura do Direito e de suas funções, ligada ao nome de Niklas Luhmann,[102] está sob questão: se a clara distinção entre cognitivamente aberto e normativamente fechado desmorona, isso também significa que a autonomia do Direito em relação à sociedade como um todo deve ser redesenhada e redefinida. Por meio de seu único componente cognitivo aparentemente separável por completo, o Direito também está em seus elementos normativos muito mais estreitamente entrelaçado com o acervo de conhecimento social que é estabelecido em convenções sociais, práticas, usos da linguagem etc., parcialmente latente, parcialmente manifesto, do que a leitura de uma esfera jurídica "pura" quer fazer acreditar.[103] Prova clara

---

100 Cf. fundamentalmente LADEUR, Karl-Heinz. *Postmoderne Rechtstheorie*: Selbstreferenz – Selbstorganisation – Prozeduralisierung. 2ª ed. Berlim: Duncker & Humblot, 1995, pp. 103 e ss.; da mesma forma em AUGSBERG, Ino. "Il faut être absolument postmoderne: Ladeurs Rechtstheorie". *In*: AUGSBERG, Ino; GOSTOMZYK, Tobias; VIELLECHNER, Lars. *Denken in Netzwerken*: Zur Rechts- und Gesellschaftstheorie Karl-Heinz Ladeurs. Tübingen: Mohr Siebeck, 2009, pp. 5 e ss. (36 e ss.).

101 Para ver de forma mais detalhada, BAECKER, Dirk. "Die verlernende Organisation". *In*: ______. *Organisation und Management*: Aufsätze. Frankfurt am Main: Suhrkamp, 2003, pp. 179 e ss., o que, nesse contexto, contrasta a organização "que aprende" com a organização "competente", que se caracteriza pelo fato de " se recusar (...) a desaprender o que já se pode fazer".

102 Por exemplo, em LUHMANN, Niklas. *Das Recht der Gesellschaft*. Frankfurt am Main: Suhrkamp, 1993, p. 77.

103 Cf. LADEUR, Karl-Heinz. "The Postmodern Condition of Law and Societal 'Management of Rules': Facts and Norms Revisited". *Zeitschrift für Rechtssoziologie*, vol. 27, 2006. Devido ao caráter fragmentado do conhecimento moderno, que não é apenas voltado para a ciência,

disso é a programação condicional das normas,[104] que Luhmann ainda considera indispensável, e que parece cada vez menos praticável para o Direito Administrativo nas condições da sociedade moderna.[105] O fato de que o Direito Administrativo moderno está cada vez mais mudando para formas programáticas finais não se deve a uma politização mais forte,[106] mas é resultado de déficits

---

o problema não pode ser resolvido com a figura de um "acoplamento estrutural" intensificado entre os sistemas jurídico e científico – o que não descarta que tais acoplamentos, ainda assim, aumentem. Para tanto, ver BORA, Alfons. "Scientific Norms, Legal Facts, and the Politics of Knowledge". *In*: STEHR, Nico; WEILER, Bernd (Coord.). *Who Owns Knowledge? Knowledge and the Law*. New Brunswick: Transaction Publishers, 2008, pp. 67 e ss. (75), em relação a isso, ver TEUBNER, Gunther; NOBLES, Richard; SCHIFF, David. "The Autonomy of Law: Introduction to Legal Autopoiesis". *In*: PENNER, James; SCHIFF, David; NOBLES, Richard (Coord.). *Introduction to Jurisprudence and Legal Theory*: Commentary and Materials. Londres: Butterworths, 200, pp. 897 e ss. Para uma ideia sobre o acoplamento estrutural LUHMANN, Niklas. *Das Recht der Gesellschaft*. Frankfurt am Main: Suhrkamp, 1993, pp. 440 e ss. A abordagem de Bora complica esse modelo de maneira interessante ao assumir que a diferença ocorre em termos cognitivos e normativos em ambos os lados.

104 Cf. mais precisamente em LUHMANN, Niklas. *Das Recht der Gesellschaft*. Frankfurt am Main: Suhrkamp, 1993, p. 195: "Os programas do sistema jurídico são sempre programas condicionais". Para diferenciar entre programas condicionais e finalísticos LUHMANN, Niklas. *Organisation und Entscheidung*. Wiesbaden: Westdeutscher Verlag, 2000, pp. 261 e ss. Do ponto de vista jurídico BREUER, Rüdiger. "Konditionale und finale Rechtssetzung". *Archiv des öffentlichen Rechts*, vol. 127, 2002, pp. 523 e ss.

105 Cf. HOFFMANN-RIEM, Wolfgang. "Gesetz und Gesetzesvorbehalt im Umbruch. Zur Qualitäts-Gewährleistung durch Normen". *Archiv des öffentlichen Rechts*, vol. 130, 2005, pp. 5 e ss. Para uma visão geral sobre a conexão entre tecnologia de controle jurídico e as bases cognitivas da decisão AUGSBERG, Ino. "Konzepte rechtlicher Steuerung und die Verteilung von Wissen". *In*: RÖHL, Hans Christian; TRUTE, Hans Heinrich (Coord.). *Wissen/Nichtwissen in Organisationen und Netzwerken*. Alemanha: University of Konstanz 2013. (no prelo).

106 No entanto, há dúvidas sobre essa tendência em MÖLLERS, Christoph. "Materielles Recht – Verfahrensrecht – Organisationsrecht. Zu Theorie

de conhecimento no nível de estabelecimento de normas,[107] que, embora não sejam eliminados no nível de aplicação jurídica, estão em contato direto com o problema concreto, sendo levemente combatidos e podendo vir a ser reduzidos em suas consequências potencialmente problemáticas, o que faz parecer serem mais fáceis de lidar. A partir dessa concepção, a especial complexidade dos processos de tomada de decisão, constantemente citada para uma modificação das formas programáticas, frequentemente aparece apenas como uma diferente expressão do conhecimento dos tomadores de decisão que só está disponível pontualmente e localmente, o que dificilmente pode ser antecipado prospectivamente e também não, ou, pelo menos, não em retrospectiva, pode ser reproduzido sem esforço adicional significativo.[108] A legislação deve adaptar-se ao fato de que o seu programa legislativo "deve ser implementado e executado em condições tipicamente difíceis de prever, mas que certamente estão sempre mudando".[109] A incapacidade do legislador em prever casos que requerem regulamentação extrapola o nível do problema puramente cognitivo para o normativo, exigindo esforços compensatórios.

Uma vez que o Direito como meio de controle frequentemente não consegue empregar ao programa decisório uma forma

---

und Dogmatik dreier Dimensionen des Verwaltungsrechts". *In*: TRUTE, Hans-Heinrich. (Coord.). *Allgemeines Verwaltungsrecht – zur Tragfähigkeit eines Konzepts*. Tübingen: Mohr Siebeck, 2008, pp. 489 e ss. (498).

107 Para um resgate histórico dos anos 1960 e 1970: FABIO, Udo Di. "Verwaltungsentscheidung durch externen Sachverstand. Am Beispiel des arzneimittelrechtlichen Zulassungs- und Überwachungsverfahrens". *VerwArch*, 81, 1990, pp. 194 e ss.

108 Cf. GRIMM, Dieter. "Der Wandel der Staatsaufgaben und die Krise des Rechtsstaats". *In*: ______. *Die Zukunft der Verfassung*. 2. Aufl. Frankfurt am Main: Suhrkamp, 1994, pp. 159 e ss. (172).

109 ROSSEN, Helge. *Vollzug und Verhandlung*: Die Modernisierung des Verwaltungsvollzugs. Tübingen: Mohr Siebeck, 1999, p. 20.

> geral e abstrata, os processos geradores de conhecimento, além de sua função de determinar as particularidades do caso concreto, também têm a tarefa de produzir regras que podem ser aplicáveis a todas as decisões.[110]

Em virtude de o Direito geral clássico[111] não poder mais se funcionar como um repositório confiável de acúmulo de experiência, considerando os sabidamente crescentes e amplos acervos de conhecimento, ele obriga o desenvolvimento de mecanismos processuais que constituam os elementos cognitivos e normativos da aplicação do Direito como componentes mutuamente relacionados em todo o processo. Determinar os fatos relevantes e concretizar as normas são ações intimamente vinculadas entre si.[112]

As preocupações fundamentais de Luhmann sobre como o controle judicial efetivo da ação administrativa ainda pode ser garantido se a forma condicional for abandonada não simplesmente se tornou obsoleta;[113] ao contrário, elas surgem com maior urgência e, por sua vez, requerem estratégias compensatórias que continuem a permitir

---

110 WOLLENSCHLÄGER, Burkard. *Wissensgenerierung im Verfahren*. Tübingen: Mohr Siebeck, 2009, p. 26.

111 Em relação às suas funções e formas REIMER, Franz. "Das Parlamentsgesetz als Steuerungsmittel und Kontrollmaßstab". *In*: HOFFMANN-RIEM, Wolfgang; SCHMIDT-ASSMANN, Eberhard; VOSSKUHLE, Andreas (Coord.). *Grundlagen des Verwaltungsrechts*: Methoden, Maßstäbe, Aufgaben, Organisation. 2ª ed. vol. I. München: C. H. Beck, 2012, § 9.

112 Cf. HOFFMANN-RIEM, Wolfgang. "Methoden einer anwendungsorientierten Verwaltungsrechtswissenschaft". *In*: SCHMIDT-ASSMANN, Eberhard; HOFFMANN-RIEM, Wolfgang (Coord.). *Methoden der Verwaltungsrechtswissenschaft*. Baden-Baden: Nomos, 2004, pp. 9 e ss. (56 f.); da mesma forma em AUGSBERG, Ino. "Methoden des europäischen Verwaltungsrechts". *In*: TERHECHTE, Jörg Philipp (Coord.). *Verwaltungsrecht der Europäischen Union*. Baden-Baden: Nomos, 2011, § 4 parágrafo 17.

113 Cf. LUHMANN, Niklas. *Das Recht der Gesellschaft*. Frankfurt am Main: Suhrkamp, 1993, p. 195.

procedimentos de controle, apesar das divergências de conhecimento nos níveis legislativo, administrativo e judiciário.[114] Baseado no direito constitucionalmente garantido ao controle jurisdicional, a atribuição de margem de discricionariedade à Administração Pública requer uma justificação distinta,[115] que deve levar em consideração a separação entre o nível de concretização e o de controle. Isso porque "a liberdade de decisão garantida juridicamente não leva necessariamente à exclusão do controle jurisdicional da atividade administrativa, visto que, em última instância, cabe aos tribunais a concretização da norma".[116] No entanto, a tendência para uma maior diferenciação dos acúmulos sociais de conhecimento pode levar a uma divergência entre o conhecimento de ação e o de controle, tornando cada vez mais difícil reconstruir as condições cognitivas da ação administrativa *ex post*.[117] A lei, há muito tempo, reconhece essa situação e, em

---

114 Cf. SCHULZ, Wolfgang. "Institute der Wissensverteilung zwischen Verwaltung und Gerichten und ihre Konsequenzen". *In*: RÖHL, Hans Christian; TRUTE, Hans Heinrich (Coord.). *Wissen/Nichtwissen in Organisationen und Netzwerken*. Alemanha: University of Konstanz 2013.

115 Cf. em relação ao "requisito de mensurabilidade" geral resultante do Artigo 19 parágrafo 4 da Lei Fundamental JESCH, Dietrich. *Gesetz und Verwaltung*: Eine Problemstudie zum Wandel des Gesetzmäßigkeitsprinzipes. Tübingen: Mohr Siebeck, 1961, pp. 223 e ss.

116 GÄRDITZ, Klaus Ferdinand. "Regulierungsrechtliche Auskunftsanordnungen als Instrument der Wissensgenerierung". *DVBl*, 2009, pp. 69 e ss. (76); em relação ao problema, ver GÄRDITZ, Klaus Ferdinand. "'Regulierungsermessen' und verwaltungsgerichtliche Kontrolle". *NVwZ*, 2009, pp. 1005 e ss. A essa questão tracionalmente responder JESCH, Dietrich. *Gesetz und Verwaltung*: Eine Problemstudie zum Wandel des Gesetzmäßigkeitsprinzipes. Tübingen: Mohr Siebeck, 1961, p. 4.

117 Sobre o problema, de maneira mais detalhada, em QUABECK, Christian. *Dienende Funktion des Verwaltungsverfahrens und Prozeduralisierung*. Tübingen: Mohr Siebeck, 2010, pp. 207 e ss.

particular, no contexto do Direito europeu,[118] tem reagido alterando a perspectiva do controle: a ampla margem de discricionariedade é compensada pelo controle intensificado dos requisitos processuais.[119] Essa mudança na densidade dogmática do controle pode ser lida como consequência do Direito Administrativo Informacional.[120] Isso se aplica ao enfraquecimento da posição do Direito como padrão geralmente prescrito para a tomada de decisões, o que dificulta a tomada de decisões dedutivas. Ele deve ser compensado pelo maior uso de procedimentos operativos heterárquicos, vinculando decisões às "redes decisórias formadoras de orientações".[121]

O problema que se apresenta no âmbito do artigo 19, parágrafo 4, da Lei Fundamental está relacionado a seguir no artigo 20,

---

118 Cf. fundamentalmente EuGH, Rp. C-269/90 (TU München), Slg. 1991, I-5469 parágrafo 14; para tanto ver FEHLING, Michael. "Europäisches Verwaltungsverfahren und Verwaltungsprozessrecht". *In*: TERHECHTE, Jörg Philipp (Coord.). *Verwaltungsrecht der Europäischen Union*. Baden-Baden: Nomos, 2011, § 12, parágrafo 91 além de outras referências

119 Ver, por exemplo, VESTING, Thomas. "Die Bedeutung von Information und Kommunikation für die verwaltungsrechtliche Systembildung". *In*: HOFFMANN-RIEM, Wolfgang; SCHMIDT-ASSMANN, Eberhard; VOSSKUHLE, Andreas (Coord.). *Grundlagen des Verwaltungsrech ts*: Informationsordnung, Verwaltungsverfahren, Handlungsformen. vol. II. München: Verlag C. H. Beck, 2012, parágrafo 54; SCHMIDT-ASSMANN, Eberhard. "Methoden der Verwaltungsrechtswissenschaft – Perspektiven der Systembildung". *In*: SCHMIDT-ASSMANN, Eberhard; HOFFMANN-RIEM, Wolfgang (Coord.). *Methoden der Verwaltungsrechtswissenschaft*. Baden-Baden: Nomos, 2004, pp. 387 e ss. (391, 410 e ss.); QUABECK, Christian. *Dienende Funktion des Verwaltungsverfahrens und Prozeduralisierung*. Tübingen: Mohr Siebeck, 2010, pp. 207 e ss.

120 Explicitamente em QUABECK, Christian. *Dienende Funktion des Verwaltungsverfahrens und Prozeduralisierung*. Tübingen: Mohr Siebeck, 2010, pp. 208 e ss.

121 Cf. LADEUR, Karl-Heinz. "Ein Recht der Netzwerke für die Weltgesellschaft oder Konstitutionalisierung der Völkergemeinschaft?" *Archiv des Völkerrechts*, vol. 49, 2011, pp. 246 e ss. (269 e ss.).

parágrafo 2, inciso 1: mesmo havendo autorização normativa para a margem de discricionariedade da Administração, a exigência de legitimidade do Estado não é uma ação dada automaticamente. Ao contrário, a concretização autônoma das normas pela Administração requer também um discurso independente sobre a legitimação, que não se enquadra facilmente no modelo clássico de "cadeia ininterrupta de legitimação"[122] – entendida no sentido de "proximidade da fonte democrática de legitimação",[123] como também é chamado com uma metáfora notadamente romântica.[124] A mudança nas bases informacionais do Direito Administrativo é, portanto, também um problema teórico e democrático.[125] No entanto, nem a mudança para a

---

122 Para uma compreensão mais clássica BÖCKENFÖRDE, Ernst-Wolfgang. "Demokratie als Verfassungsprinzip". *In*: ISENSEE, Josef; KIRCHHOF, Paul (Coord.). *Handbuch des Staatsrechts der Bundesrepublik Deutschland*. vol. I. Heidelberg: Müller, 1987, § 22, pp. 887 e ss. (894); BÖCKENFÖRDE, Ernst-Wolfgang. "Demokratische Willensbildung und Repräsentation". *In*: ISENSEE, Josef; KIRCHHOF, Paul (Coord.). *Handbuch des Staatsrechts der Bundesrepublik Deutschland*. vol. II. Heidelberg: Müller, 1987, § 30, pp. 29 e ss. (36 e ss.).

123 MÖLLERS, Christoph. "Materielles Recht – Verfahrensrecht – Organisationsrecht. Zu Theorie und Dogmatik dreier Dimensionen des Verwaltungsrechts". *In*: TRUTE, Hans-Heinrich. (Coord.). *Allgemeines Verwaltungsrecht – zur Tragfähigkeit eines Konzepts*. Tübingen: Mohr Siebeck, 2008, p. 509.

124 Cf. TRUTE, Hans-Heinrich. "Die demokratische Legitimation der Verwaltung". *In*: HOFFMANN-RIEM, Wolfgang; SCHMIDT-ASSMANN, Eberhard; VOSSKUHLE, Andreas (Coord.). *Grundlagen des Verwaltungsrechts*: Methoden, Maßstäbe, Aufgaben, Organisation. 2ª ed. vol. I. München: C. H. Beck, 2012, § 6. Sobre o problema no contexto do discurso da internacionalização EIFERT, Martin. "Legitimationsstrukturen internationaler Verwaltung". *In*: TRUTE, Hans-Heinrich. (Coord.). *Allgemeines Verwaltungsrecht – zur Tragfähigkeit eines Konzepts*. Tübingen: Mohr Siebeck, 2008, pp. 307 e ss.

125 Ver o problema paralelo de uma maior "capacidade de recolhimento e processamento de informação" por parte do governo e do parlamento, por exemplo, "estabelecendo bases de dados e sistemas centrais de informação", logo no início em SCHARPF, Fritz. *Demokratietheorie*

perspectiva informacional pode representar um desafio à democracia, nem o discurso de legitimação deve conduzir a uma "defesa em favor da ignorância".[126] Além disso, por esse ponto de vista, a abordagem deve centrar-se na problemática do conhecimento, o que significa: no tratamento adequado da falta de conhecimento.[127] Em termos de teoria democrática, ao invés de identificar exclusivamente como um problema a falta de conhecimento do Estado, a desintegração do conhecimento, do Direito e do poder também pode ser apresentada como uma característica das formas democráticas de governo.[128]

Essas indicações à necessidade de legitimidade democrática e à legalidade da prática decisória administrativa apontam para duas direções: por um lado, deixam claro que o espaço constitucional para conflitos de Direito Administrativo também deve ser reajustado à luz da alteração do paradigma informacional. Embora os elementos constitucionais normativamente vinculantes não possam ser simplesmente abandonados, pode ser necessário substituir as figuras tradicionalmente utilizadas em favor de institutos equivalentes que estejam

---

zwischen Utopie und Anpassung. Konstanz: Universitätsverlag, 1970, p. 83. Ele também afirma que o desenvolvimento do Direito Administrativo Informacional é "essencialmente sobre moldar o princípio da democracia" em MASING, Johannes. "Transparente Verwaltung: Konturen eines Informationsverwaltungsrechts". *Veröffentlichungen der Vereinigung der Deutschen Staatsrechtslehrer*, vol. 63, 2004, p. 379.

126 Cf. LADEUR, Karl-Heinz. "Die Kommunikationsinfrastruktur der Verwaltung". *In*: HOFFMANN-RIEM, Wolfgang; SCHMIDT-ASSMANN, Eberhard; VOSSKUHLE, Andreas (Coord.). *Grundlagen des Verwaltungsrechts*: Informationsordnung, Verwaltungsverfahren, Handlungsformen. vol. II. München: Verlag C. H. Beck, 2012, parágrafo 57.

127 Cf. LUHMANN, Niklas. "Enttäuschungen und Hoffnungen. Zur Zukunft der Demokratie". *In*: ______. *Soziologische Aufklärung 4*: Beiträge zur funktionalen Differenzierung der Gesellschaft. Opladen: Westdeutscher, 1987, pp. 133 e ss. (135).

128 Cf. LEFORT, Claude. "Die Frage der Demokratie". *In*: RÖDEL, Ulrich (Coord.). *Autonome Gesellschaft und libertäre Demokratie*. Frankfurt am Main: Suhrkamp, 1990, pp. 281 e ss. (293 e ss.).

mais sintonizados com as novas condições. O que vai no sentido de um maior desenvolvimento da teoria da materialidade de tal sorte que haja uma "transformação da concepção processualizada, que leve em conta as flexibilidade e dinamização necessárias, alcançáveis apenas dentro dos processos".[129] Por outro lado, as possibilidades referidas apontam para a centralidade desse novo arranjo. Sob as novas condições da sociedade da informação, o modelo clássico de níveis hierárquicos claramente definidos com influência unilateral e linear em sua forma tradicional não pode mais ser mantido.[130] Para todas as áreas, desde a área administrativa pública até a relação geral entre os níveis jurídicos, a gestão adequada das assimetrias modernas do conhecimento pode exigir formas de organização que podem ser mapeadas com mais facilidade em estruturas de rede horizontais do que no clássico modelo hierárquico piramidal.[131] Nesse contexto, o Direito Administrativo Informacional também significa neutralizar

---

129 TRUTE, Hans-Heinrich. "Die demokratische Legitimation der Verwaltung". *In*: HOFFMANN-RIEM, Wolfgang; SCHMIDT-ASSMANN, Eberhard; VOSSKUHLE, Andreas (Coord.). *Grundlagen des Verwaltungsrechts*: Methoden, Maßstäbe, Aufgaben, Organisation. 2ª ed. vol. I. München: C. H. Beck, 2012, parágrafo 48, com base em LADEUR, Karl-Heinz; GOSTOMZYK, Tobias. "Der Gesetzesvorbehalt im Gewährleistungsstaat". *Die Verwaltung*, vol. 36, 2003, pp. 141 e ss.

130 Cf. SCHMIDT-ASSMANN, Eberhard. "Verwaltungsrecht in der Informationsgesellschaft: Perspektiven der Systembildung". *In*: HOFFMANN-RIEM, Wolfgang; SCHMIDT-ASSMANN, Eberhard (Coord.). *Verwaltungsrecht in der Informationsgesellschaft*. Baden-Baden: Nomos, 2000, p. 415 f.

131 Para uma visão sobre o "novo modelo de controle" SCHERZBERG, Arno. "Die öffentliche Verwaltung als informationelle Organisation". *In*: HOFFMANN-RIEM, Wolfgang; SCHMIDT-ASSMANN, Eberhard (Coord.). *Verwaltungsrecht in der Informationsgesellschaft*. Baden-Baden: Nomos, 2000, pp. 195 e ss. (204): "A hierarquia está mudando (...) de um instrumento de supervisão e controle para uma forma de diferenciação vertical de responsabilidades, que são realizadas de forma independente por especialistas e coordenadas entre si de forma cooperativa".

o fenômeno dos estoques de conhecimento cada vez mais desagregados na sociedade, construindo uma infraestrutura de comunicação que permita uma troca de informações articulada, ou seja, uma que também transcenda as fronteiras tradicionais entre o Estado e os indivíduos privados.[132] O modelo de rede sugerido pelo desenvolvimento aprofundado da mídia eletrônica deve parecer paradigmático aqui,[133] mas, ao mesmo tempo, ele deve ser analisado quanto a possíveis limites de aplicabilidade e a problemas imanentes.[134]

1.5 Internacionalização e supranacionalização do Direito como motivo adicional

Outro aspecto ganha relevância. A geração e a gestão do conhecimento tornam-se também tarefas primordiais do Direito Administrativo na medida em que avança a internacionalização dos sistemas jurídicos estatais e, no contexto europeu,[135] a integração na

---

132 Cf. TRUTE, Hans-Heinrich. "Wissenschaft und Technik". *In*: ISENSEE, Josef; KIRCHHOF, Paul (Coord.). *Handbuch des Staatsrechts der Bundesrepublik Deutschland*. 3ª ed. Band IV. Heidelberg: C.F. Müller Verlag, 2006, § 88 parágrafo 41 ff; WOLLENSCHLÄGER, Burkard. *Wissensgenerierung im Verfahren*. Tübingen: Mohr Siebeck, 2009, p. 74.

133 Para um significado diverso, também epistemológico, do modelo de rede, ver AUGSBERG, Ino. "Das Gespinst des Rechtp. Zur Relevanz von Netzwerkmodellen im juristischen Diskurs". *Rechtstheorie*, vol. 38, 2007, pp. 479 e ss. Sobre o conceito em geral de modelo de rede, ver GANE, Nicholas; BEER, David. *New Media*: The Key Concepts. Oxford: Berg, 2008, pp. 15 e ss. (com referência às mudanças no modelo quando a figura da ciência da computação foi transferida para o contexto científico-social).

134 Em relação a isso, ver TEUBNER, Gunther. "'So ich aber die Teufel durch Beelzebub austreibe,...': Zur Diabolik des Netzwerkversagens". *In*: AUGSBERG, Ino (Coord.). *Ungewissheit als Chance*: Perspektiven eines produktiven Umgangs mit Unsicherheit im Rechtssystem. Tübingen: Mohr Siebeck, 2009, pp. 109 e ss.

135 Com mais detalhes em TIETJE, Christian. *Internationalisiertes Verwaltungshandeln*. Berlim: Ducker & Humblot, 2001; resumidamente

rede constitucional e administrativa concebida supranacionalmente com base no Direito da União Europeia.[136] "Nele ainda mais do que no Direito Administrativo nacional: o Direito Administrativo é, sobretudo, o Direito Administrativo Informacional!"[137] A interligação da grande quantidade de ordenamentos jurídicos nacionais entre si e daquele nacional com o superordenado plano supra e internacional

---

em TIETJE, Christian. "Internationalisiertes Verwaltungshandeln". *Rechtstheorie*, vol. 39, 2008, pp. 255 e ss.; além de SCHMIDT-ASSMANN, Eberhard. "Die Herausforderung der Verwaltungsrechtswissenschaft durch die Internationalisierung der Verwaltungsbeziehungen". *Der Staat*, vol. 45, 2006, pp. 315 e ss.; SCHMIDT, Reiner. *Die Internationalisierung des öffentlichen Wirtschaftsrechts*. *In*: _____. *Die Wissenschaft vom Verwaltungsrecht*, pp. 165 e ss.; com um olhar especial à questão processual CASSESE, Sabino. "Global Standards for National Administrative Procedures". *Law and Contemporary Problems*, vol. 68, 2005, pp. 109 e ss. Para uma visão geral da tarefa de desenvolver um diferenciado "Direito Administrativo internacional", ver MÖLLERS, Christoph; TERHECHTE, Jörg Philipp. "Europäisches Verwaltungsrecht und Internationales Verwaltungsrecht". *In*: TERHECHTE, Jörg Philipp (Coord.). *Verwaltungsrecht der Europäischen Union*. Baden-Baden: Nomos, 2011, § 40; ver também LADEUR, Karl-Heinz. "The Evolution of General Administrative Law and the Emergence of Postmodern Administrative Law". *Osgoode CLPE Research Paper Series*, vol. 7, nº 4, 2011.

136 No tocante ao direito alemão sobre o assunto, ver KADELBACH, Stefan. *Allgemeines Verwaltungsrecht unter europäischem Einfluß*. Tübingen: Mohr Siebeck, 1999; DANWITZ, Thomas von. *Verwaltungsrechtliches System und Europäische Integration*. Tübingen: Mohr Siebeck, 1996; do ponto de vista do Direito Comparado ver LADEUR, Karl-Heinz (Coord.). *The Europeanisation of Administrative Law*: Transforming National Decision-Making Procedures. Aldershot: Ashgate, 2002.

137 SCHMIDT-ASSMANN, Eberhard. "Die Herausforderung der Verwaltungsrechtswissenschaft durch die Internationalisierung der Verwaltungsbeziehungen". *Der Staat*, vol. 45, 2006, p. 333; de maneira semelhante em HOFFMANN-RIEM, Wolfgang. "Eigenständigkeit der Verwaltung". *In*: HOFFMANN-RIEM, Wolfgang; SCHMIDT-ASSMANN, Eberhard; VOSSKUHLE, Andreas (Coord.). *Grundlagen des Verwaltungsrechts*: Methoden, Maßstäbe, Aufgaben, Organisation. 2ª ed. vol. I. München: C. H. Beck, 2012, § 10 parágrafo 136.

– em direção à "cooperação administrativa em modelo multinível"[138] geralmente exigida – torna indispensável a troca de informações entre os respectivos tomadores de decisão, o que, por sua vez, deve tornar-se (constitucionalmente) disciplinado. Trata-se de conhecimentos objetivos já disponíveis em um contexto, por exemplo, junto a autoridades administrativas estrangeiras, que posteriormente devem ser transmitidos aos respectivos contextos jurídicos, para que, assim, sua aplicação também seja orientada por disposições de fora de seu domínio. Para essa troca de informações entre autoridades nacionais e internacionais ou supranacionais, estrangeiras e domésticas, estruturas jurídicas devem ser criadas e o arcabouço já existente ainda mais expandido.[139] É próprio do momento atual que o intercâmbio de informações não seja mais realizado exclusivamente ou, pelo menos, principalmente, por meio dos canais diplomáticos, como é o caso da comunicação internacional clássica; mas, sim, os órgãos administrativos de tomada de decisão devem se comunicar mais diretamente uns com os outros,[140] usando modernas tecnologias de informação. As redes de comunicação estão surgindo em nível global, nas quais as respectivas autoridades nacionais trocam informações

---

138 SCHMIDT-ASSMANN, Eberhard. "Einige Überlegungen zum Thema: Die Wissenschaft vom Verwaltungsrecht". *In*: *Die Wissenschaft vom Verwaltungsrecht. Werkstattgespräch aus Anlaß des 60. Geburtstages von Prof. Dr. Eberhard Schmidt-Aßmann.* (DV Beiheft 2). Berlim: Duncker & Humblot, 1999, pp. 177 e ss. (185).

139 Cf. SLAUGHTER, Anne-Marie. "Global Government Networks, Global Information Agencies, and Disaggregated Democracy". *In*: LADEUR, Karl-Heinz (Coord.). *Public Governance in the Age of Globalization.* Aldershot: Ashgate, 2004, pp. 121 e ss.

140 Cf. BOGDANDY, Armin von. "Die Informationsbeziehungen im europäischen Verwaltungsverbund". *In*: HOFFMANN-RIEM, Wolfgang; SCHMIDT-ASSMANN, Eberhard; VOSSKUHLE, Andreas (Coord.). *Grundlagen des Verwaltungsrechts*: Methoden, Maßstäbe, Aufgaben, Organisation. 2ª ed. vol. I. München: C. H. Beck, 2012, § 25 parágrafo 31.

e coordenam suas atividades.[141] Essa pluralização dos canais de comunicação não é de forma alguma evidente; tradicionalmente, as competências correspondentes eram bastante monopolizadas pelo poder público e essa monopolização era justificada pela "exigência de uniformidade na aparência externa do Estado".[142] No entanto, existem técnicas experimentadas e testadas há décadas e às quais o Direito Administrativo Informacional pode se vincular, não apenas no nível intergovernamental, mas também no nível dos processos de comunicação interadministrativa. Por exemplo, podem citar-se os acordos de dupla tributação da área do Direito Financeiro, em que não só as questões de receitas fiscais, mas também a troca de dados entre as respectivas autoridades fiscais constituem componentes típicos do acordo bilateral. Outros acordos similares também foram encontrados há tempos no Direito Social. Nele também os acordos bilaterais constituem a base para a assistência administrativa mútua, incluindo a troca oficial de informações.[143] A terceira área em que a experiência com a troca de informações direcionada entre autoridades estatais foi adquirida por décadas é o Direito da Segurança Pública [*Sicherheitsrecht*], em um sentido amplo, abrangendo tanto a ação repressiva bem como as atividades de prevenção de perigos.[144] No

---

141 Cf. SLAUGHTER, Anne-Marie. *A New World Order*. Princeton: Princeton University Press, 2004.

142 Cf. MÖLLERS, Christoph. "Transnationale Behördenkooperation. Verfassungs- und völkerrechtliche Probleme transnationaler administrativer Standardsetzung". *Zeitschrift für ausländisches öffentliches recht und völkerrecht*, vol. 65, 2005, pp. 351 e ss. (352).

143 Quanto a ambos os exemplos, ver SCHMIDT-ASSMANN, Eberhard. "Die Herausforderung der Verwaltungsrechtswissenschaft durch die Internationalisierung der Verwaltungsbeziehungen". *Der Staat*, vol. 45, 2006, p. 318 f. No que tange ao Direito Tributário ver LUDWIG, Thorsten. "Internationaler Informationsaustausch der Finanzbehörden". *PStR*, 1998, pp. 200 e ss.

144 Para o conceito, ver SCHÖNDORF-HAUBOLD, Bettina. "Europäisches Sicherheitsverwaltungsrecht". *In*: TERHECHTE, Jörg Philipp (Coord.). *Verwaltungsrecht der Europäischen Union*. Baden-Baden: Nomos, 2011, § 35 parágrafo 1; para maior detalhes ver SCHÖNDORF-HAUBOLD,

ramo do Direito da União Europeia, as formas de diferentes redes de informação concentram-se tanto na dimensão vertical, na relação entre os Estados-membros e os órgãos comunitários, como na dimensão horizontal, de intercâmbio de informações entre os Estados membros.[145] *Armin von Bogdandy* já pode, há mais de uma década, constatar que a "regulamentação da troca de informações entre os Estados membros tem o objetivo de tornar as administrações estatais mais eficazes" – e, claro, que isso significa especialmente: tornar a implementação das metas do Direito da União Europeia mais eficazes –, "mostrando-se uma tarefa central da União Europeia",[146] o que somente se intensificou desde então. O "arcabouço administrativo europeu"[147] notabiliza-se, agora, por sua íntima relação com a informação, que está no mesmo patamar, quando não em um nível superior, em relação às clássicas competências administrativas. A definição de fatos administrativos de *Eberhard Schmidt-Aßmann* no arcabouço jurídico da União Europeia pode, assim, ser entendida tanto de forma descritiva quanto programática: "a administração do espaço da União Europeia ocorre em uma *rede de informação*,

---

Bettina. *Europäisches Sicherheitsverwaltungsrecht*. Baden-Baden: Nomos, 2010.

145 Em relação a essa diferenciação, ver SYDOW, Gernot. *Verwaltungskooperation in der Europäischen Union*: Zur horizontalen und vertikalen Zusammenarbeit der europäischen Verwaltungen am Beispiel des Produktzulassungsrecht. Tübingen: Mohr Siebeck, 2004, pp. 1 e ss.

146 VON BOGDADY, Armin. *Information und Kommunikation in der Europäischen Union*, p. 184.

147 No tocante ao conceito, ver SCHMIDT-ASSMANN, Eberhard. "Einleitung: Der Europäische Verwaltungsverbund und die Rolle des Europäischen Verwaltungsrechts". *In*: SCHMIDT-ASSMANN, Eberhard; SCHÖNDORF-HAUBOLD, Bettina (Coord.). *Der europäische Verwaltungsverbund*: Formen und Verfahren der Verwaltungszusammenarbeit in der EU. Tübingen: Mohr Siebeck, 2006, pp. 1 e ss.

decisão e *controle* entre os Estados membros e os próprios poderes comunitários".[148]

Considerando esse desenvolvimento da internacionalização da ação administrativa, pode-se afirmar também que ela não é apenas acompanhada pelos desdobramentos da tecnologia da informação, mas, sim, acelerada e, em alguns casos, viabilizada prioritariamente.[149] Como a própria tecnologia também está se internacionalizando, ela contribui para uma tendência à dissolução das rígidas fronteiras nacionais.[150] Os processos de comunicação e de informação que se tornam necessários devem, por sua vez, recorrer às possibilidades tecnológicas de um mundo globalmente conectado.[151] Fechando, assim,

---

148 SCHMIDT-ASSMANN, Eberhard. "Verfassungsprinzipien für den Europäischen Verwaltungsverbund". *In*: HOFFMANN-RIEM, Wolfgang; SCHMIDT-ASSMANN, Eberhard; VOSSKUHLE, Andreas (Coord.). *Grundlagen des Verwaltungsrechts*: Methoden, Maßstäbe, Aufgaben, Organisation. 2ª ed. vol. I. München: C. H. Beck, 2012, § 5, parágrafo 16. De maneira mais detalhada sobre a rede administrativa europeia como uma rede de informação BOGDANDY, Armin von. "Die Informationsbeziehungen im europäischen Verwaltungsverbund". *In*: HOFFMANN-RIEM, Wolfgang; SCHMIDT-ASSMANN, Eberhard; VOSSKUHLE, Andreas (Coord.). *Grundlagen des Verwaltungsrechts*: Methoden, Maßstäbe, Aufgaben, Organisation. 2ª ed. vol. I. München: C. H. Beck, 2012.

149 Comparar com a "dissolução de fronteiras pela informação" em SCHOCH, Friedrich. "Öffentlich-rechtliche Rahmenbedingungen einer Informationsordnung". *Veröffentlichungen der Vereinigung der Deutschen Staatsrechtslehrer*, 57, 1998, pp. 158 e ss. (171 e ss.).

150 Cf. VESTING, Thomas. "Zwischen Gewährleistungsstaat und Minimalstaat. Zu den veränderten Bedingungen der Bewältigung öffentlicher Aufgaben in der 'Informations- oder Wissensgesellschaft". *In*: HOFFMANN-RIEM, Wolfgang; SCHMIDT-ASSMANN, Eberhard (Coord.). *Verwaltungsrecht in der Informationsgesellschaft*. Baden-Baden: Nomos, 2000, p. 103, em relação a GUÉHENNO, Jean Marie. *Das Ende der Demokratie*. München: Artemis & Winkler, 1994, pp. 17 e ss. e 26 e ss., e CREVELD, Martin van. *Aufstieg und Untergang des Staates*. München: Gerling Akademie Verlag, 1999, pp. 416 e ss.

151 Para o movimento correspondente em geral, ver THOMPSON, John B. "The Globalization of Communication". *In*: HELD, David;

o círculo. "O mundo está se tornando um gigantesco intercâmbio de informações, e quanto mais informações houver, mais desequilíbrios surgem",[152] aos quais é preciso reagir com mais e melhor troca de informações. Dessa forma, a pressão por adaptação que surge para o Direito em âmbito nacional, como resultado da mudança para uma sociedade baseada no conhecimento, está dialeticamente ligada à internacionalização do sistema jurídico; ambas as tendências interagem e se reforçam mutuamente.[153] Isso também se aplica ao desenvolvimento de um "Direito Administrativo Global"[154] que rompa com os laços nacionais.

Contudo, a troca de informações torna-se problemática quando não são dados explícitos que já foram armazenados visando a uma finalidade específica, mas estoques de conhecimentos implícitos,

---

MCGREW, Anthony (Coord.). *The Global Transformations Reader*: An Introduction to the Globalization Debate. 2ª ed. Cambridge: Polity Press, 2003, pp. 246 e ss.

152 GUÉHENNO, Jean Marie. *Das Ende der Demokratie*. München: Artemis & Winkler, 1994, p. 89.

153 De maneira mais detalhada em AUGSBERG, Ino. "Observing (the) Law: The 'Epistemological Turn' in Public Law and the Evolution of Global Administrative Law". *In*: JURČYS, Paulius; KJAER, Poul F.; YATSUNAMI, Ren (Coord.). *Regulatory Hybridization in the Transnational Sphere*. Leiden: Martinus Nijhoff, 2013. Em geral, sobre a interferência de ambas as dinâmicas ver WILLKE, Helmut. *Systemisches Wissensmanagement*. 2ª ed. Stuttgart: Lucius & Lucius, 2001, p. 334.

154 Para um lado fundamental da questão, ver KINGSBURY, Benedict; KRISCH, Nico; STEWART, Richard B. "The Emergence of Global Administrative Law". *Law and Contemporary Problems*, vol. 68, 2005, pp. 15 e ss.; outra perspectiva do mesmo assunto em MÖLLERS, Christoph; VOSSKUHLE, Andreas; WALTER, Christian (Coord.). *Internationales Verwaltungsrecht*: Eine Analyse anhand von Referenzgebieten. Tübingen: Mohr Siebeck, 2007. Para uma diferenciação entre ambas as abordagens, ver MÖLLERS, Christoph; TERHECHTE, Jörg Philipp. "Europäisches Verwaltungsrecht und Internationales Verwaltungsrecht". *In*: TERHECHTE, Jörg Philipp (Coord.). *Verwaltungsrecht der Europäischen Union*. Baden-Baden: Nomos, 2011, parágrafo 7 e ss.

presentes no caso concreto.[155] O conhecimento implícito consiste, por um lado, em habilidades técnicas e manuais que só podem ser adquiridas ao longo de anos de prática, por meio da recorrência, mas que não podem ser simplesmente articuladas.[156] Por outro lado, o conhecimento implícito tem uma importante dimensão cognitiva: "*it consists of mental models, beliefs and perspectives so ingrained that we take them for granted, and therefore cannot easily articulate them*".[157] Ambos os lados do conhecimento implícito se referem às dificuldades particulares em lidar com esse tipo de conhecimento. O conhecimento implícito "quase necessariamente só existe localmente e só pode ser transferido por mediação pessoal".[158] Para poder transmiti-lo, em primeiro lugar, ele deve ser trazido para uma forma explícita adequada. Entretanto, existe o risco de que o conteúdo crucial do conhecimento implícito se perca nesse processo de

---

155 Para a distinção entre as duas formas de conhecimento, ver fundamentalmente POLANYI, Michael. *Implizites Wissen*. Frankfurt am Main: Suhrkamp, 1985. Para a diferenciação entre outros tipos de conhecimento, ver BAECKER, Dirk. "Zum Problem des Wissens in Organisationen". *In*: ______. *Organisation als System*: Aufsätze. Frankfurt am Main: Suhrkamp, 1999, pp. 68 e ss. (70 e ss.); em particular, do ponto vista jurídico em HOFFMANN-RIEM, Wolfgang. "Wissen als Risiko – Unwissen als Chance. Herausforderungen auch an die Rechtswissenschaft". *In*: AUGSBERG, Ino (Coord.). *Ungewissheit als Chance*: Perspektiven eines produktiven Umgangs mit Unsicherheit im Rechtssystem. Tübingen: Mohr Siebeck, 2009, pp. 17 e ss. (24 e ss.).

156 Cf. NONAKA, Ikujiro. "The Knowledge-Creating Company". *In*: HARVARD BUSINESS PRESS (Coord.). *Harvard Business Review on Knowledge Management*. Boston: Harvard Business Press, 1987, pp. 21 e ss. (28).

157 NONAKA, Ikujiro. "The Knowledge-Creating Company". *In*: HARVARD BUSINESS PRESS (Coord.). *Harvard Business Review on Knowledge Management*. Boston: Harvard Business Press, 1987.

158 TRUTE, Hans-Heinrich. "Wissen – Einleitende Bemerkungen". *In*: RÖHL, Hans Christian (Coord.). *Wissen – Zur kognitiven Dimension des Rechts*. (DV Beiheft 9). Berlim: Duncker & Humblot, 2010, pp. 11 e ss. (19).

transformação.[159] O problema já se coloca no contexto doméstico,[160] mas torna-se ainda mais agudo na transição para o nível internacional e transnacional. A internacionalização das relações administrativas e a consequente internacionalização do Direito Administrativo tornam cada vez mais difícil o acesso aos saberes implícitos que se distribuem nas sociedades e que se ligam às peculiaridades e costumes locais – porém, é preciso encontrar soluções a essa dificuldade.

1.6 Definições de conceitos

Assim, o Direito Administrativo Informacional refere-se ao Direito Administrativo dentro do contexto da sociedade do conhecimento globalizada. Ele designa um Direito que, de mudança reflexiva, se descola dos seus fundamentos normativos e cognitivos e se compromete ativamente a reconstruí-los. Todavia, uma análise mais precisa das tarefas concretas decorrentes do Direito Administrativo Informacional requer uma diferenciação que até agora ainda não foi feita. Ao invés de apenas curto-circuitar informação e conhecimento, os respectivos conteúdos conceituais devem ser diferenciados uns dos outros, deixando claras suas funções sociais específicas.[161] É evidente

---

159 Para o problema, ver NONAKA, Ikujiro. "The Knowledge-Creating Company". *In*: HARVARD BUSINESS PRESS (Coord.). *Harvard Business Review on Knowledge Management*. Boston: Harvard Business Press, 1987, com referência às abordagens fundamentais sobre "*tacit knowledge*" de Michael Polanyi e Ikuko Tanaka.

160 Cf. SCHERZBERG, Arno. "Zum Umgang mit implizitem Wissen – eine disziplinenübergreifende Perspektive". *In*: SCHUPPERT, Gunnar Folke; VOSSKUHLE, Andreas (Coord.). *Governance von und durch Wissen*. Baden-Baden: Nomos, 2008, pp. 240 e ss.

161 Para as tentativas semelhantes já empreendidas na jurisprudência, ver DRUEY, Jean Nicolas. *Information als Gegenstand des Rechtp*: Entwurf einer Grundlegung. Baden-Baden: Nomos, 1995, pp. 3 e ss.; ALBERS, Marion. "Zur Neukonzeption des grundrechtlichen 'Daten'schutzes". *In*: HARNISCH, Andreas; KUGELMANN, Dieter; REPKEWITZ, Ulrich (Coord.). *Herausforderungen an das Recht der Informationsgesellschaft*. Stuttgart, 1996, pp. 113 e ss. (121 e ss.);

que não se trata de uma determinação ontológica da essência, mas apenas do esclarecimento do horizonte de compreensão em que a terminologia é abordada a seguir. Busca-se uma abordagem pragmática e orientada para o problema, segundo a qual as disposições dadas não reivindicam validade universal, mas apenas funcionam numa perspectiva específica.[162] Ao mesmo tempo, isso expressa que os conceitos em questão não apenas designam seu campo disciplinar, mas também o constituem.

Logo, ambos os conceitos não são idênticos, mas os fenômenos que eles descrevem não são simplesmente incomunicáveis entre si. Ao

---

SCHOCH, Friedrich. "Öffentlich-rechtliche Rahmenbedingungen einer Informationsordnung". *Veröffentlichungen der Vereinigung der Deutschen Staatsrechtslehrer*, 57, 1998, pp. 166 e ss.; HOFFMANN-RIEM, Wolfgang. "Verwaltungsrecht in der Informationsgesellschaft – Einleitende Problemskizze". *In*: HOFFMANN-RIEM, Wolfgang; SCHMIDT-ASSMANN, Eberhard (Coord.). *Verwaltungsrecht in der Informationsgesellschaft*. Baden-Baden: Nomos, 2000, p. 12; VESTING, Thomas. "Die Bedeutung von Information und Kommunikation für die verwaltungsrechtliche Systembildung". *In*: HOFFMANN-RIEM, Wolfgang; SCHMIDT-ASSMANN, Eberhard; VOSSKUHLE, Andreas (Coord.). *Grundlagen des Verwaltungsrechts*: Informationsordnung, Verwaltungsverfahren, Handlungsformen. vol. II. München: Verlag C. H. Beck, 2012, parágrafo 11 ff; KLUTH, Winfried. "Die Strukturierung von Wissensgenerierung durch das Verwaltungsorganisationsrecht". *In*: DÖHMANN, Indra Spiecker gen.; COLLIN, Peter (Coord.). *Generierung und Transfer staatlichen Wissens im System des Verwaltungsrechts*. Tübingen: Mohr Siebeck, 2008, pp. 73 e ss. (75 e ss.). Breve panorama do uso do termo informação na doutrina jurídica e na jurisprudência do Tribunal Constitucional Federal em VESTING, Thomas. "Zur Entwicklung einer 'Informationsordnung'". *In*: BADURA, Peter; DREIER, Horst (Coord.). *Festschrift 50 Jahre Bundesverfassungsgericht*. Tübingen: Mohr Siebeck, 2001, pp. 219 e ss. (222 e ss.).

162 De maneira geral, sobre a questão da concepção dos conceitos em DELEUZE, Gilles; GUATTARI, Félix. *Was ist Philosophie?* Frankfurt am Main, 1991, pp. 21 e ss.; em relação a isso ver GANE, Nicholas; BEER, David. *New Media*: The Key Concepts. Oxford: Berg, 2008, pp. 1 e ss.

contrário, o conhecimento é uma forma de informação processada e interpretada.[163]

> "O conhecimento surge quando a informação é combinada (pela primeira vez) com um contexto experimental ou quando a informação pode ser inserida dentro de um contexto experimental existente e pode ser adaptada para lidar com esse panorama". Essa "adaptação" não se limita ao acordo/consenso, mas, sim, também pode ser baseada em desvios e diferenças – quando, então, surgiria um conhecimento novo ou revisado".[164] O conhecimento, portanto, não é um acervo amplamente fechado e estático de sabedoria individual retirado do passado e de suas possíveis conexões, mas um processo dinâmico e autorreferencial de processamento contínuo de informações, no qual um estágio de conhecimento se sobrepõe ao outro.[165] O conhecimento é uma condição reguladora dos processos de aprendizado, mais precisamente: para a incorporação das oportunidades de aprendizado na estrutura atual de expectativas. Se as oportunidades de aprendizado devem ser expandidas, o nível de conhecimento deve ser preparado na mesma medida. Ele deve, implícita ou explicitamente, estar pronto para sua própria mutabilidade.[166]

Como a referência ao significado de conhecimento implícito já deixou claro, o conhecimento nesse sentido "não é simplesmente o

---

163 Cf. BREIDBACH, Olaf. *Neue Wissensordnungen*: Wie aus Informationen und Nachrichten kulturelles Wissen entsteht. Frankfurt am Main: Suhrkamp, 2008, pp. 11 e ss.

164 WILLKE, Helmut. *Dystopia*: Studien zur Krisis des Wissens in der modernen Gesellschaft. Frankfurt am Main: Suhrkamp, 2002, p. 15; Cf. WILLKE, Helmut. *Systemisches Wissensmanagement*. 2ª ed. Stuttgart: Lucius & Lucius, 2001, p. 11.

165 Cf. VESTING, Thomas. *Die Medien des Rechts*: Sprache. Weilerswist: Velbrück, 2011, p. 14.

166 LUHMANN, Niklas. *Soziale Systeme*: Grundriß einer allgemeinen Theorie. Frankfurt am Main: Suhrkamp, 1984, p. 448.

condensado linguístico de nossas experiências"; ao contrário, é "ao mesmo tempo construído e preservado em nossos procedimentos, nossas práticas e as estruturas que os possibilitam".[167]

Apesar de o conhecimento não ser estático, mas operacional, ele deve ser diferenciado da informação. Ser entendido como informação é "o valor surpresa da notícia dado um número limitado ou ilimitado de outras possibilidades".[168] A informação descreve, assim, a comunicação de algo novo no sentido de uma mudança no estado do sistema ou do ambiente que ainda não se refletiu nas estruturas de experiência previamente existentes, mas, sim, as provoca e as motiva a fazer ajustes estruturais.[169] A informação é o excedente sobre o nível de redundância que está inevitavelmente associado a qualquer processo de comunicação.[170] O caráter de novidade da mensagem não precisa estar relacionado à dimensão factual; também pode ser causada por mudanças puramente temporais no contexto. Nesse sentido, o valor surpresa não deve ser superestimado. Eventos há muito esperados também podem representar informações se ocorrerem (ou mesmo se não ocorrerem).[171] De qualquer forma, o elemento surpresa não deve ser entendido como o abandono do caráter construtivo do evento global em favor de uma experiência

---

167 BREIDBACH, Olaf. *Neue Wissensordnungen*: Wie aus Informationen und Nachrichten kulturelles Wissen entsteht. Frankfurt am Main: Suhrkamp, 2008, p. 13.

168 LUHMANN, Niklas. *Das Recht der Gesellschaft*. Frankfurt am Main: Suhrkamp, 1993, p. 352.

169 Cf. ESPOSITO, Elena. *Soziales Vergessen*: Formen und Medien des Gedächtnisses der Gesellschaft. Frankfurt am Main: Suhrkamp, 2002, pp. 260 e ss.

170 Cf. ERNST, Wolfgang. *Das Gesetz des Gedächtnisses*: Medien und Archive am Ende (des 20. Jahrhunderts). Berlim: Kulturverlag, 2007, p. 19.

171 Cf. ALBERS, Marion. "Information als neue Dimension im Recht". *Rechtstheorie*, vol. 33, 2002, p. 71.

puramente passiva.[172] A única coisa que pode surpreender é algo que vá ao encontro de certas estruturas pré-concebidas, tornando o acontecimento surpreendente compreensível e distinguindo-o de um mero "ruído" sem conteúdo informativo.[173] Em outras palavras, a captação de informações pressupõe um "horizonte de expectativa" interno ao sistema, uma estrutura de critérios de relevância endereçáveis, com base nos quais um evento surpreendente pode ser apreendido.[174] Em virtude disso, emerge o paradoxo do conceito de informação: "a surpresa só existe para quem a sabe esperar – ou em outros termos: a novidade só existe se houver estruturas que a possam apreender (ou seja, apenas se ela não for mais nova)".[175] Essas estruturas, por sua vez, não existem simplesmente como um substrato ontológico do processo de comunicação, mas são geradas ativamente nos atos comunicativos pelo destinatário, selecionando e repetindo formas individuais de operação, solidificando-as lentamente em estruturas

172 Ver sobre certas ambiguidades no conceito de informação de Luhmann, que oscila entre o fechamento autopoiético do sistema e sua suscetibilidade à provocação de fora em KOSCHORKE, Albrecht. "Die Grenzen des Systems und die Rhetorik der Systemtheorie". *In*: KOSCHORKE, Albrecht; VISMANN, Cornelia (Coord.). *Widerstände der Systemtheorie*: Kulturtheoretische Analysen zum Werk von Niklas Luhmann. Berlim: Akademie Verlag, 1999, pp. 49 e ss. (sobretudo pp. 53 e ss.).

173 Cf. WILLKE, Helmut. *Systemisches Wissensmanagement*. 2ª ed. Stuttgart: Lucius & Lucius, 2001, p. 8.

174 Cf. LUHMANN, Niklas. "Closure and Openness: On Reality in the World of Law". *In*: TEUBNER, Gunther (Coord.). *Autopoietic Law*: a New Approach to Law and Society. Berlim: De Gruyter, 1988, pp. 335 e ss. (343): "A informação nada mais é do que uma seleção exclusivamente interna ao sistema – condicionada pelo horizonte de seleção do sistema".

175 ESPOSITO, Elena. *Soziales Vergessen*: Formen und Medien des Gedächtnisses der Gesellschaft. Frankfurt am Main: Suhrkamp, 2002, p. 264. Sobre a questão, ver ESPOSITO, Elena. "Geplante Neuheit: die Normalität der Reform". *In*: CORSI, Giancarlo; ESPOSITO, Elena (Coord.). *Reform und Innovation in einer unstabilen Gesellschaft*. Stuttgart: Lucius & Lucius, 2005, pp. 51 e ss.

e, ao mesmo tempo, atualizando-as operacionalmente de maneira contínua.[176] Por último, mas não menos importante, a tarefa de gestão adequada da informação reside na criação e desenvolvimento dessas estruturas. Haja vista que somente com base nelas podem "situações ser observadas, informações coletadas e interpretadas – ou não observadas, não avaliadas e descartadas como irrelevantes".[177]

Se, por sua vez, o caráter construtivo do processamento da informação é colocado em primeiro plano, isso significa que, em certo sentido, voltando-se contra Luhmann, o modo de falar de uma identidade objetiva da informação[178] é enganoso, porque cada pedaço de informação é fundamentalmente apenas para um observador específico com seus critérios específicos de relevância, com seu valor surpresa específico – também determinado pela situação.[179] "O sistema destinatário determina o contexto e, assim, transforma os dados em informações".[180] O conceito de informação está, assim, ligado à teoria moderna da comunicação e dos meios, que, em contraste com a orientação básica da perspectiva tradicional, também enfatiza a relevância substancial do destinatário.[181] Nesse sentido,

---

176 Cf. LUHMANN, Niklas. *Die Wissenschaft der Gesellschaft*. Frankfurt am Main: Suhrkamp, 1990, pp. 129 e ss.

177 EDELING, Thomas. "Einleitung: Was lässt sich von Wissenssteuerung und Wissensmanagement erwarten?" *In*: EDELING, Thomas; JANN, Werner; WAGNER, Dieter (Coord.). *Wissensmanagement in Politik und Verwaltung*. Wiesbaden: VS Verlag für Sozialwissenschafter, 2004, pp. 7 e ss. (8).

178 Cf. LUHMANN, Niklas. *Die Gesellschaft der Gesellschaft*. Frankfurt am Main: Suhrkamp, 1997, p. 310: "objetivamente (...) a mesma informação".

179 Para mais detalhes da crítica, ver STÄHELI, Urs. *Sinnzusammenbrüche*: eine dekonstruktive Lektüre von Niklas Luhmanns Systemtheorie. Weilerswist: Velbrück Wissenschaft, 2000, pp. 113 e ss.

180 ERNST, Wolfgang. *Das Rumoren der Archive*: Ordnung aus Unordnung. Berlim: Merve, 2002, p. 141.

181 Como, por exemplo, em KRÄMER, Sybille. *Medium, Bote, Übertragung*: Kleine Metaphysik der Medialität. Frankfurt am Main: Suhrkamp,

a informação é essencialmente um processo influenciado pelo horizonte do destinatário. "Compreender" não descreve apenas o resultado, mas, sim, o pré-requisito necessário para toda comunicação bem-sucedida.[182] O que repercute no conceito de "transmissão de informações" ou "intercâmbio de informações", que não deve ser entendido em sentido compulsório:

> diferentemente do impulso eletrônico, que influencia diretamente o estado da máquina de processamento de dados, a compreensão de uma mensagem é sempre com base em um processo independente e não determinado de *processamento* de informações, que inclui a aquisição da informação (anteriormente gerada pelo remetente) pelo destinatário. Portanto, as informações não podem ser "transferidas" do ambiente para a Administração.[183]

2008, p. 107. De uma perspectiva metodológica do direito (seguindo Roland Barthes e Jacques Derrida) AUGSBERG, Ino. *Die Lesbarkeit des Rechtp*: Texttheoretische Lektionen für eine postmoderne juristische Methodologie. Weilerswist: Velbrück Wissenschaft, 2009, pp. 95 e ss. Em geral, para o conceito de informação seguindo a concepção de Gregory Bateson de "diferença que faz a diferença", ver ALBERS, Marion. "Information als neue Dimension im Recht". *Rechtstheorie*, vol. 33, 2002, pp. 68 e ss.

182 Cf. VESTING, Thomas. "Zur Entwicklung einer 'Informationsordnung'". *In*: BADURA, Peter; DREIER, Horst (Coord.). *Festschrift 50 Jahre Bundesverfassungsgericht*. Tübingen: Mohr Siebeck, 2001, p. 221.

183 VESTING, Thomas. "Die Bedeutung von Information und Kommunikation für die verwaltungsrechtliche Systembildung". *In*: HOFFMANN-RIEM, Wolfgang; SCHMIDT-ASSMANN, Eberhard; VOSSKUHLE, Andreas (Coord.). *Grundlagen des Verwaltungsrechts*: Informationsordnung, Verwaltungsverfahren, Handlungsformen. vol. II. München: Verlag C. H. Beck, 2012, parágrafo 19. Ver também no que diz respeito à informação como um "evento pontual". VESTING, Thomas. "Zur Entwicklung einer 'Informationsordnung'". *In*: BADURA, Peter; DREIER, Horst (Coord.). *Festschrift 50 Jahre Bundesverfassungsgericht*. Tübingen: Mohr Siebeck, 2001, p. 221.

Assim, aplica-se o seguinte: “a informação é produzida exclusivamente dentro do sistema e não é “transportada” de subsistema para subsistema”.[184] A troca ou transferência de conhecimento ou informação pode, portanto, na melhor das hipóteses, ser falada em um sentido metafórico. É necessário mais do que uma reconstrução ativa: para poder explicar adequadamente o elemento estrutural específico da “informação para um observador específico”,[185] o processamento da informação deve ser organizado reflexivamente. Se uma troca de informações for realizada plenamente, isso significa que não é a mensagem isolada que precisa ser comparada, mas, sim, as estruturas que a tornam possível por meio da contextualização suficiente e, idealmente, que elas sejam reflexivamente organizadas. O simples fato do acesso compartilhado aos dados não garante o *information sharing*.[186]

Essa distinção leva ao terceiro termo a ser esclarecido. Os dados devem novamente ser diferenciados da informação no sentido apregoado. A partir da perspectiva da informação, os dados tornam-se informação “ao colocá-la num primeiro plano de relevância válido a um determinado sistema”.[187] Assim, dados são mensagens, cujo conteúdo ainda é indeterminado pela falta de contextualização e, portanto, não podem ser registrados como informações (provocativas). “Subdeterminado” não significa “indeterminado”, ao contrário: os

---

184 TEUBNER, Gunther. *Recht als autopoietisches System*. Frankfurt am Main: Suhrkamp, 1989, p. 99.

185 Em relação a isso ver, BAECKER, Dirk. “Wenn es im System rauscht”. *In*: ______. *Organisation als System*: Aufsätze. Frankfurt am Main: Suhrkamp, 1999, pp. 38 e ss.

186 Também HOFFMANN-RIEM, Wolfgang. “Verwaltungsrecht in der Informationsgesellschaft – Einleitende Problemskizze”. *In*: HOFFMANN-RIEM, Wolfgang; SCHMIDT-ASSMANN, Eberhard (Coord.). *Verwaltungsrecht in der Informationsgesellschaft*. Baden-Baden: Nomos, 2000, p. 24.

187 WILLKE, Helmut. *Systemisches Wissensmanagement*. 2ª ed. Stuttgart: Lucius & Lucius, 2001, p. 8.

dados são fortemente formalizados e, portanto, "signos ou símbolos" de livre interpretação, nos quais não há necessidade de seleção no processo de compreensão.[188] No entanto, eles não são dados "em si", mas, sim, sempre estão sempre relacionados ao observador.[189] Por um lado, a formalização dos dados permite que eles sejam comunicados para além do sistema determinante do contexto e dos limites organizacionais, mas, por outro lado, justifica sua expressividade muito limitada.[190] Como signos formais descontextualizados, os dados ganham significado apenas por meio da recontextualização. Eles devem estar situados em um contexto existente.[191]

Essas diferenciações conceituais devem ser mantidas com atenção para os momentos vindouros. Contudo, também deve ser apontado que elas nem sempre são estritamente respeitadas. Elas não são rigorosamente seguidas, principalmente, nos textos jurídicos a serem examinados, na jurisprudência[192] e na doutrina jurídica es-

---

188 VESTING, Thomas. "Die Bedeutung von Information und Kommunikation für die verwaltungsrechtliche Systembildung". *In*: HOFFMANN-RIEM, Wolfgang; SCHMIDT-ASSMANN, Eberhard; VOSSKUHLE, Andreas (Coord.). *Grundlagen des Verwaltungsrech ts*: Informationsordnung, Verwaltungsverfahren, Handlungsformen. vol. II. München: Verlag C. H. Beck, 2012, parágrafo 11 (Nachweise weggelassen).

189 Cf. WILLKE, Helmut. *Systemisches Wissensmanagement*. 2ª ed. Stuttgart: Lucius & Lucius, 2001, p. 7.

190 Cf. SCHERZBERG, Arno. "Die öffentliche Verwaltung als informationelle Organisation". *In*: HOFFMANN-RIEM, Wolfgang; SCHMIDT-ASSMANN, Eberhard (Coord.). *Verwaltungsrecht in der Informationsgesellschaft*. Baden-Baden: Nomos, 2000, p. 199 f.

191 Cf. RHEINBERGER, Hans-Jörg. *Iterationen*. Berlim: Merve, 2005, pp. 9 e ss.

192 Por exemplo, a crítica ao uso "reificativo" do termo informação pelo Tribunal Constitucional Federal em ALBERS, Marion. "Zur Neukonzeption des grundrechtlichen 'Daten'schutzes". *In*: HARNISCH, Andreas; KUGELMANN, Dieter; REPKEWITZ, Ulrich (Coord.). *Herausforderungen an das Recht der Informationsgesellschaft*.

pecializada.[193] O termo proteção de dados pode servir de exemplo. Se fosse baseado no conceito proposto de dados técnicos, o termo não faria mais sentido. Haja vista que os dados como signos meramente formais passíveis de interpretação não apresentam nenhuma ameaça potencial à autodeterminação informacional do indivíduo; para isso, eles já devem estar condensados em informações, ou seja, estar relacionados a um contexto interpretativo específico.[194] A definição de termos no § 2 nº 2 da Lei da Liberdade de Informação [*Informationsfreiheitsgesetz*- IFG], que obviamente iguala ambos os vocábulos com a expressão "dados pessoais ou outras informações",[195]

Stuttgart: Boorberg, 1996, p. 121, com referência à decisão do Tribunal Constitucional Alemão nº 65, 1 (44).

193 Ver, por exemplo, um uso expressamente sinônimo dos termos conhecimento e informação em DÖHMANN, Indra Spiecker Genannt. "Informationsgewinnung im Umweltrecht durch materielles Recht". *DVBl*, 2006, pp. 278 e ss. (278 Anm. 1). Além disso, para a suposição de identidade por razões pragmáticas, apesar de uma diferenciação conceitual fundamentalmente desejável em DÖHMANN, Indra Spiecker Genannt. "Wissensverarbeitung im Öffentlichen Recht". *Rechtswissenschaft*, vol. 1, 2010, pp. 247 e ss. (253, 256).

194 Para a crítica correspondente, ver HOFFMANN-RIEM, Wolfgang. "Verwaltungsrecht in der Informationsgesellschaft – Einleitende Problemskizze". *In*: HOFFMANN-RIEM, Wolfgang; SCHMIDT-ASSMANN, Eberhard (Coord.). *Verwaltungsrecht in der Informationsgesellschaft*. Baden-Baden: Nomos, 2000, p. 12; VESTING, Thomas. "Die Bedeutung von Information und Kommunikation für die verwaltungsrechtliche Systembildung". *In*: HOFFMANN-RIEM, Wolfgang; SCHMIDT-ASSMANN, Eberhard; VOSSKUHLE, Andreas (Coord.). *Grundlagen des Verwaltungsrechts*: Informationsordnung, Verwaltungsverfahren, Handlungsformen. vol. II. München: Verlag C. H. Beck, 2012, parágrafo 15 e ss.; com mais detalhes em ALBERS, Marion. "Umgang mit personenbezogenen Informationen und Daten". *In*: HOFFMANN-RIEM, Wolfgang; SCHMIDT-ASSMANN, Eberhard; VOSSKUHLE, Andreas (Coord.). *Grundlagen des Verwaltungsrechts*: Informationsordnung – Verwaltungsverfahren – Handlungsformen. vol. II. 2ª ed. München: C. H. Beck, 2012, parágrafo 8 e ss.

195 De maneira ainda mais clara no § 3 Abp. 2 UIG, que declara expressamente sobre o conceito: "Informação é todos os dados disponíveis na fala, escrita ou em outros suportes de informação". Estruturalmente

é, portanto, terminologicamente problemática,[196] mas atinge em cheio o cerne do assunto.

Por fim, a distinção entre conhecimento, informação e dados também pode servir para definir com mais precisão o conceito de geração de conhecimento. Consequentemente, a geração de conhecimento em um sentido enfático significa não apenas encaixar novas informações em um contexto de experiência já existente que não foi fundamentalmente desestabilizado pelo efeito provocativo da informação. Ao contrário, ela significa o processo de emergência de um novo contexto de experiência, que ocorre por meio do encadeamento sistemático de informações que ainda não são significativas por si mesmas.

1.7 O Direito Administrativo Informacional como um Direito reflexivo

O Direito Administrativo Informacional descreve, assim, a orientação jurídica para o tratamento adequado da informação pelas autoridades administrativas, o que contribui para a construção jurídica interna do conhecimento e, assim, devido a um arranjo processual global, permite uma nova forma de tomada de decisão por meio de sua aplicação. Trata-se menos de trabalhar um fenômeno completamente novo e mais de praticar uma perspectiva diferente da tradicional, de tal sorte a descortinar um lado do objeto de investigação do Direito Administrativo que está totalmente dentro do

---

inversa, mas em concordância com o Art. 2º RL 95/46 que a define assim: "no contexto dessa diretiva, o termo a) denota "dados pessoais" que significa qualquer informação relativa a uma pessoa singular identificada ou identificável ("titular dos dados")".

196 Por exemplo, sobre a diferenciação necessária, ver ALBERS, Marion. "Zur Neukonzeption des grundrechtlichen 'Daten'schutzes". *In*: HARNISCH, Andreas; KUGELMANN, Dieter; REPKEWITZ, Ulrich (Coord.). *Herausforderungen an das Recht der Informationsgesellschaft*. Stuttgart: Boorberg, 1996, p. 121.

foco tradicional, mas que permaneceu obnubilado.[197] Pretende-se analisar a função epistêmica, muitas vezes latente dos mecanismos jurídicos, já consolidados, e a sua funcionalidade permanente face aos novos desafios cognitivos delineados. Se entendermos a maior reflexivização do Direito acompanhando essa mudança de perspectiva como o próprio sentido do discurso de uma processualização da decisão jurídica clássica,[198] fica parecendo que todo o Direito Administrativo Informacional é uma área essencialmente processual. A tarefa de "geração de conhecimento no processo", sob a insígnia de um estudo relevante dos últimos anos,[199] seria em grande parte idêntica à área temática aqui descrita. Por mais importante que seja a dimensão processual, a relevância do Direito Administrativo Informacional não se reflete apenas nela.[200] Igualmente determinantes são os clássicos programas jurídicos materiais, que, no âmbito da gestão do conhecimento administrativo, assumem muitas vezes uma importância ainda maior – sobretudo na forma de obrigações de

---

197 Ver problema geral de sombreamento causado pela perspectiva HUSSERL, Edmund. *Ideen zu einer reinen Phänomenologie und phänomenologischen Philosophie – Erstes Buch*: Allgemeine Einführung in die reine Phänomenologie. (Husserliana, vol. III). Den Haag: Nijhoff, 1950, § 41, pp. 91 e ss.

198 Cf. LADEUR, Karl-Heinz. *Postmoderne Rechtstheorie*: Selbstreferenz – Selbstorganisation – Prozeduralisierung. 2ª ed. Berlim: Duncker & Humblot, 1995, próximo ao conceito de Ladeur está AUGSBERG, Ino. "Il faut être absolument postmoderne: Ladeurs Rechtstheorie". *In*: AUGSBERG, Ino; GOSTOMZYK, Tobias; VIELLECHNER, Lars. *Denken in Netzwerken*: Zur Rechts- und Gesellschaftstheorie Karl-Heinz Ladeurs. Tübingen: Mohr Siebeck, 2009, pp. 36 e ss.

199 Cf. WOLLENSCHLÄGER, Burkard. *Wissensgenerierung im Verfahren*. Tübingen: Mohr Siebeck, 2009, C, nessa visão, a perspectiva investigativa real também vai muito além de um conceito processual estritamente compreendido.

200 WILLKE, Helmut. *Einführung in das systemische Wissensmanagement*. 2ª ed. Heidelberg: Carl-Auer-Systeme Verlag, 2007, p. 59, distingue entre as três dimensões de estruturas, processos e sistemas regulatórios, a qual estrutura poderia se refletir na genuína diferenciação jurídica de Direito Material, Direito Processual e Direito Organizacional.

envio de informação dirigidas aos cidadãos.[201] Todavia, também é significativo o contexto jurídico organizacional.[202] Em contraposição a uma perspectiva antropocêntrica que se concentra principalmente nas competências cognitivas do indivíduo, o conceito de conhecimento deve evitar de ser atribuído exclusivamente à consciência individual[203] e, sim, à "importância central do conhecimento *organizacional* para uma compreensão mais profunda dos problemas do conhecimento, do capital do conhecimento e da gestão do conhecimento".[204] O "conhecimento organizacional" deve ser entendido como "conhecimento que não está armazenado na cabeça das pessoas, mas nas formas operacionais, artefatos e outras incorporações de habilidades de resolução de problemas de um sistema social".[205] A importância dessa dimensão organizacional do problema do conhecimento tem impacto na estruturação jurídica das formas organizacionais.[206] Os

---

201 Cf. DÖHMANN, Indra Spiecker Genannt. "Die informationelle Inanspruchnahme des Bürgers im Verwaltungsverfahren: Der Amtsermittlungsgrundsatz nach § 24 VwVfG". *In*: DÖHMANN, Indra Spiecker Genannt; COLLIN, Peter (Coord.). *Generierung und Transfer staatlichen Wissens im System des Verwaltungsrechts*. Tübingen: Mohr Siebeck, 2008, pp. 196 e ss. (198).

202 Cf. KLUTH, Winfried. "Die Strukturierung von Wissensgenerierung durch das Verwaltungsorganisationsrecht". *In*: DÖHMANN, Indra Spiecker Genannt; COLLIN, Peter (Coord.). *Generierung und Transfer staatlichen Wissens im System des Verwaltungsrechts*. Tübingen: Mohr Siebeck, 2008.

203 Cf. LUHMANN, Niklas. *Die Wissenschaft der Gesellschaft*. Frankfurt am Main: Suhrkamp, 1990, p. 11.

204 WILLKE, Helmut. *Dystopia*: Studien zur Krisis des Wissens in der modernen Gesellschaft. Frankfurt am Main: Suhrkamp, 2002, p. 130.

205 WILLKE, Helmut. *Dystopia*: Studien zur Krisis des Wissens in der modernen Gesellschaft. Frankfurt am Main: Suhrkamp, 2002.

206 Em conexão com isso, poderia se perguntar se talvez a ampla negligência de *Luhmann* da dimensão organizacional em "Das Recht der Gesellschaft" (para tanto, ver WHITE, Harrison C. *Identity and Control*: How Social Formations Emerge. 2ª ed. Princeton: Princeton University Press, 2008, pp. 239 e ss.) – exceto para a organização dos tribunais (cf. LUHMANN, Niklas. *Das Recht der Gesellschaft*. Frankfurt

componentes necessários à formação de um conhecimento organizacional autônomo – nomeadamente instrumentos de observação independentes, critérios próprios de pertinência e contextos de experiência sólidos[207] – permitem, geralmente, também um controle jurídico especializado.

A processualização por meio da reflexivização do Direito Administrativo deve, portanto, ser entendida de forma mais ampla do que a referência processual clássica, por exemplo, no sentido da Lei do Processo Administrativo [*Verwaltungsverfahrensgesetz*-VwVfG].[208] Em última instância, ela deve referir-se também aos contextos e respectivos complementos funcionais das distintas dimensões jurídicas.[209] A mudança de perspectiva que precisa ser alcançada com foco no novo paradigma norteador da informação não se limita apenas à elaboração de instrumentos explicitamente relacionados à geração e ao processamento do conhecimento. Essa reformulação representa apenas o claro ponto de partida para um nível mais geral de observação, que analisa o conteúdo informacional de mecanismos jurídicos muito clássicos. O que pode ser indicado, por exemplo, com referência às funções clássicas dos direitos

---

am Main: Suhrkamp, 1993, pp. 329 e ss.) – uma das razões para isso é que ele facilmente atribuiu a administração ao sistema político (ver LUHMANN, Niklas. *Das Recht der Gesellschaft*. Frankfurt am Main: Suhrkamp, 1993, p. 431), mantendo, ao mesmo tempo, a clara distinção entre "cognitivamente aberto" e "operacionalmente/normativamente fechado".

207 Cf. WILLKE, Helmut. *Systemisches Wissensmanagement*. 2ª ed. Stuttgart: Lucius & Lucius, 2001, pp. 34 e ss.

208 Para a diferenciação da visão clássica, ver QUABECK, Christian. *Dienende Funktion des Verwaltungsverfahrens und Prozeduralisierung*. Tübingen: Mohr Siebeck, 2010, pp. 8 e ss. e 92 e ss.

209 Em relação a essa perspectiva complementar, ver MÖLLERS, Christoph. "Materielles Recht – Verfahrensrecht – Organisationsrecht. Zu Theorie und Dogmatik dreier Dimensionen des Verwaltungsrechts". *In*: TRUTE, Hans-Heinrich. (Coord.). *Allgemeines Verwaltungsrecht – zur Tragfähigkeit eines Konzepts*. Tübingen: Mohr Siebeck, 2008.

fundamentais. Dado que os direitos fundamentais são entendidos na leitura tradicional liberal do direito à defesa processual como modelos de distribuição do ônus da prova, isso não apenas indica que eles estabelecem um princípio de distribuição dos ônus da prova, como também aponta para a restrição dos direitos fundamentais pelo Estado.[210] Sob a ótica do Direito Administrativo Informacional, que se interessa pelos processos cognitivos, fica claro que os direitos fundamentais também contêm enunciados normativos sobre como lidar com distribuições assimétricas de informação e, assim, apresentam um conceito epistemológico para lidar com a incerteza.[211] Nessa perspectiva, o antigo princípio *in dubio pro libertate* nomeia uma regra de dúvida em favor dos estoques de conhecimento espalhados pela sociedade, o que, ao mesmo tempo, vai em detrimento da assunção de uma competência estatal centralizada de controle, que não tem mais acesso privilegiado a um conhecimento superior.[212] Essa função epistêmica de direitos fundamentais constitucionalmente garantidos para todo o sistema jurídico deve, então, ser reprocessada na doutrina moderna dos direitos fundamentais. Poder-se sugerir uma acentuação mais forte da dimensão jurídica clássica, subjetiva e defensiva dos direitos fundamentais, que, em comparação com a dimensão jurídica objetiva mais recente, parecia menos voltada para

---

210 Para a visão clássica, ver SCHMITT, Carl. *Verfassungslehre*. 6ª ed. Berlim: Duncker & Humblot, 1983, pp. 125 e ss.

211 Para esse lado epistemológico do direito de defesa, ver LADEUR, Karl-Heinz. "Die objektiv-rechtliche Dimension der wirtschaftlichen Grundrechte – Relativierung oder Abstützung der subjektiven Freiheitsrechte?" *Die Öffentliche Verwaltung*, 2007, pp. 1 e ss. (2 e ss.); LADEUR, Karl-Heinz. "Die Beobachtung der kollektiven Dimension der Grundrechte durch eine liberale Grundrechtstheorie. Zur Verteidigung der Dominanz der abwehrrechtlichen Dimension der Grundrechte". *Der Staat*, vol. 50, 2011, pp. 493 e ss. (510 e ss.).

212 Cf. LADEUR, Karl-Heinz. "Staat und Gesellschaft. Von der liberalen zur postmodernen Gesellschaft". *In*: DEPENHEUER, Otto; GRABENWARTER, Christoph (Coord.). *Verfassungstheorie*. Tübingen: Mohr Siebeck, 2010, § 18, pp. 599 e ss. (608, 623 e ss.).

os típicos cenários de conflito atuais.[213] De forma mais generalizada, a ideia pode até mesmo ser transferida para a figura dos direitos subjetivos em geral: nessa perspectiva, sua tarefa epistêmica específica residiria em "retratar a complexidade do ambiente que não pode ser captada pelo Direito, ou por suas conexões causais, para dar-lhe um lugar no sistema".[214]

1.8 O tratamento da incerteza como um desafio permanente

Há outra razão pela qual o foco no problema da geração de conhecimento processual não é suficiente para esgotar o tema do Direito Administrativo Informacional. Além de ameaçar obnubilar um problema crucial da gestão do conhecimento moderno, que reage às novas exigências cognitivas da sociedade contemporânea. Esse problema pode ser resumido a partir da compreensão de que o enorme crescimento do conhecimento é acompanhado por um crescimento igualmente enorme da ignorância e da incerteza.[215] As razões para o aumento da incerteza são múltiplas. Por um lado, a expansão do conhecimento do mundo produz áreas problemáticas independentes que requerem novos conhecimentos e, prioritariamente, novas estratégias de conhecimento. A pesquisa e o desenvolvimento científicos, mormente, causaram problemas subsequentes, que, por sua vez,

---

213 Assim, LADEUR, Karl-Heinz. "Die objektiv-rechtliche Dimension der wirtschaftlichen Grundrechte – Relativierung oder Abstützung der subjektiven Freiheitsrechte?" *Die Öffentliche Verwaltung*, 2007; mais detalhadamente em LADEUR, Karl-Heinz. "Die Beobachtung der kollektiven Dimension der Grundrechte durch eine liberale Grundrechtstheorie. Zur Verteidigung der Dominanz der abwehrrechtlichen Dimension der Grundrechte". *Der Staat*, vol. 50, 2011.

214 WIELSCH, Dan. "Die epistemische Analyse des Rechtp. Von der ökonomischen zur ökologischen Rationalität in der Rechtswissenschaft". *JuristenZeitung*, 2009, pp. 67 e ss. (77).

215 Cf. LUHMANN, Niklas. *Soziologie des Risikos*. Berlim: De Gruyter, 1991, p. 19.

parecem ser solucionáveis apenas com base em novos conhecimentos científicos. Por outro lado, o aumento do conhecimento, por vezes, também aponta para problemas que já estavam contidos nas antigas estruturas, mas que antes não eram reconhecidos. No entanto, o crucial é que o aumento do conhecimento nas últimas décadas não deixou intocado o próprio conceito de conhecimento. Na medida em que o conhecimento é entendido como uma mera construção que não mais se baseia primariamente ou mesmo exclusivamente em aumentos lineares do conhecimento no sentido do modelo clássico da experiência, mas que tem que ser repensado com revisões radicais de seus próprios fundamentos, o conceito de conhecimento torna-se uma fonte de incerteza.[216] Dos casos aparentemente excepcionais de incerteza insolúvel, o holofote se direciona também sobre o caso normal. O conhecimento moderno apresenta-se na sua forma tipicamente precária, que nunca parece estar definitivamente dada e que necessita de estratégias provisórias de conhecimento. Portanto, é necessário mudar de um conceito de conhecimento possessivo e relacionado a propriedades para um entendimento dinâmico e relacionado a processos. Conhecimento, ignorância e incerteza não são mais meros opostos no Direito (Administrativo), mas devem ser conceituados em sua inter-relação.[217]

Nesse diapasão, o Direito Administrativo Informacional não apenas nomeia a estruturação jurídica das diversas formas de geração de conhecimento para a prática da tomada de decisão administrativa,

---

216 Do ponto de vista da Teoria do Direito, ver SCHERZBERG, Arno. "Wissen, Nichtwissen und Ungewissheit im Recht". *In*: ENGEL, Christoph; HALFMANN, Jost; SCHULTE, Martin (Coord.). *Wissen – Nichtwissen – Unsicheres Wissen*. Baden-Baden: Nomos: 2002, pp. 113 e ss. (115 e ss.).

217 Em relação a isso, ver AUGSBERG, Ino. "Von der Gefahrenabwehr zum Risikomanagement und Opportunitätswahrnehmung – Neue Paradigmen im Verwaltungsrecht". *In*: FUNCKE, Dorett; PETER, Claudia (Coord.). *Wissen an der Grenze*: Zum Umgang mit Ungewissheit und Unsicherheit in der modernen Medizin. Frankfurt am Main: Campus Verlag, 2013.

mas também inclui o direito de tomar decisões sob incerteza insolúvel.[218] Para lidar com incertezas que não podem ser resolvidas ao longo do tempo, novas estratégias devem ser desenvolvidas, e técnicas antigas, testadas e comprovadas devem ser verificadas quanto à necessidade de sua modificação. E, ao contrário das dúvidas gerais sobre uma suposta ênfase excessiva na reflexividade na (pós)modernidade,[219] a resposta em relação a isso também consistirá, fundamentalmente, em uma maior reflexividade do Direito Administrativo.[220] Onde, diante da incerteza permanente, a tradicional racionalidade substancial com sua assunção de fundamentos firmes não pode mais se sustentar, o sistema tem que mudar para formas de racionalidade processual e ao mesmo tempo reflexiva:[221] deve observar suas próprias regras no

---

218 Para mais detalhes, ver DÖHMANN, Indra Spiecker Genannt. *Staatliche Entscheidungen unter Unsicherheit*. Tübingen: Mohr Siebeck, 2012 (i.E.); além de APPEL, Ivo. "Methodik des Umgangs mit Ungewissheit". *In*: SCHMIDT-ASSMANN, Eberhard; HOFFMANN-RIEM, Wolfgang (Coord.). *Methoden der Verwaltungsrechtswissenschaft*. Baden-Baden: Nomos, 2004, pp. 327 e ss.; SCHERZBERG, Arno. "Wissen, Nichtwissen und Ungewissheit im Recht". *In*: ENGEL, Christoph; HALFMANN, Jost; SCHULTE, Martin (Coord.). *Wissen – Nichtwissen – Unsicheres Wissen*. Baden-Baden: Nomos: 2002; ENGEL, Christoph. "Rechtliche Entscheidungen unter Unsicherheit". *In*: ENGEL, Christoph; HALFMANN, Jost; SCHULTE, Martin (Coord.). *Wissen – Nichtwissen – Unsicheres Wissen*. Baden-Baden: Nomos: 2002, pp. 305 e ss.

219 Cf. LATOUR, Bruno. *Die Hoffnung der Pandora*: Untersuchungen zur Wirklichkeit der Wissenschaft. Frankfurt am Main: Suhrkamp, 2002, p. 33. Em geral, sobre a filosofia, gênese histórica e situação atual do instituto ver LAWSON, Hilary. *Reflexivity*: The Post-Modern Predicament. Londres: Hutchinson, 1985.

220 Para uma visão resumida do assunto, ver AUGSBERG, Ino. "Von der Gefahrenabwehr zu Risikomanagement und Opportunitätswahrnehmung – Neue Paradigmen im Verwaltungsrecht". *In*: FUNCKE, Dorett; PETER, Claudia (Coord.). *Wissen an der Grenze*: Zum Umgang mit Ungewissheit und Unsicherheit in der modernen Medizin. Frankfurt am Main: Campus-Verlag, 2013.

221 Para mais sobre essa transformação, ver SIMON, Herbert A. "From Substantive to Procedural Rationality". *In*: LATSIS, Spiro J. (Coord.).

processo de sua implementação e, se necessário, adaptá-las às novas circunstâncias.[222] Nessa toada, o Direito reflexivo é essencialmente um Direito passível de aprendizado.[223]

1.9 O estágio da pesquisa

O que foi até agora estudado irá seguir adiante. Inicialmente, haverá novamente uma definição mais detalhada da geração de conhecimento administrativo e suas diversas formas possíveis, que nas linhas seguintes serão entendidas não exatamente como fenômenos realmente separados, sendo diferenciados analiticamente. Desse modo, fundamental é principalmente a própria aquisição de conhecimento por parte da Administração. Além das obrigações de informação e de investigação relevantes dirigidas aos próprios funcionários públicos, essa temática também inclui disposições processuais específicas, ainda, ao lado das próprias instituições das autoridades especificamente comprometidas com a geração de conhecimento (segundo capítulo).

Se a forma de aquisição de conhecimento for entendida em sentido estrito como um procedimento administrativo puramente interno realizado pela autoridade competente, deve ficar, entretanto,

---

Method and Appraisal in Economics. Cambridge: Cambridge University Press, 1976, pp. 129 e ss.

222 Cf. LADEUR, Karl-Heinz. "Kommunikation über Risiken im Rechtssystem. Das Beispiel Nanotechnologie". *In*: BÜSCHER, Christian; JAPP, Klaus Peter (Coord.). *Ökologische Aufklärung*: 25 Jahre "Ökologische Kommunikation". Wiesbaden: VS Verlag, 2010, pp. 131 e ss. (143).

223 Para a exigência de aprendizado do Direito (Administrativo) HOFFMANN-RIEM, Wolfgang. "Methoden einer anwendungsorientierten Verwaltungsrechtswissenschaft". *In*: SCHMIDT-ASSMANN, Eberhard; HOFFMANN-RIEM, Wolfgang (Coord.). *Methoden der Verwaltungsrechtswissenschaft*. Baden-Baden: Nomos, 2004, p. 45, com referência a EIFERT, Martin. "Regulierte Selbstregulierung und die lernende Verwaltung". *In*: *Die Verwaltung*. Beiheft 4, 2001, pp. 137 e ss.

claro que, por um lado, as necessidades de informação e as de sua satisfação em relação à aquisição adequada de informação e de conhecimento, e por outro lado, as competências técnicas necessárias, irão rapidamente entrar em conflito. A fragmentação do conhecimento social mina a possibilidade de agregar conhecimento por meio de instituições centrais individuais. A necessidade de informação da Administração é, nesse panorama, uma das principais causas do aumento dos esforços de cooperação administrativa, visando ao trabalho conjunto informativo não apenas entre as próprias autoridades, mas também entre as autoridades e os cidadãos.[224] A autoridade responsável pela respectiva decisão deve poder cada vez mais contar com competências externas na geração do conhecimento necessário à decisão. Na área administrativa, o instituto da assistência administrativa é tradicionalmente adequado para essa tarefa. No que diz respeito aos conhecimentos que podem ser obtidos no nos espaços de trabalho, também deve ser mencionado o envolvimento de especialistas externos. Ambos os institutos convencionais devem ser redesenhados e ampliados sob as novas condições. No quadro da valorização da perícia externa, importa também discutir a importância crescente da participação das pessoas envolvidas e afetadas pelo procedimento administrativo (terceiro e quarto capítulos).

Ainda assim, não chegamos em como ocorre o próprio processo de geração de conhecimento. Diferentemente do conceito de dados, apesar de ser utilizado negativamente, pelo menos, se já pode determinar, que ele envolve mais do que a mera coleta abrangente de dados. Para transformar os dados disponíveis em informação e em conhecimento, os respectivos contextos de uso e de significado também devem ser acessíveis, ou seja, a Administração deve manter

224 Cf. VOSSKUHLE, Andreas. "Der Wandel von Verwaltungsrecht und Verwaltungsprozeßrecht in der Informationsgesellschaft". *In*: HOFFMANN-RIEM, Wolfgang; SCHMIDT-ASSMANN, Eberhard (Coord.). *Verwaltungsrecht in der Informationsgesellschaft*. Baden-Baden: Nomos, 2000, p. 354.

transparente seus próprios critérios de relevância.[225] Por outro lado, isso não significa, contudo, que as formas de armazenamento do conhecimento estejam se tornando menos importantes nas condições da sociedade da informação. O supramencionado papel das atas, registros e arquivos, que é crucial para os processos jurídicos e administrativos, é ainda mais relevante no Direito Administrativo Informacional. Com efeito, os instrumentos tradicionais devem ser adaptados às condições da era digital, o que indica que eles devem ser ajustados do paradigma clássico de uma documentação aparentemente em grande parte passiva para o novo modelo de transmissão e de reescrita ativa permanente (quinto capítulo).

Do ponto de vista jurídico, as necessidades de conhecimento objetivo devem sempre ser confrontadas com os limites normativos da geração de conhecimento administrativo. Para além das questões gerais de delimitação de competências, a principal preocupação é a genuína consideração dos interesses dos cidadãos dignos de proteção. Eles podem não só fazer valer seus direitos fundamentais com base no direito de proteção de dados de forma negativa, mas também participar no conhecimento adquirido pelas autoridades de forma positiva por meio de disposições sobre liberdade de informação. Ao lado da observância constante dos requisitos constitucionais para o comportamento da informação administrativa, em geral, e das reivindicações de proteção do cidadão, em particular, há uma tarefa adicional e ativa da Administração na correia de transmissão de conhecimento para e entre os cidadãos (sexto capítulo).

Como mesmo as técnicas mais avançadas de geração de conhecimento não podem mudar o fato de que a ignorância cresce com o conhecimento e, portanto, a incerteza é perpetuada, a gestão do conhecimento adequada ao problema também requer técnicas para

225 Cf. SCHERZBERG, Arno. "Die öffentliche Verwaltung als informationelle Organisation". *In*: HOFFMANN-RIEM, Wolfgang; SCHMIDT-ASSMANN, Eberhard (Coord.). *Verwaltungsrecht in der Informationsgesellschaft*. Baden-Baden: Nomos, 2000, pp. 201 e ss.

lidar com incertezas insolúveis. Portanto, a incerteza não pode ser simplesmente eliminada; ao contrário, o Direito deve aprender a se adaptar a ela e a seus efeitos não apenas destrutivos, mas também produtivos (sétimo capítulo).

Em todos os níveis de consideração, deve-se refletir sobre o caráter construtivo e, ao mesmo tempo, especificamente jurídico da geração do conhecimento. O que está em questão é uma "diferença epistemológica" entre os diferentes tipos de conhecimento, que provavelmente dificulta uma simples transição e, assim, aponta para a necessidade de "processos especiais de tradução". Em suma, esse tema, que até agora sempre fora incluído, mas raramente demandava foco próprio, volta a ser expressamente formulado como problema e questionado sobre quais são as possíveis técnicas jurídicas internas que possibilitam o manejo do conhecimento extrajudicial, bem como sua reformulação reconstrutiva baseada no processo legal. A busca é por "metarregras" internas que direcionam essas mudanças, tornando-as, então, possíveis (oitavo capítulo).

CAPÍTULO II

PRODUÇÃO DE CONHECIMENTO: MECANISMOS JURÍDICOS DE CONTROLE DOS PROCESSOS ADMINISTRATIVOS DE CONHECIMENTO

2.1 A geração de conhecimento como direito e dever da Administração

Como prerrequisito para uma tomada de decisão objetivamente adequada, a produção de conhecimento sempre foi uma das tarefas do Estado moderno e de sua Administração.[226] "O Estado moderno

226 Cf. de um ponto de vista histórico em geral FASSBENDER, Bardo. "Wissen als Grundlage staatlichen Handelns". *In*: ISENSEE, Josef; KIRCHHOF, Paul (Coord.). *Handbuch des Staatsrechts der Bundesrepublik Deutschland*. 3ª ed. vol. IV. Heidelberg: C. F. Müller, 2006, § 76 parágrafo 1 e ss.; HORSTMANN, Thomas; PELTZER, Jörg. "Die Wissensbasierung des Staates in historischer Perspektive". *In*: SCHUPPERT, Gunnar Folke; VOSSKUHLE, Andreas (Coord.). *Governance von und durch Wissen*. Baden-Baden: Nomos, 2008, pp. 33 e ss.; assim como as contribuições em COLLIN, Peter; HORSTMANN,

pretende agir racionalmente",[227] e essa racionalidade da ação, na sua interpretação mais atual, exige um conhecimento adequado das bases objetivas a que se refere a tomada de decisão estatal.[228] Nesse contexto, a racionalidade no sentido clássico weberiano de um "governo por força do conhecimento"[229] também significa que o Estado rompe a estreita conexão entre sua prática de governo, religião e moralidade.[230] Na medida em que ele não mais baseia suas ações e comandos em especificações dessas áreas orientadas contrafactualmente, ele depende de um conhecimento incisivo da sociedade e de suas relações funcionais para cumprir suas funções específicas.[231] O exercício da autoridade estatal deve agora referir-se ao conhecimento.[232] Isso aplica-se em particular às atividades das

---

Thomas (Coord.). *Das Wissen des Staates*: Geschichte, Theorie und Praxis. Baden-Baden: Nomos 2004.

227 VOSSKUHLE, Andreas. "Das Konzept des rationalen Staates". *In*: SCHUPPERT, Gunnar Folke; VOSSKUHLE, Andreas (Coord.). *Governance von und durch Wissen*. Baden-Baden: Nomos, 2008, pp. 13 e ss. (14).

228 Cf. VOSSKUHLE, Andreas. "Sachverständige Beratung des Staates". *In*: ISENSEE, Josef; KIRCHHOF, Paul (Coord.). *Handbuch des Staatsrechts der Bundesrepublik Deutschland*. 3ª ed. vol. III. Heidelberg: Müller, 2005, § 43 parágrafo 1. Sobre os requisitos especiais para agir sob a condição de incerteza irresolúvel, ver capítulo VII.

229 WEBER, Max. *Wirtschaft und Gesellschaft*: Grundriß der verstehenden Soziologie. (editado por Johannes Winckelmann). 5ª ed. Tübingen: Mohr, 1980, p. 129. Cf. também com vistas a problemas especificamente modernos WOLF, Rainer. "'Herrschaft kraft Wissen' in der Risikogesellschaft". *Soziale Welt*, vol. 39, 1988, pp. 164 e ss.

230 Cf. em relação a Bodin FORSTHOFF, Ernst. *Der Staat der Industriegesellschaft*: Dargestellt am Beispiel der Bundesrepublik Deutschland. München: C. H. Beck, 1971, pp. 11 e ss.

231 Cf. FRIED, Johannes. "Wissen als soziales System: Wissenskultur im Mittelalter". *In*: FRIED, Johannes; STOLLEIS, Michael (Coord.). *Wissenskulturen*: Über die Erzeugung und Weitergabe von Wissen. Frankfurt am Main: Campus Verlag, 2009, pp. 12 e ss. (31 f.).

232 Cf. LUHMANN, Niklas. *Die Wissenschaft der Gesellschaft*. Frankfurt am Main: Suhrkamp, 1990, p. 149.

autoridades administrativas.[233] "A observação da sociedade e a coleta e avaliação de informações sobre ela precedem a ação técnica e comunicativa da Administração".[234] Do ponto de vista jurídico, a *quaestio iuris* deve ser rigorosamente diferenciada da *quaestio facti*,[235] mas sempre permanecer relacionada a ela. A legislação e sua aplicação pressupõem uma adequada determinação e análise dos fatos. O enquadramento externo dos processos de conhecimento administrativo é tradicionalmente assumido como estável, no qual a aquisição de conhecimento não é entendida como um problema epistemológico fundamental. Ela afeta apenas déficits cognitivos parciais como falta de conhecimento de fatos individuais, que são, ao mesmo tempo, solucionados fundamentalmente por meio de processos cognitivos reconhecidos, os quais normalmente não são relativos ao próprio tema. Com isso, fica ainda mais evidente que a tarefa de geração de conhecimento administrativo é tanto mais precária, mas também tanto mais urgente à medida em que os próprios processos

---

233 Cf. por outra perspectiva, sobre a particular relevância do conhecimento e da informação em processos (civis), por exemplo BLOOM, Frederic M. "Information Lost and Found". *California Law Review*, vol. 100, 2012, pp. 635 e ss.

234 LENK, Klaus; WENGELOWSKI, Peter. "Wissensmanagement für das Verwaltungshandeln". *In*: EDELING, Thomas; JANN, Werner; WAGNER, Dieter (Coord.). *Wissensmanagement in Politik und Verwaltung*. Wiesbaden: VS Verlag für Sozialwissenschaften, 2004, pp. 147 e ss. (148).

235 O *locus classicus* filosófico-histórico para essa distinção é o capítulo sobre a "dedução transcendental" na "Crítica da Razão Pura" de Kant (sobretudo B 116/A 84); ao fazê-lo, porém, Kant segue uma diferenciação já firmemente estabelecida, especialmente na tradição jurídica, e já mencionada nos Digestos. Cf. em relação a isso de maneira geral HERBERGER, Maximilian. "Art. Quaestio iuris/quaestio facti". *In*: RITTER, Joachim; GRÜNDER, Karlfried; GABRIEL, Gottfried (Coord.). *Historisches Wörterbuch der Philosophie*. vol. 7. Basel, 1989, pp. 1739 e ss.

tradicionais de conhecimento passam a se movimentar no curso de uma dinamização do conhecimento da sociedade como um todo.[236]

Com fulcro na Lei Fundamental, as tarefas relacionadas à garantia da base cognitiva da ação estatal são definidas normativamente.[237] O princípio geral da autorregulação de acordo com o § 24 da Lei do Processo Administrativo [VwVfG] é decisivo para a regulamentação da produção de conhecimento administrativo. De acordo com o parágrafo 1º da norma, a autoridade determina os fatos da questão *ex officio*. Ela própria determina o tipo e o escopo de suas investigações; não está vinculada às apresentações ou às solicitações de provas das partes envolvidas. A perspectiva de um observador neutro que não é subjetivamente afetado pelo resultado do processo é, então, tomada como o modelo para a determinação oficial dos fatos. No contexto do Direito Constitucional, essa disposição não deve ser vista apenas como uma decisão legislativa aleatória que poderia ser facilmente substituída por outro modelo. Ao contrário, ela estabelece um arranjo processual que leva em consideração os pressupostos básicos do Estado de Direito.[238] A determinação de

---

236 Cf. VESTING, Thomas. "Die Bedeutung von Information und Kommunikation für die verwaltungsrechtliche Systembildung". *In*: HOFFMANN-RIEM, Wolfgang; SCHMIDT-ASSMANN, Eberhard; VOSSKUHLE, Andreas (Coord.). *Grundlagen des Verwaltungsrechts*: Informationsordnung – Verwaltungsverfahren – Handlungsformen. 2ª ed. vol. II. München: C. H. Beck, 2012, § 20 parágrafo 36 e ss.

237 O direito da União Europeia tem uma definição correspondente resultante do princípio geral de direito da obrigação de "boa administração", ver EuGHE 1991, I 5499 (TU München); 1992, II 2379, 2394 (Maurissen); ela também é derivada do Art. 41 GrCh. Cf. de maneira global em KOPP, Ferdinand O.; RAMSAUER, Ulrich. *Verwaltungsverfahrensgesetz*: Kommentar. 10ª ed. München: Beck, 2008, § 24 parágrafo 3a; além de FEHLING, Michael. "Europäisches Verwaltungsverfahren und Verwaltungsprozessrecht". *In*: TERHECHTE, Jörg Philipp (Coord.). *Verwaltungsrecht der Europäischen Union*. Baden-Baden: Nomos, 2011, § 12 parágrafo 27 e ss.

238 Cf. um panorama geral em relação à racionalidade da ação do Estado VOSSKUHLE, Andreas. "Sachverständige Beratung des Staates". *In*:

ofício de base fática suficiente para a tomada da decisão administrativa garante a imparcialidade e a autonomia da própria decisão; destina-se a garantir a legalidade da ação administrativa.[239] A posição racional-objetiva que o Estado pretende assumir na sua tomada de decisão com o auxílio do princípio da autorregulação também tem um valor agregado relacionado com o princípio constitucional democrático; serve para consolidar a legitimidade da decisão tomada da população.[240]

Assim, em seu julgamento sobre o recenseamento populacional, o Tribunal Constitucional Federal [*Bundesverfassungsgericht-* BGH] iniciou suas observações afirmando que "o Estado tem o direito e o dever de obter as informações necessárias para uma ação estatal racional e planejada".[241] Curiosamente, imediatamente após essa determinação da necessidade de informação do Estado, o Tribunal referiu-se a um fenômeno complementar por parte dos cidadãos. A Corte alega que a preocupação da população quanto à concretização dessa obrigação geral do Estado de obter informação, dada pela polêmica lei do censo populacional, pode, por sua vez, ser atribuída à falta de informação: a preocupação é "em parte explicada (...) pelo fato de haver um desconhecimento generalizado sobre o âmbito e as finalidades da pesquisa censitária e de não ter sido reconhecida em tempo hábil a necessidade de informação fidedigna dos obrigados a prestar informação".[242] O Tribunal Constitucional Federal, portanto,

---

ISENSEE, Josef; KIRCHHOF, Paul (Coord.). *Handbuch des Staatsrechts der Bundesrepublik Deutschland.* 3ª ed. vol. III. Heidelberg: Müller, 2005, parágrafo 1.

239 Cf. KOPP, Ferdinand O.; RAMSAUER, Ulrich. *Verwaltungsverfahrensgesetz*: Kommentar. 10ª ed. München: Beck, 2008, § 24 parágrafo 3, 10.

240 Cf. VOSSKUHLE, Andreas. "Das Konzept des rationalen Staates". *In*: SCHUPPERT, Gunnar Folke; VOSSKUHLE, Andreas (Coord.). *Governance von und durch Wissen*. Baden-Baden: Nomos, 2008, p. 14.

241 Tribunal Constitucional Alemão nº 65, 1 (3).

242 Tribunal Constitucional Alemao no 65, 1 (3).

relaciona a inquietação da população quanto a um aparente excesso de pedidos de informação do governo a uma medida insuficiente vinda da atividade de informação estatal.

Por outro lado, os requisitos constitucionais também estabelecem limites para a atividade investigativa administrativa.[243] A decisão sobre a lei do censo populacional e o "direito à autodeterminação informativa" no sentido da "autoridade do indivíduo para determinar a divulgação e uso de seus dados pessoais em princípio são emblemáticos".[244] Além dessa perspectiva subjetiva do direito de proteção individual, que pode ser definida como a proibição do conhecimento pelo Estado (no duplo sentido do *genitivus subiectivus* e do *genitivus obiectivus*),[245] certo tensionamento já se manifesta no princípio do Estado de Direito, na medida em que, por um lado, as autoridades devem ser informadas da forma mais completa possível e, por outro, se exige o maior disciplinamento jurídico possível do comportamento da informação administrativa.[246]

---

243 Cf. de maneira resumida em *Dieter Kallerhoff*, em STELKENS, Paul; BONK, Heinz Joachim; SACHS, Michael (Coord.). *VwVfG*. 7ª ed. München, 2008, § 24 parágrafo 31.

244 BVerfGE 65, 1 (43). Cf. de forma mais abrangente em ALBERS, Marion. *Informationelle Selbstbestimmung*. Baden-Baden: Nomos, 2005. Uma perspectiva crítica está em LADEUR, Karl-Heinz. "Das Recht auf informationelle Selbstbestimmung: Eine juristische Fehlkonstruktion?" *Die Öffentliche Verwaltung*, 2009, pp. 45 e ss.; BULL, Hans Peter. *Informationelle Selbstbestimmung – Vision oder Illusion? Datenschutz im Spannungsverhältnis von Freiheit und Sicherheit*. 2ª ed. Tübingen: Mohr Siebeck, 2011.

245 Cf. ROELLECKE, Gerd. "Das Interesse der Rechtwissenschaft an Nichtwissen. Der Verwaltungsbegriff als Beispiel". *Die Öffentliche Verwaltung*, 2003, pp. 896 e ss. (896).

246 Cf. SCHMIDT-ASSMANN, Eberhard. "Verwaltungsrecht in der Informationsgesellschaft: Perspektiven der Systembildung". *In*: HOFFMANN-RIEM, Wolfgang; SCHMIDT-ASSMANN, Eberhard (Coord.). *Verwaltungsrecht in der Informationsgesellschaft*. Baden-Baden: Nomos, 2000, pp. 405 e ss. (425).

Mesmo a autoridade podendo determinar por si mesma o tipo e o alcance de suas investigações, ela não fica dispensada de seguir os limites constitucionais. Essa competência de autogestão permite que o processo de geração de conhecimento seja bem variado em âmbito administrativo. Normativamente, essa capacidade está ligada à regulamentação do § 26 da Lei do Processo Administrativo [VwVfG], que permite várias formas de colheita de provas e elenca a eventual consulta de peritos e a participação das partes como meios, expressamente, mas não exaustivamente, e, sim, apenas a título de exemplo ("particularmente") possíveis. Portanto, a Administração é fundamentalmente livre para escolher os meios de investigação dos fatos. Essa liberdade de escolha em relação à própria atividade investigativa vai além do mero modo de aquisição de conhecimento: na ausência de um padrão legal objetivo para a atividade investigativa administrativa, a questão é sobre quando novas investigações devem ser realizadas ou quando informações são suficientemente recolhidas para cumprir o objetivo e como elas devem ser adequadamente processadas, além de quando devem ser, segundo o § 40 da Lei do Processo Administrativo [VwVfG], conferidas à discricionariedade processual disciplinada da própria Administração[247] –, o que significa, é claro, que, em conformidade com os requisitos constitucionais, por um lado, não cabe fazer investigações supérfluas apenas para afirmar a eficiência da Administração e, por outro, os direitos civis devem ser protegidos, especialmente no que diz respeito à garantia de tutela jurídica efetiva.[248] Discute-se se a autoridade investigadora pode limitar seus esforços, invocando o princípio geral da proporcionalidade.

---

247 Cf. HILL, Hermann. "Verfahrensermessen der Verwaltung". *Neue Zeitschrift für Verwaltungsrecht*, 1985, pp. 449 e ss. (453 f.).

248 Cf. PITSCHAS, Rainer. *Verwaltungsverantwortung und Verwaltungsverfahren*: Strukturprobleme, Funktionsbedingungen und Entwicklungsperspektiven eines konsensualen Verwaltungsrechts. München: C. H. Beck, 1990, p. 698. Além de KOPP, Ferdinand O.; RAMSAUER, Ulrich. *Verwaltungsverfahrensgesetz*: Kommentar. 10ª ed. München: Beck, 2008, § 24 parágrafo 9 além de outras referências na jurisprudência.

Por um lado, fala-se da afirmação da discricionariedade processual da autoridade,[249] por outro, vale-se do princípio em caso de decisão favorável ao cidadão.[250] *Katharina Sobota* destacou a interessante disposição do § 31 da Lei de Medição [*Vermessungsgesetz*- VermG], que, no parágrafo 1º, inciso II, prevê expressamente a possibilidade de dispensa de maiores investigações com base no mero escrutínio da autoridade. Corretamente, não se poderá tomar essa exceção como regra geral; o mais provável é fazer o caminho contrário.[251] Em qualquer caso, deve haver acordo, pelo menos, na medida em que "meras *ponderações de razoabilidade*, como pessoal ou por razões de custo, nunca podem justificar uma investigação superficial dos fatos".[252] Indo além disso, porém, também parece justificada a questão de saber se mais conhecimento realmente permite decisões cada vez melhores, porque mais racionais[253] – conhecimento deve, portanto, ser equiparado a "*capacidade de agir*"[254] – ou, inversamente, se conhecimento em excesso também não tem efeitos disfuncionais e paralisantes na ação administrativa no sentido de uma *information*

---

249 Cf. *Dieter Kallerhoff*, em STELKENS, Paul; BONK, Heinz Joachim; SACHS, Michael (Coord.). *VwVfG*. 7ª ed. München, 2008, § 24 parágrafo 36 além de outras referências

250 Cf. KOPP, Ferdinand O.; RAMSAUER, Ulrich. *Verwaltungsverfahrensgesetz*: Kommentar. 10ª ed. München: Beck, 2008, § 24 parágrafo 12, 35.

251 SOBOTA, Katharina. "Zum Umfang der behördlichen Untersuchungspflicht gemäß § 24 VwVfG, § 31 VermG". *Die Öffentliche Verwaltung*, 1997, pp. 144 e ss. (145).

252 SOBOTA, Katharina. "Zum Umfang der behördlichen Untersuchungspflicht gemäß § 24 VwVfG, § 31 VermG". *Die Öffentliche Verwaltung*, 1997, p. 144.

253 O que ainda é uma tendência em VOSSKUHLE, Andreas. "Das Konzept des rationalen Staates". *In*: SCHUPPERT, Gunnar Folke; VOSSKUHLE, Andreas (Coord.). *Governance von und durch Wissen*. Baden-Baden: Nomos, 2008.

254 Cf. STEHR, Nico. "Wissen". *In*: ENGEL, Christoph; HALFMANN, Jost; SCHULTE, Martin (Coord.). *Wissen – Nichtwissen – Unsicheres Wissen*. Baden-Baden: Nomos, 2002, pp. 17 e ss. (18).

overload desorientadora.[255] Desse modo, ação enquanto capacidade de decisão significa fundamentalmente "a capacidade de selecionar, ou seja, a capacidade de ser indiferente à maioria dos eventos no ambiente em favor dos poucos que fazem a diferença e, portanto, representam informações para o sistema".[256] Na ênfase dessa tarefa de seleção, reside, então, uma fundamentação legal da gestão da informação não só para as estratégias sociais e técnicas de esquecimento da informação já obtida,[257] mas, sobretudo, para determinados mecanismos jurídicos, como as ficções de consentimento, cuja função nessa perspectiva se verifica na interrupção direcionada do processo de geração de conhecimento de acordo com § 24 da Lei do Processo Administrativo.[258]

2.2 Produção de conhecimento como geração interna de conhecimento

Essas variadas possibilidades de busca administrativa de conhecimento podem ser vinculadas à definição geral do conceito de

---

255 Cf. para uma visão geral sobre o problema em BEN-SHAHAR, Omri; SCHNEIDER, Carl E. "The Failure of Mandated Disclosure". *University of Pennsylvania Law Review*, vol. 159, 2011, pp. 647 e ss.

256 ESPOSITO, Elena. *Soziales Vergessen*: Formen und Medien des Gedächtnisses der Gesellschaft. Frankfurt am Main: Suhrkamp, 2002, p. 25; cf. também sobre a conexão entre decisão, informação e seleção em ESPOSITO, Elena. *Soziales Vergessen*: Formen und Medien des Gedächtnisses der Gesellschaft. Frankfurt am Main: Suhrkamp, 2002, pp. 344 e ss.

257 Cf. de forma mais abrangente em ESPOSITO, Elena. *Soziales Vergessen*: Formen und Medien des Gedächtnisses der Gesellschaft. Frankfurt am Main: Suhrkamp, 2002, passim; para mais sobre o problema, ver capítulo V.

258 Cf. em relação a esse interessante aspecto em DÖHMANN, Indra Spiecker Genannt. "Wissensverarbeitung im Öffentlichen Recht". *Rechtswissenschaft*, vol. 1, 2010, pp. 247 e ss. (267 f.). Para outros aspectos da estruturação legal de decisões sob a condição de incerteza e ignorância, ver o capítulo VII abaixo.

conhecimento dada no primeiro capítulo e, ao mesmo tempo, usada para concretizações posteriores: o conceito, agora, se refere mais precisamente à geração de conhecimento como um termo genérico da competência objetiva de autorregulação da Administração. Partindo de um conceito construtivista de conhecimento e de informação em um sentido mais amplo, conhecimento e informação não podem ser entendidos como estruturas em formato de objeto, podendo ser simplesmente importadas de uma área do sistema para outra. Ao contrário, o conhecimento é sempre gerado tendo em vista apenas a relevância específica de uma situação concreta de tomada de decisão dentro da instância responsável.[259] Logo, o conhecimento não se refere a um estoque estático de sabedoria e experiência aparentemente fixos, mas, sim, a um processo contínuo no qual a experiência passada é continuamente comparada com novas informações e novos conhecimentos, cuja possível validade precisa ser continuamente verificada. Isso significa que se deve advertir contra a ontologização incorreta da determinação dos fatos: se *Rainer Pitschas* afirma, por exemplo, que, de acordo com o princípio da legalidade, a Administração "só pode subsumir fatos que realmente existem a uma norma jurídica",[260] deve-se sempre considerar que, do ponto de vista do ordenamento jurídico, a realidade aqui mencionada não tem outro critério para provar sua existência senão o previsto pelas normas jurídicas probatórias. Elas próprias nada mais são do que o resultado da aplicação dessas regras e, nesse

---

259 Cf. HOFFMANN-RIEM, Wolfgang. "Ermöglichung von Flexibilität und Innovationsoffenheit im Verwaltungsrecht – Einleitende Problemskizze". *In*: HOFFMANN-RIEM, Wolfgang; SCHMIDT-ASSMANN, Eberhard (Coord.). *Innovation und Flexibilität des Verwaltungshandelns*. Baden-Baden: Nomos, 1994, pp. 9 e ss. (22 e ss.).

260 PITSCHAS, Rainer. *Verwaltungsverantwortung und Verwaltungsverfahren*: Strukturprobleme, Funktionsbedingungen und Entwicklungsperspektiven eines konsensualen Verwaltungsrechts. München: C. H. Beck, 1990, p. 701.

sentido, uma construção social do sistema jurídico.[261] "*Even when there is little dispute over what 'really' happened, something must first be regarded as a fact if it is to count as such*".[262] É justamente essa competência de selecionar, o que conta e o que não conta, que é assumida pelas regras de produção de provas como o § 26 da Lei do Processo Administrativo. A descoberta jurídica da verdade segue regras autoimpostas: o real é o que pode ser provado.[263] Assim, o conceito de conhecimento deve ser determinado correlativamente a essa concepção jurídica da realidade: "a referência de realidade do conhecimento reside, portanto, em sua própria operacionalidade – e não em garantias determináveis para uma referência de realidade do tema do conhecimento".[264]

---

261 Cf. TRUTE, Hans-Heinrich. "Staatsrechtslehre als Sozialwissenschaft?" *In*: SCHULZE-FIELITZ, Helmuth (Coord.). *Staatsrechtslehre als Wissenschaft*. (DV Beiheft 7). Berlim: Ducket & Humblot, 2007, pp. 115 e ss. (130).

262 ROSEN, Lawrence. *Law as culture*: an invitation. Princeton: Princeton University Press, 2006, p. 68 f. Cf. de modo geral, sobre a construtividade e condicionalidade histórica do conceito científico de fato (que por sua vez vem do termo jurídico *factum*) DASTON, Lorraine. "Baconsche Tatsachen". *Rechtsgeschichte*, vol. 1, 2002, pp. 36 e ss. Sobre a gênese histórica do próprio conceito jurídico do fato, que postula a positividade da prova contra a magia, LEGENDRE, Pierre. *Über die Gesellschaft als Text*: Grundzüge einer dogmatischen Anthropologie. Wien: Turia + Kant, 2012, p. 50 f.

263 Cf. de forma mais sintética em TEUBNER, Gunther. *Recht als autopoietisches System*. Frankfurt am Main: Suhkamp, 1989, p. 97 f.; para os discursos judiciais sobre a verdade, ver em especial VISMANN, Cornelia. *Medien der Rechtsprechung*. Frankfurt am Main: Fischer, 2011, p. 42 f. Numa perspectiva geral, que inclui também a ciência, ver LYOTARD, Jean-François. *Das postmoderne Wissen*: Ein Bericht. 4ª ed. Wien: Passagen, 1999, p. 78: "Não é que eu possa provar algo porque a realidade é como eu digo, mas desde que eu possa provar, é permitido pensar que a realidade é como eu digo que é".

264 LUHMANN, Niklas. *Die Wissenschaft der Gesellschaft*. Frankfurt am Main: Suhrkamp, 1990, p. 147.

Dessa forma, a geração de conhecimento deve ser entendida como um conceito geral para processos de cognição administrativa, o que significa, por exemplo, o processo de produção de conhecimento da Administração internamente, que pode contar com o auxílio de uma forma própria de tradução da apropriação ou da imputação de conhecimento externo, e – seja o conhecimento produzido internamente ou externamente – podendo englobar também várias combinações dessas formas de geração de conhecimento independente ou cooperativo. Perante a fragmentação dos saberes modernos, é mesmo de assumir que os processos de produção de conhecimento puramente administrativo são a exceção e não a regra e que essa tendência à busca pelas competências cognitivas existentes na sociedade continuará a intensificar-se no futuro.[265]

Em todo caso, as formas puras de geração de conhecimento não devem ser comuns, mas, sim, na maior parte das vezes, as diferentes formas mistas que devem determinar as ações da Administração. Isso porque o acesso a compreensões externas só faz sentido, mesmo que não seja apenas pontual, mas, sim, sistemático e permanente, apenas se na área administrativa interna for exigida capacidade para lidar com os correspondentes conhecimentos externos, ou seja, quando houver necessidade que a informação externa seja adequadamente processada em âmbito interno.[266] Em função de uma possível atuação cooperativa dos envolvidos no processo é exigido o instituto do

---

265 Cf. RÖHL, Hans-Christian. "Ausgewählte Verwaltungsverfahren". *In*: HOFFMANN-RIEM, Wolfgang; SCHMIDT-ASSMANN, Eberhard; VOSSKUHLE, Andreas (Coord.). *Grundlagen des Verwaltungsrechts*: Informationsordnung – Verwaltungsverfahren – Handlungsformen. 2ª ed. vol. II. München: C. H. Beck, 2012, § 30, parágrafo 25, que pelos motivos expostos defende o "*estabelecimento de processos de cooperação*".

266 Cf. WOLLENSCHLÄGER, Burkard. *Wissensgenerierung im Verfahren*. Tübingen: Mohr Siebeck, 2009, p. 19; assim como VOSSKUHLE, Andreas. "Expertise und Verwaltung". *In*: TRUTE, Hans-Heinrich (Coord.). *Allgemeines Verwaltungsrecht – zur Tragfähigkeit eines Konzepts*. Tübingen: Mohr Siebeck, 2008, pp. 637 e ss. (656).

controle transparente, com base no princípio geral do devido processo legal, que regulamenta a necessidade de conferência de quaisquer documentos etc., gerando uma relação cooperativa entre cidadãos e Administração Pública.[267] De qualquer forma, a geração de conhecimento significa mais do que a mera coleta de dados, seja por meio de atividades pessoais, seja pela importação de dados coletados em outro lugar. O conceito designa a complexa operação de ordenação sensível ao contexto e à inserção da informação obtida em novos panoramas operacionais.[268] A diferenciação demasiadamente rígida dos processos relacionados ao conhecimento interno e externo à Administração não apenas ignora as inúmeras formas híbridas que existem na prática, como as comissões nas quais representantes da Administração trabalham em conjunto com particulares especialistas em determinados assuntos.[269] Uma compartimentação do processo geral em diferentes formas com variados atores primários também está obviamente em desacordo com a tese básica de uma tendência geral que pode ser observada, segundo a qual elementos normativos e cognitivos em estruturas de rede estão sendo cada vez mais utilizados

---

267 Cf. para tanto KOPP, Ferdinand O.; RAMSAUER, Ulrich. *Verwaltungsverfahrensgesetz*: Kommentar. 10ª ed. München: Beck, 2008, § 24 parágrafo 10a e ss. Sobre o problema de forma mais detalhada em SCHNEIDER, Jens-Peter. *Nachvollziehende Amtsermittlung bei der Umweltverträglichkeitsprüfung. Zum Verhältnis zwischen dem privaten Projektträger und der zuständigen Behörde bei der Sachverhaltsfeststellung nach dem UVPG*. Berlim, 1991.

268 Cf. WOLLENSCHLÄGER, Burkard. *Wissensgenerierung im Verfahren*. Tübingen: Mohr Siebeck, 2009, p. 19 f.

269 Cf. VOSSKUHLE, Andreas. "Sachverständige Beratung des Staates". *In*: ISENSEE, Josef; KIRCHHOF, Paul (Coord.). *Handbuch des Staatsrechts der Bundesrepublik Deutschland*. 3ª ed. vol. III. Heidelberg: Müller, 2005, parágrafo 15, com referência a BROHM, Winfried. "Sachverständige Beratung des Staates". *In*: ISENSEE, Josef; KIRCHHOF, Paul (Coord.). *Handbuch des Staatsrechts der Bundesrepublik Deutschland*. 2ª ed. vol. II. Heidelberg: C. F. Müller, 1998, § 36 parágrafo 9.

e entre si mesclados.[270] Portanto, mesmo a geração de conhecimento não pode ocorrer em processos exclusivamente bilaterais,[271] mas deve contar com a formação de redes de informação, ligando diferentes perspectivas de participantes e de observadores para corresponder à estrutura descentralizada do conhecimento pós-moderno.[272] Essa perspectiva implica uma mudança de postura do Estado e de seus órgãos em seu papel de sujeito dos processos relacionados à gestão do conhecimento. "O Estado não deve mais ser pensado como o administrador dos estoques de conhecimento, mas, sim, deve ser construído como o coordenador dos discursos geradores de conhecimento".[273] Com isso, a tentativa de mudar as formações discursivas dentro de um modelo de geração de conhecimento que foi projetado de várias maneiras desde o início pode, em uma virada reflexiva, ser entendida como uma técnica de aprendizado e, assim, ser utilizada de maneira direcionada para construir conhecimento.[274] Isso poderia ser parte da tarefa de coordenação do Estado.

No entanto, o entrelaçamento dos discursos não exclui a possibilidade de que um exame separado das várias formas concebíveis

---

270 Cf. fundamentalmente VESTING, Thomas. *Die Medien des Rechts*: Schrift. Weilerswist: Velbrück, 2011, pp. 31 e ss.; em uma perspectiva histórico-evolucionária LADEUR, Karl-Heinz. "Die Netzwerke des Rechts". *In*: BOMMES, Michael; TACKE, Veronika (Coord.). *Netzwerke in der funktional differenzierten Gesellschaft*. Wiesbaden: VS Verlag, 2010, pp. 143 e ss.

271 Cf. sobre a dimensão epistemológica do modelo de rede AUGSBERG, Ino. "Das Gespinst des Rechts: Zur Relevanz von Netzwerkmodellen im juristischen Diskurs". *Rechtstheorie*, vol. 38, 2007, pp. 479 e ss.

272 Cf. WOLLENSCHLÄGER, Burkard. *Wissensgenerierung im Verfahren*. Tübingen: Mohr Siebeck, 2009, p. 74. Para a construção de redes de informação, ver capítulo III abaixo.

273 WOLLENSCHLÄGER, Burkard. *Wissensgenerierung im Verfahren*. Tübingen: Mohr Siebeck, 2009, p. 46.

274 Cf. KAISER, Anna-Bettina. "Wissensmanagement im Mehrebenensystem". *In*: SCHUPPERT, Gunnar Folke; VOSSKUHLE, Andreas (Coord.). *Governance von und durch Wissen*. Baden-Baden: Nomos, 2008, pp. 217 e ss. (234).

de geração de conhecimento tenha um valor analítico agregado, o que pode tornar os processos reais de combinação mais fáceis de serem compreendidos. Estruturas semelhantes a redes também são constituídas por nós que podem ter especificidades relevantes. Eles podem se tornar claros em parte quando são combinados, considerando que em parte já são claros por si só. Além disso, é possível que eventuais transições e vínculos inevitáveis apareçam mais claramente na tentativa de uma análise segmentada do que dentro de uma análise geral, concebida de forma holística desde o início. A relevância globalmente crescente das formas cooperativas de ação administrativa[275] não deve levar a que seja negligenciada a importância da área interna da Administração para a geração de conhecimento administrativo.[276] O fenômeno global só se torna aparente em uma perspectiva estereoscópica que sintetiza as análises individuais.

Assim, a tarefa de geração de conhecimento da administração internamente, que é referida como produção de conhecimento para diferenciá-la da competência geral, será analisada a seguir. Essa produção de conhecimento pode ser decomposta mais estritamente de acordo com uma concepção de Direito Material que atribui tarefas investigativas específicas e seus correspondentes poderes à Administração (2.3). Além disso, a produção de conhecimento muitas vezes ocorre por meio do respeito a uma dinâmica processual (2.4). Por fim, os regulamentos do Direito Organizacional também

---

275 Cf. em relação ao modelo de "administração cooperativa", uma visão geral pode ser encontrada em GROSS, Thomas. "Die Beziehungen zwischen dem Allgemeinen und dem Besonderen Verwaltungsrecht". *In*: *Die Wissenschaft vom Verwaltungsrecht. Werkstattgespräch aus Anlaß des 60. Geburtstages von Prof. Dr. Eberhard Schmidt-Aßmann*. (DV Beiheft 2). Berlim: Duncker & Humblot, 1999, pp. 57 e ss. (77) além de outras referências; detalhadamente em BENZ, Arthur. *Kooperative Verwaltung*: Funktionen, Voraussetzungen und Folgen. Baden-Baden: Nomos, 1994, sobretudo pp. 303 e ss.

276 Cf. SCHOCH, Friedrich. "Diskussionsbemerkung". *Publicação da Associação de Professores Alemães de Direito do Estado*, nº 63, 2004, pp. 442 e ss. (443).

podem visar expressamente à obtenção de conhecimento para a Administração ou, pelo menos, para beneficiá-la indiretamente (2.5). Quanto ao processo geral de geração de conhecimento, no entanto, também se aplica aqui que a produção de conhecimento deve ser entendida como um processo abrangente, que, por sua vez, só pode ser decomposto em seus elementos com uma intenção analítica. O conceito geral só é revelado quando os diferentes níveis também são mostrados em sua interação, ou seja, suas complementações e influências recíprocas (2.6).

2.3 Requisitos do Direito Material

Em termos de Direito Material, a ordem constitucionalmente necessária para gerar conhecimento adequado é decisiva para o processo de tomada de decisão. Essa ordem – entendida no sentido do princípio decorrente, sobretudo, da ideia da separação de poderes para concretizar a lei parlamentar "de forma compreensível, racional e eficaz"[277] – deveria conter ainda a exigência de assegurar conhecimento razoável dos fatos, bem como a possibilidade do acesso a conhecimento externos à Administração,[278] mas, ao contrário, mostra que a mera ação administrativa é suficiente. Isso é corroborado não apenas pela interpretação sistemática do § 26 da Lei do Processo Administrativo, que apenas regulamenta a participação dos envolvidos no procedimento do parágrafo 2º da norma, mas também pelo entendimento fundamental do princípio da autorregulação, que atribui responsabilidade global pelo processo de geração de conhecimento para a Administração. Essa responsabilidade basilar indica que o processo de cognição só pode ser dado pela própria

---

277 FABIO, Udo Di. "Verwaltungsentscheidung durch externen Sachverstand. Am Beispiel des arzneimittelrechtlichen Zulassungs- und Überwachungsverfahrens". *VerwArch*, 81, 1990, pp. 193 e ss. (210).

278 Cf. FABIO, Udo Di. "Verwaltungsentscheidung durch externen Sachverstand. Am Beispiel des arzneimittelrechtlichen Zulassungs- und Überwachungsverfahrens". *VerwArch*, 81, 1990.

Administração nos casos em que isso for absolutamente necessário. Mesmo assim, a autoridade continua responsável pelos resultados;[279] isso deve, pelo menos, ser capaz de submeter a inclusão de especialistas externos a um teste de plausibilidade e, portanto, requer, para isso, competência própria correspondente.[280] Por fim, na perspectiva da proteção dos direitos fundamentais, há que presumir – o que pode naturalmente ser refutado caso a caso – que, em regra, a atividade independente da Administração é menos onerosa para os cidadãos do que a contratação de pessoas especializadas para fins de apuração administrativa dos fatos. Obviamente, isso não exclui novos processos de cooperação com especialistas ou envolvidos no processo, mas impõe a justificação normativa para sua contratação.

Do ponto de vista material, não só as ordens diretas de captação de informação são importantes para os processos administrativos de conhecimento, aos quais se deve dar prioridade, mas também os respectivos comandos indiretos manifestos nas normas gerais aplicáveis às áreas especializadas do Direito. Isso porque eles definem o âmbito concreto do problema e, concomitantemente, delineiam a informação factual necessária para debelá-lo.[281] "A análise dos

---

279 Cf. Tribunal Constitucional Alemão nº 98, 83 (99), onde se afirma que "a investigação estatal dos fatos (...) funciona como rede de segurança em caso de apresentação inadequada do requerente".

280 Cf. TRUTE, Hans-Heinrich. "Wissenschaft und Technik". *In*: ISENSEE, Josef; KIRCHHOF, Paul (Coord.). *Handbuch des Staatsrechts der Bundesrepublik Deutschland*. 3ª ed. Band IV. Heidelberg: C.F. Müller Verlag, 2006, § 88 parágrafo 43; GROSS, Thomas. "Ressortforschung, Agenturen und Beiräte – zur notwendigen Pluralität der staatlichen Wissensinfrastruktur". *In*: RÖHL, Hans Christian (Coord.). *Wissen – Zur kognitiven Dimension des Rechts* (DV Beiheft 9). Berlim: Duncker & Humblot, 2010, pp. 135 e ss. (153).

281 Cf. DÖHMANN, Indra Spiecker Genannt. "Informationsgewinnung im Umweltrecht durch materielles Recht". *DVBl*, 2006, pp. 278 e ss. (280 f.).

fatos não pode prescindir da análise do problema";[282] esse problema normalmente aparece apenas no contexto concreto aplicado. Isso determina a perspectiva a partir da qual as questões factuais relevantes podem ser formuladas. Em relação a isso, aplica-se o seguinte: "o que e como a Administração compreende os assuntos é amplamente determinado pelos normas de competência e de poderes aplicáveis à respectiva autoridade".[283] O contexto do conhecimento necessário para resolver as questões jurídicas pendentes é sempre atravessado pelo Direito. Além disso, as disposições materiais da respectiva área temática também orientam o escopo das investigações necessárias. Quando a autoridade pode encerrar sua investigação ou quanto tempo ela deve continuar, isso é determinado pelos requisitos da norma jurídica material, na qual a tomada de decisão administrativa se baseia.[284]

O Direito Administrativo especial também contém numerosos regulamentos que representam ordens explícitas e poderes correspondentes para geração de conhecimento pelos tomadores de decisões administrativas. Isso fica explícito em áreas regulatórias, como a legislação alimentar, em que o controle de produtos é o foco da atividade administrativa. Da mesma forma, a responsabilidade administrativa geral de acordo com o § 24 da Lei do Processo Administrativo também é especificado em outras áreas regulatórias, por meio de deveres e poderes investigativos especiais. Por exemplo,

---

282 PITSCHAS, Rainer. *Verwaltungsverantwortung und Verwaltungsverfahren*: Strukturprobleme, Funktionsbedingungen und Entwicklungsperspektiven eines konsensualen Verwaltungsrechts. München: C. H. Beck, 1990, p. 690.

283 KLUTH, Winfried. "Die Strukturierung von Wissensgenerierung durch das Verwaltungsorganisationsrecht". *In*: DÖHMANN, Indra Spiecker Genannt; COLLIN, Peter (Coord.). *Generierung und Transfer staatlichen Wissens im System des Verwaltungsrechts*. Tübingen: Mohr Siebeck, 2008, pp. 73 e ss. (79).

284 Cf. SOBOTA, Katharina. "Zum Umfang der behördlichen Untersuchungspflicht gemäß § 24 VwVfG, § 31 VermG". *Die Öffentliche Verwaltung*, 1997, p. 144.

o § 68 da Lei de Fornecimento de Energia [*Energiewirtschftsgesetz*-EnWG] elenca os poderes investigativos – e, portanto, indiretamente também a responsabilidade investigativa – da autoridade reguladora.[285] O § 68, parágrafo 1º, da Lei de Fornecimento de Energia estabelece inicialmente como cláusula geral que a autoridade pode realizar todas as investigações e recolher provas necessárias ao exercício da sua função reguladora. O § 69 da Lei do Fornecimento de Energia especifica a disposição com mais detalhes, nomeando as competências de inspeção individuais. Principalmente, a norma permite que a autoridade solicite informações às empresas interessadas, verifique seus documentos e entre nas instalações da empresa para fins de inspeção. O § 70 da Lei de Fornecimento de Energia acrescenta um direito de confisco a essas competências. Os §§ 127 e seguinte da Lei de Telecomunicações [Telekommunikationsgesetz-TKG] especificam as obrigações de informação correspondentes e os poderes investigatórios no âmbito da lei de telecomunicações. Em geral, é claro, a geração de conhecimento também está no centro da atividade estatal,[286] a qual consiste expressamente em coletar e processar dados. Isso inclui não apenas – notadamente numerosas – as leis federais e estaduais que tratam da coleta e do posterior processamento de dados para fins estatísticos, mas também responsabilidades oriundas

---

285 Cf. também em HERZMANN, Karsten. *Konsultationen*: Eine Untersuchung von Prozessen kooperativer Maßstabskonkretisierung in der Energieregulierung. Tübingen: Mohr Siebeck, 2010, p. 54 f.

286 LADEUR, Karl-Heinz. "Die Kommunikationsinfrastruktur der Verwaltung". *In*: HOFFMANN-RIEM, Wolfgang; SCHMIDT-ASSMANN, Eberhard; VOSSKUHLE, Andreas (Coord.). *Grundlagen des Verwaltungsrechts*: Informationsordnung – Verwaltungsverfahren – Handlungsformen. 2ª ed. vol. II. München: C. H. Beck, 2012, § 21 parágrafo 70 e ss., que se refere apenas a mais de 650 leis federais que exigem informações estatísticas, especialmente de pessoas físicas (LADEUR, Karl-Heinz. "Die Kommunikationsinfrastruktur der Verwaltung". *In*: HOFFMANN-RIEM, Wolfgang; SCHMIDT-ASSMANN, Eberhard; VOSSKUHLE, Andreas (Coord.). *Grundlagen des Verwaltungsrechts*: Informationsordnung – Verwaltungsverfahren – Handlungsformen. 2ª ed. vol. II. München: C. H. Beck, 2012, parágrafo 72).

de leis ambientais que exigem que a Administração realize medições, monitoramento, balanços etc.[287]

As análises de mercado exigidas por lei podem ser citadas como outro exemplo de ordens explícitas para produção de conhecimento. Esses requisitos de análise podem ser encontrados, por exemplo, no nível altamente agregado no Direito das Telecomunicações no que diz respeito ao estabelecimento de tarefas e à própria perícia administrativa. De acordo com o § 11 da Lei de Telecomunicações, a Agência Federal de Redes responsável por regular essa área do Direito deve examinar se a concorrência efetiva está ocorrendo nos mercados inicialmente definidos segundo o § 10 da Lei de Telecomunicações. Isso estabelece uma obrigação legal especial de investigar, para cuja implementação mais detalhada a Lei de Telecomunicações fornece vários mecanismos para geração de conhecimento, principalmente concebidos processualmente[288] – como o procedimento de consulta,[289] de acordo com o § 12 da Lei de Telecomunicações.[290] As correspondentes obrigações devem ser observadas também em âmbito municipal. Por exemplo, a análise de mercado prevista no código municipal da Renânia do Norte-Vestfália. Nos termos do § 107, parágrafo 5º do dispositivo local, a Câmara Municipal deve

287 Cf. detalhadamente em DÖHMANN, Indra Spiecker Genannt. "Staatliche Informationsgewinnung im Mehrebenensystem – ein Überblick". *In*: OEBBECKE, Janbernd (Coord.). *Nicht-normative Steuerung in dezentralen Systemen*. Stuttgart: Franz Steiner, 2005, pp. 253 e ss. (259 f.).

288 Cf. mais sobre isso imediatamente no capítulo IV.

289 Cf. uma visão geral sobre o problema em BROEMEL, Roland. "Wissensgenerierung im Regulierungsverfahren". *In*: RÖHL, Hans Christian; TRUTE, Hans Heinrich (Coord.). *Wissen/Nichtwissen in Organisationen und Netzwerken*. Alemanha: University of Konstanz 2013 (no prelo).

290 Cf. uma visão mais abrangente em HERZMANN, Karsten. *Konsultationen*: Eine Untersuchung von Prozessen kooperativer Maßstabskonkretisierung in der Energieregulierung. Tübingen: Mohr Siebeck, 2010.

ser informada, com base na respetiva análise, das oportunidades e riscos do envolvimento econômico pretendido e dos efeitos na mão de obra especializada e no custo de vida médio local; as organizações autônomas nativas de artesãos, indústria e comércio, bem como os sindicatos que atuam em nome dos trabalhadores no respectivo ramo, devem ter a oportunidade de posicionar-se perante as análises de mercado.[291] No entanto, a redação da norma não implica diretamente a obrigatoriedade de o próprio município efetuar as análises. Na prática, por vezes, elas são apresentadas pelas empresas envolvidas no caso concreto.[292] Em primeiro lugar, porém, se deve fundamentalmente questionar se essa substituição na atividade analítica do município para a empresa corresponde ao propósito de esclarecer objetivamente os fatos. Em segundo lugar, mesmo que se admita que, em princípio, a análise é efetuada por forças externas à Administração, o município deve continuar vinculado a uma obrigação de controle posterior. Uma mirada no objetivo do regulamento também deixa isso claro: a análise de mercado deverá servir para concretizar a cláusula de subsidiariedade municipal no que diz respeito à ratificação da autossuficiência dos municípios. O que é interessante aqui não é apenas a obrigação direta de gerar conhecimento, mas também a racionalidade por trás disso: uma vez que os conceitos jurídicos que realmente preenchem a cláusula de

---

291 Cf. sobre o problema no contexto de uma análise mais abrangente da questão das participações de empresas municipais SHIRVANI, Foroud. "Public Private Partnership und die Subsidiaritätsprüfung bei öffentlichen Unternehmensbeteiligungen". *Die Öffentliche Verwaltung*, 2011, pp. 865 e ss. (871 f.).

292 Cf. em relação a isso a decisão do VG Köln vom 20.07.2008, Az. 4 L 1060/08 (juris), com base em fatos subjacentes à questão da admissibilidade do transporte escolar pelo município, em que a análise de mercado foi realizada pela Kölner Verkehrsbetriebe AG (KVB), embora "o assunto da análise de mercado tenha sido essencialmente as possibilidades de desenvolvimento da KVB e menos uma análise do mercado de serviços de ônibus escolar". No caso específico, no entanto, o tribunal poderia deixar em aberto se a análise de mercado fosse suficiente (cf. op. cit.parágrafo 31).

subsidiariedade, como a "qualidade" e a "eficiência econômica" da prestação de serviços *ex ante*, sem conhecimento dos respectivos dados econômicos, dificilmente poderão ser concretizados, a análise de mercado constitui, sobretudo, uma compensação processual pela falta de certeza material na determinação dos fatos, com vistas a posteriores procedimentos de controle judicial. Por outro lado, porém, isso não pode significar que o procedimento seja uma mera formalidade: justamente por se destinar a substituir parcialmente o conhecimento material, sua implementação deve ser levada muito a sério.

2.4 Produção de conhecimento no e pelo processo

Isso leva ao problema da geração de conhecimento processual. O exemplo da análise de mercado pela ótica local já mostra como é difícil uma clara diferenciação dos níveis; os deveres materiais diretamente dirigidos à administração podem ser entendidos sob outra perspectiva, por exemplo, como o modo de controle dos tribunais pela via processual. Isso aponta para uma tendência de divergência entre os conhecimentos decisórios e de controle, o que pode ser determinado como característico do Direito Administrativo nas condições da moderna sociedade do conhecimento. O aspecto processual diz respeito, sobretudo, à questão decisiva do eventual controle detalhado da geração do conhecimento.

1. Mais uma vez, o problema explica-se com o exemplo da análise de mercado, agora, sobretudo, no âmbito das atribuições regulatórias do Direito das Telecomunicações.[293] Isso porque os

---

293 Cf. detalhadamente sobre a geração de conhecimento no Direito das Telecomunicações em WOLLENSCHLÄGER, Burkard. *Wissensgenerierung im Verfahren*. Tübingen: Mohr Siebeck, 2009, pp. 116 e ss.; além de QUABECK, Christian. *Dienende Funktion des Verwaltungsverfahrens und Prozeduralisierung*. Tübingen: Mohr Siebeck, 2010, pp. 199 e ss. Sobre o desenvolvimento de um direito de garantia

resultados alcançados não dependem apenas da seleção dos dados que são trazidos para o momento de processamento da informação e de produção do conhecimento. Ao contrário, a seleção prévia dos modelos econômicos a serem utilizados é decisiva para a estruturação dessa escolha, a qual será colocada em prática.[294] Com isso, emerge um vínculo econômico e jurídico que justifica a racionalidade da ação, a qual deve ser fiscalizada e controlada pelo Direito Administrativo, o que revela o problema geral da busca administrativa de conhecimento: mesmo quando ela não recorre à técnica especializada externa pelas vias institucionais, ela ainda tem que lidar com formas extra-administrativas de conhecimento e, às vezes, até mesmo praticá-las. Logo, a geração processual de conhecimento pelo Direito Administrativo deve significar mais do que a mera delegação da competência decisória a racionalidades extrajurídicas; ao contrário, ela deve orientar a incorporação dessa racionalidade à sua própria lógica jurídica. Para além da simples crença em um empirismo geral que mantém aberto o acesso privilegiado a certas ciências, cujas conclusões devem, por isso, ser seguidas da perspectiva jurídica,[295] seu caráter construtivo autônomo deve ser levado em conta, por

---

de mercado na economia de rede, BROEMEL, Roland. *Strategisches Verhalten in der Regulierung*. Tübingen: Mohr Siebeck, 2010, pp. 201 e ss. Para uma visão geral sobre o problema do conhecimento como "desafio central" para o Direito Regulatório, ver HERZMANN, Karsten. *Konsultationen*: Eine Untersuchung von Prozessen kooperativer Maßstabskonkretisierung in der Energieregulierung. Tübingen: Mohr Siebeck, 2010, pp. 33 e ss.

294 Cf. em relação ao problema SPOERR, Wolfgang. "Der Einfluss ökonomischer Modellbildung auf rechtliche Maßstäbe der Regulierung". *In*: TRUTE, Hans-Heinrich (Coord.). *Allgemeines Verwaltungsrecht – zur Tragfähigkeit eines Konzepts*. Tübingen: Mohr Siebeck, 2008, pp. 613 e ss.

295 No entanto, há PETERSEN, Niels. "Braucht die Rechtswissenschaft eine empirische Wende?" *Der Staat*, vol. 49, 2010, pp. 435 e ss. De maneira crítica em relação a isso AUGSBERG, Ino. "Von einem neuerdings erhobenen empiristischen Ton in der Rechtswissenschaft". *Der Staat*, vol. 51, 2012, pp. 117 e ss.

exemplo, em relação à realidade econômica e, por sua vez, deve ser absorvido juridicamente.[296]

Isso já aborda questões que envolvem o adequado tratamento do conhecimento externo, as quais serão analisadas em detalhes adiante.[297] Contudo, o regime jurídico das telecomunicações não poderia ser plenamente compreendido, caso fosse reduzido apenas à problemática da integração da racionalidade jurídica externa, sobretudo, a econômica. Por outro lado, o processo de análise de mercado é, ao mesmo tempo, um bom exemplo de geração de conhecimento processual genuinamente administrativo sob as condições de complexidade da sociedade do conhecimento. Sua autonomia fica clara quando se considera que todo o processo de regulação do mercado no Direito das Telecomunicações não apenas transforma o conhecimento econômico em atos jurídicos,

> mas também desvincula parcialmente a decisão de um maior desenvolvimento científico – ainda que parcialmente. (...) A esse respeito, o corpo de conhecimento é normativamente moldado em sua gênese e, portanto, preparado para utilização.[298]

A importância da análise de mercado, cuja introdução tem sido referida na literatura como uma "mudança de paradigma" no Direito das Telecomunicações,[299] também pode ser determinada mais precisamente a partir do posicionamento do Direito Administrativo

---

296 Cf. em relação à teoria da concorrência de Friedrich August von Hayek em VOGL, Joseph. *Das Gespenst des Kapitals*. Zürich: Diaphanes, 2010, p. 55 f.

297 Cf. abaixo no capítulo VIII.

298 TRUTE, Hans-Heinrich. "Staatsrechtslehre als Sozialwissenschaft?" *In*: SCHULZE-FIELITZ, Helmuth (Coord.). *Staatsrechtslehre als Wissenschaft*. DV Beiheft 7. Berlim: Duncker & Humblot, 2007, p. 131.

299 SPOERR, Wolfgang. "Der Einfluss ökonomischer Modellbildung auf rechtliche Maßstäbe der Regulierung". *In*: TRUTE, Hans-Heinrich

Informacional. Nessa perspectiva, a interação entre definição e análise de mercado de acordo com os §§ 10 e 11 da Lei de Telecomunicações aparece como uma referência explícita ao caráter construtivo dos processos de conhecimento jurídico, que é operacionalizado no formato de um procedimento em várias etapas.[300] Uma vez que a análise de mercado não mais se apresenta como um "puro processo de subsunção e de cognição",[301] como seria de se esperar de uma perspectiva clássica do Direito Administrativo, evidencia-se a necessária articulação dos elementos normativos e cognitivos no processo de definição das normas regulatórias: a observação jurídica do mundo depende, desde sempre, de instrumentos providos principalmente pelo próprio Direito. É justamente esse caráter construtivo da ação jurídica que se explicita com a pretendida regulamentação de campos de atuação complexos que escapam a qualquer simples observação. O objeto de regulação não pode mais ser assumido aqui como um dado ontológico; nem a "concorrência efetiva" de acordo com o § 11, parágrafo 1º, da Lei de Telecomunicações TKG, nem a "taxa razoável" na acepção dos §§ 27 e seguintes do mesmo diploma constituem realidades empiricamente verificáveis. Ao contrário, o objeto da regulação passa a ser entendido, simultaneamente, como o sujeito e o resultado das operações jurídicas. A referência à especial "dinâmica de desenvolvimento do mercado" que requer essa técnica

---

(Coord.). *Allgemeines Verwaltungsrecht – zur Tragfähigkeit eines Konzepts*. Tübingen: Mohr Siebeck, 2008, p. 626.

300 Cf. TRUTE, Hans-Heinrich. "Die konstitutive Rolle der Rechtsanwendung". *In*: ______. (Coord.). *Allgemeines Verwaltungsrecht – zur Tragfähigkeit eines Konzepts*. Tübingen: Mohr Siebeck, 2008, pp. 211 e ss. (219). Em relação à questão de definição de mercado, ver SCHULZ, Wolfgang. "Beurteilungsspielräume als Wissensproblem – am Beispiel Regulierungsverwaltungsrecht". *Rechtswissenschaft*, vol. 3, 2012, pp. 330 e ss. (336 e ss.).

301 SPOERR, Wolfgang. "Der Einfluss ökonomischer Modellbildung auf rechtliche Maßstäbe der Regulierung". *In*: TRUTE, Hans-Heinrich (Coord.). *Allgemeines Verwaltungsrecht – zur Tragfähigkeit eines Konzepts*. Tübingen: Mohr Siebeck, 2008, p. 626.

de geração de conhecimento administrativo[302] ao invés dos requisitos legislativos correspondentes é, portanto, justificada nesse contexto,[303] mas não deve ser entendida como se o correspondente arranjo processual fosse a exceção extrema a uma entidade administrativa que opera com estoques de conhecimento em grande parte constantes. Por outro lado, a situação indica uma mudança na relevância da concretização dessas normas, que não podem mais ser vistas como a mera implementação de programas normativos, amplamente predeterminados em termos de sua infraestrutura cognitiva necessária.[304] A dinâmica do objeto da regulação aponta para um fenômeno que também precisa ser considerado com mais atenção em outros aspectos, a saber, o caráter flexível dos fundamentos cognitivos do Direito, que anda de mãos dadas com a necessidade de correspondentemente flexível, ou seja, adaptativo às formas de atuação administrativa.[305] Nesse panorama, a geração de conhecimento pela via administrativa significa, agora, que, ao invés de ser pensada de forma abstrata e geral pelo legislador, as bases efetivas seguras para as estratégias de controle normativo passam a ser aplicadas *in concreto* pelo usuário da norma. Entretanto, a geração de conhecimento ocorre como um processo experimental, no qual o Direito deve monitorar

---

302 Cf. TRUTE, Hans-Heinrich. "Die konstitutive Rolle der Rechtsanwendung". *In*: ______. (Coord.). *Allgemeines Verwaltungsrecht – zur Tragfähigkeit eines Konzepts*. Tübingen: Mohr Siebeck, 2008, p. 219.

303 Cf. também em relação à instabilidade resultante da base de conhecimento específica da rede WOLLENSCHLÄGER, Burkard. *Wissensgenerierung im Verfahren*. Tübingen: Mohr Siebeck, 2009, p. 120 f.

304 Cf. TRUTE, Hans-Heinrich. "Die konstitutive Rolle der Rechtsanwendung". *In*: ______. (Coord.). *Allgemeines Verwaltungsrecht – zur Tragfähigkeit eines Konzepts*. Tübingen: Mohr Siebeck, 2008.

305 Cf. VOSSKUHLE, Andreas. "Neue Verwaltungsrechtswissenschaft". *In*: HOFFMANN-RIEM, Wolfgang; SCHMIDT-ASSMANN, Eberhard; VOSSKUHLE, Andreas (Coord.). *Grundlagen des Verwaltungsrechts*: Methoden – Maßstäbe – Aufgaben – Organisation. 2ª ed. vol. I. München: C. H. Beck, 2012, § 1 parágrafo 11.

seu próprio projeto para compatibilidade às exigências de outras áreas da sociedade.[306] Essa mudança de perspectiva se manifesta no Direito regulador das redes. Isso porque a regulação não se dá apenas a partir de uma posição *ex post*, que vê sua função na correção pontual de anomalias já ocorridas. Ela tenta "influenciar proativamente e amplamente o sistema de mercado".[307] Em outras palavras, ela não pode assumir que os fundamentos cognitivos da ação regulatória são simplesmente dados, mas que, ao realizar sua atividade jurídica, ou seja, desenvolver e adaptar estratégias regulatórias, deve também refletir constantemente sobre sua própria base de conhecimento e eventuais transformações dela.[308] Como um "monitoramento" direcionado do próprio procedimento e de suas consequências, essa reflexão já é expressamente normatizada como uma tarefa administrativa, por exemplo, no § 35 da Lei do Fornecimento de Energia, ou no § 4c do Código da Construção Civil [*Baugesetzbuch*- BauGB]; ela também é considerada indispensável em outras áreas do Direito Regulatório.[309]

Um ponto de vista que defende principalmente uma desjuridificação, no sentido de estratégias regulatórias abertas correspondentes para vincular a ação administrativa em parâmetros econômicos

---

306 Cf. LADEUR, Karl-Heinz. "The Postmodern Condition of Law and Societal 'Management of Rules': Facts and Norms Revisited". *Zeitschrift für Rechtssoziologie*, vol. 27, 2006, pp. 87 e ss. (99).

307 HERZMANN, Karsten. *Konsultationen*: Eine Untersuchung von Prozessen kooperativer Maßstabskonkretisierung in der Energieregulierung. Tübingen: Mohr Siebeck, 2010, p. 40.

308 Cf. HERZMANN, Karsten. *Konsultationen*: Eine Untersuchung von Prozessen kooperativer Maßstabskonkretisierung in der Energieregulierung. Tübingen: Mohr Siebeck, 2010, p. 55 f.

309 Cf. em relação ao Direito das Telecomunicaçõestelecomunicações LADEUR, Karl-Heinz. "Innovation der Telekommunikation durch Regulierung". *In*: HOFFMANN-RIEM, Wolfgang (Coord.). *Innovation und Telekommunikation*: Rechtliche Steuerung von Innovationsprozessen durch Regulierung. Baden-Baden: Nomos, 2000, pp. 57 e ss.

provavelmente não compreende seu caráter decisivo: ao permitir que o Direito também determine o que é interpretado do modelo tradicional da assim chamada realidade e o que deve ser "reconhecido" nessa dinâmica, essa influência não diminui, mas, sim, aumenta em termos de paradigma de controle. Naturalmente, isso só se aplica se os processos cognitivos não forem simplesmente deixados ao critério do titular do cargo administrativo responsável. Há a necessidade de uma intuição jurídica (processual) especial.[310] O Direito deve tomar conscientemente a tarefa de geração adequada de conhecimento. Onde não há conhecimento empírico suficiente sobre as estruturas de um âmbito real a ser regulamentado, o conhecimento deve ser gerado apenas pela Administração, "a correta canalização jurídica do processo de geração de conhecimento é de importância decisiva".[311]

Nesse âmago, é acertada a comparação da análise de mercado do Direito das Telecomunicações com o princípio da ponderação.[312] Com razão, afirma-se que "o *Direito Processual do planejamento* é, em muitos aspectos, também concebido como um *Direito de obtenção de informações* ou como um *Direito à cooperação informacional*".[313] No entanto, esse fenômeno não deve ser entendido

---

310 Cf. QUABECK, Christian. *Dienende Funktion des Verwaltungsverfahrens und Prozeduralisierung*. Tübingen: Mohr Siebeck, 2010, pp. 192 e ss.

311 GÄRDITZ, Klaus Ferdinand. "Regulierungsrechtliche Auskunftsanordnungen als Instrument der Wissensgenerierung". *DVBl*, 2009, pp. 69 e ss. (71).

312 Cf. SPOERR, Wolfgang. "Der Einfluss ökonomischer Modellbildung auf rechtliche Maßstäbe der Regulierung". *In*: TRUTE, Hans-Heinrich (Coord.). *Allgemeines Verwaltungsrecht – zur Tragfähigkeit eines Konzepts*. Tübingen: Mohr Siebeck, 2008, p. 626.

313 DURNER, Wolfgang. "Materieller Konflikt, Informationsgewinnung und informationelle Kooperation in der Raumplanung". *In*: DÖHMANN, Indra Spiecker Genannt; COLLIN, Peter (Coord.). *Generierung und Transfer staatlichen Wissens im System des Verwaltungsrechts*. Tübingen: Mohr Siebeck, 2008, pp. 219 e ss. (229). Cf. a visão tradicional no tocante à "aquisição de informações" e ao "processamento de informações" no e por meio do direito do planejamento em HOPPE, Werner. "Die 'Zusammenstellung des

como mera margem de discricionariedade administrativa, de planejamento ou de regulação, cujo controle judicial só é possível de maneira limitada.[314] Tendo em vista o reduzido controle material pelos tribunais, por um lado, e a disposição conflitante *prima facie* do art. 19 (4) da Constituição Federal [*Grundgesetzbuch*- GG], por outro, a concretização plena das regras processuais pode ser interpretada como uma autorização normativa implícita à Administração, viabilizada por sua margem discricionária.[315] Contudo, a razão para essa decisão normativa permanece obscura.[316] A compreensão vai

---

Abwägungsmaterials' und die 'Einstellung der Belange' in die Abwägung 'nach Lage der Dinge' bei der Planung". *DVBl*, 1977, pp. 136 e ss. (v.a. pp. 141 e ss.). Sobre as consequências especiais do procedimento de planejamento para a gestão do ato administrativo LADEUR, Karl-Heinz. "Die Kommunikationsinfrastruktur der Verwaltung". *In*: HOFFMANN-RIEM, Wolfgang; SCHMIDT-ASSMANN, Eberhard; VOSSKUHLE, Andreas (Coord.). *Grundlagen des Verwaltungsrechts*: Informationsordnung – Verwaltungsverfahren – Handlungsformen. 2ª ed. vol. II. München: C. H. Beck, 2012, parágrafo 16 f.

314 No tocante à margem de discricionariedade prevista da entidade, ver Tribunal Administrativo Alemão nº 34, 301 (308 e ss.); 64, 33 (35 f.); além de HOPPE, *Werner*, *Die Schranken der planerischen Gestaltungsfreiheit* (§ 1 parágrafos 4 und 5 da Lei Federal de Construção Civil), Revista sobre Direito da Construção Civil 1970, pp. 15 e ss.; no que tange à margem de discricionariedade no direito do planejamento, ver Tribunal Administrativo Alemão nº 130, 39 (48 f.); BVerwG, N&R 2008, 140; dazu LUDWIGS, Markus. "Das Regulierungsermessen als Herausforderung für die Letztentscheidungsdogmatik im Verwaltungsrecht". *JuristenZeitung*, 2009, pp. 290 e ss. (v.a. 294 f.). No que se refere à constitucionalidade da margem de discricionariedade de avaliação e de escolha da instituição, ver BVerfG, NVwZ 2011, p. 1062 e ss. (1064 f.); BVerfG (K), DVBl. 2012, pp. 230 e ss. (230 f.).

315 Cf. *Eberhard Schmidt-Aßmann*, em: MAUNZ/DÜRIG, Constituição Federal (Última atualização: fevereiro 2003), Art. 19 Abs. 4 parágrafo 185 e ss., v.a. 205.

316 Isso também se aplica se alguém quiser distinguir mais precisamente entre um conteúdo regulatório e um fortalecedor da respectiva norma: mesmo com isso, a perspectiva permanece muito unilateralmente adaptada à dimensão normativa e não ao cognitivo do problema. A questão só pode então ser respondida recorrendo a aspectos semânticos e não

ficando mais clara se entendermos as estratégias de regulação jurídica como uma tentativa de neutralizar o processo cognitivo – que antes era comum, até certo ponto pressuposto e, portanto, sem maiores reflexões sobre sua base jurídica, o que hoje não funciona mais – a partir de medidas jurídicas que reflitam um processo de aplicação legal mais fortemente estruturado e elaborado em seus elementos cognitivos e normativos.[317] Nesse panorama, planejar significa um acesso cognitivo processualmente controlado ao futuro. Em termos metodológicos, a aplicação da lei não pode mais ocorrer em um esquema condicionalmente programado. Isso porque, em sua forma típica, se pressupõe uma vinculação das consequências jurídicas a um elemento factual que é acessível ao jurista sem grande esforço, ou seja, vinculando-se a afirmações empíricas que se supõe serem conhecidas, o que não se pode garantir que aconteça em áreas do conhecimento especialmente complexas e dinâmicas. Ao contrário, devido à falta de conhecimento empírico suficiente, os próprios fatos são incertos e devem, portanto, ser criados primeiro com a ajuda de especificações normativas.[318] Não apenas os fatos individuais que constituem o estado de coisas, mas também o conceito subjacente de conhecimento devem ser redefinidos; ele pode, "em áreas com estoques

---

funcionais. Cf. em relação a essa abordagem HWANG, Shu-Perng. "Gesetzesbindung durch unbestimmte Rechtsbegriffe: Eine kompetenzielle Überlegung". *VerwArch*, 102, 2011, pp. 185 e ss.

317 Cf. sobre a conexão entre o problema do conhecimento e a processualização com vistas ao controle judicial QUABECK, Christian. *Dienende Funktion des Verwaltungsverfahrens und Prozeduralisierung*. Tübingen: Mohr Siebeck, 2010, pp. 206 e ss.; em especial, ver a orientação sobre o controle em relação à ponderação de interesses no direito do planejamento QUABECK, Christian. *Dienende Funktion des Verwaltungsverfahrens und Prozeduralisierung*. Tübingen: Mohr Siebeck, 2010, pp. 210 e ss.

318 Cf. RÖHL, Hans-Christian. "Ausgewählte Verwaltungsverfahren". *In*: HOFFMANN-RIEM, Wolfgang; SCHMIDT-ASSMANN, Eberhard; VOSSKUHLE, Andreas (Coord.). *Grundlagen des Verwaltungsrechts*: Informationsordnung – Verwaltungsverfahren – Handlungsformen. 2ª ed. vol. II. München: C. H. Beck, 2012, parágrafo 34.

de conhecimento particularmente instáveis, apenas ser pensado em conexão com – procedimentais – estruturas (...), as quais permitam uma revisão constante e um desenvolvimento adaptado à situação das informações existentes e recém-adicionadas".[319]

Trata-se, portanto, menos da ideia ainda muito estática de uma "competência específica da autoridade competente" e mais de um conceito dinâmico de conhecimento, cuja forma específica dificilmente pode ser reproduzida *ex post.*[320] Portanto, a Administração deve avançar de simples procedimentos estruturados de controle legislativo externo para modelos mais complexos de autoprogramação administrativa que produzem seu próprio processo de decisão inspirados em uma dinâmica controlada de geração de conhecimento.[321] É precisamente essa tarefa que é levada em conta nesse processo de várias fases de definição e de análise de mercado, bem como, na decisão regulamentar no Direito das Telecomunicações.[322]

---

319 QUABECK, Christian. *Dienende Funktion des Verwaltungsverfahrens und Prozeduralisierung*. Tübingen: Mohr Siebeck, 2010, p. 193.

320 A crítica às correspondentes margens de discricionariedade e de julgamento cairá no vazio, enquanto ela não levar em conta a questão cognitiva de uma forma particular; cf. para essa crítica em HWANG, Shu-Perng. "Beurteilungsspielräume zugunsten außerrechtlicher Bewertung? Kritische Bemerkungen zur Einräumung behördlicher Beurteilungsspielräume im Umwelt- und im Telekommunikationsrecht". *VerwArch*, 103, 2012, pp. 356 e ss.

321 Cf. em relação ao problema dessa mudança de perspectiva SCHMIDT-ASSMANN, Eberhard. "Methoden der Verwaltungsrechtswissenschaft – Perspektiven der Systembildung". *In*: SCHMIDT-ASSMANN, Eberhard; HOFFMANN-RIEM, Wolfgang (Coord.). *Methoden der Verwaltungsrechtswissenschaft*. Baden-Baden: Nomos, 2004, pp. 387 e ss. (395). Antes já abordado em BROHM, Winfried. "Die Dogmatik des Verwaltungsrechts vor den Gegenwartsaufgaben der Verwaltung". *VVDStRL*, 30, 1972, pp. 245 e ss. (260, 267).

322 Cf. WOLLENSCHLÄGER, Burkard. *Wissensgenerierung im Verfahren*. Tübingen: Mohr Siebeck, 2009, pp. 116 e ss.

2. Da perspectiva do Direito de Planejamento,[323] pode-se fazer uma ligação com o conceito de prevenção de riscos do Direito da Segurança Pública.[324] Essa concepção também é insuficientemente compreendida se for vista prioritariamente como uma medida preliminar para evitar o perigo, ou seja, com vistas à tarefa material de prevenir danos, e se os aspectos cognitivos da estratégia forem negligenciados ou, no máximo, classificados como um fenômeno secundário.[325] Isso fica evidente, por exemplo, quando, tendo em vista o § 5, parágrafo 1º, inciso 2, da Lei Federal do Controle de Emissões [*Bundes-Imissionsschutzsgesetz*- BImschG], que distingue claramente as medidas cautelares do perigo mencionado no inciso 1, autoriza a implementação de medidas de proteção mesmo abaixo do

---

323 Cf. para uma respectiva "dogmática das decisões de risco a ser desenvolvida mais de acordo com as categorias do Direito de Planejamento" que considere a "acentuação da necessidade de aprender em condições de incerteza" em LADEUR, Karl-Heinz. "Drittschutz bei der Genehmigung gentechnischer Anlagen". *NVwZ*, 1992, pp. 948 e ss. (950); além de LADEUR, Karl-Heinz. "Gefahrenabwehr und Risikovorsorge bei der Freisetzung von gentechnisch veränderten Organismen nach dem Gentechnikgesetz". *NuR*, 1992, pp. 254 e ss. (261 f.).

324 No tocante à discussão alemão sobre o assunto, ver WAHL, Rainer (Coord.). *Prävention und Vorsorge*: Von der Staatsaufgabe zu den verwaltungsrechtlichen Instrumenten. Berlim: Economica-Verlag, 1995; KÖCK, Wolfgang. "Risikovorsorge als Staatsaufgabe". *Archiv des öffentlichen Rechts*, 121, 1996, pp. 1 e ss.; GRIMM, Dieter. "Verfassungsrechtliche Anmerkungen zum Thema Prävention". *In*: ______. *Die Zukunft der Verfassung*. 2. Aufl. Frankfurt am Main: Suhrkamp, 1994, pp. 197 e ss. Crítico à perspectiva estadunidense é SUNSTEIN, Cass. *Gesetze der Angst*: Jenseits des Vorsorgeprinzips. Frankfurt am Main: Suhrkamp, 2007.

325 Cf. para uma crítica detalhada da dogmática de segurança convencional que compara o conceito de perigo e risco, WOLLENSCHLÄGER, Burkard. *Wissensgenerierung im Verfahren*. Tübingen: Mohr Siebeck, 2009, pp. 62 e ss. Visão concisa do risco como um conceito jurídico KAHL, Wolfgang. "Risikosteuerung durch Verwaltungsrecht: Ermöglichung oder Begrenzung von Innovationen?" *DVBl*, 2003, pp. 1105 e ss. (1107 e ss.).

limite de perigo, especificamente se houver mera suspeita de perigo.[326] O que tende a relegar o problema do conhecimento subjacente ao invés de abordá-lo abertamente. Em contraste, o desenvolvimento do paradigma do risco pode ser reconstruído como uma reação a uma crise epistemológica mais profunda do Direito.[327] Enquanto o paradigma clássico do perigo ainda era capaz de construir cenários conhecidos, que forneciam um conhecimento empírico geralmente acessível, o risco não apenas descreve a situação de falta de experiência suficiente, mas, ainda mais nitidamente, a impossibilidade da obtenção de experiências correspondentes no sentido de relações previsíveis de causa e efeito ao longo do tempo.[328] Como um "*perigo de uma avaliação errônea do perigo*",[329] o termo representa uma

---

326 Cf. RENGELING, Hans-Werner. *Die immissionschutzrechtliche Vorsorge*: Inhalt und Grenzen der Pflicht gemäß § 5 Nr. 2 BImSchG bei der Anlagengenehmigung. Baden-Baden: Nomos, 1982, pp. 63 e ss. Em relação a uma visão geral sobre o problema de delimitar os termos na prática em BÖHM, Monika. "Risikoregulierung und Risikokommunikation als interdisziplinäres Probem". *NVwZ*, 2005, pp. 609 e ss. (612).

327 Cf. a perspectiva que se vincula a Ladeur, Di Fabio e Scherzberg, JAECKEL, Liv. *Gefahrenabwehrrecht und Risikodogmatik*: Moderne Technologie im Spiegel des Verwaltungsrechts. Tübingen: Mohr Siebeck, 2010; similarmente em WOLLENSCHLÄGER, Burkard. *Wissensgenerierung im Verfahren*. Tübingen: Mohr Siebeck, 2009, pp. 67 e ss. De maneira ainda mais clara em WAHL, Rainer. *Herausforderungen und Antworten*: Das Öffentliche Recht der letzten fünf Jahrzehnte. Berlim: De Gruyter, 2005, pp. 71 e ss.: "A inclusão do novo conceito central de risco ao conceito tradicional de perigo (defesa) indica uma mudança de consciência. O novo termo responde, por um lado, ao aumento da complexidade dos processos técnicos e, por outro, aos efeitos percebidos no ambiente e arredores. Incerteza e ignorância estão se tornando novos termos-chave".

328 Cf. LADEUR, Karl-Heinz. "Drittschutz bei der Genehmigung gentechnischer Anlagen". *NVwZ*, 1992, pp. 949 e ss.

329 SCHERZBERG, Arno. "Risiko als Rechtsproblem. Ein neues Paradigma für das technische Sicherheitsrecht". *Verwaltungsarchiv*, 84, 1993, pp. 484 e ss. (498).

concepção de perigo[330] que se tornou incerta em si mesma, ou seja, no que diz respeito às suas próprias bases epistêmicas. O "problema juridicamente tratável" "não está mais apenas em sua periculosidade (...), mas na ignorância".[331] O problema torna-se, particularmente, claro quanto aos novos campos regulatórios como a nanotecnologia,[332] em relação aos quais praticamente não há conhecimento empírico confiável disponível, e as técnicas tradicionais de extrapolação de conhecimento com base em certos conhecimentos não são mais eficazes. Em especial, o conceito clássico de causalidade com sua ligação linear entre causa e efeito não pode mais ser usado de forma sensata no contexto da nanotecnologia.[333] Com isso, os chamados mecanismos padrão ainda mais específicos, nos quais informações ausentes são substituídas por suposições obtidas por meio de certas técnicas (por exemplo, extrapolações baseadas em propriedades conhecidas ou relações causais), estão atingindo aqui seus limites.[334]

---

330 Cf. AUGSBERG, Ino. "Von der Gefahrenabwehr zu Risikomanagement und Opportunitätswahrnehmung – Neue Paradigmen im Verwaltungsrecht". *In*: FUNCKE, Dorett; PETER, Claudia (Coord.). *Wissen an der Grenze*: Zum Umgang mit Ungewissheit und Unsicherheit in der modernen Medizin. Frankfurt am Main: Campus-Verlag, 2013, pp. 209 e ss.

331 JAECKEL, Liv. *Gefahrenabwehrrecht und Risikodogmatik*: Moderne Technologie im Spiegel des Verwaltungsrechts. Tübingen: Mohr Siebeck, 2010, p. 76. Cf. um panorama detalhada do problema em capítulo 7, V.

332 Cf. uma visão geral sobre o problema em RENN, Ortwin; ROCO, Mihail C. "Nanotechnology and the need for risk governance". *Journal of Nanoparticle Research*, 8, 2006, pp. 153 e ss.

333 Cf. LADEUR, Karl-Heinz. "Kommunikation über Risiken im Rechtssystem. Das Beispiel Nanotechnologie". *In*: BÜSCHER, Christian; JAPP, Klaus Peter (Coord.). *Ökologische Aufklärung*: 25 Jahre "Ökologische Kommunikation". Wiesbaden: VS Verlag, 2010, pp. 131 e ss.

334 Cf. SCHERZBERG, Arno. "Risikoabschätzung unter Ungewissheit – Preliminary risk assessment im Kontext der Nanotechnologie". *ZUR*, 2010, pp. 303 e ss. (309).

Nessas condições, o conceito de prevenção de riscos, desenvolvido particularmente na legislação ambiental e na de fármacos, não deve ser classificado apenas como uma institucionalização jurídica do "medo da inovação técnica",[335] mas (ao menos também) deve ser repensado como um modelo processualmente determinado pela geração de conhecimento administrativo. Em vez de entender a prevenção de riscos da mesma forma que a prevenção de perigos,[336] parece fazer sentido concebê-la de acordo com as mensurações de perigos.[337] Em contraposição a essa comparação, no entanto, o conteúdo epistêmico específico do conceito de risco deve ser considerado. Ele afirma que a geração de conhecimento não é capaz de fornecer uma base cognitiva suficientemente segura para a tomada de decisão, mas que a incerteza duradoura deve ser esperada e a ação administrativa deve ser adaptada a essa situação.[338] Se o risco descreve a situação de incerteza que não pode ser eliminada pelo mero ganho de experiência, a analogia com a prevenção do perigo é mais relevante, porque a precaução também inclui medidas ativas para prevenir o risco em condições de incerteza irreversível. Nesse certame, o termo prevenção de riscos representa menos uma estratégia

---

335 Dessa forma, GÄRDITZ, Klaus Ferdinand. "Pharmakologisches Neuro-Enhancement als Rechtsproblem". *PharmR*, 2011, pp. 46 e ss. (53).

336 Cf. em relação a isso em OSSENBÜHL, Fritz. "Vorsorge als Rechtsprinzip im Gesundheits-, Arbeits- und Umweltschutz". *NVwZ*, 1986, pp. 161 e ss. (162 f.); CALLIESS, Christian. *Rechtsstaat und Umweltstaat*: Zugleich ein Beitrag zur Grundrechtsdogmatik im Rahmen mehrpoliger Verfassungsrechtsverhältnisse. Tübingen: Mohr Siebeck, 2001, p. 169.

337 Cf. no que tange à figura da suspeita do perigo como "dobradiça entre o perigo e o risco" em WOLLENSCHLÄGER, Burkard. *Wissensgenerierung im Verfahren*. Tübingen: Mohr Siebeck, 2009, pp. 59 e ss., que distingue mais precisamente entre uma suspeita de perigo de primeira ordem (que está relacionada a problemas diagnósticos) e uma suspeita de segunda ordem (que se caracteriza por dificuldades de prognóstico).

338 Cf. GÄRDITZ, Klaus Ferdinand. "Die Abwehr von Risiken gentechnischer Freisetzungen". *ZUR*, 2009, pp. 413 e ss. (420). De maneira mais detalhada, o tema será abordado no capítulo VII.

de produção de conhecimento direcionada e processualmente controlada do que uma forma possível de tomar decisões apesar da ignorância.[339] Portanto, é coerente, por exemplo, vincular a ideia de precaução a modelos de ônus da prova.[340] Isso porque a função desses modelos reside na operacionalização jurídica de situações em que, por um lado, o tribunal, ao abrigo da regra da proibição de recusa da justiça,[341] não pode simplesmente suspender a sua decisão e, por outro lado, se depara com questões fáticas necessárias para essa decisão, mas não com segurança suficiente para serem esclarecidas.[342]

Por sua vez, o conteúdo epistêmico especial do conceito de risco não significa que medidas investigativas mais expansivas possíveis possam ser dispensadas de pronto. "É precisamente a existência de incertezas que não podem ser eliminadas que não deve levar a um manejo descuidado do conhecimento existente ou mesmo a medidas de

---

339 Cf. em relação a isso AUGSBERG, Ino. "Von der Gefahrenabwehr zu Risikomanagement und Opportunitätswahrnehmung – Neue Paradigmen im Verwaltungsrecht". *In*: FUNCKE, Dorett; PETER, Claudia (Coord.). *Wissen an der Grenze*: Zum Umgang mit Ungewissheit und Unsicherheit in der modernen Medizin. Frankfurt am Main: Campus-Verlag, 2013. Para a tomada de decisão em condições de incerteza, ver o capítulo VII abaixo.

340 Cf. nesse sentido CALLIESS, Christian. "Vorsorgeprinzip und Beweislastverteilung im Verwaltungsrecht". *DVBl*, 2001, pp. 1725 e ss.

341 Cf., por exemplo, Tribunal Constitucional Alemão nº 54, 277 (292); 81, 347 (356); 88, 118 (123); 96, 27 (39f.); 107, 395 (404); em relação a isso *Eberhard Schmidt-Aßmann*, em: MAUNZ/DÜRIG, Constituição Federal (Última atualização: fevereiro 2003), Art. 19 Abs. 4 parágrafo 16 f.

342 Cf. uma visão geral sobre esse problema em AUGSBERG, Ino; AUGSBERG, Steffen. "Prognostische Elemente in der Rechtsprechung des Bundesverfassungsgerichts". *Verwaltungsarchiv*, 2007, p. 290 ff; mais detalhadamente sobre o uso de modelos do ônus da prova para lidar com a incerteza, ver também o capítulo VII, tópico 7.2, abaixo.

precaução "no escuro" sem uma base de conhecimento adequada".[343] A prevenção de riscos, nesse diapasão, significa que a Administração deve ter uma infraestrutura cognitiva adequada que lhe permita,[344] pelo menos, identificar os cenários de riscos e, em seguida, desenvolver estratégias passo a passo para lidar com a ameaça potencial, no sentido de um "conceito de gestão de riscos"[345] que se destina a estruturar a ação administrativa, mas também deve estar aberto à autorrevisão.[346] Além dos mecanismos processuais, isso também requer precauções organizacionais adequadas. Do ponto de vista processual, pode ser necessário dotar a administração de sequências específicas e ordenadas de ações para realizar a avaliação do risco, que, posteriormente, terá que ser processada individualmente como programa de tomada de decisão,[347] mas que acaba por resultar na

---

343 JAECKEL, Liv. *Gefahrenabwehrrecht und Risikodogmatik*: Moderne Technologie im Spiegel des Verwaltungsrechts. Tübingen: Mohr Siebeck, 2010, p. 295.

344 Cf. uma abordagem geral sobre a necessidade de uma "estrutura de conhecimento" em TRUTE, Hans-Heinrich. "Wissenschaft und Technik". *In*: ISENSEE, Josef; KIRCHHOF, Paul (Coord.). *Handbuch des Staatsrechts der Bundesrepublik Deutschland*. 3ª ed. Band IV. Heidelberg: C.F. Müller Verlag, 2006, parágrafo 41 e ss.; detalhadamente em LADEUR, Karl-Heinz. "Die Kommunikationsinfrastruktur der Verwaltung". *In*: HOFFMANN-RIEM, Wolfgang; SCHMIDT-ASSMANN, Eberhard; VOSSKUHLE, Andreas (Coord.). *Grundlagen des Verwaltungsrechts*: Informationsordnung, Verwaltungsverfahren, Handlungsformen. vol. II. München: Verlag C. H. Beck, 2012.

345 JAECKEL, Liv. *Gefahrenabwehrrecht und Risikodogmatik*: Moderne Technologie im Spiegel des Verwaltungsrechts. Tübingen: Mohr Siebeck, 2010, p. 309.

346 Cf. a uma correspondente descrição de dupla tarefa – produção de conhecimento de risco e determinação de preferências de risco – APPEL, Ivo. "Grenzen des Risikorechts". *In*: APPEL, Ivo; HERMES, Georg; SCHÖNBERGER, Christoph (Coord.). *Öffentliches Recht im offenen Staat. Festschrift für Rainer Wahl zum 70*. Geburtstag. Berlim: Duncker & Humblot, 2011, pp. 463 e ss. (465 f.).

347 Cf. KRIES, Caroline von; WINTER, Gerd. "Komplexität und Zergliederung. Die Struktur der Risikobewertung für die Ausbringung gentechnisch veränderter Organismen". *ZUR*, 2011, pp. 227 e ss.

avaliação final pela autoridade, sendo juridicamente – ou seja, acima de tudo: judicial – reconhecida.[348]

Como exemplo dessa técnica de controle, para analisar os processos de avaliação de risco em seus elementos individuais e, depois, como seu resultado, para especificar um programa de trabalho estruturado a ser utilizado pela Administração, por exemplo, pode-se mencionar as diretrizes administrativas do chamado sistema RAPEX, que foram alteradas pela Comissão Europeia em 2010.[349] O objetivo desse sistema é garantir que as informações sobre produtos de consumo não seguros sejam trocadas entre as autoridades de supervisão dos Estados-membros e da Comissão o mais rapidamente possível. Como parte desse sistema de transferência de informações, também inclui um programa unificado de avaliação de risco em três estágios. Em uma primeira etapa, um cenário de violação (dividido em três aspectos) deve ser desenvolvido. Em seguida, determina-se a probabilidade de ocorrência desse cenário e, atrelado a isso, determina-se finalmente o grau de risco.[350]

As vantagens dessa regulamentação são óbvias: o procedimento é, portanto, mais padronizado, mais transparente e, ao mesmo tempo, mais fácil de entender perante as empresas envolvidas e perante os órgãos de controle, ou seja, no contexto atual, sobretudo a

---

348 Cf. no tocante ao problema JAECKEL, Liv. *Gefahrenabwehrrecht und Risikodogmatik*: Moderne Technologie im Spiegel des Verwaltungsrechts. Tübingen: Mohr Siebeck, 2010, pp. 87 e ss.; além de SCHMIEDER, Susanne. *Risikoentscheidungen im Gentechnikrecht. Beurteilungsspielräume der Verwaltung gegenüber den Gerichten?* Berlim: Duncker & Humblot, 2004.

349 Cf. a decisão 2010/15/EU v. 16.12.2009, ABl. (EU) 2010 Nr. L 22, pp. 1 e ss.; em relação a isso KLINDT, Thomas; WENDE, Susanne. "Behördliche Risikobewertung nach den RAPEX-Leitlinien". *NVwZ*, 2011, pp. 602 e ss.

350 Cf. as "orientações para a avaliação do risco de produtos de consumo" que fazem parte da decisão e estão impressas no ponto 5 do anexo, ABl. (EU) 2010 Nr. L 22, pp. 33 e ss.

Comissão, mas também os tribunais administrativos.[351] Os acervos oficiais de métodos de exame reconhecidos – mantidos pela autoridade competente de acordo com § 64 do Código de Alimentos e de Alimentação [*Lebensmittel- und Futtermittelsgesetzbuch-* LFGB] e § 28b da Lei de Regulamentação Genética [*Gesetz zur Regelung der Genetik-* GenTG] (que, conforme o § 64 da LFBG, parágrafo 1º, e o § 28b, em conjunto com o § 31, parágrafo 2º, da GenTG é o Escritório Federal para a Proteção do Consumidor e para a Segurança Alimentar) – devem ser compilados com a participação de especialistas, além de serem continuamente atualizados e divulgados.[352] Esses acervos também visam "gerar resultados de testes confiáveis e comparáveis e, assim, contribuir para uma avaliação correta e uniforme das amostras em todo o país".[353]

Se assumirmos que o programa de controle administrativo pré-estruturado não apenas controla a ação administrativa, mas já é previsto do lado do potencial causador do perigo,[354] aqui o fabri-

---

351 Cf. o segundo motivo a ser considerado na decisão: o procedimento facilita "o monitoramento da eficácia e da consistência da fiscalização do mercado e das medidas de execução nos Estados-Membros" (ABl. [EU] 2010 Nr. L 22, p. 1).

352 Cf. mais precisamente em RENGER, Silke; STACHEL, Carolin. "Die Amtliche Sammlung von Untersuchungsverfahren nach § 64 LFBG, § 35 Vorläufiges Tabakgesetz und § 28b Gentechnikgesetz – ein Instrument der amtlichen Lebensmittelüberwachung". *In*: BUSCH, Ulrich (Coord.). *Molekularbiologische Methoden der Lebensmittelanalytik*: Grundlegende Methoden und Anwendungen. Berlim: Springer, 2010, pp. 283 e ss.

353 RENGER, Silke; STACHEL, Carolin. "Die Amtliche Sammlung von Untersuchungsverfahren nach § 64 LFBG, § 35 Vorläufiges Tabakgesetz und § 28b Gentechnikgesetz – ein Instrument der amtlichen Lebensmittelüberwachung". *In*: BUSCH, Ulrich (Coord.). *Molekularbiologische Methoden der Lebensmittelanalytik*: Grundlegende Methoden und Anwendungen. Berlim: Springer, 2010, p. 285.

354 A esse propósito serve essencialmente a contribuição de KLINDT, Thomas; WENDE, Susanne. "Behördliche Risikobewertung nach den RAPEX-Leitlinien". *NVwZ*, 2011. Cf., por exemplo, loc. KLINDT,

cante de alimentos, os problemas de um procedimento de controle excessivamente padronizado também se tornam evidentes: a interação entre a empresa auditada e a autoridade de controle que incide sobre determinados elementos de teste especificados não deve levar a que fatores que não estejam sujeitos aos parâmetros de controle usuais sejam insuficientemente levados em consideração para a avaliação. Ao contrário, o controle processual deve ser flexível o suficiente para reconhecer e processar aspectos surpreendentes, ou seja, ser capaz de operacionalizar juridicamente a informação no sentido terminológico mais restrito. As orientações RAPEX têm em conta essa ideia, por exemplo, apontando a necessidade de conceber cenários alternativos e de não se comprometer com uma variante em um momento inicial da primeira fase do desenvolvimento de cenários de violações.[355]

Esse último aspecto aponta para a necessidade de um tratamento reflexivo da estruturação e rotinização dos processos decisórios, que também pode ser expresso de forma mais geral. A processualização não significa apenas a estruturação paulatina dos processos de tomada de decisão, como também é definida, por exemplo, pelo plano gradual, de acordo com o § 63 da Lei de Fármacos [*Arzneimittelgesetz-* AMG], em conjunto com o "regulamento administrativo para a observação, coleta e avaliação de riscos de fármacos";[356] ao

Thomas; WENDE, Susanne. "Behördliche Risikobewertung nach den RAPEX-Leitlinien". *NVwZ*, 2011, p. 603: "para garantir que a avaliação interna de risco de uma empresa seja aceita pela autoridade como precisa e plausível, (...) as próprias empresas devem basear sua avaliação nessas diretrizes".

355 Cf. KLINDT, Thomas; WENDE, Susanne. "Behördliche Risikobewertung nach den RAPEX-Leitlinien". *NVwZ*, 2011, p. 604, que avaliam positivamente a nova regulamentação justamente por causa dessa flexibilidade.

356 Cf. em relação a isso de maneira geral FABIO, Udo Di. *Risikoentscheidungen im Rechtsstaat*: Zum Wandel der Dogmatik im Öffentlichen Recht, insbesondere am Beispiel der Arzneimittelüberwachung. Tübingen: Mohr Siebeck, 1994, pp. 245 e ss. O regulamento administrativo a ser elaborado pelo governo federal foi alterado pela última vez em 2005.

contrário, ela abrange, sobretudo, a necessidade de auto-observação contínua. O que se torna particularmente evidente, levando em conta uma compreensão modificada do risco: onde ganhar experiência não é mais o resultado de um contato contínuo com o ambiente que ocorre mais ou menos automaticamente ao longo do tempo, mas é altamente precário, cada passo para lidar com um substrato de risco potencial deve ser refletido como um experimento conduzido conscientemente cujas consequências não podem ser previstas, mas podem ser, pelo menos, avaliadas *ex post* e situadas no contexto de observações anteriores.[357] A diferença para o conceito clássico de experiência é que os pequenos detalhes contam e que as extrapolações no sentido de suposições generalizáveis sobre cadeias causais não são mais possíveis. É necessária uma *case-by-case-approach*, cujas etapas individuais também são coordenadas por auto-observações sofisticadas. O valor agregado epistêmico da forma clássica de atuação, o ato administrativo, reside no estabelecimento desse procedimento, que, nesse sentido, não é uma mera relíquia do século XIX,[358] mas continua a ser relevante mesmo em condições pós-modernas.[359] Assim, o conhecimento do risco gerado *ad hoc* permanece, em grande parte, diretamente relacionado a seu âmbito da aplicação; dificilmente pode ser entendido como um estoque fixo que pode ser transferido imutavelmente para outros contextos. No entanto, em contraste com essa nova forma de conhecimento, o antigo conceito de experiência fica mais evidente: Também não é um dado simples,

---

357 Cf. WOLLENSCHLÄGER, Burkard. *Wissensgenerierung im Verfahren*. Tübingen: Mohr Siebeck, 2009, p. 61 f.

358 Cf. STOLLEIS, Michael. *Geschichte des öffentlichen Rechts in Deutschland Zweiter Band*: Staatsrechtslehre und Verwaltungswissenschaft 1800-1914. München: C. H. Beck, 1992, p. 410 f.

359 Cf. LADEUR, Karl-Heinz. "The Evolution of General Administrative Law and the Emergence of Postmodern Administrative Law". *Osgoode CLPE Research Paper Series*, vol. 7, nº 4, 2011, pp. 12 e ss.; detalhadamente em LADEUR, Karl-Heinz. "Die Zukunft des Verwaltungsakts – Kann die Handlungsformenlehre aus dem Aufstieg des 'informalen Verwaltungshandelns' lernen?" *VerwArch*, 86, 1995, pp. 511 e ss.

mas já em si uma construção social que se baseia em certas suposições básicas e só funciona de pronto enquanto essas próprias hipóteses não forem postas em dúvida. Desse modo, a geração de conhecimento enquanto prevenção de riscos significa o desenvolvimento refletido de um novo conceito de experiência relacionado com a incerteza e, portanto, demandante de autorrevisões permanentes.[360]

Tendo em vista a tarefa de produção de conhecimento na Administração, a procedimentalização do Direito do Risco [*Risikorecht*] não deve levar a que a incerteza remanescente seja sempre um obstáculo a inovações arriscadas que possibilitem a formação de mais conhecimento.[361] Ao contrário, há até alguma evidência que contraria uma regra de dúvida, supondo que os "riscos de tentar as coisas voluntariamente (...) em uma sociedade dinâmica [são] mais baixos".[362] Assim, como já descrito no exemplo do Direito das Telecomunicações, processos experimentais de formação reflexiva da experiência devem ser possíveis. Essa situação é particularmente acentuada no Direito da engenharia genética [*Gentechnikrecht*], que, por um lado, como a nanotecnologia,[363] se caracteriza por uma

---

360 Cf. no tocante à limitação em relação ao conceito de experiência do clássico Direito da Segurança Pública ver, por exemplo, RÖHL, Hans-Christian. "Ausgewählte Verwaltungsverfahren". *In*: HOFFMANN-RIEM, Wolfgang; SCHMIDT-ASSMANN, Eberhard; VOSSKUHLE, Andreas (Coord.). *Grundlagen des Verwaltungsrechts*: Informationsordnung – Verwaltungsverfahren – Handlungsformen. 2ª ed. vol. II. München: C. H. Beck, 2012, parágrafo 26 f.

361 Cf. mais precisamente quanto à questão em AUGSBERG, Ino. "Wem nützt die Freiheit der Wissenschaft? Zur Entgrenzung von Politik und Wissenschaft im Diskurs über Grüne Gentechnik". *In*: GRIMM, Herwig; SCHLEISSING, Stephan (Coord.). *Grüne Gentechnik*: Zwischen Forschungsfreiheit und Anwendungsrisiko. Baden-Baden: Nomos, 2012, pp. 65 e ss.

362 KROHN, Wolfgang. "Realexperimente – Die Modernisierung der 'offenen Gesellschaft' durch experimentelle Forschung". *Erwägen – Wissen – Ethik*, 18, 2007, pp. 343 e ss. (355).

363 Cf. para esse paralelo JAECKEL, Liv. *Gefahrenabwehrrecht und Risikodogmatik*: Moderne Technologie im Spiegel des Verwaltungsrechts.

ruptura com os conceitos causais tradicionais, mas, por outro lado, pretende abrir espaço para o conhecimento além das suposições de modelos lineares que garantem o tratamento seguro da engenharia genética (acima de tudo: verde).[364] No tocante ao ramo da engenharia genética verde, a segunda característica do Direito de gestão do conhecimento do risco também pode ser identificada: por um lado, o trabalho com organismos geneticamente modificados é permitido, embora ainda não haja clareza final sobre as relações causais empíricas, por outro, o conhecimento empírico correspondente "só pode ser obtido, em última instância, por meio de ato que requer aprovação",[365] sendo a decisão administrativa modificada em sua dimensão temporal para compensar esse comportamento de risco. Assim, muda-se de uma decisão pontual para uma relação de observação e de controle de longo prazo – normalmente ligada a obrigações de prestar esclarecimentos do licenciado em questão[366] – cuja perspectiva não deve apenas ser limitada retrospectivamente a procedimentos passados, mas também deve ser aberta muito prospectivamente às decisões futuras.[367] As respectivas modificações também são conhecidas de outras áreas do Direito como uma técnica para lidar com a incerteza;[368] no entanto, devem agora ser enquadradas numa

---

Tübingen: Mohr Siebeck, 2010, pp. 24 e ss.

364 Cf. GÄRDITZ, Klaus Ferdinand. "Pharmakologisches Neuro-Enhancement als Rechtsproblem". *PharmR*, 2011, p. 53.

365 DÖHMANN, Indra Spiecker Genannt. "Informationsgewinnung im Umweltrecht durch materielles Recht". *DVBl*, 2006, p. 279.

366 SCf. sobre a participação cidadã no processo de geração de conhecimento, ver o capítulo 4IV, tópico 4.4IV, a seguir.

367 LADEUR, Karl-Heinz. "The Evolution of General Administrative Law and the Emergence of Postmodern Administrative Law". *Osgoode CLPE Research Paper Series*, vol. 7, nº 4, 2011, p. 27, que novamente relaciona essa ampliação de perspectivas com o conceito de direito do planejamento.

368 Cf., por exemplo, no tocante ao controle judicial em relação ao Direito Constitucional em AUGSBERG, Ino; AUGSBERG, Steffen. "Prognostische Elemente in der Rechtsprechung des Bundesverfassungsgerichts". *Verwaltungsarchiv*, 2007, pp. 305 e ss.

estratégia administrativa mais abrangente que já não se concentre exclusivamente na decisão individual e na sua eventual revisão (como as disposições dos §§ 9, 48, 49 da Lei do Processo Administrativo relativas à adoção ou revogação/anulação de *um* ato administrativo parecem sugerir), mas que a decisão em casos individuais busca um objetivo abrangente de produção de conhecimento. É nesse sentido que se deve entender a obrigação geral de fiscalização do operador (e consequentemente, no decurso da sua fiscalização, também da autoridade), que se encontra prevista no § 16c da GenTG. Ela leva em consideração a ideia de que o conhecimento sobre os possíveis efeitos nocivos dos organismos geneticamente modificados necessários para a questão da regulamentação da engenharia genética não pode mais ser assumido *a priori*, mas deve ser produzido primeiro em um processo incremental de avaliação de procedimentos individuais aprovados experimentalmente.[369] O fato de que não apenas informações adicionais individuais devem ser inseridas em um quadro de referência estável, mas que esse quadro em si deve ser variado em certas circunstâncias, mostra a variabilidade dos métodos básicos de exame, que o § 28b, parágrafo 2º, da GenTG considera como uma questão de curso a sua obrigação de atualizar constantemente a sistemática. Com a mudança dos métodos, não só os respectivos resultados concretos da pesquisa podem mudar, mas também toda a perspectiva sobre o campo de investigação. A consciência da pluralidade de métodos possíveis leva em conta o elemento geral de incerteza.[370]

No entanto, o Direito da engenharia genética verde, em particular, enfrenta outra dificuldade específica, pois a aprovação de organismos geneticamente modificados fora de sistemas fechados

---

369 Cf. WOLLENSCHLÄGER, Burkard. *Wissensgenerierung im Verfahren*. Tübingen: Mohr Siebeck, 2009, p. 70 f.

370 Cf. LADEUR, Karl-Heinz. *Das Umweltrecht der Wissensgesellschaft*: Von der Gefahrenabwehr zum Risikomanagement. Berlim: Duncker & Humblot, 1995, p. 157.

é frequentemente confrontada com a acusação de consequências potencialmente irreversíveis. O que parece descartar uma abordagem experimental e os ganhos de conhecimento resultantes.[371] Na verdade, é provável que o problema seja ainda maior. As dificuldades da regulamentação relacionada à engenharia genética baseiam-se não apenas no fato de que um possível retorno ao *status quo ante* pode ser difícil ou mesmo improvável, mas em que é quase impossível fixar essa situação como um padrão normal.[372] O bem protegido do "meio ambiente em sua estrutura funcional" (§ 1, inciso 1, da GenTG), juntamente com o critério da biodiversidade,[373] é caracterizado por uma alta dinâmica interna, que exclui a possibilidade de descrever um estado real específico exemplar.[374] Como o próprio objeto de proteção já está sujeito a mutações permanentes, que também podem ser estimuladas no sentido produtivo por influências externas, sua tutela não pode significar a proibição de todas as mudanças

---

371 Cf. a crítica de SUNSTEIN, Cass. *Gesetze der Angst*: Jenseits des Vorsorgeprinzips. Frankfurt am Main: Suhrkamp, 2007, pp. 170 e ss., que aponta que um argumento correspondente e requer primeiro um esclarecimento sobre até que ponto o conceito de irreversibilidade deve ser entendido.

372 Cf. em relação ao problema WOLLENSCHLÄGER, Burkard. *Wissensgenerierung im Verfahren*. Tübingen: Mohr Siebeck, 2009, pp. 100 e ss.; além de FISAHN, Andreas. "Beschleunigung und der Schadensbegriff im Gentechnikrecht". *NuR*, 2004, pp. 145 e ss.

373 Cf. no que tange à perspectiva do direito internacional FRIEDLAND, Julia; PRALL, Ursula. "Schutz der Biodiversität: Erhaltung und nachhaltige Nutzung in der Konvention über die Biologische Vielfalt". *ZUR*, 2004, pp. 193 e ss.

374 Cf. precisamente em AUGSBERG, Ino. "Natur als Norm: Zum Problem der Bestimmung der 'Umwelt in ihrem Wirkungsgefüge' als Schutzobjekt des Gentechnikgesetzes". *In*: SOLL, Jürgen (Coord.). *Norm und Narration der Grünen Gentechnik*. Göttingen, 2012 (por exemplo); sobre a ausência no ambiente da "essencialidade" WOLF, Rainer. "Die Risiken des Risikorechts". *In*: BORA, Alfons (Coord.). *Rechtliches Risikomanagement*: Form, Funktion und Leistungsfähigkeit des Rechts in der Risikogesellschaft. Berlim: Duncker & Humblot, 1999, pp. 65 e ss. (75).

induzidas pelo homem.[375] A irreversibilidade das consequências de quaisquer tentativas é, portanto, também um evento incerto no contexto da complexa estrutura ambiental, a qual está incluída nos processos de tomada de decisão, mas não pode *eo ipso* descartar a aprovação experimental de organismos geneticamente modificados para a obtenção de novos tipos de experiência. Proibições totais obviamente não são excluídas. Contudo, elas devem ser tomadas como decisões normativas politicamente responsáveis. Elas não podem ser derivadas apenas do problema de regulação cognitiva. Ao invés de aparecerem como uma mera cópia de uma "realidade" supostamente reconhecível e ontologicamente concebida e "cobrirem as relações e avaliações políticas necessárias com o véu de um suposto conhecimento especializado",[376] as decisões correspondentes devem, portanto, ser identificadas abertamente como ficção jurídica normativamente fundamentada.[377]

O que se aplica ao alargamento da dimensão temporal da ação administrativa ao período posterior à decisão também se aplica à fase que antecede a efetiva tomada de decisão: no sentido de uma gestão integral do conhecimento, o tratamento eficaz requer "reações jurídicas não apenas quando há indícios que indiquem o perigo da substância, mas (...) já desde o início promover uma capacidade de aprendizado imanente ao sistema e uma tolerância ao erro para,

---

375 Cf. WOLLENSCHLÄGER, Burkard. *Wissensgenerierung im Verfahren*. Tübingen: Mohr Siebeck, 2009, p. 101 f.

376 GÄRDITZ, Klaus Ferdinand. "Die Abwehr von Risiken gentechnischer Freisetzungen". *ZUR*, 2009, p. 420.

377 Cf. correspondente à "necessidade de definir valores-limite, limiares ou unidades de medida para os quais o próprio ambiente não fornece qualquer determinação", o que deve ser reconhecido no direito do ambiental em LUHMANN, Niklas. *Ökologische Kommunikation*: Kann die moderne Gesellschaft sich auf ökologische Gefährdungen einstellen? 3ª ed. Opladen: Westdeutscher Verlag, 1990, p. 134.

com isso, chegar a uma limitação dos potenciais de perigo".[378] É precisamente esse aspecto da gestão do conhecimento processual que também deve ser colocado em jogo em relação às tentativas mais recentes de tornar os desenvolvimentos nanotecnológicos acessíveis à avaliação jurídica, postulando uma "*preliminary risk assessment*", o que é "uma tentativa de usar a heurística para guiar o controle de risco na ausência de seu conhecimento",[379] fazendo uma verificação preliminar de perigos potenciais com base em "características de nanomateriais que já são conhecidas e podem ser determinadas comparativamente de forma rápida (em particular suas propriedades físico-químicas)".[380] Todavia, o caráter preliminar dessa avaliação não deve ser entendido em termos puramente temporais, mas deve ser mapeado para a mudança fundamental no modelo epistêmico básico necessário para a operacionalização jurídica. Isso significa, entretanto, que mesmo as técnicas heurísticas que se baseiam em relações causais conhecidas atingem seus limites em áreas caracterizadas por desvios dos conceitos causais tradicionais.[381] Elas podem, portanto, apenas formar um primeiro passo inevitavelmente insuficiente que

---

378 WOLLENSCHLÄGER, Burkard. *Wissensgenerierung im Verfahren*. Tübingen: Mohr Siebeck, 2009, p. 72; cf. depois também RÖHL, Hans-Christian. "Ausgewählte Verwaltungsverfahren". *In*: HOFFMANN-RIEM, Wolfgang; SCHMIDT-ASSMANN, Eberhard; VOSSKUHLE, Andreas (Coord.). *Grundlagen des Verwaltungsrechts*: Informationsordnung – Verwaltungsverfahren – Handlungsformen. 2ª ed. vol. II. München: C. H. Beck, 2012, parágrafo 25.

379 Cf. SCHERZBERG, Arno. "Risikoabschätzung unter Ungewissheit – Preliminary risk assessment im Kontext der Nanotechnologie". *ZUR*, 2010, p. 304.

380 Foi o que sugeriu a NanoComissão Alemã em seu primeiro relatório final de 2008: "Uso responsável da nanotecnologia". Disponível em: http://www.bmu.de/files/pdfs/allgemein/application/pdf/nanokomm_abschlussbericht_2008.pdf, p. 16.

381 Cf. fundamentalmente em LADEUR, Karl-Heinz. "Kommunikation über Risiken im Rechtssystem. Das Beispiel Nanotechnologie". *In*: BÜSCHER, Christian; JAPP, Klaus Peter (Coord.). *Ökologische Aufklärung*: 25 Jahre "Ökologische Kommunikation". Wiesbaden: VS Verlag, 2010.

não deve ter nenhum significado prejudicial para o resultado de investigações posteriores, o que depende de sensibilizar o sistema para o perigo de tomar decisões muito cedo e das dependências de trajetória resultantes no processo de conhecimento, não vendo a autorrevisão como um erro,[382] mas como uma parte natural de um processo de aprendizagem abrangente que inclui uma revisão crítica da própria metodologia.[383]

3. Resumindo e generalizando, a configuração processual da produção do conhecimento exige, portanto, em primeiro lugar, que a busca administrativa do conhecimento seja mais estruturada e decomposta em etapas individuais que se complementam, nas quais o nível de conhecimento alcançado deve ser comparado com as medidas possíveis nessa base cognitiva. No sentido de uma abordagem *step-by-step*, "o próximo passo deve primeiro ser dado (...), quando o conhecimento obtido na etapa anterior é suficiente para avaliar que o risco pode ser assumido na próxima fase".[384] Em segundo lugar, o processo oficial de tomada de decisão deve ser alterado em termos de sua orientação temporal, ou seja, a produção de conhecimento antes da decisão e do monitoramento consistente dos

---

382 Cf. KAISER, Anna-Bettina. "Wissensmanagement im Mehrebenensystem". *In*: SCHUPPERT, Gunnar Folke; VOSSKUHLE, Andreas (Coord.). *Governance von und durch Wissen*. Baden-Baden: Nomos, 2008, p. 235.

383 Cf. de maneira mais detalhada quanto a essa necessidade em AUGSBERG, Ino. "Von der Gefahrenabwehr zum Risikomanagement und Opportunitätswahrnehmung – Neue Paradigmen im Verwaltungsrecht". *In*: FUNCKE, Dorett; PETER, Claudia (Coord.). *Wissen an der Grenze*: Zum Umgang mit Ungewissheit und Unsicherheit in der modernen Medizin. Frankfurt am Main: Campus Verlag, 2013, assim como mais adiante no tópico 7.6 do capítulo VII.

384 Assim em KRIES, Caroline von; WINTER, Gerd. "Komplexität und Zergliederung. Die Struktur der Risikobewertung für die Ausbringung gentechnisch veränderter Organismen". *ZUR*, 2011, p. 233, com referência às explicações dos motivos a serem considerados (24) e (25) da Diretiva 2001/18.

resultados da decisão, sendo os métodos de investigação possíveis no contexto de novas análises. Deve-se levar em conta que não apenas novos aspectos adicionais de um problema podem aparecer dentro da mesma perspectiva que foi mantida, mas que o método anterior de conhecimento pode se revelar problemático. Em terceiro lugar, a finalidade do procedimento administrativo deve ser entendida de forma mais ampla: além da tomada de decisão em casos individuais, há também a tarefa geral de produção de conhecimento, para a qual as decisões individuais, incluindo suas bases cognitivas, estão mais intimamente relacionadas entre si e, ao mesmo tempo, abordando abertamente sua possível revisão.[385]

2.5 Requisitos jurídicos da organização

1. Nessa múltipla expansão do horizonte de ação administrativa, reside o elemento procedimental relativo à criação da infraestrutura cognitiva geral supramencionada, necessária para uma adequada gestão do conhecimento. Contudo, essa infraestrutura necessária não se esgota no arranjo processual; ela é acompanhada por disposições jurídicas organizacionais.[386] Perante essa dimensão global do problema, importa abordar, em primeiro lugar, um aspecto que antecede a organização administrativa em sentido estrito, mas que, ao mesmo tempo, tem um impacto decisivo: a questão do recrutamento adequado do pessoal.[387] Ainda que a importância específica

---

385 Cf. já sobre esses dois pontos de uma "expansão do prazo" e uma "dupla finalidade" em WOLLENSCHLÄGER, Burkard. *Wissensgenerierung im Verfahren*. Tübingen: Mohr Siebeck, 2009, pp. 70 e ss. e 75 e ss.

386 Cf. quanto a essa exigência em WILLKE, Helmut. *Systemisches Wissensmanagement*. 2ª ed. Stuttgart, 2011, p. 27; para mais detalhes em ROEHL, Heiko. *Organisationen des Wissens*: Anleitung zur Gestaltung. Stuttgart: Klett-Cotta, 2002.

387 Cf. sobre a relevância frequentemente subestimada desse tema crítico LUHMANN, Niklas. *Organisation und Entscheidung*. Opladen: Westdeutscher Verlag, 2000, pp. 279 e ss.; uma visão geral da perspectiva jurídica sobre o problema HEBELER, Timo. *Verwaltungspersonal*: Eine

do conhecimento organizacional se destine a uma certa permutabilidade dos funcionários,[388] no sentido de uma despersonalização do exercício do cargo,[389] isso não significa que eles não necessitem de qualificações especiais que lhes permitam assumir uma função padronizada em certo modo.[390] É o caso, por exemplo, da orientação científica da atividade administrativa, que não é necessária apenas para a regulamentação da alta tecnologia e que não é possível sem pessoal devidamente capacitado. O pensamento científico garante uma objetividade de avaliação que não deve ser confundida como uma referência a uma realidade no sentido ontológico,[391] mas apenas estabelece a qualidade transubjetiva das posições individuais e, assim, permite sua intercambialidade. Os requisitos individuais, por sua vez, resultam do objeto: além da experiência jurídica, por exemplo, em

---

rechts- und verwaltungswissenschaftliche Strukturierung. Baden-Baden: Nomos, 2007; VOSSKUHLE, Andreas. "Personal". *In*: HOFFMANN-RIEM, Wolfgang; SCHMIDT-ASSMANN, Eberhard; VOSSKUHLE, Andreas (Coord.). *Grundlagen des Verwaltungsrechts*: Personal – Finanzen – Kontrolle – Sanktionen – Staatliche Einstandspflichten. vol. III. München: C. H. Beck, 2009, § 43.

388 Cf. WILLKE, Helmut. *Systemisches Wissensmanagement*. 2ª ed. Stuttgart: Lucius & Lucius, 2001, p. 104.

389 Cf. VOSSKUHLE, Andreas. "Personal". *In*: HOFFMANN-RIEM, Wolfgang; SCHMIDT-ASSMANN, Eberhard; VOSSKUHLE, Andreas (Coord.). *Grundlagen des Verwaltungsrechts*: Personal – Finanzen – Kontrolle – Sanktionen – Staatliche Einstandspflichten. vol. III. München: C. H. Beck, 2009, parágrafo 2 e ss. Uma visão clássica sobre a racionalização como despersonalização exercício burocrático do poder WEBER, Max. "Die drei reinen Typen der legitimen Herrschaft". *In*: ______. *Gesammelte Aufsätze zur Wissenschaftslehre*. Editado por Johannes Winckelmann. 6ª ed. Tübingen: Mohr, 1985, pp. 475 e ss. (476).

390 Cf. sobre este "conhecimento administrativo" especial transmitido pelos funcionários em MARX, Fritz. "Morstein Hierarchie und Entscheidungszwang". *In*: ______. (Coord.). *Verwaltung*: Eine einführende Darstellung. Berlim: Duncker & Humblot, 1965, pp. 109 e ss. (119 e ss.).

391 Cf. sobre a questão em DASTON, Lorraine; GALISON, Peter. *Objektivität*. Frankfurt am Main: Suhrkamp, 2007.

Direito Regulatório,[392] são necessários conhecimentos econômicos e técnicos, em particular, para uma compreensão adequada das tarefas regulatórias.[393] Aplica-se aqui, como em geral, que a reduzida capacidade de controle da lei geral condicionalmente programada, que pode ser afirmada especialmente em áreas dinâmicas do conhecimento, aumenta a importância do pessoal concretizador da lei.[394] Esse aumento da importância do pessoal não só afeta o seu "profissionalismo no trato com as normas legais", mas também "as suas atitudes metodológicas básicas, padrões de valores e pontos de

---

392 O qual, após o curso clássico de formação, normalmente não é focado na perspectiva administrativa, mas na judiciária; cf. a crítica de VOSSKUHLE, Andreas. "Personal". *In*: HOFFMANN-RIEM, Wolfgang; SCHMIDT-ASSMANN, Eberhard; VOSSKUHLE, Andreas (Coord.). *Grundlagen des Verwaltungsrechts*: Personal – Finanzen – Kontrolle – Sanktionen – Staatliche Einstandspflichten. vol. III. München: C. H. Beck, 2009, parágrafo 43 f. As primeiras críticas ao "monopólio dos juristas" na administração, o que significava um melhor "capacitado para o conhecimento do problema, críticas e recomendações de um público ativo fora do subsistema político-administrativo" e uma "maior abertura à informação" de outros sistemas de referência – em última análise: uma melhor capacidade de aprendizagem do próprio sistema de gestão em SCHARPF, Fritz. *Demokratietheorie zwischen Utopie und Anpassung*. Konstanz: Universitätsverlag, 1970, p. 89 f. Por outro lado, para o jurista que pensa "em ordenamentos" e em seu conhecimento específico FORSTHOFF, Ernst. *Der Staat der Industriegesellschaft*: Dargestellt am Beispiel der Bundesrepublik Deutschland. München: C. H. Beck, 1971, p. 110.

393 Cf. HERZMANN, Karsten. *Konsultationen*: Eine Untersuchung von Prozessen kooperativer Maßstabskonkretisierung in der Energieregulierung. Tübingen: Mohr Siebeck, 2010, p. 53, tem como exemplo a Agência Federal de Turismo. De forma geral em PRIDDAT, Birger P. "Wissen, Recht und Organisation – Perspektiven der Politischen Ökonomie". *In*: DÖHMANN, Indra Spiecker Genannt; COLLIN, Peter (Coord.). *Generierung und Transfer staatlichen Wissens im System des Verwaltungsrechts*. Tübingen: Mohr Siebeck, 2008, pp. 295 e ss. (305).

394 Cf. FOLKE, Gunnar. *Schuppert, Verwaltungswissenschaft*: Verwaltung, Verwaltungsrecht, Verwaltungslehre. Baden-Baden: Nomos, 2000, p. 625 f.

vista" que influenciam o processo de aplicação da lei,[395] mas também e principalmente afeta suas qualificações profissionais no sentido de competências cognitivas especiais.[396] "O funcionário público moderno", como já dizia Max Weber, "é constantemente e inevitavelmente cada vez mais profissionalizado e especializado de acordo com a técnica racional da vida moderna".[397] Os princípios gerais do Direito do serviço público, que exigem que a Administração contrate funcionários suficientemente competentes para desempenhar as tarefas que lhes são atribuídas, têm em conta este requisito de competência profissional adequada.[398] As medidas de formação e treinamento específicas do setor podem ser usadas para expandir e melhorar as habilidades de maneira direcionada.[399] Ainda mais precisamente: a gestão mais eficaz possível do conhecimento implica que, mesmo na

395 SCHUPPERT, Gunnar. *Verwaltungswissenschaft*, ibd., p. 626.

396 Cf. de maneira geral em VOSSKUHLE, Andreas. "Expertise und Verwaltung". *In*: TRUTE, Hans-Heinrich (Coord.). *Allgemeines Verwaltungsrecht – zur Tragfähigkeit eines Konzepts*. Tübingen: Mohr Siebeck, 2008, p. 657 f.

397 WEBER, Max. *Wirtschaft und Gesellschaft*: Grundriß der verstehenden Soziologie. (editada por Johannes Winckelmann). 5ª ed. Tübingen: Mohr, 1980, p. 835. Da mesma forma em FORSTHOFF, Ernst. *Der Staat der Industriegesellschaft*: Dargestellt am Beispiel der Bundesrepublik Deutschland. München: C. H. Beck, 1971, p. 109 f., que por isso mesmo quer reconhecer que o jurista está "deslocado" pelo especialista em muitas áreas da administração (cf. ibd., p. 110). Em geral, sobre as vantagens da especialização para funcionários administrativos em MOHL, Robert von. *Das Staatsrecht des Königreiches Württemberg*: Zweiter Theil, das Verwaltungsrecht. Tübingen: Laupp, 1831, p. 11.

398 Cf. KLUTH, Winfried. "Die Strukturierung von Wissensgenerierung durch das Verwaltungsorganisationsrecht". *In*: DÖHMANN, Indra Spiecker Genannt; COLLIN, Peter (Coord.). *Generierung und Transfer staatlichen Wissens im System des Verwaltungsrechts*. Tübingen: Mohr Siebeck, 2008, p. 80.

399 Cf. HERZMANN, Karsten. *Konsultationen*: Eine Untersuchung von Prozessen kooperativer Maßstabskonkretisierung in der Energieregulierung. Tübingen: Mohr Siebeck, 2010, p. 54, com especial destaque para a estrutura da antiga "Autoridade Reguladora das

seleção geral de pessoal, deve-se prestar mais atenção à capacidade de aprendizado do respectivo candidato do que ao conhecimento específico existente.[400]

Complementarmente a essas habilidades especializadas cada vez mais diferenciadas, os chamados "especialistas em conhecimento" também devem ser especialmente treinados e empregados, para que se possa pesquisar, combinar e coordenar as inúmeras valências dos especialistas individuais em um meta-nível.[401] Na interação da crescente diferenciação cognitiva e de sua coordenação superior, a capacidade de aprendizagem da organização como um todo é concomitantemente aumentada.

O aspecto de seleção e aperfeiçoamento de pessoal, que ocorre justamente diante dos problemas de conhecimento que surgem, também traz consequências para a relação entre o administrativo e o Judiciário: uma vez que o judiciário também podem utilizar trabalhadores cujas qualificações específicas ultrapassem as competências meramente jurídicas representadas pelos tribunais – é prática corrente no Direito das Telecomunicações, por exemplo, em relação aos três membros das câmaras decisórias, nos termos dos § 132 e seguinte da TKG, haver um advogado, um economistas e um engenheiro em cada uma para reunir as perspectivas relevantes dos problemas regulatórios[402] – o que é constatar uma vantagem cogni-

---

Telecomunicações e Correios" (desde 2005 renomeada Agência Federal das Redes).

400 Cf. WILLKE, Helmut. *Einführung in das systemische Wissensmanagement*. 2ª ed. Heidelberg: Carl-Auer-Systeme, 2007, p. 82.

401 Cf. VOSSKUHLE, Andreas. "Expertise und Verwaltung". *In*: TRUTE, Hans-Heinrich (Coord.). *Allgemeines Verwaltungsrecht – zur Tragfähigkeit eines Konzepts*. Tübingen: Mohr Siebeck, 2008, p. 657 f.

402 Cf. HERZMANN, Karsten. *Konsultationen*: Eine Untersuchung von Prozessen kooperativer Maßstabskonkretisierung in der Energieregulierung. Tübingen: Mohr Siebeck, 2010, p. 53. Para uma visão geral sobre o procedimento da câmara deliberativa, ver

tiva da Administração.[403] Essa vantagem pode ser aproximadamente compensada em processos judiciais por meio da utilização de peritos e de especializações baseadas no Direito Organizacional no seio do poder judicial,[404] por exemplo, com a criação de câmaras especiais cuja respectiva composição está ligada à especialização e experiência dos juízes na área em causa. No caso de áreas regulatórias dinâmicas, entretanto, uma análise *ex post* da situação de tomada de decisão administrativa dificilmente pode ser realizada dessa maneira.[405] Isso porque não se aplica aqui a vantagem de conhecimento que se pode afirmar na situação jurídica clássica para afastar o perigo, que resulta do acréscimo de experiência, ou seja, precisamente pela situação da avaliação *post festum*.[406] Além disso, enquanto a Administração especializada já empregada permanentemente em seu próprio pessoal observa os desenvolvimentos técnicos e os avanços

---

SCHNEIDER, Jens-Peter. "Telekommunikationsrecht". *In*: FEHLING, Michael; RUFFERT, Matthias (Coord.). *Regulierungsrecht*. Tübingen: Mohr Siebeck, 2009, § 8 parágrafo 92 e ss.

403 Cf. JAECKEL, Liv. *Gefahrenabwehrrecht und Risikodogmatik*: Moderne Technologie im Spiegel des Verwaltungsrechts. Tübingen: Mohr Siebeck, 2010, p. 158; da mesma forma em HOFFMANN-RIEM, Wolfgang. "Eigenständigkeit der Verwaltung". *In*: HOFFMANN-RIEM, Wolfgang; SCHMIDT-ASSMANN, Eberhard; VOSSKUHLE, Andreas (Coord.). *Grundlagen des Verwaltungsrechts*: Methoden – Maßstäbe – Aufgaben – Organisation. 2ª ed. vol. I. München: C. H. Beck, 2012, § 10 parágrafo 133.

404 Cf. VOSSKUHLE, Andreas. "Sachverständige Beratung des Staates". *In*: ISENSEE, Josef; KIRCHHOF, Paul (Coord.). *Handbuch des Staatsrechts der Bundesrepublik Deutschland*. 3ª ed. vol. III. Heidelberg: Müller, 2005, parágrafo 5.

405 Cf. em relação à questão NUSSBERGER, Angelika. "Sachverständigenwissen als Determinante verwaltungsrechtlicher Einzelentscheidungen". *Archiv des öffentlichen Rechts*, 129, 2004, pp. 282 e ss. (299 f.).

406 Cf. JAECKEL, Liv. *Gefahrenabwehrrecht und Risikodogmatik*: Moderne Technologie im Spiegel des Verwaltungsrechts. Tübingen: Mohr Siebeck, 2010, p. 219.

científicos no conhecimento de longo prazo,[407] extrai conclusões sistemáticas deles e desenvolve diretrizes para sua própria prática de tomada de decisão, ou seja, pode confiar especificamente em sua própria capacidade de aprender, sendo muito mais difícil conseguir um procedimento correspondente ao controle judicial sempre seletivo de processos administrativos individuais que não inclua qualquer ancoragem institucional permanente de produção de conhecimento, mas apenas práticas de "aquisição de conhecimento individual por meio de laudos periciais".[408]

2. Todavia, a atual dimensão da gestão do conhecimento do Direito Organizacional na área da administração interna não reside na aposta da qualificação individual, mas, sim, na formação de competências profissionais especiais em unidades de trabalho, especialmente criadas para o efeito, que se encontram tanto nas instâncias gerais, como subdepartamentos especializados (unidades, setores etc.), quanto nas ainda mais independentes autoridades setorizadas que foram desmembradas do edifício administrativo tradicional.[409]

---

407 Cf. HOFFMANN-RIEM, Wolfgang. "Eigenständigkeit der Verwaltung". *In*: HOFFMANN-RIEM, Wolfgang; SCHMIDT-ASSMANN, Eberhard; VOSSKUHLE, Andreas (Coord.). *Grundlagen des Verwaltungsrechts*: Methoden – Maßstäbe – Aufgaben – Organisation. 2ª ed. vol. I. München: C. H. Beck, 2012, parágrafo 133.

408 Cf. GROSS, Thomas. "Ressortforschung, Agenturen und Beiräte – zur notwendigen Pluralität der staatlichen Wissensinfrastruktur". *In*: RÖHL, Hans Christian (Coord.). *Wissen – Zur kognitiven Dimension des Rechts* (DV Beiheft 9). Berlim: Duncker & Humblot, 2010, p. 137; similarmente em JAECKEL, Liv. *Gefahrenabwehrrecht und Risikodogmatik*: Moderne Technologie im Spiegel des Verwaltungsrechts. Tübingen: Mohr Siebeck, 2010, p. 158.

409 Cf. VOSSKUHLE, Andreas. "Expertise und Verwaltung". *In*: TRUTE, Hans-Heinrich (Coord.). *Allgemeines Verwaltungsrecht – zur Tragfähigkeit eines Konzepts*. Tübingen: Mohr Siebeck, 2008, p. 658 f.; VOSSKUHLE, Andreas. "Sachverständige Beratung des Staates". *In*: ISENSEE, Josef; KIRCHHOF, Paul (Coord.). *Handbuch des Staatsrechts der Bundesrepublik Deutschland*. 3ª ed. vol. III. Heidelberg: Müller, 2005, parágrafo 4, cada qual com seus exemplos concretos. Para uma

A essas unidades administrativas autônomas podem competir tarefas administrativas de execução e pesquisa, como as do Ministério do Meio Ambiente, ou podem competir suas próprias atividades de pesquisa e funções de consultoria, como o Instituto Nacional de Metrologia (uma autoridade técnica de alto nível do Ministério da Economia e Tecnologia).[410] Instituições correspondentes também existem no nível supranacional; exemplos incluem a Agência Europeia de Medicamentos (EMA), que é responsável pelo monitoramento e avaliação de medicamentos, e a Autoridade Europeia para a Segurança dos Alimentos (EFSA), cuja tarefa é orientar a União Europeia quanto à sua legislação e suas políticas na área de alimentos e rações com os conhecimentos científicos e técnicos necessários.[411] Em todos os casos, o objetivo da consolidação organizacional dos processos de produção de conhecimento é a formação e o desenvolvimento de um "conhecimento organizacional próprio" que não esteja relacionado às competências cognitivas explícitas dos funcionários individuais, mas nos "respectivos sistemas de controle, rotinas e processos negociais" da organização manifestados.[412] Logo, com a ajuda do

---

visão geral sobre a exigência das respectivas "diferenciações institucionais e funcionais", ver BROHM, Winfried. "Die Dogmatik des Verwaltungsrechts vor den Gegenwartsaufgaben der Verwaltung". *VVDStRL*, 30, 1972, pp. 245 e ss. (p. 261 f.).

410 Cf. VOSSKUHLE, Andreas. "Sachverständige Beratung des Staates". *In*: ISENSEE, Josef; KIRCHHOF, Paul (Coord.). *Handbuch des Staatsrechts der Bundesrepublik Deutschland*. 3ª ed. vol. III. Heidelberg: Müller, 2005, parágrafo 4.

411 Cf., por exemplo, SYDOW, Gernot. *Verwaltungskooperation in der Europäischen Union*: Zur horizontalen und vertikalen Zusammenarbeit der europäischen Verwaltungen am Beispiel des Produktzulassungsrecht. Tübingen: Mohr Siebeck, 2004, pp. 83 e ss.; especialmente em relação à EFSA, ver DETTLING, Heinz-Uwe. "EFSA als wissenschaftliche Behörde. Allgemeine Kernbedingungen und spezifische Rahmenbedingungen der Wissenschaftlichkeit". *LMuR*, 2011, pp. 65 e ss.

412 VOSSKUHLE, Andreas. "Expertise und Verwaltung". *In*: TRUTE, Hans-Heinrich (Coord.). *Allgemeines Verwaltungsrecht – zur Tragfähigkeit eines Konzepts*. Tübingen: Mohr Siebeck, 2008, p. 659. Para uma

Direito Organizacional, devem ser criadas estruturas que garantam o desenvolvimento desse conhecimento organizacional. Ao mesmo tempo, deve-se assegurar que o conhecimento específico possa ser transmitido com o conhecimento administrativo geral.[413]

Também nesse sentido, um desenho mais detalhado da produção interna de conhecimento da Administração pode recorrer a mecanismos bem conhecidos. Para as autoridades especificamente encarregadas da geração de conhecimento, a exigência pode ser feita, por exemplo, seguindo as disposições da Lei Federal de Estatística (em particular, § 2º da Lei de Estatística para fins públicos [*Bundesstatistikgesetz*- BStatG]) e, no âmbito do Direito da União Europeia, a configuração das agências europeias,[414] que essas entidades, por um lado, sejam politicamente independentes e, por outro lado, trabalhem de maneira cientificamente orientada.[415] Ambos os requisitos não são

---

determinação alternativa sobre o significado de "conhecimento organizacional", ver WILLKE, Helmut. *Dystopia*: Studien zur Krisis des Wissens in der modernen Gesellschaft. Frankfurt am Main: Suhrkamp, 2002, p. 130; WILLKE, Helmut. *Systemisches Wissensmanagement*. 2ª ed. Stuttgart: Lucius & Lucius, 2001, passim.

413 Cf. em relação ao problema COLLIN, Peter. "Die Organisation der binnenadministrativen Kommunikation in der preußischen Verwaltung des 19. Jahrhunderts". *In*: BECKER, Peter (Coord.). *Sprachvollzug im Amt*: Kommunikation und Verwaltung im Europa des 19. und 20. Jahrhunderts. Bielefeld: Transcript, 2011, pp. 335 e ss. (337), com referência a FONK, Friedrich. *Die Problematik der Sonderbehörden*: Zum Verhältnis von allgemeiner Verwaltung und Sonderverwaltung. Köln: Grote, 1969, p. 41.

414 Cf. em relação a um panorama sobre essas agências AUGSBERG, Steffen. "Europäisches Verwaltungsorganisationsrecht und Vollzugsformen". *In*: TERHECHTE, Jörg Philipp (Coord.). *Verwaltungsrecht der Europäischen Union*. Baden-Baden: Nomos, 2011, § 6 parágrafo 38 e ss.; além de KIRSTE, Stephan. "Das System der Europäischen Agenturen – Erläutert am Beispiel des Europäischen Innovations- und Technologieinstituts (EIT)". *VerwArch*, 102, 2011, pp. 268 e ss.

415 Cf. EIFERT, Martin. "Das Verwaltungsrecht zwischen klassischem dogmatischen Verständnis und steuerungswissenschaftlichem Anspruch". *VVDStRL*, 67, 2008, pp. 286 e ss. (328). Sobre a tripla exigência que vai

apenas independentes, eles estão interligados. Sua interação torna-se particularmente evidente nas instituições das chamadas pesquisas departamentais, que visam explicitamente à geração de expertise científica na área interna da Administração.[416] Diante do perigo de sua instrumentalização política, aborda-se aqui de um arcabouço jurídico organizacional que preserve o caráter especificamente científico das instituições e de seu trabalho. Em relação a isso, o caráter do art. 5, parágrafo 3º, da Constituição Federal [*Grundgesetz*- GG] como um "direito organizacional fundamental"[417] também tem um impacto sobre as instituições de pesquisa setoriais, o que gera certa autonomia da pesquisa setorizada em relação às tentativas de controle político. Do prisma do direito de gestão da informação, esse requisito pode ser justificado funcionalmente com vistas à melhor geração possível de conhecimento: se a ideia de que os processos de conhecimento científico produzem os melhores resultados justamente

além de "*independence*", "*excellence*" e "*transparency*", ver TRUTE, Hans-Heinrich. "Democratizing Science: Expertise and Participation in Administrative Decision Making". *In*: NOWOTNY, Helga *et al. The Public Nature of Science under Assault*: Politics, Markets, Science and the Law. Berlim: Springer, 2005, pp. 86 e ss. (101 e ss.).

416 Cf. TRUTE, Hans-Heinrich. "Wissenschaft und Technik". *In*: ISENSEE, Josef; KIRCHHOF, Paul (Coord.). *Handbuch des Staatsrechts der Bundesrepublik Deutschland*. 3ª ed. Band IV. Heidelberg: C.F. Müller Verlag, 2006, parágrafo 43; GROSS, Thomas. "Ressortforschung, Agenturen und Beiräte – zur notwendigen Pluralität der staatlichen Wissensinfrastruktur". *In*: RÖHL, Hans Christian (Coord.). *Wissen – Zur kognitiven Dimension des Rechts* (DV Beiheft 9). Berlim: Duncker & Humblot, 2010, pp. 141 e ss.

417 Cf. SCHMIDT-ASSMANN, Eberhard. "Die Wissenschaftsfreiheit nach Art. 5 Abs. 3 GG als Organisationsgrundrecht". *In*: BECKER, Bernd; BULL, Hans Peter; SEEWALD, Otfried (Coord.). *Festschrift für Werner Thieme zum 70. Geburtstag*. Köln: Heymann, 1993, pp. 697 e ss.; além de AUGSBERG, Ino. "Subjektive und objektive Dimensionen der Wissenschaftsfreiheit". *In*: VOIGT, Friedemann (Coord.). *Freiheit der Wissenschaft*: Beiträge zu ihrer Bedeutung, Normativität und Funktion. Berlim: De Gruyter, 2012, pp. 65 e ss.

quando não estão sujeitos ao controle político direto,[418] ela também deve ser aplicada ao uso de conhecimentos científicos no contexto de tarefas administrativas regulamentares. Com isso, a autoridade cumpre melhor sua função de gerar conhecimento dentro da Administração quando ela goza de certo grau de independência. Onde as instituições correspondentes devem ser genuinamente ativas cientificamente, é possível especificar direções de pesquisa no sentido de objetivos gerais, mas não passos e métodos individuais específicos de uma perspectiva não científica.[419]

2.6 A interação das dimensões jurídicas

Para uma adequada compreensão global da produção de conhecimento na administração, as respectivas dimensões não devem ser consideradas apenas individualmente. Isso afeta inicialmente o nível material e processual: por mais que o conteúdo da pergunta conforme os processos de produção de conhecimento, o inverso é verdadeiro – "qualquer pessoa que participe da coleta e do processamento de informações, portanto, participa do processo de tomada de decisão". O Direito Material e o Direito Processual formam um vínculo inseparável.[420] O fator decisivo é a interação dos níveis, na

---

418 Cf. no tocante a essa perspectiva, Tribunal Constitucional Alemão 111, 333 (354).

419 Para problema semelhante dentro da pesquisa industrial, ver AUGSBERG, Ino. "Wissenschaftsverfassungsrecht". *In*: VESTING, Thomas; KORIOTH, Stefan (Coord.). *Der Eigenwert des Verfassungsrechts*: Was bleibt von der Verfassung nach der Globalisierung? Tübingen: Mohr Siebeck, 2011, pp. 187 e ss. (196), em relação a WEINGART, Peter. *Die Wissenschaft der Öffentlichkeit*. 2ª ed. Weilerswist: Velbrück, 2006, pp. 67 e ss. No tocante ao problema em geral, maiores especificações são apresentadas em WILHOLT, Torsten. *Die Freiheit der Forschung*: Begründungen und Begrenzungen. Berlim: Suhrkamp, 2012, pp. 209 e ss.

420 PIETZCKER, Jost. "Verwaltungsverfahren zwischen Verwaltungseffizienz und Rechtsschutzauftrag". *VVDStRL*, 41, 1983, pp. 193 e ss. (202 f.).

qual eles compensam alternadamente a unilateralidade.[421] Por exemplo, a independência de um processo oficial de tomada de decisão não só pode ser alcançada por meio da margem de manobra expressamente concedida, mas também por meio de um desenho processual especial que na prática dificulta a capacidade de intervenção e de controle das autoridades supervisoras ou do Parlamento.[422] Isso se aplica, por exemplo, ao estabelecimento do procedimento de tomada de decisão da Câmara de acordo com §§ 132 e seguintes da TKG:

> Considerando que decisões importantes são tomadas com base em uma sustentação oral por um órgão coletivo de três pessoas e são, portanto, baseadas em um processo de tomada de decisão determinado pela situação que não pode ser mapeada hierarquicamente, ao menos estruturalmente, a capacidade de emitir instruções é substancialmente reduzida.[423]

No pano de fundo da lógica da determinação "situacional" da decisão estão processos de geração de conhecimento que dificilmente podem ser reproduzidos adequadamente a partir de uma perspectiva externa, tanto em termos de tempo quanto de conteúdo.[424] O

---

421 Cf. MÖLLERS, Christoph. "Materielles Recht – Verfahrensrecht – Organisationsrecht. Zu Theorie und Dogmatik dreier Dimensionen des Verwaltungsrechts". *In*: TRUTE, Hans-Heinrich (Coord.). *Allgemeines Verwaltungsrecht – zur Tragfähigkeit eines Konzepts*. Tübingen: Mohr Siebeck, 2008, pp. 489 e ss.

422 Cf. QUABECK, Christian. *Dienende Funktion des Verwaltungsverfahrens und Prozeduralisierung*. Tübingen: Mohr Siebeck, 2010, pp. 206 e ss.

423 MASING, Johannes. "Post und Telekommunikation". *In*: ISENSEE, Josef; KIRCHHOF, Paul (Coord.). *Handbuch des Staatsrechts der Bundesrepublik Deutschland*. 3ª ed. Band IV. Heidelberg: C.F. Müller Verlag, 2006, parágrafo 48.

424 Cf. SCHULZ, Wolfgang. "Institute der Wissensverteilung zwischen Verwaltung und Gerichten und ihre Konsequenzen". *In*: RÖHL, Hans Christian; TRUTE, Hans Heinrich (Coord.). *Wissen/Nichtwissen in Organisationen und Netzwerken*. Alemanha: University of Konstanz 2013 (no prelo).

fator decisivo na reduzida verificabilidade dos processos da câmara julgadora não é o "isomorfismo" ao processo judicial[425] – isso provavelmente falaria mais em favor da decisão administrativa poder ser compensada no âmbito de um processo judicial[426] –, mas, sim, a instabilidade da construção cognitiva, que ocorre de maneira específica em áreas de conhecimento particularmente dinâmicas ou sensíveis ao contexto e, portanto, não podem ser simplesmente repetidas posteriormente.[427]

Abordado dessa maneira, o problema é particularmente conhecido na área do Direito de fiscalização:[428] o âmbito de avaliação concedido aos auditores se assenta na percepção de que, face à totalidade da situação fiscalizatória, as informações individuais não são suficientes para permitir um controle adequado de seu resultado. Ao contrário, essas informações devem ser entendidas no contexto das circunstâncias gerais. A avaliação do trabalho individual baseia-se não menos na relação com outras ações de corregedorias que foram

---

425 De um processo "projetado para ser equivalente ao judicial" é o que fala a disposição Publicação do Senado nº 80/96, p. 51. Cf. em um sentido similar HECKER, Jan. *Marktoptimierende Wirtschaftsaufsicht*: Öffentlich-rechtliche Probleme staatlicher Wirtschaftsinterventionen zur Steigerung der Funktionsfähigkeit des Marktes. Tübingen: Mohr Siebeck, 2007, pp. 108 e ss.

426 Com muita razão MÖLLERS, Christoph. "Materielles Recht – Verfahrensrecht – Organisationsrecht. Zu Theorie und Dogmatik dreier Dimensionen des Verwaltungsrechts". *In*: TRUTE, Hans-Heinrich (Coord.). *Allgemeines Verwaltungsrecht – zur Tragfähigkeit eines Konzepts*. Tübingen: Mohr Siebeck, 2008, p. 508.

427 Cf. uma visão geral sobre a questão da "vantagem do conhecimento" da administração não aproveitável pelos tribunais NUSSBERGER, Angelika. "Sachverständigenwissen als Determinante verwaltungsrechtlicher Einzelentscheidungen". *Archiv des öffentlichen Rechts*, 129, 2004, p. 299, além de outras referências para a discussão já nos anos 1950.

428 Cf. uma breve panorama em MAURER, Hartmut. *Allgemeines Verwaltungsrecht*. 16ª ed. München: C. H. Beck, 2006, § 7, parágrafo 35 e ss. além de outras referências.

realizadas ao mesmo tempo nas mesmas condições. Além da área de fácil consulta, por exemplo, verdades matemáticas ou estruturação de exames no sentido de procedimentos simples ou de múltipla escolha, o conhecimento necessário para avaliar o trabalho em si não é dado *a priori* como um padrão pronto para uso. Ele só se constitui, por sua vez, em um processo de tratamento do desempenho a avaliar, que nesse processo não é apenas examinado isoladamente, mas também colocado em relação um com o outro. Todavia, a reprodução abrangente do contexto da fiscalização, juntamente com suas múltiplas conexões relacionais, que são necessárias para a avaliação do desempenho de um exame, geralmente não podem ser realizadas no panorama de um controle subsequente. O escopo oficial da avaliação não se baseia simplesmente em um nível especializado de conhecimento[429] – aqui os relatórios de especialistas encomendados pelo tribunal ainda podem ajudar[430] – mas, sim, na diferença entre informações descontextualizadas e conhecimento específico da decisão, recheado de circunstâncias concretas, gerado no processo. Em função disso, a perspectiva do controle *ex post* deve focar na questão de saber se pelo menos os requisitos processuais e organizacionais básicos foram cumpridos.[431]

A diminuição da possibilidade de controle em termos materiais pode, assim, ser aproximadamente compensada pela introdução

---

429 Cf. uma perspectiva contrária em LADEUR, Karl-Heinz. "The Evolution of General Administrative Law and the Emergence of Postmodern Administrative Law". *Osgoode CLPE Research Paper Series*, vol. 7, nº 4, 2011, p. 18 f., que, por sua vez, se refere ao caráter experimental e evolutivo da ação administrativa.

430 Com toda razão NUSSBERGER, Angelika. "Sachverständigenwissen als Determinante verwaltungsrechtlicher Einzelentscheidungen". *Archiv des öffentlichen Rechts*, 129, 2004, p. 299. Cf. p. 300 f., sobre a verificação da decisão a partir de especialistas externos das comissões; para mais sobre o assunto, ver o capítulo IV abaixo.

431 Cf. somente em QUABECK, Christian. *Dienende Funktion des Verwaltungsverfahrens und Prozeduralisierung*. Tübingen: Mohr Siebeck, 2010, pp. 207 e ss., além de outras referências

de requisitos processuais internos, que em si também permanecem parcialmente abertos ao controle externo pelos tribunais. As agências europeias (de informação) também podem ser citadas como um exemplo dessa estrutura jurídica. Elas cumprem a dupla exigência de atividade científica com simultânea independência política, que não deve conduzir à total perda de controle, por meio da introdução de mecanismos de autorregulação e do estabelecimento de processos de avaliação independentes.[432] As determinações das leis processuais e organizacionais trabalham juntas para tornar o inevitável abismo entre informação e conhecimento juridicamente contornável.

---

432 Cf. KIRSTE, Stephan. "Das System der Europäischen Agenturen – Erläutert am Beispiel des Europäischen Innovations- und Technologieinstituts (EIT)". *VerwArch*, 102, 2011, p. 281, com referência a SAURER, Johannes. "Individualrechtsschutz gegen das Handeln der Europäischen Agenturen". *EuR*, 2010, pp. 51 e ss. (57 e ss.).

CAPÍTULO III

TRANSFERÊNCIA DE CONHECIMENTO: DISPOSIÇÕES JURÍDICAS SOBRE A OBRIGATORIEDADE DA TRANSFERÊNCIA DE INFORMAÇÕES E DA ATRIBUIÇÃO DE CONHECIMENTO

3.1 Transferência de informações como parte da geração de conhecimento

Há que se considerar que, na sociedade como um todo, o conhecimento necessário para o cumprimento das atividades administrativas muitas vezes não é mais reunido em um único local central, ficando disponível para acesso também a partir dos pontos periféricos, sendo que, na melhor das hipóteses, se ele não for gerado *ad hoc*, deve ser fornecido de forma dispersa.[433] O fundamental "conhecimento de

433 Cf. em relação à descentralização do conhecimento em WOLLENSCHLÄGER, Burkard. *Wissensgenerierung im Verfahren*. Tübingen: Mohr Siebeck, 2009, pp. 34 e ss.

decisão pode surgir praticamente em qualquer lugar e não se espalha facilmente para além de seu local de origem";[434] ele não se condensa mais espontaneamente na forma de experiência comumente disponível. No tocante à Administração, esse problema, grave em toda a sociedade, desdobra-se de forma particular:

> Nas grandes organizações com elevado grau de divisão do trabalho" [ou seja, o caso típico das instituições administrativas] há um fluxo descentralizado e não simultâneo de informação. As entidades individualmente obtêm e contextualizam a informação (pelo menos a prioritária) a partir da perspectiva de sua própria competência, porém, essa informação também pode ser relevante para o trabalho de outras unidades funcionais, logo, surge a questão de um adequado ordenamento de informação.[435]

Essa tarefa pode ser definida *ex negativo*: do ponto de vista da informação, tornam-se claros os custos sociais do procedimento baseado na divisão do trabalho. Com "a grande quantidade de cargos com diferentes funções, aumenta a sobrecarga nos canais de comunicação e também a perda de informação ao longo desses percursos".[436] O ordenamento da informação pretende neutralizar essas fricções, que estão associadas à inevitável transformação da habilidade em

---

434 WOLLENSCHLÄGER, Burkard. *Wissensgenerierung im Verfahren*. Tübingen: Mohr Siebeck, 2009, p. 34.

435 KLUTH, Winfried. "Die Strukturierung von Wissensgenerierung durch das Verwaltungsorganisationsrecht". *In*: DÖHMANN, Indra Spiecker Genannt; COLLIN, Peter (Coord.). *Generierung und Transfer staatlichen Wissens im System des Verwaltungsrechts*. Tübingen: Mohr Siebeck, 2008, pp. 73 e ss. (81).

436 LUHMANN, Niklas. *Organisation und Entscheidung*. Opladen: Westdeutscher, 2000, p. 312.

comunicação[437] na divisão do trabalho. Nesse sentido,[438] o ordenamento da informação significa, principalmente, uma distribuição de informação juridicamente orientada: o problema mencionado explica a necessidade de relações de troca de informação entre as unidades administrativas individuais que são institucionalizadas com a ajuda de mecanismos legais.[439] Como parte mais geral do Direito Administrativo Informacional, esse "intercâmbio de informações dentro das autoridades" também é chamado de "Direito Administrativo da Informação".[440]

Considerando o contexto geral das competências atribuídas ao Direito Administrativo Informacional, ele é de crucial importância para possibilitar uma adequada gestão do conhecimento administrativo

---

437 Cf. LUHMANN, Niklas. *Organisation und Entscheidung*. Opladen: Westdeutscher, 2000, p. 317.

438 Cf. em oposição ao conceito compreendido mais adiante sobre ordenamento da informação – dentro da instituição geral de um Direito Administrativo Informacional – em PITSCHAS, Rainer. "Allgemeines Verwaltungsrecht als Teil der öffentlichen Informationsordnung". *In*: HOFFMANN-RIEM, Wolfgang; SCHMIDT-ASSMANN, Eberhard; SCHUPPERT, Gunnar Folke (Coord.). *Reform des Allgemeinen Verwaltungsrechts*: Grundfragen. Baden-Baden: Nomos, 1993, pp. 219 e ss. (242); assim como ALBERS, Marion. "Umgang mit personenbezogenen Informationen und Daten". *In*: HOFFMANN-RIEM, Wolfgang; SCHMIDT-ASSMANN, Eberhard; VOSSKUHLE, Andreas (Coord.). *Grundlagen des Verwaltungsrechts*: Informationsordnung – Verwaltungsverfahren – Handlungsformen. vol. II. 2ª ed. München: C. H. Beck, 2012, § 22 parágrafo 4.

439 Cf. HOLZNAGEL, Bernd. "Informationsbeziehungen in und zwischen Behörden". *In*: HOFFMANN-RIEM, Wolfgang; SCHMIDT-ASSMANN, Eberhard; VOSSKUHLE, Andreas (Coord.). *Grundlagen des Verwaltungsrechts*: Informationsordnung – Verwaltungsverfahren – Handlungsformen. vol. II. 2ª ed. München: C. H. Beck, 2012, § 24.

440 Assim GRÖSCHNER, Rolf. "Transparente Verwaltung: Konturen eines Informationsverwaltungsrechts". *VVDStRL*, 63, 2004, pp. 344 e ss. (360).

por meio do controle e da estruturação jurídica.[441] Ao contrário do que se pensa, considerando o processo geral de geração de conhecimento, a troca de informações não tem uma função meramente derivada e secundária à geração "verdadeira" de conhecimento.[442] Uma compreensão construtivista do conhecimento deve assumir que a circulação de informação já a influencia. Em meio aos processos de transferência, novos contextos são constantemente criados e, assim, novos conhecimentos são produzidos. Indo além: sem essa circulação de informação, os processos cognitivos complexos não são possíveis. O conhecimento surge não apenas através da própria percepção ou do pensamento dedutivo, mas também inevitavelmente através do conhecimento da experiência de outra pessoa: "confiar em informações que não determinamos, mas que nos foram transmitidas, forma a base de nossa orientação prática e teórica de mundo".[443] O conhecimento não é puramente subjetivo, mas um fenômeno coletivo caracterizado por efeitos transobjetivos.[444] Em termos epistemológicos, isso significa que a perspectiva do individualismo epistemológico deve ser substituída por uma "epistemologia *social* que reconhece que somos – inescapavelmente – dependentes de outros para nosso conhecimento".[445] Essa epistemologia social não se concentra na relação isolada de um indivíduo com a realidade existente supostamente "em si", mas, sim, no fenômeno conexionista de ver uma visão

---

441 Cf. sobre a relevância da transferência de conhecimento e troca de informações WILLKE, Helmut. *Systemisches Wissensmanagement*. 2ª ed. Stuttgart, 2011, p. 19.

442 Cf. sobre a subestimação da transferência do conhecimento em DÖHMANN, Indra Spiecker Genannt. "Wissensverarbeitung im Öffentlichen Recht". *Rechtswissenschaft*, 1, 2010, pp. 247 e ss. (270).

443 KRÄMER, Sybille. *Medium, Bote, Übertragung*: Kleine Metaphysik der Medialität. Frankfurt am Main: Suhrkamp, 2008, p. 224.

444 Cf. LADEUR, Karl-Heinz. *Negative Freiheitsrechte und gesellschaftliche Selbstorganisation*: Zur Erzeugung von Sozialkapital durch Institutionen. Tübingen: Mohr Siebeck, 2000, p. 120.

445 KRÄMER, Sybille. *Medium, Bote, Übertragung*: Kleine Metaphysik der Medialität. Frankfurt am Main: Suhrkamp, 2008, p. 225.

de mundo mediada. Nesse ponto, conhecimento é essencialmente conhecimento compartilhado.[446] A experiência "imediata", ainda não transmitida por meio de processos de formatação social e de mídia, é, na melhor das hipóteses, um conceito limitado, nunca o modelo típico de geração de conhecimento. Ao contrário: "o conhecimento sempre se refere ao processo de sua própria geração a partir de outro conhecimento, mas não constitui a realidade".[447] O caráter social da geração de conhecimento torna-se particularmente claro quando são considerados os fenômenos do conhecimento implícito: eles se caracterizam pelo fato de que o conhecimento relevante dificilmente pode ser adquirido por meio de explicações verbalizadas, mas apenas por meio do exercício prático, ou seja, na replicação de um método comprovado.[448] Esse conhecimento, portanto, só pode ser desenvolvido por meio da interação. No entanto, isso não significa que ele seja inferior às formas explícitas de conhecimento; mas, sim, que ele permanece sempre dependente de uma dimensão de "*tacit knowledge*".[449] O que também vale para o conhecimento especificamente jurídico. Este

> fundamenta-se em componentes de um saber (implícito) admitido na própria prática jurídica, que só pode ser apreendido como saber disperso entre os indivíduos e nunca totalmente desvinculado dos seus contextos de referência com outros

---

446 Cf. VESTING, Thomas. *Die Medien des Rechts*: Sprache. Weilerswist: Velbrück, 2011, pp. 87 e ss.

447 LADEUR, Karl-Heinz. *Negative Freiheitsrechte und gesellschaftliche Selbstorganisation*: Zur Erzeugung von Sozialkapital durch Institutionen. Tübingen: Mohr Siebeck, 2000, p. 120.

448 Cf. WILLKE, Helmut. *Systemisches Wissensmanagement*. 2ª ed. Stuttgart, 2011, p. 115.

449 Cf. VESTING, Thomas. *Die Medien des Rechts*: Schrift. Weilerswist: Velbrück, 2011, p. 85.

acervos (práticos) de conhecimento, podendo ser comumente generalizado.[450]

Conforme *Ludwik Fleck*,[451] pode-se distinguir entre "experiência" como uma "realização intelectual" explícita e "experimentação" como uma "intuição adquirida na prática, (...) uma forma de atividade e de vida".[452] No âmbito jurídico, essa experimentação manifesta-se, por exemplo, no recurso a uma "justiça especializada", que se qualifica como "uma bússola cuja fonte é deliberadamente deixada obscura, mas que, no entanto, é indispensável aos bons juristas".[453] A demanda por uma "razoabilidade estrita" da ação estatal enquanto uma ampla transferência do conhecimento implícito para o explícito, é, portanto, em vão.[454] As diferentes formas de conhecimento constroem-se umas sobre as outras e permanecem ligadas entre si.

---

450 VESTING, Thomas. *Die Medien des Rechts*: Schrift. Weilerswist: Velbrück, 2011, p. 161, tendo em vista principalmente o direito romano. Cf. também de maneira semelhante para a Modernidade em LADEUR, Karl-Heinz. "The Postmodern Condition of Law and Societal 'Management of Rules': Facts and Norms Revisited". *Zeitschrift für Rechtssoziologie*, 27, 2006, pp. 87 e ss.

451 Cf. sobre a importância da obra de Fleck para a filosofia da ciência em geral RHEINBERGER, Hans-Jörg. *Epistemologie des Konkreten*: Studien zur Geschichte der modernen Biologie. Frankfurt am Main: Suhrkamp, 2006, pp. 27 e ss.

452 Cf. RHEINBERGER, Hans-Jörg. *Iterationen*. Berlim: Merve, 2005, p. 61 f., com referência a FLECK, Ludwik. *Entstehung und Entwicklung einer wissenschaftlichen Tatsache*: Einführung in die Lehre vom Denkstil und Denkkollektiv. Frankfurt am Main: Suhrkamp, [1935] 1980, p. 126. Para a importância crescente de um tipo de conhecimento correspondente, especialmente nos tempos modernos, ver HÖRNING, Karl H. *Experten des Alltags*: Die Wiederentdeckung des praktischen Wissens. Weilerswist: Velbrück, 2001.

453 FABIO, Udo Di. *Das Recht offener Staaten*: Grundlinien einer Staats- und Rechtstheorie. Tübingen: Mohr Siebeck, 1998, p. 150.

454 Cf. RHEINBERGER, Hans-Jörg. *Iterationen*. Berlim: Merve, 2005, p. 63, com referência a POLANYI, Michael. "Für eine solche Überführung aber *Bardo Fassbender*, Wissen als Grundlage staatlichen Handelns". *In*:

> Somente quando se obtém uma confiança mínima na aquisição de conhecimento (transmitido oralmente) em uma comunidade cognitiva, não precisando verificar todas as informações por repetidas vezes, é que a produção de conhecimento à distância e a experiência escrita de todos os tipos podem acontecer.[455]

O aprendizado de uma organização, uma sociedade ou um indivíduo requer a capacidade de fazer escolhas a fim de "aceitar um mínimo 'indubitável' e completá-lo com o que parece novo, útil e que pode ser absorvido em um período de tempo razoável".[456] Mesmo o conhecimento científico não se constitui prioritariamente e exclusivamente por recurso *ad fontes*, mas decorre, normalmente, de um conhecimento já existente, o qual a *scientific community* reputa como confiável.

A referência à confiabilidade, baseada na divisão do conhecimento, ilustra mais uma vez a indistinção dos elementos normativos e cognitivos. Substituir a falta de experiência pessoal pelo conhecimento alheio é indispensável para a construção de saberes mais complexos, porém exige certo grau de confiança na fonte da informação.[457] Contudo, essa confiança não é algo que vem naturalmente, mas é construída e estabilizada com o auxílio de determinadas técnicas sociais. O que é garantido no contexto social normal por mecanismos

---

ISENSEE, Josef; KIRCHHOF, Paul (Coord.). *Handbuch des Staatsrechts der Bundesrepublik Deutschland*. 3ª ed. Band IV. Heidelberg: C.F. Müller Verlag, 2006, § 76 parágrafo 9.

455 VESTING, Thomas. *Die Medien des Rechts*: Schrift. Weilerswist: Velbrück, 2011, p. 51.

456 STOLLEIS, Michael. "Der lernfähige und lernende Staat". *In*: FRIED, Johannes; STOLLEIS, Michael (Coord.). *Wissenskulturen*: Über die Erzeugung und Weitergabe von Wissen. Frankfurt am Main: Campus Verlag, 2009, pp. 58 e ss. (59 e ss.).

457 Cf. KRÄMER, Sybille. *Medium, Bote, Übertragung*: Kleine Metaphysik der Medialität. Frankfurt am Main: Suhrkamp, 2008, pp. 253 e ss.

de confiança pessoal e convenções sociais,[458] também pode ser explicitamente declarado normativamente na área do Direito. Os procedimentos normativos contribuem para sustentar a confiabilidade social e, assim, para desenvolver formas mais complexas de conhecimento compartilhado na sociedade.[459] Parte da tarefa do intercâmbio oficial de informações legalmente institucionalizadas reside na participação nesses procedimentos. Isso porque sua eficácia e sua eficiência se baseiam precisamente no fato de que a validade das informações transmitidas não é totalmente verificada, ou seja, na prática, as informações não precisam ser geradas novamente.

Há que se ter em conta, a partir dessa institucionalização, que, em sentido estrito, só podem ser transmitidos dados e não informação, porque só o respetivo horizonte concreto de recepção cria o valor específico da informação.[460] *A fortiori*, isso se aplica ao conhecimento que só surge por meio do amplo processamento da informação, ajustando-a a um contexto existente ou combinando-a em um novo contexto experimentado.[461] Uma transferência real de informação ou de conhecimento requer, portanto, além da mera

---

458 Cf. de maneira geral as possibilidades de ação social baseadas em confiança em SELIGMAN, Adam B. *The Problem of Trust*. Princeton: Princeton University Press, 1997, que é quem diferencia mais de perto *confidence* como um conceito necessário para todas as ordens sociais e *trust* como um conceito típico apenas da sociedade moderna. Para a relevância jurídica específica da confiança, por exemplo, ver KAUFHOLD, Ann-Katrin. "Gegenseitiges Vertrauen. Wirksamkeitsbedingung und Rechtsprinzip der justiziellen Zusammenarbeit im Raum der Freiheit, der Sicherheit und des Rechts". *EuR*, 2012, pp. 408 e ss.

459 Cf. VESTING, Thomas. *Die Medien des Rechts*: Schrift. Weilerswist: Velbrück, 2011, p. 111.

460 Cf. a definição conceitual do capítulo I, na seção 1.6.

461 Cf. VOSSKUHLE, Andreas. "Expertise und Verwaltung". *In*: TRUTE, Hans-Heinrich (Coord.). *Allgemeines Verwaltungsrecht – zur Tragfähigkeit eines Konzepts*. Tübingen: Mohr Siebeck, 2008, pp. 637 e ss. (662). Em geral, sobre o conceito correspondente de conhecimento, ver WILLKE, Helmut. *Dystopia*: Studien zur Krisis des Wissens in der modernen Gesellschaft. Frankfurt am Main: Suhrkamp, 2002, p. 15.

transmissão de dados, uma compreensão do contexto e das relações estruturais, ou seja, os contextos de relevância e os critérios nos quais os dados devem ser classificados e interpretados.[462] Ela depende de uma perspectiva idêntica do emissor e do receptor.[463]

De um modo geral, só se pode falar de uma verdadeira 'gestão do conhecimento', "quando a dependência do observador em relação a diferentes formas de conhecimento é incorporada à elaboração do conhecimento complexo".[464] Na tradição hermenêutica,[465] isso se expressa com a exigência de que o destinatário entenda o que o remetente quis dizer, ou seja, o que ele queria transmitir como mensagem de acordo com sua própria intenção.[466] No curso da institucionalização jurídica da transferência de conhecimento, devem ser criados os

---

462 Cf. WILLKE, Helmut. *Einführung in das systemische Wissensmanagement*. 2ª ed. Heidelberg: Carl-Auer-Systeme, 2007, p. 32.

463 Cf. WILLKE, Helmut. *Systemisches Wissensmanagement*. 2ª ed. Stuttgart, 2011, p. 9, tendo em vista que os contextos nunca são completamente idênticos em relevância, ele afirma que uma verdadeira "troca de informações entre sistemas diferentes é impossível. Impossível!" O mesmo resultado, mas argumentando de uma perspectiva subjetivista, em ROSSI, Matthias. *Informationszugangsfreiheit und Verfassungsrecht*: Zu den Wechselwirkungen zwischen Informationsfreiheitsgesetzen und der Verfassungsordnung in Deutschland. Berlim: Duncker & Humblot, 2004, p. 19.

464 NASSEHI, Armin. "Von der Wissensarbeit zum Wissensmanagement – Die Geschichte des Wissens ist die Erfolgsgeschichte der Moderne". *In*: MAAR, Christa; OBRIST, Hans Ulrich; PÖPPEL, Ernst (Coord.). *Weltwissen – Wissenswelt*: Das globale Netz von Text und Bild. Köln: DuMont, 2000, pp. 97 e ss. (100).

465 Que por sua vez só surgiu em um processo evolutivo social; Cf. ESPOSITO, Elena. *Soziales Vergessen*: Formen und Medien des Gedächtnisses der Gesellschaft. Frankfurt am Main: Suhrkamp, 2002, pp. 84 e 250.

466 Cf. CHRISTENSEN, Ralph; LERCH, Kent D. "Dass das Ganze das Wahre ist, ist nicht ganz unwahr". *JuristenZeitung*, 2007, pp. 438 e ss. (441), com referência a DAVIDSON, Donald. "Radikale Interpretation". *In*: ______. *Wahrheit und Interpretation*. Frankfurt am Main: Suhrkamp, 1990, pp. 183 e ss.

pré-requisitos para a completude desse entendimento no sentido de uma especificação estrutural comum que suporte e oriente a prática mútua de observação de segunda ordem. Dúvidas gerais fundamentais sobre até que ponto uma reconstrução autêntica da intenção do remetente é possível[467] não podem ser superadas factualmente, mas apenas normativamente. Por óbvio, isso não exclui, mas, sim, inclui que o destinatário também gere informações que não foram pretendidas pelo remetente e possivelmente também não esperadas pelo destinatário. Não há contexto que seja derradeiro e absoluto; uma maior contextualização é sempre possível.[468] O aparente problema associado, que a informação não pode ser facilmente transferida, também pode ser visto positivamente nesse contexto: a geração de conhecimento por meio da transferência de informações não está necessariamente ligada a relações de troca simétricas. Ao contrário, certa assimetria nos processos de distribuição de informações pode contribuir para o surgimento de novos conhecimentos.[469] Em termos de comunicação, essa situação também pode ser formulada de maneira a que a informação não esteja necessariamente ligada à transmissão,[470] mas possa se emancipar dela e, assim, permitir que o destinatário da informação adquira uma nova compreensão

---

467 Cf. uma perspectiva mais geral em KRÄMER, Sybille. *Medium, Bote, Übertragung*: Kleine Metaphysik der Medialität. Frankfurt am Main: Suhrkamp, 2008, pp. 285 e ss., com referência ao conceito de indício de Levinas; especialmente no que diz respeito às questões de hermenêutica textual em AUGSBERG, Ino. *Die Lesbarkeit des Rechts*: Texttheoretische Lektionen für eine postmoderne juristische Methodologie. Weilerswist: Velbrück, 2009, pp. 95 e ss.

468 Cf. DERRIDA, Jacques. "Signatur Ereignis Kontext". *In*: ______. *Limited Inc.* Wien: Passagen, 2001, pp. 15 e ss. (17 e ss.).

469 Cf. KRÄMER, Sybille. *Medium, Bote, Übertragung*: Kleine Metaphysik der Medialität. Frankfurt am Main: Suhrkamp, 2008, p. 283; com referência ao tratamento de "empresas experimentais". RHEINBERGER, Hans-Jörg. *Iterationen*. Berlim: Merve, 2005, pp. 65 e ss.

470 Cf. fundamental para a diferença entre informação e comunicação LUHMANN, Niklas. *Soziale Systeme*: Grundriß einer allgemeinen Theorie. Frankfurt am Main: Suhrkamp, 1984, pp. 193 e ss.

pessoal.[471] No tocante à questão das estruturas adequadas para a distribuição do conhecimento, isso significa que as figuras não podem ser concebidas primordialmente como dialógico-diádicas, mas, sim, como arranjos em rede ou como configurações rizomorfas[472] que também permitem a distribuição unilateral da informação, para a qual os processos de transferência são necessários.[473]

Tendo como pano de fundo os contextos problemáticos que foram brevemente até aqui delineados, esse aspecto parcial da tarefa geral de geração de conhecimento regulada pelo Direito Administrativo pode ser analisado em detalhes quanto aos âmbitos material (3.2), processual (3.3) e relacionado à organização (3.4). O foco está inicialmente e fundamentalmente no processo de comunicação interinstitucional, que, no entanto, precisa ser complementado por um breve olhar sobre as relações de informação intrainstitucionais (3.5).[474] Além disso, há um problema especial que acentua o ponto de vista do cidadão afetado pelas decisões administrativas: como reagir se a troca oficial de informações não for suficientemente bem-sucedida e, assim, as consequências de um déficit correspondente

---

471 Cf. ESPOSITO, Elena. *Soziales Vergessen*: Formen und Medien des Gedächtnisses der Gesellschaft. Frankfurt am Main: Suhrkamp, 2002, pp. 15 e 103.

472 Cf. para uma diferenciação mais detalhada entre redes e rizomas em AUGSBERG, Ino. “Das Gespinst des Rechts. Zur Relevanz von Netzwerkmodellen im juristischen Diskurs”. *Rechtstheorie*, 38, 2007, pp. 479 e ss., sowie unten IV.

473 Cf. LADEUR, Karl-Heinz. “Was leistet die Netzwerkanalyse für die Verwaltungswissenschaft?” *In*: MEHDE, Veith; RAMSAUER, Ulrich; SECKELMANN, Margrit (Coord.). *Staat, Verwaltung, Information*: Festschrift für Hans Peter Bull zum 75. Geburtstag. Berlim: Duncker & Humblot, 2011, pp. 639 e ss. (647 e ss.).

474 Cf. para essa diferenciação em HOLZNAGEL, Bernd. “Informationsbeziehungen in und zwischen Behörden”. *In*: HOFFMANN-RIEM, Wolfgang; SCHMIDT-ASSMANN, Eberhard; VOSSKUHLE, Andreas (Coord.). *Grundlagen des Verwaltungsrechts*: Informationsordnung – Verwaltungsverfahren – Handlungsformen. vol. II. 2ª ed. München: C. H. Beck, 2012, parágrafo 9 e ss.

puderem prejudicar o cidadão? Até que ponto o conhecimento de uma autoridade deve ser atribuído a outra dentro da Administração nesses casos, ou seja, o conhecimento deve ser fictício em termos jurídicos (3.6)?

3.2 Disposições jurídicas materiais sobre exigência e admissibilidade da transferência de informações

1. Assim como o § 24 da VwVfG designa o princípio geral para a determinação do fato administrativo, o princípio da troca de conhecimento entre autoridades também está previsto no Direito Processual Administrativo geral. Constitucionalmente previsto no art. 35, parágrafo 1º da GG e no § 4 da VwVfG está o dever fundamental de todas as autoridades de prestar assistência administrativa mútua.[475] Nesse diapasão, a assistência administrativa envolve "a prática de atos de natureza jurídica e fática a pedido de uma autoridade por outra autoridade para apoiar um ato oficial da autoridade requerente em casos individuais".[476] O § 5 (1), inciso 3 da VwVfG deixa claro que isso também pode incluir medidas voltadas para a geração cooperativa de conhecimento por meio do intercâmbio

---

475 Cf. sobre o pano de fundo histórico-constitucional e dogmático em HOLZNAGEL, Bernd. "Informationsbeziehungen in und zwischen Behörden". *In*: HOFFMANN-RIEM, Wolfgang; SCHMIDT-ASSMANN, Eberhard; VOSSKUHLE, Andreas (Coord.). *Grundlagen des Verwaltungsrechts*: Informationsordnung – Verwaltungsverfahren – Handlungsformen. vol. II. 2ª ed. München: C. H. Beck, 2012, parágrafo 21 e ss. Mais detalhadamente em SCHLINK, Bernhard. *Die Amtshilfe*: Ein Beitrag zu einer Lehre von der Gewaltenteilung in der Verwaltung. Berlim: Duncker & Humblot, 1982, pp. 34 e ss.; além de KOBOR, Hagen. *Kooperative Amtsermittlung im Verwaltungsrecht*: Mitwirkungspflichten und Informationshilfe im Lichte des verfassungsdirigierten Leitbildes des Untersuchungsgrundsatzes. Baden-Baden: Nomos, 2009.

476 KOPP, Ferdinand O.; RAMSAUER, Ulrich. *Verwaltungsverfahrensgesetz*. 10ª ed. München: Beck, 2008, § 4 parágrafo 10.

oficial de informações. Dessa forma, uma autoridade pode recorrer ao instituto da assistência administrativa, se, para o desempenho das suas funções, depender do conhecimento de fatos que lhe são desconhecidos e que ela própria não pode determinar. Na prática, o desenho correspondente à "assistência administrativa através da assistência informativa"[477] é uma área chave de aplicação do dispositivo.[478] Conceitualmente, a assistência administrativa enquanto assistência de informação é concebida como uma estrutura bilateral na qual uma autoridade pode afirmar sua necessidade individual específica de informação a outra autoridade, a qual poderá vir a transferir informações.[479]

Conforme o princípio de proteção de dados, o qual prevê que os dados só podem ser usados para a finalidade para a qual foram coletados (§ 14, parágrafo 1º, p. 1 da Lei Federal de Proteção de dados [*Bundesdatenschutzgesetz*- BDSG]),[480] a transferência de informações entre autoridades não é pressuposta.[481] Ao contrário, a proteção de dados e a assistência administrativa encontram-se como

---

477 Cf. SCHMIDT, Walter. "Amtshilfe durch Informationshilfe". *Zeitschrift für Rechtspolitik*, 1979, pp. 185 e ss.

478 Cf. KOPP, Ferdinand O.; RAMSAUER, Ulrich. *Verwaltungsverfahrensgesetz*. 10ª ed. München: Beck, 2008, § 4 parágrafo 18.

479 Isso deve ser diferenciado do uso posterior de informações de acordo com o IWG, porque se refere à definição legal do § 2 Nr. 3 IWG, abarcando exclusivamente um uso da informação que vai além do cumprimento de uma tarefa pública, visando ao ganho de dinheiro. Uma troca de informações entre órgãos públicos, portanto, não é abarcada. Cf. sobre a relevância do IWG no contexto geral do Direito Administrativo Informacional, mas mais abaixo, no capítulo VI, seção 6.3.

480 Para uma avaliação equivalente no âmbito do Direito europeu, ver Art. 6 Abs. 1 b DSch-RL, assim como Art. 8 Abs. 2 p. 1, EGRC; também ver em relação a isso FRENZ, Walter. *Handbuch Europarecht*: Europäische Grundrechte. vol. 4. Berlim: Springer, 2009, parágrafo 1381, 1412.

481 Cf. DÖHMANN, Indra Spiecker Genannt. "Wissensverarbeitung im Öffentlichen Recht". *Rechtswissenschaft*, vol. 1, 2010, p. 274.

os respectivos "corações" de argumentos jurídicos aparentemente em polos opostos:

> a proteção de dados deve bloquear a transmissão de dados entre as autoridades, enquanto a assistência administrativa deve garantir o intercâmbio de recursos oficiais, incluindo informações e acesso a dados; a proteção de dados significa a proteção do cidadão contra os perigos da eficiência técnica e econômica do computador, enquanto a assistência administrativa é fundamental para a economia e eficiência da ação administrativa; a assistência administrativa deve concretizar a unidade do poder do Estado, enquanto a proteção de dados deve garantir a diferenciação e a separação de várias unidades administrativas umas das outras.[482]

A configuração da transferência de conhecimento entre instituições deve, portanto, garantir um equilíbrio entre as necessidades de informação administrativa e os interesses de proteção individual. O legislador é obrigado a fazer isso: o dever básico de transmitir informações deve ser acompanhado por um padrão expresso de competência para a autoridade abordada. Isso porque na medida em que as informações transmitidas são de caráter pessoal,[483] não é automaticamente admissível a prestação de informação oficial como perpetuação da intervenção na autodeterminação informativa dos cidadãos no caso concreto, mas, qualquer alteração posterior na finalidade da utilização típica dos dados (ou seja, sujeito à existência de outras circunstâncias excepcionais, em particular, o consentimento

---

482 SCHLINK, Bernhard. "Datenschutz und Amtshilfe". *NVwZ*, 1986, pp. 249 e ss. (249 f.).

483 Cf. para uma abordagem geral do problema em ALBERS, Marion. "Umgang mit personenbezogenen Informationen und Daten". *In*: HOFFMANN-RIEM, Wolfgang; SCHMIDT-ASSMANN, Eberhard; VOSSKUHLE, Andreas (Coord.). *Grundlagen des Verwaltungsrechts*: Informationsordnung – Verwaltungsverfahren – Handlungsformen. vol. II. 2ª ed. München: C. H. Beck, 2012.

das pessoas envolvidas, conforme § 14, parágrafo 2º, inciso 2 da Lei Federal de Proteção de Dados) requer uma autorização legal própria, de acordo com o § 14, parágrafo 2º, inciso 1 da mesma lei.[484] Nessa perspectiva, a troca de informações entre agências é apenas uma espécie de "substituto" para um estoque renovado de informações; não deve, portanto, estar sujeito a quaisquer requisitos legais menores.[485] Além disso, "mesmo que uma transferência seja possível, (...) a exigência de imediatismo da coleta de dados do § 4, parágrafo 2º, inciso 1 da BDSG [impõe] os serviços de transferência mais diretos possíveis".[486]

Existem requisitos equivalentes no que tange à proteção de sigilo,[487] que é baseada no direito fundamental mais básico (correspondente no Direito Administrativo à disposição geral prevista no § 30 da VwVfG), especialmente em relação à proteção do comércio e do sigilo comercial derivada do art. 12, parágrafo 1º da

---

484 Cf. GURLIT, Elke. "Konturen eines Informationsverwaltungsrechts". *DVBl*, 2003, pp. 1119 e ss. (1122); AUGSBERG, Steffen. "Der Staat als Informationsmittler – Robin Hood oder Parasit der Wissensgesellschaft?" *DVBl*, 2007, pp. 733 e ss. (740).

485 Cf. SCHLINK, Bernhard. "Datenschutz und Amtshilfe". *NVwZ*, 1986, p. 252.

486 DÖHMANN, Indra Spiecker Genannt. "Wissensverarbeitung im Öffentlichen Recht". *Rechtswissenschaft*, vol. 1, 2010, p. 274.

487 Cf. de maneira mais geral em KLOEPFER, Michael. *Informationsrecht*. München: C. H. Beck, 2002, § 9, pp. 368 e ss.

GG.[488] O sigilo fiscal[489] é também particularmente relevante para a transferência de informação das repartições fiscais para entidades externas, como o Ministério Público,[490] bem como para a troca de informações entre autoridades fiscais nacionais e estrangeiras.[491] Aqui, também, a Administração demanda competências específicas para transmitir informações.[492] Há, portanto, pouco espaço para uma troca de informações entre as autoridades administrativas fora dos poderes expressamente previstos, dentro do qual se inserem "principalmente, dados anônimos, avaliações gerais de natureza factual e informações técnicas".[493] No entanto, deve-se também ter

---

488 Cf. HOLZNAGEL, Bernd. "Informationsbeziehungen in und zwischen Behörden". *In*: HOFFMANN-RIEM, Wolfgang; SCHMIDT-ASSMANN, Eberhard; VOSSKUHLE, Andreas (Coord.). *Grundlagen des Verwaltungsrechts*: Informationsordnung – Verwaltungsverfahren – Handlungsformen. vol. II. 2ª ed. München: C. H. Beck, 2012, parágrafo 69 e ss. Sobre o conceito de sigilo comercial e empresarial (o tribunal se vale do § 17 UWG) em GURLIT, Elke. "Konturen eines Informationsverwaltungsrechts". *DVBl*, 2003, p. 1123 f.; em relação à correspondente definição do Tribunal Constitucional Federal, ver BVerfGE 115, 205 (230 f.).

489 Cf. o contexto do sigilo fiscal garantido pela lei ordinária (§ 30 AO) com as garantias dos direitos fundamentais da BVerfGE 67, 100 (142 f.). Tendo como pano de fundo o direito à autodeterminação informativa, o Tribunal Constitucional Federal afirma a legalidade da exigência de informação sobre a arrecadação de impostos (BVerfGE 67, 100 [142]).

490 Cf. BRAUN, Rainer. "Mitteilung von im Besteuerungsverfahren bekannt gewordenen Tatsachen an externe Stellen". *EFG*, 2008, pp. 762 e ss.

491 Cf. para uma dimensaão internacional em LUDWIG, Thorsten. "Internationaler Informationsaustausch der Finanzbehörden". *PStR*, 1998, pp. 200 e ss.

492 Cf. HOLZNAGEL, Bernd. "Informationsbeziehungen in und zwischen Behörden". *In*: HOFFMANN-RIEM, Wolfgang; SCHMIDT-ASSMANN, Eberhard; VOSSKUHLE, Andreas (Coord.). *Grundlagen des Verwaltungsrechts*: Informationsordnung – Verwaltungsverfahren – Handlungsformen. vol. II. 2ª ed. München: C. H. Beck, 2012, parágrafo 72.

493 HOLZNAGEL, Bernd. "Informationsbeziehungen in und zwischen Behörden". *In*: HOFFMANN-RIEM, Wolfgang; SCHMIDT-ASSMANN,

em conta que, no âmbito do tratamento eletrônico de dados, aqueles inicialmente pessoais são cada vez mais tratados para fins estatísticos.[494] Essa finalidade permite uma descontextualização enquanto anonimização da informação e, nesse prisma, isenta-a dos requisitos estritos da reserva legal fundamentada na lei de proteção de dados.

Esses requisitos para a competência legal da autoridade ainda não correspondem às disposições específicas previstas nos §§ 4 e seguintes da VwVfG; ao contrário, o que se requer é uma autorização normativa especial para transmitir informações pessoais, que leve em consideração a possível diferença na competência espacial, mas também na competência objetiva das autoridades envolvidas.[495] O modelo básico de poder expresso para a transferência de informações entre autoridades, que corresponde aos requisitos de proteção de dados, é postulado no § 15 da BDSG. Desse modo, a transmissão de dados pessoais a órgãos públicos é permitida, em primeiro lugar, se os dados forem necessários para o cumprimento das tarefas do órgão relevante e, em segundo lugar, se estiverem reunidas as condições que permitiriam o uso de dados de acordo com o § 14 da BDSG. De acordo com a definição legal expressa no § 3, parágrafo 4º, inciso 3 do mesmo diploma, a transmissão de dados significa a divulgação de dados pessoais a terceiros de forma que os dados sejam repassados a terceiros ou que os terceiros visualizem ou recuperem dados que estão disponíveis para inspeção ou recuperação. Portanto, decisivo, nesse sentido, é o processo cognitivo de anotação dos dados, não uma mudança espacial objetiva do portador de dados. Aqui, como na lei de proteção de dados, também deve ser considerada a imprecisão

Eberhard; VOSSKUHLE, Andreas (Coord.). *Grundlagen des Verwaltungsrechts*: Informationsordnung – Verwaltungsverfahren – Handlungsformen. vol. II. 2ª ed. München: C. H. Beck, 2012, parágrafo 41.

494 Cf. SCHOCH, Friedrich. "Diskussionsbemerkung". *VVDStRL*, 63, 2004, pp. 442 e ss. (444).

495 Cf. SCHLINK, Bernhard. "Datenschutz und Amtshilfe". *NVwZ*, 1986, p. 254.

conceitual no uso do termo dados, que não deve ser entendido no sentido estrito de um sinal ainda totalmente aberto à interpretação, mas, sim, como informação que já está suficientemente saturada de contexto para poder funcionar como uma ameaça virulenta à autodeterminação informacional.[496] Todavia, essa saturação de contexto não é relevante apenas retrospectivamente, mas também prospectivamente; ela envolve o processamento futuro de dados. Aliás, isso já pode ser detectado na sentença sobre a questão do censo nacional do Tribunal Constitucional Federal, quando ele aponta que

> para determinar o significado dos direitos de personalidade de um dado, é necessário o conhecimento de seu contexto de uso: somente quando houver clareza em relação a qual propósito as informações são necessárias e a como elas serão vinculadas e utilizadas, a questão de uma restrição permissível do direito à autodeterminação informativa pode ser respondida.[497]

Os respectivos regulamentos quanto à transferência de informações, como os do § 15 da BDSG, também podem ser encontrados na parte especial do Direito Administrativo. Por exemplo, o § 24a da Lei de Energia Atômica [*Atomgesetz*- AtomG] permite que a agência federal responsável pela segurança nuclear e pela proteção contra radiação forneça à autoridade federal suprema responsável

---

496 Cf. VESTING, Thomas. "Die Bedeutung von Information und Kommunikation für die verwaltungsrechtliche Systembildung". *In*: HOFFMANN-RIEM, Wolfgang; SCHMIDT-ASSMANN, Eberhard; VOSSKUHLE, Andreas (Coord.). *Grundlagen des Verwaltungsrechts*: Informationsordnung – Verwaltungsverfahren – Handlungsformen. vol. II. 2ª ed. München: C. H. Beck, 2012, § 20, parágrafo 15 e ss.; com maiores detalhes em ALBERS, Marion. "Umgang mit personenbezogenen Informationen und Daten". *In*: HOFFMANN-RIEM, Wolfgang; SCHMIDT-ASSMANN, Eberhard; VOSSKUHLE, Andreas (Coord.). *Grundlagen des Verwaltungsrechts*: Informationsordnung – Verwaltungsverfahren – Handlungsformen. vol. II. 2ª ed. München: C. H. Beck, 2012, parágrafo 8 e ss.

497 BVerfGE 65, 1 (45).

pelo comércio exterior as informações contidas nas licenças nucleares emitidas pelas autoridades responsáveis de acordo com os §§ 22 a 24 da referida lei, a fim de cumprir suas permissões de tarefas ou o monitoramento de transações de comércio exterior. O Código Social no Livro X [*Sozialgesetzbuch*- SGB] também contém um regulamento detalhado sobre a transferência oficial de informações, que em seus §§ 67 e seguintes, prevê a admissibilidade da coleta (§ 67a SGB X), processamento (§ 67b SGB X), armazenamento (§ 67c SGB X) e a transmissão (§ 67d SGB X) dos chamados dados sociais – legalmente definidos no § 67, parágrafo 1º do mesmo diploma legal.[498] Politicamente e em termos da lei de proteção de dados, os regulamentos sobre a troca de informações entre autoridades de segurança são particularmente precários. Consequentemente, as leis relativas ao assunto[499] agora passaram a conter disposições detalhadas sobre a área de transmissão de informações. Pode-se mencionar como exemplo os §§ 17 e seguintes da Lei Federal de Proteção à Constituição [*Bundesverfassungsschutzgesetz*- BVerfSchG].

Assim como a proteção de dados limita a transferência estatal de informações, a visão convencional da proteção de dados, como um direito de defesa perante o Estado puramente orientado para o indivíduo, também deve mudar, conforme a perspectiva do Direito Administrativo Informacional, ou seja, no contexto da modificação de significado das bases cognitivas da sociedade.[500]

---

498 Cf. geralmente crítico para os regulamentos de proteção de dados no direito social e seu tratamento pela jurisprudência está PITSCHAS, Rainer. "Das Informationsverwaltungsrecht im Spiegel der Rechtsprechung". *Die Verwaltung*, vol. 33, 2000, pp. 111 e ss. (134 e ss.).

499 Cf. para lacunas regulatórias existentes anteriormente em SCHLINK, Bernhard. "Datenschutz und Amtshilfe". *NVwZ*, 1986, p. 255.

500 Cf. a abordagem geral para a necessária relocalização do direito de proteção de dados como parte de um direito geral à informação em DÖHMANN, Indra Spiecker Genannt. "Teil-Verfassungsordnung Datenschutz". *In*: VESTING, Thomas; KORIOTH, Stefan (Coord.). *Der Eigenwert des Verfassungsrechts*: Was bleibt von der Verfassung

> Na sociedade da informação, a proteção de dados assume uma nova qualidade, mas não apenas porque tantos dados são gerados, usados e armazenados, mas sobretudo porque é necessário um novo conceito de proteção de dados. O fluxo de informações não deve mais ser visto apenas como um perigo para os direitos da personalidade – como ainda era amplamente observado na decisão sobre a questão do censo do Tribunal Constitucional Federal –, porém a informação e a comunicação devem ser vistas como uma oportunidade, até mesmo como base para o desenvolvimento das pessoas, e, portanto, devem ser classificadas no que diz respeito às oportunidades de participação nos processos de comunicação.[501]

A garantia da transferência administrativa da informação contribui para o desenvolvimento de uma infraestrutura cognitiva, da qual participam não apenas os destinatários oficiais da informação que estão diretamente envolvidos nos eventos, mas também toda a sociedade, indiretamente. A "proteção de dados", em termos do Direito Administrativo Informacional, portanto, não deve mais ser entendida apenas como uma concepção puramente subjetiva da lei em relação à maior defesa possível contra o acesso aos dados, mas também inclui a proteção do acesso e da qualidade dos dados.[502] O

---

nach der Globalisierung? Tübingen: Mohr Siebeck, 2011, pp. 263 e ss. (281 e ss.).

501 HOFFMANN-RIEM, Wolfgang. "Verwaltungsrecht in der Informationsgesellschaft – Einleitende Problemskizze". *In*: HOFFMANN-RIEM, Wolfgang; SCHMIDT-ASSMANN, Eberhard (Coord.). *Verwaltungsrecht in der Informationsgesellschaft*. Baden-Baden: Nomos, 2000, pp. 9 e ss. (55).

502 Cf. SCHMIDT-ASSMANN, Eberhard. "Einige Überlegungen zum Thema: Die Wissenschaft vom Verwaltungsrecht". *In*: *Die Wissenschaft vom Verwaltungsrecht. Werkstattgespräch aus Anlaß des 60. Geburtstages von Prof. Dr. Eberhard Schmidt-Aßmann*. (DV Beiheft 2). Berlim: Duncker & Humblot, 1999, pp. 177 e ss. (183). Em uma visão mais abrangente do Direito Administrativo Informacional, nele estaria também o "direito de acesso a dados" em MASING, Johannes. "Transparente Verwaltung: Konturen eines

que não deve levar à percepção de que "as vantagens da vinculação de dados e da geração de conhecimentos não possam ser utilizadas pelas autoridades".[503] O que se requer é uma "mudança interpretativa na função do direito à autodeterminação informativa", que, no entanto, não deve se limitar a "combinar esse direito nuclear de comunicação com o direito geral da personalidade e com o direito fundamental à liberdade de informação e à liberdade de expressão para formar uma entidade efetiva sob o direito constitucional da informação".[504] Em vez disso, a reinterpretação deve ir além da perspectiva jurídica subjetiva e também refletir e processar as necessidades objetivas de informação da sociedade moderna.[505] "Nesse panorama, o "livre fluxo de dados" só pode ser limitado por razões de proteção de dados. Ele

---

Informationsverwaltungsrechts". *VVDStRL*, 63, 2004, pp. 377 e ss. (396 e ss.); de maneira mais detalhada também abaixo no capítulo VI.

503 LADEUR, Karl-Heinz. "Die Kommunikationsinfrastruktur der Verwaltung". *In*: HOFFMANN-RIEM, Wolfgang; SCHMIDT-ASSMANN, Eberhard; VOSSKUHLE, Andreas (Coord.). *Grundlagen des Verwaltungsrechts*: Informationsordnung – Verwaltungsverfahren – Handlungsformen. vol. II. 2ª ed. München: C. H. Beck, 2012, § 21 parágrafo 32.

504 PITSCHAS, Rainer. "Das Informationsverwaltungsrecht im Spiegel der Rechtsprechung". *Die Verwaltung*, vol. 33, 2000, p. 112.

505 Cf. sobre a conversão dogmática dos direitos básicos da proteção da autodeterminação informacional de um modelo de defesa contra a usurpação para um modelo multidimensional que enfatiza mais o lado objetivo do direito em ALBERS, Marion. "Zur Neukonzeption des grundrechtlichen 'Daten'schutzes". *In*: HARNISCH, Andreas; KUGELMANN, Dieter; REPKEWITZ, Ulrich (Coord.). *Herausforderungen an das Recht der Informationsgesellschaft*. Stuttgart: Boorberg, 1996, pp. 113 e ss.; da mesma forma em PITSCHAS, Rainer. "Das Informationsverwaltungsrecht im Spiegel der Rechtsprechung". *Die Verwaltung*, vol. 33, 2000, pp. 122 e ss.; HOFFMANN-RIEM, Wolfgang. "Informationelle Selbstbestimmung in der Informationsgesellschaft. Auf dem Wege zu einem neuen Konzept des Datenschutzes". *Archiv des öffentlichen Rechts*, 123, 1998, pp. 513 e ss. (522 e ss.).

deve ser promovido e difundido com ajuda da proteção de dados".[506] Em contrapartida, isso significa que o Direito Administrativo Informacional não pode ser construído com base na proteção de dados, que é tradicionalmente entendida de forma restrita.[507]

2. As obrigações de comunicação regular nas relações bilaterais de informação são estruturalmente diferentes das normas do Direito Administrativo especial, que se orientam conforme o modelo geral de assistência administrativa e, ao mesmo tempo, abordam o problema da proteção de dados e da garantia do sigilo, mas, teleologicamente, também se relacionam à transferência de informações entre agências, devendo ser medidas em relação aos requisitos de proteção de dados. Assim, o § 123, parágrafo 1º, inciso 5 da Lei de Telecomunicações obriga a Agência Federal de Redes e o Escritório Federal Antitruste a comunicar observações e conclusões entre si no âmbito de sua cooperação na tarefa conjunta de regulação do mercado, o que pode ser importante para o cumprimento das tarefas mútuas. Tipologicamente, essas obrigações de comunicação podem ser diferenciadas mais estreitamente entre obrigações de informação, de divulgação, de relato, de aquisição e de consulta de informação.[508] A diferença reside no grau de envolvimento da autoridade

---

506 PITSCHAS, Rainer. "Das Informationsverwaltungsrecht im Spiegel der Rechtsprechung". *Die Verwaltung*, vol. 33, 2000, p. 113; Cf. pp. 116 e ss. Cf. sobre o desenvolvimento da proteção de dados no tocante ao "direito do tráfego de dados". TRUTE, Hans-Heinrich. "Öffentlich-rechtliche Rahmenbedingungen einer Informationsordnung". *VVDStRL*, 57, 1998, pp. 216 e ss. (258).

507 GUSY, Christoph. "Die Informationsbeziehungen zwischen Staat und Bürger". *In*: HOFFMANN-RIEM, Wolfgang; SCHMIDT-ASSMANN, Eberhard; VOSSKUHLE, Andreas (Coord.). *Grundlagen des Verwaltungsrechts*: Informationsordnung – Verwaltungsverfahren – Handlungsformen. vol. II. 2ª ed. München: C. H. Beck, 2012, § 28 parágrafo 67.

508 Cf. de maneira mais detalhada à respectiva tipologização em HOLZNAGEL, Bernd. "Informationsbeziehungen in und zwischen Behörden". *In*: HOFFMANN-RIEM, Wolfgang; SCHMIDT-ASSMANN,

que recebe a informação ou, de forma mais geral, no evento que ativa a obrigação específica: enquanto as obrigações de informação só surgem com base em um pedido específico de outra autoridade e são, portanto, estruturalmente semelhantes à obrigação geral de assistência administrativa, as obrigações de divulgação não definem essa solicitação. Ao contrário, estão ligadas a ocorrências específicas que ativam a respectiva obrigação de transmissão de informação.[509] As obrigações de relato são completamente independentes da solicitação e do motivo específico. Elas estabelecem a obrigação geral de coletar informações sobre um tópico específico e transmiti-las à outra autoridade em um determinado momento.[510] Tipologicamente semelhantes às obrigações de relato, mas indo além delas, porque não visam à aquisição pontual de informações objetivas, específicas do assunto, mas abrangentes e permanentes de uma autoridade para outra autoridade, são as chamadas obrigações de aquisição de informações.[511] A coleta e o encaminhamento de informações podem se tornar o principal objetivo da ação administrativa aqui;

Eberhard; VOSSKUHLE, Andreas (Coord.). *Grundlagen des Verwaltungsrechts*: Informationsordnung – Verwaltungsverfahren – Handlungsformen. vol. II. 2ª ed. München: C. H. Beck, 2012, parágrafo 33 e ss.

509 Cf. HOLZNAGEL, Bernd. "Informationsbeziehungen in und zwischen Behörden". *In*: HOFFMANN-RIEM, Wolfgang; SCHMIDT-ASSMANN, Eberhard; VOSSKUHLE, Andreas (Coord.). *Grundlagen des Verwaltungsrechts*: Informationsordnung – Verwaltungsverfahren – Handlungsformen. vol. II. 2ª ed. München: C. H. Beck, 2012, parágrafo 34 f.

510 Cf. HOLZNAGEL, Bernd. "Informationsbeziehungen in und zwischen Behörden". *In*: HOFFMANN-RIEM, Wolfgang; SCHMIDT-ASSMANN, Eberhard; VOSSKUHLE, Andreas (Coord.). *Grundlagen des Verwaltungsrechts*: Informationsordnung – Verwaltungsverfahren – Handlungsformen. vol. II. 2ª ed. München: C. H. Beck, 2012, parágrafo 36.

511 Cf. HOLZNAGEL, Bernd. "Informationsbeziehungen in und zwischen Behörden". *In*: HOFFMANN-RIEM, Wolfgang; SCHMIDT-ASSMANN, Eberhard; VOSSKUHLE, Andreas (Coord.). *Grundlagen des Verwaltungsrechts*: Informationsordnung – Verwaltungsverfahren

nesse caso, a competência material anda de mãos dadas com a autonomia organizacional da unidade. Por exemplo, de acordo com § 3, Abs. 9 *Zollfahndungsdienstgesetz* (ZFdG) [Lei dos Serviços de Investigação Aduaneira], o Gabinete de Polícia Criminal Aduaneira tem como missão permanente o recolhimento e a avaliação da informação necessária ao cumprimento das suas funções de apoio aos gabinetes de investigação aduaneira e a outros serviços aduaneiros e de informá-los sobre as constatações que os afetam.[512] Por fim, as obrigações de consulta requerem o recolhimento de pareceres para efeitos de coordenação de tarefas regulatórias comuns; elas podem ser configuradas unilateralmente ou reciprocamente.[513] Como exemplo de uma obrigação mútua de consulta, pode-se novamente fazer referência à disposição do § 123 TKG.

3. A troca de informações legalmente exigida em um contexto supranacional é de crucial relevância. Nessa perspectiva, a "rede administrativa europeia"[514] figura verticalmente – entre as

– Handlungsformen. vol. II. 2ª ed. München: C. H. Beck, 2012, parágrafo 38.

512 Conforme exemplo em HOLZNAGEL, Bernd. "Informationsbeziehungen in und zwischen Behörden". *In*: HOFFMANN-RIEM, Wolfgang; SCHMIDT-ASSMANN, Eberhard; VOSSKUHLE, Andreas (Coord.). *Grundlagen des Verwaltungsrechts*: Informationsordnung – Verwaltungsverfahren – Handlungsformen. vol. II. 2ª ed. München: C. H. Beck, 2012, parágrafo 38.

513 Cf. HOLZNAGEL, Bernd. "Informationsbeziehungen in und zwischen Behörden". *In*: HOFFMANN-RIEM, Wolfgang; SCHMIDT-ASSMANN, Eberhard; VOSSKUHLE, Andreas (Coord.). *Grundlagen des Verwaltungsrechts*: Informationsordnung – Verwaltungsverfahren – Handlungsformen. vol. II. 2ª ed. München: C. H. Beck, 2012, parágrafo 37.

514 Cf. em relação ao conceito em SCHMIDT-ASSMANN, Eberhard. "Einleitung: Der Europäische Verwaltungsverbund und die Rolle des Europäischen Verwaltungsrechts". *In*: SCHMIDT-ASSMANN, Eberhard; SCHÖNDORF-HAUBOLD, Bettina (Coord.). *Der europäische Verwaltungsverbund*: Formen und Verfahren der Verwaltungszusammenarbeit in der EU. Tübingen: Mohr Siebeck,

autoridades dos Estados-membros e os órgãos administrativos europeus – e horizontalmente – entre as autoridades dos diferentes Estados-membros[515] – e, com especial atenção para as "agências de informação", também alinhadas na diagonal "rede de informação".[516] A fim de assegurar a rápida divulgação de informações decisivas para a ação administrativa em todo o espaço comunitário, o Direito da União Europeia estipula numerosas obrigações de divulgação de informações tanto para as autoridades dos Estados-membros como para os seus próprios órgãos. No âmbito europeu, não existe

---

2006, pp. 1 e ss.; além da abordagem mais geral em WEISS, Wolfgang. *Der Europäische Verwaltungsverbund*: Grundfragen, Kennzeichen, Herausforderungen. Berlim: Duncker & Humblot, 2010; KAHL, Wolfgang. "Der Europäische Verwaltungsverbund: Strukturen – Typen – Phänomene". *Der Staat*, 50, 2011, pp. 353 e ss. (354 e ss.).

515 Cf. em relação a essa diferenciação em SYDOW, Gernot. *Verwaltungskooperation in der Europäischen Union*: Zur horizontalen und vertikalen Zusammenarbeit der europäischen Verwaltungen am Beispiel des Produktzulassungsrecht. Tübingen: Mohr Siebeck, 2004, pp. 1 e ss.; com um olhar especial para a troca de informações em SCHNEIDER, Jens-Peter. "Informationssysteme als Bausteine des Europäischen Verwaltungsverbunds". *NVwZ*, 2012, pp. 65 e ss. (65).

516 Cf. de forma mais geral em BOGDANDY, Armin von. "Die Informationsbeziehungen im europäischen Verwaltungsverbund". *In*: HOFFMANN-RIEM, Wolfgang; SCHMIDT-ASSMANN, Eberhard; VOSSKUHLE, Andreas (Coord.). *Grundlagen des Verwaltungsrechts*: Informationsordnung – Verwaltungsverfahren – Handlungsformen. vol. II. 2ª ed. München: C. H. Beck, 2012, § 25, especialmente em uma estruturação diagonal, parágrafo 85 e ss.; KAHL, Wolfgang. "Der Europäische Verwaltungsverbund: Strukturen – Typen – Phänomene". *Der Staat*, 50, 2011, p. 365. Em relação às agências de informação, ver KAISER, Anna-Bettina. "Wissensmanagement im Mehrebenensystem". *In*: SCHUPPERT, Gunnar Folke; VOSSKUHLE, Andreas (Coord.). *Governance von und durch Wissen*. Baden-Baden: Nomos, 2008, pp. 217 e ss. (230 e ss.). Para uma tentativa de tornar proveitosa a abordagem europeia das agências de informação também em nível global, ver SLAUGHTER, Anne-Marie. "Global Government Networks, Global Information Agencies, and Disaggregated Democracy". *In*: LADEUR, Karl-Heinz (Coord.). *Public Governance in the Age of Globalization*. Aldershot: Ashgate, 2004, pp. 121 e ss.

apenas um "número dificilmente administrável de normas jurídicas que vinculam a União e os organismos nacionais (...) em relações verticais e horizontais de informação";[517] o Tribunal de Justiça da União Europeia também deriva deveres adicionais não escritos de informação do princípio da cooperação fiduciária.[518] De acordo com o Tratado de Lisboa, a troca de informações passou a ter também uma base jurídica primária expressa no nº 2, do artigo 197 do Tratado sobre o Funcionamento da União Europeia, que, no quadro das disposições gerais sobre cooperação administrativa, menciona, entre outras coisas, a possibilidade da União apoiar os Estados-membros na aplicação da legislação europeia e na tomada de medidas para facilitar o intercâmbio de informações. Contrariamente ao contexto nacional, a diversa cooperação informacional assim constituída no quadro do Direito da União Europeia vai também além da eliminação de meros déficits de conhecimento; ao mesmo tempo, serve para dotar a União de meios sutis de controle que podem compensar ou mesmo substituir a supervisão legal e técnica da execução administrativa dos Estados-membros.[519]

---

517 BOGDANDY, Armin von. "Die Informationsbeziehungen im europäischen Verwaltungsverbund". *In*: HOFFMANN-RIEM, Wolfgang; SCHMIDT-ASSMANN, Eberhard; VOSSKUHLE, Andreas (Coord.). *Grundlagen des Verwaltungsrechts*: Informationsordnung – Verwaltungsverfahren – Handlungsformen. vol. II. 2ª ed. München: C. H. Beck, 2012, parágrafo 1.

518 Cf. BOGDANDY, Armin von. "Die Informationsbeziehungen im europäischen Verwaltungsverbund". *In*: HOFFMANN-RIEM, Wolfgang; SCHMIDT-ASSMANN, Eberhard; VOSSKUHLE, Andreas (Coord.). *Grundlagen des Verwaltungsrechts*: Informationsordnung – Verwaltungsverfahren – Handlungsformen. vol. II. 2ª ed. München: C. H. Beck, 2012, parágrafo 10 além de outras referências na jurisprudência.

519 Cf. SOMMER, Julia. "Informationskooperation am Beispiel des europäischen Umweltrechts". *In*: SCHMIDT-ASSMANN, Eberhard; SCHÖNDORF-HAUBOLD, Bettina (Coord.). *Der europäische Verwaltungsverbund*: Formen und Verfahren der Verwaltungszusammenarbeit in der EU. Tübingen: Mohr Siebeck, 2006, pp. 57 e ss. (58); mais detalhadamente em SOMMER, Julia. *Verwaltungskooperation am Beispiel administrativer*

À semelhança do Direito nacional, também pode ser feita uma distinção em âmbito supranacional entre as obrigações de prestação de informações que surgem no contexto da assistência administrativa transfronteiriça,[520] apenas em resposta a um pedido específico de outras autoridades,[521] e as obrigações de prestação de informações relacionadas com uma razão específica, que pode ser projetada como uma tarefa regular e independente.[522] O que é realmente característico da problemática dos processos de distribuição de informação na rede multinível europeia, que responde ao Direito da União, é precisamente a interação coordenada de diferentes obrigações de informação.[523] Ela articula as obrigações de comunicação e de enca-

---

Informationsverfahren im Europäischen Umweltrecht. Berlim: Springer, 2003, pp. 508 e ss.

520 Cf. maiores detalhes em WETTNER, Florian. *Die Amtshilfe im europäischen Verwaltungsrecht*. Tübingen: Mohr Siebeck, 2005; um panorama sintético em OHLER, Christoph. "Europäisches und nationales Verwaltungsrecht". *In*: TERHECHTE, Jörg Philipp (Coord.). *Verwaltungsrecht der Europäischen Union*. Baden-Baden: Nomos, 2011, § 9 parágrafo 31 e ss.

521 Cf. OHLER, Christoph. "Europäisches und nationales Verwaltungsrecht". *In*: TERHECHTE, Jörg Philipp (Coord.). *Verwaltungsrecht der Europäischen Union*. Baden-Baden: Nomos, 2011, parágrafo 32.

522 Cf. BOGDANDY, Armin von. "Die Informationsbeziehungen im europäischen Verwaltungsverbund". *In*: HOFFMANN-RIEM, Wolfgang; SCHMIDT-ASSMANN, Eberhard; VOSSKUHLE, Andreas (Coord.). *Grundlagen des Verwaltungsrechts*: Methoden, Maßstäbe, Aufgaben, Organisation. 2ª ed. vol. I. München: C. H. Beck, 2012, parágrafo 12 e ss.; SOMMER, Julia. "Informationskooperation am Beispiel des europäischen Umweltrechts". *In*: SCHMIDT-ASSMANN, Eberhard; SCHÖNDORF-HAUBOLD, Bettina (Coord.). *Der europäische Verwaltungsverbund*: Formen und Verfahren der Verwaltungszusammenarbeit in der EU. Tübingen: Mohr Siebeck, 2006, pp. 58 e ss.

523 Cf. também em SCHNEIDER, Jens-Peter. "Vorüberlegungen zum Informationsmanagement in europäischen Verwaltungsverfahren". *In*: LIPOWICZ, Irena; SCHNEIDER, Jens-Peter (Coord.). *Perspektiven des deutschen polnischen und europäischen Informationsrechts*. Göttingen: V& R Unipress, 2011, pp. 159 e ss.

minhamento em um sistema geral coordenado. Um exemplo disso é o sistema europeu de alerta rápido para relatar alimentos ou rações que representam um risco para a saúde humana.[524] De acordo com o art. 50, Abs. 1 VO 178/2002/EG, os Estados-membros, a Comissão e a Autoridade Europeia para a Segurança Alimentar estabelecida de acordo com o art. 22 e seguintes VO 178/2002/EG estão envolvidos nesse sistema; cada um deles designa um ponto de contato que atua como membro da rede constituída. Se um membro da rede obtiver informações sobre um risco grave para a saúde humana decorrente de alimentos ou de rações, deve comunicar essas informações à Comissão inelutavelmente, de acordo com o art. 50, Abs. 2 VO 178/2002/EG. A Comissão transmite imediatamente a informação aos outros membros da rede.[525] A transferência ordenada de informações constitui, portanto, o cerne do regulamento. Mecanismos correspondentes também podem ser encontrados como uma forma suplementar de regulamentos que se concentram principalmente na cooperação material. Por exemplo, a *European Competition Network* (ECN) pode ser entendida como uma plataforma de coordenação e de informação, com a ajuda da qual é coordenada a implementação do Regulamento Europeu de Procedimentos Antitruste 1/2003/EC[526] pelas autoridades concorrenciais e antitrustes dos Estados-membros, em coordenação com a Comissão Europeia;

524 Cf. em relação a isso SCHOCH, Friedrich. "Information und Kommunikation im Lebensmittelrecht: Europarechtliche und verfassungsrechtliche Grundlagen staatlichen Informationshandelns und privater Informationspflichten". *ZLR*, 2010, pp. 121 e ss. (129 e ss.).

525 Cf. sobre isso em geral, também com vistas à conexão com os regulamentos comunitários sobre engenharia genética verde (em particular a diretiva n. 18/2001/EG) em TRUTE, Hans-Heinrich. "Democratizing Science: Expertise and Participation in Administrative Decision Making". *In*: NOWOTNY, Helga *et al. The Public Nature of Science under Assault*: Politics, Markets, Science and the Law. Berlim: Springer, 2005, pp. 86 e ss. (100 e ss.).

526 VO 1/2003/EG Do Conselho em 16 de dezembro de 2002 para a implementação dos artigos 81 e 82 das regras de concorrência estabelecidas em contrato, ABl. EU 2003, Nr. L 1/1.

com esse intuito, a portaria estipula obrigações para a transferência de informações interinstitucionais.[527] “Embora também se trate de troca de informações, se trata de responsabilidades básicas, como a execução de investigações para outras autoridades de concorrência dentro da associação e o controle desses processos pela Comissão”.[528]

Também em âmbito europeu, os esforços governamentais para garantir a troca de informações mais abrangente possível entre as autoridades são limitados pelas reivindicações de proteção legal (fundamentais) de cidadãos potencialmente afetados,[529] especialmente no que diz respeito à devida proteção de dados.[530] No entanto, na rede multinível de atos jurídicos que precisam ser implementados, a proteção jurídica do indivíduo, que é garantida pelos direitos fundamentais, torna-se ainda mais complicada na medida em que diferentes regimes de direitos fundamentais precisam ser coordenados concomitantemente aos diferentes sistemas jurídicos.[531] Além disso,

---

527 Cf. TERHECHTE, Jörg Philipp. “Das Internationale Kartell- und Fusionskontrollverfahrensrecht zwischen Kooperation und Konvergenz”. *ZaöRV*, 68, 2008, pp. 689 e ss. (703 f.); em relação à obrigação, ver mais em GUSSONE, Peter; MICHALCZYK, Roman. “Der Austausch von Informationen im ECN – wer bekommt was wann zu sehen?” *EuZW*, 2011, pp. 130 e ss.

528 TERHECHTE, Jörg Philipp. “Das Internationale Kartell- und Fusionskontrollverfahrensrecht zwischen Kooperation und Konvergenz”. *ZaöRV*, 68, 2008, p. 704.

529 Cf. mais detalhadamente em WETTNER, Florian. *Die Amtshilfe im europäischen Verwaltungsrecht*. Tübingen: Mohr Siebeck, 2005, pp. 356 e ss.

530 Cf. sobre a situação atual da proteção de dados no âmbito do direito da União Europeia em DÖHMANN, Indra Spiecker Genannt; EISENBARTH, Markus. “Kommt das ‘Volkszählungsurteil’ nun durch den EuGH? – Der Europäische Datenschutz nach Inkrafttreten des Vertrags von Lissabon”. *JuristenZeitung*, 2011, pp. 169 e ss.; além de FRENZ, Walter. *Handbuch Europarecht*: Europäische Grundrechte. vol. 4. Berlim: Springer, 2009, parágrafo 1357 e ss.

531 Cf. sobre o problema temos o exemplo do Direito da Segurança Pública como em WOLLENSCHLÄGER, Ferdinand. “Die

no âmbito comunitário, importa também assegurar que a proteção de dados não bloqueie injustificadamente o necessário fluxo de informações. O artigo 16, nº 2 do Tratado de Funcionamento da União Europeia e o artigo 39 do Tratado da União Europeia esclarecem, com razão, que o objeto de proteção do Direito europeu não é apenas a "autodeterminação informativa" do cidadão individualmente, mas, sobretudo, a livre circulação de dados.[532]

3.3 Configurações processuais

Os regulamentos processuais para a troca de informações são particularmente necessários onde o fluxo de informações não deve ser apenas organizado entre duas autoridades, mas onde várias partes envolvidas devem ser coordenadas. O chamado "processo em forma de estrela" de acordo com § 71d VwVfG pode ser citado como um exemplo dessa disposição para a coordenação de relações de informação multipolar. Com o escopo de agilizar o processo de aprovação, a troca entre os órgãos públicos a serem envolvidos na situação em questão não ocorre sucessivamente, mas, sim, simultaneamente, a pedido da autoridade responsável. O fato de o significado prático desse regulamento processual administrativo geral ser classificado como baixo, justifica-se pela existência de disposições especiais

---

Gewährleistung von Sicherheit im Spannungsfeld der nationalen, unionalen und EMRK-Grundrechtsordnungen. Überlegungen zu Grundrechtsregimekonkurrenzen und ihrer Bewältigung im Europäischen Mehrebenensystem". *In*: ILIOPOULOS-STRANGAS, Julia; DIGGELMANN, Oliver; BAUER, Hartmut (Coord.). *Rechtsstaat, Freiheit und Sicherheit in Europa*. Baden-Baden: Nomos, 2010, pp. 45 e ss.; além de SAUER, Heiko. "Grundrechtskollisionsrecht für das europäische Mehrebenensystem. Konkurrenzbestimmung–Kollisionsvermeidung – Kohärenzsicherung". *In*: MATZ-LÜCK, Nele; HONG, Mathias (Coord.). *Grundrechte und Grundfreiheiten im Mehrebenensystem – Konkurrenzen und Interferenzen*. Berlim: Springer, 2011, pp. 1 e ss.

532 Cf. somente em FRENZ, Walter. *Handbuch Europarecht*: Europäische Grundrechte. vol. 4. Berlim: Springer, 2009, parágrafo 1358.

nas áreas regulamentares decisivas, como o § 4 BauGB [Código da Construção]; ademais, por esse procedimento "onde é adequado, já está em prática há muito tempo",[533] mostrando apenas que uma configuração correspondente da relação de informação multipolar faz sentido. A relevância dessas configurações processuais é confirmada, tendo em vista, de grande relevância na prática, o procedimento de aprovação do planejamento, de acordo com §§ 72 e seguintes VwVfG. Ele funciona, especificamente, por meio da configuração do procedimento de audiência, conforme o § 73 VwVfG, na mesma lógica de reunir a informação fragmentada para efeitos de tomada de decisão consistente. Com isso, o ouvidor competente solicita às autoridades cuja área de responsabilidade é afetada pelo projeto (e que podem, por isso, ter de contribuir com informações relevantes da sua área de atividade) no prazo de um mês a contar da recepção do planejamento completo para se pronunciarem sobre o projeto arquitetado, seguindo o § 73, parágrafo 2 VwVfG.

A fim de assegurar uma cooperação efetiva entre os órgãos administrativos envolvidos, a tarefa de regulamentação processual para transferência de conhecimento também inclui o estabelecimento de uma forma de tratamento de dados e de informações que corra concomitantemente em ambos os lados do processo de transmissão, o que permite, pelo menos, certa equivalência na produção de conhecimento e, portanto, estoques de conhecimento minimamente comparáveis. Em particular, é necessária maior sensibilidade ao contexto de todos os lados envolvidos, que não apenas veem os dados individuais, mas também refletem a estrutura de seu processamento de informações suplementares pelo lado do remetente e do destinatário. Para desenvolver essa sensibilidade para captar as premissas básicas do outro lado, parece fazer sentido a formação conjunta dos responsáveis, sobretudo, no contexto transnacional da rede administrativa europeia, de tal sorte a que aprendam a

---

533 Cf. KOPP, Ferdinand O.; RAMSAUER, Ulrich. *Verwaltungsverfahrensgesetz*. 10ª ed. München: Beck, 2008, § 71d parágrafo 2.

avaliar melhor a perspectiva do outro lado envolvido na troca de informações.[534] Parece, portanto, lógico que o artigo 197, nº 2, do Tratado de Funcionamento da União Europeia também mencione o intercâmbio de funcionários públicos e o apoio a programas de formação e aperfeiçoamento como mais um componente das possíveis medidas de apoio da União, voltadas à implementação do Direito europeu pelo Estado-membro, vislumbrando uma troca facilitada de informações.[535]

A coordenação dos horizontes do emissor e do receptor também afeta outro nível do problema de transmissão de informações, que não é claramente para ser atribuído à área processual nem à área do Direito Organizacional, mas se move em uma espécie de posição intermediária. Aqui reside a questão da infraestrutura comunicativa apropriada para a transferência de conhecimento, ou seja, a formatação do meio de transmissão de informações. Ela não é relevante apenas no que tange a questões tradicionais como a problemática da prova, mas também afeta o próprio processo de comunicação: porque a informação real é constituída apenas pela recepção do destinatário, que, por sua vez, também processa a forma de mediação, deixando de ser meramente externo o conteúdo da mensagem transmitida.[536] "A infraestrutura não transmite informações de forma

534 Cf. SCHMIDT-ASSMANN, Eberhard. "Einige Überlegungen zum Thema: Die Wissenschaft vom Verwaltungsrecht". *In*: *Die Wissenschaft vom Verwaltungsrecht. Werkstattgespräch aus Anlaß des 60. Geburtstages von Prof. Dr. Eberhard Schmidt-Aßmann*. (DV Beiheft 2). Berlim: Duncker & Humblot, 1999, p. 184.

535 Cf. RUFFERT, Matthias. "Art. 197 AEUV". *In*: CALLIESS, Christian; RUFFERT, Matthias (Coord.). *EUV/AEUV*: Kommentar. 4ª ed. München: Beck, 2011, parágrafo 22.

536 Cf. o assunto sob o fundamento de uma perspectiva jurídica em VESTING, Thomas. *Die Medien des Rechts*: Sprache. Weilerswist: Velbrück, 2011; VESTING, Thomas. *Die Medien des Rechts*: Schrift. Weilerswist: Velbrück, 2011.

neutra, assim como um portador de informações".[537] Faz diferença se as informações são transmitidas em uma conversa pessoal e confidencial ou armazenadas *online* em um servidor de acesso público. Essa diferenciação também deve, portanto, ser considerada ao se projetar a transferência de informações adequadamente.

Por fim, no contexto das relações de troca de informações internamente na Administração, a processualização significa, principalmente, o desenvolvimento da capacidade de aprendizagem a partir de procedimentos que visam criar novas possibilidades de comunicação.[538] Também nos processos de transferência, o conhecimento da Administração deve ser "continuamente desenvolvido de forma reflexiva. E é exatamente isso que "aprender" significa".[539] Em meio à dependência do contexto de cada informação, a troca de informações em um sentido sofisticado só ocorre quando ela está "incorporada ao âmbito ainda mais sofisticado da aprendizagem compartilhada".[540] A circunstância de que as informações são inevitavelmente alteradas por meio da transferência também pode ser usada produtivamente nesse caso. A troca de informações não significa apenas que as necessidades de conhecimento claramente definidas são satisfeitas por "entregas" igualmente definidas. Em contextos regulatórios complexos, os próprios déficits de conhecimento geralmente não são claros e não podem ser remediados simplesmente perguntando a outros órgãos supostamente mais competentes. É

---

537 DÖHMANN, Indra Spiecker Genannt. "Wissensverarbeitung im Öffentlichen Recht". *Rechtswissenschaft*, vol. 1, 2010, p. 274.

538 Cf. de maneira mais geral em LADEUR, Karl-Heinz. *Postmoderne Rechtstheorie*: Selbstreferenz – Selbstorganisation – Prozeduralisierung. 2ª ed. Berlim: Duncker & Humblot, 1995, p. 160.

539 EIFERT, Martin. "Europäischer Verwaltungsverbund als Lernverbund". *In*: DÖHMANN, Indra Spiecker Genannt; COLLIN, Peter (Coord.). *Generierung und Transfer staatlichen Wissens im System des Verwaltungsrechts*. Tübingen: Mohr Siebeck, 2008, pp. 159 e ss. (159).

540 WILLKE, Helmut. *Systemisches Wissensmanagement*. 2ª ed. Stuttgart: Lucius & Lucius, 2001, p. 17.

precisamente nessas circunstâncias que a estrutura disseminada do conhecimento moderno pode revelar-se útil, porque não só esclarece a pluralidade do corpo de conhecimento, mas, ao mesmo tempo, contribui com ele e utiliza o potencial experimental que ele contém. Para isso, as próprias expectativas devem ser desestabilizadas, sem deixá-las completamente de lado.[541] A transferência de conhecimento já não ocorre apenas de acordo com um modelo baseado na troca de mercadorias, mas como uma comparação contrastante dos respectivos estoques cognitivos, que está aberta ao novo e ao inesperado, assim, podendo desencadear efeitos de aprendizagem em todas as partes envolvidas. A capacidade de aprender também inclui o desenvolvimento de uma "memória" institucional que deve compensar as mudanças pessoais.[542] Esse caráter de geração de conhecimento por meio da troca de conhecimento também é particularmente evidente no quadro supranacional. A União Europeia detém "como todo sistema federal, um conjunto de estoques de informações heterogêneas, percepções divergentes de problemas e abordagens de solução, nas quais precisamente a diferença pode ser usada produtivamente".[543] Nesse sentido, não se pode falar apenas em gestão do conhecimento *no* sistema multinível europeu, mas, principalmente, em gestão do conhecimento *por meio* desse mesmo sistema.[544]

---

541 Cf. RHEINBERGER, Hans-Jörg. *Iterationen*. Berlim: Merve, 2005, p. 68 f., com referência ao procedimento para experimentos científicos.

542 Cf. sobre essa dimensão da geração de conhecimento, imediatamente na seção 3.4; para mais, ver capítulo V.

543 EIFERT, Martin. "Europäischer Verwaltungsverbund als Lernverbund". *In*: DÖHMANN, Indra Spiecker Genannt; COLLIN, Peter (Coord.). *Generierung und Transfer staatlichen Wissens im System des Verwaltungsrechts*. Tübingen: Mohr Siebeck, 2008, p. 161, com referência a LADEUR, Karl-Heinz. "Die Europäische Umweltagentur und die Perspektiven eines europäischen Netzwerkes der Umweltverwaltungen". *NuR*, 1997, pp. 8 e ss. (16).

544 Cf. KAISER, Anna-Bettina. "Wissensmanagement im Mehrebenensystem". *In*: SCHUPPERT, Gunnar Folke; VOSSKUHLE, Andreas (Coord.). *Governance von und durch Wissen*. Baden-Baden: Nomos, 2008, p. 222.

3.4 Especificidades jurídicas da organização

No padrão básico de assistência administrativa, de acordo com o § 4 VwVfG, bem como nas disposições especiais sobre a transmissão de informações, como o § 24a AtomG, o fluxo de informações entre as autoridades é inicialmente voltado apenas para a transmissão seletiva de informações relacionadas a casos individuais. Em princípio, a assistência administrativa só é prestada subsidiariamente, ou seja, quando a autoridade efetivamente atuante não puder obter ela própria as informações necessárias.[545] Tipologicamente, trata-se apenas de uma necessidade específica de prestação de informação à entidade envolvida, mas não de uma troca de informação permanente e solidificada organizacionalmente.

> O Direito de assistência administrativa não é, portanto, voltado para uma rede organizacional, na qual o conhecimento pode ser combinado de maneira abrangente e descomplicada, mas para uma organização administrativa, na qual cada unidade administrativa deve cumprir suas tarefas com seus próprios recursos, valendo-se da assistência mútua apenas para emergências.[546]

Uma troca permanente que vá além desse modelo só pode ser concretizada de forma limitada devido a obrigações de relatórios regulares. Em contraposição, uma continuação real da troca

---

545 Cf. HOLZNAGEL, Bernd. "Informationsbeziehungen in und zwischen Behörden". *In*: HOFFMANN-RIEM, Wolfgang; SCHMIDT-ASSMANN, Eberhard; VOSSKUHLE, Andreas (Coord.). *Grundlagen des Verwaltungsrechts*: Informationsordnung – Verwaltungsverfahren – Handlungsformen. vol. II. 2ª ed. München: C. H. Beck, 2012, parágrafo 29.

546 COLLIN, Peter. "Ordnungsüberlegungen zum Organisationsrecht des binnenadministrativen Wissenstransfers". *In*: DÖHMANN, Indra Spiecker Genannt; COLLIN, Peter (Coord.). *Generierung und Transfer staatlichen Wissens im System des Verwaltungsrechts*. Tübingen: Mohr Siebeck, 2008, pp. 136 e ss. (148).

deve ser assumida, sobretudo, onde as relações de informação são estabelecidas organizacionalmente como "sistemas de informação abrangentes"[547] no formato de uma rede, na qual não apenas os dados existentes são trocados, mas também novos conhecimentos são gerados por meio de intercâmbios permanentes e de confrontação com outros sistemas de conhecimento. "Até certo ponto, essas novas *redes de autoridade baseadas em conhecimento*, que visam à geração coordenada de conhecimento, podem ser encontradas em §§ 28, 29 GenTG e em §3 67, 68 AMG ou art. 21 e seguintes VO 726/204 (farmacovigilância)".[548] A importância dessa dimensão do amplo processo de geração de conhecimento dificilmente pode ser superestimada.

> "O fator potencial do conhecimento é antes de tudo uma questão organizacional. As estruturas da rede de conhecimento, as possibilidades de sua mudança por meio da aprendizagem organizacional e sua provisão confiável quando necessárias são decisivas. Desse ponto de vista, o setor público como um todo pode ser visto como uma grande rede de conhecimento".[549]

---

547 Cf. HOLZNAGEL, Bernd. "Informationsbeziehungen in und zwischen Behörden". *In*: HOFFMANN-RIEM, Wolfgang; SCHMIDT-ASSMANN, Eberhard; VOSSKUHLE, Andreas (Coord.). *Grundlagen des Verwaltungsrechts*: Informationsordnung – Verwaltungsverfahren – Handlungsformen. vol. II. 2ª ed. München: C. H. Beck, 2012, parágrafo 49 e ss.

548 LADEUR, Karl-Heinz. "Die Kommunikationsinfrastruktur der Verwaltung". *In*: HOFFMANN-RIEM, Wolfgang; SCHMIDT-ASSMANN, Eberhard; VOSSKUHLE, Andreas (Coord.). *Grundlagen des Verwaltungsrechts*: Informationsordnung – Verwaltungsverfahren – Handlungsformen. vol. II. 2ª ed. München: C. H. Beck, 2012, parágrafo 99.

549 LENK, Klaus; WENGELOWSKI, Peter. "Wissensmanagement für das Verwaltungshandeln". *In*: EDELING, Thomas; JANN, Werner; WAGNER, Dieter (Coord.). *Wissensmanagement in Politik und Verwaltung*. Wiesbaden: VS Verlag, 2004, pp. 147 e ss. (149).

As configurações concretas relacionadas à organização do conhecimento em rede são ainda mais importantes: essa rede está disponível como uma infraestrutura permanente para processos de troca comunicativa, mesmo fora das obrigações de informação e de comunicação ativadas por questões específicas.[550] O objetivo (de longo prazo) da rede de informações é que "em princípio, todo o conhecimento administrativo esteja disponível para todos os funcionários a qualquer momento".[551]

Nesse aspecto do Direito Organizacional, o Direito da União Europeia, em particular, pode servir como um exemplo de como o novo paradigma de orientação para a informação, demandando o estabelecimento de agências individuais, cuja principal tarefa é gerar e transmitir conhecimento.[552] É justamente essa transferência que deve ser sistematizada e organizada em complexas relações de troca de informações. É exatamente isso que a integração em uma estrutura de rede deve garantir.[553] Um dos principais objetivos da

---

550 Cf. de maneira geral em relação ao modelo de rede na organização administrativa em SCHUPPERT, Gunnar Folke. *Verwaltungswissenschaft*: Verwaltung, Verwaltungsrecht, Verwaltungslehre. Baden-Baden: Nomos, 2000, pp. 384 e ss.

551 VOSSKUHLE, Andreas. "Sachverständige Beratung des Staates". *In*: ISENSEE, Josef; KIRCHHOF, Paul (Coord.). *Handbuch des Staatsrechts der Bundesrepublik Deutschland*. 3ª ed. vol. III. Heidelberg: Müller, 2005, § 43 parágrafo 4. Cf. da mesma forma em SCHOCH, Friedrich. "Öffentlich-rechtliche Rahmenbedingungen einer Informationsordnung". *VVDStRL*, 57, 1998, pp. 158 e ss. (161).

552 Cf. no tocante a essas agências em BOGDANDY, Armin von. "Die Informationsbeziehungen im europäischen Verwaltungsverbund". *In*: HOFFMANN-RIEM, Wolfgang; SCHMIDT-ASSMANN, Eberhard; VOSSKUHLE, Andreas (Coord.). *Grundlagen des Verwaltungsrechts*: Methoden, Maßstäbe, Aufgaben, Organisation. 2ª ed. vol. I. München: C. H. Beck, 2012, parágrafo 85 e ss.

553 Cf. LADEUR, Karl-Heinz. "Die Europäische Umweltagentur und die Perspektiven eines europäischen Netzwerkes der Umweltverwaltungen". *NuR*, 1997; além de PILNIOK, Arne. "Wissensgenerierung in der europäischen Netzwerkverwaltung". *In*: RÖHL, Hans Christian; TRUTE,

União Europeia é "estabelecer uma rede de informação permanente que ajude a organizar a aplicação do Direito europeu de forma uniforme e eficiente".[554] O objetivo supranacional reflete a rotina administrativa no contexto nacional: "a interação em toda a Europa em redes de dados está se tornando a normalidade na Administração nacional cotidiana".[555] Especialmente tendo em conta a questão da adequada concepção jurídica da organização, importa referir que a tarefa de constituir essas redes de informação é, por vezes, expressamente atribuída a um determinado tipo de agência europeia,[556] as "agências consultivas", que, dessa forma (tipicamente prioritárias, mas não só perante a Comissão, também perante as instituições dos Estados-membros), concretizam a função consultiva existente, que exige o recolhimento e a transferência de informação, nos termos do Direito Organizacional.[557]

Hans Heinrich (Coord.). *Wissen/Nichtwissen in Organisationen und Netzwerken*. Alemanha: University of Konstanz 2013 (no prelo). Uma abordagem geral sobre a relevância das redes como "instituições de compartilhamento de conhecimento" em WIELSCH, Dan. "Die epistemische Analyse des Rechts. Von der ökonomischen zur ökologischen Rationalität in der Rechtswissenschaft". *JuristenZeitung*, 2009, pp. 67 e ss. (74 f.). Sobre o conceito de rede em um contexto internacional, ver GLASER. *Internationale Verwaltungsbeziehungen*, pp. 263 e ss.

554 TERHECHTE, Jörg Philipp. "Europäisches Verwaltungsrecht und europäisches Verfassungsrecht". *In*: ______. (Coord.). *Verwaltungsrecht der Europäischen Union*. Baden-Baden: Nomos, 2011, § 7 parágrafo 29.

555 SCHMIDT-ASSMANN, Eberhard. "Einige Überlegungen zum Thema: Die Wissenschaft vom Verwaltungsrecht". *In*: *Die Wissenschaft vom Verwaltungsrecht. Werkstattgespräch aus Anlaß des 60. Geburtstages von Prof. Dr. Eberhard Schmidt-Aßmann*. (DV Beiheft 2). Berlim: Duncker & Humblot, 1999, p. 184 f.

556 Cf. GROSS, Thomas. "Die Kooperation zwischen europäischen Agenturen und nationalen Behörden". *EuR*, 2005, pp. 54 e ss. (62).

557 Cf. KIRSTE, Stephan. "Das System der Europäischen Agenturen – Erläutert am Beispiel des Europäischen Innovations- und Technologieinstituts (EIT)". *VerwArch*, 102, 2011, pp. 268 e ss. (277 f.).

Como exemplo desse projeto conjunto, pode-se citar o Sistema Europeu de Alerta Rápido em direito alimentar (para além do ECN, que já se caracteriza pelo seu nome como "*network*"), que se encontra expressamente "estabelecido como uma rede",[558] segundo o art. 50, parágrafo 1º da Diretiva [*Verordnung*] n. 178/2002, da Comunidade Europeia [*Europäische Gemeinschaft*- EG]. A centralidade da comissão, que coleta e encaminha as informações, caracteriza essa rede como um conceito ainda clássico, não voltado para a comunicação direta entre todos os envolvidos em estruturas heterárquicas.[559] O fluxo cada vez maior de informações também levanta a questão de saber se uma única organização central será inevitavelmente sobrecarregada.[560] Essa demanda excessiva poderia ser evitada não concebendo a posição central de uma organização única e proeminente como uma superposição hierárquica e, portanto, a (última) autoridade de tomada de decisão atribuída à organização, mas, sim,

558 Cf. em relação a isso TRUTE, Hans-Heinrich. "Wissenschaft und Technik". *In*: ISENSEE, Josef; KIRCHHOF, Paul (Coord.). *Handbuch des Staatsrechts der Bundesrepublik Deutschland*. 3ª ed. Band IV. Heidelberg: C.F. Müller Verlag, 2006, § 88 parágrafo 45; TRUTE, Hans-Heinrich. "Democratizing Science: Expertise and Participation in Administrative Decision Making". *In*: NOWOTNY, Helga *et al. The Public Nature of Science under Assault*: Politics, Markets, Science and the Law. Berlim: Springer, 2005, pp. 100 e ss.

559 Cf. em relação à diferenciação do conceito de rede, que se inspira na compreensão da transição de uma ciência computacional para social em GANE, Nicholas; BEER, David. *New Media*: The Key Concepts. Oxford: Berg, 2008, pp. 15 e ss.; assim como uma tipificação do modelo de rede, especialmente em relação à União Europeia, ver AUGSBERG, Steffen. "Europäisches Verwaltungsorganisationsrecht und Vollzugsformen". *In*: TERHECHTE, Jörg Philipp (Coord.). *Verwaltungsrecht der Europäischen Union*. Baden-Baden: Nomos, 2011, § 6 parágrafo 53 e ss., sobre "estruturas de rede com envolvimento significativo da Comissão", parágrafo 55 e ss.

560 Cf. de forma geral, cético sobre a posição da Comissão e sobre sua tarefa de controle MÖLLERS, Christoph. "Globalisierte Verwaltungen zwischen Verselbständigung und Übervernetzung". *Rechtstheorie*, 39, 2008, pp. 217 e ss. (226).

definindo seu papel funcional apenas como o de um "*primus inter pares*" e, além disso, tomar o caminho da decisão descentralizada, que é processada pelos vários nós individuais da rede.[561] Um passo ainda maior seria o desenvolvimento de estruturas organizacionais "rizomórficas" nas quais a coordenação central é substituída pela criação de numerosos nós de comunicação descentralizados com participantes muito diferentes.[562] Nessa toada, a rede como "rizoma" designa um "sistema acêntrico, não hierárquico e sem significado geral"[563] em que cada "ponto (...) pode (e deve) ser conectado a todos os outros".[564] Alguns observadores querem ver essa forma organizacional já em prática em algumas instituições da União Europeia, o que já se aplica em particular à Agência Europeia do Meio Ambiente e à rede de informação e monitorização ambiental EIONET, que pretende vincular a *expertise* de mais de 900 especialistas em mais de 300 autoridades e instituições privadas na forma de um "rizoma não hierárquico".[565]

Entretanto, enquanto o modelo em rede ainda é voltado para uma participação dinâmica dos participantes, outra forma de organização constitui uma base mais estática para o fluxo permanente

---

561 Para uma perspectiva mais detalhada sobre a União Europeia TEUBNER, Gunther. *Verfassungsfragmente*: Gesellschaftlicher Konstitutionalismus in der Globalisierung. Berlim: Suhrkamp, 2012, p. 239 f.

562 Cf. AUGSBERG, Ino. "Das Gespinst des Rechts: Zur Relevanz von Netzwerkmodellen im juristischen Diskurs". *Rechtstheorie*, vol. 38, 2007, pp. 489 e ss., em relação ao conceito de rizoma ver DELEUZE, Gilles; GUATTARI, Félix. *Kapitalismus und Schizophrenie*: Tausend Plateaus. Berlim: Merve Verlag, 1992, pp. 11 e ss.

563 DELEUZE, Gilles; GUATTARI, Félix. *Kapitalismus und Schizophrenie*: Tausend Plateaus. Berlim: Merve Verlag, 1992, p. 36.

564 DELEUZE, Gilles; GUATTARI, Félix. *Kapitalismus und Schizophrenie*: Tausend Plateaus. Berlim: Merve Verlag, 1992, p. 16.

565 Para uma abordagem mais detalhada recorrer a Deleuze/Guattari KAISER, Anna-Bettina. "Wissensmanagement im Mehrebenensystem". *In*: SCHUPPERT, Gunnar Folke; VOSSKUHLE, Andreas (Coord.). *Governance von und durch Wissen*. Baden-Baden: Nomos, 2008 p. 231.

de informações entre as unidades administrativas. Registos centrais, bases de dados etc., que disponibilizam informações às autoridades individuais, mas, por vezes, também impõem a obrigação de informar sobre o seu próprio patamar de conhecimento, podem ser encontrados de várias formas,[566] tanto em âmbito nacional como supranacional.[567] Conceitualmente, trata-se de repositórios de conhecimento[568] abertos ao acesso de diferentes autoridades. Os registros, como o registro central federal,[569] o registro de veículos ou o registro central de estrangeiros já são bem conhecidos. Variantes mais modernas, por outro lado, por vezes, vêm sob a designação de

---

566 Cf. uma abordagem geral sobre o problema da participação na coleta de dados como pré-requisito para o funcionamento dos bancos de dados, especialmente na área de empresas em WILKESMANN, Uwe; RASCHER, Ingolf. "Lässt sich Wissen durch Datenbanken managen? Motivationale und organisationale Voraussetzungen beim Einsatz elektronischer Datenbanken". *In*: EDELING, Thomas; JANN, Werner; WAGNER, Dieter (Coord.). *Wissensmanagement in Politik und Verwaltung*. Wiesbaden: VS Verlag, 2004, pp. 113 e ss.

567 Cf. COLLIN, Peter. "Ordnungsüberlegungen zum Organisationsrecht des binnenadministrativen Wissenstransfers". *In*: DÖHMANN, Indra Spiecker Genannt; COLLIN, Peter (Coord.). *Generierung und Transfer staatlichen Wissens im System des Verwaltungsrechts*. Tübingen: Mohr Siebeck, 2008, p. 149; com um olhar especial para o âmbito europeu em ARNAULD, Andreas von. "Zum Status quo des europäischen Verwaltungsrechts". *In*: TERHECHTE, Jörg Philipp (Coord.). *Verwaltungsrecht der Europäischen Union*. Baden-Baden: Nomos, 2011, § 2 parágrafo 15.

568 Cf. de maneira mais detalhada no capítulo V.

569 Cf. LADEUR, Karl-Heinz. "Die Kommunikationsinfrastruktur der Verwaltung". *In*: HOFFMANN-RIEM, Wolfgang; SCHMIDT-ASSMANN, Eberhard; VOSSKUHLE, Andreas (Coord.). *Grundlagen des Verwaltungsrechts*: Informationsordnung, Verwaltungsverfahren, Handlungsformen. vol. II. München: Verlag C. H. Beck, 2012, parágrafo 29 e ss.; COLLIN, Peter. "Archive und Register. Verlorenes Wissen oder Wissensressource der Zukunft?" *In*: SCHUPPERT, Gunnar Folke; VOSSKUHLE, Andreas (Coord.). *Governance von und durch Wissen*. Baden-Baden: Nomos, 2008, pp. 75 e ss. (79 e ss.).

"sistemas de informação",[570] os quais, por sua vez, foram criados tanto em plano nacional como, sobretudo, em patamar supranacional.[571] Um exemplo bem conhecido é o Sistema de Informação de Schengen (SIS), no contexto do direito de segurança europeu.[572] No sistema, as informações sobre pessoas e objetos procurados nos chamados países da área Schengen, envolvidos no respectivo tratado, são coletadas na forma de um banco de dados e disponibilizadas às autoridades de segurança dos países signatários.[573] O sistema de informação da investigação aduaneira, de acordo com o § 11 da Lei do Serviço de Investigação Aduaneira [*Zollfahndungsdienstgesetz*- ZFdG], no qual a delegacia de polícia criminal aduaneira atua como central da rede eletrônica de dados entre os departamentos que estão conectados ao sistema de informação da investigação aduaneira, existe de forma totalmente análoga no sistema nacional. Em termos de União Europeia, isso corresponde ao Sistema de Informação Aduaneira (ZIS), que consiste numa base de dados, pertencente à Comissão, à qual

---

570 Cf. COLLIN, Peter. "Archive und Register. Verlorenes Wissen oder Wissensressource der Zukunft?" *In*: SCHUPPERT, Gunnar Folke; VOSSKUHLE, Andreas (Coord.). *Governance von und durch Wissen*. Baden-Baden: Nomos, 2008, pp. 82 e ss.

571 Cf. mais detalhadamente sobre o plano supranacional em HEUSSNER, Kristina. *Informationssysteme im Europäischen Verwaltungsverbund*. Tübingen: Mohr Siebeck, 2007, pp. 26 e ss.; SCHNEIDER, Jens-Peter. "Informationssysteme als Bausteine des Europäischen Verwaltungsverbunds". *NVwZ*, 2012.

572 Cf. em relação a isso BOGDANDY, Armin von. "Die Informationsbeziehungen im europäischen Verwaltungsverbund". *In*: HOFFMANN-RIEM, Wolfgang; SCHMIDT-ASSMANN, Eberhard; VOSSKUHLE, Andreas (Coord.). *Grundlagen des Verwaltungsrechts*: Informationsordnung – Verwaltungsverfahren – Handlungsformen. vol. II. 2ª ed. München: C. H. Beck, 2012, parágrafo 80 e ss.

573 Cf. SCHÖNDORF-HAUBOLD, Bettina. "Europäisches Sicherheitsverwaltungsrecht". *In*: TERHECHTE, Jörg Philipp (Coord.). *Verwaltungsrecht der Europäischen Union*. Baden-Baden: Nomos, 2011, § 35 parágrafo 59 e ss.

todos os Estados-membros podem acessar.[574] Em contraste com o modo de organização mais horizontal do SIS, cujos estoques de dados são geridos de forma descentralizada pelos Estados-membros, a orientação vertical no sentido de uma centralização dos estoques de dados na Comissão é característica do ZIS.[575]

No entanto, a mudança funcional decisiva não deve ser devida às diferentes denominações de "registo" ou de "sistema de informação"; é mais provável devido ao uso crescente de modernas tecnologias de informação e de comunicação que, ao desacoplarem o suporte tradicional daquele de papel, bem como o tráfego de arquivos a ele associado, permitem um acesso muito mais rápido, direto e extenso às bases de dados armazenadas nos sistemas ou nos registros de todas as áreas de administração conectadas ao sistema.[576] Além disso, e especialmente, esses sistemas devem ser ajustados aos requisitos de proteção de dados;[577] os requisitos de proteção de dados baseiam-se, em

---

574 Cf. mais detalhes em *Jörg Philipp Terhechte*, SCHWARZE, Jürgen (Coord.). *EU-Kommentar*. 3ª ed. Baden-Baden: Nomos, 2012, Art. 33 AEUV parágrafo 5, 7 e ss. além de outras referências; BOGDANDY, Armin von. "Die Informationsbeziehungen im europäischen Verwaltungsverbund". *In*: HOFFMANN-RIEM, Wolfgang; SCHMIDT-ASSMANN, Eberhard; VOSSKUHLE, Andreas (Coord.). *Grundlagen des Verwaltungsrechts*: Informationsordnung – Verwaltungsverfahren – Handlungsformen. vol. II. 2ª ed. München: C. H. Beck, 2012, parágrafo 74 e ss.

575 Cf. BOGDANDY, Armin von. "Die Informationsbeziehungen im europäischen Verwaltungsverbund". *In*: HOFFMANN-RIEM, Wolfgang; SCHMIDT-ASSMANN, Eberhard; VOSSKUHLE, Andreas (Coord.). *Grundlagen des Verwaltungsrechts*: Informationsordnung – Verwaltungsverfahren – Handlungsformen. vol. II. 2ª ed. München: C. H. Beck, 2012, parágrafo 75.

576 Cf. uma visão mais precisa em VOSSKUHLE, Andreas. "Expertise und Verwaltung". *In*: TRUTE, Hans-Heinrich (Coord.). *Allgemeines Verwaltungsrecht – zur Tragfähigkeit eines Konzepts*. Tübingen: Mohr Siebeck, 2008, pp. 661 e ss.; assim como no capítulo V, seções 5.5 e 5.6.

577 Cf. os respectivos requisitos específicos de proteção de dados do Art. 4 e seguintes da resolução nº 2009/917/JI para a instituição do ZIp.

última análise, não menos nas novas possibilidades de processamento e vinculação de dados eletrônicos.[578] No plano nacional, o § 10 da BDSG tem em conta esse requisito ao prever as condições legais para o estabelecimento de procedimentos automatizados que permitam a transmissão de dados pessoais por recuperação. Segundo ele, a base dessas facilidades é uma sincronização dos poderes das autoridades envolvidas no sistema: "onde diferentes autoridades têm tarefas distintas, mas com as mesmas informações e poderes de coleta de dados, elas devem poder entrar em uma rede de dados".[579] No sentido da mudança de entendimento da proteção de dados e suas tarefas já delineadas, deve-se novamente ter cuidado para garantir que um conceito puramente defensivo não impeça a troca de informações exigida nas condições modernas.[580]

3.5 Relações de informação intra-agências públicas

O compartilhamento de conhecimento é necessário não apenas entre as autoridades, mas também dentro das agências. Todavia, o correspondente fluxo de informações ocorre em grande parte em um nível informal e, portanto, não regulamentado legalmente.[581] "Mais do que comumente se pensa, a cultura da organização é uma cultura

---

578 Cf. com o que está expresso na BVerfGE 65, 1 (45): devido às novas tecnologias da informação, "um dado irrelevante em si mesmo pode adquirir um novo significado; a este respeito, nas condições de processamento automático de dados, não há mais nenhum dado 'irrelevante'".

579 SCHLINK, Bernhard. "Datenschutz und Amtshilfe". *NVwZ*, 1986, p. 255.

580 Para mais verificar acima, ao final do número 1, na seção 3.2.

581 Cf. HOLZNAGEL, Bernd. "Informationsbeziehungen in und zwischen Behörden". *In*: HOFFMANN-RIEM, Wolfgang; SCHMIDT-ASSMANN, Eberhard; VOSSKUHLE, Andreas (Coord.). *Grundlagen des Verwaltungsrechts*: Informationsordnung – Verwaltungsverfahren – Handlungsformen. vol. II. 2ª ed. München: C. H. Beck, 2012, parágrafo 15.

oral".[582] Nesse âmago, conversas pessoais ao telefone, reuniões na cantina ou "rodas de café" e afins atuam como equivalentes funcionais para, explicitamente, por meios jurídicos – e com a ajuda de outras mídias: como arquivos[583] –, estabelecer canais de informação entre funcionários individuais.[584] Nas condições da sociedade da informação, contudo, coloca-se a questão de saber se essas informações e comunicações mútuas, que ocorrem mais ou menos ao acaso, ainda respondem à crescente necessidade de informação.[585] Além disso, as precauções organizacionais também têm um efeito, pelo menos indireto, no processo de comunicação intrainstitucional. Em termos de influência direta, a clássica estrutura hierárquica na estrutura das autoridades é particularmente relevante nesse sentido.[586] Na medida em que normalmente inclui obrigações de reporte aos níveis superiores,[587] também permite que os órgãos de administração transmitam

582 LUHMANN, Niklas. *Organisation und Entscheidung*. Wiesbaden: Westdeutscher Verlag, 2000, p. 214 f.

583 Para gerenciamento de documentos como uma tecnologia de mídia especificamente jurídica, ver VISMANN, Cornelia. *Akten*: Medientechnik und Recht. Frankfurt am Main: Fischer, 2000; para mais ver abaixo cap. 5.

584 Sobre o problema da colisão dessas formas de comunicação com o princípio geral da solenidade do procedimento administrativo, ver LADEUR, Karl-Heinz. "Die Kommunikationsinfrastruktur der Verwaltung". *In*: HOFFMANN-RIEM, Wolfgang; SCHMIDT-ASSMANN, Eberhard; VOSSKUHLE, Andreas (Coord.). *Grundlagen des Verwaltungsrechts*: Informationsordnung – Verwaltungsverfahren – Handlungsformen. vol. II. 2ª ed. München: C. H. Beck, 2012, parágrafo 7; de maneira mais detalhada, abaixo, na seção 5.4 do capítulo V.

585 Cf. WILLKE, Helmut. *Systemisches Wissensmanagement*. 2ª ed. Stuttgart: Lucius & Lucius, 2001, p. 3 f.

586 Para uma visão mais geral, ver DREIER, Horst. *Hierarchische Verwaltung im demokratischen Staat*: Genese, aktuelle Bedeutung und funktionelle Grenzen eines Bauprinzips der Exekutive. Tübingen: Mohr, 1991, sobretudo pp. 141 e ss.

587 Em relação a esses deveres, ver LADEUR, Karl-Heinz. "Die Kommunikationsinfrastruktur der Verwaltung". *In*: HOFFMANN-RIEM, Wolfgang; SCHMIDT-ASSMANN, Eberhard; VOSSKUHLE,

os conhecimentos assim adquiridos a outros órgãos subordinados. Contudo, devido à crescente fragmentação dos estoques modernos de conhecimento, deve-se levar em conta que, mesmo dentro da autoridade, o contexto de "conhecimento comum", dentro do qual o processamento adequado da informação pode ocorrer, não pode mais ser considerado naturalmente pressuposto.[588] Nessas condições alteradas, a comunicação dentro das autoridades também deve ser consolidada e ajustada ao conhecimento de raiz implícita nela contida, o que requer explicação independente. É duvidoso que a introdução de "hierarquias planas", que incluem a eliminação de obrigações de relatórios regulares, tenha um efeito benéfico sobre essa continuação do fluxo de informações – embora, ao contrário, se afirme com razão que a comunicação vertical apresenta dificuldades específicas porque ela pode ser facilmente substituída por outra não transparente, podendo sobrecarregar e distorcer as ponderações secundárias.[589] Em todo caso, o problema da eficiência insuficiente das estruturas clássicas não é resolvido simplesmente eliminando-as sem garantir que não apenas equivalentes funcionais, mas também

---

Andreas (Coord.). *Grundlagen des Verwaltungsrechts*: Informationsordnung – Verwaltungsverfahren – Handlungsformen. vol. II. 2ª ed. München: C. H. Beck, 2012, parágrafo 21 f.

588 Cf. LADEUR, Karl-Heinz. "Die Kommunikationsinfrastruktur der Verwaltung". *In*: HOFFMANN-RIEM, Wolfgang; SCHMIDT-ASSMANN, Eberhard; VOSSKUHLE, Andreas (Coord.). *Grundlagen des Verwaltungsrechts*: Informationsordnung – Verwaltungsverfahren – Handlungsformen. vol. II. 2ª ed. München: C. H. Beck, 2012, parágrafo 21.

589 Cf. LUHMANN, Niklas. "Lob der Routine". *In*: ______. *Politische Planung*: Aufsätze zur Soziologie von Politik und Verwaltung. Opladen: Westdeutscher, 1971, pp. 113 e ss. (121). Para as críticas à ideia clássica weberiana das vantagens de uma concentração de conhecimento no topo da organização, ver STEINBERG, Rudolf. *Der ökologische Verfassungsstaat*. Frankfurt am Main: Suhrkamp, 1998, p. 384 f., com referência a GIDDENS, Anthony. *Jenseits von Links und Rechts*: Die Zukunft radikaler Demokratie. Frankfurt am Main: Suhrkamp, 1997, p. 171.

processos mais eficazes e eficientes sejam estabelecidos.[590] Assim como na área dos processos de comunicação interinstitucionais, a introdução de novas tecnologias de informação e de comunicação,[591] que consequentemente "resultam em um *networking* mais forte entre os colaboradores, deverá voltar a revelar-se decisiva".[592] Os documentos eletrônicos não só podem ser trocados e processados mais facilmente, como "permitem até o processamento similar por diferentes funcionários".[593] Isso expande a troca seletiva de informações em um processo cooperativo de tomada de decisão conjunta. Além de economizar tempo com o processamento equivalente do

590 Cf. A visão diferenciada de WILLKE, Helmut. *Einführung in das systemische Wissensmanagement*. 2ª ed. Heidelberg: Carl-Auer-Systeme Verlag, 2007, p. 18 f.

591 Cf. De forma mais geral em ROSSNAGEL, Alexander. "Möglichkeiten für Transparenz und Öffentlichkeit im Verwaltungshandeln – unter besonderer Berücksichtigung des Internet als Instrument der Staatskommunikation". *In*: HOFFMANN-RIEM, Wolfgang; SCHMIDT-ASSMANN, Eberhard (Coord.). *Verwaltungsrecht in der Informationsgesellschaft*. Baden-Baden: Nomos, 2000, pp. 257 e ss. (316 e ss.). Sobre a influência das tecnologias de informação e comunicação nas organizações operacionais, ver PICOT, Arnold; NEUBURGER, Rahild. "Neuartige Organisationsformen durch IuK. Grenzenlose Unternehmen". *In*: KLUMPP, Dieter; KUBICEK, Herbert; ROSSNAGEL, Alexander (Coord.). *Next generation information society? Notwendigkeit einer Neuorientierung*. Mössingen-Talheim: Talheimer, 2003PICOT, Arnold; NEUBURGER, Rahild. "Neuartige Organisationsformen durch IuK. Grenzenlose Unternehmen". *In*: KLUMPP, Dieter; KUBICEK, Herbert; ROSSNAGEL, Alexander (Coord.). *Next generation information society? Notwendigkeit einer Neuorientierung*. Mössingen-Talheim: Talheimer, 2003, pp. 160 e ss.

592 HOLZNAGEL, Bernd. "Informationsbeziehungen in und zwischen Behörden". *In*: HOFFMANN-RIEM, Wolfgang; SCHMIDT-ASSMANN, Eberhard; VOSSKUHLE, Andreas (Coord.). *Grundlagen des Verwaltungsrechts*: Informationsordnung – Verwaltungsverfahren – Handlungsformen. vol. II. 2ª ed. München: C. H. Beck, 2012, parágrafo 19.

593 GUCKELBERGER, Annette. "Informatisierung der Verwaltung und Zugang zu Verwaltungsinformationen". *VerwArch*, 97, 2006, pp. 62 e ss. (65).

processo de tomada de decisão, essa interconexão também permite uma visão dos respectivos métodos de trabalho dos locais em rede; eles agora vêm não apenas os resultados parciais do trabalho um do outro, mas o *work in progress* conjunto. Em vez de troca sequencial de serviços individuais, as "*communities of practice*"[594] poderiam ser criadas cada vez mais, "nas quais o conhecimento que os funcionários ou especialistas individuais acumulam em seu trabalho se transforma em conhecimento compartilhado".[595] Entretanto, isso requer acordos específicos de tarefas, que, em particular, devem esclarecer o respectivo contexto e o que deve ocorrer informalmente. Também é necessária uma "cultura de troca de conhecimento", na qual o conhecimento individual não seja entendido como um bem a ser defendido pelo empregado individualmente, mas como um capital que pode ser utilizado em conjunto.[596] Ao mesmo tempo, isso envolve uma certa conversão do conhecimento, principalmente pessoal, para um conhecimento mais organizacional, o que pode neutralizar o problema da perda de conhecimento devido a mudanças de pessoal.

Independentemente das possíveis melhorias na comunicação intraorganizacional por meio do processamento eletrônico de dados, não se deve ignorar a possibilidade de que, pelo menos até certo

---

594 Cf. para uma visão mais geral WENGER, Etienne. *Communities of practice*: learning, meaning, and identity. Cambridge: Cambridge University Press, 1998.

595 LENK, Klaus; WENGELOWSKI, Peter. "Wissensmanagement für das Verwaltungshandeln". *In*: EDELING, Thomas; JANN, Werner; WAGNER, Dieter (Coord.). *Wissensmanagement in Politik und Verwaltung*. Wiesbaden: VS Verlag, 2004, p. 156.

596 Cf. WILLKE, Helmut. *Einführung in das systemische Wissensmanagement*. 2ª ed. Heidelberg: Carl-Auer-Systeme Verlag, 2007, p. 35 f. Também sobre o significado especial dessa "mudança cultural", ver S 67 f. Também nas razões compreensíveis dentro da organização para a rejeição do conhecimento (estrangeiro), ver BAECKER, Dirk. "Zum Problem des Wissens in Organisationen". *In*: ______. *Organisation als System*: Aufsätze. Frankfurt am Main: Surhkamp, 1999, pp. 68 e ss. (82 e ss.).

ponto, as formas orais de comunicação permaneçam insubstituíveis. Não exatamente porque, segundo um antigo preconceito logocêntrico, as ambiguidades que inevitavelmente acompanham qualquer comunicação sejam mais fáceis de esclarecer na troca dialógica direta.[597] É que elas podem ser ignoradas mais facilmente em uma conversa direta.[598]

Inicialmente, uma estrutura hierárquica fundamentalmente clássica de autoridades não necessariamente impede tudo isso.[599] No entanto, as observações feitas sobre a estrutura das grandes empresas comerciais na era da "sociedade da informação" parecem marcantes nesse aspecto organizacional:

> quem está no topo não é tanto o patrão, mas, sim, um 'mediador' que organiza a estrutura das relações entre as várias partes da empresa constantemente ajustadas. Gerir uma grande empresa internacional significa regular a tensão dinâmica entre a função do sensor, que se dirige às redes estrangeiras, e a função do "distribuidor", que se dirige à rede interna da empresa.[600]

---

597 Cf. de maneira mais detalhada em AUGSBERG, Ino. *Die Lesbarkeit des Rechts*: Texttheoretische Lektionen für eine postmoderne juristische Methodologie. Weilerswist: Velbrück, 2009, pp. 27 e ss.

598 Cf. LUHMANN, Niklas. *Organisation und Entscheidung*. Wiesbaden: Westdeutscher Verlag, 2000, p. 254.

599 Para os problemas relacionados à informação, ver TRUTE, Hans-Heinrich. "Funktionen der Organisation und ihre Abbildung im Recht". *In*: SCHMIDT-ASSMANN, Eberhard; HOFFMANN-RIEM, Wolfgang (Coord.). *Verwaltungsorganisationsrecht als Steuerungsressource*. Baden-Baden: Nomos, 1997, pp. 249 e ss. (276 f.). Para uma perspectiva clássica que vincula organização hierárquica e distribuição eficaz de informações, ver MARX, Fritz. "Morstein Hierarchie und Entscheidungsweg". *In*: ______. (Coord.). *Verwaltung*: Eine einführende Darstellung. Berlim: Duncker & Humblot, 1965, pp. 109 e ss. (114 e ss.).

600 GUÉHENNO, Jean-Marie. *Das ende der demokratie*. München: Artemis & Winkler, 1994, p. 91 f.

Do ponto de vista do Direito Administrativo Informacional, há muito a ser dito para transferir essas descobertas do setor privado[601] para o setor público e, consequentemente, redefinir o leque de tarefas da gestão da agência na direção da distribuição de informações intra-agências.[602] Aqui, também, a diversidade e a complexidade das tarefas modernas da concepção de um processamento centralizado de informações e da competência decisória voltada para o controle completo das unidades subordinadas mostram seus limites.[603] No longo prazo, essa redefinição deverá conduzir a uma modificação da

---

601 Cf. em relação a experiências e desenvolvimentos LADEUR, Karl-Heinz. "Die Kommunikationsinfrastruktur der Verwaltung". *In*: HOFFMANN-RIEM, Wolfgang; SCHMIDT-ASSMANN, Eberhard; VOSSKUHLE, Andreas (Coord.). *Grundlagen des Verwaltungsrechts*: Informationsordnung – Verwaltungsverfahren – Handlungsformen. vol. II. 2ª ed. München: C. H. Beck, 2012, parágrafo 92.

602 Cf. para a tarefa geral do Estado de distribuir informações também em relação ao cidadão AUGSBERG, Steffen. "Der Staat als Informationsmittler – Robin Hood oder Parasit der Wissensgesellschaft?" *DVBl*, 2007, assim como abaixo no capítulo VI.

603 Cf. COLLIN, Peter. "Die Organisation der binnenadministrativen Kommunikation in der preußischen Verwaltung des 19. Jahrhunderts". *In*: BECKER, Peter (Coord.). *Sprachvollzug im Amt*: Kommunikation und Verwaltung im Europa des 19. und 20. Jahrhunderts. Bielefeld: Transcript, 2011, pp. 335 e ss. (346).

estrutura organizacional,[604] no sentido de uma mudança estrutural "da pirâmide para a rede".[605]

Ao mesmo tempo, entretanto, deve-se ter em mente que a ordem hierárquica ainda funciona como um dos mecanismos mais importantes para absorver a incerteza.[606] Isso sugere que as estruturas organizacionais relevantes mantêm sua legitimidade funcional, especialmente sob as condições alteradas da sociedade (que não a) do conhecimento, que não apenas afirma a necessidade de geração de conhecimento direcionado,[607] mas também precisa lidar com as incertezas remanescentes e incontroláveis.[608] "A organização precisa de alguém que determine os fatos e os legitime em sua determinação"[609]

---

604 GUÉHENNO, Jean-Marie. *Das ende der demokratie*. München: Artemis & Winkler, 1994, p. 92. Da mesma forma ver WILLKE, Helmut. *Systemisches Wissensmanagement*. 2ª ed. Stuttgart: Lucius & Lucius, 2001, p. 311, que afirma: "a altamente impulsionada divisão do trabalho, diferenciação funcional e especialização no contexto de burocracias aninhadas e administrações corporativas está dando lugar a um gerenciamento de tarefas mais holístico e integrado por equipes de projeto, grupos de trabalho temporários, unidades de negócios autônomas ou vagamente redes acopladas de especialistas". De uma perspectiva legal DREIER, Horst. *Hierarchische Verwaltung im demokratischen Staat*: Genese, aktuelle Bedeutung und funktionelle Grenzen eines Bauprinzips der Exekutive. Tübingen: Mohr, 1991, pp. 153 e ss.

605 Cf. em relação a essa caracterização OST, François; KERCHOVE, Michel van de. *De la pyramide au réseau?* Pour une théorie dialectique du droit. Bruxelles: FUSL, 2002.

606 Cf. LUHMANN, Niklas. *Organisation und Entscheidung*. Wiesbaden: Westdeutscher Verlag, 2000, pp. 20 e ss; para mais detalhes, pp. 183 e ss., zu gleichwohl zu konstatierenden Formveränderungen ebd., pp. 211 e ss.

607 Cf. em mais detalhes abaixo no capítulo 7.

608 Cf. para uma visão geral ver BAECKER, Dirk. "Mit der Hierarchie gegen die Hierarchie". *In*: ______. *Organisation als System*: Aufsätze. Frankfurt am Main: Surhkamp, 1999, pp. 198 e ss.

609 LUHMANN, Niklas. *Organisation und Entscheidung*. Wiesbaden: Westdeutscher Verlag, 2000, p. 213.

– mesmo e principalmente quando faltam os conhecimentos necessários para tanto.

3.6 Atribuição de conhecimento como compensação pela transferência insuficiente de conhecimento

Um problema especial da transferência de conhecimento dentro da Administração é a atribuição de conhecimento, sendo particularmente evidente a confusão entre questões cognitivas e normativas.[610] O que precisa ser esclarecido aqui é "a relação entre os níveis factual e normativo, ou seja, até que ponto o conhecimento realmente existente é normativamente relevante, mesmo que não tenha sido 'fusionado' dentro da organização e, portanto, passou a ser determinado pela atividade".[611] A atribuição de conhecimento, como também pode ser entendido o problema, configura uma forma específica de transferência de conhecimento enquanto ficção jurídica, em que o conhecimento de um fundamento fático construído e aceito como realidade pelo ordenamento jurídico é, por sua vez, entendido como fato e, por força da avaliação normativa, é tido como real. Ela

---

610 Cf. uma abordagem geral em HENNING, Brita. *Wissenszurechnung im Verwaltungsrecht*: Am Beispiel der verwaltungsverfahrensrechtlichen Regelungen der Ausschlußfristen bei der Rücknahme und dem Widerruf von Verwaltungsakten. Baden-Baden: Nomos, 2003; REINHARDT, Markus. *Wissen und Wissenszurechnung im öffentlichen Recht*: Unter besonderer Berücksichtigung von Anforderungen an die Organisation und Folgen ihrer Verletzung im Rahmen öffentlich-rechtlicher Verwaltungstätigkeit. Berlim: Duncker & Humblot, 2010; da extensa literatura de direito civil, por exemplo, BUCK, Petra. *Wissen und juristische Person*: Wissenszurechnung und Herausbildung zivilrechtlicher Organisationspflichten. Tübingen: Mohr Siebeck, 2001.

611 KLUTH, Winfried. "Die Strukturierung von Wissensgenerierung durch das Verwaltungsorganisationsrecht". *In*: DÖHMANN, Indra Spiecker Genannt; COLLIN, Peter (Coord.). *Generierung und Transfer staatlichen Wissens im System des Verwaltungsrechts*. Tübingen: Mohr Siebeck, 2008, p. 78.

contraria assim normativamente um interesse pela falta de conhecimento, o que é bastante compreensível dada a responsabilidade que tipicamente se associa ao conhecimento.[612] Pode-se fazer uma distinção entre uma perspectiva intra e uma interagências, ou seja, entre a atribuição nas relações pessoais-institucionais e na relação interinstitucional. A primeira indaga sobre a responsabilidade do órgão público pelas ações de seus órgãos ou de seus administradores. Por outro lado, a segunda levanta a questão de saber se, na relação com o cidadão, uma autoridade deve permitir que os conhecimentos que outra autoridade lhe transmitiu, mas não como conhecimentos próprios, sejam contrariados.

Como ponto de partida, tendo em vista esse problema, pode-se afirmar que o conhecimento no sentido jurídico é sempre construído de forma normativa e isso significa em particular: é atribuído a atores.[613] Os contextos especificamente jurídicos de uso mostram que o conhecimento não é uma peculiaridade antropológica, no sentido de um estado humano de consciência,[614] mas um ato comunicativo[615],

---

612 Cf. em relação a isso ROELLECKE, Gerd. "Das Interesse der Rechtswissenschaft an Nichtwissen: Der Verwaltungsbegriff als Beispiel". *Die öffentliche Verwaltung*, 2003, pp. 896 e ss. (898). Sobre o não conhecimento normativamente exigido, ver abaixo na seção 7.4 do capítulo VII.

613 No entanto, essa atribuição não é uma característica especial do direito, mas uma típica estratégia de simplificação que também pode ser encontrada em outras organizações; Cf. em relação a isso BAECKER, Dirk. "Die Strategie der Organisation". *In*: ______. *Organisation und Management*: Aufsätze. Frankfurt am Main: Suhrkamp, 2003, pp. 152 e ss. (168 f.).

614 Assim HENNING, Brita. *Wissenszurechnung im Verwaltungsrecht*: Am Beispiel der verwaltungsverfahrensrechtlichen Regelungen der Ausschlußfristen bei der Rücknahme und dem Widerruf von Verwaltungsakten. Baden-Baden: Nomos, 2003, passim, expressamente em p. 127.

615 Cf. em referência ao problema da informação equivalente ALBERS, Marion. "Information als neue Dimension im Recht". *Rechtstheorie*, vol. 33, 2002, pp. 61 e ss. (83).

que é atribuído a um sujeito específico do conhecimento pelo Direito como próprio.[616] O sujeito do conhecimento só se constitui como tal no ato da atribuição jurídica do conhecimento. Isso fica claro, por exemplo, naquelas normas penais (processuais) que diferenciam os conhecimentos adquiridos em serviço e fora dele pelos agentes policiais.[617] Independentemente da questão de saber até que ponto a lei considera essa distinção relevante e atribui a ela diferentes consequências, a diferenciação mostra, em todo caso, que o conhecimento constitui um objeto jurídico de atribuição, mesmo no caso de interesse pessoal.[618] O fato de que a atribuição ao ator individual não ocorre frequentemente por meio de normas de atribuição especialmente designadas, mas é tacitamente assumida como o caso normal, não muda nada. A possibilidade de modificar os contextos de atribuição demonstra que, em geral, a determinação do objeto de conhecimento relevante não é um dado ontológico que não pode ser alterado, mas uma construção jurídica genuína. Consequentemente, o estado cognitivo factual do indivíduo não é importante. Por exemplo, segundo a jurisprudência do Tribunal Fiscal Federal, o conhecimento do

616 Cf. sobre a possibilidade da "auto-atribuição" em HENNING, Brita. *Wissenszurechnung im Verwaltungsrecht*: Am Beispiel der verwaltungsverfahrensrechtlichen Regelungen der Ausschlußfristen bei der Rücknahme und dem Widerruf von Verwaltungsakten. Baden-Baden: Nomos, 2003, p. 57 f.

617 Cf. em relação a isso no § 163 Abs. 1 StPO i.V.m. § 152 Abs. 2 StPO BVerfG, NJW 2003, pp. 1030 e ss. Em relação à constelação correspondente no Direito Tributário, ver THOUET, Horst; THOUET, Philipp. "Zur Wissenszurechnung bei Finanzbehörden". *DStZ*, 1999, pp. 528 e ss. (528), além de outras referências

618 Isso é não é considerado por REINHARDT, Markus. *Wissen und Wissenszurechnung im öffentlichen Recht*: Unter besonderer Berücksichtigung von Anforderungen an die Organisation und Folgen ihrer Verletzung im Rahmen öffentlich-rechtlicher Verwaltungstätigkeit. Berlim: Duncker & Humblot, 2010, pp. 164 e ss., que, com sua abordagem de um "conceito objetivo de conhecimento em uma base subjetiva", ainda define a consciência humana como ponto de partida, que não é mais problematizado, e a esse respeito apenas considera necessária a "objetivação" em relação às entidades.

respectivo escrivão não deve ser medido juridicamente pelo desempenho de sua memória individual, mas pela localização dos arquivos a ele acessíveis.[619] Por outro lado, os regulamentos sobre a proteção de sigilo podem levar a que o conhecimento individual existente de fato seja tratado como juridicamente inexistente.[620]

Os exemplos mostram que o *status* epistêmico da "pessoa privada", assim como o da "pública", é legalmente determinado. Ao mesmo tempo, isso significa que a atribuição de conhecimento a pessoas jurídicas não representa um problema fundamentalmente diferente daquele das pessoas físicas. Se o § 48, parágrafo 4º da VwVfG fala do conhecimento da autoridade, não há *metabase eis allo genos* no sentido de uso indevido de um conceito que só pode ser aplicado a indivíduos: não há diferença categórica entre o nível pessoal e o nível institucional. Do ponto de vista do Direito, a pessoa também é uma instituição.[621] Contudo, embora a qualificação da

---

619 Cf. com referência à jurisprudência pertinente do Tribunal Federal de Finanças em STELKENS, Ulrich. *Verwaltungsprivatrecht*: Zur Privatrechtsbindung der Verwaltung, deren Reichweite und Konsequenzen. Berlim: Duncker & Humblot, 2005, p. 321; Cf. também p. 304, com referência à jurisprudência civil. Em relação à jurisprudência do Tribunal Federal das Finanças ver REINHARDT, Markus. *Wissen und Wissenszurechnung im öffentlichen Recht*: Unter besonderer Berücksichtigung von Anforderungen an die Organisation und Folgen ihrer Verletzung im Rahmen öffentlich-rechtlicher Verwaltungstätigkeit. Berlim: Duncker & Humblot, 2010, p. 134 e seguinte.

620 Cf. STELKENS, Ulrich. *Verwaltungsprivatrecht*: Zur Privatrechtsbindung der Verwaltung, deren Reichweite und Konsequenzen. Berlim: Duncker & Humblot, 2005, p. 319, com referência a § 30 AO und § 35 Abs, 1 StGB i.V.m. §§ 67 StGB. ALBERS, Marion. "Information als neue Dimension im Recht". *Rechtstheorie*, vol. 33, 2002, p. 83, que envolve, nesse sentido, a "proibição de uso em processo judicial: mesmo que o juiz tenha certo conhecimento, ele não pode ser usado no processo e não pode ser incluído na decisão".

621 Em relação ao construto da pessoa jurídica, ver TEUBNER, Gunther. "Die Episteme des Rechts. Zu erkenntnistheoretischen Grundlagen des reflexiven Rechts". *In*: GRIMM, Dieter (Coord.). *Wachsende Staatsaufgaben – sinkende Steuerungsfähigkeit des Rechts*. Baden-Baden:

"pessoa física" como portadora do conhecimento já esteja incluída nessa construção – do Direito –, é necessário um ordenamento jurídico separado na forma de uma norma de atribuição para a transferência de seus conhecimentos para uma pessoa jurídica.

No entanto, o Direito Administrativo não possui uma disposição geral sobre a atribuição de conhecimento que possa funcionar como contrapartida estrutural à regulamentação do direito civil do § 166, parágrafo 1º do Código Civil [*Bürgerliches Gesetzbuch*- BGB].[622] Normas como os § 48, parágrafo 4º da VwVfG, ou § 173, parágrafo 1º do Código Tributário [*Abgabenordnung*- AO], que vinculam a posterior divulgação de fatos à possibilidade de revogação do ato administrativo, pressupõem regulamentação sobre a atribuição de conhecimentos sem justificarem-na. Enquanto o § 166, parágrafo 1º do BGB é amplamente compreendido pela jurisprudência e pela literatura, bem como é aplicado de forma análoga para além da redação restrita da norma, quando não se trata apenas das consequências jurídicas de uma declaração de intenção, mas das consequências jurídicas de outros negócios, colocando em questão aqueles similares,[623] a judicatura do tribunal administrativo não estabeleceu uma

---

Nomos, 1990, pp. 115 e ss. (117); ver a abordagem clássica de KELSEN, Hans. *Der soziologische und der juristische staatsbegrif*: Kritische Untersuchung des Verhältnisses von Staat und Recht. 2ª ed. Tübingen, 1928 (2. Neudruck Aalen 1981), p. 134 f. De maneira ainda mais clara em JESCH, Dietrich. *Gesetz und Verwaltung*: Eine Problemstudie zum Wandel des Gesetzmäßigkeitsprinzipes. Tübingen: Mohr, 1961, p. 52: "mesmo a pessoa 'natural' é uma pessoa jurídica; é, portanto, fundamentalmente distinto do que outras ciências consideram sob as palavras-chave 'homem' ou 'pessoa'" Para uma abordagem geral sobre a função da pessoa enquanto endereçamento social de normas, ver LUHMANN, Niklas. "Die Form 'Person'". *Soziale Welt*, 42, 1991, pp. 166 e ss.

622 Cf. uma síntese do assunto em STELKENS, Ulrich. *Verwaltungsprivatrecht*: Zur Privatrechtsbindung der Verwaltung, deren Reichweite und Konsequenzen. Berlim: Duncker & Humblot, 2005, pp. 303 e ss.

623 Cf. STELKENS, Ulrich. *Verwaltungsprivatrecht*: Zur Privatrechtsbindung der Verwaltung, deren Reichweite und Konsequenzen. Berlim: Duncker

regra básica correspondente por meio da jurisprudência. Tendo em vista o debate mais amplo do Direito Civil a esse respeito, deve-se, portanto, perguntar quais ideias dessa discussão podem ser transferidas para o Direito Administrativo.[624]

Com efeito, trata-se da determinação dos fins civis da lei. A *ratio legis* do § 166, parágrafo 1º do BGB é a proteção da confiança do parceiro de negócios, que está em tratativas com o representante. Por lei, ele deve poder confiar que seu interlocutor imediato, ou seja, o representante do próprio mandante, se comportará de acordo com seu conhecimento positivo.[625] O ator principal deve, portanto, aceitar o conhecimento de seu representante como seu. Em contraste, o objetivo do § 166, parágrafo 2º do BGB é prevenir uma estratégia de evasão; "o representado não deve poder esconder-se atrás da ignorância do representante que segue as suas instruções".[626]

& Humblot, 2005, p. 304, com referência a BUCK, Petra. *Wissen und juristische Person*: Wissenszurechnung und Herausbildung zivilrechtlicher Organisationspflichten. Tübingen: Mohr Siebeck, 2001, pp. 183 e ss.

624 Cf. sobre a possibilidade de uma aplicação por analogia do § 166 Abs. 1 und 2 BGB sowie § 164 Abs. 3 BGB detalhadamente em HENNING, Brita. *Wissenszurechnung im Verwaltungsrecht*: Am Beispiel der verwaltungsverfahrensrechtlichen Regelungen der Ausschlußfristen bei der Rücknahme und dem Widerruf von Verwaltungsakten. Baden-Baden: Nomos, 2003, v.a. pp. 139 e ss.; para uma compreensão do "espírito jurídico" do § 166 BGB *Michael Sachs*, em: STELKENS, Paul; BONK, Heinz Joachim; SACHS, Michael (Coord.). *VwVfG*. 7ª ed. München, 2008, § 48 parágrafo 214 f. além de outras referências Para uma atribuição de conhecimento sobre a figura da "falha organizacional", ver KOPP, Ferdinand O.; RAMSAUER, Ulrich. *Verwaltungsverfahrensgesetz*. 10ª ed. München: Beck, 2008, § 48 parágrafo 158 além de outras referências.

625 Cf. HENNING, Brita. *Wissenszurechnung im Verwaltungsrecht*: Am Beispiel der verwaltungsverfahrensrechtlichen Regelungen der Ausschlußfristen bei der Rücknahme und dem Widerruf von Verwaltungsakten. Baden-Baden: Nomos, 2003, p. 140.

626 HENNING, Brita. *Wissenszurechnung im Verwaltungsrecht*: Am Beispiel der verwaltungsverfahrensrechtlichen Regelungen der Ausschlußfristen bei der Rücknahme und dem Widerruf von Verwaltungsakten. Baden-Baden: Nomos, 2003, p. 148.

Ambas as considerações podem, em princípio, ser transferidas para a área do Direito Administrativo. O cidadão é digno de proteção em sua confiança de que o funcionário responsável age de acordo com seu próprio conhecimento.[627] A consideração básica do § 166, parágrafo 1º do BGB pode, portanto, ser transferida para constelações de Direito Administrativo – seja em aplicação análoga à disposição de Direito Civil,[628] seja no sentido da aplicação de um princípio jurídico geral ali expresso.[629] Consequentemente, o Tribunal Administrativo Federal também decidiu no âmbito da interpretação do § 48, parágrafo 4º da VwVfG que o conhecimento da autoridade pode ser presumido "se o administrador oficial nomeado após a atribuição interna de responsabilidades retirar ou revogar o ato administrativo ou outra autoridade interna, o oficial responsável pelo exame legal do ato administrativo, tenha obtido conhecimento positivo".[630]

Por sua vez, a autoridade não deve se esconder atrás da ignorância de um único funcionário. Essa consideração ganha relevância prática na medida em que o contato externo da Administração vai se transformando cada vez mais na direção de um *one-stop-government*,[631]

---

627 Cf. HENNING, Brita. *Wissenszurechnung im Verwaltungsrecht*: Am Beispiel der verwaltungsverfahrensrechtlichen Regelungen der Ausschlußfristen bei der Rücknahme und dem Widerruf von Verwaltungsakten. Baden-Baden: Nomos, 2003, p. 141, em referência ao Tribunal Federal Alemão [BGH], JZ 1998, pp. 41 e ss.

628 Em relação a isso HENNING, Brita. *Wissenszurechnung im Verwaltungsrecht*: Am Beispiel der verwaltungsverfahrensrechtlichen Regelungen der Ausschlußfristen bei der Rücknahme und dem Widerruf von Verwaltungsakten. Baden-Baden: Nomos, 2003, pp. 139 e ss.

629 Dessa forma STELKENS, Ulrich. *Verwaltungsprivatrecht*: Zur Privatrechtsbindung der Verwaltung, deren Reichweite und Konsequenzen. Berlim: Duncker & Humblot, 2005, p. 321.

630 BVerwG, NJW 2001, pp. 1440 e ss. (1441), em relação ao Tribunal Federal Administrativo [BVerwGE] 70, 356 (364).

631 Cf. GUCKELBERGER, Annette. "Informatisierung der Verwaltung und Zugang zu Verwaltungsinformationen". *VerwArch*, 97, 2006, p.

o que não resulta na mesma variedade de tarefas administrativas em igual variedade de potenciais contatos nas autoridades, mas em um ponto de contato entre autoridade e cidadão,[632] canalizado para as formas eletrônicas de comunicação por meio da *internet*.[633] O objetivo dessa transformação organizacional

> é reunir tarefas administrativas que estão relacionadas pela ótica dos cidadãos, mesmo que a divisão de competências do Estado não as corresponda exatamente. Essa integração de tarefas com base nas circunstâncias da vida visa fornecer aos cidadãos um único ponto de contato para todos os serviços administrativos que são relevantes para eles em suas respectivas circunstâncias. Isso deve (...) redimir a reivindicação de uma administração orientada para o cidadão e para o serviço.[634]

---

73. Para uma implementação prática dessa ideia, ver aqueles introduzidos em 2008 §§ 71a–e VwVfG, que regulam o assim chamado "procedimento via órgão único"; sobre isso, ver ERNST, Christian. "Die Einführung eines einheitlichen Ansprechpartners i.p. der EU-DLR durch das 4. Gesetz zur Änderung verwaltungsverfahrensrechtlicher Vorschriften". *DVBl*, 2009, pp. 953 e ss.

632 Cf. HOFFMANN-RIEM, Wolfgang. "Verwaltungsrecht in der Informationsgesellschaft – Einleitende Problemskizze". *In*: HOFFMANN-RIEM, Wolfgang; SCHMIDT-ASSMANN, Eberhard (Coord.). *Verwaltungsrecht in der Informationsgesellschaft*. Baden-Baden: Nomos, 2000, p. 26 f.

633 Cf. ROSSNAGEL, Alexander. "Möglichkeiten für Transparenz und Öffentlichkeit im Verwaltungshandeln – unter besonderer Berücksichtigung des Internet als Instrument der Staatskommunikation". *In*: HOFFMANN-RIEM, Wolfgang; SCHMIDT-ASSMANN, Eberhard (Coord.). *Verwaltungsrecht in der Informationsgesellschaft*. Baden-Baden: Nomos, 2000, p. 305 f.

634 HOFFMANN-RIEM, Wolfgang. "Verwaltungsrecht in der Informationsgesellschaft – Einleitende Problemskizze". *In*: HOFFMANN-RIEM, Wolfgang; SCHMIDT-ASSMANN, Eberhard (Coord.). *Verwaltungsrecht in der Informationsgesellschaft*. Baden-Baden: Nomos, 2000, p. 26.

Essa reestruturação da organização das autoridades públicas, postulada como um ajuste às exigências da sociedade da informação, seria frustrada em seu objetivo de convivência com o cidadão se a falta de transparência e as eventuais divisões de conhecimento internas da autoridade fossem unilateralmente impostas à custa do cidadão. Eles devem, portanto, ser compensados por atribuições de conhecimento correspondentes.

Ao comparar os interesses do Direito Civil e Administrativo, também é interessante notar que os requisitos práticos originais para uma norma, como previstos no § 166 do BGB, não se veem mais. Isso se justifica pelo desenvolvimento dos meios de comunicação: "a moderna tecnologia de comunicação torna todo o conhecimento da corporação acessível a todo funcionário dela a qualquer momento e em qualquer lugar, desde que seja responsável de acordo com suas normas internas".[635] Com isso, uma velha objeção dos tribunais cíveis é superada pelo desenvolvimento técnico. O Tribunal Constitucional Federal havia decidido em 1996 que qualquer pessoa que atue em nome de uma pessoa jurídica deve ter pelo menos uma possibilidade real de adquirir os conhecimentos necessários.[636] A pessoa jurídica não pode ser onerada para além das capacidades humanas, ou seja, não pode ser colocada numa situação pior do que uma pessoa natural comparável.[637] Se levarmos a sério a referência à rede eletrônica, essa desvantagem pode agora ser amplamente descartada.

Isso não significa, porém, que os limites do Direito Material e Organizacional à atribuição de conhecimento não sejam também e

---

635 ADEN, Menno. "Wissenszurechung in der Körperschaft". *NJW*, 1999, pp. 3098 e ss. (3099); Cf. em relação a isso também HENNING, Brita. *Wissenszurechnung im Verwaltungsrecht*: Am Beispiel der verwaltungsverfahrensrechtlichen Regelungen der Ausschlußfristen bei der Rücknahme und dem Widerruf von Verwaltungsakten. Baden-Baden: Nomos, 2003, p. 14 além de outras referências

636 Cf. BGHZ 132, 30 (38).

637 Cf. BGHZ 132, 30 (38).

principalmente observados na área do Direito Administrativo. Ela não deve ser usada para encobrir a distribuição de responsabilidades[638] ou para contornar as precauções de proteção de dados. Ao contrário, a autoridade ou sua entidade legal, bem como o funcionário individual, só podem ser atribuídos ao conhecimento que poderia ser legalmente transmitido a ele ou a ela. Em suma, a atribuição de conhecimento é medida de acordo com as disposições do Direito Público.[639] A atribuição de conhecimento funciona apenas como um substituto para uma transferência de conhecimento juridicamente possível, mas que, na prática, é omissa; ela não abre novas vias de acesso que tendem a permanecer fechadas para a transmissão direta de informações.

---

638 Cf. *Michael Saches* em: STELKENS, Paul; BONK, Heinz Joachim; SACHS, Michael (Coord.). *VwVfG*. 7ª ed. München, 2008, § 48 parágrafo 214 f. além de outras referências.

639 Cf. STELKENS, Ulrich. *Verwaltungsprivatrecht*: Zur Privatrechtsbindung der Verwaltung, deren Reichweite und Konsequenzen. Berlim: Duncker & Humblot, 2005, pp. 318 e ss.

CAPÍTULO IV

TRANSFERÊNCIA DE CONHECIMENTO: MEDIDAS JURÍDICAS PARA UM TRATAMENTO REGULAMENTADO DE ESPECIALISTAS EXTERNOS À ADMINISTRAÇÃO

4.1 O duplo caráter do especialista externo à Administração

Desde a década de 1960, a crescente complexidade das decisões administrativas tem forçado os decisores a recorrer a conhecimentos especializados que já não podem ser gerados na própria Administração dentro de suas competências previstas, mas que são apenas acessíveis a partir de especialistas externos.[640] O recurso justifica-se,

---

640 Cf. FABIO, Udo Di. "Verwaltungsentscheidung durch externen Sachverstand. Am Beispiel des arzneimittelrechtlichen Zulassungs- und Überwachungsverfahrens". *VerwArch*, 81, 1990, pp. 193 e ss. Para os motivos do crescimento do conhecimento especializado, ver NUSSBERGER, Angelika. "Sachverständigenwissen als Determinante

portanto, devido a um déficit de conhecimento por parte das autoridades: os avanços científicos no conhecimento,[641] que estão ocorrendo em uma velocidade enorme, ao mesmo tempo, levando a uma diferenciação cada vez maior no terreno científico,[642] não podem ser simplesmente reconstruídos no âmbito da ação administrativa;[643] sua complexidade e sua diversidade excedem as capacidades humanas e

---

verwaltungsrechtlicher Einzelentscheidungen". *Archiv des öffentlichen Rechts*, 129, 2004, pp. 282 e ss. (284 e ss.). Sobre o fenômeno paralelo que ocorre ao mesmo tempo no campo da política, ver RUDLOFF, Wilfried. "Verwissenschaftlichung der Politik? Wissenschaftliche Politikberatung in den sechziger Jahren". *In*: COLLIN, Peter; HORSTMANN, Thomas (Coord.). *Das Wissen des Staates*: Geschichte, Theorie und Praxis. Baden-Baden: Nomos, 2004, pp. 216 e ss.; em relação mecanismos jurídicos relevantes, ver VOSSKUHLE, Andreas. "Sachverständige Beratung des Staates". *In*: ISENSEE, Josef; KIRCHHOF, Paul (Coord.). *Handbuch des Staatsrechts der Bundesrepublik Deutschland*. 3ª ed. vol. III. Heidelberg: Müller, 2005, § 43 parágrafo 7; de forma mais abrangente, ver em SCHWAB, Martin. *Rechtsfragen der Politikberatung im Spannungsfeld zwischen Wissenschaftsfreiheit und Unternehmensschutz*. Tübingen: Mohr Siebeck, 1999.

641 Cf. apenas em WEINGART, Peter. *Die Stunde der Wahrheit?* Zum Verhältnis der Wissenschaft zu Politik, Wirtschaft und Medien in der Wissensgesellschaft. Weilerswist: Velbrück Wissenschaft, 2001, pp. 87 e ss.

642 Cf. sobre a relação entre a diferenciação social e a diferenciação interna da ciência em STICHWEH, Rudolf. "Differenzierung der Wissenschaft". *In*: ______. *Wissenschaft, Universität, Professionen*: Soziologische Analysen. Frankfurt am Main: Suhrkamp, 1994, pp. 15 e ss. Quanto ao problema resultante disso, ver LUHMANN, Niklas. Ökologische Kommunikation: Kann die moderne Gesellschaft sich auf ökologische Gefährdungen einstellen? 3ª ed. Opladen: Westdeutscher Verlag, 1990, p. 151: "Com isso, fica abre-se mão de qualquer possibilidade de determinar a posição do conhecimento em relação à unidade do sistema".

643 Cf. em relação ao problema em RITTER, Ernst-Hasso. "Das Recht als Steuerungsmedium im kooperativen Staat". *In*: GRIMM, Dieter (Coord.). *Wachsende Staatsaufgaben – sinkende Steuerungsfähigkeit des Rechts*. Baden-Baden: Nomos, 1990, pp. 69 e ss. (71 e ss.).

organizacionais das autoridades em questão.[644] O que se aplica, em particular, quando o conhecimento especializado necessário não se destina apenas a preencher lacunas parciais no âmbito do conhecimento empírico compartilhado,[645] o qual se assume ser conhecido e estável globalmente, mas, sim, o próprio conhecimento empírico da tomada de decisão ainda precisa ser construído, conferindo a todas as afirmações sobre fenômenos individuais um caráter prognóstico incerto.[646] Isso não envolve apenas avanços nas ciências naturais. A crescente importância das descobertas das ciências sociais também deve ser levada em consideração.[647] Relativamente a ambas as áreas científicas, vale também a observação geral, sobretudo do ponto de vista cognitivo, de que "a Administração perdeu a posição de liderança que tinha perante a sociedade".[648] Nesse sentido, os especialistas são pessoas que fornecem a uma autoridade o conhecimento

---

644 Cf. VOSSKUHLE, Andreas. "Sachverständige Beratung des Staates". *In*: ISENSEE, Josef; KIRCHHOF, Paul (Coord.). *Handbuch des Staatsrechts der Bundesrepublik Deutschland*. 3ª ed. vol. III. Heidelberg: Müller, 2005, parágrafo 2 e ss.

645 Cf. o conceito de experiência de vida no sentido de confiar "que o mundo, como eu o conheço até agora, continuará a ser assim e que, consequentemente, o estoque de conhecimento formado a partir de minhas próprias experiências e aquele assumido por outros seres humanos continuará a manter a sua validade fundamental" em SCHÜTZ, Alfred; LUCKMANN, Thomas. *Strukturen der Lebenswelt*. Konstanz: UVZ, 2003, p. 34.

646 Cf. NUSSBERGER, Angelika. "Sachverständigenwissen als Determinante verwaltungsrechtlicher Einzelentscheidungen". *Archiv des öffentlichen Rechts*, 129, 2004, p. 285.

647 Cf. CAMIC, Charles; GROSS, Neil; LAMONT, Michèle. "The Study of Social Knowledge Making". *In*: ______. (Coord.). *Social Knowledge in the Making*. Chicago: The University of Chicago Press, 2011, pp. 1 e ss. (2 f.).

648 FORSTHOFF, Ernst. *Der Staat der Industriegesellschaft*: Dargestellt am Beispiel der Bundesrepublik Deutschland. München: C. H. Beck, 1971, p. 113.

especializado de que ela carece para avaliar os fatos.[649] Ao mesmo tempo, isso significa que essa forma de geração de conhecimento só pode ser usada onde a autoridade está ciente de seu próprio déficit.[650] Sua falta de conhecimento deve ser uma ignorância *específica*, a qual possa vir a ser transformada em conhecimento.[651] Como o uso de especialistas pode apenas corrigir déficits específicos de conhecimento, ele requer um contexto abrangente de gestão reflexiva do conhecimento por parte da Administração.[652]

No entanto, o déficit de conhecimento da administração ainda não explica a necessidade administrativa de conhecimento; afinal, são inúmeras as áreas da sociedade cujas competências cognitivas especiais permanecem inacessíveis ao Estado, sem que isso resulte em um problema fundamental para a tomada de decisões administrativas. Acontece, todavia, que as áreas ainda pouco conhecidas e que se desenvolvem dinamicamente no curso da pesquisa científica

---

649 Cf. KOPP, Ferdinand O.; RAMSAUER, Ulrich. *Verwaltungsverfahrensgesetz*. 10ª ed. München: Beck, 2008, § 26 parágrafo 19. Sobre o conceito de parecer técnico em SEIDEL, Achim. *Privater Sachverstand und staatliche Garantenstellung im Verwaltungsrecht*. München: C. H. Beck, 2000, pp. 7 e ss.; quanto à distinção entre peritos e especialistas, ver em VOSSKUHLE, Andreas. "Expertise und Verwaltung". *In*: TRUTE, Hans-Heinrich (Coord.). *Allgemeines Verwaltungsrecht – zur Tragfähigkeit eines Konzepts*. Tübingen: Mohr Siebeck, 2008, pp. 637 e ss. (643 f.).

650 O que é um pressuposto natural. Cf. LENK, Klaus; WENGELOWSKI, Peter. "Wissensmanagement für das Verwaltungshandeln". *In*: EDELING, Thomas; JANN, Werner; WAGNER, Dieter (Coord.). *Wissensmanagement in Politik und Verwaltung*. Wiesbaden: VS Verlag, 2004, pp. 147 e ss. (156), que entendem que uma consciência relevante muitas vezes não existe.

651 No tocante à diferenciação entre o não conhecimento específico e o indefinido, ver em JAPP, Klaus P. "Die Beobachtung von Nichtwissen". *Soziale Systeme*, 3, 1997, pp. 289 e ss. (295 e s.).

652 Cf. quem tem razão no tema em WOLLENSCHLÄGER, Burkard. *Wissensgenerierung im Verfahren*. Tübingen: Mohr Siebeck, 2009, p. 19.

são âmbitos que podem ter efeitos relevantes na sociedade como um todo e, portanto, requerem uma regulamentação legal – e esta, por sua vez, demanda um conhecimento suficiente sobre o objeto. Em algumas áreas altamente dinâmicas da regulação, o recurso direcionado à perícia científica já não é a exceção isolada em casos especiais, mas tende a tornar-se parte da "vida jurídica cotidiana",[653] e não apenas ao nível da abstração média da especificação jurídica com portarias e regras administrativas,[654] mas também na aplicação da norma em casos individuais.[655] Esse panorama problemático é entendido quando se fala em "especialização"[656] ou "cientificidade da ação administrativa"[657], mas não apenas na área do Direito Ambiental ou tecnológico geral: "a proporção de conhecimento objetivo, nomeadamente que que vai além do conhecimento cotidiano, saberes que só podem ser analisados cientificamente, investigações e previsões estão aumentando exponencialmente".[658] Consequentemente, há

---

653 Cf. APPEL, Ivo. "Eigenwert der Verfassung im Umweltrecht". *In*: VESTING, Thomas; KORIOTH, Stefan (Coord.). *Der Eigenwert des Verfassungsrechts*: Was bleibt von der Verfassung nach der Globalisierung? Tübingen: Mohr Siebeck, 2011, pp. 289 e ss. (309).

654 Cf. em relação à questão em LAMB, Irene. *Kooperative Gesetzeskonkretisierung*: Verfahren zur Erarbeitung von Umwelt- und Technikstandards. Baden-Baden: Nomos, 1995, p.p 158 e ss.

655 Cf. NUSSBERGER, Angelika. "Sachverständigenwissen als Determinante verwaltungsrechtlicher Einzelentscheidungen". *Archiv des öffentlichen Rechts*, 129, 2004, p. 284.

656 Cf. RITTER, Ernst-Hasso. "Organisationswandel durch Expertifizierung und Privatisierung im Ordnungs- und Planungsrecht". *In*: SCHMIDT-ASSMANN, Eberhard; HOFFMANN-RIEM, Wolfgang (Coord.). *Verwaltungsorganisationsrecht als Steuerungsressource*. Baden-Baden: Nomos, 1997, pp. 207 e ss. Tendo em vista a evolução do século XIX, fala-se especificamente de uma "especialização do direito policial" em WOLLENSCHLÄGER, Burkard. *Wissensgenerierung im Verfahren*. Tübingen: Mohr Siebeck, 2009, p. 13.

657 WAHL, Rainer. *Herausforderungen und Antworten*: Das Öffentliche Recht der letzten fünf Jahrzehnte. Berlim: De Gruyter, 2005, p. 66.

658 Ibid.

atualmente uma verdadeira "expansão vertiginosa na participação de técnicos privados"[659] nas atividades administrativas.

Contudo, os conhecimentos especiais de que a Administração deve dispor para enfrentar adequadamente os problemas não podem existir apenas com base em competências específicas, tipicamente científicas. As competências especializadas somente emergem devido a uma proximidade particular com o problema.[660] Aqui reside uma razão para a grande (e com toda a probabilidade crescente) importância da participação dos cidadãos nos procedimentos administrativos geradores de conhecimento.[661] "Isso porque o diálogo e a cooperação estão entre as condições básicas e efetivas do processo, envolvendo o cidadão, que é quase sempre a principal fonte de conhecimento, (...) compartilhando e obtendo informações que estão asseguradas a ele na condição de cidadão".[662] *Prima facie*, essa situação dialógica

659 SCHOLL, Patrick. *Der private Sachverständige im Verwaltungsrecht*: Elemente einer allgemeinen Sachverständigenlehre. Baden-Baden: Nomos, 2005, p. 40.

660 Cf. também para distinguir o especialista de outras formas de atividade que não estão relacionadas a um déficit de conhecimento, ou seja, informativa, mas em um sentido mais amplo criativo (por exemplo, especialista em desempenho, gerente de projeto) SCHOLL, Patrick. *Der private Sachverständige im Verwaltungsrecht*: Elemente einer allgemeinen Sachverständigenlehre. Baden-Baden: Nomos, 2005, pp. 98 e ss.

661 Cf. sobre esta forma modificada de "cooperação informativa no esclarecimento de fatos" em VOSSKUHLE, Andreas. "Der Wandel von Verwaltungsrecht und Verwaltungsprozeßrecht in der Informationsgesellschaft". *In*: HOFFMANN-RIEM, Wolfgang; SCHMIDT-ASSMANN, Eberhard (Coord.). *Verwaltungsrecht in der Informationsgesellschaft*. Baden-Baden: Nomos, 2000, pp. 349 e ss. (369 e ss.).

662 PITSCHAS, Rainer. *Verwaltungsverantwortung und Verwaltungsverfahren*: Strukturprobleme, Funktionsbedingungen und Entwicklungsperspektiven eines konsensualen Verwaltungsrechts. München: C. H Beck, 1990, p. 700.

parece ser bastante positiva,[663] pois é obviamente consequência da relação básica entre a Administração e os cidadãos prevista na Constituição:[664] "a necessidade de diálogo entre a Administração e os cidadãos corresponde ao entendimento constitucional sobre a posição do cidadão no Estado".[665] Na perspectiva do Direito Administrativo Informacional, todavia, ela ameaça se transformar no exato oposto, se o cidadão for cada vez mais sobrecarregado com informações, ou seja, se ele tiver que assumir tarefas materiais que são de responsabilidade da própria autoridade, de acordo com a estrutura regra-exceção dos §§ 24 a 26 da VwVfG.[666] Ademais, é de se esperar resistência a essa solução devido ao seu caráter oneroso, o que, por sua vez, põe em dúvida sua eficácia. Tomados em conjunto,

---

663 Cf., por exemplo, em VOSSKUHLE, Andreas. "Der Wandel von Verwaltungsrecht und Verwaltungsprozeßrecht in der Informationsgesellschaft". *In*: HOFFMANN-RIEM, Wolfgang; SCHMIDT-ASSMANN, Eberhard (Coord.). *Verwaltungsrecht in der Informationsgesellschaft*. Baden-Baden: Nomos, 2000, pp. 365 e ss.; uma abordagem mais geral sobre a história correspondente ver em KAISER, Anna-Bettina. *Die Kommunikation der Verwaltung*: Diskurse zu den Kommunikationsbeziehungen zwischen staatlicher Verwaltung und Privaten in der Verwaltungsrechtswissenschaft der Bundesrepublik Deutschland. Baden-Baden: Nomos, 2009, p. 39 f.

664 Cf. uma visão mais ampla em KOPP, Ferdinand. *Verfassungsrecht und Verwaltungsverfahrensrecht*: Eine Untersuchung über die verfassungsrechtlichen Voraussetzungen des Verwaltungsverfahrens in der Bundesrepublik und die Bedeutung der Grundentscheidungen in der Verfassung für die Feststellung, Auslegung und Anwendung des geltenden Verwaltungsverfahrensrechts. München: C. H. Beck, 1971, passim, v.a. pp. 16 e ss., 180 ee ss.

665 BVerfGE 45, 297 (335). Cf. uma perspectiva abrangente em ROSSEN, Helge. *Vollzug und Verhandlung*: Die Modernisierung des Verwaltungsvollzugs. Tübingen: Mohr Siebeck, 1999.

666 Cf. a visão crítica em DÖHMANN, Indra Spiecker Genannt. "Die informationelle Inanspruchnahme des Bürgers im Verwaltungsverfahren: Der Amtsermittlungsgrundsatz nach § 24 VwVfG". *In*: DÖHMANN, Indra Spiecker Genannt; COLLIN, Peter (Coord.). *Generierung und Transfer staatlichen Wissens im System des Verwaltungsrechts*. Tübingen: Mohr Siebeck, 2008, pp. 196 e ss.

ambos os aspectos significam que o instrumento de uma obrigação privada de obter informações só pode ser aplicado subsidiariamente por razões de fato e de direito.[667]

Não obstante, observa-se um aumento dessas obrigações nos últimos anos.[668] Uma das razões para isso, dentre outras,[669] é o surgimento do Direito Regulatório [*Regulierungssrecht*]:[670] como o Direito das privatizações, que deve conter e fiscalizar juridicamente as consequências que resultam da transferência de atribuições antes soberanas para entidades privadas. Isso resulta em relações de conhecimento alteradas, para as quais a lei regulatória, por exemplo, no campo das telecomunicações, deve encontrar respostas.[671]

> Considerando que o Estado costumava obter e atualizar o conhecimento necessário, por exemplo, sobre os custos dos

---

667 Cf. GUSY, Christoph. "Die Informationsbeziehungen zwischen Staat und Bürger". *In*: HOFFMANN-RIEM, Wolfgang; SCHMIDT-ASSMANN, Eberhard; VOSSKUHLE, Andreas (Coord.). *Grundlagen des Verwaltungsrechts*: Informationsordnung – Verwaltungsverfahren – Handlungsformen. vol. II. 2ª ed. München: Beck, 2012, § 23 parágrafo 76, com referência especialmente à proibição de excessos.

668 Cf. AUGSBERG, Steffen. "Der Staat als Informationsmittler. Robin Hood oder Parasit der Wissensgesellschaft?" *DVBl*, 2007, pp. 733 e ss. (737 f.).

669 Cf. outra abordagem, nomeadamente a "utilização de particulares como maneira de economizar recursos" em KORIOTH, Stefan. "Finanzen". *In*: HOFFMANN-RIEM, Wolfgang; SCHMIDT-ASSMANN, Eberhard; VOSSKUHLE, Andreas (Coord.). *Grundlagen des Verwaltungsrechts*: Personal – Finanzen – Kontrolle – Sanktionen – Staatliche Einstandspflichten. vol. III. München: Beck, 2009, § 44 parágrafo 19 e ss.

670 Cf. uma visão detalhada em RUFFERT, Matthias. "Begriff". *In*: FEHLING, Michael; RUFFERT, Matthias (Coord.). *Regulierungsrecht*. Tübingen: Mohr Siebeck, 2009, § 7.

671 Cf. em relação ao problema em HERZMANN, Karsten. *Konsultationen*: Eine Untersuchung von Prozessen kooperativer Maßstabskonkretisierung in der Energieregulierung. Tübingen: Mohr Siebeck, 2010, pp. 35 e ss.

serviços de telecomunicações e sobre as capacidades e configurações da rede, operando a própria rede ao lidar com a tecnologia, esse conhecimento não chega mais automaticamente ao ente estatal após as privatizações.[672]

Em vez disso, a autoridade competente, normalmente a agência reguladora federal, dentro do Direito da Regulação, deve gerar a informação por si mesma, seja por meio de seus próprios procedimentos complexos de investigação, ou recorrendo às obrigações legais, de relatórios das empresas envolvidas.[673] O problema de controle associado à regulação pode ser claramente descrito:

> O Estado [carece] de *conhecimento prático relevante* (...) na medida em que usa conhecimento privado. Entretanto, esse conhecimento não é apenas necessário para prever uma regulação adequada e, se necessário, aperfeiçoá-la, mas também para poder recuperar procedimentos transferidos ou partes de procedimentos em caso de déficits significativos, bem como ser capaz de realizá-los (novamente). As opções de reestatização só são realistas e eficazes se o Estado criar e manter o acesso ao conhecimento necessário por meio de regras adequadas de informação e comunicação.[674]

---

672 WOLLENSCHLÄGER, Burkard. *Wissensgenerierung im Verfahren*. Tübingen: Mohr Siebeck, 2009, p. 119. Cf. uma vertente crítica em relação à própria dinâmica potencial desse desenvolvimento – a (possível) ausência de conhecimento do Estado leva à privatização e, assim, à perda ainda maior de conhecimento, que, por sua vez, motiva outra privatização – CROUCH, Colin. *Postdemokratie*. Frankfurt am Main: Suhrkamp, 2008, p. 127 f.

673 Cf. de maneira mais detalhada sobre o problema STOHRER, Klaus. *Informationspflichten Privater gegenüber dem Staat in Zeiten von Privatisierung, Liberalisierung und Deregulierung*: Ein Beitrag zur Systematisierung und Vereinheitlichung des Allgemeinen Informationsrechts. Berlim: Duncker & Humblot, 2007.

674 APPEL, Ivo. “Privatverfahren”. *In*: HOFFMANN-RIEM, Wolfgang; SCHMIDT-ASSMANN, Eberhard; VOSSKUHLE, Andreas (Coord.). *Grundlagen des Verwaltungsrechts*: Personal – Finanzen – Kontrolle

A área do Direito Regulatório, em particular, mostra que, no que diz respeito à relação entre o Estado e o cidadão, sujeito à supervisão, o Direito Administrativo Informacional "não é apenas sobre o acesso à informação privada pela Administração Pública, mas também vice-versa em áreas privatizadas (e além) sobre o acesso do Estado à informação sobre assuntos de Direito Privado".[675] O que vale ainda mais a áreas que antes estavam sujeitas à pura autorregulação da sociedade e, agora, estão incluídas no curso da expansão das tarefas do "Estado garantidor"[676] – o que não se significa em uma expansão da esfera de influência do Estado.[677] Aqui, o conhecimento

---

– Sanktionen – Staatliche Einstandspflichten. vol. III. München: Beck, 2009, § 32 parágrafo 88. De forma mais geral sobre as opções de estorno em WOLLENSCHLÄGER, Bernward. *Effektive staatliche Rückholoptionen bei gesellschaftlicher Schlechterfüllung*. Baden-Baden: Nomos, 2006. De forma mais ampla sobre a exigência do conhecimento científico ver VOSSKUHLE, Andreas. "Sachverständige Beratung des Staates". *In*: ISENSEE, Josef; KIRCHHOF, Paul (Coord.). *Handbuch des Staatsrechts der Bundesrepublik Deutschland*. 3ª ed. vol. III. Heidelberg: Müller, 2005, parágrafo 53.

675 SCHOCH, Friedrich. "Diskussionsbemerkung". *VVDStRL*, 63, 2004, pp. 442 e ss. (443).

676 Cf. quem se fundamenta nesse conceito em EIFERT, Martin. *Grundversorgung mit Telekommunikationsleistungen im Gewährleistungsstaat*. Baden-Baden: Nomos, 1998, v.a. pp. 18 e ss., 139 e ss.; além de LADEUR, Karl-Heinz; GOSTOMZYK, Tobias. "Der Gesetzesvorbehalt im Gewährleistungsstaat". *Die Verwaltung*, 36, 2003, pp. 141 e ss.; SCHUPPERT, Gunnar. *Folke Verwaltungswissenschaft*. Baden-Baden: Nomos, 2000, pp. 933 e ss.; HOFFMANN-RIEM, Wolfgang. "Das Recht des Gewährleistungsstaates". *In*: SCHUPPERT, Gunnar Folke (Coord.). *Der Gewährleistungsstaat – ein Leitbild auf dem Prüfstand*. Baden-Baden: Nomos, 2005, pp. 87 e ss. Crítico, especialmente tendo em vista o problema do conhecimento, é LADEUR, Karl-Heinz. "Der Staat der 'Gesellschaft der Netzwerke': Zur Fortentwicklung des Paradigmas des 'Gewährleistungsstaats'". *Der Staat*, 48, 2009, pp. 163 e ss.

677 Cf., por exemplo, em SCHUPPERT, Gunnar. "Folke *Schuppert*, Rückzug des Staates?" *In*: ______. *Rückzug des Staates?* Zur Rolle des Staates zwischen Legitimationskrise und politischer Neubestimmung: Ein Cappenberger Gespräch. Köln: Grote, 1996, pp. 33 e ss., que expressamente opta por uma estratégia de "*Bringing the State Back In*"

necessário para a implementação da norma, que surgiu do contato com problemas práticos, está disponível desde o início apenas para indivíduos privados, e se o Estado deve fiscalizar, portanto, precisa recorrer aos conhecimentos especializados.[678]

Em certa medida, a posição intermediária entre o envolvimento de peritos científicos externos, que de outra forma não estariam envolvidos no procedimento administrativo em questão, e as partes diretamente afetadas por ele é ocupada por pessoas ditas competentes.[679] Eles não são cientistas que adquiriram conhecimentos científicos especializados em um curso especial de estudo etc., mas são membros de certos grupos profissionais ou interessados que normalmente lidam com o assunto do regulamento no decorrer de seu trabalho e, portanto, desenvolveram conhecimentos empíricos específicos sobre o tema. Para dar um exemplo, não apenas especialistas das disciplinas científicas que são particularmente relevantes para a engenharia genética devem ser nomeados para o "Comitê de Instalações de Engenharia Genética" de acordo com § 5, parágrafo 1º, inciso 2 da GenTG, mas também uma "pessoa competente" de cada uma das áreas de sindicatos, segurança ocupacional, negócios, proteção ambiental, proteção ao consumidor e organizações de financiamento e de pesquisas. As transições para a especialização científica podem ser fluidas: o que inicialmente aparece como

---

(SCHUPPERT, Gunnar. "Folke Rückzug des Staates?" *In*: ______. *Rückzug des Staates?* Zur Rolle des Staates zwischen Legitimationskrise und politischer Neubestimmung: Ein Cappenberger Gespräch. Köln: Grote, 1996, p. 58).

678 Cf. SCHOLL, Patrick. *Der private Sachverständige im Verwaltungsrecht*: Elemente einer allgemeinen Sachverständigenlehre. Baden-Baden: Nomos, 2005, p. 112, com exemplos claros, como a certificação de produtos e a rotulagem ecológica.

679 Cf. para a diferenciação entre expertise e conhecimento especializado, conforme essa linha de entendimento, NUSSBERGER, Angelika. "Sachverständigenwissen als Determinante verwaltungsrechtlicher Einzelentscheidungen". *Archiv des öffentlichen Rechts*, 129, 2004, pp. 291 e ss.

conhecimento prático adquirido por meio da experiência objetiva pode, com o tempo, ser moldado em uma subdisciplina científica metodologicamente refletida. Por outro lado, a ciência moderna em particular é caracterizada por sua forte interdependência com referências concretas de aplicação.[680] O conhecimento puramente "teórico" e o conhecimento puramente "prático" podem ser separados cada vez menos; o que é mais característico é a indistinção de ambas as dimensões do conhecimento, que não dependem mais de uma simples aplicação de conhecimentos adquiridos teoricamente, mas, sim, leva em conta sua constante modificação na prática.[681] Normalmente, o envolvimento de especialistas em seu propósito vai além da mera geração de conhecimento; pretende-se melhorar a aceitação social do processo de tomada de decisão por meio da participação de círculos socialmente relevantes, especialmente quando se trata de decisões delicadas.[682]

---

680 Cf. NOWOTNY, Helga; SCOTT, Peter; GIBBONS, Michael. *Re-Thinking Science*: Knowledge and the Public in an Age of Uncertainty. Cambridge: Polity Press, 2001.

681 Cf. tendo em vista a distinção cada vez mais frágil entre pesquisa básica e pesquisa aplicada na sociedade moderna MITTELSTRAß, Jürgen. *Leonardo-Welt*: Über Wissenschaft, Forschung und Verantwortung. Frankfurt am Main: Suhrkamp, 1992, pp. 159 e ss.; de forma mais geral, para a crescente relevância do conhecimento prático ao lidar com inovações técnicas, ver HÖRNING, Karl H. *Experten des Alltags*: Die Wiederentdeckung des praktischen Wissens. Weilerswist: Velbrück Wissenschaft, 2001. Quanto às dificuldades de delimitação no que tange às respectivas perspectivas, ver VOSSKUHLE, Andreas. "Sachverständige Beratung des Staates". *In*: ISENSEE, Josef; KIRCHHOF, Paul (Coord.). *Handbuch des Staatsrechts der Bundesrepublik Deutschland*. 3ª ed. vol. III. Heidelberg: Müller, 2005, parágrafo 20.

682 Cf. NUSSBERGER, Angelika. "Sachverständigenwissen als Determinante verwaltungsrechtlicher Einzelentscheidungen". *Archiv des öffentlichen Rechts*, 129, 2004, p. 292. Em relação às comissões plurais, ver FEHLING, Michael. *Verwaltung zwischen Unparteilichkeit und Gestaltungsaufgabe*. Tübingen: Mohr Siebeck, 2001, pp. 413 e ss.

A consequência desse desenvolvimento sistemático é que o conhecimento não é mais gerado[683] "unilateralmente pelo Estado, mas em processos de comunicação público-privada".[684] Analogamente à situação de cooperação, coloca-se a questão de saber se e em que medida existe epistemologicamente a "responsabilidade do Estado pelo resultado da cooperação"[685] e como ela pode ser assegurada, se necessário.[686]

---

683 Cf. LADEUR, Karl-Heinz. "Was leistet die Netzwerkanalyse für die Verwaltungswissenschaft?" *In*: MEHDE, Veith; RAMSAUER, Ulrich; SECKELMANN, Margrit (Coord.). *Staat, Verwaltung, Information*: Festschrift für Hans Peter Bull zum 75. Geburtstag. Berlim: Duncker & Humblot, 2011, pp. 639 e ss. (648 f.). Além da abordagem geral em SCHOCH, Friedrich. "Öffentlich-rechtliche Rahmenbedingungen einer Informationsordnung". *VVDStRL*, 57, 1998, pp. 158 e ss. (209), que constata: "a contratação de particulares está se tornando um elemento constituinte do Direito Administrativo Informacional".

684 RÖHL, Hans Christian. "Ausgewählte Verwaltungsverfahren". *In*: HOFFMANN-RIEM, Wolfgang; SCHMIDT-ASSMANN, Eberhard; VOSSKUHLE, Andreas (Coord.). *Grundlagen des Verwaltungsrechts*: Personal – Finanzen – Kontrolle – Sanktionen – Staatliche Einstandspflichten. vol. III. München: Beck, 2009, § 30 parágrafo 35.

685 Cf. LADEUR, Karl-Heinz. "Privatisierung öffentlicher Aufgaben und die Notwendigkeit der Entwicklung eines neuen Informationsverwaltungsrechts". *In*: HOFFMANN-RIEM, Wolfgang; SCHMIDT-ASSMANN, Eberhard (Coord.). *Verwaltungsrecht in der Informationsgesellschaft*. Baden-Baden: Nomos, 2000, pp. 225 e ss. (231 f.). Em geral, também na tarefa de reajustar a divisão de responsabilidades entre Estado e sociedade SCHOCH, Friedrich. "Öffentlich-rechtliche Rahmenbedingungen einer Informationsordnung". *VVDStRL*, 57, 1998, p. 209 f.

686 Cf. RÖHL, Hans Christian. "Staatliche Verantwortung in Kooperationsstrukturen. Organisationsrechtsfragen am Beispiel des Wissenschaftsrates und der Deutschen Forschungsgemeinschaft". *Die Verwaltung*, 29, 1996, pp. 487 e ss.; em relação à essa alocação de tarefa, ver VOSSKUHLE, Andreas. "Beteiligung Privater an der Wahrnehmung öffentlicher Aufgaben und staatliche Verantwortung". *VVDStRL*, 62, 2003, parágrafo 12; além de VOSSKUHLE, Andreas. "Beteiligung Privater an der Wahrnehmung öffentlicher Aufgaben und staatliche Verantwortung". *VVDStRL*, 62, 2003, pp. 266 e ss.

Nessa toada, a relação entre autoridades e especialistas, bem como entre pessoas competentes, é examinada a seguir a partir de uma perspectiva do Direito Material (4.2), do Processual (4.3) e do Organizacional (4.4), bem como com um breve olhar sobre a interação dessas dimensões (4.5). Em um segundo momento, o foco da atenção desloca-se, então, para a cooperação entre a Administração e os cidadãos afetados (4.6). Um caso particular dessa cooperação, que, ao mesmo tempo, preenche a lacuna do problema dos especialistas, é o recurso a peritos que não são contratados diretamente pela autoridade, mas pelos particulares afetados por uma medida administrativa (4.7).

4.2 Deveres expressos de cooperação com especialistas científicos e com pessoas especializadas

De acordo com o modelo básico do Direito Processual Administrativo, no § 26, parágrafo 1º, inciso 2 da VwVfG, a autoridade "pode" consultar especialistas como parte de seu processo de tomada de decisão. A decisão sobre a participação dos peritos fica, portanto, a critério das autoridades, devendo ser exercida de acordo com suas atribuições. Em princípio, a autoridade também é livre para avaliar os resultados.[687] Com fulcro na decisão concreta de tomar ou de preparar, o exercício "obediente" da discricionariedade, ou seja, o exercício da discricionariedade que tem como baliza o quadro constitucional, pode também condensar-se em uma obrigação de recurso ao conhecimento pericial. O Estado de Direito exige que as decisões administrativas sejam adequadas, podendo a concretização desse requisito exigir o recurso ao conhecimento

687 Cf. NUSSBERGER, Angelika. "Sachverständigenwissen als Determinante verwaltungsrechtlicher Einzelentscheidungen". *Archiv des öffentlichen Rechts*, 129, 2004, p. 295.

especializado de peritos externos.[688] Em termos estruturais, a inclusão do conhecimento pericial, conforme § 26, parágrafo 1º, inciso 2 da VwVfG, constitui um subconjunto da prova que pode ser utilizada em processo administrativo.[689] Ele é usado para corrigir lacunas de conhecimento específico no processo em andamento. Normalmente, trata-se de conhecimento que não precisa ser gerado de imediato, mas que está disponível na forma de consulta especializada. Nesse contexto, a consulta do perito não se associa a outros fins que não a determinação de fatos concretos.[690]

Além da regra básica geral referenciada acima, o mandato constitucionalmente sólido de uma tomada de decisão adequada dirigida à Administração é, também e até principalmente, formado em diferentes disposições legais simples. Desse modo, o direito de participação em perícias não constitui (ainda) matéria sucintamente estruturada do Direito Administrativo geral, mas as disposições correspondentes – muitas vezes na forma de portaria – encontram-se prioritariamente nas diversas áreas normativas das instâncias administrativas especializadas.[691] Por exemplo, o § 20 da AtG estipula

---

688 Cf. FABIO, Udo Di. "Verwaltungsentscheidung durch externen Sachverstand. Am Beispiel des arzneimittelrechtlichen Zulassungs- und Überwachungsverfahrens". *VerwArch*, 81, 1990, p. 210.

689 Cf. em detalhes em SEIDEL, Achim. *Privater Sachverstand und staatliche Garantenstellung im Verwaltungsrecht*. München: C. H. Beck, 2000, pp. 195 e ss.

690 Cf. SCHOLL, Patrick. *Der private Sachverständige im Verwaltungsrecht*: Elemente einer allgemeinen Sachverständigenlehre. Baden-Baden: Nomos, 2005, pp. 93 e ss.

691 Cf. para uma visão geral abrangente dos regulamentos relevantes relacionados ao envolvimento de especialistas em SCHOLL, Patrick. *Der private Sachverständige im Verwaltungsrecht*: Elemente einer allgemeinen Sachverständigenlehre. Baden-Baden: Nomos, 2005, pp. 46 e ss., que ao mesmo tempo atribui a acusação de que o assunto é "pouco claro" e a respectiva "falta de conceito" a essa constatação da variedade de determinações (SCHOLL, Patrick. *Der private Sachverständige im Verwaltungsrecht*: Elemente einer allgemeinen Sachverständigenlehre. Baden-Baden: Nomos, 2005, pp. 41 e 43).

que as autoridades competentes podem consultar especialistas para o cumprimento de suas tarefas nos procedimentos de supervisão e licenciamento nuclear. Estruturalmente, de acordo com § 96, parágrafo 1º do Código Tributário, a autoridade fiscal determina se um perito deve ser consultado.[692] As inúmeras cláusulas que se referem ao "estado da arte em ciência e tecnologia" como critério de decisão, como o § 4º, incisos 2 e 3 da AtG, referem-se também à área da discricionariedade administrativa no que diz respeito à consulta de especialistas.[693] A especificação dos vagos termos jurídicos assim postos em jogo é deixada ao crivo da Administração, que pode, mas não necessariamente deve, basear-se em pareceres de peritos.[694] Às vezes, no entanto, a cooperação com especialistas científicos e/ou pessoas competentes não é apenas concebida como uma opção deixada ao critério das autoridades, mas é expressamente exigida por lei. Um exemplo desse recurso à perícia externa, que é exigido por lei ordinária, é o § 13 parágrafo, 1º inciso 19 da BImSchV, que declara necessária a perícia em caso de exame dos requisitos do licenciamento.

---

692 Cf. de forma geral sobre a geração de conhecimento no direito tributário em SCHMEHL, Arndt. "Staatswissen und Steuerverwaltung". *In*: DÖHMANN, Indra Spiecker Genannt; COLLIN, Peter (Coord.). *Generierung und Transfer staatlichen Wissens im System des Verwaltungsrechts*. Tübingen: Mohr Siebeck, 2008, pp. 270 e ss. (v.a. 277 e ss.).

693 Cf. em relação às cláusulas de recepção correspondentes, por exemplo, em TRUTE, Hans-Heinrich. "Wissenschaft und Technik". *In*: ISENSEE, Josef; KIRCHHOF, Paul (Coord.). *Handbuch des Staatsrechts der Bundesrepublik Deutschland*. 3ª ed. Band IV. Heidelberg: C.F. Müller Verlag, 2006, § 88 parágrafo 47. Para mais sobre essa estratégia de referencialização da tomada de decisão administrativa abaixo, ver o capítulo VII.

694 Cf. em relação a isso, por exemplo, SCHULTE, Martin. "The Use of Knowledge in the Legal System: The Relationship Between Scientific Expertise and Legal Decisions". *In*: STEHR, Nico (Coord.). *The Governance of Knowledge*. New Brunswick: Transaction, 2004, pp. 211 e ss. (217 f.).

Embora não seja possível identificar um modelo uniforme de participação pericial devido à variedade de formas regulamentares, pode-se afirmar que, ao menos em contraste com o Direito Processual Administrativo geral, as formas de participação no Direito Administrativo especial são, por vezes, estruturalmente mais independentes, tornando-se componentes processuais autônomos. Nesses casos, o recurso ao conhecimento especializado não é apenas uma prova seletivamente exigida. Em vez disso, o conhecimento especializado necessário deve primeiro ser gerado em um processo complexo. Com efeito, a autoridade pode também transferir poderes de investigação específicos para o perito e impor responsabilidades perante o cidadão em questão.[695] O objetivo de envolver os especialistas também pode ir além do aspecto puramente cognitivo de eliminar os déficits de conhecimento da Administração Pública; também são possíveis ponderações sobre uma desvinculação geral da autoridade e potenciais ganhos de economicidade a serem obtidos por meio da "terceirização" de processos complexos de geração de conhecimento.[696] Contudo, isso já sai da área do mandato puramente material para cooperação com especialistas e entra no terreno da configuração processual.

---

695 Cf. em detalhes em BURGI, Martin. *Funktionale Privatisierung und Verwaltungshilfe*: Staatsaufgabendogmatik – Phänomenologie – Verfassungsrecht. Tübingen: Mohr Siebeck, 1999, p. 142, com a diferenciação mais detalhada de que se o particular receber ele próprio a correspondente autorização – e não estiver dependente de um pedido vinculativo de informação por parte da autoridade – então, um empréstimo deve ser solicitado regularmente. Em geral, para modelos de especialistas em que as tarefas investigativas são transferidas, ver SEIDEL, Achim. *Privater Sachverstand und staatliche Garantenstellung im Verwaltungsrecht*. München: C. H. Beck, 2000, pp. 215 e ss.

696 Cf. no que tange ao aspecto da eficiência SCHOLL, Patrick. *Der private Sachverständige im Verwaltungsrecht*: Elemente einer allgemeinen Sachverständigenlehre. Baden-Baden: Nomos, 2005, p. 112 f., 147 f.

4.3 Requisitos processuais para lidar com especialistas externos

1. Do ponto de vista processual, coloca-se a questão fundamental de saber se um arcabouço processual é exigido por lei ou se é largamente deixado ao arbítrio administrativo. Ao incluir a *expertise* externa nos processos decisórios administrativos, o Estado transfere parte de sua competência de atuação para atores privados.[697] Independentemente do grau de vinculação atribuído às perícias em caso concreto, o processo decisório é, de fato, tanto mais significativamente influenciado por essas perícias quanto mais complexa for a matéria tratada.[698] Se a relevância do componente informacional para o processo de tomada de decisão for considerada em grau suficiente, pode-se mostrar que, do ponto de vista material, a inclusão de conhecimento de terceiros resulta em uma espécie de

---

697 Cf. de maneira geral sobre o problema em SEIDEL, Achim. *Privater Sachverstand und staatliche Garantenstellung im Verwaltungsrecht*. München: C. H. Beck, 2000, pp. 13 e ss. Críticas mais antigas sobre esse desenvolvimento em FORSTHOFF, Ernst. *Der Staat der Industriegesellschaft*: Dargestellt am Beispiel der Bundesrepublik Deutschland. München: C. H. Beck, 1971, pp. 109 e ss.

698 Cf. SCHOLL, Patrick. *Der private Sachverständige im Verwaltungsrecht*: Elemente einer allgemeinen Sachverständigenlehre. Baden-Baden: Nomos, 2005, p. 196 f., que fala com razão de um, pelo menos, frequente "vínculo objetivo". Da mesma forma em VOSSKUHLE, Andreas. "Sachverständige Beratung des Staates". *In*: ISENSEE, Josef; KIRCHHOF, Paul (Coord.). *Handbuch des Staatsrechts der Bundesrepublik Deutschland*. 3ª ed. vol. III. Heidelberg: Müller, 2005, parágrafo 22. Mais detalhes sobre a questão JAECKEL, Liv. *Gefahrenabwehrrecht und Risikodogmatik*: Moderne Technologie im Spiegel des Verwaltungsrechts. Tübingen: Mohr Siebeck, 2010, pp. 237 e ss.

"privatização parcial"[699] do procedimento administrativo.[700] Essa perda da responsabilidade estatal decisória direta não entra em confronto *per si* com os princípios democráticos, que exigem que a Administração não apenas assuma claramente a responsabilidade, mas também execute as tarefas da maneira mais eficaz e adequada possível,[701] o que pode levar a modificações da organização administrativa clássica.[702] A correspondente transferência de responsabilidade do Estado requer, então, uma contenção compensatória, pelo menos processual, que deve ser colocada pelo legislador, de acordo com os princípios do Estado Democrático de Direito.[703] Mesmo a

---

699 Cf. em relação a isso, uma abordagem geral em: HOFFMANN-RIEM, Wolfgang. "Verfahrensprivatisierung als Modernisierung". *DVBl*, 1996, pp. 225 e ss.

700 Cf. de forma geral sobre o problema em BURGI, Martin. *Funktionale Privatisierung und Verwaltungshilfe*: Staatsaufgabendogmatik – Phänomenologie – Verfassungsrecht. Tübingen: Mohr Siebeck, 1999, pp. 130 e ss., 140 e ss. No tocante à intensificação da privatização do processo por meio da contratação de especialistas, ver SEIDEL, Achim. *Privater Sachverstand und staatliche Garantenstellung im Verwaltungsrecht*. München: C. H. Beck, 2000, pp. 23 e ss.

701 Cf. para um critério de competência não apenas formal, mas também material BVerfGE 68, 1 (86).

702 Cf. TRUTE, Hans-Heinrich. "Die Verwaltung und das Verwaltungsrecht zwischen gesellschaftlicher Selbstregulierung und staatlicher Steuerung". *DVBl*, 1996, pp. 950 e ss. (956).

703 Cf. de forma geral em TRUTE, Hans-Heinrich. "Die Verwaltung und das Verwaltungsrecht zwischen gesellschaftlicher Selbstregulierung und staatlicher Steuerung". *DVBl*, 1996, p. 957 além de outras muitas referências; especificamente sobre os requisitos processuais para a participação de especialistas, ver p. 961. Do mesmo modo em VOSSKUHLE, Andreas. "Sachverständige Beratung des Staates". *In*: ISENSEE, Josef; KIRCHHOF, Paul (Coord.). *Handbuch des Staatsrechts der Bundesrepublik Deutschland*. 3ª ed. vol. III. Heidelberg: Müller, 2005, parágrafo 66, que também se refere à possível referência aos direitos fundamentais dos regulamentos correspondentes.

influência de peritos na prática das atividades administrativas deve estar sujeita à disciplina legal.[704]

De fato, as disposições relativas à participação dos especialistas dificilmente contêm regras processuais próprias.[705] No que diz respeito à reserva legal, essa aparente lacuna regulamentar permite a conclusão inversa, a de que a inclusão de conhecimentos externos nas atividades administrativas deve e não pode estar associada à delegação de competências decisórias fundamentais. A discricionariedade administrativa, que permite a formação de um arcabouço processual geral, encontra seus limites, quando a própria decisão fática não couber mais ao próprio órgão administrativo. O exercício da discricionariedade, segundo o § 24, parágrafo 1º da VwVfG, no tocante à determinação oficial dos fatos, deve levar em conta a necessária legitimidade democrática do decisor. Mesmo onde a autoridade não detém competência própria para avaliar os fatos do caso, deve ser possível atribuir a ela a decisão, pelo menos formalmente,[706] excetuando-se as vinculações expressas à necessidade de sentenças especializadas.[707] Junto a essas ponderações normativas, um aspecto cognitivo também pode ser citado para manter a responsabilidade final da Administração: o deslocamento crescente da tomada de decisão para a área especializada privada poderia ser descrito como

---

704 Cf. HOFMANN, Ekkehard. "Externer Sachverstand im Verwaltungsverfahren". *In*: DÖHMANN, Indra Spiecker Genannt; COLLIN, Peter (Coord.). *Generierung und Transfer staatlichen Wissens im System des Verwaltungsrechts*. Tübingen: Mohr Siebeck, 2008, pp. 176 e ss. (184 f.).

705 Cf. SCHOLL, Patrick. *Der private Sachverständige im Verwaltungsrecht*: Elemente einer allgemeinen Sachverständigenlehre. Baden-Baden: Nomos, 2005, p. 167.

706 Cf. sobre a relevância epistemológica dessa atribuição, ver abaixo no capítulo VIII.

707 Cf. com propriedade em SCHOLL, Patrick. *Der private Sachverständige im Verwaltungsrecht*: Elemente einer allgemeinen Sachverständigenlehre. Baden-Baden: Nomos, 2005, p. 164 f., 198.

um antimodelo para uma "administração de aprendizagem",[708] nomeadamente como uma espécie de administração de "desaprendizagem" que, por falta de contato direto com as questões factuais, as quais são efetivamente ser decisivas, a sua própria competência cognitiva é cada vez mais empobrecida[709] – e assim acaba num círculo vicioso de crescente dependência do conhecimento privado especializado.[710] Para evitar isso, também é necessário confrontar algumas conclusões dos peritos. Nessa toada, a estruturação de tarefas e procedimentos resultantes da exigência de suficiente legitimidade democrática da Administração[711] não deve ser encarada como um ameaçador "apelo à não aprendizagem"[712] por parte da

708 Cf. em relação a esse conceito em EIFERT, Martin. "Regulierte Selbstregulierung und die lernende Verwaltung". *In*: *Die Verwaltung*. Beiheft 4, 2001, pp. 137 e ss.

709 Cf. sobre o problema VOSSKUHLE, Andreas. "Sachverständige Beratung des Staates". *In*: ISENSEE, Josef; KIRCHHOF, Paul (Coord.). *Handbuch des Staatsrechts der Bundesrepublik Deutschland*. 3ª ed. vol. III. Heidelberg: Müller, 2005, parágrafo 53.

710 Cf. a crítica em CROUCH, Colin. *Postdemokratie*. Frankfurt am Main: Suhrkamp, 2008, p. 127 f.

711 Cf. uma visão geral em SCHMIDT-ASSMANN, Eberhard. *Das allgemeine Verwaltungsrecht als Ordnungsidee*. 2ª ed. Berlim: Springer, 2004, cap. 2 parágrafo 79 e ss.; TRUTE, Hans-Heinrich. "Die demokratische Legitimation der Verwaltung". *In*: HOFFMANN-RIEM, Wolfgang; SCHMIDT-ASSMANN, Eberhard; TRUTE, Hans-Heinrich (Coord.). *Grundlagen des Verwaltungsrechts*: Methoden – Maßstäbe – Aufgaben – Organisation. vol. I. 2ª ed. München: C. H. Beck, 2012, § 6. Cf. para análises comparativas do debate estadunidense os artigos em FREEMAN, Jody; MINOW, Martha (Coord.). *Government by Contract*: Outsourcing and American Democracy. Cambridge: Harvard University Press, 2009. Com um olhar especial no tocante à utilização de peritos ver VOSSKUHLE, Andreas. "Sachverständige Beratung des Staates". *In*: ISENSEE, Josef; KIRCHHOF, Paul (Coord.). *Handbuch des Staatsrechts der Bundesrepublik Deutschland*. 3ª ed. vol. III. Heidelberg: Müller, 2005, parágrafo 58 e ss.

712 Em relação a isso alerta LADEUR, Karl-Heinz. "Die Kommunikationsinfrastruktur der Verwaltung". *In*: HOFFMANN-RIEM, Wolfgang; SCHMIDT-ASSMANN, Eberhard; TRUTE,

Administração, mas, pelo contrário, deve ser proveitosa para uma "administração de aprendizagem".[713]

2. A regulação processual também exige a escolha de perito específico. O acesso da Administração Pública à perícia privada traz consigo o risco de um "viés de especialista" baseado na pluralidade de opiniões científicas em áreas particularmente controversas quanto à regulamentação: se o parecer já for conhecido, a decisão fática que se toma em última instância já fica prejudicada.[714] Essa escolha será facilitada à medida que o trabalho especializado for cada vez mais oferecido na forma de um mercado privado de serviços. Ao mesmo tempo, aumenta o risco de que a decisão não se baseie no critério da qualidade da seleção, mas no seu resultado.[715] Uma "falha de mercado" também pode favorecer: de acordo com a lógica geral do mercado, a competição entre especialistas privados por pedidos públicos de opinião especializada pode promover a qualidade da opinião especializada. O que pressupõe que essa qualidade também constitua o critério de seleção pública e não apenas observe o máximo potencial de economicidade. Além disso, deve-se levar em conta um efeito que poderia ser descrito como um tipo de viés de especialista

---

Hans-Heinrich (Coord.). *Grundlagen des Verwaltungsrechts*: Methoden – Maßstäbe – Aufgaben – Organisation. vol. I. 2ª ed. München: C. H. Beck, 2012, § 21 parágrafo 57.

713 Cf. uma abordagem geral sobre a conexão entre informação e legitimação em MÖLLERS, Christoph. *Gewaltengliederung*: Legitimation und Dogmatik im nationalen und internationalen Rechtsvergleich. Tübingen: Mohr Siebeck, 2005, p. 59 f.

714 Cf. a visão proeminente de SENDLER, Horst. "Richter und Sachverständige". *NJW*, 1986, pp. 2907 e ss. (2912): "Diga-me qual cientista você usa como especialista e eu lhe direi o que vai acontecer". Da mesma forma em VOSSKUHLE, Andreas. "Expertise und Verwaltung". *In*: TRUTE, Hans-Heinrich (Coord.). *Allgemeines Verwaltungsrecht – zur Tragfähigkeit eines Konzepts*. Tübingen: Mohr Siebeck, 2008, p. 638.

715 Cf. SCHOLL, Patrick. *Der private Sachverständige im Verwaltungsrecht*: Elemente einer allgemeinen Sachverständigenlehre. Baden-Baden: Nomos, 2005, p. 119.

no sentido mais estrito: devido à sua especialização unilateral, os peritos tendem a sobrevalorizar a relevância de seu próprio campo em relação a uma perspectiva geral das várias disciplinas setoriais. Isso se aplica especialmente se a determinação de fatores de risco especiais implicar mais pesquisas e mais opiniões de especialistas e, assim, servir indiretamente para garantir o próprio sustento (científico ou mesmo puramente financeiro) deles.[716] Mais precisamente: para "muitas áreas científicas, tecnológicas e econômicas, não há mais nenhuma especialização independente disponível" porque o pré-requisito correspondente para o conhecimento especializado, neutro, ainda não acessível[717] em uma determinada área "interessada".[718] Nesse sentido, o envolvimento dos peritos pode levantar questionamentos pela participação processual dos atingidos pela medida específica em questão.[719]

---

716 Cf. em relação ao problema WEINGART, Peter. *Die Stunde der Wahrheit?* Zum Verhältnis der Wissenschaft zu Politik, Wirtschaft und Medien in der Wissensgesellschaft. Weilerswist: Velbrück Wissenschaft, 2001, p. 166, que constata: "Há, agora, indicações claras de que certos campos da ciência estão tentando atrair a atenção da mídia – e, portanto, indiretamente a atenção dos políticos – iniciando 'discursos sobre catástrofes'".

717 LADEUR, Karl-Heinz. "Die Kommunikationsinfrastruktur der Verwaltung". *In*: HOFFMANN-RIEM, Wolfgang; SCHMIDT-ASSMANN, Eberhard; VOSSKUHLE, Andreas (Coord.). *Grundlagen des Verwaltungsrechts*: Informationsordnung, Verwaltungsverfahren, Handlungsformen. vol. II. München: Verlag C. H. Beck, 2012, parágrafo 59. Ainda mais destacado em NUSSBERGER, Angelika. "Sachverständigenwissen als Determinante verwaltungsrechtlicher Einzelentscheidungen". *Archiv des öffentlichen Rechts*, 129, 2004, p. 305: "[seria] fictício (...) equiparar conhecimento especializado com objetividade e independência (...); Nem expertise nem conhecimento especializado devem ser entendidos como fatores que não são afetados por interesses sociais e que tornam as decisões mais objetivas".

718 Cf. de forma mais geral em SCHWAB, Martin. *Rechtsfragen der Politikberatung im Spannungsfeld zwischen Wissenschaftsfreiheit und Unternehmensschutz*. Tübingen: Mohr Siebeck, 1999, pp. 566 e ss.

719 Mais sobre isso, ver abaixo, na seção 4.6.

Medidas adequadas ao controle de qualidade[720] devem ser pensadas fundamentalmente a partir de perspectivas *ex ante* e *ex post*: estratégias de certificação, no sentido mais amplo, são possíveis antes que o parecer do especialista seja dado, ou seja, em procedimentos reconhecidos pela Administração Pública no qual certos peritos são designados abstratamente como qualificados.[721] Desse modo, poderia ser feita uma ligação com a habitual diferenciação dos peritos em grupos, como os de nomeação pública,[722] os reconhecidos pelo Estado (classicamente conhecidos em particular no domínio da fiscalização técnica de veículos a motor),[723] os liberais e os peritos credenciados pelas normas de Direito Privado (especialmente com base na série de normas DIN EN 4500 e seguintes).[724] Há ainda opções de controle

---

720 Cf. uma abordagem geral em relação à tarefa de "garantia de qualidade pelo direito" HOFFMANN-RIEM, Wolfgang. "Gesetz und Gesetzesvorbehalt im Umbruch. Zur Qualitäts-Gewährleistung durch Normen". *Archiv des öffentlichen Rechts*, 130, 2005, pp. 5 e ss.; de forma mais geral em REIMER, Franz. *Qualitätssicherung*: Grundlagen eines Dienstleistungsverwaltungsrechts. Baden-Baden: Nomos, 2010.

721 Cf. no que tange às correspondentes certificações, por exemplo, tendo em vista a legislação ambiental em geral e a Lei de Fiscalização Ambiental (UAG) em particular, KOCH, Hans-Joachim. "Vereinfachung des materiellen Umweltrechts". *NVwZ*, 1996, pp. 215 e ss. (221). Também mais sobre este procedimento para a seleção de especialistas de acordo com a UAG SCHUPPERT, Gunnar. *Folke Verwaltungswissenschaft*: Verwaltung, Verwaltungsrecht, Verwaltungslehre. Baden-Baden: Nomos, 2000, pp. 303 e ss.

722 Cf. em relação a isso, especialmente, com vistas ao novo regulamento do § 36a GewO, BLEUTGE, Peter. "Öffentliche Bestellung von Sachverständigen. Neuere Gesetzgebung und Rechtsprechung". *GewArch*, 2011, pp. 237 e ss., 287 e ss.

723 Cf., por exemplo, FEHLING, Michael. *Verwaltung zwischen Unparteilichkeit und Gestaltungsaufgabe*. Tübingen: Mohr Siebeck, 2001, pp. 410 e ss.

724 Cf. em relação à diferenciação VOSSKUHLE, Andreas. "Sachverständige Beratung des Staates". *In*: ISENSEE, Josef; KIRCHHOF, Paul (Coord.). *Handbuch des Staatsrechts der Bundesrepublik Deutschland*. 3ª ed. vol. III. Heidelberg: Müller, 2005, parágrafo 69; para uma tipologia própria detalhada, ver SCHOLL, Patrick. *Der private Sachverständige im*

ex ante destinadas a evitar conflitos de interesse manifestos. Elas são aplicadas, em particular, aos casos de parcialidade na acepção dos §§ 20 e 21 da VwVfG.[725] Em alguns casos, esse requisito objetivo também é concebido como uma opção subjetiva aos envolvidos no processo, que podem recusar um perito com justificativa suficiente por causa de preocupações com sua parcialidade (cf. § 96, parágrafo 2º do Código Tributário). Uma outra forma de controle jurídico prévio, que, no entanto, visa não só à seleção do perito individual, mas também à atividade pericial em geral, ou seja, o nível médio da atividade científica, reside, em última análise, no estabelecimento de disposições sobre "boas práticas científicas", as quais, tipicamente na forma de compromissos autoestabelecidos, mas também dentro das exigências legais, impõem requisitos mínimos para o procedimento próprios peritos.[726] Na implementação de duas diretivas da Comissão Europeia,[727] os §§ 19a-d foram inseridos na Lei de Produtos Químicos [*Chemikaliengesetz*- ChemG], que obrigam a cumprir os princípios de "boas práticas de laboratório" (especificados em mais detalhes no Anexo 1 da lei).[728] Essa conformidade é verificada – até certo ponto como um caso excepcional de um requisito geral de

---

Verwaltungsrecht: Elemente einer allgemeinen Sachverständigenlehre. Baden-Baden: Nomos, 2005, pp. 136 e ss.

725 Cf. de forma geral em KAZELE, Norbert. *Interessenkollisionen und Befangenheit im Verwaltungsrecht*. Berlim: Duncker & Humblot, 1990.

726 Cf. uma visão geral em HARTMANN, Kirsten. *Grundsätze guter wissenschaftlicher Praxis unter qualitätssicherungs- und rechtsfolgenbezogenem Blickwinkel*: Gleichzeitig eine wissenschaftstheoretische und verfassungsrechtliche Betrachtung. Hamburg: Kovac, 2005.

727 Cf. RL v. 28.12.1986, 87/18 EWG, ABl. EG Nr. L 15, p. 29; und RL v. 7.6.1988, 88/320 EWG, ABl. EG Nr. L 145, p. 35.

728 Cf., por exemplo PEINE, Franz-Joseph. "Probleme des Chemikalienrechts". *Jura*, 1993, pp. 337 e ss. (340 e ss.); para uma contribuição geral sobre "os princípios de boas práticas de laboratório", ver HARTMANN, Kirsten. *Grundsätze guter wissenschaftlicher Praxis unter qualitätssicherungs- und rechtsfolgenbezogenem Blickwinkel*: Gleichzeitig eine wissenschaftstheoretische und verfassungsrechtliche Betrachtung. Hamburg: Kovac, 2005, pp. 138 e ss.

certificação –, de acordo com o § 19b da ChemG, pela autoridade competente mediante solicitação. Isso mostra, em especial, que a aparente desregulamentação pura por meio do envolvimento de especialistas privados também pode ser acompanhada de uma juridificação de áreas que antes eram descobertas do acesso legal e da racionalidade jurídica.[729] Já após a emissão do laudo pericial, um "controle dos controladores" auxilia no sentido de uma posterior avaliação do trabalho do perito.[730] O "controle do parecer" da Administração Pública atua como um "instrumento de recepção ou, especificamente, uma ferramenta de controle de qualidade e de resultado".[731]

Em ambas as perspectivas apontadas, porém, a Administração se depara com um dilema estruturalmente idêntico: para poder aferir a qualidade da avaliação, teria que ter *expertise* suficiente na área em questão[732] – mas justamente porque não é esse o caso, é que o especialista é contratado.[733] O dilema não pode ser resolvido escalonando várias revisões, ou seja, supervisionando o primeiro revisor e assim sucessivamente; isso apenas muda o problema para um nível

---

729 Cf. em relação a essa tendência POWER, Michael. *Organized Uncertainty*: Designing a World of Risk Management. Oxford: Oxford University Press, 2007.

730 Cf. LÜBBE-WOLFF, Gertrude; STEENKEN, Annette. "Privatisierung umweltbehördlicher Aufgaben". *ZUR*, 1993, pp. 263 e ss. (265 e ss.).

731 Cf. SCHOLL, Patrick. *Der private Sachverständige im Verwaltungsrecht*: Elemente einer allgemeinen Sachverständigenlehre. Baden-Baden: Nomos, 2005, pp. 191 e ss.

732 Cf. em geral, sobre este requisito em GROSS, Thomas. "Ressortforschung, Agenturen und Beiräte – zur notwendigen Pluralität der staatlichen Wissensinfrastruktur". *In*: RÖHL, Hans Christian (Coord.). *Wissen – Zur kognitiven Dimension des Rechts* (DV Beiheft 9). Berlim: Duncker & Humblot, 2010, pp. 135 e ss. (153).

733 Cf. com vistas ao problema da revisão judicial das decisões administrativas JAECKEL, Liv. *Gefahrenabwehrrecht und Risikodogmatik*: Moderne Technologie im Spiegel des Verwaltungsrechts. Tübingen: Mohr Siebeck, 2010, p. 187.

acima. Assim, a questão da correção científica não é fundamentalmente acessível a uma consideração quantificadora no sentido de uma decisão da maioria (o que, inversamente, também pode levar a aceitar pragmaticamente a maioria como um argumento em face da incerteza insolúvel e, portanto, seguindo a posição majoritária), mas baseada em um "relatório superior", o que já pressupõe o resultado da decisão, o qual será dependente do parecer.[734] A transferência de conhecimento também se torna mais difícil pelo fato de que o problema do trabalho científico especializado se sobrepõe à diferenciação geral entre conhecimento explícito e implícito. O conhecimento necessário às vezes é tão fortemente relacionado ao contexto que não pode ser facilmente separado do momento concreto em que originalmente surgiu, tendo sido transferido para outros tomadores de decisão como conhecimento abstrato. Ao contrário, "muitos processos, principalmente os técnicos, só podem ser avaliados plenamente a partir do próprio processo".[735] Do ponto de vista normativo, o controle exigido também esbarra nos limites estabelecidos pelo art. 5, parágrafo 3º da Constituição Federal, que implicam uma liberdade fundamental de exercício do trabalho pelos peritos científicos.[736]

---

734 Cf. SCHOLL, Patrick. *Der private Sachverständige im Verwaltungsrecht*: Elemente einer allgemeinen Sachverständigenlehre. Baden-Baden: Nomos, 2005, pp. 122 e ss., 195 f.

735 RITTER, Ernst-Hasso. "Organisationswandel durch Expertifizierung und Privatisierung im Ordnungs- und Planungsrecht". *In*: SCHMIDT-ASSMANN, Eberhard; HOFFMANN-RIEM, Wolfgang (Coord.). *Verwaltungsorganisationsrecht als Steuerungsressource*. Baden-Baden: Nomos, 1997, p. 209.

736 Cf. BURGI, Martin. *Funktionale Privatisierung und Verwaltungshilfe*: Staatsaufgabendogmatik – Phänomenologie – Verfassungsrecht. Tübingen: Mohr Siebeck, 1999, p. 132. Em geral, sobre o trabalho pericial como exercício de direitos fundamentais ver VOSSKUHLE, Andreas. "Sachverständige Beratung des Staates". *In*: ISENSEE, Josef; KIRCHHOF, Paul (Coord.). *Handbuch des Staatsrechts der Bundesrepublik Deutschland*. 3ª ed. vol. III. Heidelberg: Müller, 2005, parágrafo 64.

O problema aumenta na medida em que o ideal de objetividade científica se torna precário, ou seja, a construtividade e, portanto, a fragilidade do conhecimento científico, vêm à tona.[737] A *expertise* científica não aparece mais como um ativo seguro no sentido de um corpo de conhecimento fixo e gradualmente construído;[738] em vez disso, ela está "sujeita a revisão *contínua*".[739] Isso não se aplica apenas a questões individuais, mas também inclui crises fundamentais[740] que podem se tornar produtivas como: os avanços decisivos na ciência, em particular, são caracterizados por sua ruptura com perspectivas anteriormente dominantes, como uma "revisão completa de conceitos básicos".[741] Além disso, o conhecimento científico moderno não pode mais ser centrado na figura da unidade do mundo, como ainda

---

737 Cf. de uma maneira geral sob a perspectiva jurídica em MÜLLER, Friedrich. *Strukturierende Rechtslehre*. Berlim: Duncker & Humblot, 1984, p. 14 f.

738 Cf. nesse sentido, o que diz a jurisprudência do Tribunal Constitucional Alemão em sua decisão em relação ao regulamento sobre engenharia genética, com a sentença de 24.11.2010, Az. 1 BvF 2/05 (NVwZ 2011, pp. 94 e ss.). Uma perspectiva crítica aparece em AUGSBERG, Ino. "Wem nützt die Freiheit der Wissenschaft? Zur Entgrenzung von Politik und Wissenschaft im Diskurs über Grüne Gentechnik". *In*: GRIMM, Herwig; SCHLEISSING, Stephan (Coord.). *Grüne Gentechnik*: Zwischen Forschungsfreiheit und Anwendungsrisiko. Baden-Baden: Nomos, 2012, pp. 65 e ss. (75 f.).

739 WILLKE, Helmut. *Systemisches Wissensmanagement*. 2ª ed. Stuttgart, 2011, p. 23; Cf. também em WILLKE, Helmut. *Systemisches Wissensmanagement*. 2ª ed. Stuttgart, 2011, p. 291.

740 Cf. fundamentalmente FLECK, Ludwik. *Entstehung und Entwicklung einer wissenschaftlichen Tatsache*: Einführung in die Lehre vom Denkstil und Denkkollektiv. Frankfurt am Main: Suhrkamp, [1935] 1980; KUHN, Thomas S. *Die Struktur wissenschaftlicher Revolutionen*. Frankfurt am Main: Suhrkamp, 1973. Com um todo, de maneira mais detalhada em VOSSKUHLE, Andreas. "Expertise und Verwaltung". *In*: TRUTE, Hans-Heinrich (Coord.). *Allgemeines Verwaltungsrecht – zur Tragfähigkeit eines Konzepts*. Tübingen: Mohr Siebeck, 2008, pp. 649 e ss.

741 Cf. HEIDEGGER, Martin. *Sein und Zeit*. 17ª ed. Tübingen: Max Niemeyer Verlag, 1993, § 3, pp. 9 e ss.

ocorria nas ciências naturais matemáticas clássicas. Mesmo o científico só está disponível como um conhecimento sempre provisório, plural e fragmentado.[742]

Essa visão esclarece também o problema específico dos elementos prognósticos nos laudos periciais. Isso porque, como afirmação científica, essas avaliações contêm, em sua maioria, uma autorreferência, no sentido de que um prognóstico sobre um possível desenvolvimento do objeto a ser avaliado está entrelaçado com uma projeção sobre o desdobramento posterior da própria técnica de avaliação. A autorreferencialidade da observação funciona, assim, como uma fonte adicional de incerteza no julgamento objetivo baseado nas observações.[743] Se, como costuma acontecer, o assunto da avaliação em si é um processo científico – como um experimento de engenharia genética –, o problema intensifica-se. Aqui se mostra com particular clareza uma dificuldade básica da apreciação científica, que, por sua vez, também pode ser formulada em termos gerais:

> A observação não cria a respectiva realidade, mas, ao mesmo tempo, a modifica porque o sistema observado reage à observação. As relações de incerteza tornam-se assim uma parte inevitável de cada observação ou mesmo um "teste" para revelar sistemas não convencionais.[744]

Em uma transformação reflexiva, a ciência moderna se comporta de forma subversiva em relação às suas próprias compreensões.

---

742 Cf. VESTING, Thomas. "Nachbarwissenschaftlich informierte und reflektierte Verwaltungsrechtswissenschaft – Verkehrsregeln und Verkehrsströme". *In*: SCHMIDT-ASSMANN, Eberhard; HOFFMANN-RIEM, Wolfgang (Coord.). *Methoden der Verwaltungsrechtswissenschaft*. Baden-Baden: Nomos, 2004, pp. 253 e ss. (276 f.).

743 Cf. LUHMANN, Niklas. *Die Wissenschaft der Gesellschaft*. Frankfurt am Main: Suhrkamp, 1990, p. 103.

744 WILLKE, Helmut. *Systemisches Wissensmanagement*. 2ª ed. Stuttgart, 2011, p. 133.

Posições científico-teóricas ou sociológicas podem, portanto, não apenas não eliminar o problema, mas também exacerbá-lo.

> A descrição científica da sociedade torna-se reconhecível como uma descrição da sociedade sob as condições de significado do sistema funcional da ciência, e isso intensifica a reserva de revisão, que é inerente a toda ciência, a uma incerteza social geral sobre a confiabilidade de conhecimento científico.[745]

Por essa razão, as autoridades não devem simplesmente aceitar "resultados de pesquisa" aparentemente estabelecidos ou mesmo "fatos consumados".

Dessa forma, a dinâmica comum de referência ao "estado da arte da ciência e da tecnologia" também se mostra problemática:

> A ciência tem seus próprios métodos de determinação de problemas, que se caracterizam em particular pela fecundidade da formação de hipóteses e pela incompletude da discussão, enquanto a perspectiva prática do estado da arte da ciência pressupõe a conclusão (ainda que preliminar) de um processo através da formação de uma opinião comprovada ou, pelo menos, de uma gama de flutuações dentro de um espectro de opiniões que podem ser descritas segundo critérios comuns.[746]

---

745 LUHMANN, Niklas. *Soziologie des Risikos*. Berlim: De Gruyter, 1991, p. 226.

746 LADEUR, Karl-Heinz. "Risikooffenheit und Zurechnung – insbesondere im Umweltrecht". *In*: SCHMIDT-ASSMANN, Eberhard; HOFFMANN-RIEM, Wolfgang (Coord.). *Innovation und Flexibilität des Verwaltungshandelns*. Baden-Baden: Nomos, 1994, pp. 111 e ss. (125).

O "estado da arte científico" deve, portanto, ser entendido dinamicamente no sentido de um fenômeno notoriamente instável.[747]

3. Em relação ao arcabouço procedimental, a situação esboçada faz com que, por um lado, sejam necessárias medidas estruturais para garantir a competência decisória da Administração e a sua capacidade de aprendizagem.[748] Em analogia com ao contexto processual, a necessária assunção, ao menos formal, de responsabilidade pela Administração Pública pode ser assegurada pelo princípio de "livre avaliação do parecer".[749] Por outro lado, não é possível ter controle direto do conhecimento especializado para além das competências cognitivas da Administração. O único procedimento possível é duplo: os peritos devem ser devidamente verificados e documentados, e a Administração deve ser responsável, ao menos, pelo controle do cumprimento dos requisitos formais correspondentes e, dentro dos limites de um teste de plausibilidade, também pelo conteúdo das declarações.[750] Para garantir essa verificação, a Administração já

---

747 Cf. no tocante ao problema de uma referência tão dinâmica quanto a suficiente legitimidade democrática VOSSKUHLE, Andreas. "Sachverständige Beratung des Staates". *In*: ISENSEE, Josef; KIRCHHOF, Paul (Coord.). *Handbuch des Staatsrechts der Bundesrepublik Deutschland*. 3ª ed. vol. III. Heidelberg: Müller, 2005, parágrafo 59. Para mais sobre o assunto, ver a seção 7.3 do capítulo VII e o capítulo VIII abaixo.

748 Cf. VOSSKUHLE, Andreas. "Sachverständige Beratung des Staates". *In*: ISENSEE, Josef; KIRCHHOF, Paul (Coord.). *Handbuch des Staatsrechts der Bundesrepublik Deutschland*. 3ª ed. vol. III. Heidelberg: Müller, 2005, parágrafo 61, com referência ao conceito de "obrigação de criar estruturas" do Estado em BURGI, Martin. *Funktionale Privatisierung und Verwaltungshilfe*: Staatsaufgabendogmatik – Phänomenologie – Verfassungsrecht. Tübingen: Mohr Siebeck, 1999, pp. 378 e ss.

749 Cf. SCHOLL, Patrick. *Der private Sachverständige im Verwaltungsrecht*: Elemente einer allgemeinen Sachverständigenlehre. Baden-Baden: Nomos, 2005, p. 192 f.

750 Cf. SCHOLL, Patrick. *Der private Sachverständige im Verwaltungsrecht*: Elemente einer allgemeinen Sachverständigenlehre. Baden-Baden: Nomos, 2005, p. 203; sobre as obrigações de transparência

deve projetar a adjudicação do contrato de acordo, ou seja, pré-estruturar[751] sua própria pergunta de forma que possa receber uma resposta conectável, ou seja, uma resposta que possa ser processada posteriormente em sua própria tomada de decisão. Isso também traz a vantagem de a administração criar uma memória em relação às contratações bem-sucedidas de especialistas, podendo utilizá-la em empreitadas futuras.[752] Com isso, a administração não pode apenas usar os critérios de seleção "conhecidos e comprovados", familiares de outros cenários de distribuição. É ainda mais importante que haja um correspondente acompanhamento e armazenamento da experiência adquirida por parte da Administração, gerando conhecimento independente: para poder acessar com sucesso o conhecimento externo, não apenas a própria lacuna de conhecimento deve ser claramente delineada – e isso já requer amplo conhecimento contextual.[753] Precisamente onde a Administração carece de conhecimentos materiais relevantes para a tomada de decisões, deve haver também, no mínimo, conhecimentos disponíveis sobre os respectivos peritos

---

correspondentes, ver HOFMANN, Ekkehard. "Externer Sachverstand im Verwaltungsverfahren". *In*: DÖHMANN, Indra Spiecker Genannt; COLLIN, Peter (Coord.). *Generierung und Transfer staatlichen Wissens im System des Verwaltungsrechts*. Tübingen: Mohr Siebeck, 2008, pp. 189 e ss.

751 Cf. no tocante à exigência de "questões bem estruturadas" LADEUR, Karl-Heinz. "Die Kommunikationsinfrastruktur der Verwaltung". *In*: HOFFMANN-RIEM, Wolfgang; SCHMIDT-ASSMANN, Eberhard; TRUTE, Hans-Heinrich (Coord.). *Grundlagen des Verwaltungsrechts*: Methoden – Maßstäbe – Aufgaben – Organisation. vol. I. 2ª ed. München: C. H. Beck, 2012, parágrafo 49 f.

752 Cf. sobre a memória da administração como uma organização no capítulo V.

753 Cf. DÖHMANN, Indra Spiecker Genannt. "Die informationelle Inanspruchnahme des Bürgers im Verwaltungsverfahren: Der Amtsermittlungsgrundsatz nach § 24 VwVfG". *In*: DÖHMANN, Indra Spiecker Genannt; COLLIN, Peter (Coord.). *Generierung und Transfer staatlichen Wissens im System des Verwaltungsrechts*. Tübingen: Mohr Siebeck, 2008, p. 203.

e os seus saberes especiais.[754] Essa forma específica de produção de conhecimento, que se pretende integrar na utilização de *expertise* externa, será garantida pela procedimentalização da utilização de especialistas, no sentido de um acompanhamento pós-celebração do evento.[755] Só a combinação dos diferentes mecanismos de transferência e de produção de conhecimento compraz a exigência de uma geração de conhecimento adequadamente complexa.[756]

4.4 Medidas organizacionais

O tratamento regulamentado de especialistas externos requer medidas organizacionais específicas. Em primeiro lugar, do lado do Estado, isso afeta a estrutura das autoridades:

> A orientação crescente do Direito Material para um grande número de servidores altamente qualificados está cada vez mais levando o modelo de autoridade aos limites de sua capacidade, especialmente se a Administração não possui (ou não possui mais) recursos humanos para atender aos requisitos de especialização.[757]

---

754 Cf. sobre essa tarefa HOFFMANN-RIEM, Wolfgang. "Wissen als Risiko – Unwissen als Chance. Herausforderungen auch an die Rechtswissenschaft". *In*: AUGSBERG, Ino (Coord.). *Ungewissheit als Chance*: Perspektiven eines produktiven Umgangs mit Unsicherheit im Rechtssystem. Tübingen: Mohr Siebeck, 2009, pp. 17 e ss. (26); sobre a necessidade contínua de conhecimento de próprio do Estado VOSSKUHLE, Andreas. "Sachverständige Beratung des Staates". *In*: ISENSEE, Josef; KIRCHHOF, Paul (Coord.). *Handbuch des Staatsrechts der Bundesrepublik Deutschland*. 3ª ed. vol. III. Heidelberg: Müller, 2005, parágrafo 53.

755 Quanto ao conceito, ver acima, seção 2.2, capítulo II.

756 Cf. WOLLENSCHLÄGER, Burkard. *Wissensgenerierung im Verfahren*. Tübingen: Mohr Siebeck, 2009, p. 19.

757 SCHOLL, Patrick. *Der private Sachverständige im Verwaltungsrecht*: Elemente einer allgemeinen Sachverständigenlehre. Baden-Baden: Nomos, 2005, p. 109.

Precauções organizacionais são então necessárias dentro da autoridade que institucionaliza a relação com especialistas externos. Correspondendo às exigências quanto à coordenação dos próprios especialistas integrados na Administração Pública,[758] a institucionalização, no tocante ao pessoal administrativo, implica a utilização de "peritos do conhecimento" para a interligação das ações administrativas com os especialistas externos, que não têm os conhecimentos especializados correspondentes propriamente ditos, mas no sentido de "meta-conhecimento" de nível superior para registrar, sintetizar, combinar e coordenar as respectivas competências científicas especiais.[759]

Contudo, os requisitos organizacionais também impactam a própria estrutura do conselho de especialistas. Para que possam cumprir sua tarefa de maneira ideal, eles demandam formatos específicos. O legislador reconheceu isso há tempos e reagiu às suas necessidades: "para garantir a autoridade profissional desses coletivos, eles são muitas vezes organizados com base na pluralidade e na autonomia de sua própria regulamentação em relação a influências externas".[760] Um exemplo típico é a constituição de comissões, como a Comissão Central para Segurança Biológica (ZCBS), conforme o § 4 da GenTG. Cada um dos seus dois comitês é composto por um grupo de peritos científicos e por outro grupo de partes interessadas. Os membros são independentes em suas atividades e não estão vinculados a regras externas, § 4 parágrafo 3º, inciso 1 da GenTG. A composição plural das comissões também tem o objetivo de prevenir o já mencionado "viés dos especialistas". É justamente essa tendência que é contrariada pela composição plural das comissões,

---

758 Sobre isso, ver acima, seção 2.5, capítulo II.

759 Cf. VOSSKUHLE, Andreas. "Expertise und Verwaltung". *In*: TRUTE, Hans-Heinrich (Coord.). *Allgemeines Verwaltungsrecht – zur Tragfähigkeit eines Konzepts*. Tübingen: Mohr Siebeck, 2008, p. 657 f.

760 FABIO, Udo Di. "Verwaltungsentscheidung durch externen Sachverstand. Am Beispiel des arzneimittelrechtlichen Zulassungs- und Überwachungsverfahrens". *VerwArch*, 81, 1990, p. 195.

que pretende refletir *in a nutshell* o discurso dentro da ciência (e possivelmente até o discurso de toda a sociedade).[761] Em áreas de pesquisa particularmente controversas, um comitê plural de especialistas pode até ser constitucionalmente necessário para garantir a adequação da decisão conforme exigido pelo Direito.[762]

O envolvimento de outros atores sociais para além do círculo puro de especialistas leva em conta uma certa desconfiança crescente na realização do conhecimento estritamente científico,[763] o que também tem levado a demandas por uma democratização da pesquisa em termos político-científicos gerais.[764] Nesse diapasão, um "*new sort of science*" é proposto no sentido de

> *the evaluation of scientific inputs to decision making requires an 'extended peer community'. (...) With mutual respect among various perspectives and forms of knowing, there is*

---

761 Cf. NUSSBERGER, Angelika. "Sachverständigenwissen als Determinante verwaltungsrechtlicher Einzelentscheidungen". *Archiv des öffentlichen Rechts*, 129, 2004, p. 286. No tocante aos problemas relacionados, ver FEHLING, Michael. *Verwaltung zwischen Unparteilichkeit und Gestaltungsaufgabe*. Tübingen: Mohr Siebeck, 2001, pp. 413 e ss.

762 Cf. NUSSBERGER, Angelika. "Sachverständigenwissen als Determinante verwaltungsrechtlicher Einzelentscheidungen". *Archiv des öffentlichen Rechts*, 129, 2004, p. 288.

763 Cf., por exemplo, tendo em vista principalmente a situação dos EUA em SHAPIRO, Martin. "The Frontiers of Science Doctrine: American Experiences with the Judicial Control of Science-Based Decision-Making". *In*: JOERGES, Christian; LADEUR, Karl-Heinz; VOS, Ellen (Coord.). *Integrating Scientific Expertise into Regulatory Decision-Making*: National Traditions and European Innovations. Baden-Baden: Nomos, 1997, pp. 325 e ss.

764 Cf. WEINGART, Peter; CARRIER, Martin; KROHN, Wolfgang. *Nachrichten aus der Wissensgesellschaft*: Analysen zur Veränderung der Wissenschaft. Weilerswist: Velbrück Wissenschaft, 2007, pp. 305 e ss., BORA, Alfons. "Scientific Norms, Legal Facts, and the Politics of Knowledge". *In*: STEHR, Nico; WEILER, Bernd (Coord.). *Who Owns Knowledge?* Knowledge and the Law. New Brunswick: Transaction, 2008, pp. 67 e ss. (70 f.).

> *a possibility for the development of a genuine and effective democratic element in the life of science.*[765]

Por mais problemática que possa parecer essa exigência adicional,[766] justifica-se pela percepção do problema oculto por trás dela, segundo o qual "a ciência é cada vez mais incapaz de existir como garantidora da objetividade e da neutralidade em vista do entrelaçamento da *expertise* científica e técnica com a política e a economia nas estruturas de decisão".[767] O entrelaçamento de diferentes perspectivas em formato de comissão, conforme § 4 da GenTG, é uma forma possível de dar conta da relatividade do conhecimento científico que se enfeixa em sua pluralidade.[768] Diante dessas conexões,

> (...) o trabalho de assessoria dos representantes de interesses perde um pouco o sabor de uma unilateralidade inadequada. Em especial, sua participação em órgãos consultivos mistos surge, então, como uma forma mais sensata de arredondar

765 FUNTOWICZ, Silvio O.; RAVETZ, Jerome R. "Science for the Post-Normal Age". *Futures*, 25, 1993, pp. 739 e ss. (740 f.). Cf. em demandas correspondentes, especialmente com vistas à gestão de riscos públicos em POWER, Michael. *Organized Uncertainty*: Designing a World of Risk Management. Oxford: Oxford University Press, 2007, p. 15 f.

766 Cf. em relação ao problema também em TRUTE, Hans-Heinrich. "Democratizing Science: Expertise and Participation in Administrative Decision Making". *In*: NOWOTNY, Helga *et al. The Public Nature of Science under Assault*: Politics, Markets, Science and the Law. Berlim: Springer, 2005, pp. 86 e ss.

767 NOWOTNY, Helga. *Es ist so – Es könnte auch anders sein*: Über das veränderte Verhältnis von Wissenschaft und Gesellschaft. Frankfurt am Main: Suhrkamo, 1999, p. 23.

768 Cf. sobre o problema da dependência do "nível de conhecimento relativo e comparativamente aleatório de membros individuais", que também persiste aqui em APPEL, Ivo. "Grenzen des Risikorechts". *In*: APPEL, Ivo; HERMES, Georg; SCHÖNBERGER, Christoph (Coord.). Öffentliches Recht im offenen Staat. Festschrift für Rainer Wahl zum 70. Geburtstag. Berlim: Duncker & Humblot, 2011, pp. 463 e ss. (476).

a opinião sobre um tema específico, sobretudo, no caso de decisões dependentes de previsões ou passíveis de avaliação.[769]

Todavia, medidas organizacionais devem ser tomadas para garantir que todos os membros do comitê ajam da forma mais objetiva possível e não apenas como representantes de grupos de interesse específicos. O que pressupõe a independência legalmente assegurada em relação a imposições externas.[770] Além da autonomia a ser garantida, os regulamentos de transparência e de incompatibilidade, bem como as especificações para a qualificação dos respectivos membros do comitê são componentes normativos essenciais.[771]

A vantagem de organizar a participação de especialistas no formato de comissão se baseia em outro aspecto. Uma característica da cooperação entre autoridades e comissões é o contato constante com a *expertise* científica, o que deve ser assegurado pela combinação organizacional em formato de comissão. Essa finalidade fica clara, por exemplo, no contexto do § 125 da TKG, que regulamenta a assessoria científica da Agência Federal de Redes. O § 125, parágrafo 1º da Lei de Telecomunicações prevê inicialmente apenas

---

769 VOSSKUHLE, Andreas. "Sachverständige Beratung des Staates". *In*: ISENSEE, Josef; KIRCHHOF, Paul (Coord.). *Handbuch des Staatsrechts der Bundesrepublik Deutschland*. 3ª ed. vol. III. Heidelberg: Müller, 2005, parágrafo 20.

770 Cf. FEHLING, Michael. *Verwaltung zwischen Unparteilichkeit und Gestaltungsaufgabe*. Tübingen: Mohr Siebeck, 2001, p. 417.

771 Esse é o caso das comissões científicas no âmbito da União Europeia AUGSBERG, Steffen. "Europäisches Verwaltungsorganisationsrecht und Vollzugsformen". *In*: TERHECHTE, Jörg Philipp (Coord.). *Verwaltungsrecht der Europäischen Union*. Baden-Baden: Nomos, 2011, § 6 parágrafo 71. Para mais sobre a "comissão de especialistas", ver SCHMIDT-ASSMANN, Eberhard. "Einleitung: Der Europäische Verwaltungsverbund und die Rolle des Europäischen Verwaltungsrechts". *In*: SCHMIDT-ASSMANN, Eberhard; SCHÖNDORF-HAUBOLD, Bettina (Coord.). *Der europäische Verwaltungsverbund*: Formen und Verfahren der Verwaltungszusammenarbeit in der EU. Tübingen: Mohr Siebeck, 2006, pp. 1 e ss. (19 f.).

a possibilidade da Agência Federal de Redes constituir comissões científicas para preparar suas decisões ou para apreciar questões regimentais. O objetivo de viabilizar o intercâmbio, que vai além das avaliações seletivas de especialistas individuais, é particularmente claro no § 125, parágrafo 2º TKG. Segundo ele, a Agência Federal de Redes recebe suporte científico contínuo para o cumprimento de suas tarefas. Esse acompanhamento científico permanente das atividades regulatórias oficiais inclui "particularmente", ou seja, não de forma conclusiva, avaliações regulares dos desenvolvimentos econômicos, empresariais, jurídicos e sociais nas áreas regulatórias, bem como o processamento constante e o desenvolvimento contínuo da base científica para as questões essenciais. Com isso, a Agência Federal de Redes não pode simplesmente questionar a pesquisa nessa área, mas pode estimulá-la especificamente. No âmbito desse apoio científico contínuo, ela não é obrigada a trabalhar com uma instituição científica específica; ao invés disso, ela pode selecionar o consultor que julgar mais adequado para um pedido de averiguação específica.[772]

A autonomia organizacional torna-se problemática quando envolve não apenas competências consultivas, mas também decisórias.[773] Isso se aplica ainda mais quando estão em questão tanto decisões individuais quanto a adoção de regulamentos gerais abstratos, ou seja, poderes para estabelecer padrões. As competências do Comitê Federal Misto [de Saúde] (GBA), de acordo com § 91 do Código Social Livro V, também se relacionam com questões de

---

772 Cf. *Martin Geppert*, em: *Beck'scher Kommentar zum TKG*. 3ª ed. München, 2006, § 125 parágrafo 14.

773 Cf. no tocante aos "conselhos deliberativos" VOSSKUHLE, Andreas. "Sachverständige Beratung des Staates". *In*: ISENSEE, Josef; KIRCHHOF, Paul (Coord.). *Handbuch des Staatsrechts der Bundesrepublik Deutschland*. 3ª ed. vol. III. Heidelberg: Müller, 2005, parágrafo 59, que se refere, em particular, aos chamados doze conselhos da Agência Federal de Revisão de Mídia Prejudicial a Jovens e ao Comitê de Promoção de Filmes.

geração de conhecimento,[774] podendo ser citadas como um exemplo dessa estratégia regulatória e de suas dificuldades associadas,[775] em particular no que tange a uma mudança na responsabilidade política.[776] Entretanto, a necessidade dessa delegação de tomada de decisão é tão evidente quanto responsiva a um problema da deliberação: "muitas comissões de especialistas expandem a quantidade de conhecimento sem possivelmente aumentar a autoridade de tomada de decisão; muitas vezes eles apenas aumentam a complexidade, não a reduzem".[777]

Portanto, as opiniões científicas não cumprem a pretensão de facilitar a tomada de decisão, às vezes até a dificultam ainda mais. O que foi dito em relação à assessoria científica em política também pode ser confirmado na relação com a Administração:

---

774 Cf. mais detalhadamente em QUABECK, Christian. *Dienende Funktion des Verwaltungsverfahrens und Prozeduralisierung*. Tübingen: Mohr Siebeck, 2010, pp. 214 e ss.

775 Cf. uma abordagem crítica em SCHIMMELPFENG-SCHÜTTE, Ruth. "Die Entscheidungsbefugnisse des Gemeinsamen Bundesausschusses". *NZS*, 2006, pp. 567 e ss.; com um visão clara do todo ZIMMERMANN, Christian. *Der Gemeinsame Bundesausschuss*: Normsetzung durch Richtlinien sowie Integration neuer Untersuchungs- und Behandlungsmethoden in den Leistungskatalog der GKV. Heidelberg: Springer, 2012, v.a. pp. 39 e ss.; fundamental para a situação jurídica anterior é SCHMIDT-ASSMANN, Eberhard. *Grundrechtspositionen und Legitimationsfragen im öffentlichen Gesundheitswesen*. Berlim: De Gruyter, 2001, pp. 82 e ss.

776 Cf. para uma crítica aguda a partir da perspectiva das ciências sociais BECK, Ulrich Gegengifte. *Die organisierte Unverantwortlichkeit*. Frankfurt am Main: Suhkamp, 1988, pp. 188 e ss.

777 PRIDDAT, Birger P. "Wissen, Recht und Organisation – Perspektiven der Politischen Ökonomie". *In*: DÖHMANN, Indra Spiecker Genannt; COLLIN, Peter (Coord.). *Generierung und Transfer staatlichen Wissens im System des Verwaltungsrechts*. Tübingen: Mohr Siebeck, 2008, pp. 295 e ss. (297).

> Paradoxalmente, a expansão das interpretações científicas para a política e para seu uso em debates políticos levam ao questionamento da autoridade científica e de seu fundamento: mostra repetidamente que a avaliação por cientistas não encerra os debates, mas aumenta o número de perspectivas de avaliação e as consequências discutíveis das decisões.[778]

Do ponto de vista da sociologia da ciência, no entanto, essa descoberta não é surpreendente. Ela corresponde à racionalidade científica, mais voltada para a duplicação de problemas, na forma de desenvolvimento de novas questões, do que para a resolução daqueles já dados.[779] "A ciência nem sempre dá as melhores respostas e as mais precisas a uma pergunta inicial, mas constantemente substitui sua pergunta original por novas formulações de problemas que nem sequer poderiam ser pensadas no início".[780] O problema pode também ser analisado pelo prisma da necessária ancoragem contextual do conceito de informação e, nessa toada, é possível apontar que a informação não é algo que se possa simplesmente ter ou transmitir, mas, sim, algo que só surge a partir de dados, oriundos da inserção em contextos de expectativa específicos. Tendo em vista essa diferenciação, para um "observador de duas ordens", o imbróglio das polêmicas citadas reside muitas vezes em que os "fatos" e o "conhecimento" sofram prematuramente curtos-circuitos, nomeadamente sem considerar suficientemente "aquilo que diferentes observadores

---

778 KROPP, Cordula; WAGNER, Jost. "Wissensaustausch in Entscheidungsprozessen: Kommunikation an den Schnittstellen von Wissenschaft und Agrarpolitik". *In*: NEIDHARDT, Friedhelm *et al.* (Coord.). *Wissensproduktion und Wissenstransfer*: Wissen im Spannungsfeld von Wissenschaft, Politik und Öffentlichkeit. Bielefeld: Transcript, 2008, p. 173 (173).

779 Cf. LUHMANN, Niklas. Ökologische Kommunikation: Kann die moderne Gesellschaft sich auf ökologische Gefährdungen einstellen? 3ª ed. Opladen: Westdeutscher Verlag, 1990, p. 156.

780 STICHWEH, Rudolf. "Differenzierung der Wissenschaft". *In*: ______. *Wissenschaft, Universität, Professionen*: Soziologische Analysen. Frankfurt am Main: Suhrkamp, 1994, p. 38.

tomam como a mesma coisa produz informações completamente diferentes".[781]

A verdadeira decisão administrativa, que se fundamenta no § 9 da VwVfG, visa à conclusão do processo e, portanto, ao fim das disputas na prática,[782] não é mais científica, mas, sim, normativa.[783] Por isso, a problemática da delegação decisória não se baseia apenas na falta de legitimidade democrática dos comitês de especialistas;[784] ela pode ser definida como um problema que não é puramente normativo, mas, ao mesmo tempo, epistemológico: mesmo o conhecimento científico "não é uma mera reprodução da realidade",[785] mas uma construção dependente do contexto[786] que é extremamente rico em

---

781 LUHMANN, Niklas. *Soziologie des Risikos*. Berlim: De Gruyter, 1991, p. 30.

782 Cf. no caso excepcional de decisões provisórias, portanto passíveis de revisão, em BRÜNING, Christoph. *Einstweilige Verwaltungsführung*: Verfassungsrechtliche Anforderungen und verwaltungsrechtliche Ausgestaltung. Tübingen: Mohr Siebeck, 2003.

783 Cf. o foco na situação do direito ambiental em LUHMANN, Niklas. Ökologische Kommunikation: Kann die moderne Gesellschaft sich auf ökologische Gefährdungen einstellen? 3ª ed. Opladen: Westdeutscher Verlag, 1990, pp. 133 e ss. Para uma diferenciação entre identificação e avaliação de riscos a partir de uma visão jurídica BREUER, Rüdiger. "Probabilistische Risikoanalysen im Gentechnikrecht". *NuR*, 1994, pp. 157 e ss. (160 e ss.); concordando com ele está APPEL, Ivo. "Grenzen des Risikorechts". *In*: APPEL, Ivo; HERMES, Georg; SCHÖNBERGER, Christoph (Coord.). Öffentliches Recht im offenen Staat. Festschrift für Rainer Wahl zum 70. Geburtstag. Berlim: Duncker & Humblot, 2011, pp. 469 e 477 f.

784 Cf. em relação ao problema VOSSKUHLE, Andreas. "Sachverständige Beratung des Staates". *In*: ISENSEE, Josef; KIRCHHOF, Paul (Coord.). *Handbuch des Staatsrechts der Bundesrepublik Deutschland*. 3ª ed. vol. III. Heidelberg: Müller, 2005, parágrafo 58, 60.

785 Cf. LADEUR, Karl-Heinz. "Wissenserzeugung im und durch Recht – und das Problem der 'evidenzbasierten Medizin'". *GesR*, 2011, pp. 455 e ss. (456).

786 Cf. WILLKE, Helmut. *Systemisches Wissensmanagement*. 2ª ed. Stuttgart: Lucius & Lucius, 2001, p. 11 f.

circunstâncias e em mudanças,[787] portanto, também se afasta dos cientistas aparentemente responsáveis por seu manuseio. A mera transferência de conhecimento é de fato uma avaliação de conhecimento de caráter não trivial, ou seja, o resultado não é previsível:[788] "a avaliação de conhecimento não é trivial *porque depende dos estados atuais de uma rede de comunicação, sendo que é da rede a última palavra sobre qual conhecimento é usado e qual não é*".[789] Uma vez que as dimensões normativa e cognitiva no Direito possam ser cada vez menos apartadas,[790] principalmente, em áreas altamente dinâmicas da regulação, elas não devem levar a uma resolução unilateral da tensão para o lado cognitivo; ao contrário, é precisamente a indistinção das dimensões em termos da sua influência mútua que é decisiva e assim devem ser compreendidas.[791] O desenvolvimento do conhecimento organizacional no contexto administrativo significa que as autoridades devem passar a ideia de que o conhecimento científico pode (pelo menos parcialmente) projetar[792] o próprio processo

787 Cf. BORA, Alfons. "Scientific Norms, Legal Facts, and the Politics of Knowledge". *In*: STEHR, Nico; WEILER, Bernd (Coord.). *Who Owns Knowledge?* Knowledge and the Law. New Brunswick: Transaction, 2008, p. 71.

788 Cf. FOERSTER, Heinz von. *Der Anfang von Erde und Himmel hat keinen Namen*: Eine Selbsterschaffung in 7 Tagen. Berlim: Kulturverl. Kadmos, 2005, pp. 42 e ss.

789 BAECKER, Dirk. "Zum Problem des Wissens in Organisationen". *In*: ______. *Organisation als System*: Aufsätze. Frankfurt am Main: Suhrkamp, 1999, pp. 68 e ss. (81 f.).

790 Cf. LADEUR, Karl-Heinz. "Wissenserzeugung im und durch Recht – und das Problem der 'evidenzbasierten Medizin'". *GesundheitsRecht*, 2011, p. 456.

791 Cf. BORA, Alfons. "Scientific Norms, Legal Facts, and the Politics of Knowledge". *In*: STEHR, Nico; WEILER, Bernd (Coord.). *Who Owns Knowledge?* Knowledge and the Law. New Brunswick: Transaction, 2008, p. 82.

792 Cf. no tocante à problemática da apresentação LADEUR, Karl-Heinz. "Die Kommunikationsinfrastruktur der Verwaltung". *In*: HOFFMANN-RIEM, Wolfgang; SCHMIDT-ASSMANN, Eberhard; VOSSKUHLE, Andreas (Coord.). *Grundlagen des Verwaltungsrechts*

de tomada de decisão para a sua "prática de reflexão permanente" do conhecimento científico, o que não envolve a delegação de responsabilidade.[793] No sentido de observar a racionalidade inerente à ação administrativa,[794] não se trata simplesmente de adotar conhecimentos externos à Administração, "mas, sim, de obter regras de cooperação entre a prática administrativa e os conhecimentos práticos",[795] com a ajuda das quais ambos os lados podem ajustar-se à situação das peculiaridades epistêmicas do outro. Isso também se aplica, a propósito e talvez até especialmente, quando "especialistas em ética" estão envolvidos nas disputas.[796]

: Informationsordnung, Verwaltungsverfahren, Handlungsformen. vol. II. München: Verlag C. H. Beck, 2012, parágrafo 62.

793 Cf. tendo em vista principalmente a relação entre política e ciência NEIDHARDT, Friedhelm *et al.* "Wissensproduktion und Wissenstransfer. Zur Einleitung". *In*: ______. (Coord.). *Wissensproduktion und Wissenstransfer*: Wissen im Spannungsfeld von Wissenschaft, Politik und Öffentlichkeit. Bielefeld: Transcript, 2008, pp. 19 e ss. (37).

794 Cf. de forma geral sobre o problema BAECKER, Dirk. "Zum Problem des Wissens in Organisationen". *In*: ______. *Organisation als System*: Aufsätze. Frankfurt am Main: Suhrkamp, 1999, p. 75: "Aqui encontramos o paradoxo fundamental de que a referência ao conhecimento quer determinar decisões que não podem ser determinadas para que a organização permaneça o que é, ou seja, um sistema social que autonomamente determina suas decisões". Isso já se aplica ao próprio conhecimento da organização – e, portanto, leva à inevitabilidade da incerteza, mais sobre isso abaixo no capítulo VII – e especialmente para o conhecimento externo à organização – que deve, portanto, ser transformado em conhecimento interno do sistema, ver abaixo no capítulo VIII.

795 LADEUR, Karl-Heinz. "Die Kommunikationsinfrastruktur der Verwaltung". *In*: HOFFMANN-RIEM, Wolfgang; SCHMIDT-ASSMANN, Eberhard; VOSSKUHLE, Andreas (Coord.). *Grundlagen des Verwaltungsrechts*: Informationsordnung, Verwaltungsverfahren, Handlungsformen. vol. II. München: Verlag C. H. Beck, 2012, parágrafo 55.

796 Cf. no tocante a isso BOGNER, Alexander; MENZ, Wolfgang; SCHUMM, Wilhelm. "Ethikexpertise in Wertkonflikten. Zur Produktion und politischen Verwendung von Kommissionsethik

Outra possibilidade organizacional, mais precisamente relacionada à gestão de pessoal, no tocante às *expertises* externas em contextos administrativos, pode ser vista em um exemplo recente, segundo o qual especialistas de empresas privadas são alocados como uma espécie de "funcionários temporários" na área da Administração Pública.[797] *Thomas Groß* resume sucintamente os benefícios e problemas desse tipo de cooperação: esse procedimento

> possibilita uma transferência de conhecimento e pode ser útil em casos individuais. Por outro lado, há perigos óbvios em relação à neutralidade do órgão público, considerando a internalização aberta de eventuais interesses de *lobby*, de tal sorte que limites rigorosos devem ser traçados aqui.[798]

4.5 A interação das dimensões

Como já sabido, no entanto, não são as medidas processuais ou organizacionais isoladas que podem regular juridicamente a alocação de peritos, mas, sim, combinações de ambas as estratégias de controle. Uma forma interessante de vincular os mecanismos processuais e organizacionais, que serve para garantir a qualidade quando os especialistas são destacados e, assim, gerar indiretamente o conhecimento adequado, pode ser vista no comitê de especialistas ambientais de acordo com os §§ 19 e seguintes da Lei de Fiscalização

---

in Deutschland und Österreich" *In*: NEIDHARDT, Friedhelm *et al*. (Coord.). *Wissensproduktion und Wissenstransfer*: Wissen im Spannungsfeld von Wissenschaft, Politik und Öffentlichkeit. Bielefeld: Transcript, 2008, pp. 243 e ss.

797 Cf. para a área da administração federal, as informações nas deliberações do Bundestag quanto à distribuição de seus membros em comissões BT-Drs. 16/3395 und 16/3727.

798 GROSS, Thomas. "Ressortforschung, Agenturen und Beiräte – zur notwendigen Pluralität der staatlichen Wissensinfrastruktur". *In*: RÖHL, Hans Christian (Coord.). *Wissen – Zur kognitiven Dimension des Rechts* (DV Beiheft 9). Berlim: Duncker & Humblot, 2010, p. 140.

Ambiental [*Umweltauditgesetz*- UAG].[799] De acordo com o § 22, parágrafo 1º, inciso 1 da UAG, o comitê, que é composto por representantes das autoridades e dos estados federais, grupos de interesse e especialistas, tem sua competência, conforme o dispositivo legal, sobretudo (previstas nos §§ 4 e seguintes da UAG), para especificar detalhadamente os requisitos planejados para a nomeação de especialistas por meio de diretrizes, mantendo uma lista de examinadores autorizados, fazendo recomendações para a nomeação de especialistas pela autoridade de requisição e assessorando o Ministério Federal do Meio Ambiente, Proteção da Natureza e Segurança Nuclear em todas as questões de autorização e supervisão. O comitê é amplamente independente na execução dessas tarefas: seus membros não estão sujeitos a quaisquer intervenções (§ 22, parágrafo 1º, inciso 2 da UAG); segundo o § 27 da UAG, ele está sujeito apenas à supervisão legal do Ministério Federal do Meio Ambiente, Conservação da Natureza e Segurança Nuclear.

Outra amostra de como os aspectos processuais e organizacionais da cooperação com especialistas poderiam ser reunidos é a utilização direcionada da pluralidade de opiniões científicas. Nesse tema, *Karl-Heinz Ladeur* sugere que as autoridades administrativas operacionalizem esse pluralismo dentro de seus próprios procedimentos, "fazendo de uma variante viável a base de uma decisão e, ao mesmo tempo, usando outra para monitorar essa decisão".[800] Em lugar da tomada de decisão síncrona por comitês plurais, o que

---

799 Cf. SCHUPPERT, Gunnar Folke. *Verwaltungswissenschaft*: Verwaltung, Verwaltungsrecht, Verwaltungslehre. Baden-Baden: Nomos, 2000, p. 304 f.; SCHNEIDER, Jens-Peter. "Öko-Audit als Scharnier in einer ganzheitlichen Regulierungsstrategie". *Die Verwaltung*, 28, 1995, pp. 361 e ss. (371).

800 LADEUR, Karl-Heinz. "Die Kommunikationsinfrastruktur der Verwaltung". *In*: HOFFMANN-RIEM, Wolfgang; SCHMIDT-ASSMANN, Eberhard; TRUTE, Hans-Heinrich (Coord.). *Grundlagen des Verwaltungsrechts*: Methoden – Maßstäbe – Aufgaben – Organisation. vol. I. 2ª ed. München: C. H. Beck, 2012, parágrafo 53.

equivale à necessidade de formação de compromissos e, portanto, tende a suprimir opções alternativas, há um sequenciamento que alonga o procedimento no tempo e pode levar em conta diferentes posições nas diferentes fases.[801] Isso não corresponde à ideia de que o relatório posterior pode controlar o relatório anterior no sentido de disponibilizar conhecimento "melhor". Ao contrário, o ponto nodal dessa estratégia reside no fato de que a combinação não apenas de diferentes avaliadores, mas de diferentes métodos de avaliação cria uma consciência da pluralidade de opiniões justificáveis (e sua relacionada falta de certeza final) que não pode ser trazida a consenso em uma ordem hierarquicamente estruturada.[802] Isso torna a ação administrativa suficientemente flexível para poder corresponder à concepção de uma mudança no conhecimento científico que ainda pode ser válida no momento, mas pode ter que ser revista no futuro.[803] Dessa forma, o processo de sequenciamento introduz um elemento adicional de reflexividade no processo geral de especialização, o que pode ajudar a evitar equívocos de determinação linear da ação administrativa por meio de perícia externa. Nesse diapasão, a constatação sociológica sobre o assessoramento político científico poderia ser transmitida para a área de cooperação administrativa com especialistas: a cadeia linear "percepção do problema – assessoramento

---

801 Cf. uma visão geral no que tange à análise dessas estratégias de sequencialização e temporalização como técnicas para lidar com a incerteza, abaixo no capítulo VII.

802 Cf. em relação a isso LADEUR, Karl-Heinz. *Das Umweltrecht der Wissensgesellschaft*: Von der Gefahrenabwehr zum Risikomanagement. Berlim: Duncker & Humblot, 1995, p. 157: "os métodos não devem ser projetados de forma a criar a aparência de objetividade – pelo contrário: eles podem executar diferentes opções de cálculo em paralelo e identificar melhor a incerteza".

803 Cf. no tocante ao requisito de flexibilidade JAECKEL, Liv. *Gefahrenabwehrrecht und Risikodogmatik*: Moderne Technologie im Spiegel des Verwaltungsrechts. Tübingen: Mohr Siebeck, 2010, p. 163.

especializado – decisão política" deve, então, ser "substituída por um *loop* recursivo".[804]

Novamente, isso significa que o envolvimento dos especialistas não apenas delega a responsabilidade administrativa de tomada de decisões.[805] Com efeito, ele deve ser redefinido sob condições epistêmicas alteradas no sentido da integração refletida da *expertise* científica. A participação do perito conduz a uma melhoria da base cognitiva da tomada de decisões administrativas. Ademais, ela deixa clara a instabilidade do conhecimento disponível e aponta para a necessidade de entender o processo de "trabalho do conhecimento" como um processo que "está indissociavelmente ligado à ignorância, de modo que o trabalho do conhecimento está associado a riscos específicos".[806] Isso porque as necessidades de tomada de decisão vão além do conhecimento do decisor, o "futuro da tomada de decisão" sob essas condições "não consiste em uma ainda melhor fundamentação, no tocante ao maior detalhamento das circunstâncias do caso individual, mas, sim, na busca por um modo produtivo de operar *com* a incerteza e, ou seja, a ignorância".[807] Essa situação, por sua vez, se reflete no uso de especialistas: a *expertise* exigida é cada vez

---

804 WEINGART, Peter. *Die Stunde der Wahrheit?* Zum Verhältnis der Wissenschaft zu Politik, Wirtschaft und Medien in der Wissensgesellschaft. Weilerswist: Velbrück Wissenschaft, 2001, p. 150.

805 Cf. em relação ao problema BORA, Alfons. "Scientific Norms, Legal Facts, and the Politics of Knowledge". *In*: STEHR, Nico; WEILER, Bernd (Coord.). *Who Owns Knowledge?* Knowledge and the Law. New Brunswick: Transaction, 2008; mais detalhadamente, como um todo, ver no capítulo VIII.

806 Cf. WILLKE, Helmut. *Systemisches Wissensmanagement*. 2ª ed. Stuttgart: Lucius & Lucius, 2001, p. 4, 21.

807 LADEUR, Karl-Heinz. "Die Kommunikationsinfrastruktur der Verwaltung". *In*: HOFFMANN-RIEM, Wolfgang; SCHMIDT-ASSMANN, Eberhard; TRUTE, Hans-Heinrich (Coord.). *Grundlagen des Verwaltungsrechts*: Methoden – Maßstäbe – Aufgaben – Organisation. vol. I. 2ª ed. München: C. H. Beck, 2012, parágrafo 69.

mais "*expertise em lidar com a ignorância*".[808] A ação de especialistas nos processos administrativos de tomada de decisão também deve ser adaptada a essa dinâmica.[809] Logo, a utilização de especialistas serve para flexibilizar as decisões administrativas.[810]

4.6 A cooperação de informação entre Administração e cidadãos

1. Por sua vez, o Direito Processual Administrativo geral já dispõe de um modelo básico pronto para a relação de cooperação informacional entre a Administração e os cidadãos.[811] A oitiva das partes envolvidas no processo de acordo com o § 28 da VwVfG tem o duplo objetivo de dar aos cidadãos a oportunidade de fazer valer a sua posição e, por outro lado, fornecer às autoridades um meio de

---

808 VOSSKUHLE, Andreas. "Expertise und Verwaltung". *In*: TRUTE, Hans-Heinrich (Coord.). *Allgemeines Verwaltungsrecht – zur Tragfähigkeit eines Konzepts*. Tübingen: Mohr Siebeck, 2008, p. 653. Cf. em relação a essa exigência também em WILLKE, Helmut. *Dystopia*: Studien zur Krisis des Wissens in der modernen Gesellschaft. Frankfurt am Main: Suhrkamp, 2002, p. 18.

809 Cf. de forma mais detalhada sobre isso no capítulo VII.

810 Cf. LADEUR, Karl-Heinz. "Die Kommunikationsinfrastruktur der Verwaltung". *In*: HOFFMANN-RIEM, Wolfgang; SCHMIDT-ASSMANN, Eberhard; TRUTE, Hans-Heinrich (Coord.). *Grundlagen des Verwaltungsrechts*: Methoden – Maßstäbe – Aufgaben – Organisation. vol. I. 2ª ed. München: C. H. Beck, 2012, parágrafo 56 e ss.

811 Cf. quanto a isso também em VOSSKUHLE, Andreas. "Neue Verwaltungsrechtswissenschaft". *In*: HOFFMANN-RIEM, Wolfgang; SCHMIDT-ASSMANN, Eberhard; TRUTE, Hans-Heinrich (Coord.). *Grundlagen des Verwaltungsrechts*: Methoden – Maßstäbe – Aufgaben – Organisation. vol. I. 2ª ed. München: C. H. Beck, 2012, § 1 parágrafo 67, que define a "relação de informação e comunicação entre o cidadão e o Estado", em geral, como um "setor regulador" especial dentro do Direito Administrativo Informacional, que ele chama de "direito de comunicação administrativa".

obter informações.[812] O aspecto da obtenção de informações, portanto, inicialmente afeta apenas a Administração. Indiretamente, porém, o direito de ser ouvido também garante o direito de informação do cidadão. O que abrange direitos consagrados, tornando possível e sensato o exercício do direito de defesa. Dentro deles, está o direito de consultar os arquivos, que é expressamente garantido no § 29, parágrafo 1º, inciso 1 da VwVfG, visando permitir que o cidadão tome conhecimento da atual avaliação oficial de sua situação.[813]

No entanto, a oitiva das partes no processo é apenas uma forma delas colocarem claramente o seu ponto de vista; § 28 da VwVfG dispõe como especificação do direito geral de devido processo administrativo[814] – constitucionalmente fundamentado nas premissas do Estado de Direito e na obrigação estatal de respeitar a dignidade da pessoa humana, que veda apresentação de objeção ao procedimento[815] – não o dever do cidadão, mas o da Administração. O cidadão pode renunciar ao exercício do direito sem prejudicar o andamento do processo.[816] A transmissão voluntária de informações por parte dos cidadãos ao Estado pode ser encontrada no Direito

---

812 Cf. GUSY, Christoph. "Die Informationsbeziehungen zwischen Staat und Bürger". *In*: HOFFMANN-RIEM, Wolfgang; SCHMIDT-ASSMANN, Eberhard; VOSSKUHLE, Andreas (Coord.). *Grundlagen des Verwaltungs rechts*: Informationsordnung, Verwaltungsverfahren, Handlungsformen. vol. II. München: Verlag C. H. Beck, 2012, parágrafo 48; KOPP, Ferdinand O.; RAMSAUER, Ulrich. *Verwaltungsverfahrensgesetz*. 10ª ed. München: Beck, 2008, § 28 parágrafo 1, 3.

813 Cf. KOPP, Ferdinand O.; RAMSAUER, Ulrich. *Verwaltungsverfahrensgesetz*. 10ª ed. München: Beck, 2008, § 28 parágrafo 13.

814 Cf. somente BVerfGE 4, 190; 6, 14.

815 Cf. KOPP, Ferdinand O.; RAMSAUER, Ulrich. *Verwaltungsverfahrensgesetz*. 10ª ed. München: Beck, 2008, § 28 parágrafo 3a.

816 Cf. GUSY, Christoph. "Die Informationsbeziehungen zwischen Staat und Bürger". *In*: HOFFMANN-RIEM, Wolfgang; SCHMIDT-ASSMANN, Eberhard; VOSSKUHLE, Andreas (Coord.). *Grundlagen des Verwaltungsrechts*: Informationsordnung, Verwaltungsverfahren, Handlungsformen. vol. II. München: Verlag C. H. Beck, 2012, parágrafo 50.

Administrativo – porém, implicitamente, e não expressamente regulamentada –, mas também em vários outros lugares e em uma variedade de formas; ela constitui

> uma forma básica de coleta de informações oficiais. Anúncios, reclamações com pedido de reparação, denúncias, reivindicações, pedidos de ajuda, petições, pedidos de ação ou omissão de indivíduos, de grupos ou de partidos, são condições funcionais essenciais de uma Administração cidadã e comprometida.[817]

Não só a orientação geral do serviço ao cidadão, mas também o próprio interesse da Administração na informação, ambos ajudam a organizar os processos e as estruturas administrativas de maneira a que o contato com o cidadão seja o mais fácil e mais prático possível.[818]

A ideia básica geral de ouvir os afetados pode ser encontrada no Direito Regulatório como um procedimento independente. Como procedimento de consulta e de consolidação, por exemplo, de acordo com o § 12, parágrafos 1º e 2º da TKG, as partes interessadas têm a

---

817 GUSY, Christoph. "Die Informationsbeziehungen zwischen Staat und Bürger". *In*: HOFFMANN-RIEM, Wolfgang; SCHMIDT-ASSMANN, Eberhard; VOSSKUHLE, Andreas (Coord.). *Grundlagen des Verwaltungsrechts*: Informationsordnung, Verwaltungsverfahren, Handlungsformen. vol. II. München: Verlag C. H. Beck, 2012, parágrafo 69.

818 Cf. GUSY, Christoph. "Die Informationsbeziehungen zwischen Staat und Bürger". *In*: HOFFMANN-RIEM, Wolfgang; SCHMIDT-ASSMANN, Eberhard; VOSSKUHLE, Andreas (Coord.). *Grundlagen des Verwaltungsrechts*: Informationsordnung, Verwaltungsverfahren, Handlungsformen. vol. II. München: Verlag C. H. Beck, 2012, parágrafo 69; verificar o desenvolvimento geral do tema "*one-stop-government*" em HOFFMANN-RIEM, Wolfgang. "Verwaltungsrecht in der Informationsgesellschaft – Einleitende Problemskizze". *In*: HOFFMANN-RIEM, Wolfgang; SCHMIDT-ASSMANN, Eberhard (Coord.). *Verwaltungsrecht in der Informationsgesellschaft*. Baden-Baden: Nomos, 2000, pp. 9 e ss. (26 f.).

oportunidade de se pronunciar sobre o projeto regulatório específico, que inicialmente foi apenas descrito como um "rascunho".[819] Quanto às declarações a serem obtidas dos afetados, não se trata mais apenas de obter conhecimento objetivo que falta às autoridades, mas de ajudar ativamente a moldar a prática regulatória. Isso fica ainda mais claro quando se olha para o § 15a, em conjunto com o § 12, parágrafos 1º e 2º, da TKG, segundo os quais os conceitos regulatórios podem ser colocados em discussão.[820] Nesses casos, o Direito não só se torna reflexivo, no sentido de uma observação direcionada dos próprios processos, incluindo seus efeitos sobre o meio ambiente e suas próprias reações às violações, mas também responsivo, por meio da ativação completa do meio ambiente, que estimula violações ao Direito, às quais ele, por sua vez, pode responder.

A voluntariedade distingue a forma de geração cooperativa de conhecimento de outros canais de participação cidadã, que se configuram como obrigações diretas ou indiretas de informação.[821] Essas obrigações têm efeito direto no estabelecimento imediato um requisito comportamental relacionado à informação (2.) e, indiretamente, na associação a um benefício, como uma licença, com obrigações de relatórios correspondentes como pré-requisito (3.).

2. A obrigação básica do cidadão de participar em procedimentos administrativos não decorre do princípio geral de investigação,

---

819 Cf. expressamente em HERZMANN, Karsten. *Konsultationen*: Eine Untersuchung von Prozessen kooperativer Maßstabskonkretisierung in der Energieregulierung. Tübingen: Mohr Siebeck, 2010.

820 Cf. de forma detalhada em BROEMEL, Roland. "Wissensgenerierung im Regulierungsverfahren". *In*: RÖHL, Hans Christian; TRUTE, Hans Heinrich (Coord.). *Wissen/Nichtwissen in Organisationen und Netzwerken*. Alemanha: University of Konstanz 2013 (i.Vorb.).

821 Cf. enfaticamente em STOHRER, Klaus. *Informationspflichten Privater gegenüber dem Staat in Zeiten von Privatisierung, Liberalisierung und Deregulierung*: Ein Beitrag zur Systematisierung und Vereinheitlichung des Allgemeinen Informationsrechts. Berlim: Duncker & Humblot, 2007.

de acordo com o § 24, parágrafo 1º da VwVfG, mas, sim, das reivindicações públicas por informações, as quais requerem uma regulação jurídica separada.[822] Esse ordenamento à parte pode ser encontrado no contexto do Direito Administrativo Processual geral, especificamente no § 26, parágrafo 2º, incisos 1 e 2 da VwVfG. De acordo com esse dispositivo, as partes do processo devem cooperar na determinação dos fatos do caso e, em particular, na exposição dos fatos e na coleta de provas para seu conhecimento. Contudo, essa participação imposta no procedimento, que enquanto disposição "deveria" ser dirigida ao cidadão, constitui apenas um "ônus de cooperação" no sentido de um dever, mas não uma obrigação juridicamente eficaz. Para além do argumento, o inciso 3 desse dispositivo, que se refere à necessidade de outras regulamentações legais no caso de novas obrigações jurídicas serem impostas por uma interpretação *ex negativo*, seria inútil, uma vez que essa questão já poderia ter sido resolvida pelos incisos acima, incisos 1 e 2 do § 26, parágrafo 2º da VwVfG. Isso se aplica especialmente a informações que possam implicar a pessoa envolvida.[823] A cooperação não pode, portanto, ser forçada pela administração por meio de sua implementação, nem sua eventual violação pode ter quaisquer outras consequências diretamente prejudiciais.[824] Todavia, se as partes envolvidas

---

822 Cf. GUSY, Christoph. "Die Informationsbeziehungen zwischen Staat und Bürger". *In*: HOFFMANN-RIEM, Wolfgang; SCHMIDT-ASSMANN, Eberhard; VOSSKUHLE, Andreas (Coord.). *Grundlagen des Verwaltungsrechts*: Informationsordnung, Verwaltungsverfahren, Handlungsformen. vol. II. München: Verlag C. H. Beck, 2012, parágrafo 39.

823 Cf. DÖHMANN, Indra Spiecker Genannt. "Die informationelle Inanspruchnahme des Bürgers im Verwaltungsverfahren: Der Amtsermittlungsgrundsatz nach § 24 VwVfG". *In*: DÖHMANN, Indra Spiecker Genannt; COLLIN, Peter (Coord.). *Generierung und Transfer staatlichen Wissens im System des Verwaltungsrechts*. Tübingen: Mohr Siebeck, 2008, p. 199.

824 Cf. KOPP, Ferdinand O.; RAMSAUER, Ulrich. *Verwaltungsverfahrensgesetz*. 10ª ed. München: Beck, 2008, § 26 parágrafo 40 e ss.; *Dieter Kallerhoff*, em: STELKENS, Paul; BONK, Heinz Joachim; SACHS,

se recusarem a cooperar, a autoridade pode, por um lado, abster-se de buscar todas as outras fontes concebíveis de conhecimento por conta própria e, por outro, em certas circunstâncias – se não houver indicação em contrário – tirar conclusões negativas para as partes envolvidas na recusa em cooperar.[825]

No entanto, obrigações diretas de cooperação regulamentadas separadamente, juridicamente relacionadas com o esclarecimento dos fatos, podem ser frequentemente encontradas nos regulamentos processuais do Direito Administrativo especial, por exemplo, na área do Direito de prevenção de riscos.[826] Normalmente, pode distinguir-se entre obrigações de informação ativas e reativas, sendo que as primeiras decorrem unicamente do exercício de uma atividade relevante – por exemplo, nos termos do § 14, parágrafo 1º, inciso 1 do Código Comercial [*Gewerbeordnung*- GewO]: abertura de uma empresa –, enquanto as segundas se caracterizam pelo fato de só surgirem com base em um inquérito à autoridade competente a ser atualizado.[827] Essas funções reativas incluem, por exemplo, medidas de polícia para auferição de risco. Elas podem não apenas conter o dever dos afetados de tolerar as atividades investigativas oficiais, mas também, em certas circunstâncias – disciplinadas pelo requisito geral da proibição de excessos –, atribuir ao potencial responsável

---

Michael (Coord.). *VwVfG*. 7ª ed. München, 2008,, § 26 parágrafo 46 e ss.

825 Cf. KOPP, Ferdinand O.; RAMSAUER, Ulrich. *Verwaltungsverfahrensgesetz*. 10ª ed. München: Beck, 2008, § 26 parágrafo 43 f.

826 Cf. expressamente em relação a isso em HERRMANN, Stephanie. *Informationspflichten gegenüber der Verwaltung*: Dargestellt am Recht der Gefahrenabwehr. Frankfurt am Main: P. Lang, 1997.

827 Cf. para mais diferenciações detalhadas sobre o assunto em HERRMANN, Stephanie. *Informationspflichten gegenüber der Verwaltung*: Dargestellt am Recht der Gefahrenabwehr. Frankfurt am Main: P. Lang, 1997, pp. 99 e ss.

em si a tarefa de realizar as medidas investigativas.[828] No tocante ao Direito Ambiental, uma extensa "privatização da investigação fática" foi expressamente recomendada em meados da década de 1990.[829]

Independentemente dos inegáveis ganhos de eficiência possíveis através do recurso a quem está mais próximo da fonte de informação, as consequências desse deslocamento de tarefas também podem ser encaradas de forma crítica: "o Estado está, assim, delegando a coleta de informação. (...) Agora, a autoridade não mais se investiga, mas, de fato, somente se limita a uma checagem de plausibilidade e consistência".[830] A "obrigação básica da autoridade de determinar os fatos do caso, de acordo com o § 24, parágrafo 1º da VwVfG, reduz-se aqui a uma verificação de documentos ou a uma investigação oficial protocolar".[831] Concomitantemente, o instrumento de obrigatoriedade de informação dos particulares tem sido ampliado em muitos casos, especialmente em áreas de regulação altamente dinâmicas. No âmbito do cálculo de risco em particular, agora, existem obrigações legais separadas para gerar conhecimento na

---

828 Cf. em relação à discussão, com diversas referência à jurisprudência, SCHOCH, Friedrich. "Polizei- und Ordnungsrecht". *In*: SCHMIDT-ASSMANN, Eberhard (Coord.). *Besonderes Verwaltungsrecht*. 12ª ed. Berlim: C. F. Müller, 2003, parágrafo 97 f.

829 Cf. KOCH, Hans-Joachim. "Vereinfachung des materiellen Umweltrechts". *NVwZ*, 1996, p. 221, com referência às recomendações do relatório da Comissão Independente de Peritos para a simplificação e aceleração dos processos de planeamento e aprovação: *Promoção do investimento através de processos flexíveis de aprovação*, editado pelo Ministério Federal da Economia, 1994, pp. 137 e ss.

830 DÖHMANN, Indra Spiecker Genannt. "Die informationelle Inanspruchnahme des Bürgers im Verwaltungsverfahren: Der Amtsermittlungsgrundsatz nach § 24 VwVfG". *In*: DÖHMANN, Indra Spiecker Genannt; COLLIN, Peter (Coord.). *Generierung und Transfer staatlichen Wissens im System des Verwaltungsrechts*. Tübingen: Mohr Siebeck, 2008, p. 199.

831 KAHL, Wolfgang. "Risikosteuerung durch Verwaltungsrecht: Ermöglichung oder Begrenzung von Innovationen?" *DVBl*, 2003, pp. 1105 e ss. (1117) (Nachweise weggelassen).

forma de atividade de investigação privada;[832] fala-se mesmo de uma "privatização processual na área das obrigações de aquisição de informação",[833] a qual já até ocorreu em grande parte. Entretanto, o fato de que o desenvolvimento geral não afeta apenas searas do Direito que são particularmente influenciadas por rápidos avanços técnicos e científicos no conhecimento é demonstrado pelo exemplo da supervisão de valores mobiliários, que também pode ser usado para estudar a interação de informações ativas de empresas privadas individuais e controles oficiais.[834] Por um lado, os prestadores de serviços de valores mobiliários sujeitos à supervisão cumprem as obrigações que lhes são impostas no interesse de uma informação mais completa por parte da autoridade. Além das extensas obrigações de notificação, vêm a obrigação de relatório, de acordo com o § 9 da Lei de Valores Mobiliários [*Wertpapierhandelsgesetz-* WpHG], a de exigência de notificação, de acordo com o § 10, e a

---

832 Cf. GROSS, Thomas. "Ressortforschung, Agenturen und Beiräte – zur notwendigen Pluralität der staatlichen Wissensinfrastruktur". *In*: RÖHL, Hans Christian (Coord.). *Wissen – Zur kognitiven Dimension des Rechts* (DV Beiheft 9). Berlim: Duncker & Humblot, 2010, em referência à definição dos §§ 22 e ss., 63b Abs. 4 AMG und § 6 Abs. 1 GenTG; sobre a inclusão de particulares no processo de geração de conhecimento LADEUR, Karl-Heinz. "Privatisierung öffentlicher Aufgaben und die Notwendigkeit der Entwicklung eines neuen Informationsverwaltungsrechts". *In*: HOFFMANN-RIEM, Wolfgang; SCHMIDT-ASSMANN, Eberhard (Coord.). *Verwaltungsrecht in der Informationsgesellschaft*. Baden-Baden: Nomos, 2000, pp. 231 e ss.; APPEL, Ivo. "Methodik des Umgangs mit Ungewissheit". *In*: SCHMIDT-ASSMANN, Eberhard; HOFFMANN-RIEM, Wolfgang (Coord.). *Methoden der Verwaltungsrechtswissenschaft*. Baden-Baden: Nomos, 2004, pp. 327 e ss. (340).

833 KAHL, Wolfgang. "Risikosteuerung durch Verwaltungsrecht: Ermöglichung oder Begrenzung von Innovationen?" *DVBl*, 2003, p. 1117.

834 Cf. AUGSBERG, Steffen. "Wertpapieraufsicht". *In*: EHLERS, Dirk; FEHLING, Michael; PÜNDER, Hermann (Coord.). *Besonders Verwaltung*: Öffentliches Wirtschaftsrecht. vol. 1. 3ª ed. Heidelberg, 2012, § 34 parágrafo 15, 25 (i.E.).

de documentação, de acordo com o § 34 da mesma lei.[835] Por outro lado, os requisitos gerais de transparência orientados para o mercado financeiro são complementados com controles oficiais. Consequentemente, a Autoridade de Supervisão Financeira Federal [BaFin] é responsável em particular por revisar a publicação de relatórios *ad hoc* (§ 15 da WpHG),[836] relatórios de negociações dos diretores (§ 15a da WpHG)[837] e relatórios importantes sobre direitos de voto (§ 21 e seguintes da WpHG).[838] Existem disposições correspondentes no que diz respeito à supervisão do mercado financeiro.[839]

---

835 Cf. SÜSSMANN, Rainer. "Meldepflichten nach § 9 Wertpapierhandelsgesetz". *WM*, 1996, pp. 937 e ss.; ZEITZ, Dominik. "Der Begriff des 'Geschäfts' im Lichte des § 9 WpHG". *WM*, 2008, pp. 918 e ss.

836 Cf. CAHN, Andreas; GÖTZ, Jürgen. "Ad-hoc-Publizität und Regelberichterstattung". *Institute for law and finance*, 2007, pp. 221 e ss.; LEUERING, Dieter. "Die Ad-hoc-Pflicht aufgrund der Weitergabe von Insiderinformationen (§ 15 I 3 WpHG)". *NZG*, 2005, pp. 12 e ss.; WIDDER, Stefan; GALLERT, Jan. "Ad-hoc-Publizität infolge der Weitergabe von Insiderinformationen – Sinn und Unsinn von § 15 I 3 WpHG". *NZG*, 2006, pp. 451 e ss.

837 Cf. HELLGARDT, Alexander. *Kapitalmarktdeliktrecht Haftung von Emittenten, Bietern, Organwaltern und Marktintermediären – Grundlagen, Systematik, Einzelfragen*. Tübingen: Mohr Siebeck, 2008, pp. 288 e ss.; FLEISCHER, Holger. "Director's Dealings". *ZIP*, 2002, pp. 1217 e ss.; HAGEN-ECK, Regine; WIRSCH, Stefan. "Gestaltung von Directors' Dealings und die Pflichten nach § 15a WpHG". *DB*, 2007, pp. 504 e s s.; SCHNEIDER, Uwe H. "Der pflichtenauslösende Sachverhalt bei 'Directors' Dealings". *BB*, 2002, pp. 1817 e ss.

838 Cf. HEPPE, Hansjörg. "Zu den Mitteilungspflichten nach § 21 WpHG im Rahmen der Umwandlung von Gesellschaften". *WM*, 2002, pp. 60 e ss.; SUDMEYER, Jan. "Mitteilungs- und Veröffentlichungspflichten nach §§ 21, 22 WpHG". *BB*, 2002, pp. 685 e ss.

839 Cf. em relação a isso com ênfase específica no aspecto epistêmico, KAUFHOLD, Ann-Katrin. "Transfer und Transformation ökonomischen Wissens im Recht der Bankenaufsicht". *In*: AUGSBERG, Ino (Coord.). *Extrajuridisches Wissen im Verwaltungsrecht*: Analysen und Perspektiven. Tübingen: Mohr Siebeck, 2013, pp. 99 e ss.

Em todos esses casos, a Administração tem de lidar com o dilema da ignorância suficientemente específica:

> *even if disclosure is mandated, the ironic reality is that the expertise required to understanding the information is controlled by those being regulated and the expertise of the regulators to exercise oversight, therefore, depends on the organizations' willingness to cooperate.*[840]

A autoridade se depara com o problema de que ela pode nem mesmo saber o que não sabe, mas deveria saber, ao mesmo tempo que é normativamente obrigada a apenas combater especificamente essa falta de conhecimento inespecífica e geral. Isso porque, pelo princípio da proporcionalidade, não se deve simplesmente fornecer informações para suas próprias atividades administrativas "no escuro". Ao contrário, a entidade reguladora responsável deve ter "no momento em que a informação é recolhida já um conceito pré-estruturado para a medida pretendida,[841] nem que ele seja, ao menos, grosseiramente delineado".[842] Nesse sentido, a inclusão de particulares na geração administrativa de conhecimento requer pelo menos uma descrição das medidas especificamente planejadas e as

---

840 WILLKE, Helmut. "Transparency after the Financial Crisis. Democracy, Transparency, and the Veil of Ignorance". *In*: JANSEN, Stephan A.; SCHRÖDER, Eckhard; STEHR, Nico (Coord.). *Transparenz*: Multidisziplinäre Durchsichten durch Phänomene und Theorien des Undurchsichtigen. Wiesbaden: VS Verlag, 2010, pp. 56 e ss. (61).

841 GÄRDITZ, Klaus. "Ferdinand Regulierungsrechtliche Auskunftsanordnungen als Instrument der Wissensgenerierung". *DVBl*, 2009, pp. 69 e ss. (75).

842 Cf. de maneira geral sobre o pano de fundo constitucional das obrigações conceituais na geração do conhecimento administrativo WOLLENSCHLÄGER, Burkard. *Wissensgenerierung im Verfahren*. Tübingen: Mohr Siebeck, 2009, pp. 202 e ss.

informações (presumivelmente) necessárias para isso. Um "Direito Administrativo Informacional envolto em névoas" é inadmissível.[843]

Com efeito, as obrigações de informação direta podem afetar não apenas as pessoas envolvidas em um procedimento administrativo, mas também terceiros, externos ao processo. Por um lado, isso se aplica às obrigações gerais de notificação dirigidas ao público em geral, uma vez que são normatizadas, em particular, em infrações penais relevantes, como a do § 138 do Código Penal [*Strafgesetzbuch*- StGB].[844] Por outro lado, as correspondentes obrigações de informação também podem existir como obrigações mais específicas de determinadas tarefas administrativas, em que estão disponíveis conhecimentos especiais do cidadão individual, aos quais a Administração deve recorrer para cumprir as suas tarefas. As chamadas investigações "informativas" do poder de polícia em geral parecem ser paradigmáticas para essas situações; estruturalmente equivalentes são os casos de oitiva de testemunhas, especialmente pelo Ministério Público na área da persecução penal.[845] Nessas circunstâncias, porém, a mera necessidade de informação por parte da Administração não significa que o cidadão em tela tenha, pelo menos, um dever passivo de tolerância ou mesmo um dever ativo de cooperação. Em vez disso, os deveres devem ser previstos separadamente por lei. Assim, por exemplo, a obrigação de testemunhar durante os interrogatórios do Ministério Público é expressamente regulada de acordo com o § 161a, parágrafo 1º, inciso 1 do Código de Processo Penal [*Strafprozessordnung*- StPO]; devido ao seu caráter excepcional, porém, essa disposição não pode ser estendida também à força policial não mencionada na

---

843 GÄRDITZ, Klaus. "Ferdinand Regulierungsrechtliche Auskunftsanordnungen als Instrument der Wissensgenerierung". *DVBl*, 2009, p. 77.

844 Cf. em relação a isso POHL, Joachim. *Informationsbeschaffung beim Mitbürger*. Berlim: Duncker & Humblot, 2002, pp. 25 e ss.

845 Cf. POHL, Joachim. *Informationsbeschaffung beim Mitbürger*. Berlim: Duncker & Humblot, 2002, pp. 60 e ss. e 93 e ss.

norma.[846] De resto, na área da prevenção de perigos em geral, se se pode presumir que o interessado pode prestar qualquer informação relevante, apenas existe a obrigação de informação relativa aos dados pessoais do cidadão inquirido (cf., por exemplo, § 12, inciso I da Lei de Polícia Bávara [*Bayerisches Polizeiaufgabengesetz*- BayPAG]);[847] de acordo com o modelo de regulamentação da Lei de Polícia [PAG], da Baviera, essa obrigação de fornecer informações só pode ser estendida a informações adicionais relevantes se a pessoa em questão tiver uma obrigação legal de agir (§ 12, inciso 2 da BayPAG). Em alguns casos, a correspondente obrigação de informação também é assumida no poder de polícia dos estados federais, se houver um perigo particularmente grave, ou seja, um perigo para a vida, saúde ou liberdade de outras pessoas ou para bens, principalmente os mais relevantes (§ 20, parágrafo 1º, inciso 3 da Lei de Política de Baden-Württemberg [*Polizeigesetz-Baden Württemberg*- PolG BW]). As obrigações expressas correspondentes ao fornecimento de informações às autoridades responsáveis também podem ser encontradas em vários outros regulamentos do Direito Administrativo especial,

846 Cf. na discussão jurídico-política sobre uma correspondente extensão dos poderes da polícia, por exemplo, WAGNER-KERN, Michael. "Der polizeiliche Zugriff auf Zeugen. Zur geplanten Erscheinens- und Aussagepflicht von Zeugen bei der Polizei". *RuP*, 2010, pp. 210 e ss.

847 Cf. para a determinação equivalente do § 9 Abs. 1 PolG NRW näher GUSY, Christoph. "Polizeiliche Befragung am Beispiel des § 9 NRWPolG". *NVwZ*, 1991, pp. 614 e ss.; de maneira geral, sobre a obtenção de informação dentro dos limites legais do poder de política GUSY, Christoph. "Gefahraufklärung zum Schutz der öffentlichen Sicherheit und Ordnung". *JA*, 2011, pp. 641 e ss. Para o processamento das informações coletadas, que devem ser diferenciadas, ver GUSY, Christoph. "Polizeiliche Datenverarbeitung zur Gefahrenabwehr". *ZJS*, 2012, pp. 155 e ss. Em relação a ambos os aspectos dentro do contexto europeu SCHÖNDORF-HAUBOLD, Bettina. "Europäisches Sicherheitsverwaltungsrecht". *In*: TERHECHTE, Jörg Philipp (Coord.). *Verwaltungsrecht der Europäischen Union*. Baden-Baden: Nomos, 2011, § 35 parágrafo 80 e ss.

por exemplo, no § 52, parágrafo 1º da Lei Federal de Proteção da Natureza [*Bundesnaturschutzgesetz*- BNatSchG].

Por outro lado, as medidas sigilosas das autoridades, embora também relacionadas com o recolhimento de informação, já não podem ser qualificadas como um dever privado de informação.[848] Isso porque, na medida em que elas dependem da intervenção do próprio cidadão, ou seja, não conseguem ser cumpridas pela própria atividade da Administração, sendo que a pessoa envolvida nem sequer as conhece, existe aqui uma obrigação legal somente sob a forma abstrata, tendo que tolerar medidas correspondentes no quadro legalmente previsto que existem em princípio para todos e não se concretizam em imperativos individuais de ação. Do ponto de vista da informação, porém, o que importa, nesse contexto, é a exigência decorrente da proibição do excesso, dentro da qual, em face da particular intensidade da violação de direitos fundamentais associados ao sigilo,[849] não haja alternativa às autoridades policiais em relação ao procedimento necessário para obtenção informações, ou seja, não deve haver outra forma aberta de captação de informações.[850]

3. Ao contrário das obrigações diretas de informação, as indiretas são caracterizadas pela voluntariedade na transmissão de informações à autoridade. "Contudo, essa voluntariedade é significativamente restringida pelo fato de que somente se pode obter as vantagens de seu uso frequente pela Administração, e as informações

---

848 Cf. de forma mais abrangente em DEUTSCH, Markus. *Die heimliche Erhebung von Informationen und deren Aufbewahrung durch die Polizei*. Heidelberg: Müller, 1992.

849 Cf. em relação a isso em BVerfGE 118, 168 (197); 120, 274 (325). De forma clara sobre o problema, ver SCHWABENBAUER, Thomas. *Heimliche Grundrechtseingriffe*: Ein Beitrag zum Umfang und zu den Grenzen sicherheitsbehördlicher Ausforschung. München: Mohr Siebeck, 2012, pp. 159 e ss.

850 Cf. DEUTSCH, Markus. *Die heimliche Erhebung von Informationen und deren Aufbewahrung durch die Polizei*. Heidelberg: Müller, 1992.

necessárias forem compartilhadas".[851] Especialmente quando o requerente está em situação de dependência da respectiva licença (pelo menos economicamente), a suposição da transmissão voluntária de informações pode, portanto, parecer ser, na melhor das hipóteses, formalmente adequada.[852] As obrigações indiretas de informar às autoridades competentes são um mecanismo regulatório que tem sido usado cada vez mais recentemente. Ele baseia-se em uma assimetria estrutural de conhecimento entre a autoridade licenciadora, por um lado, e o cidadão requerente do licenciamento oficial, por outro: porque a experiência exigida para a decisão do licenciamento é apenas ou, ao menos primordialmente, encontrada no requerente, ele deve abrir mão, ao menos parcialmente, de sua vantagem de conhecimento como pré-requisito para o licenciamento, ou seja, para compartilhar seu conhecimento superior com as autoridades. O que frequentemente é o caso dos novos produtos desenvolvidos que ainda não são conhecidos fora de seu âmbito de estudo devido ao seu caráter inovador. O princípio orientador não é apenas a geração mais eficiente de conhecimento, mas a sua possibilidade básica. A estrutura dos procedimentos para aprovação de medicamentos de

851 GUSY, Christoph. "Die Informationsbeziehungen zwischen Staat und Bürger". *In*: HOFFMANN-RIEM, Wolfgang; SCHMIDT-ASSMANN, Eberhard; VOSSKUHLE, Andreas (Coord.). *Grundlagen des Verwaltungsrechts*: Informationsordnung, Verwaltungsverfahren, Handlungsformen. vol. II. München: Verlag C. H. Beck, 2012, parágrafo 38; Cf. em relação a esse tipo de informação em ibid. parágrafo 72 e ss.

852 Cf. GUSY, Christoph. "Die Informationsbeziehungen zwischen Staat und Bürger". *In*: HOFFMANN-RIEM, Wolfgang; SCHMIDT-ASSMANN, Eberhard; VOSSKUHLE, Andreas (Coord.). *Grundlagen des Verwaltungsrechts*: Informationsordnung, Verwaltungsverfahren, Handlungsformen. vol. II. München: Verlag C. H. Beck, 2012, parágrafo 72; para a discussão correspondente no contexto do direito de proteção de dados GUCKELBERGER, Annette. "Veröffentlichung der Leistungsempfänger von EU-Subventionen und unionsgrundrechtlicher Datenschutz". *EuZW*, 2011, pp. 126 e ss. (129), com referência à decisão do Tribunal de Justiça da União Europeia de 9.11.2010, Az. C-92/09, EuZW 2010, pp. 939 e ss.

acordo com a Lei Federal de Fármacos [AMG] é apresentada como exemplo.[853]

> O teste de aprovação e o decorrente exame de segurança de um novo medicamento ocorre em um momento em que não há informações publicamente disponíveis sobre o novo produto. Só o fabricante, que tem muitos anos de experiência com o princípio ativo, realizou testes clínicos e conhece os resultados.[854]

Para que a autoridade possa tomar uma decisão suficientemente informada, o fabricante deve, portanto, informar a autoridade sobre a experiência adquirida. O § 22, parágrafo 2º da AMG estabelece requisitos específicos para os resultados da investigação a serem anexados aos documentos de aprovação. Em uma segunda etapa, de acordo com o § 25, parágrafo 2º, inciso 1 e 2 da AMG, a autoridade federal superior competente tem a tarefa de verificar a integridade dos documentos e de saber se o medicamento foi adequadamente testado de acordo com o estado atual do conhecimento científico.[855] Conforme o § 25, parágrafo 5º, inciso 2 da AMG, a autoridade também pode usar suas próprias descobertas científicas para avaliar os documentos apresentados, convocar especialistas ou solicitar relatórios; segundo o § 25, parágrafo 5º, inciso 5 da AMG, a avaliação dos documentos também pode ser transferida para uma

---

853 Cf. sobre a dimensão do conhecimento dessas disposições WOLLENSCHLÄGER, Burkard. *Wissensgenerierung im Verfahren.* Tübingen: Mohr Siebeck, 2009, p. 75 f.

854 ENGELKE, Karsten. "Rechtliche Rezeption von Wissen in der Arzneimittelregulierung und gerichtliche Kontrolle". *GesR*, 2011, pp. 463 e ss. (464).

855 Cf. no que tange à questão de como esse estado da arte pode ser determinado, DETTLING, Heinz-Uwe. "Wissenschaftlichkeit im Arzneimittelrecht – Zum Begriff des jeweils gesicherten Standes der wissenschaftlichen Erkenntnisse". *PharmR*, 2008, pp. 273 e ss. (Teil 1), pp. 323 e ss. (Teil 2), pp. 418 e ss. (Teil 3).

contraprova de especialistas independentes. Em consonância com o § 25a, parágrafo 1º AMG, também é necessário envolver a perícia de especialistas independentes como parte de um exame preliminar do pedido de aprovação. De forma peculiar e bastante típica, a Lei Federal de Fármacos conjuga a exigência de uma atividade de informação primária por parte do cidadão com a revisão da informação assim obtida, envolvendo peritos externos.

O que vale antes da decisão oficial também pode continuar após a concessão da aprovação:[856] na área do Direito da engenharia genética, por exemplo, a aprovação para colocar um produto geneticamente modificado no mercado está ligada a obrigações de monitoramento não apenas por parte das autoridades, mas também do fabricante.[857] Ao apresentar o seu pedido, o requerente deve apresentar um plano de monitoramento continuado dos organismos geneticamente modificados (§ 15, parágrafo 1º, inciso 5 da GenTG) e, posteriormente, com base nesse plano, que pode ter sido aprovado pela autoridade competente juntamente com o projeto global, apresentar relatórios de observação sujeitos ao escrutínio da Administração Pública (cf. §§ 16 c ao 21, parágrafo 4ºa da GenTG). Nos termos do § 6, parágrafo 3º 3 da GenTG, o operador deve manter registos da execução dos trabalhos de engenharia genética e das determinações, bem como submetê-los à autoridade competente quando solicitado;[858] ademais, com fulcro nos § 21, parágrafo 1º e 2º, ele

---

856 Cf. de maneira geral em APPEL, Ivo. “Methodik des Umgangs mit Ungewissheit”. *In*: SCHMIDT-ASSMANN, Eberhard; HOFFMANN-RIEM, Wolfgang (Coord.). *Methoden der Verwaltungsrechtswissenschaft*. Baden-Baden: Nomos, 2004, p. 341.

857 Cf., por exemplo, em WEIMANN, Cathrin; EMMERMACHER, Corinna; KLEIN, Roland; MARBURGER, Peter. “Beobachtung möglicher Umweltauswirkungen durch gentechnisch veränderte Pflanzen: Monitoring als Frühwarnsystem zur Vermeidung von Umweltschäden?” *NuR*, 2010, pp. 229 e ss.

858 Cf. mais detalhadamente em FLUCK, Jürgen. “Aufzeichnungs-, Aufbewahrungs- und Vorlagepflichten bei gentechnischen Arbeiten”. *DÖV*, 1991, pp. 129 e ss.

deve notificar previamente a autoridade competente sobre quaisquer mudanças na força de trabalho relevante para a segurança e sobre quaisquer mudanças nas instalações e nas precauções relevantes para a segurança.[859] As obrigações de informação correspondentes que continuam a ser aplicadas após a concessão da aprovação também podem ser encontradas, em particular, na legislação farmacêutica; a obrigação de monitoramento oficial como parte da chamada farmacovigilância ou controle pós-comercialização[860] (cf. §§ 62 e seguintes da AMG, em conjunto com o regulamento administrativo geral para monitoramento, coleta e avaliação de riscos de medicamentos [plano gradual], de acordo com § 63 da AMG) inclui, entre outras coisas, documentação abrangente e obrigações de relatórios das empresas envolvidas (cf. em particular § 63b da AMG). Essa forma de cooperação entre a autoridade controladora (aprovadora) e o requerente privado também pode ser descrita de forma mais generalizada:

Por trás disso, está a tendência geral de abandonar parcialmente a concepção tradicional da decisão administrativa como conclusão de investigações e da decisão definitiva de aprovação pelo Estado em favor de um conceito decisões sucessivas e revisáveis, mediante

---

859 Cf. em relação ao todo em SCHULTE, Martin; APEL, David. "Recht der Umwelt- und Humangentechnik". *In*: SCHULTE, Martin; SCHRÖDER, Rainer (Coord.). *Handbuch des Technikrechts*: Allgemeine Grundlagen – Umweltrecht – Gentechnikrecht – Energierecht – Telekommunikations- und Medienrecht – Patentrecht – Computerrecht. 2ª ed. Heidelberg: Springer, 2011, pp. 505 e ss. (552 e ss., v.a. 556 f.).

860 Cf. de maneira geral sobre a antecipação do controle prévio e posterior do mercado em FABIO, Udo Di. *Risikoentscheidungen im Rechtsstaat*: Zum Wandel der Dogmatik im Öffentlichen Recht, insbesondere am Beispiel der Arzneimittelüberwachung. Tübingen: Mohr, 1994, pp. 184 e ss.

a geração paralela de conhecimento por meio de obrigações de pesquisa e relatórios.[861]

Há uma forma de obrigações de informação privada que é particularmente estruturada organizacionalmente, em que a empresa em questão deve criar seus próprios escritórios para coletar e transmitir informações. Característico desses órgão – nos quais se incluem o responsável pela segurança indicado pelo Direito Nuclear (§§ 4 ao 10 do Regulamento de Segurança Nuclear e Relatórios [*Atomrechtlichen Sicherheitsbeauftragten- und Meldeverordnung*- AtSMV]), o oficial do plano gradual da Lei Federal de Fármacos (§ 63a da AMG) e o supervisor das autoridades bancárias (§§ 26 ao 29 da Lei de Crédito [*Kreditwesengesetz*- KWG]) – é a tarefa e a função "híbrida" deles que, por um lado, pertence à empresa privada, é instituído e financiado por ela e, por outro lado, deve repassar informações internas às autoridades estatais.[862]

Para todas essas formas de interação de informações agregadas no formato privado e em seu processamento oficial, bem como para a cooperação entre autoridades e especialistas, é necessário um serviço de transformação específico:[863] a geração privada de conhecimento não deve ser entendida como uma "base de conhecimento" fixa que pode ser facilmente compreendida por ser transferida para o contexto de tomada de decisão da Administração Pública. "Trata-se,

---

861 APPEL, Ivo. "Methodik des Umgangs mit Ungewissheit". *In*: SCHMIDT-ASSMANN, Eberhard; HOFFMANN-RIEM, Wolfgang (Coord.). *Methoden der Verwaltungsrechtswissenschaft*. Baden-Baden: Nomos, 2004, p. 346.

862 Cf. de forma mais detalhada sobre o instituto geral e às três áreas de referência em REILING, Katharina. "Hybride als Wissensmittler". *In*: RÖHL, Hans Christian; TRUTE, Hans Heinrich (Coord.). *Wissen/Nichtwissen in Organisationen und Netzwerken*. Alemanha: University of Konstanz 2013 (i.Vorb.).

863 Cf. de maneira mais detalhada no capítulo VIII.

sobretudo, da produção de 'bases' de conhecimento, que, por sua vez, estão sujeitas à avaliação, à alteração ou à ressignificação no respectivo contexto".[864]

4.7 A exigência de pareceres de especialistas privados

1. Uma forma especial de cooperação do Estado com particulares, que, ao mesmo tempo, adota a lógica da comissão de especialistas, é a exigência de que os particulares apresentem relatórios periciais para facilitar o trabalho administrativo, por exemplo, quando da apresentação de documentos ou requerimentos ou no contexto de monitoramento técnico do sistema.[865] Em alguns casos, não é expressamente exigida a atribuição de um perito correspondente; ao contrário, é basicamente voluntário, mas, muitas vezes, decorre da complexidade do assunto, que o requerente não pode lidar sozinho, e do risco associado de desinformação da autoridade.[866] Em outros, no entanto, o uso de especialistas já está explicitamente previsto em

---

864 TRUTE, Hans-Heinrich. "Wissen – Einleitende Bemerkungen". *In*: RÖHL, Hans Christian; TRUTE, Hans Heinrich (Coord.). *Wissen/ Nichtwissen in Organisationen und Netzwerken*. Alemanha: University of Konstanz 2013, pp. 11 e ss. (26).

865 Cf. sobre esse instituto do "especialista particular" como perito contratante do próprio (também privado) destinatário da norma SCHOLL, Patrick. *Der private Sachverständige im Verwaltungsrecht*: Elemente einer allgemeinen Sachverständigenlehre. Baden-Baden: Nomos, 2005, pp. 205 e ss.

866 Cf. SCHOLL, Patrick. *Der private Sachverständige im Verwaltungsrecht*: Elemente einer allgemeinen Sachverständigenlehre. Baden-Baden: Nomos, 2005, p. 211 f. Sobre o uso estruturalmente comparável de consultores tributários em direito tributário e as vantagens daí decorrentes para a administração tributária - geralmente mais fácil processamento dos documentos pré-estruturados pelo especialista – SCHMEHL, Arndt. "Staatswissen und Steuerverwaltung". *In*: DÖHMANN, Indra Spiecker Genannt; COLLIN, Peter (Coord.). *Generierung und Transfer staatlichen Wissens im System des Verwaltungsrechts*. Tübingen: Mohr Siebeck, 2008, p. 280.

lei.[867] No § 24 da AMG, por exemplo, não só é declarada necessária a respectiva perícia, como a lei já estipula quais as informações mínimas que devem emergir dessa consultoria. Desse modo, a obrigação de apresentação também se refere aos documentos a serem apresentados pelo requerente de acordo com §§ 22 e seguintes da AMG. O destinatário da obrigação não é prioritariamente a Administração, mas, sim, o cidadão requerente; cabe apenas à Administração fiscalizar o cumprimento dessa obrigação. Aparentemente, não só a tarefa geral de apuração dos fatos é "privatizada", como também a de seleção de peritos para o caso concreto. Também é possível um acordo em que a exigência de que um especialista seja contratado por um particular seja deixada ao critério da autoridade caso a caso. Particularmente no Direito Material Ambiental, estabeleceu-se também uma outra variante da "divisão do trabalho" entre a Administração e cidadãos, que, mais uma vez, delimita processualmente a transferência da tarefa de apuração dos fatos: a ênfase é

> a forma de cooperação que permite ao Estado definir métodos de avaliação de riscos e, simultaneamente, excluir a consideração de outros riscos a serem especificados, os quais não tenham sido comprovados por testes ou por conhecimentos científicos obtidos de terceiros.[868]

A intervenção voluntária ou – por lei ou por ordem judicial – obrigatória de peritos por parte do particular abrangido pelo procedimento administrativo não só pode ocorrer na fase anterior à aprovação de um projeto, como também pode ser instalada posteriormente em

---

867 Cf. die Beispiele bei SCHOLL, Patrick. *Der private Sachverständige im Verwaltungsrecht*: Elemente einer allgemeinen Sachverständigenlehre. Baden-Baden: Nomos, 2005, p. 212, Anm. 377, 378.

868 LADEUR, Karl-Heinz. "Privatisierung öffentlicher Aufgaben und die Notwendigkeit der Entwicklung eines neuen Informationsverwaltungsrechts". *In*: HOFFMANN-RIEM, Wolfgang; SCHMIDT-ASSMANN, Eberhard (Coord.). *Verwaltungsrecht in der Informationsgesellschaft*. Baden-Baden: Nomos, 2000, p. 234.

formato especial de controle da Administração.[869] Se a lei exigir a contratação de especialista, a "obrigação geral do destinatário da norma de cooperar sob a forma de simples informação no âmbito da vigilância repressiva (...) converte-se em informação qualificada".[870]

2. Um caso especial do perito contratado privadamente é a "*substituição administrativa*" pela utilização de especialistas. Nessa constelação, um perito "deve ser contratado com base nos requisitos legais (...) para compensar a falta de um procedimento oficial".[871] A "privatização processual" foi assim levada ao extremo, por assim dizer, porque a avaliação encomendada privadamente não apenas complementa o processo de aprovação oficial, mas o substitui completamente.[872] Essa estratégia só é possível como expressão da desregulamentação estatal, em que, por um lado, em vez do controle estatal, se deve reivindicar a responsabilidade individual do cidadão, mas, por outro, não lhe é confiada a medida em que ele poderia tomar sem o apoio de especialistas.

> O Estado, portanto, renuncia aqui às suas próprias competências preventivas porque assume que o dono da obra irá

---

869 Cf. SCHOLL, Patrick. *Der private Sachverständige im Verwaltungsrecht*: Elemente einer allgemeinen Sachverständigenlehre. Baden-Baden: Nomos, 2005, pp. 214 e ss.

870 SCHOLL, Patrick. *Der private Sachverständige im Verwaltungsrecht*: Elemente einer allgemeinen Sachverständigenlehre. Baden-Baden: Nomos, 2005, p. 215.

871 SEIDEL, Achim. *Privater Sachverstand und staatliche Garantenstellung im Verwaltungsrecht*. München: C. H. Beck, 2000, p. 256; Cf. também em pp. 256 e ss., para exemplos concretos, especialmente de regulamentos de construção civil; para isso também FEHLING, Michael. *Verwaltung zwischen Unparteilichkeit und Gestaltungsaufgabe*. Tübingen: Mohr Siebeck, 2001, pp. 404 e ss.

872 Cf. a visão crítica sobre o modelo equivalente nos Estados Unidos em SEIFTER, Miriam. "Rent-a-Regulator. Design and Innovation in Environmental Decision Making". *In*: FREEMAN, Jody; MINOW, Martha (Coord.). *Government by Contract*: Outsourcing and American Democracy. Cambridge: Harvard University Press, 2009, pp. 93 e ss.

> assegurar o cumprimento das normas legais substantivas, pelo menos enquanto cumprir a obrigação de contratar um especialista, pressupondo que isso leve a um resultado positivo.[873]

A responsabilidade de controle do Estado é, assim, deslocada para um "quadro de autorregulação social", ficando com, no máximo, a responsabilidade de "formular os requisitos de qualidade e de neutralidade para especialistas privados".[874] No que diz respeito à tarefa cognitiva da Administração, isso significa que todo o processo de geração do conhecimento necessário para a implementação da atividade administrativa é terceirizado para os especialistas privados. Portanto, não é mais possível falar em transferência administrativa de conhecimento em relação a uma missão especializada originalmente destinada à geração de conhecimento.

---

873 SEIDEL, Achim. *Privater Sachverstand und staatliche Garantenstellung im Verwaltungsrecht*. München: C. H. Beck, 2000, p. 256.

874 TRUTE, Hans-Heinrich. "Die Verwaltung und das Verwaltungsrecht zwischen gesellschaftlicher Selbstregulierung und staatlicher Steuerung". *DVBl*, 1996, p. 954.

CAPÍTULO V

ARMAZENAMENTO DO CONHECIMENTO: ATAS, REGISTROS E ARQUIVOS NA ERA DA DIGITALIZAÇÃO

5.1 A memória da Administração como parte da gestão do conhecimento administrativo

Regras para alocação de conhecimento administrativo, ou seja, para transferência de conhecimento inter e intra-administrativo e para transferência de conhecimento relacionado à *expertise* extra-administrativa, ajudam a superar as diferenças espaço-funcionais entre um estoque localizado de informações específicas e a necessidade de captar as informações em fluxo, correndo em outro lugar. Ademais, o Direito Administrativo Informacional também requer instrumentos especiais que atendam a um propósito correspondente em termos temporais.[875] Na área da administração, essa função é tradicional-

---

875 Cf. em geral, a necessidade de uma "infraestrutura de conhecimento" que permita "aos tomadores de decisão responsáveis pela administração e pela legislação acessar o conhecimento necessário para sua

mente desempenhada por atas, registros e arquivos.[876] A relevância específica e atualmente crescente das atividades administrativas decorre da finalidade informacional desses instrumentos: "na sociedade da informação (...) todos os arquivos são 'portadores de informação' indispensáveis; eles ganham constantemente importância em uma comunidade projetada e voltada à comunicação pública".[877] Esse sentido está diretamente relacionado aos fundamentos cognitivos do Direito; diz respeito às "tarefas de prestação de contas e de fornecimento de informações"[878] e, ao mesmo tempo, estende-se para além do papel de mero portador de informações, que lhe permanece

---

área", GROSS, Thomas. "Ressortforschung, Agenturen und Beiräte – zur notwendigen Pluralität der staatlichen Wissensinfrastruktur". *In*: RÖHL, Hans Christian (Coord.). *Wissen – Zur kognitiven Dimension des Rechts* (DV Beiheft 9). Berlim: Duncker & Humblot, 2010, pp. 135 e ss. (138 e ss.).

876 Cf. LADEUR, Karl-Heinz. "Die Kommunikationsinfrastruktur der Verwaltung". *In*: HOFFMANN-RIEM, Wolfgang; SCHMIDT-ASSMANN, Eberhard; VOSSKUHLE, Andreas (Coord.). *Grundlagen des Verwaltungsrechts*: Informationsordnung – Verwaltungsverfahren – Handlungsformen. vol. II. 2ª ed. München: C. H. Beck, 2012, § 21 parágrafo 1 e ss.; COLLIN, Peter. "Archive und Register. Verlorenes Wissen oder Wissensressource der Zukunft?" *In*: SCHUPPERT, Gunnar Folke; VOSSKUHLE, Andreas (Coord.). *Governance von und durch Wissen*. Baden-Baden: Nomos, 2008, pp. 75 e ss.; VISMANN, Cornelia. *Akten*: Medientechnik und Recht. Frankfurt am Main: Fischer, 2000; associado a esse pensamento KEMMERER, Alexandra. "Akten". *In*: RAULFF, Ulrich; LEPPER, Marcel (Coord.). *Handbuch Archiv*. Stuttgart: J. B. Metzler Verlag 2013 (por exemplo.). Para outras instituições funcionalmente comparáveis, como livros, listas, listas, cadastros e inventários ver KLOEPFER, Michael. *Informationsrecht*. München: Beck, 2002, § 10 parágrafo 89.

877 SCHOCH, Friedrich. "Modernisierung des Archivrechts in Deutschland". *Die Verwaltung*, 39, 2006, pp. 463 e ss. (463), com referência a uma disposição correspondente em WYDUCKEL, Dieter. "Archivgesetzgebung im Spannungsfeld von informationeller Selbstbestimmung und Forschungsfreiheit". *DVBl*, 1989, pp. 327 e ss. (334).

878 SCHOCH, Friedrich. "Modernisierung des Archivrechts in Deutschland". *Die Verwaltung*, 39, 2006, p. 463.

externo. Assim como as normas sobre alocação do conhecimento, a função temporal de armazenamento do conhecimento não designa um aspecto secundário, mas, sim, serve originalmente para gerar conhecimento: não apenas toda estrutura de formas mais complexas de conhecimento é baseada na possibilidade de preservar e de elaborar experiências de processamento, mas, especialmente, pela incorporação e pelo desenvolvimento simultâneo de novas informações aos contextos existentes. A maneira como o conhecimento é agrupado e como ele pode ser recuperado também tem impacto sobre o armazenado.

> O fato de atas, gravações de som e de imagem ou arquiteturas de computador e de rede poderem ser usados como suportes de dados influencia a quantidade que pode ser armazenada e disponibilizada para pronto acesso, as formas de codificação, as formas de mudança de dados entre entrada e recuperação ou os mecanismos de transmissão de dados.[879]

Isso se aplica ainda mais ao desenvolvimento direcionado e dinâmico do conhecimento, ou seja, à capacidade de aprender das pessoas, mas também das instituições ou das organizações. "Aprender significa ter memória e ser capaz de tirar conclusões a partir das informações armazenadas".[880] Assim, a capacidade de aprendizagem da Administração também requer precauções institucionais correspondentes. Ainda mais: se entendermos a atividade

---

879 ALBERS, Marion. "Umgang mit personenbezogenen Informationen und Daten". *In*: HOFFMANN-RIEM, Wolfgang; SCHMIDT-ASSMANN, Eberhard; VOSSKUHLE, Andreas (Coord.). *Grundlagen des Verwaltungsrechts*: Informationsordnung – Verwaltungsverfahren – Handlungsformen. vol. II. 2ª ed. München: C. H. Beck, 2012, § 22 parágrafo 24.

880 STOLLEIS, Michael. "Der lernfähige und lernende Staat". *In*: FRIED, Johannes; STOLLEIS, Michael (Coord.). *Wissenskulturen*: Über die Erzeugung und Weitergabe von Wissen. Frankfurt am Main: Campus Verlag, 2009, pp. 58 e ss. (58).

do administrativo essencialmente como tomada de decisão enquanto processamento de informações,[881] então, o sistema requer um modo de desenvolvimento que contenha tanto o conhecimento sobre as próprias decisões já tomadas quanto permita uma abertura para o futuro do que ainda está por decidir, o que é expresso entre os horizontes temporais. Em outra linguagem teórica (a da fenomenologia de Husserl), essa conexão também pode ser manifestada de tal sorte que a apresentação de uma determinada situação relevante para a decisão pressupõe uma tensão retencional-protecional por parte do observador.[882] É precisamente essa abertura a ambos os horizontes temporais que é garantida pela memória.[883] Nesse sentido, a memória é o pré-requisito necessário para todo o processamento de informações;[884] é apenas pelo seu desempenho que a informação pode ser identificada, nomeadamente, como surpresa face ao que já é conhecido, ou seja, o próprio horizonte de expectativas, podendo ser posteriormente processada.[885]

---

881 Cf. em mais detalhes em VESTING, Thomas. "Die Bedeutung von Information und Kommunikation für die verwaltungsrechtliche Systembildung". *In*: HOFFMANN-RIEM, Wolfgang; SCHMIDT-ASSMANN, Eberhard; VOSSKUHLE, Andreas (Coord.). *Grundlagen des Verwaltungsrechts*: Informationsordnung – Verwaltungsverfahren – Handlungsformen. vol. II. 2ª ed. München: C. H. Beck, 2012, § 20 parágrafo 1 e ss.; de maneira mais geral sobre a conexão circular entre decisão e informação LUHMANN, Niklas. *Organisation und Entscheidung*. Opladen: Westdeutscher Verlag, 2000, p. 183.

882 Cf. HUSSERL, Edmund. *Vorlesungen zur Phänomenologie des inneren Zeitbewußtseins*. 2ª ed. Tübingen: Max Niemeyer, 1980.

883 Cf. FOERSTER, Heinz von. "Was ist Gedächtnis, daß es Rückschau und Vorschau ermöglicht?" *In*: ______. *Wissen und Gewissen*: Versuch einer Brücke. Frankfurt am Main: Suhrkamp, 1993, pp. 299 e ss. Ver LUHMANN, Niklas. "Zeit und Gedächtnis". *Soziale Systeme*, 2, 1996, pp. 307 e ss.

884 Cf. LUHMANN, Niklas. *Organisation und Entscheidung*. Opladen: Westdeutscher, 2000, pp. 192 e ss.

885 Cf. LUHMANN, Niklas. *Organisation und Entscheidung*. Opladen: Westdeutscher, 2000, p. 158. Cf. ainda de forma mais abrangente sobre a conexão entre a temporalidade e a constituição do significado e

A referência às consequências que podem ser extraídas da informação armazenada (embora, a rigor, nunca se possa armazenar informação, mas apenas dados ou conhecimentos, uma vez que o efeito surpresa característico da informação não pode ser repetido)[886] já indica uma compreensão específica e limitada do modelo de armazenamento que não pode atender à necessidade de desenvolver uma memória:[887] "a memória não é simplesmente um 'estoque de eventos passados', mas principalmente a organização do acesso à informação".[888] Por isso mesmo, ela deve ser entendida e desenvolvida como um processo operacional;[889] só assim ela cumpre sua função como parte da gestão do conhecimento administrativo. O mero armazenamento deve ser diferenciado das opções de acesso ao que está armazenado. Tendo em vista a diferenciação geral entre dados, informação e conhecimento, não é suficiente supor que apenas os dados podem ser armazenados, ou seja, descontextualizados, abstraídos da passagem do tempo; e, assim, os dados armazenados apenas por meio da recontextualização renovada sejam transformados novamente em conhecimento e informação. No tocante ao arquivamento, isso deve resultar na necessidade de "organizar os estoques de informações de forma que

---

a descrição alterada associada da função de memória em KHURANA, Thomas. *Sinn und Gedächtnis*: Die Zeitlichkeit des Sinns und die Figuren ihrer Reflexion. München: Wilhelm Fink, 2007.

886 Cf. LUHMANN, Niklas. *Organisation und Entscheidung*. Opladen: Westdeutscher, 2000, p. 143.

887 Cf. para uma diferenciação terminológica mais precisa entre o armazenamento e o arquivamento do conhecimento ESPOSITO, Elena. *Soziales Vergessen*: Formen und Medien des Gedächtnisses der Gesellschaft. Frankfurt am Main: Suhrkamp, 2002, p. 239; assim como abaixo, no capítulo VI.

888 ESPOSITO, Elena. *Soziales Vergessen*: Formen und Medien des Gedächtnisses der Gesellschaft. Frankfurt am Main: Suhrkamp, 2002, p. 24.

889 Cf. TRUTE, Hans-Heinrich. "Wissen – Einleitende Bemerkungen". *In*: RÖHL, Hans Christian (Coord.). *Wissen – Zur kognitiven Dimension des Rechts* (DV Beiheft 9). Berlim: Duncker & Humblot, 2010, pp. 11 e ss. (21 e ss.).

sejam levados em consideração tanto os requisitos de preservação do contexto quanto a necessidade de descontextualização".[890] Por mais que essa constatação se aplique,[891] por um lado, à tarefa de armazenar e de atualizar os documentos arquivados, por outro, ao reduzi-la a esse aspecto, a memória é fortemente determinada pelo paradigma das realizações mnemotécnicas da consciência humana, no sentido de gerar e preservar o conhecimento explícito. Em uma perspectiva mais funcional, no entanto, também existem outras formas de armazenamento de conhecimento que podem ser descritas como implícitas de acordo com a diferenciação polanyiana.[892] Isso se aplica em particular à semântica da "memória oficial da sociedade",[893] no sentido de "identidades 'condensadas' pelo uso repetido dos mesmos termos em diferentes situações, ou seja, os tópicos que podem ser comunicados e os termos que podem ser usados na expectativa de serem compreendidos",[894] mas vai muito além disso. O que fica claro quando se usa o conceito de conhecimento. O conhecimento social

---

890 COLLIN, Peter. "Archive und Register. Verlorenes Wissen oder Wissensressource der Zukunft?" *In*: SCHUPPERT, Gunnar Folke; VOSSKUHLE, Andreas (Coord.). *Governance von und durch Wissen*. Baden-Baden: Nomos, 2008, p. 77.

891 Cf. ERNST, Wolfgang. *Das Gesetz des Gedächtnisses. Medien und Archive am Ende (des 20. Jahrhunderts)*. Berlim: Kulturverlag Kadmos, 2007, pp. 224 e 230; de uma perspectiva jurídica no que diz respeito à diferença entre dados e informações ALBERS, Marion. "Umgang mit personenbezogenen Informationen und Daten". *In*: HOFFMANN-RIEM, Wolfgang; SCHMIDT-ASSMANN, Eberhard; VOSSKUHLE, Andreas (Coord.). *Grundlagen des Verwaltungsrechts*: Informationsordnung – Verwaltungsverfahren – Handlungsformen. vol. II. 2ª ed. München: C. H. Beck, 2012, parágrafo 20.

892 Cf. POLANYI, Michael. *Implizites Wissen*. Frankfurt am Main: Suhrkamp, 1985, passim, v.a. pp. 13 e ss.

893 LUHMANN, Niklas. *Die Gesellschaft der Gesellschaft*. Frankfurt am Main: Suhrkamp, 1997, p. 627.

894 ESPOSITO, Elena. *Soziales Vergessen*: Formen und Medien des Gedächtnisses der Gesellschaft. Frankfurt am Main: Suhrkamp, 2002, p. 21. Cf. também a definição conceitual em LUHMANN, Niklas. *Das Recht der Gesellschaft*. Frankfurt am Main: Suhrkamp, 1993,

não apenas forma "o condensado linguístico de nossas experiências, mas também é refletido e preservado em nossos procedimentos, nossas práticas e as estruturas que as possibilitam".[895] O conceito de memória é correspondentemente amplo: "do ponto de vista técnico, toda ferramenta é um armazenamento externo de seu uso, o que significa que não apenas a produção renovada, mas também a lembrança dos métodos de trabalho associados são depositadas na memória coletiva".[896] Do ponto de vista jurídico, esses fenômenos de memória estrutural-institucional são particularmente interessantes porque levantam a questão de saber até que ponto, no contexto da tarefa global de assegurar a gestão adequada do conhecimento administrativo, o estabelecimento de certas instituições especificamente relacionadas ao armazenamento do conhecimento – nomeadamente o registo e o arquivo –, bem como a regulação jurídica de outros mecanismos sociais, como as organizações baseadas na divisão do trabalho e nos processos estruturados, também pode ser entendido como parte integrante do processo de memória administrativa.[897] De maneira mais clara: não apenas os padrões de comportamento praticamente rotinizados e estabilizados por especificações normativas, mas também os próprios sistemas de regras sociais que os sustentam,

---

p. 127: semanticamente como "autodeterminações de um sistema de comunicação"

895 BREIDBACH, Olaf. *Neue Wissensordnungen*: Wie aus Informationen und Nachrichten kulturelles Wissen entsteht. Frankfurt am Main: Suhrkamp, 2008, p. 13.

896 ERNST, Wolfgang. *Das Gesetz des Gedächtnisses. Medien und Archive am Ende (des 20. Jahrhunderts)*. Berlim: Kulturverlag Kadmos, 2007, p. 46.

897 Cf. ALBERS, Marion. "Umgang mit personenbezogenen Informationen und Daten". *In*: HOFFMANN-RIEM, Wolfgang; SCHMIDT-ASSMANN, Eberhard; VOSSKUHLE, Andreas (Coord.). *Grundlagen des Verwaltungsrechts*: Informationsordnung – Verwaltungsverfahren – Handlungsformen. vol. II. 2ª ed. München: C. H. Beck, 2012, parágrafo 17.

em última análise, especialmente os regulamentos e institutos legais, podem ser tratados como possíveis meios de armazenamento.[898]

Geralmente, na gestão do conhecimento administrativo, o "sujeito" primário dos processos a serem analisados não é a consciência individual, ou seja, o funcionário oficial individual, mas a Administração como um sistema social.[899] Para além da "memória coletiva", no sentido de *Maurice Halbwachs*,[900] ainda ligada ao indivíduo como portador desse tipo de memória e observada apenas em sua gênese coletiva,[901] o desenvolvimento da memória, assim entendido, aponta para a necessidade de garantir uma configuração adequada da ligação entre redundância e variedade,[902] da formação

---

898 Cf. correspondentemente não apenas ao "arquivo de valores culturais", mas também aos "valores culturais" como um arquivo GROYS, Boris. *Unter Verdacht*: Eine Phänomenologie der Medien. München: Hanser, 2000, pp. 7 e ss.; em relação aos sistemas de regras sociais, ver WILLKE, Helmut. *Einführung in das systemische Wissensmanagement*. 2ª ed. Heidelberg: Carl-Auer-Systeme, 2007, pp. 57 e ss.; ao direito como parte do corpo social do conhecimento, por exemplo, ver VESTING, Thomas. "Rechtstheorie als Medientheorie (Supplement I) – Überlegungen zur Notwendigkeit der Verknüpfung von Sprachtheorie und Medientheorie". *Ancilla Iuris*, 2010, pp. 47 e ss. (47).

899 Cf. sobre o entendimento acerca da administração em PITSCHAS, Rainer. *Verwaltungsverantwortung und Verwaltungsverfahren*: Strukturprobleme, Funktionsbedingungen und Entwicklungsperspektiven eines konsensualen Verwaltungsrechts. München: C. H. Beck, 1990, p. 28 (com referência a LUHMANN, Niklas. *Theorie der Verwaltungswissenschaft*. Köln: Grote, 1966, pp. 64 e ss.): De acordo com isso, as administrações são "sistemas sociais de processamento de informações, de ação comunicativa, de tomada de decisão e essencialmente normativamente estruturados".

900 Cf. HALBWACHS, Maurice. *Das Gedächtnis und seine sozialen Bedingungen*. Frankfurt am Main: Suhrkamp, 1985.

901 Cf. ASSMANN, Jan. "Nachwort". *In*: ESPOSITO, Elena. *Soziales Vergessen*: Formen und Medien des Gedächtnisses der Gesellschaft. Frankfurt am Main: Suhrkamp, 2002, pp. 400 e ss. (400).

902 Cf. ESPOSITO, Elena. *Soziales Vergessen*: Formen und Medien des Gedächtnisses der Gesellschaft. Frankfurt am Main: Suhrkamp, 2002, pp. 24 e ss.

de estrutura e de abertura aos acontecimentos, da "capacidade de aprender e competência inovadora organizacional"[903] nos diversos processos do sistema. Assim, a administração não se emancipa como organização e como sistema da conexão com a consciência individual em geral; ao contrário, em seus atos comunicativos, ela permanece dependente disso – e, portanto, também de seu desempenho de memória.[904] No entanto, as pessoas necessárias apenas assumem o papel de uma função que pode ser trocada no contexto estrutural geral.[905] A "memória pessoal do único chefe que temporariamente ocupa o cargo [tem que] ficar em segundo plano em relação à memória do sistema dos departamentos".[906] Por essa perspectiva, o problema reside precisamente nos "emaranhados" entre a memória pessoal e a memória social,[907] porque põem em causa a continuidade da existência do conhecimento organizacional para além dos inevitáveis (e possivelmente até intencionais) processos de rotatividade de pessoal.[908]

---

903 WILLKE, Helmut. *Systemisches Wissensmanagement*. 2ª ed. Stuttgart: Lucius & Lucius, 2001, p. 70; a partir da perspectiva do LADEUR, Karl-Heinz. *Der Staat gegen die Gesellschaft*: Zur Verteidigung der Rationalität der "Privatrechtsgesellschaft". Tübingen: Mohr Siebeck, 2006, p. 332.

904 Cf. em geral sobre o problema do acoplamento entre comunicação e consciência LUHMANN, Niklas. "Wie ist Bewußtsein an Kommunikation beteiligt?" *In*: GUMBRECHT, Hans Ulrich; PFEIFFER, K. Ludwig (Coord.). *Materialität der Kommunikation*. Frankfurt am Main: Suhrkamp, 1988, pp. 884 e ss.; da perspectiva do direito WIELSCH, Dan. *Zugangsregeln*: Die Rechtsverfassung der Wissensteilung. Tübingen: Mohr Siebeck, 2008, p. 5 f., 37 e ss.

905 Cf. WILLKE, Helmut. *Systemisches Wissensmanagement*. 2ª ed. Stuttgart: Lucius & Lucius, 2001, p. 104 f.

906 ERNST, Wolfgang. *Das Gesetz des Gedächtnisses*: Medien und Archive am Ende (des 20. Jahrhunderts). Berlim: Kulturverlag, 2007, p. 76.

907 Cf. LUHMANN, Niklas. *Organisation und Entscheidung*. Opladen: Westdeutscher, 2000, p. 280.

908 Cf. para o problema em geral LADEUR, Karl-Heinz. "Die Kommunikationsinfrastruktur der Verwaltung". *In*: HOFFMANN-RIEM, Wolfgang; SCHMIDT-ASSMANN, Eberhard; TRUTE, Hans-Heinrich (Coord.). *Grundlagen des Verwaltungsrechts*: Methoden

Conforme essa visão, os mecanismos e técnicas mencionados "não podem ser apreendidos em nenhum nível antropológico vago de uma memória coletiva nebulosa"; a memória necessária da Administração deve antes ser buscada, principalmente, "na lógica dos órgãos arquivísticos e na prática técnica dos meios de armazenamento".[909] Isso pressupõe uma confirmação curta e geral da conexão entre mídia e memória como um processo cognitivamente relevante (5.2). Com base nisso, a função do arquivo como protótipo para a formação institucional da memória administrativa pode ser descrita com mais detalhes (5.3). Desviando-se dessas explicações gerais e indo para as tarefas jurídicas concretas e suas formas jurídicas positivadas, o arquivo revela-se uma forma juridicamente especial, que deve ser complementada por outros institutos, como atas e registros, para melhorar o desempenho geral da memória, de tal sorte a permitir adequadamente se mapeamento e sua compreensão pela administração (5.4). Em todas as áreas, entretanto, observa-se uma mudança de paradigma que tanto abrange o conceito geral de memória quanto tem um efeito prático sobre sua formação institucional: a transição para a digitalização, que não mais caracteriza o processo primário de memória como um processo de armazenamento, mas como um processo de transmissão (5.5). Devido a essa mudança estrutural, o desenvolvimento de estratégias de busca inteligentes torna-se a tarefa crucial do desempenho adequado da memória na era digital (5.6). No entanto, isso não significa que os processos de memória que funcionam da maneira clássica "analógica" estejam simplesmente se tornando obsoletos. A questão dos procedimentos de armazenamento implícitos e, portanto, também da própria lei como meio de armazenamento (5.7) remete a tarefas que continuam tendo correspondência no presente.

– Maßstäbe – Aufgaben – Organisation. vol. I. 2ª ed. München: C. H. Beck, 2012, parágrafo 101.

909 ERNST, Wolfgang. *Das Gesetz des Gedächtnisses. Medien und Archive am Ende (des 20. Jahrhunderts)*. Berlim: Kulturverlag Kadmos, 2007, p. 11.

5.2 Meios de memória

Para além do horizonte problemático das *performances* de memória puramente individuais, naturalmente muito limitadas em sua capacidade, pode-se relacionar formas específicas de conhecimento com certas técnicas mnemônicas culturais e sua respectiva medialidade, ou seja, a "compulsão pela repetição"[910] das culturas orais com determinado elementos de "redes pessoais de comunicação e relacionamento" pode curto-circuitar o conhecimento requerido.[911] Por outro lado, a melhoria da capacidade de armazenamento decorrente de uma evolução dos suportes, nomeadamente por meio do recurso à escrita e à tipografia (e, em tempos mais recentes, expressos a partir do computador), só parece aumentar paradoxalmente a variabilidade na lida com a experiência acumulada, favorecendo, assim, o desenvolvimento de formas mais complexas de conhecimento. Enquanto as culturas orais permanecem ligadas à reprodução mais abrangente possível das circunstâncias gerais da experiência original, a evolução dos meios, ou seja, o desenvolvimento de novos tipos de meios de memória,[912] permite um uso mais descontextualizado do conhecimento armazenado. "Apenas a escrita fornece à voz um meio visual que rompe as limitações espaciais e temporais da *auditory synthesis* e pode, assim, também deixar para trás a ligação do tempo ao modo operacional espacialmente vinculado a relações pessoais e a redes de comunicação".[913] Através do uso da escrita, a comunicação torna-se independente da memória viva dos participantes da interação,

---

910 Cf. ASSMANN, Jan. *Das kulturelle Gedächtnis*: Schrift, Erinnerung und politische Identität in frühen Hochkulturen. 3ª ed. München: C. H. Beck, 2000, p. 89.

911 Cf. VESTING, Thomas. *Die Medien des Rechts*: Sprache. Weilerswist: Velbrück, 2011, pp. 81 e ss., v.a. pp. 100 e ss.

912 Cf. em relação ao conceito ver ASSMANN, Aleida. *Erinnerungsräume*: Formen und Wandlungen des kulturellen Gedächtnisses. München: Beck, 1999, p. 190.

913 VESTING, Thomas. *Die Medien des Rechts*: Sprache. Weilerswist: Velbrück, 2011, p. 102.

independente até mesmo da interação em geral. A comunicação também pode chegar a quem não está presente".[914] Experiências estabelecidas em textos podem ser usadas em outros lugares, em outros momentos. Basta lê-los e compreendê-los: a interpretação assume o lugar de um equivalente funcional, que nas culturas orais comportava uma repetição rígida, realizada em formas ritualizadas e, portanto, estabilizadas.[915]

Isso elimina o velho problema da falta de flexibilidade em técnicas mnemônicas orais, que dependem de repetição em contextos espaço-temporais próximos, mas com a exigência de interpretação de texto introduzida como substituta, que, por um lado, permite mais flexibilidade, mas, por outro, permanece incerta a possibilidade de criação de um novo problema a partir uma técnica de determinação significado.[916] Isso não quer dizer que, mesmo em condições de oralidade exclusiva, toda repetição não seja ao mesmo tempo determinada pela diferença. Todavia, é apenas no contraste entre o texto escrito e a interpretação que essa diferença se torna reconhecível e, portanto, torna-se um problema que deve ser tratado de forma independente.[917] Só assim é possível um armazenamento de

914 LUHMANN, Niklas. *Soziale Systeme*: Grundriß einer allgemeinen Theorie. Frankfurt am Main: Suhrkamp, 1984, p. 127; Cf. também a partir da perspectiva do direito de WIELSCH, Dan. *Zugangsregeln*: Die Rechtsverfassung der Wissensteilung. Tübingen: Mohr Siebeck, 2008, p. 33.

915 Cf. ASSMANN, Jan. *Das kulturelle Gedächtnis*: Schrift, Erinnerung und politische Identität in frühen Hochkulturen. 3ª ed. München: C. H. Beck, 2000, p. 88 f.

916 Cf. FÖGEN, Marie. *Theres Römische Rechtsgeschichten*: Über Ursprung und Evolution eines sozialen Systems. Göttingen: Vandenhoeck & Ruprecht, 2002, p. 83. Com mais detalhes sobre a questão em AUGSBERG, Ino. *Die Lesbarkeit des Rechts*: Texttheoretische Lektionen für eine postmoderne juristische Methodologie. Weilerswist: Velbrück Wissenschaft, 2009, pp. 27 e ss.

917 Cf. VESTING, Thomas. *Die Medien des Rechts*: Schrift. Weilerswist: Velbrück Wissenschaft, 2011, p. 129 f.

conhecimento eficaz, ou seja, realmente relacionado a problemas. Isso porque "o conhecimento 'em si' não tem valor estável. Só tem valor se for constantemente aplicado em um novo contexto, ou seja, se permanecer dinâmico".[918] Ele deve poder ser descontextualizado e recontextualizado. Isso é exatamente o que se consegue por meio da escrita. Qualquer leitura não implica simplesmente uma mera repetição como reapresentação de um sentido originalmente dado. Ao contrário, ela inevitavelmente realiza uma transformação do que é repetido, ao mesmo tempo, apontando para a necessária conexão interna entre diferença e repetição.[919] Nesse sentido, é somente a escrita que possibilita a emergência de um uso cada vez mais profissionalizado do Direito,[920] em que se desenvolvem conhecimentos jurídicos periciais e formas jurídicas específicas de comunicação.[921] Só assim o Direito se constitui como âmbito social autônomo.[922]

---

918 LENK, Klaus; WENGELOWSKI, Peter. "Wissensmanagement für das Verwaltungshandeln". *In*: EDELING, Thomas; JANN, Werner; WAGNER, Dieter (Coord.). *Wissensmanagement in Politik und Verwaltung*. Wiesbaden: VS Verlag, 2004, pp. 147 e ss. (154).

919 Cf. com mais detalhes em AUGSBERG, Ino. *Die Lesbarkeit des Rechts*: Texttheoretische Lektionen für eine postmoderne juristische Methodologie. Weilerswist: Velbrück Wissenschaft, 2009, pp. 91 e ss., com referência principalmente a DELEUZE, Gilles. *Differenz und Wiederholung*. 2ª ed. München: Wilhelm Fink Verlag, 1997.

920 Cf. GOODRICH, Peter. *Reading the Law*: a critical Introduction to Legal Method and Techniques. Oxford: Blackwell, 1986, p. 218.

921 Cf. a tese ainda mais abrangente, segundo a qual "a ideia de um sistema de valores morais que fosse independente do sujeito e pudesse ser internalizado pela consciência individual também era uma criação literal", HAVELOCK, Eric A. *Als die Muse schreiben lernte*. Frankfurt am Main: Hain, 1992, p. 15.

922 Cf. com mais detalhes em VESTING, Thomas. *Die Medien des Rechts*: Schrift. Weilerswist: Velbrück Wissenschaft, 2011, pp. 158 e ss. Crítico de uma dicotomização excessiva de escrita e fala no contexto de uma compreensão mais ampla da escrita VISMANN, Cornelia. *Akten*: Medientechnik und Recht. Frankfurt am Main: Fischer, 2000, pp. 17 e ss.

Em todo caso, falando de uma perspectiva mais geral, o desenvolvimento das formas escritas de comunicação modifica as possibilidades cognitivas de uma sociedade e de suas formas específicas de geração de conhecimento. A comunicação escrita não apenas torna possíveis certas formas de conhecimento primárias – como "listas, tabelas, calendários, genealogias etc."[923] Ao contrário, a regra geral é: "tão logo a escrita é usada, pode-se (...) produzir 'objetos de conhecimento' ou 'coisas epistêmicas', voltados a uma epistemologia social".[924] Somente a escrita garante o desenvolvimento direcionado do conhecimento como uma estrutura de latência, ou seja, uma forma cognitiva que também pode ser transmitida para possíveis aplicações futuras, fora de seu uso atual permanente, isto é, independentemente da presença do conhecedor individual. O conhecimento armazenado permanece fundamentalmente relacionado à prática de sua aplicabilidade. Contudo, a diferença entre a fase de latência e a atualização só pode ser operacionalizada por meio do uso da escrita: só a escrita permite constituir um arquivo no sentido de distinguir entre uma memória funcional operativa e uma memória de armazenamento mais passiva.[925]

A conexão correspondente também pode ser vista da perspectiva oposta: a escrita é criada onde há uma necessidade especial de coleta e de ordenação de conhecimento que deve ser acessada repetidamente. É verdade tanto para a cultura egípcia antiga quanto

---

923 Cf. VESTING, Thomas. *Die Medien des Rechts*: Schrift. Weilerswist: Velbrück Wissenschaft, 2011, p. 50.

924 VESTING, Thomas. *Die Medien des Rechts*: Schrift. Weilerswist: Velbrück Wissenschaft, 2011, p. 51.

925 Cf. sobre essa diferenciação (e sua conexão com a cultura escrita) ASSMANN, Aleida. *Erinnerungsräume*: Formen und Wandlungen des kulturellen Gedächtnisses. München: Beck, 1999, p. 357; além de ASSMANN, Aleida. "Archive im Wandel der Mediengeschichte". *In*: EBELING, Knut; GÜNZEL, Stephan (Coord.). *Archivologie*: Theorien des Archivs in Philosophie, Medien und Künsten. Berlim: Kulturverlag Kadmos, 2009, pp. 165 e ss. (168 e ss.).

para a suméria que a escrita não vem de uma esfera sagrada e de lá migrou primeiro para o reino da vida prática. Destarte, ela surge como reação a uma necessidade econômico-administrativa profana:[926] "em contextos administrativos (seculares), a escrita se desenvolve como um sistema de contagem".[927] Dessa forma, os números, e não as letras, constituem a base para a expressão escrita da comunicação oral.[928] "O uso da escrita serve inicialmente para fins burocráticos no que já é uma economia bastante complexa de palácios e templos, em particular, para cálculos e no contexto de questões de abastecimento (quantidades de grãos, animais etc.) e armazenamento de transações".[929] Mesmo que as conexões monocausais estejam fora de questão,[930] deve ficar suficientemente claro pelo que foi descrito que os respectivos meios de comunicação e os atos comunicativos baseados neles não estão em uma relação de extensa indiferença entre si, mas se influenciam mutuamente.[931]

---

926 Também no *topos* da "origem da escrita da administração", ver VISMANN, Cornelia. *Akten*: Medientechnik und Recht. Frankfurt am Main: Fischer, 2000, pp. 15 e ss., crítico a isso se coloca SCHÜTTPELZ, Erhard. "Was ist eine Akte?" NCCR Mediality. Medienwandel – Medienwechsel – Medienwissen. Historische Perspektiven, Newsletter Nr. 7/2012, pp. 3 e ss. (7 e ss.).

927 VESTING, Thomas. *Die Medien des Rechts*: Schrift. Weilerswist: Velbrück Wissenschaft, 2011, p. 36.

928 Cf. SCHMANDT-BESSERAT, Denise. *Before Writing*: From Counting to Cuneiform. vol. 1. Austin: University of Texas Press, 1992.

929 VESTING, Thomas. *Die Medien des Rechts*: Schrift. Weilerswist: Velbrück Wissenschaft, 2011, p. 38.

930 Cf. para uma crítica geral aos modelos generativos correspondentes na teoria da mídia ver KRÄMER, Sybille. *Medium, Bote, Übertragung. Kleine Metaphysik der Medialität*. Frankfurt am Main: Suhrkamp, 2008, pp. 20 e ss.; mais acentuadamente em GROYS, Boris. *Unter Verdacht*: Eine Phänomenologie der Medien. München: Hanser, 2000, p. 20, que até descreve uma certa forma de teoria da mídia como uma continuação da abordagem ontológica clássica.

931 A afirmação de Luhmann de que a "escrita em si" é "apenas o substrato físico da memória e não a própria memória" pode, portanto, falhar. (LUHMANN, Niklas. *Organisation und Entscheidung*. Opladen:

5.3 O Direito Arquivístico [*Das Gesetz des Archivs*]

A partir daqui, pode-se traçar o liame de relevância das atas, registros e arquivos para os processos de gestão do conhecimento administrativo moderno. Assim como a emergência da escrita pode ser situada no contexto de problemas pragmáticos de governo e de administração de grandes unidades territoriais, a função originária dos arquivos como resposta a uma necessidade prática não é a de preservação (ou desenvolvimento) científico de um patrimônio cultural. "Onde a reutilização das atas arquivadas não serve a propósitos administrativos, mas historiográficos, já existe um certo (no sentido neutro) uso indevido, uma leitura errônea do arquivo".[932] Desde seu início como *archeion* na antiguidade grega, a função do arquivo tem sido nomológica; os *arquivistas* preservavam a lei e supervisionavam sua interpretação.[933] O arquivamento vai se firmando como uma técnica relacionada à dominação. E assim como a escrita não apenas armazena o conhecimento existente de uma maneira diferente, mas também modifica o tipo de conhecimento com a mudança na situação midiática inicial, também vale para o sistema de arquivo emergente, o qual não apenas captura a realidade, mas adequa o específico arquivo à ordem.

> A ordem do conhecimento que o arquivo instala não é simplesmente um depósito passivo de comunicações escritas, mas

---

Westdeutscher, 2000, p. 159). Cf. também a crítica da posição de Luhmann de um ponto de vista da teoria dos meios de VESTING, Thomas. *Die Medien des Rechts*: Sprache. Weilerswist: Velbrück, 2011, pp. 67 e ss.

932 ERNST, Wolfgang. *Das Rumoren der Archive*: Ordnung aus Unordnung. Berlim: Merve, 2002, p. 8.

933 Cf. DERRIDA, Jacques. *Dem Archiv verschrieben*: Eine Freudsche Impression. Berlim: Brinkmann+Bose, 1997, p. 11. Em relação a isso também EBELING, Knut. "Die Asche des Archivs". *In*: DIDI-HUBERMANN, Georges; EBELING, Knut. *Das Archiv brennt*. Berlim: Kulturverlag Kadmos, 2007, pp. 33 e ss. (v.a. 61 e ss.).

> levanta questões, gera evidências canônicas e significados tresloucados. Como técnica, o arquivo não só define o momento de preservação da gravação, mas também a forma do que pode ser arquivado como um evento em geral.[934]

O processo de arquivamento, por meio de seu acesso taxonômico prévio, também determina o que pode ser vivenciado e processado como realidade no processo judicial.

Por sua vez, o desenvolvimento midiático das tecnologias de armazenamento tem um efeito na infraestrutura cognitiva da sociedade. Uma vez arquivado, ou seja, em consonância com procedimentos e com precauções técnicas, ele não é externo ao conteúdo do arquivo. "Não, a estrutura técnica do arquivo *a ser arquivado* também determina a estrutura do conteúdo *arquivável* na sua criação e na sua relação com o futuro. O arquivamento produz o evento tanto quanto o registra".[935] As técnicas especiais de registro, armazenamento, bem como a ordenação e a indexação sistemáticas dos acervos nos arquivos, formatadas em mídia, não são neutras, mas determinam a respectiva forma de conhecimento e, portanto, também o manejo desse conhecimento, ou seja, a própria lei. "Como o registro, o arquivamento é 'um ato performativo, produtor de fatos': como se sabe, o que não está nos arquivos não está no mundo (*quod non est in actis non est in mundo*)". A partir do momento em que toda realidade do arquivo tem que provar a si mesma e toda verdade se torna uma metafísica, a questão do Direito torna-se o lar das atas e dos arquivos".[936] A forma do arquivo, sua distinção entre o que precisa ser salvo e o que pode ser esquecido, molda a visão

---

934 ERNST, Wolfgang. *Das Rumoren der Archive*: Ordnung aus Unordnung. Berlim: Merve, 2002, p. 92.

935 DERRIDA, Jacques. *Dem Archiv verschrieben*: Eine Freudsche Impression. Berlim: Brinkmann+Bose, 1997, p. 35.

936 EBELING, Knut. "Die Asche des Archivs". *In*: DIDI-HUBERMANN, Georges; EBELING, Knut. *Das Archiv brennt*. Berlim: Kulturverlag Kadmos, 2007, p. 112, a citação comum é de VISMANN, Cornelia.

jurídica do mundo; ela determina o que o Direito (re)conhece como seu universo.[937] "O Direito não opera *in mundo*, mas no meio da literalidade: ela só acredita no que está escrito, mais precisamente no que ela mesma escreveu".[938]

Ao mesmo tempo, a forma do arquivo reatualiza a tarefa do Direito. Atas e arquivos, de um lado, e o Direito, de outro, movem-se numa relação de coconstituição alternada.[939] Isso também se aplica a eles quanto à relação entre as técnicas mnemônicas da mídia e a construção da realidade como um todo: "eles só aparecem em um mundo que não existiria sem eles".[940] Conforme os estudos fundamentais de *Michel Foucault* sobre o conceito de arquivo,[941] pode-se dizer que o arquivo tem, ao mesmo tempo, um significado epistemológico e normativo:

Na filosofia, tendo Foucault como o fundador da teoria do discurso, o termo "arquivo" foi entendido como uma figura epistêmica que trata da regulação e da distribuição do conhecimento, por meio da qual suas estruturas são acessíveis ou visíveis. Nesse sentido

---

Akten: Medientechnik und Recht. Frankfurt am Main: Fischer, 2000, p. 89.

937 Cf. considerando o esforço de seleção de arquivos em VISMANN, Cornelia. *Akten*: Medientechnik und Recht. Frankfurt am Main: Fischer, 2000, p. 26.

938 VISMANN, Cornelia. *Akten*: Medientechnik und Recht. Frankfurt am Main: Fischer, 2000, p. 90.

939 Cf. VISMANN, Cornelia. *Akten*: Medientechnik und Recht. Frankfurt am Main: Fischer, 2000, p. 8 f.

940 STIEGLER, Bernard. *Die Logik der Sorge*: Verlust der Aufklärung durch Technik und Medien. Frankfurt am Main: Suhrkamp, 2008, p. 19.

941 Cf. FOUCAULT, Michel. *Archäologie des Wissens*. Frankfurt am Main: Suhrkamp, 1973, pp. 186 e ss. Também em GEHRING, Petra. *Foucault*: Die Philosophie im Archiv. Frankfurt am Main: Campus, 2004, v.a. pp. 63 e ss.

epistemológico, Foucault definiu o arquivo no final dos anos 1960 como "a lei do que pode ser dito".[942]

5.4 O Direito Arquivístico e Registral [*Archiv- und Registergesetze*]

Há mais no ato de arquivar do que um processo puramente cognitivo; o procedimento não é apenas relevante para as operações normativas que o seguem, mas já é tingido normativamente. Isso, por sua vez, provoca uma pergunta: "o arquivo é (...) autorizado a garantir a veracidade da história; mas quem funda o próprio arquivo, seu fundador?"[943] Do ponto de vista positivista da jurisprudência, a resposta parece ser inequívoca: o arquivo como "lei do que se pode dizer" aparece em sua forma moderna, propriamente jurídica, como também fundado a partir de uma lei. Claro, isso não significa que o arquivo no sentido foucaultiano, ou seja, como um dispositivo epistemológico[944] (cujo poder formativo também incidentalmente e,

---

942 EBELING, Knut; GÜNZEL, Stephan. "Einleitung". *In*: EBELING, Knut; GÜNZEL, Stephan (Coord.). *Archivologie*: Theorien des Archivs in Philosophie, Medien und Künsten. Berlim: Kulturverlag Kadmos, 2009, pp. 7 e ss. (13); a citação comum é de FOUCAULT, Michel. *Archäologie des Wissens*. Frankfurt am Main: Suhrkamp, 1973, p. 187.

943 ERNST, Wolfgang. *Das Rumoren der Archive*: Ordnung aus Unordnung. Berlim: Merve, 2002, p. 72.

944 Sobre o termo, ver a definição do próprio Foucault em FOUCAULT, Michel. "Das Spiel des Michel Foucault (Gespräch)". *In*: ______. *Schriften in vier Bänden – Dits et Ecrits*: 1976-1979. Vol. III. Frankfurt am Main: Suhrkamp, 2003, pp. 391 e ss. (392); de maneira mais detalhada em AGAMBEN, Giorgio. "Was ist ein Dispositiv?" Berlim: Diaphanes, 2008; VEYNE, Paul. *Foucault*: Der Philosoph als Samurai. Stuttgart: Reclam, 2009, p. 116 f.; para a crítica da validade do conceito a partir de uma perspectiva sociológica, ver STRUCK, Gerhard. "Recht als Tohuwabohu und als Menschheitstraum – Oder: Gibt es einen Begriff des Rechts?" *Ancilla Iuris*, 2009, pp. 99 e ss. (108 e ss.).

talvez, até inclua, em especial,[945] a resistência às suas estipulações limitadoras), o arquivo como um dispositivo concreto, fundado no Direito, na forma do estabelecido em 1950 e depositado no Arquivo Federal, em Koblenz, desde 1952, pode ser simplesmente sincronizado ou até mesmo definido de forma idêntica. No entanto, a fronteira entre os dois não é tão estável quanto pode parecer à primeira vista. Aqui, também, a tendência geral para os híbridos cognitivo-normativos[946] torna precárias as distinções excessivamente claras. Mesmo que não se queira chegar ao ponto de definir o termo arquivo simplesmente como uma mera abreviação de "arquivo judicial",[947] a instituição permanece relacionada ao campo jurídico em um sentido particular.

1. O Direito Arquivístico como parte do Direito Administrativo, baseado em suas próprias regras e não apenas uma prática administrativa estabelecida "carente de base legal", é uma disciplina jovem. Somente em 1988 que o Direito Arquivístico federal foi criado em reação à decisão sobre o Censo do Tribunal Constitucional Federal,[948] "que não permitia mais o período anterior carente de base legal".[949] Alguns meses antes, Baden-Württemberg foi o primeiro

---

945 Cf. VEYNE, Paul. *Foucault*: Der Philosoph als Samurai. Stuttgart: Reclam, 2009, p. 116.

946 Cf. WILLKE, Helmut. *Einführung in das systemische Wissensmanagement*. 2ª ed. Heidelberg: Carl-Auer-Systeme Verlag, 2007, pp. 60 e ss.

947 Cf. FARGE, Arlette. *Le goût de l'archive*. Paris: Seuil, 1989, p. 149, que afirma na primeira nota de sua pesquisa: "Pour éviter la lourdeur des répétitions inutiles, quand on écrira 'archives' il faudra comprendre 'archive judiciaire'". Sobre a especial relevância dos autos, ver VISMANN, Cornelia. *Medien der Rechtsprechung*. Frankfurt am Main: Fischer, 2011, pp. 98 e ss.

948 SCHOCH, Friedrich. "Modernisierung des Archivrechts in Deutschland". *Die Verwaltung*, 39, 2006, p. 464.

949 Cf. para maiores detalhes sobre a história constitucional em MANEGOLD, Bartholomäus. *Archivrecht*: Die Archivierungspflicht öffentlicher Stellen und das Archivzugangsrecht des historischen Forschers im Licht der Forschungsfreiheitsverbürgung des Art. 5 Abs. 3 GG. Berlim: Duncker & Humblot, 2002, pp. 130 e ss.

estado federal a aprovar seu próprio Direito Arquivístico. Quase dez anos depois, em 1997, o processo legislativo na federação foi concluído com as últimas leis estaduais nas novas federações. Desde então, o que vai para o arquivo e também, quando é o caso, o que nele contém são regidos por lei.

Ao mesmo tempo, entretanto, a referência aos dispositivos legais existentes exige uma delimitação mais precisa dos conceitos de arquivo. Isso porque o arquivo no sentido do Direito Federal Arquivístico não é um repositório de conhecimento para as operações contínuas das autoridades administrativas. Ao contrário, normalmente ele só é aplicado quando os documentos e dados a serem arquivados já foram removidos de seu contexto operacional original no sentido mais amplo. De acordo com o § 2, parágrafo 2º da Lei Arquivística Federal [*Bundesarchivgesetz*- BArchG], os órgãos estaduais do governo federal só devem entregar ao Arquivo Federal os documentos que não mais precisam para cumprir suas funções públicas. Assim, a finalidade do Arquivo Federal é, além de assegurar o material de arquivo, sua utilização e exploração *científica* (§ 1 da BArchG). O arquivo no sentido da lei é, portanto, mais um museu do que uma biblioteca;[950] ele é projetado principalmente para a preservação dos materiais de arquivo, não para seu uso administrativo continuado.[951]

---

950 Cf. para essa diferenciação em ERNST, Wolfgang. *Das Gesetz des Gedächtnisses. Medien und Archive am Ende (des 20. Jahrhunderts)*. Berlim: Kulturverlag Kadmos, 2007, pp. 64 e ss.

951 Cf. com mais detalhes em BayVGH, DVBl. 1985, pp. 904 e ss. (905). De forma crítica face aos desafios atuais SCHOCH, Friedrich; KLOEPFER, Michael; GARSTKA, Hansjürgen. *Archivgesetz (ArchG-ProfE)*: Entwurf eines Archivgesetzes des Bundes. Berlim: Duncker & Humblot, 2007, p. 52. Diferenciado para as várias finalidades de arquivo FASSBENDER, Bardo. "Wissen als Grundlage staatlichen Handelns". *In*: ISENSEE, Josef; KIRCHHOF, Paul (Coord.). *Handbuch des Staatsrechts der Bundesrepublik Deutschland*. 3ª ed. Band IV. Heidelberg: C.F. Müller Verlag, 2006, § 76 parágrafo 84 e ss. Sobre a tarefa primordial dos arquivos do ponto de vista dos estudos culturais. ASSMANN, Aleida. "Archive im Wandel der Mediengeschichte". *In*: EBELING, Knut;

O que chega ao arquivo permanece indefinido por lei. De acordo com o § 3 da BArchG, os Arquivos Federais, em consulta com o provedor, decidem se os documentos são de valor duradouro para pesquisa ou para compreensão da história alemã, para salvaguardar os interesses legítimos dos cidadãos ou para fornecer informações para o Legislativo, para o Executivo ou para o Judiciário. O Direito, portanto, apenas especifica o objetivo geral do arquivamento, enquanto a decisão específica fica a critério das autoridades responsáveis.[952] Isso é plausível na medida em que o valor arquivístico é antes de tudo uma questão histórica, e não político-administrativa, devido ao caráter tendencialmente museológico do arquivo, o que vincula a atuação do profissional arquivístico às competências e instruções já previamente estabelecidas.[953]

Essa finalidade básica de arquivamento foi recentemente desafiada, por um lado,[954] pela transição para o gerenciamento cada vez mais eletrônico de documentos e pelo aumento da privatização no setor público, o que também envolve os arquivos e o material arquivístico sob sua responsabilidade. Outro motivo para a reforma se deve às inconsistências nos regulamentos de arquivamento tradicionais em comparação com as mais recentes leis federais e estaduais sobre a liberdade de informação.[955] No contexto dessa evolução legal,

---

GÜNZEL, Stephan (Coord.). *Archivologie*: Theorien des Archivs in Philosophie, Medien und Künsten. Berlim: Kulturverlag Kadmos, 2009, p. 173: "A função social do arquivo reside na função de preservação, ordenação e indexação dos documentos".

952 Cf. para a experiência prática com o regulamento ver SCHOCH, Friedrich; KLOEPFER, Michael; GARSTKA, Hansjürgen. *Archivgesetz (ArchG-ProfE)*: Entwurf eines Archivgesetzes des Bundes. Berlim: Duncker & Humblot, 2007, p. 130 f.

953 Cf. SCHOCH, Friedrich; KLOEPFER, Michael; GARSTKA, Hansjürgen. *Archivgesetz (ArchG-ProfE)*: Entwurf eines Archivgesetzes des Bundes. Berlim: Duncker & Humblot, 2007, p. 131 f.

954 Cf. o capítulo V abaixo.

955 Cf. o capítulo VI abaixo.

muitas vezes entendida como uma "mudança de paradigma", a qual representa um afastamento do tradicional "princípio da limitação do acesso aos arquivos" expresso no § 29 da VwVfG, no sentido de uma recém-reconhecida garantia de acesso à informação independente do interesses dos cidadãos,[956] agora também é Direito Positivo (Arquivístico), devendo-se levar em consideração uma demanda que *Jean-François Lyotard* formulou ainda no final dos anos 1970, principalmente com vistas à situação no Québec: "o público deve ter livre acesso ao armazenamento e ao bancos de dados".[957] Contudo, o problema também pode ser visto na perspectiva oposta: "a natureza não pública dos arquivos em relação ao público em geral (...) também pode ser entendida democraticamente como garantia de imparcialidade, distância despolitizada e eficiente, não menos importante também para proteger o equilíbrio social".[958] Ademais, considerações de proteção de dados devem ser levadas em conta e, nesse sentido, um "direito de acesso a dados"[959] deve ser compa-

---

956 Cf. SCHOCH, Friedrich. "Aktuelle Fragen des Informationsfreiheitsrechts". *NJW*, 2009, pp. 2987 e ss. (2987 f.); SCHOCH, Friedrich. "Der Zugang zu amtlichen Dokumenten nach Europarecht". *In*: DIX, Alexander *et al*. *Informationsfreiheit und Informationsrecht*: Jahrbuch 2011. Berlim: Lexxion Verlagsgesellschaft Mbh, 2012, pp. 23 e ss. (24 f.), além de outras referências; para ver em detalhes sobre o desenvolvimento histórico (do direito),) WEGENER, Bernhard W. *Der geheime Staat*: Arkantradition und Informationsfreiheitsrecht. Göttingen: Morango, 2006.

957 LYOTARD, Jean-François. *Das postmoderne Wissen*: Ein Bericht. 4ª ed. Wien: Passagen-Verlag, 1999, p. 192.

958 MASING, Johannes. "Transparente Verwaltung: Konturen eines Informationsverwaltungsrechts". *VVDStRL*, 63, 2004, pp. 377 e ss. (385), com referência a JESTAEDT, Matthias. "Das Geheimnis im Staat der Öffentlichkeit. Was darf der Verfassungsstaat verbergen?" *Archiv des öffentlichen Rechts*, 126, 2001, pp. 204 e ss. (225 e ss.).

959 Cf. em relação a esse conceito MASING, Johannes. "Transparente Verwaltung: Konturen eines Informationsverwaltungsrechts". *Veröffentlichungen der Vereinigung der Deutschen Staatsrechtslehrer*, vol. 63, 2004, pp. 396 e ss., para as questões de proteção de dados relacionadas, pp. 399 e ss.

rado com a exigência de que "o grupo de usuários seja definido e classificado de acordo com as justificativas para a transmissão de informações pessoais".[960] Essa situação constitui o pano de fundo para uma proposta de reforma concreta que visa reagir às três áreas problemáticas mencionadas: "digitalização – privatização –liberdade de informação", remediando todo o panorama.[961]

2. Voltando novamente para as disposições e finalidades do Direito Arquivístico aplicável, nele não fica excluída a hipótese de disponibilização de informação para os atuais trabalhos administrativos. O § 3º da BArchG, que, como já mencionado, também nomeia explicitamente esse aspecto como critério de seleção relevante para a prática decisória do Arquivo Federal, mostra que o arquivamento deve ocorrer, pelo menos, também para esse fim. Tradicionalmente, porém, o Direito Administrativo prevê uma instituição de memória independente para essa tarefa: o setor de registros.[962] Ele tem, segundo *Robert von Mohl*, em 1831,

> a tarefa de abrir os arquivos recebidos, fornecendo-lhes a data de chegada (a data atual) e o número, registrando-os no diário e, em seguida, anexando os arquivos anteriores, para ser apresentado ao Conselho de Administração para distribuição. Os arquivos preenchidos são entregues à mesma autoridade

---

960 COLLIN, Peter. "Archive und Register. Verlorenes Wissen oder Wissensressource der Zukunft?" *In*: SCHUPPERT, Gunnar Folke; VOSSKUHLE, Andreas (Coord.). *Governance von und durch Wissen*. Baden-Baden: Nomos, 2008, p. 84.

961 Cf. SCHOCH, Friedrich; KLOEPFER, Michael; GARSTKA, Hansjürgen. *Archivgesetz (ArchG-ProfE)*: Entwurf eines Archivgesetzes des Bundes. Berlim: Duncker & Humblot, 2007.

962 Cf. sobre o surgimento desta instituição no início do século XVII: VISMANN, Cornelia. *Akten*: Medientechnik und Recht. Frankfurt am Main: Fischer, 2000, p. 176 f.

> para custódia. Listagem cuidadosa, bem como repertórios alfabéticos e reais, facilitam a localização.[963]

O setor de registros, portanto, descreve a memória operativa da Administração. A partir da distinção geral entre memória de armazenamento e memória funcional, o arquivo pode ser atribuído à memória de armazenamento, porque "registra o que tem valor prático, relevância e importância em uma sociedade" – ao menos sob uma perspectiva especial, aqui determinada pela tarefa administrativa.[964] Em contraste, a memória funcional[965] "ativa", "formadora de identidade" corresponde ao registro. Assim, forma a contrapartida específica da Administração para o arquivo, não no sentido jurídico-positivo estreito, mas no sentido funcional mais amplamente delineado.[966] O que vai para o registro são informações potenciais que podem ser usadas posteriormente pela administração. A forma que a informação deve assumir para chegar ao registro é o arquivo: como uma única unidade de armazenamento, ela forma a parte central da memória administrativa. Assim, o processo pode ser despersonalizado, ou seja, abstraído do processador individual e de seu conhecimento.[967]

---

963 MOHL, Robert von. *Das Staatsrecht des Königreiches Württemberg*: das Verwaltungsrecht. Tübingen: Laupp, 1831, p. 171.

964 ASSMANN, Aleida. "Archive im Wandel der Mediengeschichte". *In*: EBELING, Knut; GÜNZEL, Stephan (Coord.). *Archivologie*: Theorien des Archivs in Philosophie, Medien und Künsten. Berlim: Kulturverlag Kadmos, 2009, p. 171.

965 Cf. ASSMANN, Aleida. "Archive im Wandel der Mediengeschichte". *In*: EBELING, Knut; GÜNZEL, Stephan (Coord.). *Archivologie*: Theorien des Archivs in Philosophie, Medien und Künsten. Berlim: Kulturverlag Kadmos, 2009, p. 169 f.

966 Para Mohl, no entanto, o arquivo muitas vezes faz parte do registro no sentido administrativo; Cf. MOHL, Robert von. *Das Staatsrecht des Königreiches Württemberg*: das Verwaltungsrecht. Tübingen: Laupp, 1831, p. 171.

967 Cf. LADEUR, Karl-Heinz. "Die Kommunikationsinfrastruktur der Verwaltung". *In*: HOFFMANN-RIEM, Wolfgang; SCHMIDT-ASSMANN,

A exigência de manter os processos administrativos sob a forma de autos e assim conservá-los determina o princípio da forma escrita. Há inicialmente um aspecto pragmático por trás disso: o princípio "pode inicialmente parecer uma gestão administrativa pesada, mas permite que os processos sejam suspensos a qualquer momento a cada 'reapresentação'".[968] O princípio é definido normativamente em regulamentos relevantes, como a diretiva sobre registros (RegR) ou o ordenamento padrão de procedimento dos ministérios federais (cf. por exemplo, tanto explicitamente o § 2, parágrafo 1º do RegR; quanto implicitamente no § 12, parágrafo 2º do Regulamento Conjunto dos Ministérios Federais [*Gemeinsame Geschäftsordnung der Bundesministerien*- GGO]) e diferenciado em numerosos aspectos individuais desenvolvidos posteriormente.[969] Ainda assim, mesmo a lei dos procedimentos administrativos gerais contém, indiretamente, uma obrigação para a autoridade de conservar todos os arquivos.[970] Dispõe o § 29, parágrafo 1º, inciso 1 da VwVfG que somente as

---

Eberhard; VOSSKUHLE, Andreas (Coord.). *Grundlagen des Verwaltungsrechts*: Informationsordnung, Verwaltungsverfahren, Handlungsformen. vol. II. München: Verlag C. H. Beck, 2012, parágrafo 7.

968 LECHELER, Helmut. *Verwaltungslehre*: Kurzlehrbuch. Stuttgart: Boorberg, 1988, p. 99.

969 Cf. para tanto LADEUR, Karl-Heinz. "Die Kommunikationsinfrastruktur der Verwaltung". *In*: HOFFMANN-RIEM, Wolfgang; SCHMIDT-ASSMANN, Eberhard; VOSSKUHLE, Andreas (Coord.). *Grundlagen des Verwaltungsrechts*: Informationsordnung, Verwaltungsverfahren, Handlungsformen. vol. II. München: Verlag C. H. Beck, 2012, parágrafo 6 e ss.

970 Cf. KOPP, Ferdinand O.; RAMSAUER, Ulrich. *Verwaltungsverfahrensgesetz*. 10ª ed. München: Beck, 2008, § 29 parágrafo 11; REINHARDT, Markus. *Wissen und Wissenszurechnung im öffentlichen Recht*: Unter besonderer Berücksichtigung von Anforderungen an die Organisation und Folgen ihrer Verletzung im Rahmen öffentlich-rechtlicher Verwaltungstätigkeit. Berlim: Duncker & Humblot, 2010, p. 110 f., além de outras referências.

pessoas envolvidas no processo têm o direito de acesso às atas.[971] Todavia, esse direito só pode ser exercido de forma substancial se houver uma obrigação correspondente por parte das autoridades de manter os registros por escrito e completos.[972] Isso porque só assim poderá o cidadão em causa ter a certeza de que obterá efetivamente as informações pertinentes.[973] E, portanto, ele poderá usar os meios legais para se defender das ações administrativas que o oneram. A exigência da escrita também deve ser compreendida nesse contexto funcional; estabelece uma obrigação de documentação por parte das autoridades, sem limitar o conceito de arquivos a registros escritos em sentido estrito – tipicamente articulados e notas em particular. Ao contrário, abarca todos os documentos relativos ao procedimento específico, incluindo fotos, mapas, microfichas, filmes de vídeo etc.[974] Tendo em conta a estreita ligação já delineada entre o direito tradicional de consulta dos processos, nos termos do § 29, parágrafo 1º, inciso 1 da VwVfG, e a gestão processual, não é de estranhar que a extensão dos direitos de consulta, introduzida pelas leis de liberdade de informação, agora não são mais limitadas aos

---

971 Cf. em relação a isso GUSY, Christoph. "Die Informationsbeziehungen zwischen Staat und Bürger". *In*: HOFFMANN-RIEM, Wolfgang; SCHMIDT-ASSMANN, Eberhard; VOSSKUHLE, Andreas (Coord.). *Grundlagen des Verwaltungsrechts*: Informationsordnung – Verwaltungsverfahren – Handlungsformen. vol. II. 2ª ed. München: C. H. Beck, 2012, § 23 parágrafo 44 e ss.

972 Cf. em particular no que diz respeito ao requisito de integridade dos arquivos KOPP, Ferdinand O.; RAMSAUER, Ulrich. *Verwaltungsverfahrensgesetz*. 10ª ed. München: Beck, 2008, § 29 parágrafo 11a; especialmente tendo em vista o aumento dos processos de comunicação eletrônica, como e-mails BRITZ, Gabriele. "Elektronische Verwaltung". *In*: HOFFMANN-RIEM, Wolfgang; SCHMIDT-ASSMANN, Eberhard; VOSSKUHLE, Andreas (Coord.). *Grundlagen des Verwaltungsrechts*: Informationsordnung – Verwaltungsverfahren – Handlungsformen. vol. II. 2ª ed. München: C. H. Beck, 2012, § 26 parágrafo 76.

973 Cf. HUFEN, Friedhelm. *Fehler im Verwaltungsverfahren*. 4ª ed. Baden-Baden: Nomos, 2002, parágrafo 461 e ss.

974 Cf. KOPP, Ferdinand O.; RAMSAUER, Ulrich. *Verwaltungsverfahrensgesetz*. 10ª ed. München: Beck, 2008, § 29 parágrafo 13.

envolvidos no processo,[975] sejam acompanhadas por regulamentações vinculadas à manutenção dos registros.[976]

Além da base legal ordinária, a exigência de que o procedimento administrativo esteja registrado em autos e calcado no Direito[977] também tem fundamento constitucional no artigo 19, parágrafo 4º da Constituição Federal.[978] No entendimento do Tribunal Constitucional Federal, porém, a devida escrituração é exigida "ainda que não esteja expressa em lei". Isso porque, de acordo com a Corte,

> a aplicação das leis, que é da responsabilidade das autoridades nos termos da constituição, [é] inconcebível sem a documentação dos processos administrativos individualizados, que contenham os eventos fáticos anteriores, bem como possíveis fontes de conhecimento para as ações oficiais que podem vir a ser questionadas no futuro. Somente esses arquivos escritos permitem que a autoridade executiva tenha conhecimento contínuo de todas as circunstâncias relevantes, independentemente de um novo funcionário que não tenha conhecimento do histórico anterior ser encarregado de processar o assunto

---

975 Cf. para mais ver abaixo, cap. 6 II.

976 Cf. KOPP, Ferdinand O.; RAMSAUER, Ulrich. *Verwaltungsverfahrensgesetz*. 10ª ed. München: Beck, 2008, § 25 parágrafo 25.

977 Cf. em relação a isso SCHMIDT-ASSMANN, Eberhard. "Der Verfahrensgedanke im deutschen und europäischen Verwaltungsrecht". *In*: HOFFMANN-RIEM, Wolfgang; SCHMIDT-ASSMANN, Eberhard; VOSSKUHLE, Andreas (Coord.). *Grundlagen des Verwaltungsrechts*: Informationsordnung – Verwaltungsverfahren – Handlungsformen. vol. II. 2ª ed. München: C. H. Beck, 2012, § 27 parágrafo 68.

978 Cf. com mais detalhes em SCHMIDT-ASSMANN, Eberhard. "Verfassungsprinzipien für den Europäischen Verwaltungsverbund". *In*: HOFFMANN-RIEM, Wolfgang; SCHMIDT-ASSMANN, Eberhard; TRUTE, Hans-Heinrich (Coord.). *Grundlagen des Verwaltungsrechts*: Methoden – Maßstäbe – Aufgaben – Organisation. vol. I. 2ª ed. München: C. H. Beck, 2012, § 5 parágrafo 74.

por motivos organizacionais internos ou porque outra autoridade estabeleceu essa jurisdição.[979]

Tendo como pano de fundo a sua finalidade cidadã, a correta manutenção dos registos, exigida constitucionalmente, inclui também a obrigação oficial de conservar os arquivos "em princípio enquanto cumprirem a função documental em casos individuais".[980]

Correspondendo à delineada função cognitiva do arquivo no sentido foucaultiano, sua gestão assim determinada não tem apenas relevância secundária para o processo de tomada de decisões jurídicas; a documentação aparentemente única subsequente tem um efeito sobre esse processo em si ao delinear seus horizontes epistêmicos:

> As atas *criam* ativamente um "campo de presença" ao vincular "documentos", que só se tornam opções para a tomada de decisões ao serem processados no "histórico do processo", gerando, por um lado, possibilidades e restrições de conexão inscritas e, por outro, eliminando qualquer aspecto negativo do espectro de tomada de decisão.[981]

---

979 BVerfG, NJW 1985, p. 2135 f. (2135); vincula-se a isso tambė BVerwG, NVwZ 1988, pp. 621 e ss. (622).

980 REINHARDT, Markus. *Wissen und Wissenszurechnung im öffentlichen Recht*: Unter besonderer Berücksichtigung von Anforderungen an die Organisation und Folgen ihrer Verletzung im Rahmen öffentlich-rechtlicher Verwaltungstätigkeit. Berlim: Duncker & Humblot, 2010, p. 111, com referência a PALM, Thomas. *Akteneinsicht im öffentlichen Recht*: Eine Darstellung der Voraussetzungen für die Gewährung von Akteneinsicht in behördlichen und in gerichtlichen Verfahren. Frankfurt am Main: P. Lang, 2002, p. 62, além de outras referências

981 LADEUR, Karl-Heinz. "Die Kommunikationsinfrastruktur der Verwaltung". *In*: HOFFMANN-RIEM, Wolfgang; SCHMIDT-ASSMANN, Eberhard; TRUTE, Hans-Heinrich (Coord.). *Grundlagen des Verwaltungsrechts*: Methoden – Maßstäbe – Aufgaben – Organisation. vol. I. 2ª ed. München: C. H. Beck, 2012, parágrafo 2 (referência omitida).

Nesse sentido, os autos desempenham um papel decisivo na construção da realidade, que não só fundamenta a decisão judicial, mas também é criada por ela. A gestão do arquivo administrativo é assim estruturada legalmente, mas a forma respectiva do arquivo, certa tecnologia de arquivo, tem efeitos na própria lei: porque e na medida em que a formatação técnico-midiática ajuda a decidir sobre o desempenho da memória do sistema, também influencia suas possibilidades operativas e, portanto, sua aparência geral. "Outro tipo de vinculação, uma nova forma de escrita, uma mudança no método de armazenamento, uma mudança na coleta de dados afetam a redação do direito".[982]

3. Além do setor de registros que normalmente estão vinculados ao Poder Público, o armazenamento de conhecimento administrativo também inclui atas de assuntos específicos que são fundamentais para determinadas tarefas.[983] O espectro varia de registros clássicos que já existiam no século XIX a novas formas em certas searas do Direito Administrativo especial, como o registro de resíduos de acordo com § 42 da Lei da Economia Reciclável e de Dejetos [*Kreislaufwirtschafts- und Abfallgesetz*- KrW-/AbfG]. Em alguns casos, uma autoridade mantém seu próprio registro para sua área específica de responsabilidade – por exemplo, a autoridade de passaporte mantém o registro de passaporte; em outros, o registro – como o Registro Central Federal – serve como um "prestador de serviços de informação" para órgãos públicos, funcionando como uma fonte de informação; servindo ainda – como no caso do registro

982 VISMANN, Cornelia. *Akten*: Medientechnik und Recht. Frankfurt am Main: Fischer, 2000, p. 9.

983 Cf. LADEUR, Karl-Heinz. "Die Kommunikationsinfrastruktur der Verwaltung". *In*: HOFFMANN-RIEM, Wolfgang; SCHMIDT-ASSMANN, Eberhard; TRUTE, Hans-Heinrich (Coord.). *Grundlagen des Verwaltungsrechts*: Methoden – Maßstäbe – Aufgaben – Organisation. vol. I. 2ª ed. München: C. H. Beck, 2012, parágrafo 29 e ss.; além de KLOEPFER, Michael. *Informationsrecht*. München: Beck, 2002, § 10 parágrafo 90 e ss.

de veículos mantido pelas repartições de concessão de registro (e a Autoridade Federal de Transporte a Motor) –, quando os propósitos das autoridades e de interessados se sobrepõem em relação ao armazenamento de dados.[984] A forma como os dados são coletados e os registros são "preenchidos" também diferem-se:

> Embora o *Cadastro Central Federal* não colete os dados por si, mas eles são transmitidos por tribunais e por outras autoridades (§ 20, parágrafo 1º da Lei do Registro Central Federal [*Bundeszentralregistergesetz*- BZRG]), a quantidade de informações para o registro de passaporte é, em grande parte, compilada pelas próprias *agências de passaporte* como autoridades competentes.[985]

Naturalmente, também existem formas mistas em que os dados coletados no registro são coletados pela própria empresa e transmitidos por outros órgãos. Isso também se aplica à questão do que se conta como dados que podem e que devem ser registados, ou seja, se os documentos e processos completos são conservados no próprio registro ou se eles simplesmente – o que deveria ser uma norma – estariam contidos em uma "lista de procedimentos administrativos ou de direito privado em outros lugares".[986] Em todos os casos, os requisitos especiais de proteção de dados, em particular, a destinação estrita dos dados coletados, devem ser observados ao

---

984 Cf. COLLIN, Peter. "Archive und Register. Verlorenes Wissen oder Wissensressource der Zukunft?" *In*: SCHUPPERT, Gunnar Folke; VOSSKUHLE, Andreas (Coord.). *Governance von und durch Wissen*. Baden-Baden: Nomos, 2008, p. 81 e sehguinte; para mais ver cap. 3 IV.

985 COLLIN, Peter. "Archive und Register. Verlorenes Wissen oder Wissensressource der Zukunft?" *In*: SCHUPPERT, Gunnar Folke; VOSSKUHLE, Andreas (Coord.). *Governance von und durch Wissen*. Baden-Baden: Nomos, 2008, p. 81 (referência omitida).

986 KLOEPFER, Michael. *Informationsrecht*. München: C. H. Beck, 2002, § 10 parágrafo 90.

se armazenar e ao se usar dados pessoais. Isso também exclui uma "prestação de informações" geral ou "retenção de dados" na área de registros específicos.[987]

5.5 Do armazenamento à transmissão: a revolução digital

1. Se a formatação técnica dos arquivos também determina seu conteúdo, isso significa que a revolução digital na tecnologia de armazenamento não descreve um evento meramente efêmero em relação ao sistema de arquivo e de registro, mas, sim, de grande impacto na infraestrutura cognitiva do Direito.[988] Como um mnemônico social, o arquivo depende de hypomnemata, auxiliares de memória medialmente definidos, e muda com eles.[989] Efeitos concretos correspondentes, como a passagem da comunicação oral para a escrita, bem como a introdução da impressão de livros – não por conta

---

987 Cf. de maneira geral em ALBERS, Marion. "Umgang mit personenbezogenen Informationen und Daten". *In*: HOFFMANN-RIEM, Wolfgang; SCHMIDT-ASSMANN, Eberhard; VOSSKUHLE, Andreas (Coord.). *Grundlagen des Verwaltungsrechts*: Informationsordnung – Verwaltungsverfahren – Handlungsformen. vol. II. 2ª ed. München: C. H. Beck, 2012, parágrafo 78; especificamente sobre proteção de dados na área de direito registral LADEUR, Karl-Heinz. "Die Kommunikationsinfrastruktur der Verwaltung". *In*: HOFFMANN-RIEM, Wolfgang; SCHMIDT-ASSMANN, Eberhard; VOSSKUHLE, Andreas (Coord.). *Grundlagen des Verwaltungsrechts*: Informationso rdnung, Verwaltungsverfahren, Handlungsformen. vol. II. München: Verlag C. H. Beck, 2012, parágrafo 32.

988 Cf. quanto à relevância desta mudança para o direito em VESTING, Thomas. *Rechtstheorie*: Ein Studienbuch. München: C. H. Beck, 2007, parágrafo 293 e ss.; detalhadamente em KATSH, M. Ethan. *Law in a Digital World*. Oxford: Oxford University Press, 1995.

989 Cf. DERRIDA, Jacques. *Dem Archiv verschrieben*: Eine Freudsche Impression. Berlim: Brinkmann+Bose, 1997, p. 24 f., 35. Em relação ao problema, em contraposição à clássica discussão platônica, ver DERRIDA, Jacques. "Platons Pharmazie". *In*: ______. *Dissemination*. Wien: Passagen, 1995, pp. 69 e ss.

própria, talvez, mas em conjunto com outras mudanças na estrutura social[990] – são, portanto, resultados esperados da revolução digital nos processos comunicativos da sociedade. Também, pode-se supor que "os *meios de comunicação não são neutros na Administração*, mas impõem sua própria maneira de processar os 'eventos'".[991] Considerando o crescente entrelaçamento da dimensão normativa e da cognitiva do Direito, não surpreende que o mesmo aconteça com o Direito Administrativo; o que também deve ser "entendido e analisado como uma constelação midiática".[992] O novo meio pode não apenas esclarecer os déficits, mas também quaisquer vantagens funcionais do antigo[993] – e, por sua vez, possivelmente estimular desdobramentos do novo meio.

Da perspectiva arquivística, com as novas mudanças da mídia, há uma inflexão no interregno entre o armazenamento e a transmissão: "no universo da comunicação eletrônica totalmente

---

990 O que é a tese fundamental de ESPOSITO, Elena. *Soziales Vergessen*: Formen und Medien des Gedächtnisses der Gesellschaft. Frankfurt am Main: Suhrkamp, 2002.

991 LADEUR, Karl-Heinz. "Die Kommunikationsinfrastruktur der Verwaltung". *In*: HOFFMANN-RIEM, Wolfgang; SCHMIDT-ASSMANN, Eberhard; VOSSKUHLE, Andreas (Coord.). *Grundlagen des Verwaltungsrechts*: Informationsordnung, Verwaltungsverfahren, Handlungsformen. vol. II. München: Verlag C. H. Beck, 2012, parágrafo 88.

992 CHRISTENSEN, Ralph; LERCH, Kent D. "Performanz. Die Kunst, Recht geschehen zu lassen". *In*: LERCH, Kent D. (Coord.). *Die Sprache des Rechts*: Recht vermitteln. Strukturen, Formen und Medien der Kommunikation im Recht. vol. 3. Berlim: De Gruyter, 2005, pp. 55 e ss. (56). Cf. desenvolvendo essa perspectiva de maneira sintética VESTING, Thomas. *Rechtstheorie*: Ein Studienbuch. München: C. H. Beck, 2007, parágrafo 274 e ss., bem como seu projeto sobre a "Lei dos Meios de Comunicação Jurídicos".

993 Cf. a uma correspondente "dialética de arquivo e da internet" ASSMANN, Aleida. "Archive im Wandel der Mediengeschichte". *In*: EBELING, Knut; GÜNZEL, Stephan (Coord.). *Archivologie*: Theorien des Archivs in Philosophie, Medien und Künsten. Berlim: Kulturverlag Kadmos, 2009, pp. 173 e ss.

interconectada, estamos lidando com um *networked storage model* em que a informação não é armazenada de imediato, mas, sim, recorrentemente, a cada operação autopoiética gerada".[994] Em um interessante paralelo com a pesquisa neurocientífica recente, ou seja, o desempenho da memória no nível da consciência individual, em relação ao atual processamento eletrônico de dados, está ocorrendo uma "mudança de paradigma na concepção de inscrição permanente" em um portador consolidado como o armazenamento, que está sendo "substituído pelo princípio de transferência contínua".[995] Por um lado, isso significa que a ideia do "original" a ser arquivado deve ser abandonada. E com isso, por outro, a diferenciação anteriormente característica da mídia de arquivo torna-se obsoleta: a distinção entre arquivo escritos e audiovisuais é dissolvida no formato uniforme de dados digitalizados.[996] Com a revolução digital, fica claro que o que se busca como informação não está armazenado no arquivo como uma unidade acabada de significado, mas, sim, deve sempre ser reproduzido.[997] "Com a transliteração de documentos materiais para a escrita de impulsos eletrônicos, a escrita e o arquivo ganham uma

---

994 Cf. a uma correspondente "dialética de arquivo e da ERNST, Wolfgang. *Das Gesetz des Gedächtnisses*: Medien und Archive am Ende (des 20. Jahrhunderts). Berlim: Kulturverlag, 2007, p. 261.

995 internet" *Assmann*, Archive im Wandel der Mediengeschichte ASSMANN, Aleida. *Erinnerungsräume*: Formen und Wandlungen des kulturellen Gedächtnisses. München: Beck, 1999, pp. 173 e ss.

ta" do que está armazenado na memória que ocorre de tempos em tempos FREUD, Sigmund. *Briefe an Wilhelm Fließ 1887-1904*. Frankfurt am Main: Fischer, 1986, p. 217.

996 Cf. ASSMANN, Aleida. *Erinnerungsräume*: Formen und Wandlungen des kulturellen Gedächtnisses. München: Beck, 1999, p. 211, que chega a descrever a escrita digital como "transmídia" – o que, claro, só faz sentido do ponto de vista da velha mídia. Sobre o fenômeno do ponto de vista jurídico COLLINS, Ronald K. L.; SKOVER, David M. "Paratexts". *Stanford Law Review*, vol. 44, 1992, pp. 509 e ss.

997 Cf. ESPOSITO, Elena. *Soziales Vergessen*: Formen und Medien des Gedächtnisses der Gesellschaft. Frankfurt am Main: Suhrkamp, 2002, p. 339.

nova qualidade. Eles não são mais tangíveis como armazenamento estável de dados, eles se tornaram um sistema fluído de auto-organização de dados".[998] Isso já se aplica ao armazenamento baseado na compressão de dados (ou seja, em sua conversão) em *hardware*, o que ainda pode ser determinado localmente e, ainda mais, no que diz respeito a estruturas disseminadas, as quais são possibilitadas pela conexão à internet. Na *cloud computing*, a ideia do "banco de dados", que ainda se baseia em conceitos econômicos ultrapassados, está se tornando um fenômeno virtual em muitos sentidos.[999] O próprio processo de computação também está mudando:

> *Parallel distributed processing* no computador está prestes a substituir a tradicional *computer memory*, na qual os dados armazenados eram fornecidos com endereços em determinados pontos e, portanto, podiam ser localizados; isso agora se opõe à ativação genérica de *patterns*, que só são formados fundamentalmente quando chamados.[1000]

A *ars memoriae* clássica, com sua orientação para os *loci*, é substituída por um processo dinâmico que não apenas encontra o objeto da memória, mas o gera por si mesmo.

---

998 ASSMANN, Aleida. *Erinnerungsräume*: Formen und Wandlungen des kulturellen Gedächtnisses. München: Beck, 1999, p. 358.

999 Cf. em relação aos diferentes tipos de dados bancários WILKESMANN, Uwe; RASCHER, Ingolf. "Lässt sich Wissen durch Datenbanken managen? Motivationale und organisationale Voraussetzungen beim Einsatz elektronischer Datenbanken". *In*: EDELING, Thomas; JANN, Werner; WAGNER, Dieter (Coord.). *Wissensmanagement in Politik und Verwaltung*. Wiesbaden: VS Verlag, 2004, pp. 113 e ss. (117 e ss.).

1000 ERNST, Wolfgang. *Das Gesetz des Gedächtnisses. Medien und Archive am Ende (des 20. Jahrhunderts)*. Berlim: Kulturverlag Kadmos, 2007, p. 261 f.

Os desafios associados à prática jurídica do arquivamento e do registro são evidentes.[1001] Em relação aos documentos originais, existe um risco particular de que sua função anterior como prova, ou seja, como um documento de acordo com o § 98 do Regulamento do Tribunal Administrativo [*Verwaltungsgerichtsordnung*-VwGO], seja perdida.[1002] Restam apenas possíveis estratégias de compensação, no sentido de procedimentos de autenticação, que, por exemplo, também permitem a certificação oficial de documentos eletrônicos que foram reformatados várias vezes.[1003] Os "processos eletrônicos" devem combinar as vantagens da era digital com as da era analógica,[1004] com o auxílio de procedimentos de assinatura

---

1001 Cf. para a "informatização" da "administração" GUCKELBERGER, Annette. "Informatisierung der Verwaltung und Zugang zu Verwaltungsinformationen". *VerwArch*, 97, 2006, pp. 62 e ss.; resumidamente em EIFERT, Martin. *Electronic Government*: Das Recht der elektronischen Verwaltung. Baden-Baden: Nomos, 2006.

1002 Cf. em relação a esse problema BIZER, Johann. "Beweissicherheit im elektronischen Rechtsverkehr". *In*: HARNISCH, Andreas; KUGELMANN, Dieter; REPKEWITZ, Ulrich (Coord.). *Herausforderungen an das Recht der Informationsgesellschaft*. Stuttgart: Boorberg, 1996, pp. 141 e ss.

1003 Cf. sobre o correspondente debate sobre o novo § 298a ZPO, que permite o uso de processos eletrônicos em processos civis, SCHÄFER, Udo. "Authentizität: Elektronische Signaturen oder Ius Archivi?" *In*: HERING, Rainer; SCHÄFER, Udo (Coord.). *Digitales Verwalten – Digitales Archivieren*: 8. Tagung des Arbeitskreises "Archivierung von Unterlagen aus digitalen Systemen" am 27. und 28. April 2004 im Staatsarchiv Hamburg. Hamburg: Hamburg University Press, 2004, pp. 13 e ss. (29 e ss.).

1004 Cf. com mais detalhes em ROSSNAGEL, Alexander. "Möglichkeiten für Transparenz und Öffentlichkeit im Verwaltungshandeln – unter besonderer Berücksichtigung des Internet als Instrument der Staatskommunikation". *In*: HOFFMANN-RIEM, Wolfgang; SCHMIDT-ASSMANN, Eberhard (Coord.). *Verwaltungsrecht in der Informationsgesellschaft*. Baden-Baden: Nomos, 2000, pp. 257 e ss. (320 e ss.). Para mais detalhes sobre a relevância da assinatura eletrônica, ver EIFERT, Martin. *Electronic Government*: Das Recht der elektronischen Verwaltung. Baden-Baden: Nomos, 2006, pp. 81 e ss.

eletrônica.[1005] Em particular, os procedimentos devem cumprir os requisitos de exatidão e exaustividade dos processos, bem como de inteligibilidade e consistência das atas.[1006] Eles devem "evitar que os dados sejam completamente descontextualizados e imaterializados, garantindo, consequentemente, a manutenção de registros no nível digital".[1007] Os respectivos problemas existentes no Direito Processual Administrativo geral,[1008] para os quais a terceira reforma da lei do processo administrativo, que entrou em vigor em 2003, deveria dar as respostas definitivas,[1009] continuam se apresentando ainda mais presentes no Direito Arquivístico face às suas necessidades especiais:[1010] para garantir a funcionalidade do procedimentos de arquivamento, visando à integridade e à autenticidade[1011] dos documentos digitais,

---

1005 Cf. com mais ênfase em KLOEPFER, Michael. *Informationsrecht*. München: Beck, 2002, § 13 parágrafo 89 e ss.

1006 Cf. esses requisitos mais aprofundadamente em BRITZ, Gabriele. "Elektronische Verwaltung". *In*: HOFFMANN-RIEM, Wolfgang; SCHMIDT-ASSMANN, Eberhard; VOSSKUHLE, Andreas (Coord.). *Grundlagen des Verwaltungsrechts*: Informationsordnung – Verwaltungsverfahren – Handlungsformen. vol. II. 2ª ed. München: C. H. Beck, 2012, parágrafo 75 e ss.

1007 VISMANN, Cornelia. *Akten*: Medientechnik und Recht. Frankfurt am Main: Fischer, 2000, p. 335.

1008 Cf., por exemplo GROSS, Thomas. "Die Informatisierung der Verwaltung". *VerwArch*, 95, 2004, pp. 400 e ss. (402 e ss.).

1009 Cf. com mais detalhes em GUCKELBERGER, Annette. "Informatisierung der Verwaltung und Zugang zu Verwaltungsinformtionen". *VerwArch*, 97, 2006, pp. 67 e ss., que, ao mesmo tempo, aponta que o gerenciamento de arquivos eletrônicos ainda não foi regulamentado por lei, mas deve ser especificado por regulamentos administrativos (GUCKELBERGER, Annette. "Informatisierung der Verwaltung und Zugang zu Verwaltungsinformationen". *VerwArch*, 97, 2006, p. 72).

1010 Cf. SCHOCH, Friedrich; KLOEPFER, Michael; GARSTKA, Hansjürgen. *Archivgesetz (ArchG-ProfE)*: Entwurf eines Archivgesetzes des Bundes. Berlim: Duncker & Humblot, 2007, pp. 49 e ss.

1011 Cf. SCHÄFER, Udo. "Authentizität: Elektronische Signaturen oder Ius Archivi?" *In*: HERING, Rainer; SCHÄFER, Udo (Coord.). *Digitales Verwalten – Digitales Archivieren*: 8. Tagung des Arbeitskreises

já foram realizados estudos de simulação como o projeto "*ArchiSig*-arquivamento conclusivo e seguro de longo prazo de documentos assinados digitalmente",[1012] que demonstraram, pelo menos no que diz respeito à integridade, que uma nova assinatura de acordo com o § 17 do Regulamento de Assinatura [*Signaturverodnung*- SigV] realmente permite a salvaguarda pretendida.[1013] No que diz respeito à preservação da autenticidade, porém, ainda existem problemas maiores que devem ser superados com o uso de assinaturas credenciadas.[1014] Tendo como pano de fundo o princípio geral da escrita de acordo com o § 29, parágrafo 1º, inciso 1 da VwVfG, será necessário exigir que a "inteligibilidade permanente dos documentos digitalizados" seja mantida.[1015] Essa é a única forma de exercer efetivamente o direito de inspecionar os arquivos. No entanto, os desafios associados à

"Archivierung von Unterlagen aus digitalen Systemen" am 27. und 28. April 2004 im Staatsarchiv Hamburg. Hamburg: Hamburg University Press, 2004.

1012 Cf. em mais detalhes FARNBACHER, Wolfgang. "Vom Posteingang bis ins Archiv – technische und organisatorische Konzepte des ArchiSig-Projekts". *In*: HERING, Rainer; SCHÄFER, Udo (Coord.). *Digitales Verwalten – Digitales Archivieren*: 8. Tagung des Arbeitskreises "Archivierung von Unterlagen aus digitalen Systemen" am 27. und 28. April 2004 im Staatsarchiv Hamburg. Hamburg: Hamburg University Press, 2004, pp. 51 e ss.; FISCHER-DIESKAU, Stefanie; ROSSNAGEL, Alexander; STEIDLE, Roland. "Beweisführung am seidenen Bit-String? Die Langzeitaufbewahrung elektronischer Signaturen auf dem Prüfstand". *MMR*, 2004, pp. 451 e ss.

1013 Cf. ROSSNAGEL, Alexander; FISCHER-DIESKAU, Stefanie; PORDESCH, Ulrich; BRANDNER, Ralf. "Erneuerung elektronischer Signaturen. Grundfragen der Archivierung elektronischer Dokumente". *CR*, 2003, pp. 301 e ss.

1014 Cf. SCHOCH, Friedrich; KLOEPFER, Michael; GARSTKA, Hansjürgen. *Archivgesetz (ArchG-ProfE)*: Entwurf eines Archivgesetzes des Bundes. Berlim: Duncker & Humblot, 2007, p. 49.

1015 Cf. COLLIN, Peter. "Archive und Register. Verlorenes Wissen oder Wissensressource der Zukunft?" *In*: SCHUPPERT, Gunnar Folke; VOSSKUHLE, Andreas (Coord.). *Governance von und durch Wissen*. Baden-Baden: Nomos, 2008, p. 77.

mudança para o gerenciamento de arquivos eletrônicos vão ainda mais longe. Na medida em que o trabalho administrativo é cada vez mais informatizado, "surgem novas dependências: os processos administrativos seguem programas que terceiros privados criam, ficando, portanto, sem muita alternativa".[1016] O Direito Administrativo tem de se adequar a uma forma até então desconhecida de indefinição de processos técnicos e jurídicos.[1017]

2. Os desafios assim delineados já não são jogos de ideias puramente teóricas. As formas eletrônicas de comunicação deixaram de ser usadas apenas experimentalmente no campo administrativo e, sim, passaram a fazer parte da prática administrativa cotidiana. Por exemplo, a partir de 1º de janeiro de 2009, o registro civil tradicional foi substituído pelo registro civil, que agora é gerenciado eletronicamente de acordo com o § 3, parágrafo 2º da Lei do Estatuto da Pessoa [*Personenstandsgesetz*- PStG].[1018] A peculiaridade do armazenamento deve ser levada em consideração pelo fato de que, de acordo com § 4 da PStG, as certificações concluídas devem ser armazenadas em outro registro de garantia ou de *backup*. O que se fala aqui como exemplo para tratar das formas de comunicação eletrônica em uma seara especial também se aplica em um nível geral: por exemplo, para a área dos ministérios federais, o § 12, parágrafo 1 da GGO estabelece que procedimentos eletrônicos devem ser usados tanto quanto possível em todos os processos de atos oficiais.

1016 MASING, Johannes. "Transparente Verwaltung: Konturen eines Informationsverwaltungsrechts". *Veröffentlichungen der Vereinigung der Deutschen Staatsrechtslehrer*, vol. 63, 2004, p. 429.

1017 Cf. MASING, Johannes. "Transparente Verwaltung: Konturen eines Informationsverwaltungsrechts". *Veröffentlichungen der Vereinigung der Deutschen Staatsrechtslehrer*, vol. 63, 2004, p. 429, Nota 156, com referência a exemplos práticos, nomeadamente da área do direito tributário e da gestão financeira.

1018 Cf. MEIREIS, Rolf. "Elektronische Führung der Personenstandsregister durch die Standesämter". *StAZ*, 2008, pp. 204 e ss.

Esses efeitos correspondentes também podem ser observados no setor arquivístico.[1019] Em 1996, o centro de coordenação e assessoria do governo federal para tecnologia da informação no Ministério Federal do Interior [*Koordinierungs- und Beratungsstelle*- KBSt] introduziu o conceito "DOMEA" (gerenciamento de documentos e arquivamento eletrônico em processos de negócios apoiados em TI), que é um procedimento para o processamento eletrônico completo dos atos oficiais negociais, que vai desde o recebimento de correspondência, processamento e envio, triagem e arquivamento dos documentos criados em um órgão público, tendo sido revisado várias vezes e equipado com "módulos de extensão" adicionais.[1020] O objetivo do conceito era a introdução de arquivos eletrônicos, em particular, por meio do uso direcionado de *software* compartilhado entre setores oficiais especialmente certificado.[1021] Após o programa do governo federal "administração em rede e transparente", iniciado em agosto de 2010, o conceito DOMEA será substituído por um novo "conceito organizacional para trabalho administrativo eletrônico (*e-administração*)".[1022] O Ministério Federal do Interior já havia

---

1019 Cf. o "futuro do arquivo" sob condições de TI em LADEUR, Karl-Heinz. "Die Kommunikationsinfrastruktur der Verwaltung". *In*: HOFFMANN-RIEM, Wolfgang; SCHMIDT-ASSMANN, Eberhard; TRUTE, Hans-Heinrich (Coord.). *Grundlagen des Verwaltungsrechts*: Methoden – Maßstäbe – Aufgaben – Organisation. vol. I. 2ª ed. München: C. H. Beck, 2012, parágrafo 41 e ss.

1020 Cf., por exemplo, DOMEA. *Organisationskonzept 2.1*. nov. 2005. Disponível em: https://www.verwaltung-innovativ.de/SharedDocs/Publikationen/Presse__Archiv/domea_konzept_organisationskonzept_2_1.pdf?__blob=publicationFile&v=1. Acessado em: 11.09.2023.

1021 Cf. HÄNGER, Andrea; WETTMANN, Andrea. "Das DOMEA-Konzept – eine Zwischenbilanz aus archivischer Sicht". *Der Archivar*, 60, 2007, pp. 24 e ss.

1022 Cf. DIE BUNDESREGIERUNG. *Regierungsprogramm "Vernetzte und transparente Verwaltung"*. p. 42. Disponível em: http://www.bmi.bund.de/SharedDocs/Downloads/DE/Themen/OED_Verwaltung/ModerneVerwaltung/regierungsprogramm_verwaltung.pdf?__blob=publicationFile. Acessado em: 11.09.2023.

anunciado que esse conceito seria publicado em 2011,[1023] mas, até agora, só foi implementado em módulos individuais.[1024] Isso indica que a orientação legal promulgadas há alguns anos, segundo a qual um sistema uniforme de gerenciamento eletrônico de documentos para toda a área da administração pública, ou seja, para arquivos e registros, seria "desejável (embora não completamente realista)",[1025] não estava equivocada. Pelo menos, no médio prazo, há uma tendência para um "*data warehouse*" em que atas, arquivos e registros tendem a crescer cada vez por meio do instrumento comum do arquivo eletrônico. Nesse sentido, "*data warehouse*" refere-se a

> um grande banco de dados ou uma rede de bancos de dados que estão disponíveis para diferentes estratégias de busca de padrões de conexão usando métodos de busca (*data mining*): com a ajuda de estratégias experimentais de busca variável, estratégias de busca anteriormente difíceis ou irreconhecíveis podem ser testadas e encontradas, tornando visíveis as conexões entre processos que não são esperados à primeira vista.[1026]

1023 Disponível em: http://www.verwaltung-innovativ.de/nn_684678/DE/Organisation/domea_ _konzept/domea__konzept__node.html?__nnn=true.

1024 Disponível em: http://www.verwaltung-innovativ.de/cln_339/nn_684508/DE/Organisation/ orgkonzept __everwaltung/orgkonzept__everwaltung__inhalt.html. Não exatamente uma questão técnica detalhada, mas apenas a obrigação geral das autoridades de (também) gestão eletrônica de arquivos, bem como algumas questões relacionadas, como a transferência de arquivos em papel, o acesso aos arquivos para os cidadãos, etc., são reguladas pelo "Projeto de Lei de Promoção da Administração Informacional (Lei da Governança Eletrônica– EGovG)" (Publicação do Senado Federal nº. 557, 12; ver também HECKMANN, Dirk. "Perspektiven des IT-Einsatzes in der öffentlichen Verwaltung". *Die Verwaltung*, 46, 2013, pp. 1 e ss.).

1025 SCHOCH, Friedrich; KLOEPFER, Michael; GARSTKA, Hansjürgen. *Archivgesetz (ArchG-ProfE)*: Entwurf eines Archivgesetzes des Bundes. Berlim: Duncker & Humblot, 2007, p. 55.

1026 LADEUR, Karl-Heinz. "Die Kommunikationsinfrastruktur der Verwaltung". *In*: HOFFMANN-RIEM, Wolfgang;

O aspecto decisivo do armazenamento eletrônico de dados por meio de sua transmissão é baseado em uma mudança de relevância das estratégias de busca.

5.6 Técnicas de classificação, de seleção e de esquecimento: a necessidade de mecanismos de buscas "inteligentes"

1. Nas condições de comunicação amplamente digitalizadas, emerge um aspecto da memória que já era característico de formas anteriores, mas que exige ainda mais atenção nas novas condições. Para evitar a sobrecarga informacional, ou seja, para manter livres as próprias – notadamente limitadas – capacidades de processamento de informação ou mesmo para recuperá-las, toda forma de processamento de conhecimento depende não apenas de formas de armazenamento de conhecimento, mas também de técnicas de esquecimento.[1027] As informações são processadas seletivamente, deixando para trás componentes inutilizáveis.[1028] Nessa toada, a memória serve para "discriminar constantemente entre esquecer e lembrar, entre

---

SCHMIDT-ASSMANN, Eberhard; TRUTE, Hans-Heinrich (Coord.). *Grundlagen des Verwaltungsrechts*: Methoden – Maßstäbe – Aufgaben – Organisation. vol. I. 2ª ed. München: C. H. Beck, 2012, parágrafo 42.

1027 Cf. LUHMANN, Niklas. *Organisation und Entscheidung*. Opladen: Westdeutscher, 2000, p. 192, que afirma ainda: "A principal conquista da memória é (...) o esquecimento, e a lembrança só ocorre indiretamente ao inibir o esquecimento". Para os desafios especiais da moderna sociedade da informação a partir da perspectiva do direito VOSSKUHLE, Andreas. "Der Wandel von Verwaltungsrecht und Verwaltungsprozeßrecht in der Informationsgesellschaft". *In*: HOFFMANN-RIEM, Wolfgang; SCHMIDT-ASSMANN, Eberhard (Coord.). *Verwaltungsrecht in der Informationsgesellschaft*. Baden-Baden: Nomos, 2000, pp. 349 e ss. (354).

1028 Nesse ponto, deve permanecer em aberto até que ponto um "traço permanente" latente de memórias anteriores permanece após o esquecimento deliberado, como Freud supõe para a consciência humana; Cf. para tanto FREUD, Sigmund. "Notiz über den 'Wunderblock'". *In*:

liberar capacidades operacionais e construir identidades para uso repetido".[1029] Ela é utilizada quando o armazenamento já não representa um problema técnico de escassez[1030] e, em particular, quando, enquanto transmissão permanente de dados no espaço virtual da *cloud computing*, existem possibilidades aparentemente infinitas de (re)combinação de dados à disposição que não apresentam mais o esquecimento como um processo quase natural, mas o tornam uma operação sistêmica independente. Consequentemente, os dados na *internet* foram construídos para que

> não fiquem sem sentido e não obstruam tudo (...), criando um mecanismo de autodestruição, o campo TTL, ou seja, "*Time To Live*". Normalmente, essa expectativa de vida digital inicialmente tem o valor 255, e a cada passagem por uma estação retransmissora do computador, a cada *hop*, esse valor é decrementado em um. Se for a zero, o pacote é deletado.[1031]

Seleção e esquecimento não estão apenas ligados de modo que um exclua o outro; ambos determinam e reforçam um ao outro em suas respectivas possibilidades. Quanto mais sofisticados forem os mecanismos de busca, mais material poderá ser esquecido. Essa foi precisamente a vantagem decisiva da transição da comunicação puramente oral para a escrita: agora, basta saber onde algo está

______. *Gesammelte Werke*: Werke aus den Jahren 1925-1931. 5ª ed. vol. XIV. Frankfurt am Main: Fischer, 1972, pp. 3 e ss.

1029 LUHMANN, Niklas. *Organisation und Entscheidung*. Opladen: Westdeutscher, 2000, p. 157 f.; Cf. também, p. 275.

1030 Cf. para números concretos sobre necessidades e capacidades globais de armazenamento WARNKE, Martin. "Digitale Archive". *In*: POMPE, Hedwig; SCHOLZ, Leander (Coord.). *Archivprozesse*: Die Kommunikation der Aufbewahrung. Köln: DuMont, 2002, pp. 269 e ss. (270 e ss.).

1031 WARNKE, Martin. "Digitale Archive". *In*: POMPE, Hedwig; SCHOLZ, Leander (Coord.). *Archivprozesse*: Die Kommunikation der Aufbewahrung. Köln: DuMont, 2002, p. 272.

escrito. "Você pode se dar ao luxo de esquecer porque o conteúdo é armazenado em livros".[1032] Isso pressupõe uma "ordem do conhecimento" no sentido de uma exata endereçabilidade do conteúdo esquecido, mas preservado, que só se estabelece com a impressão do livro. Só a partir de então os números de página em todos os livros de um processo de impressão coincidem exatamente.[1033] Na medida em que o desenvolvimento midiático possibilita a exteriorização das capacidades de armazenamento, a memória moderna é capaz de passar da preservação imediata do próprio conteúdo do conhecimento ao mero conhecimento (e claro: uso) dos signos de ligação e referência. Conhecimento, agora, significa "folhear, citar, extrair e compilar, sempre de acordo com os números das páginas impressas".[1034] Se já se compreende o próprio conceito de conhecimento como um conceito relacionado à estrutura ou à ordem,[1035] fica claro até que ponto o esquecimento e o salvamento e suas

---

1032 ESPOSITO, Elena. *Soziales Vergessen*: Formen und Medien des Gedächtnisses der Gesellschaft. Frankfurt am Main: Suhrkamp, 2002, p. 185.

1033 Cf. KITTLER, Friedrich. *Die Nacht der Substanz*. Bern: Benteli, 1989, p. 13, com referência a ONG, Walter J. *Oralität und Literalität*: Die Technologisierung des Wortes. Opladen: Westdeutscher Verlag, 1987, pp. 124 e ss.

1034 KITTLER, Friedrich. *Die Nacht der Substanz*. Bern: Benteli, 1989, p. 14. Cf. a ênfase na importância funcional da impressão de livros em VISMANN, Cornelia. *Akten*: Medientechnik und Recht. Frankfurt am Main: Fischer, 2000, pp. 105 e ss., com referência às técnicas de referência específicas (particularmente a organização por livros e capítulos) já dos digestos romanos. No entanto, pode-se novamente duvidar se os digestos originalmente continham tal classificação ou se ela foi introduzida nas primeiras edições impressas; Cf. com mais detalhes em SAENGER, Paul. *Space between Words*: The Origins of Silent Reading. Stanford: Stanford University Press, 1997; em uma perspectiva do direito inspirada em Saenger, ver VESTING, Thomas. *Die Medien des Rechts*: Buchdruck. Weilerswist: Velbrück Wissenschaft, 2013 (i.Vorb.).

1035 Cf., por exemplo, BREIDBACH, Olaf. *Neue Wissensordnungen*: Wie aus Informationen und Nachrichten kulturelles Wissen entsteht. Frankfurt am Main: Suhrkamp, 2008, p. 25 f.

respectivas formatações midiáticas são recursivamente defendidos com o processo de conhecimento.

É precisamente esse movimento de transição da preservação para o uso baseado em seções que também marca a transição do mero armazenamento para o arquivo. Só se pode falar significativamente de um arquivo no sentido mais estrito e funcional se os processos de memória específicos tornarem possível a redundância não apenas acidentalmente, mas também de maneira direcionada, ou seja, se não apenas as coisas consideradas dignas de serem lembradas por certas razões forem armazenadas em um determinado lugar, mas também se tornarem sistematicamente acessíveis com a ajuda de uma estrutura de ordem. O arquivo, nesse sentido, é baseado no catálogo.[1036] Todavia, a conexão funcional entre os desenvolvimentos da mídia e dos arquivos não significa que, historicamente, ambos os desenvolvimentos ocorreram em paralelo.[1037] Ao contrário, a história do Direito especialmente conhece exemplos de armazenamento escrito

---

1036 Cf. ESPOSITO, Elena. *Soziales Vergessen*: Formen und Medien des Gedächtnisses der Gesellschaft. Frankfurt am Main: Suhrkamp, 2002, p. 157.

1037 A escrita também não suplantou completamente outras formas de registro aparentemente mais arcaicas; pelo contrário, alguns deles persistiram por muito tempo e até ganharam importância. Cf. sobre o interessante exemplo dos "gravetos" em LERCH, Kent D. "Vom Kerbholz zur Konzernbilanz? Wege und Holzwege zu einem autonomen Recht der global economy". *Rechtsgeschichte*, 5, 2004, pp. 1 e ss. (16): "Eles eram comumente usados como recibos de pagamentos feitos e bens entregues, ou como prova de serviços pendentes, marcando os valores pagos ou a serem pagos na vara de contagem com entalhes de largura, profundidade e espaçamento variados. Depois que os entalhes foram cortados na vara de madeira, a vara de contagem foi dividida longitudinalmente e as metades entregues às duas partes. Quando surgiu uma disputa, as duas metades foram mantidas juntas novamente, o grão da madeira oferecendo grande proteção contra falsificação. Assim, os talões serviam como salvaguarda mútua, bem como proteção contra fraudes nos negócios e na contabilidade, e eram a forma preferida de registro na Inglaterra medieval: eram mais simples e mais bem guardados do que o pergaminho, mais rápidos de fazer e mais difíceis de falsificar".

que ainda não entendem os dados armazenados como informações latentemente atualizáveis, mas literalmente os enterram no arquivo. Ainda no século XVIII, os arquivos dos processos judiciais ingleses ("*plea-rolls*") eram costurados, enrolados em rolos, os quais eram empilhados em sacos de couro, selados e, depois, armazenados no Westminster Hall. Não havia, portanto, nenhuma perspectiva séria de voltar a poder acessar à informação – ainda que de um modo extremamente escasso – relativa aos respetivos processos. Obviamente, esse também não era o objetivo do processo.[1038]

O processo de busca sistematicamente estruturado é determinado pelo mesmo paradoxo que geralmente fundamenta o processamento da informação:[1039] por um lado, é preciso saber o que se procura, ou seja, é necessário esperar e antecipar a descoberta concreta. Por outro, o real valor informativo reside apenas na surpresa que aponta para além da mera evidência do que já se sabe.[1040] A pesquisa de arquivo bem-sucedida implica um efeito de emergência.[1041] É exatamente aqui que entram os buscadores "inteligentes": eles devem ser capazes de surpreender seus usuários, o que significa que seus

---

1038 Cf. com mais detalhes sobre esse exemplo em LERCH, Kent D. *The Empire of Chaos and Darkness.* Manuskript, Veröet (no prelo). Sobre um problema estruturalmente comparável no que diz respeito aos principais arquivos romanos perto do Capitólio, das *Aerarium*, além de VISMANN, Cornelia. *Akten*: Medientechnik und Recht. Frankfurt am Main: Fischer, 2000, p. 91: "Técnicas de recuperação não estão instaladas em lugar nenhum". Sobre a situação na Alemanha até o século XVII VISMANN, Cornelia. *Akten*: Medientechnik und Recht. Frankfurt am Main: Fischer, 2000, p. 177.

1039 Cf. ESPOSITO, Elena. *Soziales Vergessen*: Formen und Medien des Gedächtnisses der Gesellschaft. Frankfurt am Main: Suhrkamp, 2002, p. 264.

1040 Cf., por exemplo, BAECKER, Dirk. "Zum Problem des Wissens in Organisationen". *In*: ______. *Organisation als System*: Aufsätze. Frankfurt am Main: Suhrkamp, 1999, pp. 68 e ss. (97).

1041 Cf. ERNST, Wolfgang. *Das Gesetz des Gedächtnisses. Medien und Archive am Ende (des 20. Jahrhunderts)*. Berlim: Kulturverlag Kadmos, 2007, p. 225.

processos devem gerar mais valor em relação ao que o pesquisador já inseriu.[1042] Assim, conforme a definição de Heinz von Foerster, devem ser máquinas não triviais.[1043] Isso só é possível, principalmente, por um número maior de possibilidades de conexões, que também produzem efeitos dinâmicos em relação aos documentos que o próprio pesquisador não associou inicialmente ao seu problema inicial. A despeito dos *links* organizados digitalmente, essa técnica já pode ser estudada nas clássicas "caixinhas de lembretes", tão utilizadas por *Luhmann*,[1044] de maneira semelhante (embora não tão sofisticadas em termos de referência interna e de tecnologia de aproximação, mas ainda de acordo com palavras-chave relativamente grosseiras, ordenadas alfabeticamente e organizadas) ao que havia

---

1042 Cf. o desenvolvimento das modernas ferramentas de busca em GUGERLI, David. *Suchmaschinen*: Die Welt als Datenbank. Frankfurt am Main: Suhrkamp, 2009.

1043 Cf., por exemplo, FOERSTER, Heinz von. "Prinzipien der Selbstorganisation im sozialen und betriebswirtschaftlichen Bereich". *In*: ______. *Wissen und Gewissen*: Versuch einer Brücke. Frankfurt am Main: Suhrkamp, 1993, pp. 233 e ss. (244 e ss.).

1044 Cf. LUHMANN, Niklas. "Biographie, Attitüden, Zettelkasten". *In*: ______. *Archimedes und wir*: Interviews. Berlim: Merve, 1987, pp. 125 e ss. (142 e ss.). Luhmann explica a necessidade desse procedimento com sua própria memória notoriamente ruim e, assim, define seu Zettelkasten no sentido clássico de McLuhan como uma prótese técnica de mídia.

sido usado[1045] anteriormente por *Hegel*[1046] e, no campo literário, por *Arno Schmidt*.[1047] Segundo *Luhmann*, graças à ajuda dessa técnica, os livros se escreveram sozinhos.[1048] O procedimento assemelha-se assim a um "computador, que também pode ser criativo no sentido de produzir novos resultados por meio da combinação de dados introduzidos que não eram previsíveis em um primeiro momento".[1049]

Essa função das caixinhas de lembretes e dos computadores se reflete no uso de modernos sistemas de tecnologia da informação

---

1045 Cf. em relação às técnicas correspondentes em ZEDELMAIER, Helmut. "Buch, Exzerpt, Zettelschrank, Zettelkasten". *In*: WARNKE, Martin. "Digitale Archive". *In*: POMPE, Hedwig; SCHOLZ, Leander (Coord.). *Archivprozesse*: Die Kommunikation der Aufbewahrung. Köln: DuMont, 2002, pp. 38 e ss. Além de KRAJEWSKI, Markus. *Zettelwirtschaft*: Die Geburt der Kartei aus dem Geiste der Bibliothek. Berlim: Kulturverlag Kadmos, 2002. Sobre a relevância epistêmica de uma "economia de notas" mais caótica no laboratório com vistas às ciências naturais RHEINBERGER, Hans-Jörg. *Epistemologie des Konkreten*: Studien zur Geschichte der modernen Biologie. Frankfurt am Main: Suhrkamp, 2006, pp. 350 e ss. No campo literário, Arno Schmidt em particular usou um método de caso escorregadio correspondente. Cf. sobre sua autodescrição em SCHMIDT, Arno. "Der Platz, an dem ich arbeite". *In*: ______. *Essays und Aufsätze* 2: Bargfelder Ausgabe III/4. Zürich: Haffmans Verlag, 1995, pp. 29 e ss.

1046 Cf. ROSENKRANZ, Karl. *Georg Wilhelm Friedrich Hegels Leben*. Berlim: Duncker & Humblot, 1844 (Nachdruck Darmstadt, 2ª ed. 1988), p. 12 f.; KITTLER, Friedrich. *Die Nacht der Substanz*. Bern: Benteli, 1989, pp. 17 e ss.

1047 Cf. a descrição em SCHMIDT, Arno. "Der Platz, an dem ich schreibe". *In*: ______. *Essays und Aufsätze* 2: Bargfelder Ausgabe III/4. Zürich: Haffmans Verlag, 1995, pp. 28 e ss.

1048 Cf. LUHMANN, Niklas. *Soziale Systeme*: Grundriß einer allgemeinen Theorie. Frankfurt am Main: Suhrkamp, 1984, p. 14; de forma mais drástica em LUHMANN, Niklas. "Biographie, Attitüden, Zettelkasten". *In*: ______. *Archimedes und wir*: Interviews. Berlim: Merve, 1987, p. 142: "Para mim, o investimento de tempo consiste essencialmente em datilografar um manuscrito".

1049 LUHMANN, Niklas. "Biographie, Attitüden, Zettelkasten". *In*: ______. *Archimedes und wir*: Interviews. Berlim: Merve, 1987, p. 144 f.

no setor administrativo. Afinal, a função deles é "facilitar os vínculos entre os arquivos e, com isso, gerar muito mais informações para a Administração".[1050] Ao mesmo tempo, porém, a capacidade de associação da máquina não deve ir tão longe, de tal sorte que o problema inicial seja perdido de vista. Os próprios vínculos devem estar sujeitos a uma certa regularidade. Por um lado, motores de busca digitais como o *Google* dependem de métodos estocásticos: o que é mostrado primeiro é o que tem mais interações. A base real para a "inteligência" dos motores de busca digitais correspondentes é, por outro lado, um passo adicional, visando a uma maior "personalização" do uso do motor de busca: os mecanismos de busca digitais ganham sua funcionalidade específica ao se tornarem "capazes de aprender" por si só usando sua própria memória, ou seja, salvando pesquisas anteriores e vinculando-as a consultas atuais com a ajuda de algoritmos especiais. Dessa forma, o utilizador (normalmente identificável através do seu endereço IP) pode entrar no processo de pesquisa e, sobretudo, na ordenação da lista de resultados, mesmo que pouco tenha conhecimento das preferências pessoais que resultam de consultas anteriores. O fator decisivo aqui é que a ligação das operações de busca não se torne muito unilateral, ou seja, não deve resultar em um estreitamento de perspectiva cada vez mais avançado, porque o usuário normalmente estará sempre vulnerável a "surpresas", no sentido de desvios de suas próprias expectativas originais. O perfil excessivo em relação às atividades anteriores pode, portanto, também ter um efeito contraproducente na eficácia das estratégias de busca orientadas para o usuário. Sistemas de pesquisa adequados que se adaptem às necessidades dos seus usuários, mas que, ao mesmo tempo e por isso mesmo, possam surpreendê-los, devem também ser desenvolvidos para a área da administração.[1051]

1050 *Ladeur*, Die Kommunikationsinfrastruktur der Verwaltung, ibid, parágrafo 41 (Nachweise weggelassen).

1051 Cf. *Ladeur*, Die Kommunikationsinfrastruktur der Verwaltung, ibid, parágrafo 96.

Com a mudança da relevância das estratégias de busca, o arquivo em particular se modifica como um dispositivo epistemológico, ou seja, como a "lei do que pode ser dito". Nesse diapasão, os métodos de busca se movem para um ponto central. Alterações correspondentes devido ao uso de mecanismos de pesquisa relevantes na *internet* devem ser detectadas até mesmo no nível da memória pessoal individual.[1052] A "dizibilidade" cocodificada pela *performance* da memória sistêmica terá que ser levada em conta ainda mais a partir dos processos de seleção e de ordenação utilizados em cada caso. Ao mesmo tempo, deve-se levar em consideração que esses procedimentos nem sempre são abertos ao público. Assim, a afirmação inicialmente desconcertante de *Georges Didi-Huberman*, baseada na "essência do arquivo (...) como suas lacunas, sua natureza aberta",[1053] ganha um significado específico: "apenas as lacunas fornecem informações sobre os mecanismos de seleção ocultos dessa instituição".[1054]

2. O aumento da importância dos procedimentos de acesso sobre o simples armazenamento de dados também afeta seus requisitos: para garantir que os documentos eletrônicos permaneçam inteligíveis, os próprios procedimentos técnicos de leitura devem agora também ser memorizados.[1055] Em outras palavras: o fato de que toda

---

1052 Cf. BOHANNON, John. "Searching for the Google Effect on People's Memory". *Science*, 333, 2011, p. 277.

1053 DIDI-HUBERMAN, Georges. "Das Archiv brennt". *In*: DIDI-HUBERMANN, Georges; EBELING, Knut. *Das Archiv brennt*. Berlim: Kulturverlag Kadmos, 2007, pp. 7 e ss. (7).

1054 EBELING, Knut; GÜNZEL, Stephan. "Einleitung". *In*: EBELING, Knut; GÜNZEL, Stephan (Coord.). *Archivologie*: Theorien des Archivs in Philosophie, Medien und Künsten. Berlim: Kulturverlag Kadmos, 2009, p. 15.

1055 Cf. ERNST, Wolfgang. *Das Gesetz des Gedächtnisses. Medien und Archive am Ende (des 20. Jahrhunderts)*. Berlim: Kulturverlag Kadmos, 2007, p. 84; da perspectiva jurídica ver BRITZ, Gabriele. "Elektronische Verwaltung". *In*: HOFFMANN-RIEM, Wolfgang; SCHMIDT-ASSMANN, Eberhard; VOSSKUHLE, Andreas (Coord.). *Grundlagen des Verwaltungsrechts*: Informationsordnung – Verwaltungsverfahren

forma de "memória" agora significa regeneração de informações tem consequências para o processo de perda de memória direcionada. "O armazenamento digital é considerado apagado quando todos os dados ainda estão armazenados, mas o cabeçalho do endereço do arquivo foi substituído".[1056] Isso requer esforços adicionais para a expansão da tarefa clássica de arquivamento, que agora deve se estender também aos documentos eletrônicos. Em uma reportagem de jornal, os problemas relevantes associados a isso são nomeados sob o título sucinto "para que o Estado não perca sua memória":

> os dados eletrônicos devem ser armazenados regularmente em repositórios de dados modernos. Para que fotos ou textos armazenados eletronicamente possam ser utilizados para arquivamento, seus metadados, ou seja, as informações sobre o tamanho e o tempo de criação do documento eletrônico, devem primeiro ser padronizados.[1057]

A durabilidade reduzida da mídia portadora em comparação com os materiais clássicos também contribui para isso.[1058] O material eletrônico arquivado não pode, portanto, ser simplesmente armazenado; ele deve ser continuamente reescrito e atualizado e, ao mesmo tempo, dotado de um índice de tempo constante que permite

---

– Handlungsformen. vol. II. 2ª ed. München: C. H. Beck, 2012, parágrafo 78. Para essa estratégia de armazenamento de "emulação", ver COLLIN, Peter. "Archive und Register. Verlorenes Wissen oder Wissensressource der Zukunft?" *In*: SCHUPPERT, Gunnar Folke; VOSSKUHLE, Andreas (Coord.). *Governance von und durch Wissen*. Baden-Baden: Nomos, 2008, p. 77.

1056 ERNST, Wolfgang. *Das Gesetz des Gedächtnisses. Medien und Archive am Ende (des 20. Jahrhunderts)*. Berlim: Kulturverlag Kadmos, 2007, p. 214.

1057 FAZ v. 23. Februar 2012, p. 9.

1058 Cf. WARNKE, Martin. "Digitale Archive". *In*: POMPE, Hedwig; SCHOLZ, Leander (Coord.). *Archivprozesse*: Die Kommunikation der Aufbewahrung. Köln: DuMont, 2002, p. 274 f.

sua classificação histórica. Em termos mais gerais: "os *metadados* devem ser anexados. Eles descrevem o que deve ser interpretado e como. (...) Os metadados também devem descrever em qual sistema operacional, em qual *hardware* está rodando o *software* que interpreta os dados".[1059] No estado-membro, isso requer um esforço coordenado dos arquivos federal e estadual.[1060]

Os arquivos, especialmente os digitais, só sobrevivem se forem constantemente utilizados, se uma autoridade preservadora os codificar, interpretar e avaliar constantemente, apropriar-se ativamente de seus documentos, publicá-los ou ocultá-los, possibilitando e estruturando o conhecimento, provocando ou suprimindo ações. (...) Eles vivem enquanto um domínio os carrega e mantém seu metabolismo informacional.[1061]

3. Por fim, do ponto de vista do Direito, a relevância crescente dos processos de busca e de vinculação, em particular, pode ser ilustrada por outro aspecto crucial: a interação de novas formas de processamento e de armazenamento eletrônico de dados, constituindo o ponto de partida clássico para preocupações subsequentes de proteção de dados. Mesmo o inovador julgamento sobre o censo populacional do Tribunal Constitucional Federal colocou ênfase não apenas no mero acúmulo de dados pelo Estado, que, em si, muitas vezes, parece irrelevante, mas também nas possibilidades técnicas alteradas de usar programas de processamento eletrônico de dados para gerar novas informações, as quais potencialmente prejudicam a

---

1059 WARNKE, Martin. "Digitale Archive". *In*: POMPE, Hedwig; SCHOLZ, Leander (Coord.). *Archivprozesse*: Die Kommunikation der Aufbewahrung. Köln: DuMont, 2002, p. 276.

1060 Cf. sobre a necessidade de maior consistência nas leis arquivísticas federais e estaduais SCHOCH, Friedrich; KLOEPFER, Michael; GARSTKA, Hansjürgen. *Archivgesetz (ArchG-ProfE)*: Entwurf eines Archivgesetzes des Bundes. Berlim: Duncker & Humblot, 2007, p. 31 f.

1061 WARNKE, Martin. "Digitale Archive". *In*: POMPE, Hedwig; SCHOLZ, Leander (Coord.). *Archivprozesse*: Die Kommunikation der Aufbewahrung. Köln: DuMont, 2002, p. 280 f.

autodeterminação informacional.[1062] A "criatividade" do computador, que *Luhmann* acentuou positivamente, já era um problema especial no que diz respeito à garantia relevante de direitos fundamentais. Disputas mais recentes, mormente sobre a chamada "reserva de dados",[1063] podem não apenas conectar-se perfeitamente a essas preocupações; considerando os imensos avanços na tecnologia da informação, o problema aumentou exponencialmente nos últimos anos.[1064] A gestão do conhecimento administrativo é assim influenciada por outro regime, que se opõe ao controle prioritariamente orientado para a geração de conhecimento, abrangendo o armazenamento e o posterior tratamento dos dados digitalizados.[1065] Em suma, esse

---

1062 Cf. BVerfGE 65, 1 (45). Sobre especificamente "os desenvolvimentos modernos e as novas ameaças à proteção da personalidade humana" recorre à construção do "direito geral da personalidade" desenvolvida a partir da sinopse do Art. 1 (1) em conjugação com o Art. 2 (1) GG (BVerfGE 54, 148 [154]); Cf. AUGSBERG, Ino; AUGSBERG, Steffen. "Kombinationsgrundrechte. Die Verkoppelung von Grundrechtstatbeständen als Herausforderung für die Grundrechtsdogmatik". *Archiv des öffentlichen Rechts*, vol. 132, 2007, pp. 539 e ss. (569 e ss.).

1063 Cf. em relação a isso em ROSSNAGEL, Alexander. "Die ‚Überwachungs-Gesamtrechnung' – Das BVerfG und die Vorratsdatenspeicherung". NJW, 2010, pp. 1238 e ss.; detalhadamente em SZUBA, Dorothee. *Vorratsdatenspeicherung*: Der europäische und deutsche Gesetzgeber im Spannungsfeld zwischen Sicherheit und Freiheit: Baden-Baden: Nomos, 2011.

1064 Cf. claramente aos perigos acrescidos BVerfGE 120, 274 (303 e ss.); sobre a necessidade de uma lei de proteção de dados eficaz (mais) resultante desta situação KÜHLING, Jürgen; BOHNEN, Simon. "Zur Zukunft des Datenschutzrechts – Nach der Reform ist vor der Reform". *JuristenZeitung*, 2010, pp. 600 e ss. (600 f.); além de HOFFMANN-RIEM, Wolfgang. "Informationelle Selbstbestimmung in der Informationsgesellschaft. Auf dem Wege zu einem neuen Konzept des Datenschutzes". *Archiv des öffentlichen Rechts*, vol. 123, 1998, pp. 513 e ss. (514 e ss.).

1065 Cf. apenas em ALBERS, Marion. "Umgang mit personenbezogenen Informationen und Daten". *In*: HOFFMANN-RIEM, Wolfgang; SCHMIDT-ASSMANN, Eberhard; VOSSKUHLE, Andreas

horizonte alargado de problemas significa que os debates relevantes, por exemplo, sobre a reserva de dados, não devem ser reduzidos às tarefas materiais individuais, como o combate ao crime, mas, sim, ao contexto do requisito geral de garantir uma infraestrutura cognitiva adequada para a Administração Pública, não menos com a ajuda da lei são lideradas.[1066] "A funcionalidade da Administração do Estado não deve ser prejudicada por uma posição individual em relação à proteção de dados contra o processamento de dados pelo Estado, sem levar em consideração as especificidades de outras competências estatais".[1067] Nesse âmago, a proteção de dados deve ser desenvolvida "*como um direito de lidar com informações e dados pessoais*, reclassificando-os no Direito Administrativo conforme perspectivas fundamentalmente abrangentes e reconfigurando ambos os lados no

---

(Coord.). *Grundlagen des Verwaltungsrechts*: Informationsordnung – Verwaltungsverfahren – Handlungsformen. vol. II. 2ª ed. München: C. H. Beck, 2012. Além disso, sobre um problema especial no contexto do desafio geral de adaptar a lei de proteção de dados à respectiva formatação de mídia do conteúdo em DÖHMANN, Indra Spiecker Genannt. "Wissensverarbeitung im Öffentlichen Recht". *Rechtswissenschaft*, 1, 2010, pp. 247 e ss. (260): "A pobreza natural de dados será eliminada pela Internet".

1066 Cf. *Ladeur*, Die Kommunikationsinfrastruktur der Verwaltung, ibid, parágrafo 32; LADEUR, Karl-Heinz. "Datenschutz – vom Abwehrrecht zur planerischen Optimierung von Wissensnetzwerken". Sobre a "dimensão legal-objetiva" da proteção de dados, *DuD*, 2000, pp. 12 e ss. Semelhante no que diz respeito a uma "infra-estrutura de comunicação adequada" da sociedade HOFFMANN-RIEM, Wolfgang. "Informationelle Selbstbestimmung in der Informationsgesellschaft. Auf dem Wege zu einem neuen Konzept des Datenschutzes". *Archiv des öffentlichen Rechts*, vol. 123, 1998, p. 522 f.; além de TRUTE, Hans-Heinrich. "Öffentlich-rechtliche Rahmenbedingungen einer Informationsordnung". *VVDStRL*, 57, 1998, pp. 216 e ss. (266); para mais, ver capítulo VI abaixo.

1067 HOFFMANN-RIEM, Wolfgang. "Informationelle Selbstbestimmung in der Informationsgesellschaft. Auf dem Wege zu einem neuen Konzept des Datenschutzes". *Archiv des öffentlichen Rechts*, vol. 123, 1998, p. 524.

processo".[1068] Em termos dogmáticos quanto aos direitos fundamentais, esse alargamento de horizontes deveria conduzir a uma ênfase em uma dimensão mais "objetivamente jurídica" da proteção dos direitos fundamentais, que, face ao modelo clássico, centrado na posição subjetiva do indivíduo, reforça a responsabilidade do Estado em fomentar um sistema de informações objetivo e diferenciado – possivelmente perfazendo uma área específica do Direito.[1069]

5.7 Regras e rotinas como repositório de conhecimento

Por sua vez, os desafios da era digital mencionados aqui estão amplamente relacionados ao desempenho da memória expressa. A memória administrativa muitas vezes também se refere ao conhecimento silencioso ("tácito"), o qual é adquirido e transmitido por meio da prática.[1070] A perspectiva prática, se padronizada e rotineira,

---

1068 ALBERS, Marion. "Umgang mit personenbezogenen Informationen und Daten". *In*: HOFFMANN-RIEM, Wolfgang; SCHMIDT-ASSMANN, Eberhard; VOSSKUHLE, Andreas (Coord.). *Grundlagen des Verwaltungsrechts*: Informationsordnung – Verwaltungsverfahren – Handlungsformen. vol. II. 2ª ed. München: C. H. Beck, 2012, parágrafo 1.

1069 Cf. LADEUR, Karl-Heinz. "Das Recht auf informationelle Selbstbestimmung: Eine juristische Fehlkonstruktion?" *Die Öffentliche Verwaltung*, 2009, pp. 45 e ss. (va. 54 f.). Também contra uma "encurtamento negativo" da proteção dos direitos fundamentais baseada no "modelo de regra material". HOFFMANN-RIEM, Wolfgang. "Informationelle Selbstbestimmung in der Informationsgesellschaft. Auf dem Wege zu einem neuen Konzept des Datenschutzes". *Archiv des öffentlichen Rechts*, 123, 1998, p. 522; também crítico da dogmática análoga à propriedade ALBERS, Marion. "Zur Neukonzeption des grundrechtlichen 'Daten'schutzes". *In*: HARNISCH, Andreas; KUGELMANN, Dieter; REPKEWITZ, Ulrich (Coord.). *Herausforderungen an das Recht der Informationsgesellschaft*. Stuttgart: Boorberg, 1996, pp. 113 e ss.

1070 Cf. a partir do ponto de vista jurídico em HOFFMANN-RIEM, Wolfgang. "Wissen als Risiko – Unwissen als Chance. Herausforderungen auch an

é um repositório de conhecimento próprio. Logo, as conhecidas formas "analógicas" de memória social continuam a surtir efeito mesmo nas condições de comunicação cada vez mais digitalizadas.

O padrão de formação por meio da repetição seletiva, que é típico para as formas explícitas de memória, também pode ser estudado nos processos comportamentais rotinizados. Do ponto de vista psicológico individual, predomina o aspecto da repetição; ou seja, a rotina consiste em ações altamente especializadas e constantemente repetidas que, por isso, requerem apenas uma pequena quantidade de atenção e/ou familiarização renovada com um problema, sendo eficazes, mas, ao mesmo tempo, sobrecarregam os atores e tendem a frustrá-los.[1071] Em uma perspectiva marcadamente sistêmica, entretanto, o caráter de seleção vem à tona. Nesse contexto, a rotina administrativa se apresenta como um programa estruturado de tomada de decisões,[1072] com o qual a Administração como organização visualiza o fluxo constante de informações potenciais do ambiente, organiza-as e, segundo critérios especificados, transforma-as em sistemas – informações relevantes e, finalmente, ações comunicativas, ou seja, sua prática de tomada de decisão.[1073]

---

die Rechtswissenschaft". *In*: AUGSBERG, Ino (Coord.). *Ungewissheit als Chance*: Perspektiven eines produktiven Umgangs mit Unsicherheit im Rechtssystem. Tübingen: Mohr Siebeck, 2009, pp. 17 e ss. (25 f.); além de SCHERZBERG, Arno. "Zum Umgang mit implizitem Wissen – eine disziplinenübergreifende Perspektive". *In*: SCHUPPERT, Gunnar Folke; VOSSKUHLE, Andreas (Coord.). *Governance von und durch Wissen*. Baden-Baden: Nomos, 2008, pp. 240 e ss.

1071 Cf. LUHMANN, Niklas. "Lob der Routine". *In*: ______. *Politische Planung*: Aufsätze zur Soziologie von Politik und Verwaltung. Opladen: Westdeutscher Verlag, 1971, pp. 113 e ss. (114); além de MAYER, Franz. "Geschäftsgang". *In*: MARX, Fritz Morstein (Coord.). *Verwaltung*: Eine einführende Darstellung. Berlim: Duncker & Humblot, 1965, pp. 298 e ss. (311 e ss.).

1072 Cf. uma abordagem geral em LUHMANN, Niklas. *Organisation und Entscheidung*. Opladen: Westdeutscher Verlag, 2000, pp. 256 e ss.

1073 Cf. LUHMANN, Niklas. "Lob der Routine". *In*: ______. *Politische Planung*: Aufsätze zur Soziologie von Politik und Verwaltung. Opladen:

Assim, rotinas bem ensaiadas não são apenas resultado de processos de aprendizagem organizacional, mas, também, servem para possibilitar que a organização seja apta ao aprendizado, mantendo determinados comportamentos de forma padronizada, apesar da mutabilidade permanente do ambiente.[1074] Desse modo, assim como a memória organizacional em geral, a padronização e a rotinização do comportamento também estão sujeitas à influência dos meios de comunicação utilizados.[1075] Concomitantemente, as rotinas deixam claro outro aspecto importante do desempenho da memória organizacional: para sua atualização no processo de tomada de decisão em andamento, não é necessário fornecer ao que é lembrado um índice de tempo específico, ou seja, localizá-lo em um determinado ponto no passado. Algo que foi aprendido e praticado rotineiramente é normalmente irrelevante. "Conhecer"[1076] as informações relevantes é suficiente.

Sob os ditames do Estado de Direito, esses programas de tomada de decisões administrativas não são apenas o resultado da prática administrativa real ou da padronização informal, mas, sim, são pré-formados juridicamente, ao menos, em sua forma básica. Nesse diapasão, o próprio Direito Administrativo também pode ser entendido como um repositório de conhecimento.[1077] Especialmente, a tradicional lei, como a programática, funciona como um "mediador"

Westdeutscher Verlag, 1971, pp. 115 e ss.

1074 Cf. BAECKER, Dirk. "Die verlernende Organisation". *In*: ______. *Organisation und Management*: Aufsätze. Frankfurt am Main: Suhrkamp, 2003, pp. 179 e ss. e 181 e ss.).

1075 Cf. LUHMANN, Niklas. *Organisation und Entscheidung*. Opladen: Westdeutscher Verlag, 2000, p. 197.

1076 LUHMANN, Niklas. *Organisation und Entscheidung*. Opladen: Westdeutscher Verlag, 2000, p. 276.

1077 Cf. sobre o problema paralelo do direito constitucional como meio de armazenamento do significado social HALTERN, Ulrich. "Internationales Verfassungsrecht? Anmerkungen zu einer kopernikanischen Wende". *Archiv des öffentlichen Rechts*, vol. 128, 2003, pp. 511 e ss. (532 e ss.).

para o conhecimento social baseado na experiência.[1078] Com a ajuda de seu rígido esquema "se-então", ela condensa o conhecimento sobre certos fenômenos, adquiridos no passado, em programas simples de tomada de decisão que são considerados úteis para futuras situações problemáticas análogas. O que se aplica às fórmulas da programa jurídico também vale para as formas gerais de ação e para os institutos dogmaticamente elaborados do (especialmente, mas não exclusivamente) Direito Administrativo em geral: no contexto de aplicação do Direito, a eles é justamente atribuída a "função de armazenamento", na medida em que eles desenvolvem modelos abstratos de solução com base na experiência passada,[1079] condensando-se em figuras e categorias dogmáticas e tornando-os aptos para lidar com futuras questões jurídicas concretas.[1080] Em suma,

---

1078 Cf. WOLLENSCHLÄGER, Burkard. *Wissensgenerierung im Verfahren*. Tübingen: Mohr Siebeck, 2009, p. 13 f.

1079 Cf. sobre a "função armazenamento" SCHMIDT-ASSMANN, Eberhard. "Die Lehre von den Rechtsformen des Verwaltungshandelns. Ihre Bedeutung im System des Verwaltungsrechts und für das verwaltungsrechtliche Denken der Gegenwart". *DVBl*, 1989, pp. 533 e ss.; SCHMIDT-ASSMANN, Eberhard. "Zur Funktion des Allgemeinen Verwaltungsrechts". *Die Verwaltung*, 27, 1994, pp. 137 e ss. (v.a. 139); assim como SCHULZE-FIELITZ, Helmuth. "Verwaltungsrechtsdogmatik als Prozeß der Ungleichzeitigkeit. Eine einleitende Vorbemerkung". *Die Verwaltung*, 27, 1994, pp. 277 e ss. (293); mais geralmente sobre a função de provisão do direito SCHUPPERT, Gunnar Folke. "Verwaltungsrechtswissenschaft als Steuerungswissenschaft". *In*: HOFFMANN-RIEM, Wolfgang; SCHMIDT-ASSMANN, Eberhard; SCHUPPERT, Gunnar Folke (Coord.). *Reform des Allgemeinen Verwaltungsrechts*. Baden-Baden: Nomos, 1993, pp. 67 e ss. (96 e ss.).

1080 Cf. à correspondente função da dogmática JESTAEDT, Matthias. "Phänomen Bundesverfassungsgericht. Was das Gericht zu dem macht, was es ist". *In*: ______. *et al. Das entgrenzte Gericht*: Eine kritische Bilanz nach sechzig Jahren Bundesverfassungsgericht. Berlim: Suhrkamp, 2011, pp. 77 e ss. (131): "A dogmática atua como um auxílio de aplicação legal para a prática jurídica de tomada de decisão, gerando e disponibilizando o conhecimento científico disponível". Sobre a "função de armazenamento" das categorias dogmáticas, ver *ders.*, JESTAEDT,

o Direito Administrativo atua tanto em sua forma jurídico-positiva quanto em sua forma dogmática como uma "memória institucional de soluções para certos tipos de conflitos sociais".[1081]

No tocante às disposições jurídicas sobre gestão do conhecimento administrativo, essa função de armazenamento do próprio Direito diz que seus regulamentos e institutos são tanto objeto quanto sujeito dos processos cognitivos a serem controlados. Logo, outro aspecto da necessária reflexividade do Direito Administrativo Informacional deve ser levado em conta. Em relação à memória juridicamente regulada da Administração e da gestão do conhecimento administrativo em geral aplica-se o princípio geral dos processos autológicos: "o conceito vale também a si próprio; prevalece a proibição de autoisenção".[1082]

Com fulcro na observação reflexiva e de seus próprios pré-requisitos, o círculo sobre o uso de arquivos pode ser fechado. Arquivos e rotina administrativa não são independentes um do outro. O gerenciamento de arquivos é uma parte rotineira da administração cotidiana; ao mesmo tempo em que a utilização dos arquivos serve para constituir rotinas administrativas – e seus fundamentos e formas legais – na dinâmica de casos individuais, que são simultaneamente tramitados como novas decisões e determinados como confirmação

---

Matthias. "Wissenschaftliches Recht. Rechtsdogmatik als gemeinsames Kommunikationsformat von Rechtswissenschaft und Rechtspraxis". *In*: KIRCHHOF, Gregor; MAGEN, Stefan; SCHNEIDER, Karsten (Coord.). *Was weiß Dogmatik? Was leistet und wie steuert die Dogmatik des Öffentlichen Rechts?* Tübingen: Mohr Siebeck, 2012, pp. 117 e ss. (126 f.). Similarmente em BROHM, Winfried. "Die Dogmatik des Verwaltungsrechts vor den Gegenwartsaufgaben der Verwaltung". *VVDStRL*, 30, 1971, pp. 245 e ss. (246 f.).

1081 MÖLLERS, Christoph. "Historisches Wissen in der Verwaltungsrechtswissenschaft". *In*: SCHMIDT-ASSMANN, Eberhard; HOFFMANN-RIEM, Wolfgang (Coord.). *Methoden der Verwaltungsrechtswissenschaft*. Baden-Baden: Nomos, 2004, pp. 131 e ss. (132).

1082 LUHMANN, Niklas. *Organisation und Entscheidung*. Opladen: Westdeutscher Verlag, 2000, p. 43. Cf para mais sobre a questão abaixo no cap. 8.

da prática administrativa em curso.[1083] Ambos os mecanismos se estabilizam mutuamente e, portanto, juntos contribuem para a geração de "um tipo separado de conhecimento de 'experiência administrativa'".[1084] À medida que essa atitude de observação e documentação dos próprios procedimentos, que é tipicamente implícita em vez de explícita e consciente, encontra seu caminho na prática de tomada de decisão administrativa, ela pode ser estudada usando um esquema fixo bem conhecido de procedimentos de distribuição controlados administrativamente – por exemplo, no que tange à alocação de lugares em um mercado municipal: embora aspectos temporais ou locais, como prioridade ou localidade, tendam a levantar questões adicionais, separadas da dimensão objetiva real, o critério de "conhecido e comprovado" (normalmente relacionado à determinação da elegibilidade de um indivíduo) constitui uma estratégia objetiva que visa a mecanismos de aprendizagem, ou seja, à operacionalização de experiências administrativas.[1085] Ao mesmo tempo, o conhecido exemplo deixa claro que a orientação passada do processo de tomada de decisão também tem um aspecto problemático, na medida em que podem surgir dependências de trajetória,

---

1083 Cf. consequentemente, a definição do conceito dada por *Cornelia Vismann* no prefácio de seu livro sobre as "atas", VISMANN, Cornelia. *Akten*: Medientechnik und Recht. Frankfurt am Main: Fischer, 2000, p. 9: "Para ela, direito significa "o reservatório de formas de ação autoritária e administrativa, que por sua vez se consubstancia em atos. Lei e arquivos, portanto, definem-se mutuamente nesse arranjo, a reconstrução de sua união: uma técnica de arquivamento envolve uma forma específica e instâncias específicas do direito".

1084 *Ladeur*, Die Kommunikationsinfrastruktur der Verwaltung, ibid, parágrafo 8.

1085 Cf. MALAVIYA, Nina. *Verteilungsentscheidungen und Verteilungsverfahren*: Zur staatlichen Güterverteilung in Konkurrenzsituationen. Tübingen: Mohr Siebeck, 2009, pp. 155 e ss.; WOLLENSCHLÄGER, Ferdinand. *Verteilungsverfahren – Die staatliche Verteilung knapper Güter*: Verfassungs- und unionsrechtlicher Rahmen, Verfahren im Fachrecht, bereichsspezifische verwaltungsrechtliche Typen- und Systembildung. Tübingen: Mohr Siebeck, 2010, p. 332 f.

uma vez que novos candidatos que não são objetivamente menos qualificados ficam em desvantagem quando o estande é alocado. Portanto, o Direito Administrativo não só tem a dupla função de contribuir para a construção do conhecimento administrativo baseado na experiência, como também funciona como repositório dela. Concomitantemente, ele se confronta com a tarefa de prevenir uma iminente petrificação disfuncional da prática decisória – ou seja, uma resistência à aprendizagem[1086] que não suporta positivamente o cumprimento de tarefas na organização afetada no sentido de reforçar a sua competência nuclear, mas tornando-a mais difícil.[1087] Especialmente nas condições de incerteza[1088] que são características da sociedade moderna, as rotinas também – que devem idealmente ser perenes – podem ser desfeitas.[1089] Então, o Direito Administrativo, como a memória da Administração em geral, não deve contrapor capacidade de aprendizado organizacional perante competência inovadora, mas deve coordenar ambas as perspectivas.[1090]

Com a crescente complexidade dos procedimentos administrativos, entretanto, a clássica estrutura linear da experiência,

---

1086 Cf. BAECKER, Dirk. "Die verlernende Organisation". *In*: ______. *Organisation und Management*: Aufsätze. Frankfurt am Main: Suhrkamp, 2003.

1087 Cf. WOLLENSCHLÄGER, Ferdinand. *Verteilungsverfahren – Die staatliche Verteilung knapper Güter*: Verfassungs- und unionsrechtlicher Rahmen, Verfahren im Fachrecht, bereichsspezifische verwaltungsrechtliche Typen- und Systembildung. Tübingen: Mohr Siebeck, 2010, p. 332.

1088 Cf. abaixo, 7.1.

1089 Cf. LUHMANN, Niklas. *Organisation und Entscheidung*. Opladen: Westdeutscher Verlag, 2000, p. 318.

1090 Cf. WILLKE, Helmut. *Systemisches Wissensmanagement*. 2ª ed. Stuttgart: Lucius & Lucius, 2001, p. 70. Cf. especificamente sobre a exigência de capacidade inovadora do ponto de vista jurídico HOFFMANN-RIEM, Wolfgang. "Innovationsoffenheit und Innovationsverantwortung durch Recht. Aufgaben rechtswissenschaftlicher Innovationsforschung". *Archiv des öffentlichen Rechts*, vol. 131, 2006, pp. 255 e ss.

baseada na clara separação entre o geral e o específico, torna-se mais tênue.[1091] Na sociedade moderna, os pressupostos tradicionais sobre o vínculo entre o programa jurídico e a aplicação da norma estão se tornando precários.

> O ambiente social do sistema político, ao qual pertence a programação jurídica da execução administrativa, deve limitar a sua área do objeto, descrevê-lo de forma executável e estabelecer as preocupações e os caminhos de controle, não podendo mais, em quase todas as importantes áreas do Direito Administrativo, ser considerado estável, essencialmente transparente e, portanto, em princípio, calculável.[1092]

Em vez de se solidificar gradualmente em rotinas por meio da repetição em constelações de casos comparáveis, as decisões[1093] precisam ser tomadas cada vez com mais frequência sob condições de incerteza; e isso significa, do ponto de vista da construção da experiência administrativa, que as decisões assumem um caráter mais experimental e, portanto, são cuidadosamente observadas em seus desdobramentos. O desenvolvimento parece apontar para uma maior transição para mecanismos de memória explícita em oposição a padrões de comportamento implicitamente rotineiros como depósitos de conhecimento. Com isso, é provável que a importância do conhecimento prático[1094] seja mal avaliada, o que é aumentado sob as condições de complexidade da modernidade, não podendo ser explicado sem nenhum prejuízo e, portanto, não podendo ser armazenado

---

1091 Cf. *Ladeur*, Die Kommunikationsinfrastruktur der Verwaltung, ibid, parágrafo 21. Geralmente relacionado à programação legal ROSSEN, Helge. *Vollzug und Verhandlung*: Die Modernisierung des Verwaltungsvollzugs. Tübingen: Mohr Siebeck, 1999, pp. 19 e ss.

1092 ROSSEN, Helge. *Vollzug und Verhandlung*: Die Modernisierung des Verwaltungsvollzugs. Tübingen: Mohr Siebeck, 1999, p. 20 f.

1093 Cf. abaixo, capítulo VII.

1094 Cf. HÖRNING, Karl H. *Experten des Alltags*: Die Wiederentdeckung des praktischen Wissens. Weilerswist: Velbrück Wissenschaft, 2001.

como conhecimento explícito.[1095] Logo, ambas as tendências juntas indicam o porquê que o armazenamento de estoques abstratos e gerais de experiência na forma de normas condicionalmente programadas está encontrando cada vez mais dificuldades.[1096]

1095 Cf. tendo em vista as diferentes formas de conhecimento nas organizações BAECKER, Dirk. "Zum Problem des Wissens in Organisationen". *In*: ______. *Organisation als System*: Aufsätze. Frankfurt am Main: Suhrkamp, 1999, p. 98.

1096 Cf. em relação a essa questão WOLLENSCHLÄGER, Burkard. *Wissensgenerierung im Verfahren*. Tübingen: Mohr Siebeck, 2009, p. 26. Para o problema geral dos diferentes programas de decisão também abaixo, 7.3.

CAPÍTULO VI

DISTRIBUIÇÃO DE CONHECIMENTO: SOBRE A REGULAMENTAÇÃO JURÍDICA PELA ADMINISTRAÇÃO PÚBLICA DAS RELAÇÕES DE INFORMAÇÃO PERANTE E ENTRE PARTICULARES

6.1 Liberdade de informação como paradigma do Direito Administrativo Informacional?

Um entendimento jurídico mais usual do termo não concebe o Direito Administrativo Informacional em sentido abrangente como uma perspectiva relacionada aos fundamentos cognitivos da ação administrativa. Ao contrário, resume o conceito de forma mais restrita e relaciona-o, sobretudo, à regulação das relações de informação entre a Administração e os cidadãos.[1097] Nesse contexto, o paradigma do

---

1097 Cf. para essa diferenciação entre uma compreensão correspondentemente estreita e ampla do termo GURLIT, Elke. "Konturen eines Informationsverwaltungsrechts". *DVBl*, 2003, pp. 1119 e ss. (1119).

Direito Administrativo Informacional é composto pelas diversas leis de liberdade de informação federais e estaduais, que, recentemente, reequilibraram a relação informacional entre administradores e cidadãos no intuito de promover o direito fundamental de acesso à informação.[1098] Isso mudou o foco do problema: ao invés das dificuldades epistemológicas fundamentais da ação administrativa moderna, a ênfase está nas questões do Estado de Direito e, em particular, da teoria democrática.[1099] Em meio à transição da tradição arcana da Administração, que se arroga como herança do século XIX, para a exigência moderna da mais ampla transparência possível na ação administrativa,[1100] concebe-se o acesso à informação

---

Crítico a isso é MASING, Johannes. "Transparente Verwaltung: Konturen eines Informationsverwaltungsrechts". *VVDStRL*, 63, 2004, pp. 377 e ss. (432 f.), que descreve o conceito de "um 'Direito Administrativo informacional' como uma área independente do direito" como "questionável" no geral: "Uma modernização das relações de informação não reside na sua extrapolação para um assunto especial, mas na sua integração nos fundamentos do Direito Administrativo" (ibid. p. 433).

1098 Cf. para um balanço desse desenvolvimento SCHOCH, Friedrich. *Informationsfreiheitsgesetz* (IFG): Kommentar. München: C. H. Beck, 2009, Introdução parágrafo 1 e ss.; sobre o panorama geral detalhado ROSSI, Matthias. *Informationszugangsfreiheit und Verfassungsrecht*: Zu den Wechselwirkungen zwischen Informationsfreiheitsgesetzen und der Verfassungsordnung in Deutschland. Berlim: Duncker & Humblot, 2004.

1099 Cf. MASING, Johannes. "Transparente Verwaltung: Konturen eines Informationsverwaltungsrechts". *VVDStRL*, 63, 2004, p. 394, que afirma expressamente: "Trata-se de nada menos do que um novo equilíbrio do princípio da democracia". Enfaticamente também SCHOCH, Friedrich. "Öffentlich-rechtliche Rahmenbedingungen einer Informationsordnung". *VVDStRL*, 57, 1998, pp. 158 e ss. (202): é "sobre a manutenção dos requisitos constitucionais". Sobre a relevância específica da informação para o fomento da democracia, ver BVerfGE 27, 71 (81 f.).

1100 Cf. de forma mais resumida em WEGENER, Bernhard W. *Der geheime Staat – Arkantradition und Informationsfreiheitsrecht*. Göttingen: Morango, 2006, passim, em relação ao princípio da transparência da

como um dever objetivo da autoridade, que também inclui direitos subjetivos relativos aos cidadãos.[1101]

Em contraposição, em uma compreensão mais alargada do Direito Administrativo Informacional, a qual eu gostaria de propor,[1102] o desenvolvimento mencionado constitui apenas outra faceta da conversão do Direito Administrativo aos desafios epistêmicos da sociedade do conhecimento. A informação dirigida aos cidadãos, no sentido de uma distribuição de conhecimentos – como se verá: próprios ou externos – por parte da Administração, não só pode ser explicada a partir de uma ideia democrática de participação, como constitui a reação do Direito Administrativo ao aumento da relevância social do conhecimento, por um lado, e à descentralização dos estoques de conhecimento da sociedade, por outro, o que torna necessários novos esforços de coordenação e cooperação.[1103] Essa abordagem não só responde à crescente necessidade de informação da população, como também considera a natureza da informação enquanto acontecimento comunicativo e enquanto elemento de diferenciação dos processos de comunicação na sociedade.

---

administração, sobretudo, pp. 390 e ss. Em geral, sobre a conexão entre requisitos de transparência e democracia, ver ROSANVALLON, Pierre. *Counter-Democracy*: Politics in an Age of Distrust. Cambridge: Cambridge University Press, 2008, pp. 46 e ss. Para a crítica das formas modernas de "fetichização e totalização" da transparência, ver HAN, Byung-Chul. *Transparenzgesellschaft*. Berlim: Matthes & Seitz, 2012, p. 5 e passim.

1101 Cf. para uma análise histórica das diferentes configurações da relação comunicativa entre Estado e cidadão KAISER, Anna-Bettina. *Die Kommunikation der Verwaltung*: Diskurse zu den Kommunikationsbeziehungen zwischen staatlicher Verwaltung und Privaten in der Verwaltungsrechtswissenschaft der Bundesrepublik Deutschland. Baden-Baden: Nomos, 2009.

1102 Cf. acima, capítulo I.

1103 Cf. SCHOCH, Friedrich. "Öffentlich-rechtliche Rahmenbedingungen einer Informationsordnung". *VVDStRL*, 57, 1998, p. 207 f.

A gestão do conhecimento que a Administração tem de lidar não se limita, portanto, à produção do conhecimento da própria Administração para o cumprimento das suas atribuições legais. De fato, dadas as atuais condições cognitivas da sociedade moderna, essas tarefas também incluem fornecer informações adequadas à população[1104] ou, de maneira mais geral, moldar adequadamente as relações informacionais entre o Estado e os cidadãos.[1105] Nesse panorama, a distribuição do conhecimento não pode ser reduzida à oportunidade concedida aos cidadãos de poderem participar no conhecimento supostamente superior do Estado; ao contrário, ela deve ser entendida como um processo cambiante, de tal sorte que se inter-relacione com os notórios déficits de conhecimento que podem ser afirmados por todos os lados.[1106] Como a visão predominante do "conhecimento do mundo" não pode mais ser garantida pelo Estado,[1107] e a sociedade moderna é caracterizada pela "impossibilidade

---

1104 Cf. FEIK, Rudolf. Öffentliche Verwaltungskommunikation: Öffentlichkeitsarbeit, Aufklärung, Empfehlung, Warnung. Wien: Springer, 2007.

1105 Cf. GUSY, Christoph. "Die Informationsbeziehungen zwischen Staat und Bürger". *In*: HOFFMANN-RIEM, Wolfgang; SCHMIDT-ASSMANN, Eberhard; VOSSKUHLE, Andreas (Coord.). *Grundlagen des Verwaltungsrechts*: Informationsordnung – Verwaltungsverfahren – Handlungsformen. 2ª ed. vol. II. München: C. H. Beck, 2012, § 23 parágrafo 28 e ss.; assim como GURLIT, Elke. "Konturen eines Informationsverwaltungsrechts". *DVBl*, 2003, p. 1119: "objeto central de um Direito Administrativo Informacional".

1106 Sobre os aspectos produtivos do "déficit" aparentemente negativo no sentido de um inevitável desconhecimento, ver capítulo VII.

1107 Cf. VESTING, Thomas. "Politische Verfassung? Der moderne (liberale) Verfassungsbegriff und seine systemtheoretische Rekonstruktion". *In*: CALLIESS, Gralf-Peter (Coord.). *Soziologische Jurisprudenz*: Festschrift für Gunther Teubner zum 65. Geburtstag, Berlim: De Gruyter, 2009, pp. 609 e ss. (609), com referência a NANCY, Jean-Luc. *Die Erschaffung der Welt oder die Globalisierung*. Berlim: Diaphanes, 2003, p. 33; além de LADEUR, Karl-Heinz. *Der Staat gegen die Gesellschaft*: Zur Verteidigung der Rationalität der "Privatrechtsgesellschaft". Tübingen: Mohr Siebeck, 2006, pp. 3 e ss.

geral de *uma* ontologia baseada na observação de segunda ordem do mundo",[1108] o único equivalente funcional, pelo menos aproximadamente, é um poliperspectivismo no sentido de uma combinação de múltiplas perspectivas de segunda ordem.[1109] A distribuição do conhecimento não representa apenas uma tarefa administrativa, mas descreve um estado, ou seja, o *status* cognitivo da sociedade, que não é ontologicamente "em si", mas dependente do observador,[1110] sendo constituído em sua complexidade precisamente por essa dependência. As consequências dessa situação para os processos de conhecimento social são óbvias: "o poder de agregação do mediador da informação" – relacionado a atores sociais cognitivamente superiores, mas também em áreas sociais individuais tradicionalmente enfatizadas, como a ciência[1111] – "diminui, e áreas mais específicas e de grande escala emergem de contextos de comunicação em

---

1108 FUCHS, Peter. *Das Maß aller Dinge*: Eine Abhandlung zur Metaphysik des Menschen. Weilerswist: Velbrück, 2007, p. 143, que fala de "polieventualidade" como uma característica da sociedade moderna e deseja, na melhor das hipóteses, promover as ontologias no plural.

1109 Cf. LUHMANN, Niklas. *Beobachtungen der Moderne*. Opladen: Westdeutscher, 1990, p. 100. De maneira semelhante em TEUBNER, Gunther. "Altera pars audiatur: Das Recht in der Kollision anderer Universalitätsansprüche". *In*: PAWLOWSKI, Hans-Martin; ROELLECKE, Gerd (Coord.). *Der Universalitätsanspruch des demokratischen Rechtsstaats*, ARSP-Beiheft 65. Stuttgart, 1996, pp. 199 e ss. (203), que fala de um "policontexturalismo" no sentido de uma "multiplicidade de sistemas/perspectivas ambientais incompatíveis".

1110 Cf. tendo em vista as diferentes transparências/não transparências da sociedade BAECKER, Dirk. "Das Quantum Management". *In*: JANSEN, Stephan A.; SCHRÖDER, Eckhard; STEHR, Nico (Coord.). *Transparenz*: Multidisziplinäre Durchsichten durch Phänomene und Theorien des Undurchsichtigen. Wiesbaden: VS Verlag, 2010, pp. 112 e ss.

1111 Cf. sobre o desenvolvimento da ciência GIBBONS, Michael *et al*. *The New Production of Knowledge*: The Dynamics of Science and Research in Contemporary Society. Londres: SAGE Publications, 1994; além de sobre a "regionalização do processo cognitivo" com referência a Gaston Bachelard, ver RHEINBERGER, Hans-Jörg. *Iterationen*. Berlim: Merve, 2005, pp. 101 e ss.

rede".[1112] Somente assim a real relevância funcional da transferência de informações administrativas se torna evidente: de acordo com a transferência administrativa de conhecimento,[1113] a de informações (ou mais precisamente: dados) não é apenas um aspecto secundário em comparação com o processo real de geração de conhecimento; ao contrário, novas informações são criadas por meio da inserção dos dados comunicados em novos horizontes de expectativa, ou seja, o capital cognitivo geral – necessariamente distribuído – da sociedade como um todo aumenta. O associado aumento das possibilidades informacionais na sociedade pode, portanto, também beneficiar indiretamente a própria Administração, na medida em que lhe é dada a oportunidade de recorrer a novas perspectivas cognitivas que são adquiridas, espalhadas pela sociedade por meio da recombinação e recontextualização da informação veiculada pela administração.[1114] Desse modo, o desenvolvimento da legislação de liberdade de informação é uma parte proeminente, mas também integrante, não fundamentalmente separada ou particularmente distinta do Direito Administrativo Informacional,[1115] que se vê principalmente como gestão do conhecimento administrativo.[1116] Com a expansão do Direito da Informação, "o *processo* de troca de informações, em geral, e, portanto, a natureza comunicativa do sistema jurídico é enfatizada".[1117]

1112 MASING, Johannes. "Transparente Verwaltung: Konturen eines Informationsverwaltungsrechts". *Veröffentlichungen der Vereinigung der Deutschen Staatsrechtslehrer*, vol. 63, 2004, p. 394.

1113 Cf. acima, no capítulo III, 3.1.

1114 Quanto ao assunto, ver capítulo IV.

1115 Cf. GURLIT, Elke. "Das Informationsverwaltungsrecht im Spiegel der Rechtsprechung". *Die Verwaltung*, 44, 2011, pp. 75 e ss. (76), que fala de um "bloco de construção central (...) do Direito Administrativo Informacional".

1116 Cf. Acima, capítulo I.

1117 QUABECK, Christian. *Dienende Funktion des Verwaltungsverfahrens und Prozeduralisierung*. Tübingen: Mohr Siebeck, 2010, pp. 225 e ss.

Na perspectiva do Direito Administrativo Informacional, assim ampliada, a análise da distribuição do conhecimento administrativo não pode se limitar a apenas retratar os mecanismos existentes. Também é insuficiente descrever as simples bases legais e constitucionais para a extensão informacional das tarefas da Administração. Ao contrário, trata-se mais de compreender os fundamentos jurídicos das atividades de informação oficial a partir de uma epistemologia própria, determinando sua funcionalidade em relação aos desafios associados.[1118] Em particular, isso inclui uma avaliação crítica do ideal de transparência expresso na legislação de liberdade de informação, o que não pode ser classificado, definitivamente, como progresso evolutivo na ação administrativa moderna; todavia, deve primeiramente ser avaliado conforme sua função cognitiva e seu desempenho relacionado. "Sociedade de transparência" não é necessariamente um título honorífico para a situação atual; a designação também pode indicar um problema.[1119] Pelo menos é o que sugere um olhar comparativo do Direito Civil relativo à propriedade intelectual, o qual se assenta obviamente na consideração de que a escassez artificial de possibilidades de acesso e de utilização da informação, nomeadamente, por meio da concessão de direitos subjetivos específicos de propriedade, pode também produzir efeitos produtivos e desejáveis para a sociedade como um todo.[1120] A lógica por trás disso pode

---

1118 Sobre a abordagem descritiva da administração como um todo "mais fortemente de uma perspectiva cognitivista", ver VESTING, Thomas. "Zur Entwicklung einer 'Informationsordnung'". *In*: BADURA, Peter; DREIER, Horst (Coord.). *Festschrift 50 Jahre Bundesverfassungsgericht*. Tübingen: Mohr Siebeck, 2001, pp. 219 e ss. (224).

1119 Cf. a perspectiva crítica de HAN, Byung-Chul. *Transparenzgesellschaft*. Berlim: Matthes & Seitz, 2012; tende a ser mais assertivos contra essa dinâmica BRIN, David. *The Transparent Society*: Will Technology Force Us to Choose Between Privacy and Freedom? Cambridge: Perseus Books, 1998; acentuando positivamente a falta de transparência na sociedade pós-moderna VATTIMO, Gianni. *Die transparente Gesellschaft*. Wien: Passagen, 1992, pp. 15 e ss.

1120 Cf. WIELSCH, Dan. *Zugangsregeln*: Die Rechtsverfassung der Wissensteilung. Tübingen: Mohr Siebeck, 2008, pp. 12 e ss.

ser generalizada: a maior disseminação possível do conhecimento existente não deve ser contraposta à produção de novos conhecimentos e vice-versa; é muito mais importante coordenar o controle jurídico em ambos os aspectos.[1121]

Essa análise funcional deve partir do atual estado da arte do Direito. Assim, a tarefa básica de distribuição do conhecimento administrativo deve primeiro ser explicada com base nas disposições legais existentes sobre a informação dos cidadãos (6.2). Considerando a fragmentação do conhecimento social, o cumprimento da tarefa não pode se esgotar apenas nisso; ao contrário, requer uma forma de lidar com a informação que vai além da relação meramente bipolar entre cidadão e Estado. Nessa toada, também é registrada a "transferência de informações", na qual o Estado repassa o conhecimento existente de um particular para outros particulares. A legislação aplicável já contempla esse requisito (6.3). Em ambas as formas de atividade de informação administrativa ativa, no entanto, o Estado também está sujeito a limites, particularmente na forma de posições jurídicas individuais, que podem incluir não apenas a proibição de repassar informações, mas também o direito do indivíduo de não ser informado (6.4). Tendo como pano de fundo as disposições legais individuais delineadas, a questão pode finalmente ser determinada em que medida o Estado moderno é obrigado a garantir um "sistema geral de informações" para seus cidadãos (6.5).

6.2 Informação direta dos cidadãos pela Administração Pública como parte do Direito Administrativo Informacional

1. De acordo com uma compreensão estreita da atividade de informação do Estado, a informação dos cidadãos apenas se refere a "atos de informação do Estado unilaterais e juridicamente não

---

1121 Cf. WIELSCH, Dan. *Zugangsregeln*: Die Rechtsverfassung der Wissensteilung. Tübingen: Mohr Siebeck, 2008, p. 42.

vinculantes perante o público".[1122] O pano de fundo dessa atividade informativa é a mudança no entendimento da transparência como condição da ação do Estado. Como resultado, a Administração, agora, está "informando a Administração". O acesso aos dados não se limita a uma visão passiva, mas coloca a comunicação em movimento".[1123] Nessa dinâmica, o "caráter juridicamente não vinculante" do arquivo de informação refere-se apenas à forma de atividade administrativa. Não diz que, em princípio, há direito a uma atividade estatal correspondente, mas que a informação é fornecida exclusivamente com base no livre arbítrio das autoridades. Contudo, a mudança de paradigma fundamental para uma atividade administrativa transparente geralmente corresponde a um respectivo direito à informação por parte dos cidadãos.[1124] Logo, pode-se fazer uma distinção entre a atividade informativa do Estado, dita voluntária e juridicamente vinculante, do ponto de vista dos órgãos públicos.

Tipologicamente, uma distinção adicional pode ser feita entre atividades de informação de Estado ativo e reativo.[1125] O direito de informação ao consumidor é um exemplo do primeiro, na medida em que a atividade de informação pode ser desencadeada aqui sem

---

1122SCHOCH, Friedrich. "Entformalisierung staatlichen Handelns". *In*: ISENSEE, Josef; KIRCHHOF, Paul (Coord.). *Handbuch des Staatsrechts der Bundesrepublik Deutschland*. 3ª ed. vol. III. Heidelberg: Müller, 2005, § 38 parágrafo 27.

1123MASING, Johannes. "Transparente Verwaltung: Konturen eines Informationsverwaltungsrechts". *Veröffentlichungen der Vereinigung der Deutschen Staatsrechtslehrer*, vol. 63, 2004, p. 423.

1124 Cf. sob o prisma do Direito Constitutional: ROSSI, Matthias. *Informationszugangsfreiheit und Verfassungsrecht*: Zu den Wechselwirkungen zwischen Informationsfreiheitsgesetzen und der Verfassungsordnung in Deutschland. Berlim: Duncker & Humblot, 2004, passim.

1125De maneira análoga - – diferenciando entre atividade de informação ativa e passiva -, – ver SCHOCH, Friedrich. "Informationszugangsfreiheit des Einzelnen und Informationsverhalten des Staates". *AfP*, 2010, pp. 313 e ss. (315).

qualquer impulso externo, apenas com base na iniciativa oficial.[1126] Por outro lado, a informação do cidadão é reativa, se a informação estiver vinculada a uma solicitação correspondente. É o caso típico de leis de liberdade de informação.[1127] Ambos os aspectos, informação ativa e reativa pelos órgãos públicos, finalmente, aparecem em uma forma muito específica, na seara em que o público não é o destinatário da comunicação do Estado, mas, sim, a relação entre o Estado e o cidadão: no contexto dos processos administrativos em curso. De acordo com o entendimento tradicional da administração, as atividades de informação do Estado materializam-se fundamentalmente nesse momento.

2. Segundo essas diferenciações gerais, a atividade de informação ativa do Estado deve primeiro ser subdividida em ações de informação em um procedimento administrativo e fora dele. Como exemplo de informação processual, pode ser citado o § 25 da VwVfG, que dispõe que o cidadão deve ser informado sobre os direitos que lhe assistem e os deveres que lhe incumbem, bem como ele tem o direito de ser esclarecido pelo Estado quanto a informações incompletas etc. Isso não inclui uma orientação jurídica geral, em particular relacionado a questões substantivas, as quais estão sujeitas aos aspectos processuais específicos de acordo com o § 25, parágrafo 2º da VwVfG; em caso de dúvida, porém, a obrigação de informação e de orientação pelo Estado atua em favor do cidadão, ou seja, deve ser definida de forma abrangente.[1128]

O que vai além de um procedimento administrativo concreto, ou seja, a chamada informação ativa vale não apenas para

---

1126Cf., por exemplo SCHOCH, Friedrich. "Neuere Entwicklungen im Verbraucherinformationsrecht". *NJW*, 2010, pp. 2241 e ss. (2245 f.).

1127Cf., por exemplo, SCHOCH, Friedrich. "Informationszugangsfreiheit des Einzelnen und Informationsverhalten des Staates". *AfP*, 2010, pp. 315 e ss.

1128Cf. KOPP, Ferdinand O.; RAMSAUER, Ulrich. *Verwaltungsverfahrensgesetz*. 10ª ed. München: Beck, 2008, § 25 parágrafo 13.

os envolvidos no processo, mas também para o público em geral, por isso, é denominada de "informação pública".[1129] Uma concepção que encontra seu fundamento objetivo na forma complexa da sociedade moderna, na qual os vínculos pessoais que costumavam ser ainda mais sobressalentes foram substituídos por processos despersonalizados, funcionalmente diferenciados, que dificilmente podem ser manipulados pelo indivíduo. Contudo, a confiança dos cidadãos, estabilizada pelo contato pessoal – por exemplo, no que diz respeito à inocuidade de certos alimentos – torna-se precária. É aqui que entra a política de informação do Estado: ela destina-se a substituir a confiança pessoal que foi perdida como resultado da mudança estrutural social por uma nova compreensão do sistema.[1130]

As atividades de informação mais relevantes não são regulamentadas por lei, mas também não são problemáticas se não tiverem conexão direta ou mesmo indireta com terceiros, ou seja, se não afetarem negativamente as condições jurídicas de outros cidadãos. Isso inclui situações que dizem respeito exclusivamente ao setor estatal e, nesse sentido, não podem ter efeitos externos para terceiros. Tradicionalmente, trata-se do – entendido estreitamente – trabalho de relações públicas do governo,[1131] que fornece informações sobre

1129 Cf. BUMKE, Christian. "Publikumsinformation. Erscheinungsformen, Funktionen und verfassungsrechtlicher Rahmen einer Handlungsform des Gewährleistungsstaates". *Die Verwaltung*, 37, 2004, pp. 3 e ss.

1130 Cf. AUGSBERG, Steffen. "Der Staat als Informationsmittler. Robin Hood oder Parasit der Wissensgesellschaft?" *DVBl*, 2007, pp. 733 e ss. (734 e ss.). A "separação das pessoas dos bens da vida" já foi apontada por Forsthoff como aspecto decisivo para a ampliação das tarefas administrativas; cf. FORSTHOFF, Ernst. *Die Verwaltung als Leistungsträger*. Stuttgart: W. Kohlhammer, 1938, pp. 4 e ss. Para mais sobre a dimensão sociopsicológica dessa explicação, ver KERSTEN, Jens. "Die Entwicklung des Konzepts der Daseinsvorsorge im Werk von Ernst Forsthoff". *Der Staat*, 44, 2005, pp. 543 e ss. (552 e ss.).

1131 Cf. para mais MANDELARTZ, Herbert. "Öffentlichkeitsarbeit der Regierung. Begriff, Instrumente und Begrenzungen in der Vorwahlzeit".

seus próprios projetos políticos. Na área administrativa, por exemplo, existem "serviços de informação ao cidadão" que colocam à disposição informações gerais sobre a estrutura dos órgãos públicos, pessoas de contato, projetos etc., independentemente de consultas específicas.[1132]

Por outro lado, esses procedimentos de "informação pública" explícita do Estado que ocorrem em constelações de interesses multipolares foram e são objeto de acalorados debates jurídicos, especialmente aqueles relativos à dogmática dos direitos fundamentais. O que está em jogo aqui é, sobretudo, a necessidade de uma base jurídica para medidas informativas correspondentes, se e na medida em que elas também tenham um impacto negativo nos direitos fundamentais dos indivíduos.[1133] Do ponto de vista do Direito Administrativo Informacional, o que chama a atenção nessas conhecidas polêmicas sobre as advertências estatais a particulares em relação a produtos alimentícios como violação a direitos fundamentais e suas consequências dogmáticas é o estreito vínculo entre o conceito geral de informação e uma definição especial de verdade que foi usada pelo Tribunal Constitucional Federal para justificar sua posição: é possível admitir intervenções em direitos fundamentais

---

Die Öffentliche Verwaltung, 2009, pp. 509 e ss.

1132 Cf. AUGSBERG, Steffen. "Der Staat als Informationsmittler. Robin Hood oder Parasit der Wissensgesellschaft?" *DVBl*, 2007, p. 736.

1133 Cf. para o debate acalorado que se seguiu às chamadas decisões de glicol do Tribunal Administrativo Federal (BVerwGE 87, 37) e do Tribunal Constitucional Federal (BVerfGE 105, 252). SCHOCH, Friedrich. "Staatliche Informationspolitik und Berufsfreiheit". *DVBl*, 1991, pp. 667 e ss.; GUSY, Christoph. "Verwaltung durch Information – Empfehlungen und Warnungen als Mittel des Verwaltungshandelns". *NJW*, 2000, pp. 977 e ss. (v.a. 982 e ss.); HUBER, Peter M. "Die Informationstätigkeit der öffentlichen Hand – ein grundrechtliches Sonderregime aus Karlsruhe?" *JuristenZeitung*, 2003, pp. 290 e ss.; com foco na jurisprudência mais recente SCHOCH, Friedrich. "Die Schwierigkeiten des BVerfG mit der Bewältigung staatlichen Informationshandelns". *NVwZ*, 2011, pp. 193 e ss.

que necessitem de justificação, desde que fundamentadas com veracidade;[1134] as informações teriam apenas efeitos que fomentem a concorrência,[1135] não podendo, portanto, serem qualificadas como um atentado à liberdade de concorrência profissional.[1136] Ao lado da questão das oportunidades inerentes ao mercado para reduzir os déficits de informação que não são pensados pelo Estado,[1137] o pressuposto básico da decisão de que "a base para o funcionamento da concorrência" é "o mais alto nível possível de informação dos participantes do mercado sobre fatores mercadológicos relevantes"[1138]

1134 Cf. também previamente no critério de que os fatos relatados devem "aplicar-se", BVerwGE 82, 76 (85 e ss.); BVerwG, NJW 1991, pp. 1770 e ss. (1771); em concordância está GUSY, Christoph. "Verwaltung durch Information – Empfehlungen und Warnungen als Mittel des Verwaltungshandelns". *NJW*, 2000, p. 985.

1135 Cf. HOFFMANN-RIEM, Wolfgang. "Enge oder weite Gewährleistungsgehalte der Grundrechte?" *In*: BÄUERLE, Michael (Coord.). *Haben wir wirklich Recht? Zum Verhältnis von Recht und Wirklichkeit – Beiträge zum Kolloquium anlässlich des 60. Geburtstags von Brun-Otto Bryde*. Baden-Baden: Nomos, 2004, pp. 53 e ss. (72), que, tendo em vista as decisões do Glicol e Osho, aponta a "informação do mercado e dos participantes do discurso" como uma das "condições mínimas para o funcionamento da área social afetada".

1136 Cf. BVerfGE 105, 252 (265 e ss.). Para mais detalhes, ver BÄCKER, Matthias. *Wettbewerbsfreiheit als normgeprägtes Grundrecht*: Eine dogmatische Neubestimmung am Beispiel des Abwehrrechts des Konkurrenten gegen eine Subvention. Baden-Baden: Nomos, 2007.

1137 Cf., por exemplo, LESCHKE, Martin. "Regulierungstheorie aus ökonomischer Sicht". *In*: FEHLING, Michael; RUFFERT, Matthias (Coord.). *Regulierungsrecht*. Tübingen, 2009, § 6 parágrafo 61 e ss.

1138 BVerfGE 105, 252 (266). Da mesma perspectiva compartilha *Hans-Joachim Cremer*, Regulierung und Freiheit, in: Fehling/Ruffert (org.), Regulierungsrecht, ibid, § 5 parágrafo 110 f. Cf. basicamente sobre a importância da informação e do conhecimento do ponto de vista econômico WESSLING, Ewald. *Individuum und Information*: Die Erfassung von Information und Wissen in ökonomischen Handlungstheorien. Tübingen: Mohr, 1991.

já pode ser questionado.[1139] Isso porque rapidamente se ignora o fato de que os concorrentes guardam informações para si mesmos – por exemplo, na forma de sigilo empresarial – pode obnubilar o que está acontecendo no mercado. Em termos mais gerais, um mercado em funcionamento não requer transparência máxima, mas algum grau de falta de transparência, ou seja, certa imprevisibilidade de eventos para os participantes individuais do mercado.[1140] "Se todos soubessem de antemão o que aconteceria no futuro, não haveria decisões acertadas que mais tarde pudessem ser recompensadas pelo mercado".[1141] A simples aproximação entre a concorrência e a transparência do mercado[1142] é, portanto, falaciosa:[1143] ao apresentar

---

1139 Cf. a crítica do que se considera ser uma recepção inadequada das descobertas das ciências sociais em RIXEN, Stephan. *Sozialrecht als öffentliches Wirtschaftsrecht*: Am Beispiel des Leistungserbringungsrechts der gesetzlichen Krankenversicherung. Tübingen: Mohr Siebeck, 2005, p. 241 ("modelo bastante grosseiro do homo oeconomicus").

1140 Cf. a perspectiva sociológica de ESPOSITO, Elena. *Die Fiktion der wahrscheinlichen Realität*. Frankfurt am Main: Suhrkamp, 2007, pp. 100 e ss.; sobre a importância constitutiva da incerteza em geral e a questão "se a existência de informação privada, isto é, (relacionada ao sistema global) imperfeita perturba o equilíbrio" em BAECKER, Dirk. *Information und Risiko in der Marktwirtschaft*. Frankfurt am Main: Suhrkamp, 1988, pp. 31 e ss. além de outras referências; do ponto de vista econômico, sobre possíveis efeitos negativos da transparência, ver FRUTOS, M. Ángeles de; MANZANO, Carolina. "Risk Aversion, Transparency, and Market Performance". *Journal of Finance*, 57, 2002, pp. 959 e ss. Em geral, sobre a funcionalidade da falta de transparência, também e principalmente no ordenamento jurídico, abaixo, 7.3.

1141 ESPOSITO, Elena. *Die Fiktion der wahrscheinlichen Realität*. Frankfurt am Main: Suhrkamp, 2007, p. 102.

1142 Cf. BVerfGE 105, 252 (267).

1143 Cf. sobre a contradição entre a transparência exigida democraticamente, mas negada pelo mercado em WILLKE, Helmut. "Transparency after the Financial Crisis. Democracy, Transparency, and the Veil of Ignorance". *In*: JANSEN, Stephan A.; SCHRÖDER, Eckhard; STEHR, Nico (Coord.). *Transparenz*: Multidisziplinäre Durchsichten durch Phänomene und Theorien des Undurchsichtigen. Wiesbaden: VS Verlag, 2010, pp. 56 e ss.

a atividade de informação do Estado como a comunicação de meros "fatos", o Tribunal Constitucional não abarca plenamente essa atividade, bem como seu fundamento jurídico, como um problema de demarcação entre o conhecimento público e o privado, que sempre representa uma construção social – especialmente jurídica.[1144] O conceito de informação é ontologizado[1145] por meio da estreita conexão com "fatos" aparentemente estabelecidos, ou seja, ainda não construídos internamente dentro do sistema – o que significa, por sua vez: carecem de meios normativos; seu caráter de evento, ou seja, a dimensão performativa,[1146] adquirida pela interação entre o emissor

1144 Cf. WIELSCH, Dan. *Zugangsregeln*: Die Rechtsverfassung der Wissensteilung. Tübingen: Mohr Siebeck, 2008, p. 15. De maneira contrária e problemática posiciona-se *Gregor Kirchhof*, Grundrechte und Wirklichkeit. Freiheit und Gleichheit aus der Realität begreifen– ein Beitrag zur Grundrechtsdogmatik, Heidelberg 2006, que toma instruções metodológicas gerais para uma interpretação "realista" dos direitos fundamentais da decisão do glicol, mas em minha opinião não leva suficientemente em conta a construção da realidade "realista" da lei.

1145 Cf. por outro lado, um conceito de informação que expressamente substitui o conceito de fato pelo conceito de diferença em LUHMANN, Niklas. *Organisation und Entscheidung*. Opladen: Westdeutscher Verlag, 2000, p. 57 (em referência a Gregory Bateson).

1146 Cf. fundamental para o critério filosófico-linguístico da performatividade AUSTIN, John L. *Zur Theorie der Sprechakte* (How to do things with words). Edição alemão de Eike von Savigny. 2ª ed. Stuttgart: Reclam, 2002; da perspectiva da Teoria do ‚Direito ver CHRISTENSEN, Ralph; LERCH, Kent D. "Performanz. Die Kunst, Recht geschehen zu lassen". *In*: LERCH, Kent D. (Coord.). *Die Sprache des Rechts*: Recht vermitteln. Strukturen, Formen und Medien der Kommunikation im Recht. vol. 3. Berlim: De Gruyter, 2005, pp. 55 e ss.; AUGSBERG, Ino. *Die Lesbarkeit des Rechts*: Texttheoretische Lektionen für eine postmoderne juristische Methodologie. Weilerswist: Velbrück Wissenschaft, 2009, pp. 55 e ss.; em detalhes MÜLLER-MALL, Sabine. *Performative Rechtserzeugung*: Eine theoretische Annäherung. Weilerswist: Velbrück, 2012.

e o receptor,[1147] é perdida de vista.[1148] Para se tornar compreensível como informação, são necessárias seleções para ambos os lados que determinam o contexto de significado específico do sistema, no qual a informação pode ser classificada e só então processada como informação.[1149]

Nesse âmago, o recurso à verdade "objetiva" é muito geral. Na melhor das hipóteses, ele justifica a visão de que a desinformação deliberadamente fornecida pelo Estado representa um problema independente e adicional,[1150] mas não pode prescindir de um exame mais detalhado da lógica paradoxal, até certo ponto performaticamente contraditória, inerente ao procedimento correspondente. *Gerd Roellecke* resumiu assim: "com a 'verdade' há um distanciamento (...) do sujeito, ou seja: de si mesmo. Só isso mostra que a verdade deve ser um construto"[1151] – embora seja justamente o caráter construtivo ocultado pelo processo. Da perspectiva da informação, essa constatação geral pode ser ainda mais aguçada: na medida em que uma teoria da imagem tão simplória é usada em relação à informação como uma representação "objetiva" da realidade, ou seja, a

---

1147 Cf., por exemplo, LUHMANN, Niklas. "Entscheidungen in der 'Informationsgesellschaft'". *In*: CORSI, Giancarlo; ESPOSITO, Elena (Coord.). *Reform und Innovation in einer unstabilen Gesellschaft*. Stuttgart: Lucius & Lucius, 2005, pp. 27 e ss. (39); para mais, ver acima, capítulo I, 1.6, e capítulo 3, 3.1.

1148 Cf. para a respectiva crítica VESTING, Thomas. "Zur Entwicklung einer 'Informationsordnung'". *In*: BADURA, Peter; DREIER, Horst (Coord.). *Festschrift 50 Jahre Bundesverfassungsgericht*. Tübingen: Mohr Siebeck, 2001, p. 226.

1149 Cf. da perspectiva do direito em WIELSCH, Dan. *Zugangsregeln*: Die Rechtsverfassung der Wissensteilung. Tübingen: Mohr Siebeck, 2008, p. 40.

1150 Cf., por exemplo, INGOLD, Albert. *Desinformationsrecht*: Verfassungsrechtliche Vorgaben für staatliche Desinformationstätigkeit. Berlim: Duncker & Humblot, 2011.

1151 ROELLECKE, Gerd. "Das Interesse der Rechtswissenschaft an Nichtwissen. Der Verwaltungsbegriff als Beispiel". *Die Öffentliche Verwaltung*, 2003, pp. 896 e ss. (896).

informação não é refletida como um evento sistêmico exclusivamente interno,[1152] as características especiais da informação aparecem como um processo comunicativo. Por isso, as respectivas condições de endereçamento necessário, a comunicação da mídia e a situação de destinatário especial associada são levadas ao limite do cuidado jurídico.[1153] Isso pode ser exemplificado pelas disputas em torno das chamadas "listas repugnantes" na informação ao consumidor e no direito dos estabelecimentos alimentícios:[1154] o fato de que a informação oficial sobre certos abusos entre comerciantes foi fornecida aqui, em particular, por meio de fotografias (normalmente publicadas na *internet*) dificilmente pode ser considerado com base apenas no critério da verdade; aspectos como uma lógica midiática específica da "economia do cuidado"[1155] são assim negligenciados. Discutir a problemática apenas como uma questão de intensidade dos

---

1152 Cf., por exemplo, LUHMANN, Niklas. *Organisation und Entscheidung*. Opladen: Westdeutscher Verlag, 2000, pp. 53 e 57.

1153 Mas na conexão entre os direitos de acesso à informação e a natureza eletrônica da ação administrativa, ver GUCKELBERGER, Annette. "Informatisierung der Verwaltung und Zugang zu Verwaltungsinformationen". *VerwArch*, 97, 2006, pp. 62 e ss. (86 e ss.).

1154 Cf., por exemplo, HOLZNER, Thomas. "Die 'Pankower Ekelliste' – Zukunftsweisendes Modell des Verbraucherschutzes oder rechtswidriger Pranger?" *NVwZ*, 2010, pp. 489 e ss.; REIMER, Franz. "Adverse Publizität. Der Pranger im Verwaltungsrecht". *JöR*, 58, 2010, pp. 275 e ss.; WOLLENSCHLÄGER, Ferdinand. "Staatliche Verbraucherinformation als neues Instrument des Verbraucherschutzes. Möglichkeiten und Grenzen der Informationsbefugnis nach dem Verbraucherinformationsgesetz am Beispiel der Pankower Ekelliste und das Problem staatlicher Marktinformation". *VerwArch*, 102, 2011, pp. 20 e ss.; BECKER, Florian; BLACKSTEIN, Ylva. "Der transparente Staat – Staatliche Verbraucherinformation über das Internet". *NJW*, 2011, pp. 490 e ss.

1155 Cf. FRANCK, Georg. Ökonomie der Aufmerksamkeit: Ein Entwurf. München: Hanser, 1998; a partir da visão do direito em LADEUR, Karl-Heinz. *Das Medienrecht und die Ökonomie der Aufmerksamkeit*: In Sachen Dieter Bohlen, Maxim Biller, Caroline von Monaco u.a. Köln: Halem, 2007.

direitos fundamentais afetados e, portanto, de adequação e, nessa perspectiva, concluir que "o alto poder sugestivo das imagens (...) a plasticidade engrossa o conteúdo das informações",[1156] é, portanto, provavelmente uma compreensão limitada.

A perspectiva orientada para a verdade também falha em reconhecer que o ato de comunicação estatal já possui um valor de informação que não se limita ao conteúdo da comunicação. Esse contexto performático torna-se tangível a partir da perspectiva negativa de ruptura das comunicações correspondentes. No tocante à informação pública estatal, há notável evidência da tese geral de que não é possível não comunicar, pois a omissão de comunicação e, mais ainda, a recusa de comunicação são corretamente interpretadas como ato comunicativo: na medida em que no Estado a atividade informativa passa a ser a regra, o cidadão atribuirá uma explicação independente de sua ausência; ele, então, age de acordo com o lema: "o que não é proibido é permitido".[1157] Ao mesmo tempo, isso significa que a atividade informacional do Estado pode ter efeitos de amplificação intrinsecamente dinâmicos: se o objetivo de garantir a confiança geral no sistema não for revertido no oposto de um sentimento ainda maior de insegurança, as expectativas do público, uma vez criadas, não devem ser quebradas. Esse ímpeto pode ir tão longe que a política de informação estatal, inicialmente apenas negativamente orientada, se intensifica gradualmente em uma

---

1156 No entanto, há a posição de WOLLENSCHLÄGER, Ferdinand. "Staatliche Verbraucherinformation als neues Instrument des Verbraucherschutzes. Möglichkeiten und Grenzen der Informationsbefugnis nach dem Verbraucherinformationsgesetz am Beispiel der Pankower Ekelliste und das Problem staatlicher Marktinformation". *VerwArch*, 102, 2011, p. 48.

1157 GUSY, Christoph. "Die Informationsbeziehungen zwischen Staat und Bürger". *In*: HOFFMANN-RIEM, Wolfgang; SCHMIDT-ASSMANN, Eberhard; VOSSKUHLE, Andreas (Coord.). *Grundlagen des Verwaltungsrechts*: Informationsordnung, Verwaltungsverfahren, Handlungsformen. vol. II. München: Verlag C. H. Beck, 2012, parágrafo 16.

ação educacional do Estado, operando com objetivos positivos.[1158] Advertências sobre determinados alimentos, por exemplo, são substituídas por recomendações específicas de produtos.[1159]

Fica claro que a informação não apenas declara um fato consumado, mas causa uma mudança no comportamento do destinatário. Naturalmente, esse efeito também é pretendido, especialmente no caso de advertências estatais dadas pelo "remetente" da mensagem. A ideia subjacente pode ser ainda mais generalizada: "o acesso aos dados não se limita a uma visão passiva, mas coloca a comunicação em movimento".[1160] Outro aspecto que se aplica a toda mensagem aparentemente "objetiva" pode ser visto com particular clareza na ação informativa do Estado, que, como qualquer informação, requer uma decisão de agir, ou seja, a informação que é permanentemente comunicada – e também entendida pelo cidadão – "metainformação (...) que diz que o decisor tinha o direito ou autoridade ou razão para decidir da forma que decidiu".[1161] Precisamente por causa dessa reivindicação de competência, mas também geralmente por causa das capacidades limitadas de atenção e de processamento de informações por parte dos cidadãos, efeitos colaterais não intencionais, mas em

---

1158 Cf. AUGSBERG, Steffen. "Der Staat als Informationsmittler. Robin Hood oder Parasit der Wissensgesellschaft?" *DVBl*, 2007, p. 735. Em geral, sobre o problema da ação educacional do Estado ver LÜDEMANN, Jörn. *Edukatorisches Staatshandeln*: Steuerungstheorie und Verfassungsrecht am Beispiel der staatlichen Förderung von Abfallmoral. Baden-Baden: Nomos, 2004.

1159 Cf. a crítica em DANWITZ, Thomas von. *Verfassungsfragen staatlicher Produktempfehlungen*. Köln: Heymann, 2003, cujo uso do termo também deixa claro que as transições entre recomendações "positivas" e "negativas" são fluidas; seu conceito de recomendação de produto é mais negativamente orientado.

1160 MASING, Johannes. "Transparente Verwaltung: Konturen eines Informationsverwaltungsrechts". *Veröffentlichungen der Vereinigung der Deutschen Staatsrechtslehrer*, vol. 63, 2004, p. 423.

1161 LUHMANN, Niklas. *Organisation und Entscheidung*. Opladen: Westdeutscher Verlag, 2000, p. 142.

grande parte inevitáveis, sempre devem ser esperados em relação ao controle de comportamento pretendido – então a compra é feita não apenas do produto específico sobre o qual foi avisado, mas de toda a família de produtos correspondente.

A tentativa do Tribunal Constitucional Federal de objetivar a veracidade da informação não pode eliminar esses diversos efeitos performáticos da comunicação, mas, na melhor das hipóteses, ocultá-los. Em termos da dogmática dos direitos fundamentais, há que se ter em conta o caráter ativo e construtivo da ação do Estado, categorizá-lo como "interferência", e não apenas afirmá-lo passivamente e vinculá-lo às conhecidas consequências legais.[1162]

Uma forma jurídica da atividade de informação oficial ativa que leva em consideração esses requisitos pode ser encontrada no direito de proteção do consumidor. A informação para os cidadãos não serve apenas para criar confiança, apesar dos processos de produção e de contextos que se tornaram não transparentes para o indivíduo; mas também assume a posição de instrumento jurídico econômico-administrativo que pode ser utilizado pela Administração para controlar o comportamento dentro de uma área regulatória específica. O objetivo é "melhorar a transparência do mercado por meio da informação ao consumidor, qualificando a escolha e os poderes de decisão dos consumidores na economia de mercado",[1163] o que deve, em última análise, beneficiar o mercado como um

---

1162 Cf. também o evento em SCHOCH, Friedrich. "Die Schwierigkeiten des BVerfG mit der Bewältigung staatlichen Informationshandelns". *NVwZ*, 2011, p. 195; BECKER, Florian; BLACKSTEIN, Ylva. "Der transparente Staat – Staatliche Verbraucherinformation über das Internet". *NJW*, 2011, pp. 491 e ss.

1163 SCHOCH, Friedrich. "Neuere Entwicklungen im Verbraucherinformationsrecht". *NJW*, 2010, p. 2241. Cf. do ponto de vista do direito civil, muito crítico deste objetivo geral, que também faz parte da legislação de defesa do consumidor da UE REHBERG, Markus. "Der staatliche Umgang mit Information – Das europäische Informationsmodell im Lichte von Behavioral Economics". *In*: EGER, Thomas; SCHÄFER,

todo.[1164] A informação do consumidor juridicamente regulamentada é, portanto, "parte da política econômica".[1165] Esse propósito geral explica por que a administração nem sempre deve estar dependente de um respectivo pedido do cidadão, mas pode agir por sua própria iniciativa. Ao mesmo tempo, é necessário fazer uma distinção entre as disposições legais gerais sobre prevenção de perigos, como o direito dos gêneros ou de estabelecimento alimentícios.[1166] Nesse caso, a política ativa de informação do Estado como instrumento do Direito da Administração econômica tem caráter preventivo; destina-se a conter o surgimento de perigos para os cidadãos, ampliando suas próprias opções de ação.

3. O exemplo clássico de atividade de informação estatal reativa é o direito de inspecionar arquivos, segundo o § 29, parágrafo 1º, inciso 1 da VwVfG.[1167] De acordo com o "princípio da publicidade

---

Hans-Bernd (Coord.). Ökonomische Analyse der europäischen Zivilrechtsentwicklung. Tübingen: Mohr Siebeck, 2007, pp. 284 e ss.

1164 Cf. a fundamentação legal da VIG, BT-Drs. 16/5404, p. 7.

1165 SCHOCH, Friedrich. "Neuere Entwicklungen im Verbraucherinformationsrecht". *NJW*, 2010, p. 2242. De forma mais geral, sobre a proteção do consumidor como uma questão de direito comercial e as sobreposições resultantes com regulamentos de direito privado WISSMANN, Hinnerk. "Verbraucherschutz als Aufgabe staaticher Regulierung. Grundfragen der intradisziplinären Systembildung im Wirtschaftsrecht". *In*: HÖSCH, Ulrich (Coord.). *Zeit und Ungewissheit im Recht. Liber amicorum zum 70. Geburtstag von Wilfried Berg*. Stuttgart: Boorberg, 2011, pp. 556 e ss.

1166 Cf. especialmente na legislação alimentar SCHOCH, Friedrich. "Information und Kommunikation im Lebensmittelrecht: Europarechtliche und verfassungsrechtliche Grundlagen staatlichen Informationshandelns und privater Informationspflichten". *ZLR*, 2010, pp. 121 e ss.

1167 Cf. GUSY, Christoph. "Die Informationsbeziehungen zwischen Staat und Bürger". *In*: HOFFMANN-RIEM, Wolfgang; SCHMIDT-ASSMANN, Eberhard; VOSSKUHLE, Andreas (Coord.). *Grundlagen des Verwaltungsrechts*: Informationsordnung, Verwaltungsverfahren, Handlungsformen. vol. II. München: Verlag C. H. Beck, 2012, parágrafo 44 e ss.

limitada dos documentos", seu alcance é limitado com base no procedimento;[1168] a reclamação somente é possível para aqueles diretamente envolvidos no processo.[1169] O direito de consultar arquivos é, portanto, paradigmático, podendo ser visto como a "mais antiga expressão do *direito à informação enraizado no Estado Democrático de Direito*", que foi originalmente [e ainda é] "concebida pela jurisprudência como uma reivindicação anexa a direitos subjetivos materiais e (...) sobrepondo-se aos trâmites processual e [servindo] de efetivação dos direitos públicos subjetivos do cidadão".[1170]

Em comparação a esse círculo mais restrito de portadores de informação, verifica-se uma primeira expansão dele quando não só os intervenientes no processo, ou seja, aqueles tipicamente os afetados nas suas posições jurídicas, mas também os meros interessados são incluídos no conjunto de titulares do direito de informação. Esse é o caso típico dos procedimentos de aprovação de planejamento de acordo com os §§ 72 e seguintes da VwVfG, para os quais não é suficiente apelar para os interesses de terceiros ou do público em geral, mas, sim, aos próprios interesses econômicos, sociais ou mesmo aos ideais, para estabelecer um direito de informação de participação (na forma de direitos de inspeção sobre os documentos processuais).[1171]

1168 Cf. para mais ROSSI, Matthias. *Informationszugangsfreiheit und Verfassungsrecht*: Zu den Wechselwirkungen zwischen Informationsfreiheitsgesetzen und der Verfassungsordnung in Deutschland. Berlim: Duncker & Humblot, 2004, pp. 32 e ss.

1169 Cf. GURLIT, Elke. "Konturen eines Informationsverwaltungsrechts". *DVBl*, 2003, p. 1126 f.

1170 GUSY, Christoph. "Die Informationsbeziehungen zwischen Staat und Bürger". *In*: HOFFMANN-RIEM, Wolfgang; SCHMIDT-ASSMANN, Eberhard; VOSSKUHLE, Andreas (Coord.). *Grundlagen des Verwaltungsrechts*: Informationsordnung, Verwaltungsverfahren, Handlungsformen. vol. II. München: Verlag C. H. Beck, 2012, parágrafo 81.

1171 Cf. GUSY, Christoph. "Die Informationsbeziehungen zwischen Staat und Bürger". *In*: HOFFMANN-RIEM, Wolfgang; SCHMIDT-ASSMANN, Eberhard; VOSSKUHLE, Andreas (Coord.). *Grundlagen*

Essa atribuição de direitos de participação serve, por um lado, para garantir a aceitação do processo de tomada de decisão e, por outro, para assegurar que o órgão público está plenamente informado; em uma situação tipicamente caracterizada por uma "rede complexa de interesses divergentes",[1172] o direito de inspeção destina-se a suscitar indiretamente objeções ao procedimento e, assim, outros aspectos fáticos relevantes que possam colidir com o mesmo.

Esse propósito geral, não especificamente moderno, está atrelado aos procedimentos correspondentes, os quais podem ser comprovados não apenas na história recente do Direito Administrativo, ou seja, na época da "euforia do planejamento" da década de 1970, mas também em períodos ainda mais remotos.[1173] "Pesquisas recentes mostraram que, na primeira metade do século XIX, a consulta a um amplo círculo de cidadãos afetados fazia parte de um procedimento administrativo padrão para o poder público autorizar certas instalações comerciais e projetos de infraestrutura".[1174] Tendo em vista a forte resistência recente a projetos de grande porte, cujo processo de

---

des Verwaltungsrechts: Informationsordnung, Verwaltungsverfahren, Handlungsformen. vol. II. München: Verlag C. H. Beck, 2012d, parágrafo 53 f.

1172 GURLIT, Elke. "Konturen eines Informationsverwaltungsrechts". *DVBl*, 2003, p. 1126.

1173 Cf. WAHL, Rainer. *Herausforderungen und Antworten*: Das Öffentliche Recht der letzten fünf Jahrzehnte. Berlim: De Gruyter, 2005, pp. 45 e ss., v.a. p. 54, com referência ao surgimento do instituto jurídico da aprovação de planos já em meados do século XIX.

1174 COLLIN, Peter. "Die Organisation der binnenadministrativen Kommunikation in der preußischen Verwaltung des 19. Jahrhunderts". *In*: BECKER, Peter (Coord.). *Sprachvollzug im Amt*: Kommunikation und Verwaltung im Europa des 19. und 20. Jahrhunderts. Bielefeld: Transcript, 2011, pp. 335 e ss. (348), com referência a FISAHN, Andreas. *Demokratie und Öffentlichkeitsbeteiligung*. Tübingen: Mohr Siebeck, 2022, pp. 16 e ss., e CANCIK, Pascale. *Verwaltung und Öffentlichkeit in Preußen*: Kommunikation durch Publikation und Beteiligungsverfahren im Recht der Reformzeit. Tübingen: Mohr Siebeck, 2007, pp. 209 e ss.

planejamento já havia sido concluído há muito tempo, a eficácia da forma de participação pública nesses projetos foi questionada e sua necessidade de reforma foi reconhecida.[1175] A participação pública deve ser ampliada ainda mais, ou seja, além do processo de aprovação do planejamento real, devendo estar presente já no estágio do planejamento original, que, normalmente, é realizado pelo desenvolvedor do projeto e apenas reproduzido pelos órgãos públicos. É preciso, no entanto, ter em mente que a inclusão no procedimento da figura da aceitação não deve ser vista de maneira apartada do lado cognitivo da participação cidadã. A participação também tem consequências cognitivas para além do aspecto de um compromisso autofirmado pela participação no procedimento, o que, tendo em vista um possível descrédito posterior do resultado – que inicialmente foi aprovado – torna o apoio de terceiros mais difícil:[1176] o objetivo do procedimento é que as partes envolvidas cheguem a um acordo cognitivo no sentido de uma "construção da realidade" comum,[1177] que é, então, usada como base para a decisão. Quanto mais cedo essa compreensão e, portanto, a definição cognitiva ocorrer, maior o risco de que, no curso de novos desenvolvimentos e novas informações relevantes, essa construção comum da realidade não seja mais aceita porque uma experiência supostamente "mais precisa", por ser mais recente, da realidade já a superou.

Ainda que esses exemplos ainda possam ser retirados de um círculo mais restrito de atividades de informação reativa do Direito

---

1175 Cf. BURGI, Martin. "Das Bedarfserörterungsverfahren: Eine Reformoption für die Bürgerbeteiligung bei Großprojekten". *NVwZ*, 2012, pp. 277 e ss.

1176 Cf. a abordagem clássica sobre a função do processo em LUHMANN, Niklas. *Legitimation durch Verfahren*. Neuwied: Luchterhand, 1969.

1177 Cf. HOFFMANN-RIEM, Wolfgang. "Eigenständigkeit der Verwaltung". *In*: HOFFMANN-RIEM, Wolfgang; SCHMIDT-ASSMANN, Eberhard; VOSSKUHLE, Andreas (Coord.). *Grundlagen des Verwaltungsrechts*: Methoden, Maßstäbe, Aufgaben, Organisation. 2ª ed. vol. I. München: C. H. Beck, 2012, § 10 parágrafo 135.

Administrativo clássico, essa perspectiva tradicional será abandonada com a expansão do grupo de destinatários. A legislação mais recente sobre liberdade de informação caracteriza-se pela garantia de informação independente de direitos e interesses, nomeadamente sob a forma de direitos de consulta de arquivos.[1178] Em contraposição com a forma "clássica" do direito à informação, sua base está localizada menos no Estado de Direito do que no princípio da democracia: esses direitos à informação são "essencialmente concebidos pelo legislador como um direito dos cidadãos de controlar a Administração Pública"; devem servir "para estabelecer ou otimizar o contexto de legitimação e controle democrático".[1179] Ao mesmo tempo, há uma modificação da concepção tradicional dos direitos de informação, principalmente como um complemento processual de posições jurídicas individuais materiais.

> Com a desvinculação do direito de acesso à informação da posição de participante do procedimento administrativo, melhorou significativamente a situação jurídica do cidadão solicitante de informação: o direito à informação é um direito subjetivo e não um direito processual a serviço de um direito material adequado.[1180]

1178 Cf. os primórdios da Lei de Informações Ambientais em GURLIT, Elke. "Konturen eines Informationsverwaltungsrechts". *DVBl*, 2003, pp. 1127 e ss. Sobre o significado dessa garantia como uma "mudança de paradigma" no direito alemão, ver ROSSI, Matthias. "Das Informationsfreiheitsrecht in der gerichtlichen Praxis". *DVBl*, 2010, pp. 554 e ss. (555).

1179 GUSY, Christoph. "Die Informationsbeziehungen zwischen Staat und Bürger". *In*: HOFFMANN-RIEM, Wolfgang; SCHMIDT-ASSMANN, Eberhard; VOSSKUHLE, Andreas (Coord.). *Grundlagen des Verwaltungsrechts*: Informationsordnung, Verwaltungsverfahren, Handlungsformen. vol. II. München: Verlag C. H. Beck, 2012, parágrafo 81.

1180 GURLIT, Elke. "Konturen eines Informationsverwaltungsrechts". *DVBl*, 2003, p. 1129.

Todavia, essa finalidade não deve conduzir a um estreitamento teleológico da pretensão de informação de tal sorte que os interesses comerciais quanto à utilização do acesso à informação o excluam.[1181] Essa interpretação resultaria em uma compreensão relacionada aos motivos do requerente e, assim, ao contrário da intenção legislativa, implementaria secretamente requisitos substantivos de reivindicação.[1182]

Se, em contrapartida, o direito à informação for entendido como um direito independente dos interesses de todos, não vinculado a requisitos materiais de titularidade relacionados à pessoa do requerente, parece necessário radicalizar ainda mais a legislação de liberdade de informação e eliminar seu caráter reativo, no sentido da exigência de sua aplicação. Nessa linha, estão os projetos de lei mais recentes nos estados federados que pretendem concretizar a liberdade de informação dos cidadãos por meio de um cadastro de informações de acesso aberto na *internet*.[1183]

No tocante à distribuição do conhecimento estatal, é relevante que o direito à informação não apenas obrigue os setores da administração pública, cujas ações são voltadas para o público externo; mas também que considere que a atividade administrativa puramente material seja suficiente. Isso tem consequências para a transferência do conhecimento gerado no processo administrativo, bem como na sua preparação. Assim, por exemplo, "são também organismos sujeitos a obrigações de informação na acepção do § 1, parágrafo 2, nº 1 da VIG, os órgãos públicos de investigação que prestam apoio científico

---

1181 Assim VGH München, DVBl. 2009, pp. 323 e ss.

1182 Cf. SCHOCH, Friedrich. "Aktuelle Fragen des Informationsfreiheitsrechts". *NJW*, 2009, pp. 2987 e ss. (2990); além de SELLMANN, Christian; AUGSBERG, Steffen. "Chancen und Risiken des Bundesinformationsfreiheitsgesetzes". *WM*, 2006, pp. 2293 e ss.

1183 Cf. em particular a Lei de Transparência de Hamburgo que já foi aprovada (HmbTG) v. 19. Juni 2012, HmbGVBl. 2012, 271; para mais, ver JAUCH, Oliver. "Das Hamburgische Transparenzgesetz (HmbTG) – Ein Paradigmenwechsel in der Informationsfreiheit". *DVBl*, 2013, pp. 16 e ss.

e técnico às autoridades de controle alimentar".[1184] Contudo, além do direito de acesso à informação existente, nenhuma outra obrigação de aquisição e de processamento de informação é estipulada para os órgãos públicos. "Os cidadãos que buscam informações devem aceitar as informações como elas são colocadas".[1185]

4. A discussão sobre a classificação do § 5, parágrafo 1º, inciso 2 da Lei de Informação do Consumidor [*Verbraucherinformationsgesetz*- VIG] deixa claro que a distinção entre direitos de informação ativos e reativos não é uma questão puramente acadêmica servindo a propósitos tipológicos, mas pode ter consequências práticas concretas.[1186] Isso porque, na medida em que a norma é classificada como instrumento meramente reativo por razões sistemáticas, não se constitui uma norma de poder suficiente para uma ação oficial de informação independente de sua aplicação.[1187] Em certas áreas – para

---

1184 GURLIT, Elke. "Das Informationsverwaltungsrecht im Spiegel der Rechtsprechung". *Die Verwaltung*, vol. 44, 2011, p. 85, além de outras referências na jurisprudência.

1185 GURLIT, Elke. "Das Informationsverwaltungsrecht im Spiegel der Rechtsprechung". *Die Verwaltung*, vol. 44, 2011, p. 90.

1186 Cf. sobre isso em WOLLENSCHLÄGER, Ferdinand. "Staatliche Verbraucherinformation als neues Instrument des Verbraucherschutzes. Möglichkeiten und Grenzen der Informationsbefugnis nach dem Verbraucherinformationsgesetz am Beispiel der Pankower Ekelliste und das Problem staatlicher Marktinformation". *VerwArch*, 102, 2011. Para outros exemplos de consequências práticas e dogmáticas da diferenciação ver SCHOCH, Friedrich. "Informationszugangsfreiheit des Einzelnen und Informationsverhalten des Staates". *AfP*, 2010, p. 315.

1187 Em detalhes, ver MÖSTL, Markus. "Informationsinteresse und Geheimhaltungsbedürfnis als Antipoden im Verbraucherinformationsgesetz". *In*: LEIBLE, Stefan (Coord.). *Verbraucherschutz durch Information im Lebensmittelrecht*. Bayreuth: Verlag PCO, 2010, pp. 149 e ss. (157, 165 f.); HOLZNER, Thomas. "Die 'Pankower Ekelliste' – Zukunftsweisendes Modell des Verbraucherschutzes oder rechtswidriger Pranger?" *NVwZ*, 2010, p. 491; BECKER, Florian; BLACKSTEIN, Ylva. "Der transparente Staat – Staatliche Verbraucherinformation über das Internet". *NJW*, 2011, pp. 492 e ss. (que de outra forma também

as quais já existem exemplos tangíveis da prática administrativa[1188] –, isso teria como consequência que, na medida em que outras normas não podem ser consideradas como base para a autorização da ação administrativa (afastando-se da jurisprudência atrelada ao caso Glicol [vinho] do Tribunal Constitucional Federal, que o tem negado),[1189] tomando-se como indispensável a base legal separada para que a ação seja qualificada como ação de interferência,[1190] determinadas medidas destinadas a servir à defesa do consumidor seriam inadmissíveis na ausência de poderes legais.

querem reconhecer um problema com a conformidade constitucional da norma). De maneira contrário se coloca SCHOCH, Friedrich. "Neuere Entwicklungen im Verbraucherinformationsrecht". *NJW*, 2010, p. 2246; WOLLENSCHLÄGER, Ferdinand. "Staatliche Verbraucherinformation als neues Instrument des Verbraucherschutzes. Möglichkeiten und Grenzen der Informationsbefugnis nach dem Verbraucherinformationsgesetz am Beispiel der Pankower Ekelliste und das Problem staatlicher Marktinformation". *VerwArch*, 102, 2011, p. 30 f., além de outras referências

1188 Cf. novamente, por exemplo, o chamado "Pankower Ekelliste" em WOLLENSCHLÄGER, Ferdinand. "Staatliche Verbraucherinformation als neues Instrument des Verbraucherschutzes. Möglichkeiten und Grenzen der Informationsbefugnis nach dem Verbraucherinformationsgesetz am Beispiel der Pankower Ekelliste und das Problem staatlicher Marktinformation". *VerwArch*, 102, 2011, HOLZNER, Thomas. "Die 'Pankower Ekelliste' – Zukunftsweisendes Modell des Verbraucherschutzes oder rechtswidriger Pranger?" *NVwZ*, 2010.

1189 Cf. a argumentação da decisão do BVerfGE 105, 252 (268) sobre a tarefa e autoridade para fornecer informações: "Se as tarefas do governo ou da administração podem ser realizadas por meio de informações públicas, a atribuição de tarefas também inclui fundamentalmente uma autorização para agir com informações".

1190 Cf. WOLLENSCHLÄGER, Ferdinand. "Staatliche Verbraucherinformation als neues Instrument des Verbraucherschutzes. Möglichkeiten und Grenzen der Informationsbefugnis nach dem Verbraucherinformationsgesetz am Beispiel der Pankower Ekelliste und das Problem staatlicher Marktinformation". *VerwArch*, 102, 2011, p. 38 f., 48.

5. Finalmente, não há dúvida de que uma base legal é necessária em um caso especial de atividade de informação administrativa: a orientação estatal obrigatória.[1191] A notificação estatal de informações também pode ser feita expressamente contra a vontade do interessado. As obrigações correspondentes podem, por sua vez, ser reguladas direta e explicitamente, mas também indiretamente. Por exemplo, o § 309, parágrafo 1º, do Livro III do SGB estipula uma mera obrigação de inscrição para o candidato a emprego, mas o pedido de inscrição também pode ser feito de acordo com o § 309, parágrafo 2º, inciso 1 do Livro III do SGB para fins de orientação profissional. A comunicação dada às mulheres que querem fazer um aborto de acordo com o § 218a, parágrafo 1º, inciso 1, combinado com o § 219, parágrafo 2º do Código Penal, também é indiretamente aplicada junto com a garantia de não punição, o que só assim é possível – não pelo próprio Estado, mas por um centro independente de acompanhamento de conflitos.

6.3 Transferência de conhecimento entre particulares como tarefa administrativa

1. A perspectiva das atividades de informação do Estado é compreendida de maneira muito restrita se for entendida exclusivamente em termos de transmissão do conhecimento de propriedade do estatal. Em muitos casos, as informações solicitadas por determinados particulares não estão disponíveis para a própria administração porque são geradas e armazenadas sob o controle de outros particulares sem permitir o acesso de terceiros. Nesses casos, não se trata apenas de adquirir conhecimento por parte da Administração, nem apenas de transmitir conhecimento do Estado a particulares, mas, sim, da informação fornecida pelo Estado a particulares por

1191 Cf. OEBBECKE, Janbernd. "Beratung durch Behörden". *DVBl*, 1994, pp. 147 e ss. (151).

meio de outros particulares.[1192] A atividade de mediação não está necessariamente ligada ao fato de "a informação inicialmente recolhida, registrada e armazenada por um particular no âmbito do cumprimento de suas tarefas ser posteriormente transmitida a outro particular em um segundo momento"[1193] (pelo que se deve sempre lembrar que, a rigor, "conhecimento" ou "informação" só surgem como resultado do processamento pelo destinatário de uma mensagem, ou seja, não pode ser simplesmente "transmitido" em um entendimento reificado). Igualmente possíveis são as obrigações diretas de informação entre cidadãos, onde a participação do Estado na distribuição de conhecimento entre particulares consiste apenas no estabelecimento de uma obrigação jurídica correspondente e no acompanhamento da sua implementação pelas autoridades competentes. Mecanismos clássicos para essas informações, induzidas pelo Direito Administrativo, de particulares para outros particulares podem ser encontrados, especificamente, na área do direito alimentar. Esse âmbito jurídico, que, como o direito à liberdade de informação, é fortemente influenciado pelas disposições do Direito europeu,[1194] mostra-se mostra seus "regulamentos de identificação e divulgação (...) que a política de informação do Estado consiste em permitir ou, se necessário, impor a transferência de conhecimento entre indivíduos privados".[1195] Os respectivos requisitos de publicidade

---

1192 Cf. com fundamento nesse instituto AUGSBERG, Steffen. "Der Staat als Informationsmittler – Robin Hood oder Parasit der Wissensgesellschaft?" *DVBl*, 2007, pp. 738 e ss.

1193 Assim como a conceituação em AUGSBERG, Steffen. "Der Staat als Informationsmittler – Robin Hood oder Parasit der Wissensgesellschaft?" *DVBl*, 2007, p. 738.

1194 Cf., por exemplo, STREINZ, Rudolf. "Gesundheitsschutz und Verbraucherinformation im Lebensmittelrecht der Europäischen Gemeinschaften". *In*: DAMM, Reinhard; HART, Dieter (Coord.). *Rechtliche Regulierung von Gesundheitsrisiken*. Baden-Baden: Nomos, 1993, pp. 151 e ss. (152 e ss.).

1195 AUGSBERG, Steffen. "Der Staat als Informationsmittler – Robin Hood oder Parasit der Wissensgesellschaft?" *DVBl*, 2007, p. 738.

também podem ser encontrados em várias outras áreas do Direito Privado e Público.[1196] Essas obrigações de informação legalmente induzidas têm como característicos, por exemplo, os requisitos recentemente reafirmados em relação à transparência empresarial[1197] a ser garantida ou à informação a ser fornecida pelos emissores aos detentores de valores mobiliários durante sua negociação (cf. o § 30a da Lei de Valores Mobiliários). No entanto, o mecanismo básico é bem conhecido; um exemplo clássico é a obrigação de fazer registros públicos (por exemplo, o registro comercial), que servem como fonte de informação para outros particulares. Mais recentemente, aparecem os regulamentos que obrigam expressamente a "partilha e transferência de conhecimento" entre particulares;[1198] disposições que podem ser encontradas, por exemplo, na legislação europeia de produtos químicos na chamada diretiva "REACH".[1199] Um aprofundamento tanto processual quanto organizacional dos requisitos

---

1196 Cf., por exemplo, na área da lei de resíduos *Wolfgang Kahl*, Abfall, in: Fehling/Ruffert (org.), Regulierungsrecht, ibid, § 13 parágrafo 59 et seq., bem como as obrigações de informação previstas no parágrafo 61.

1197 Cf., por exemplo, SCHNEIDER, Sven H. *Informationspflichten und Informationssystemeinrichtungspflichten im Aktienkonzern*: Überlegungen zu einem Unternehmensinformationsgesetzbuch. Berlim: Duncker & Humblot, 2006.

1198 Cf. RÖHL, Hans. "Christian Der rechtliche Kontext der Wissenserzeugung". *In*: _____. (Coord.). *Wissen – Zur kognitiven Dimension des Rechts* (DV Beiheft 9). Berlim: Duncker & Humblot, 2010, pp. 65 e ss. (79 e ss.).

1199 Diretiva [Verordnung] (EG) Nr. 1907/2006 sobre o registro, avaliação, autorização e restrição de substâncias químicas (REACH)ABl. EU 2006, L 396, p. 1; para mais detalhes, ver *Kristian Fischer*, REACH – a nova lei europeia de produtos químicos, DVBl. 2007, pp. 853 e ss. (especialmente o "compartilhamento de informações" na página 856 e ss.); além da perspectiva da geração de conhecimento explícita de HOFFMANN-RIEM, Wolfgang. "Wissen, Recht und Innovation". *In*: RÖHL, Hans Christian (Coord.). *Wissen – Zur kognitiven Dimension des Rechts*. (DV Beiheft 9). Berlim: Duncker & Humblot, 2010, pp. 159 e ss. (189 e ss.).

gerais de rotulagem de produtos pode ser encontrado a lei dos fármacos (§ 74a da Lei de Fármacos), contendo a instituição de um oficial de informação a ser nomeado pelas empresas farmacêuticas, cuja tarefa é monitorar a exatidão das informações endereçadas a empresas privadas compradores em bulas, rótulos etc.[1200]

O fato de que a legislação mais recente sobre liberdade de informação é estruturalmente voltada para a troca de informações entre particulares fica evidente quando se olha mais de perto o conceito de informação "oficial", à qual se pode ter direito de acesso, nos termos do § 1, parágrafo 1º da Lei de Liberdade de Informação.

> O caráter oficial da informação não pressupõe que o governo federal seja o autor da informação. Não é a origem da informação ou o seu conteúdo que é decisivo, mas a sua finalidade. As informações devem ter sido obtidas no cumprimento de uma atividade pública. O que também é o caso de dados armazenados oficialmente que foram coletados anteriormente por indivíduos particulares.[1201]

É, portanto, fundamental que as informações relevantes estejam realmente "disponíveis» no órgão público – como expressamente afirma a redação do § 1, parágrafo 1 da VIG.[1202] Essa situação resulta na relevância das leis de liberdade de informação para a distribuição do conhecimento pelo Estado: "a ideia básica é concebida como um contramodelo à tradição arcana estatal, mas o resultado

---

1200 Cf. sobre essa figura e seus requisitos em mais detalhes, ver KNAUER, Jana; SANDER, Axel; ZUMDICK, Ulf. "Die Qualifikation des Informationsbeauftragten gemäß § 74a AMG– Wertungswiderspruch zu den Anforderungen an die Sachkunde des Stufenplanbeauftragten". *PharmR*, 2010, pp. 276 e ss.

1201 AUGSBERG, Steffen. "Der Staat als Informationsmittler – Robin Hood oder Parasit der Wissensgesellschaft?" *DVBl*, 2007, p. 739.

1202 Cf. SCHOCH, Friedrich. "Neuere Entwicklungen im Verbraucherinformationsrecht". *NJW*, 2010, p. 2241.

da liberdade de acesso à informação em qualquer caso também leva a uma redistribuição do conhecimento privado".[1203]

Essa mudança de perspectiva, que coloca a tarefa da administração da informação não mais exclusivamente na relação bipolar entre Estado e cidadão, mas na situação multipolar com várias partes privadas envolvidas, é explicitada pelas disposições da Lei de Aproveitamento da Informação [*Informationsweiterwendungsgesetz*-IWG].[1204] Como as leis de liberdade de informação, isso também remonta[1205] essencialmente a uma diretiva da União Europeia,[1206] cujos regulamentos – e também a terminologia usada – são baseados na lei alemã.[1207] Em contraste com as obrigações de informação no Direito Privado,[1208] que também são muitas vezes induzidas pelo Direito europeu, os destinatários da regulamentação legal são principalmente órgãos estatais, em relação aos quais a lei, de acordo com o § 1, parágrafo 1º da IWG, expressamente não estabelece um direito independente de acesso à informação, mas um direito à igualdade de tratamento. Essa reivindicação refere-se à decisão sobre a continuação da utilização das informações existentes pelas autoridades públicas. Nesse sentido, "uso posterior" significa, de acordo com a

1203 AUGSBERG, Steffen. "Der Staat als Informationsmittler – Robin Hood oder Parasit der Wissensgesellschaft?" *DVBl*, 2007, p. 739 (omissão de evidência).

1204 Cf., por exemplo, PÜSCHEL, Jan. "Ole Vom Informationszugang zur Informationsweiterverwendung". *DuD*, 2006, pp. 481 e ss.; AUGSBERG, Steffen. "Der Staat als Informationsmittler – Robin Hood oder Parasit der Wissensgesellschaft?" *DVBl*, 2007, p. 741.

1205 Cf. para mais detalhes SCHOCH, Friedrich. "Der Entwurf eines Informationsweiterverwendungsgesetzes des Bundes". *NVwZ*, 2006, pp. 872 e ss. (872).

1206 Cf. RL 2003/98/EG v. 17. November 2003.

1207 Cf. a legislação BT-Drs. 16/2453, p. 7, que fala de uma implementação "um para um" da diretiva.

1208 Cf., por exemplo, BUSCH, Christoph. *Informationspflichten im Wettbewerbs- und Vertragsrecht*: Parallelen in UWG und BGB. Tübingen: Mohr Siebeck, 2008, pp. 25 e ss.

definição legal, segundo o § 2, parágrafo 3º da IWG, qualquer uso da informação que vá além do cumprimento de tarefas públicas e que geralmente visa gerar uma taxa; por outro lado, a mera percepção intelectual da informação e a utilização do conhecimento obtido como resultado não devem constituir, em regra, o uso posterior. Em contraposição com o direito geral à informação de acordo com as leis de liberdade de informação, a razão para a reivindicação legal correspondente é, portanto, menos político-democrática do que econômica; trata-se da exploração comercial dos dados armazenados na Administração.[1209] O pano de fundo do regulamento é a percepção da enorme importância econômica desses dados,[1210] que "[ganharam] um novo valor na sociedade da informação: destacáveis de forma fácil e barata de seu contexto informacional, eles se tornam um fator decisivo na criação de novos valores por meio de novas combinações e referências".[1211] As disposições da IWG levam em consideração a importância econômica das informações governamentais. Elas são complementadas por prescrições legais especiais, como a Lei de Acesso a Geodados Digitais [*Geodatenzugangsgesetz*- GeoZG].[1212]

2. Do ponto de vista geral do Direito Administrativo Informacional, essa expansão da atividade informacional estatal é, em princípio, bem-vinda, pois contribui para a necessária mudança na ideia do "Estado onisciente", que pode acumular o conhecimento

---

1209 Cf. SYDOW, Gernot. "Informationsgesetzbuch häppchenweise". *NVwZ*, 2008, pp. 481 e ss. (483).

1210 Cf. para mais detalhes em PÜSCHEL, Jan. *Ole Informationen des Staates als Wirtschaftsgut*. Berlim: Duncker & Humblot, 2006, pp. 21 e ss.

1211 MASING, Johannes. "Transparente Verwaltung: Konturen eines Informationsverwaltungsrechts". *Veröffentlichungen der Vereinigung der Deutschen Staatsrechtslehrer*, vol. 63, 2004, p. 393.

1212 Cf. HORNUNG, Gerrit. "Staatliche Daten als Güter. Informationen öffentlicher Stellen zwischen Arkantradition und wirtschaftlicher Nutzung". *In*: TOWFIGH, Emanuel V. (Coord.). *Recht und Markt*: Wechselbeziehungen zweier Ordnungen. Baden-Baden: Nomos, 2009, pp 75 e ss. (83 e ss.).

socialmente exigido em suas instituições, em prol de um maior reconhecimento da distribuição desse conhecimento para todos e em todas as áreas da sociedade. Nesse campo, a transferência de conhecimento induzida e controlada administrativamente entre particulares não deve ser entendida como uma técnica de recentralização do conhecimento diversamente fragmentado, mas, sim, como uma forma de permitir essa pulverização. Especialmente, as disposições da Lei de Aproveitamento da Informação sugerem essa leitura: em vez de tentar capitalizar o benefício do Estado – o que faria sentido tendo em vista a importância econômica da informação[1213] –, eles aparentemente assumem que a distribuição mais ampla possível de informação é mais vantajosa para a sociedade como um todo do que seu acúmulo pelo Estado.

Indiretamente, essa ampliação de perspectiva também se reflete em outro aspecto das novas disposições. O Estado não assume mais a responsabilidade material pelo conhecimento social, mas apenas garante que ele possa circular na sociedade. Essa abordagem fica clara pelo fato de que, de acordo com as disposições das leis de liberdade de informação (por exemplo, § 7, parágrafo 3º, inciso 2 da IFG; § 1, parágrafo 5º da VIG), diferentemente da concepção do Tribunal Constitucional no caso do Glicol no que tange à informação pública, a garantia explícita de veracidade é dispensada. Apenas o § 7º, parágrafo 3º da Lei de Informações Ambientais [*Umweltinformationsgesetz*- UIG] prevê uma obrigação de garantia dos órgãos públicos a prestar informação, segundo a qual toda a informação publicada deve ser atualizada, exata e comparável. Ao mesmo tempo, a disposição restringe essa exigência do conteúdo das informações a compilar, sujeitando-o ao que é possível para a autoridade em questão. Isso é insuficiente para possibilitar a compreensão da falta de garantia quanto à veracidade das informações veiculadas, que, em grande parte, inexistem nos conceitos legislativos, como uma

[1213] AUGSBERG, Steffen. "Der Staat als Informationsmittler – Robin Hood oder Parasit der Wissensgesellschaft?" *DVBl*, 2007, p. 741.

mera reação pragmática ao problema fático da verificabilidade das informações e, portanto, para exigir que a ação do Estado, essencialmente deficiente, deveria, ao menos, ser compensada por medidas prévias, no sentido de uma "responsabilidade antecipatória da informação (...) já durante a coleta de dados".[1214] Com exclusão da garantia de veracidade, o caráter de recepção da informação, que só é constituído no ato (multilateral) de comunicação, é levado em consideração com muito mais precisão do que é possível com base na pseudo-objetivação do Tribunal Constitucional Federal: o regulamento independente deixa claro que essa distribuição de informações não é apenas um mero processo derivado, mas contribui para a própria geração de conhecimento.[1215]

6.4 Limites da distribuição do conhecimento organizada pelo Estado

1. Os limites à distribuição do conhecimento pelo Estado resultam principalmente da legislação de proteção de dados.[1216] Normalmente, as informações pessoais não podem ser transmitidas; a regra postulada pelas leis de liberdade de informação de que os documentos disponíveis na Administração são públicos é aqui invertida:[1217] as informações correspondentes só podem ser divulgadas

---

1214 Nessa direção também está AUGSBERG, Steffen. "Der Staat als Informationsmittler – Robin Hood oder Parasit der Wissensgesellschaft?" *DVBl*, 2007, p. 740.

1215 Para mais, ver acima, 3.1.

1216 Cf., por exemplo, ALBERS, Marion. "Umgang mit personenbezogenen Informationen und Daten". *In*: HOFFMANN-RIEM, Wolfgang; SCHMIDT-ASSMANN, Eberhard; VOSSKUHLE, Andreas (Coord.). *Grundlagen des Verwaltungsrechts*: Informationsordnung – Verwaltungsverfahren – Handlungsformen. 2ª ed. vol. II. München: C. H. Beck, 2012, § 22 parágrafo 34 e ss.

1217 Cf. MASING, Johannes. "Transparente Verwaltung: Konturen eines Informationsverwaltungsrechts". *Veröffentlichungen der Vereinigung der Deutschen Staatsrechtslehrer*, vol. 63, 2004, p. 403.

em casos excepcionais, por exemplo, de acordo com o § 5 da IFG. Simultaneamente, deve-se ter cuidado para garantir que a proteção de dados não seja mal utilizada, misturando os bancos de dados para prejudicar a publicidade dos arquivos como um todo. A "legislação de proteção de dados como direito que regula seu fluxo é a soma das medidas para evitar o processamento indesejado de dados, mas não um sistema regulatório para isolar informações do público". A dupla exigência de proteção de dados, por um lado, e de publicidade dos documentos, por outro, tem consequências administrativas; força uma nova técnica de gerenciamento de arquivos, o que deve agora seguir um requisito de separação, segundo o qual as informações pessoais dignas de proteção são documentadas apartadamente, na medida do possível, para poder publicar as informações que podem ser extraídas e exibidas de forma independente.[1218]

Isso já aponta para o esforço que a administração terá que fazer no futuro para concretizar o espírito da lei referente à ação administrativa transparente. Ela terá que desenvolver novas rotinas na gestão cotidiana que rompam com os padrões de comportamento experimentados e testados ao longo de décadas,[1219] mas também se adaptem à nova tarefa em termos de pessoal e de organização.[1220] Assim, emerge o problema de como garantir a eficácia da ação administrativa de forma permanente.[1221] Por essa perspectiva, se, a

---

1218 Cf. KOPP, Ferdinand O.; RAMSAUER, Ulrich. *Verwaltungsverfahrensgesetz*. 10ª ed. München: Beck, 2008, § 25 parágrafo 5, com referência às disposições legais relevantes.

1219 Cf. o problema de processos não arquivados, documentos repassados e, se necessário, obrigações substitutivas assumidas em GURLIT, Elke. "Das Informationsverwaltungsrecht im Spiegel der Rechtsprechung". *Die Verwaltung*, vol. 44, 2011, p. 90.

1220 Cf. com um foco particular no Ministério das Finanças (BaFin) GURLIT, Elke. "Das Informationsverwaltungsrecht im Spiegel der Rechtsprechung". *Die Verwaltung*, vol. 44, 2011, p. 99.

1221 Cf. MASING, Johannes. "Transparente Verwaltung: Konturen eines Informationsverwaltungsrechts". *Veröffentlichungen der*

ideia da proibição do excesso arbitrário for utilizada como possível razão para o indeferimento de um pedido de acesso à informação,[1222] isso pode ser considerado dogmático face à origem dessa figura, que, em suas raízes foi desenvolvida, tanto conforme os direitos fundamentais quanto os ditames do Estado de Direito, em favor do cidadão, não do ente estatal.[1223] A partir de um prisma epistêmico, os limites funcionalmente equivalentes ou, pelo menos, semelhantes devem ser traçados entre reivindicações privadas de informação e a ideia geral de proporcionalidade.[1224] A necessidade de processar constantemente novas consultas sobre a informação existente não deve prejudicar a Administração na sua tarefa de permanentemente gerar novos conhecimentos para si mesma nos contextos de decisão administrativa.[1225] O processo de distribuição de conhecimento

---

Vereinigung der Deutschen Staatsrechtslehrer, vol. 63, 2004, pp. 404 e ss.

1222 Cf. tendo em vista o mesmo problema no direito da UE SCHOCH, Friedrich. "Der Zugang zu amtlichen Dokumenten nach Europarecht". *Jahrbuch Informationsfreiheit und Informationsrecht*, 2011, pp. 23 e ss. (48 e ss.).

1223 Cf. SCHOCH, Friedrich. "Der Zugang zu amtlichen Dokumenten nach Europarecht". *In*: DIX, Alexander *et al. Informationsfreiheit und Informationsrecht*: Jahrbuch 2011. Berlim: Lexxion Verlagsgesellschaft Mbh, 2012, p. 48.

1224 Cf. por outro lado, por um padrão mais rígido de "aplicação ilegal" SCHOCH, Friedrich. "Der Zugang zu amtlichen Dokumenten nach Europarecht". *In*: DIX, Alexander *et al. Informationsfreiheit und Informationsrecht*: Jahrbuch 2011. Berlim: Lexxion Verlagsgesellschaft Mbh, 2012, p. 49; tendo em vista uma ameaça grave ao funcionamento da autoridade SCHOCH, Friedrich. *Informationsfreiheitsgesetz* (IFG): Kommentar. München: C. H. Beck, 2009, § 7 parágrafo 58 e ss.; assim como em GURLIT, Elke. "Das Informationsverwaltungsrecht im Spiegel der Rechtsprechung". *Die Verwaltung*, 44, 2011, p. 90.

1225 Em uma posição contrária à decisão HessVGH, NVwZ 2010, pp. 1036 e ss. (1041 e ss.), que reconhece uma restrição apenas se o desempenho das tarefas principais oficiais for prejudicado e, caso contrário, refere-se a quaisquer ajustes necessários nas circunstâncias pessoais e organizacionais.

deve ser entendido e regulado como uma continuação consistente da geração de conhecimento, não como seu antípoda.

Além da autodeterminação informacional que constitui a base da proteção de dados, outros direitos fundamentais também estabelecem limites para a coleta e para a divulgação de informações por órgãos governamentais. Isso se aplica, por exemplo, às liberdades profissionais e patrimoniais,[1226] que justificam uma proteção específica dos segredos empresariais e empresariais, mas também à liberdade de imprensa e de radiodifusão, que incluem "o sigilo das fontes de informação e a relação de confiança com os informantes, mas também o sigilo editorial",[1227] e o art. 10 da Constituição Federal [ou Lei Fundamental],[1228] que se refere explicitamente à proteção das comunicações. Tendo em vista questões de propriedade intelectual, como sigilos comerciais e empresariais, o § 6º da IFG estipula o poder de veto absoluto ao titular do direito, uma vez que seu consentimento é requisito para a divulgação de informações e sua falta não pode ser superada pela ponderação dos interesses em conflito.[1229] A proteção do indivíduo é, portanto, muito mais pronunciada aqui do que na regulamentação comparável do § 9, parágrafo 1º, inciso 1 da UIG, que permite uma ponderação com um interesse público superior, ou com o § 2, parágrafo 3º da VIG, na qual a proteção dos negócios – e sigilos comerciais devem ser quebrados em casos de certas violações do direito dos alimentos e das rações.[1230]

1226 Cf. KLOEPFER, Michael. *Informationsrecht*. München: Beck, 2002, § 9, pp. 368 e ss.

1227 GURLIT, Elke. "Konturen eines Informationsverwaltungsrechts". *DVBl*, 2003, p. 1123.

1228 Cf. SCHWABENBAUER, Thomas. "Kommunikationsschutz durch Art. 10 GG im digitalen Zeitalter". *Archiv des öffentlichen Rechts*, 137, 2012, pp. 1 e ss.

1229 Cf. SCHOCH, Friedrich. *Informationsfreiheitsgesetz* (IFG): Kommentar. München: C. H. Beck, 2009, § 6 parágrafo 71, 73 f.

1230 Cf. SCHOCH, Friedrich. "Aktuelle Fragen des Informationsfreiheitsrechts". *NJW*, 2009, p. 2992.

Assim como a proteção de dados, que seria equivocadamente entendida como uma limitação puramente negativa da atividade informacional do Estado, e "o direito do fluxo de dados" que, por outro lado, deve ser repensado a partir de uma interpretação que apoie e amplie as possibilidades comunicativas da sociedade,[1231] os dispositivos jurídicos subjetivos permitem uma leitura positiva. Se, no tocante à atividade administrativa, de acordo com o § 4, parágrafo 1º da IFG, se aplicam certas medidas preliminares e os próprios processos de tomada de decisão em andamento não devem se pautar por interesses de informações privadas por causa de sua funcionalidade,[1232] logo, essa concepção deve valer também para as posições jurídicas subjetivas: os respectivos direitos não apenas protegem o público de informações potencialmente relevantes, mas também criam espaços livres nos quais, sem a pressão da opinião pública e livres de requisitos de legitimação à luz de conceitos de racionalidade que já foram acordados, os indivíduos podem aceitar mais facilmente os riscos de fracasso e, assim, liberar o potencial de inovação cognitiva. Nessa toada, o fato de que "os direitos de liberdade institucionalizam a criação de novas ações, formas e padrões

---

1231 Cf. HOFFMANN-RIEM, Wolfgang. "Informationelle Selbstbestimmung in der Informationsgesellschaft. Auf dem Wege zu einem neuen Konzept des Datenschutzes". *Archiv des öffentlichen Rechts*, 123, 1998, pp. 513 e ss.; LADEUR, Karl-Heinz. "Datenschutz – vom Abwehrrecht zur planerischen Optimierung von Wissensnetzwerken. Zur 'objektiv-rechtlichen Dimension' des Datenschutzes". *DuD*, 2000, pp. 12 e ss. O fato de que uma ideia semelhante já pode ser encontrada na década de 1970 entre os "pioneiros" da lei de proteção de dados é mostrado por KAISER, Anna-Bettina. *Die Kommunikation der Verwaltung*: Diskurse zu den Kommunikationsbeziehungen zwischen staatlicher Verwaltung und Privaten in der Verwaltungsrechtswissenschaft der Bundesrepublik Deutschland. Baden-Baden: Nomos, 2009, pp. 191 e ss.

1232 Com o resultado de que o motivo da rejeição não se aplica mais uma vez concluído o procedimento administrativo, cf. SCHOCH, Friedrich. *Informationsfreiheitsgesetz* (IFG): Kommentar. München: C. H. Beck, 2009, § 4 parágrafo 31 f.

de ação, ou seja, um ordenamento de experimentação",[1233] também se aplica aos aspectos cognitivos do gozo da liberdade.[1234] As demandas por um abandono integral da esfera privada tradicional no sentido de uma era de "pós-privacidade"[1235] devem, portanto, pelo menos, explicar até que ponto essa concepção permite equivalentes funcionais para esses direitos clássicos de liberdade individual e, assim, ao mesmo tempo, franquear campos experimentais sociais já pré-estruturados em sua diversidade.[1236]

Por sua vez, essa perspectiva pode ser refletida nos processos decisórios administrativos e em suas condicionantes cognitivas. Para além do imaginário antropomórfico de uma "formação de vontade" administrativa, não só se pode afirmar a exigência de "liberdade[s] para o desenvolvimento interno de propostas, estratégias e iniciativas",[1237] que ainda não estão sob a pressão da opinião pública e de

---

1233 LADEUR, Karl-Heinz. *Der Staat gegen die Gesellschaft*: Zur Verteidigung der Rationalität der "Privatrechtsgesellschaft". Tübingen: Mohr Siebeck, 2006, p. 125.

1234 Cf. para um contexto semelhanye LADEUR, Karl-Heinz. "Die Beobachtung der kollektiven Dimension der Grundrechte durch eine liberale Grundrechtstheorie. Zur Verteidigung der Dominanz der abwehrrechtlichen Dimension der Grundrechte". *Der Staat*, 50, 2011, pp. 493 e ss. (503 e ss.).

1235 Cf., por exemplo, em HELLER, Christian. *Post-Privacy*: Prima leben ohne Privatsphäre. München: C. H. Beck, 2011. Para a crítica, ver HAN, Byung-Chul. *Transparenzgesellschaft*. Berlim: Matthes & Seitz, 2012, pp. 8 e ss.

1236 Aproximadamente em paralelo aos correspondentes debates sobre alternativas para a proteção da propriedade intelectual; cf. sobre isso de um ponto de vista do direito HOFFMANN-RIEM, Wolfgang. "Über Wikis und FOSS – zum Wirken von 'Non Profit Non Organizations' (NPNO's) in offenen kollaborativen Prozessen". *In*: KOHL, Helmut (Coord.). *Zwischen Markt und Staat. Gedächtnisschrift für W. Rainer Walz*. Köln: Heymann, 2008, pp. 251 e ss.

1237 MASING, Johannes. "Transparente Verwaltung: Konturen eines Informationsverwaltungsrechts". *Veröffentlichungen der Vereinigung der Deutschen Staatsrechtslehrer*, vol. 63, 2004, p. 419.

seu escrutínio de aprovação, mas também se pode tentar um caráter mais experimental. Isso coincide com a justificativa mencionada do § 4, parágrafo 1º da IFG. "Rascunhos preparatórios e documentos de consultas preliminares internas devem, portanto, ser protegidos do acesso público".[1238] Todavia, a mesma lógica também pode ser aplicada para além da área de preparação da decisão e até mesmo para além da conclusão do processo: "como a Administração deve ser capaz de pensar em soluções não convencionais sem medo de errar, uma blindagem posterior também é funcionalmente necessária. Ela evitaria a imprevisibilidade e a mudança na tomada de decisões".[1239] Isso mostra não apenas os vínculos estreitos entre as obrigações materiais para garantir o acesso à informação e os procedimentos técnicos e de armazenamento de mídia aparentemente subordinados, mas, principalmente, as possíveis consequências epistêmicas negativas da atividade administrativa, a qual foi reestruturada o mais amplamente possível para garantir a "transparência".

A partir disso, a questão geral do significado do ideal de transparência para a ação administrativa pode ser levantada e ampliada. *Johannes Masing* expressa uma opinião concisa sobre a pergunta feita logo no início de sua palestra sobre Direito Constitucional, que é voltada ao tema da "Administração transparente": "a Administração não é transparente – e nunca o será".[1240] Essa tese pode ser compreendida, considerando suas conexões funcionais-epistêmicas. A ideia de transparência tende a tirar conclusões precipitadas sobre seu valor positivo a partir de fenômenos desviantes indubitavelmente problemáticos, como a corrupção e a necessidade de combatê-la, sem ter especificamente em conta o possível mais valor da intransparência

---

1238 MASING, Johannes. "Transparente Verwaltung: Konturen eines Informationsverwaltungsrechts". *Veröffentlichungen der Vereinigung der Deutschen Staatsrechtslehrer*, vol. 63, 2004, p. 420.

1239 Ibid.

1240 MASING, Johannes. "Transparente Verwaltung: Konturen eines Informationsverwaltungsrechts". *Veröffentlichungen der Vereinigung der Deutschen Staatsrechtslehrer*, vol. 63, 2004, p. 379.

na ação administrativa.[1241] Isso corresponde a uma perspectiva classicamente moderna que privilegia o conhecimento sobre a ignorância para alcançar o controle sobre o mundo, em vez de cultivar uma "consciência de descentralização e de dever ser" sobre "triunfar em um mundo que não podemos controlar".[1242] Nessa visão, a transparência é "fetichizada"[1243] no sentido estritamente técnico-psicanalítico, ou seja, substituindo um ideal epistêmico perdido de totalidade pela ideia de transparência, ao menos dos processos estatais, e justamente por isso, (re)conhece a integridade do corpo social de conhecimento como não (mais) existente, substituída por sua forma fragmentada.[1244] Na medida em que essa fragmentação é mal compreendida, os defensores de um ideal quase absoluto de transparência acabam por também ignorar o problema dos possíveis "danos da verdade":[1245] "isso porque estoques de conhecimento codificados como verdade não estão imunes a causar problemas significativos ou mesmo danos em outros sistemas sociais".[1246]

1241 Cf. também JESTAEDT, Matthias. "Das Geheimnis im Staat der Öffentlichkeit. Was darf der Verfassungsstaat verbergen?" *Archiv des öffentlichen Rechts*, 126, 2001, pp. 204 e ss.

1242 PICKERING, Andrew. "Vorwort". *In*: ______. *Kybernetik und neue Ontologien*. Berlim: Merve, 2007, pp. 7 e ss. (12).

1243 Cf. HAN, Byung-Chul. *Transparenzgesellschaft*. Berlim: Matthes & Seitz, 2012, p. 5.

1244 Cf. à correspondente estrutura de repressão FREUD, Sigmund. "Fetischismus". *In*: ______. *Gesammelte Werke*: Werke aus den Jahren 1925-1931. 5ª ed. vol. XIV. Frankfurt am Main: Fischer, 1972, pp. 311 e ss.

1245 Cf. o fundamento do conceito em LUHMANN, Niklas. *Die Wissenschaft der Gesellschaft*. Frankfurt am Main: Suhrkamp, 1990, p. 663 f.; em mais detalhes em DAELE, Wolfgang van den. "Wahrheitsschäden – Gibt es eine soziale Verantwortung für wissenschaftliche Hypothesen?" *In*: VOIGT, Friedemann (Coord.). *Freiheit der Wissenschaft*: Beiträge zu ihrer Bedeutung, Normativität und Funktion. Berlim: De Gruyter, 2012, pp. 149 e ss.

1246 TRUTE, Hans-Heinrich. "Wissen – Einleitende Bemerkungen". *In*: RÖHL, Hans Christian (Coord.). *Wissen – Zur kognitiven Dimension*

2. A responsabilidade do Estado em informar seus cidadãos também foi recentemente discutida a partir de um aspecto pejorativo. Para além da proteção de dados já solidamente estabelecida, que diz respeito a um não conhecimento legalmente exigido do Estado, existe um não conhecimento legalmente exigido do cidadão que também deve ser preservado, no sentido de um "direito a ocultar informação"[1247] das atividades informativas estatais, e também do conhecimento imposto por outros particulares. O problema do tal "direito de não saber"[1248] subjetivo surge especialmente no contexto das novas possibilidades médico-técnicas e aqui, sobretudo, em relação aos métodos de análise do genoma, que permitem diagnósticos muito mais precoces e precisos, mas, ao mesmo tempo, enfrentam o problema de lidar com esse lugar de possibilidades de conhecimento.[1249] O aumento do conhecimento, por um lado, levanta a questão da proteção legal da ignorância, por outro. Isso se aplica em particular às constelações nas quais nenhuma instrução médica

---

des Rechts. (DV Beiheft 9). Berlim: Duncker & Humblot, 2010, pp. 11 e ss. (21).

1247 TRUTE, Hans-Heinrich. "Wissen – Einleitende Bemerkungen". *In*: RÖHL, Hans Christian (Coord.). *Wissen – Zur kognitiven Dimension des Rechts*. (DV Beiheft 9). Berlim: Duncker & Humblot, 2010, p. 21.

1248 Cf. sobre o problema de um "direito à ignorância" fundamentalmente de um ponto de vista filosófico JONAS, Hans. *Technik, Medizin und Ethik*. Frankfurt am Main: Insel, 1985, p. 194; da perspectiva sociológica WEHLING, Peter. *Im Schatten des Wissens. Perspektiven der Soziologie des Nichtwissens*. Konstanz: UVK Verlagsgesellschaft, 2006, pp. 323 e ss.; do ponto de vista jurídico MEYER, Evelyn. "Persönlichkeitsschutz durch 'Recht auf Nichtwissen' am Beispiel der Genomanalyse. Aktuelle und zukünftige Rechtsprobleme". *ArztR*, 2001, pp. 172 e ss.; TAUPITZ, Jochen. "Das Recht auf Nichtwissen". *In*: HANAU, Peter; LORENZ, Egon; MATTHES, Hans-Christoph (Coord.). *Festschrift für Günther Wiese zum 70. Geburtstag*. Neuwied: Luchterhand, 1998, pp. 583 e ss.

1249 Cf. em detalhes WOLLENSCHLÄGER, Ferdinand. "Der Drittbezug prädiktiver Gendiagnostik im Spannungsfeld der Grundrechte auf Wissen, Nichtwissen und Geheimhaltung. Krankheitsveranlagungen im Familienverbund und das neue Gendiagnostikgesetz". *Archiv des öffentlichen Rechts*, 138, 2013 (i.E.).

imediata decorre do conhecimento, porque o curso diagnosticável da doença não pode (ainda) ser tratado. O legislador reagiu a este problema com a promulgação da Lei do Diagnóstico do Genoma.[1250]

3. A instituição chamada de "intermediadora de informações", já consagrada no direito social, ocupa uma posição central entre a responsabilidade do Estado pelo conhecimento e a ignorância dos cidadãos. Em contraste com a categoria acima mencionada do Estado como intermediário de informações entre particulares, essa forma de mediação é menos sobre o acesso à informação e mais sobre o processamento adequado da informação no interesse do cidadão. Por exemplo, de acordo com o § 25 parágrafo 2º, Livro X, do SGB, se a pessoa em tela tiver acesso aos processos que afetem a sua própria situação de saúde, a autoridade pública pode chamar um médico que examine os processos e prepare as informações neles contidas para divulgar à pessoa, de modo a que daí não resulte qualquer prejuízo, em particular no que diz respeito à sua saúde. Essa ideia de tratamento amigo do destinatário, prevista em legislação especial, poderia ser generalizada, em princípio.[1251] Ao fazê-lo, ela poderia levar em conta a ideia geral de que as assimetrias de informação não podem ser baseadas apenas em déficits de acesso à

1250 Lei de 31. Juli 2009, BGBl. I p. 2529, 3672; como GENENGER, Angie. "Das neue Gendiagnostikgesetz". *NJW*, 2010, pp. 113 e ss.; além disso, também de uma perspectiva jurídica comparada com os modelos de solução na Suíça, Áustria, Noruega e Suécia, WOLLENSCHLÄGER, Ferdinand. "Der Drittbezug prädiktiver Gendiagnostik im Spannungsfeld der Grundrechte auf Wissen, Nichtwissen und Geheimhaltung. Krankheitsveranlagungen im Familienverbund und das neue Gendiagnostikgesetz". *Archiv des öffentlichen Rechts*, 138, 2013.

1251 Cf. VOSSKUHLE, Andreas. "Der Wandel von Verwaltungsrecht und Verwaltungsprozeßrecht in der Informationsgesellschaft". *In*: HOFFMANN-RIEM, Wolfgang; SCHMIDT-ASSMANN, Eberhard (Coord.). *Verwaltungsrecht in der Informationsgesellschaft*. Baden-Baden: Nomos, 2000, pp. 349 e ss. (372).

informação, mas também em processamento deficiente de informação.[1252] No entanto, como já mencionado, as novas leis de liberdade de informação não prevêem nenhuma obrigação correspondente por parte da administração em processar as informações a serem disponibilizadas.[1253] Essa relutância legislativa é bem-vinda, não só no contexto da temida carga de trabalho excessiva das autoridades públicas, mas especialmente tendo em vista a variedade de possíveis usos posteriores da informação através da recontextualização, que possivelmente poderia ser reduzida pelo processamento oficial dos arquivos, ou seja, direcionados em uma determinada orientação. Assim, o tratamento de informações pela autoridade deve ser limitado aos casos em que a divulgação não filtrada de informações obviamente sobrecarregaria a pessoa a ser informada e, portanto, a colocaria em perigo mental ou mesmo físico.

6.5 Responsabilidade estatal pela infraestrutura de comunicação da sociedade

1. Indo além desses aspectos individuais das atividades de informação do governo, a transição para a sociedade da informação também está associada a um aspecto abrangente no sentido de uma expansão geral das tarefas do Estado. Esse elemento geral é discutido em particular sob a palavra-chave "proteção dos requisitos de direitos fundamentais por meio do fornecimento de informações pelo

---

1252 Cf. *Leschke*, Regulierungstheorie aus ökonomischer Sicht, ibid, parágrafo 64, com referência ao trabalho fundamental de SIMON, Herbert A. *Homo rationalis*: Die Vernunft im menschlichen Leben. Frankfurt am Main: Campus-Verlag, 1993.

1253 Cf. GURLIT, Elke. "Das Informationsverwaltungsrecht im Spiegel der Rechtsprechung". *Die Verwaltung*, vol. 44, 2011, p. 90. A exceção que confirma esta regra é o § 6 § 1 p. 4 VIG, segundo o qual as informações disponibilizadas aos consumidores devem ser "apresentadas de forma compreensível" pelos órgãos obrigados a informar.

Estado".[1254] Nessa perspectiva, a prestação de informação designa uma "obrigação do Estado de criar os pressupostos gerais para o exercício dos direitos básicos de informação e comunicação", os quais devem ser "anexados às obrigações protetivas tradicionais".[1255] Como uma "responsabilidade geral de informação do Estado", a tarefa também pode ser ainda mais generalizada e, nesse sentido, não apenas referida aos interesses dos direitos fundamentais do indivíduo, mas também a figuras constitucionais básicas mais objetivamente orientadas, como os princípios da democracia e do bem-estar coletivo.[1256] A descrição dessa respectiva tarefa pode começar em vários níveis. Em primeiro momento, ela toca a questão geral da existência de uma infraestrutura de comunicação adequada no sentido de meios de comunicação, responsáveis pela difusão social da informação.[1257] Isso afeta particularmente aquela área que, atra-

---

1254 Cf. TRUTE, Hans-Heinrich. "Öffentlich-rechtliche Rahmenbedingungen einer Informationsordnung". *VVDStRL*, 57, 1998, pp. 216 e ss. (254 f.). De maneira geral, para a proteção dos direitos fundamentais, ver HOFFMANN-RIEM, Wolfgang. "Enge oder weite Gewährleistungsgehalte der Grundrechte?" *In*: BÄUERLE, Michael (Coord.). *Haben wir wirklich Recht? Zum Verhältnis von Recht und Wirklichkeit – Beiträge zum Kolloquium anlässlich des 60. Geburtstags von Brun-Otto Bryde*. Baden-Baden: Nomos, 2004, p. 56, em referência a ISENSEE, Josef. "Grundrechtsvoraussetzungen und Verfassungserwartungen". *In*: ISENSEE, Josef; KIRCHHOF, Paul (Coord.). *Handbuch des Staatsrechts der Bundesrepublik Deutschland*: Allgemeine Grundrechtslehren. 2ª ed. vol. 5. Heidelberg: 2000, § 115 parágrafo 1, 136 e ss.

1255 GRÖSCHNER, Rolf. "Transparente Verwaltung: Konturen eines Informationsverwaltungsrechts". *VVDStRL*, 63, 2004, pp. 344 e ss. (365).

1256 Cf. DÖHMANN, Indra Spiecker Genannt. "Wissensverarbeitung im Öffentlichen Recht". *Rechtswissenschaft*, 1, 2010, pp. 247 e ss. (263 e ss.).

1257 Cf. sob uma perspectiva histórico-científica e social, com vistas à interação entre o Estado e o setor privado, STEINBICKER, Jochen. *Pfade in die Informationsgesellschaft*: Eine historisch-komparative Analyse der Entwicklung der Informationsgesellschaft in Europa. Weilerswist: Velbrück, 2010, pp. 61 e ss.

vés do art. 87 e seguinte da Constituição Federal, tem suscitado o debate sobre a modificação da função estatal voltada a meramente "garantir" a prestação adequada de serviços ao invés de exigir uma atuação proativa do Estado.[1258] Nesse sentido, a responsabilidade de garantir redes adequadas de informação e de comunicação insere-se como uma parte do "direito das consequências das privatizações".[1259]

Em um segundo âmbito, já não se trata apenas das redes midiáticas, mas da sua utilização possível, ou seja, da configuração das condições de acesso,[1260] o que também impacta, em grande parte, as questões do direito sobre as consequências da privatização, responsável por garantir que os novos monopólios privados não substituam os antigos monopólios estatais, mas que o novo paradigma do mercado e da concorrência possa ser realmente implementado. O desafio é atrelar a regulamentação dos monopólios "até agora (...) considerados naturais" com a ideia de concorrência.[1261] Assim, os dois primeiros níveis constituem os pontos de partida que ligam a perspectiva geral

---

1258 Cf. para o desenvolvimento do conceito EIFERT, Martin. *Grundversorgung mit Telekommunikationsleistung im Gewährleistungsstaat*. Baden-Baden: Nomos, 1998.

1259 Cf. nesse contexto STOBER, Rolf. "Zum Leitbild eines modernen Regulierungsverwaltungsrechts. Stand und Perspektiven des öffentlich-rechtlichen Privatisierungsfolgenrecht". *In*: PITSCHAS, Rainer; UHLE, Arnd (Coord.). *Wege gelebter Verfassung in Recht und Politik*: Festschrift für Rupert Scholz zum 70. Geburtstag. Berlim: Duncker & Humblot, 2007, pp. 943 e ss. Para informações gerais sobre o conceito de privatização e suas consequências jurídicas SCHRÖDER, Rainer. *Verwaltungsrechtsdogmatik im Wandel*. Tübingen: Mohr Siebeck, 2007, pp. 146 e ss.

1260 Cf. TRUTE, Hans-Heinrich. "Öffentlich-rechtliche Rahmenbedingungen einer Informationsordnung". *VVDStRL*, 57, 1998, pp. 224 e ss.

1261 LADEUR, Karl-Heinz. "Innovation der Telekommunikation durch Regulierung. Monitoring und Selbstrevision als Formen einer Prozeduralisierung des Rundfunkrechts". *In*: HOFFMANN-RIEM, Wolfgang (Coord.). *Innovation und Telekommunikation*: Rechtliche Steuerung von Innovationsprozessen in der Telekommunikation. Baden-Baden: Nomos, 2000, pp. 57 e ss. (57).

do Direito Administrativo Informacional, no tocante à responsabilidade do Estado por uma infraestrutura de comunicação adequada, com as tarefas do Direito Regulatório moderno, especialmente no que tange à economia em rede.[1262]

Finalmente, um terceiro patamar diz respeito ao problema da informação em sentido material. Trata-se da distribuição assimétrica do conhecimento na sociedade e da questão de saber se e como o Direito deve reagir perante ela. Enquanto nos dois primeiros níveis há uma mudança nos últimos anos, mas não uma expansão decisiva das competências do Estado, também no terceiro estágio se pode verificar um alargamento das atividades estatais. Em termos de dogmática jurídica, trata-se muitas vezes de esgarçar a dimensão objetiva dos direitos fundamentais com vistas à sua incidência indireta sobre terceiros de direito privado,[1263] cujos princípios clássicos de distribuição são assim colocados sob os ditames dos direitos fundamentais. O emblemático desse desdobramento não é exatamente a decisão do Glicol,[1264] que acentua a responsabilidade do Estado pela informa-

---

1262 Cf. de forma mais detalhada sobre o conceito em *Matthias Ruffert*, Begriff, in: Fehling/ders. (org.), Regulierungsrecht, ibid, § 7, passim, especialmente nas economias em rede, parágrafo 44 e ss.

1263 Cf. de maneira sintética em OETER, Stefan. "'Drittwirkung' der Grundrechte und die Autonomie des Privatrechts". *Archiv des öffentlichen Rechts*, 119, 1994, pp. 529 e ss.; também em RUFFERT, Matthias. *Vorrang der Verfassung und Eigenständigkeit des Privatrechts*: Eine verfassungsrechtliche Untersuchung zur Privatrechtswirkung des Grundgesetzes. Tübingen: Mohr Siebeck, 2001, pp. 61 e ss.; adota uma nova abordagem para definir o conceito LADEUR, Karl-Heinz. "Die Drittwirkung der Grundrechte im Privatrecht – 'Verfassungsprivatrecht' als Kollisionsrecht". *In*: CALLIESS, Gralf-Peter (Coord.). *Soziologische Jurisprudenz, Festschrift für Gunther Teubner zum 65. Geburtstag*. Berlim: De Gruyter, 2009, pp. 543 e ss.

1264 Cf. HOFFMANN-RIEM, Wolfgang. "Enge oder weite Gewährleistungsgehalte der Grundrechte?" *In*: BÄUERLE, Michael (Coord.). *Haben wir wirklich Recht? Zum Verhältnis von Recht und Wirklichkeit – Beiträge zum Kolloquium anlässlich des 60. Geburtstags von Brun-Otto Bryde*. Baden-Baden: Nomos, 2004, p. 73, que fala do

ção, mas, sim, a decisão anterior sobre a garantia, prolatada pelo Tribunal Constitucional Federal.[1265] Isso porque uma assimetria de conhecimento entre particulares foi expressamente apontada como ponto de partida para a necessidade de correções baseadas nos direitos fundamentais.[1266] A decisão enquadra-se, assim, num contexto dogmático geral dos direitos fundamentais, segundo o qual, tendo em conta as "situações atuais, especialmente multipolares e multidimensionais de conflitos em matéria de direitos fundamentais," e levando em consideração que as ameaças à liberdade já não se devem apenas ou principalmente ao Estado, mas também aos imperativos sociais, como os econômicos, a clássica dicotomia Estado-sociedade vai se tornando cada vez mais obsoleta. Consequentemente, a proteção dos direitos fundamentais também deve ser estendida a essa tradicional justaposição de assimetrias de poder entre particulares.[1267] A decisão

---

fato de que o tribunal neste caso "estava tentando fazer uma determinação específica do conteúdo da garantia dos direitos fundamentais, levando em conta as características especiais do fornecimento de informações para uma realização dependente da informação dos direitos fundamentais".

1265 Cf. BVerfGE 89, 214.

1266 Cf. BVerfGE 89, 214 (235), onde se assinala expressamente que os correspondentes riscos contratuais "mesmo pessoas com experiência empresarial dificilmente poderiam estimar; para o queixoso, que tinha apenas 21 anos e não tinha formação profissional qualificada, eram praticamente inescrutáveis".

1267 Cf. HOFFMANN-RIEM, Wolfgang. "Enge oder weite Gewährleistungsgehalte der Grundrechte?" *In*: BÄUERLE, Michael (Coord.). *Haben wir wirklich Recht? Zum Verhältnis von Recht und Wirklichkeit – Beiträge zum Kolloquium anlässlich des 60. Geburtstags von Brun-Otto Bryde*. Baden-Baden: Nomos, 2004, p. 61. Para a crítica, ver KAHL, Wolfgang. "Vom weiten Schutzbereich zum engen Gewährleistungsgehalt. Kritik einer neuen Richtung der deutschen Grundrechtsdogmatik". *Der Staat*, 43, 2004, pp. 167 e ss. (v.a. 183 f.); de maneira ainda mais clara em KAHL, Wolfgang. "Neuere Entwicklungslinien der Grundrechtsdogmatik. Von Modifikationen und Erosionen des grundrechtlichen Freiheitsparadigmas". *Archiv des öffentlichen Rechts*, 131, 2006, pp. 579 e ss. (606 com o parágrafo 158).

da garantia estreita epistemologicamente essas considerações gerais, por assim dizer, ao transferir as assimetrias de poder, que podem ser superadas com a ajuda dos direitos fundamentais, para as assimetrias de conhecimento.[1268]

2. Se alguém tentar avaliar esses três níveis de "fornecimento de informações" a partir da perspectiva da gestão do conhecimento administrativo, que também deve incluir uma responsabilidade específica pela infraestrutura cognitiva da sociedade, o *status* epistêmico do Direito Regulatório deve ser determinado anteriormente. Nessa empreitada, cabe olhar para a transição do modelo clássico de cumprimento imediato das funções do Estado em relação ao novo paradigma de orientação para o mercado em um sentido epistemológico e enfatizar as vantagens epistêmicas específicas, mas também os riscos de eventos mercadológicos. "Nos mercados", como sabemos desde, o mais tarde, *von Hayek*, "não apenas os bens mudam de uma esfera de uso para outra. O conhecimento também é gerado coletivamente nos mercados".[1269] Do ponto de vista cognitivo, trata-se das vantagens de uma ordem notoriamente instável, que tem que se reequilibrar constantemente na interação de diversos processos individuais para além de uma condição ótima a ser determinada de um nível superior. No pano de fundo do modelo mercadológico não está apenas a ideia de uma "mão invisível", que, como continuação da concepção medieval da *manus gubernatoris*, conduz inevitavelmente a um resultado que corresponde a uma forma superior de racionalidade.[1270] Mais do que a promessa de maior racionalidade, trata-se de um método de lidar com a irracionalidade, ou seja, a falta

---

1268 Cf. do ponto de vista do direito privado FLEISCHER, Holger. *Informationsasymmetrie im Vertragsrecht*: Eine rechtsvergleichende und interdisziplinäre Abhandlung zu Reichweite und Grenzen vertragsschlußbezogener Aufklärungspflichten. München: C. H. Beck, 2001.

1269 WIELSCH, Dan. *Zugangsregeln*: Die Rechtsverfassung der Wissensteilung. Tübingen: Mohr Siebeck, 2008, p. 1.

1270 Cf. em relação a essa perspectiva VOGL, Joseph. *Das Gespenst des Kapitals*. Zürich: Diaphanes 2010, pp. 49 e ss.

de clareza dos complexos eventos mercadológicos, configurando novamente um problema cognitivo.

> A metáfora da "mão invisível" pressupõe uma visão fundamental do liberalismo, ou seja, a das limitações e da inacessibilidade do conhecimento social. Os interesses são diversos, o conhecimento está disperso por um grande número de indivíduos e sua prática e só pode ser acessada por meio de direitos decisórios igualmente distribuídos e descentralizados, cujo exercício permite o desenvolvimento de uma rede constitutiva de relações e um inventário variável de convenções.[1271]

Portanto, o mercado não substitui a figura teológica perdida da *providentia*, apenas retrabalha o problema, fragmentando-o em inúmeras transações, permitindo assim uma ordem de experimentação, na qual o conhecimento é construído passo a passo e está sempre associado ao inevitável risco do erro.[1272]

Nesse panorama, deve ser considerada a figura do equilíbrio das assimetrias de conhecimento social existentes, que é claramente de matiz econômico, a qual incide, principalmente, nas assimetrias de conhecimento existentes entre particulares.[1273] Em um primeiro momento, a eliminação das assimetrias do conhecimento parece exclusivamente positiva; condições cognitivas simétricas são, então, uma meta desejável. Contudo, mecanismos normativos específicos que se interpõem no caminho do equilíbrio, como os dos direitos

---

1271 LADEUR, Karl-Heinz. *Negative Freiheitsrechte und gesellschaftliche Selbstorganisation*: Zur Erzeugung von Sozialkapital durch Institutionen. Tübingen: Mohr Siebeck, 2000, pp. 112 e ss.

1272 Cf. ESPOSITO, Elena. *Die Fiktion der wahrscheinlichen Realität*. Frankfurt am Main: Suhrkamp, 2007, pp. 102 e ss.

1273 Cf. a questão por um viés mais geral em RÖHL, Hans. "Christian Der rechtliche Kontext der Wissenserzeugung". *In*: ______. (Coord.). *Wissen – Zur kognitiven Dimension des Rechts* (DV Beiheft 9). Berlim: Duncker & Humblot, 2010, pp. 77 e ss.

fundamentais, sobretudo, aqueles voltados à proteção da liberdade profissional e patrimonial,[1274] parecendo, então, disfuncionais e ultrapassados frente às exigências cognitivas da sociedade moderna. Em um segundo, pode-se, todavia, também expressar dúvidas sobre essa avaliação da situação, especialmente, a partir de uma perspectiva epistêmica: isso porque "o novo conhecimento (...) [é criado][1275] por meio do confronto do conhecimento existente com (possíveis) muitos diferentes (novos) contextos de uso" como possível a parametrização das relações de informação, gerando o perigo da homogeneização e, assim, o empobrecimento do potencial cognitivo da sociedade. A harmonização do contexto cognitivo, portanto, do respectivo horizonte de expectativa, reduz a possibilidade de experiência no sentido de um encontro surpreendente com algo diferente do que se é ou do que já se conhecia. No processo de geração de conhecimento, o momento de utilização da experiência acumulada não é mais o primeiro que emerge, mas, sim, a criação de redundância. Com isso, se entendermos o processo como um movimento duplo, que inclui a condensação de observações anteriores e também a competência inovadora,[1276] a fragmentação da base de conhecimento da sociedade, que não pode ser mais agregada em um montante unificado, não precisa necessariamente ser percebida como um problema; ela pode também funcionar como uma elevação do "conjunto de variedades" social, que é de importância crucial para a ação em condições de incerteza.[1277] Nessa abordagem, "conhecimento" não é uma riqueza de

---

1274 Cf. com referência ao REACH-Verordnung RÖHL, Hans. "Christian Der rechtliche Kontext der Wissenserzeugung". *In*: ______. (Coord.). *Wissen – Zur kognitiven Dimension des Rechts* (DV Beiheft 9). Berlim: Duncker & Humblot, 2010, p. 80.

1275 WIELSCH, Dan. *Zugangsregeln*: Die Rechtsverfassung der Wissensteilung. Tübingen: Mohr Siebeck, 2008, p. 41.

1276 Cf. LADEUR, Karl-Heinz. *Der Staat gegen die Gesellschaft*: Zur Verteidigung der Rationalität der "Privatrechtsgesellschaft". Tübingen: Mohr Siebeck, 2006, p. 332.

1277 Cf. LADEUR, Karl-Heinz. "Die Beobachtung der kollektiven Dimension der Grundrechte durch eine liberale Grundrechtstheorie.

experiência que cresce linearmente, na qual "mais" sempre significa "melhor" necessariamente. Isso porque mais conhecimento significa sempre mais desconhecimento (e, portanto, mais incerteza),[1278] realçando o caráter da experiência, que inclui inexoravelmente o insucesso parcial e deve, por isso, ser pensado em termos de diversificação de estratégias.[1279] Em relação a toda a estrutura social, pode-se também apontar o que *Gunther Teubner* descreveu como o "sigilo profissional de diferenciação funcional" na sociedade moderna de uma forma mais generalizada: sua receita de sucesso consiste no fato de que essa sociedade, em suas diversas esferas especiais, não se baseia apenas no "profissional-organizacional", o que significa fundamentalmente: em um "núcleo de um sistema funcional" intencionalmente controlado, mas, sim, na "esfera espontânea que lhe foi atribuída – ou seja, na interação de organizações governamentais e o público, de empresas e o mercado, de tribunais e os sujeitos de direito, de empresas de mídia e seus espectadores".[1280] Aplicado cognitivamente, isso simboliza que uma acumulação de conhecimento controlada centralmente (o que leva a uma segunda etapa, a distribuição de conhecimento) não deve ser colocada em contraposição à emergência descentralizada e espontânea de novo conhecimento.

Considerando a condição dos cidadãos e sua capacidade de se ajustar ao contexto da sociedade moderna, preocupações semelhantes

---

Zur Verteidigung der Dominanz der abwehrrechtlichen Dimension der Grundrechte". *Der Staat*, 50, 2011, p. 511.

1278 Cf., por exemplo LUHMANN, Niklas. *Soziologie des Risikos*. Berlim: De Gruyter, 1991, pp. 37 e 226.

1279 Cf. para mais, abaixo, capítulo VII.

1280 Assim TEUBNER, Gunther. *Verfassungsfragmente*: Gesellschaftlicher Konstitutionalismus in der Globalisierung. Berlim: Suhrkamp, 2012, p. 44, que, no entanto, descreve os erros funcionais dos regimes totalitários. Contudo, a ideia também deve ser plausível além dessa perspectiva extrema e transferível para os sistemas sociais modernos em geral; cf. as próprias explicações mais gerais de Teubner em TEUBNER, Gunther. *Verfassungsfragmente*: Gesellschaftlicher Konstitutionalismus in der Globalisierung. Berlim: Suhrkamp, 2012, pp. 140 e ss.

podem ser formuladas no tocante à distribuição abrangente do conhecimento estatal, essencialmente no que tange aos conceitos de bem-estar social.[1281] Eles devem enfrentar o risco de que "em uma sociedade orientada para uma dinâmica de autotransformação permanente, ajudar também pode aliviar os constrangimentos contra os quais (...) os cidadãos têm de lidar".[1282] A garantia de um "sistema de informação" enquanto distribuição estatal abrangente do conhecimento, de tal sorte a nivelar as assimetrias sociais do conhecimento, afasta o perigo de uma "dialética do esclarecimento" em que, devido à adaptação habitual à distribuição estatal da informação, a capacidade de aprendizagem individual – e, portanto, a maturidade do indivíduo em uma sociedade complexa – é perdida.[1283]

Nessa dinâmica, cabe ter cautela na intenção de confrontar a complexidade do mundo moderno com uma (re)integração estatal do conhecimento social. Essa tendência aparece quando se exige que na

> sociedade da informação, que se desintegra em interesses particulares (...), o retorno à função integradora do serviço público de radiodifusão [poderia] ser a diretriz. Essa diluição

1281 Cf. LADEUR, Karl-Heinz. "Risiko Sozialstaat. Expansion des Sozialstaats ohne verfassungsrechtliche Schranken". *Der Staat*, 46, 2007, pp. 61 e ss.; na tendência igualmente crítica, mas de uma maneira menos ácida, ver TEUBNER, Gunther. *Verfassungsfragmente*: Gesellschaftlicher Konstitutionalismus in der Globalisierung. Berlim: Suhrkamp, 2012, pp. 49 e ss.

1282 LADEUR, Karl-Heinz. "Die Beobachtung der kollektiven Dimension der Grundrechte durch eine liberale Grundrechtstheorie. Zur Verteidigung der Dominanz der abwehrrechtlichen Dimension der Grundrechte". *Der Staat*, 50, 2011, p. 523 f.

1283 Cf. em relação à questão STIEGLER, Bernard. *Die Logik der Sorge*: Verlust der Aufklärung durch Technik und Medien. Frankfurt am Main: Suhrkamp, 2008.

seria neutralizada; em vez da fragmentação, deve-se apresentar a complexidade das condições de vida.[1284]

Essa posição assume que a complexidade não reside precisamente na fragmentação e que, portanto, um processamento adequado das condições epistêmicas atuais não pode simplesmente jogar esses dois aspectos um contra o outro. Isso também se aplica ao pressuposto de que as assimetrias do conhecimento social, que, indubitavelmente, causam efeitos problemáticos, poderiam ser facilmente eliminadas ou, pelo menos, mitigadas com meios jurídicos (básicos). Por essa perspectiva, os processos de distribuição do conhecimento surgem de pronto como um fenômeno essencialmente quantitativo e não qualitativo. Mesmo que se aceite esse ponto de vista, em princípio, o procedimento é precário: porque, de qualquer maneira, muito mais conhecimento está disponível do que ainda pode ser armazenado em um único endereço social,[1285] por isso, a ideia de sua distribuição uniforme desagua de um meta-conhecimento, ilusório. Os processos de conhecimento especificamente modernos e policontexturais também são passíveis de serem caracterizados por uma lógica diferente que vai além tanto da mera fragmentação, como uma desintegração de uma unidade ostensivamente dada anteriormente, quanto da integração, como uma remontagem de partes quebradas. "A nova 'lógica da rede' não significa (...) ser dissolvida ou abolida em um sentido dialético, ou seja, desaparecer como fronteira, como diferença".[1286] Assim, por um lado, é de se esperar uma maior indistin-

---

1284 SCHOCH, Friedrich. "Öffentlich-rechtliche Rahmenbedingungen einer Informationsordnung". *Veröffentlichungen der Vereinigung der Deutschen Staatsrechtslehrer*, 57, 1998, p. 204 (referência omissa).

1285 Cf. LUHMANN, Niklas. "Entscheidungen in der 'Informationsgesellschaft'". *In*: CORSI, Giancarlo; ESPOSITO, Elena (Coord.). *Reform und Innovation in einer unstabilen Gesellschaft*. Stuttgart: Lucius & Lucius, 2005, p. 39.

1286 VESTING, Thomas. "Zur Entwicklung einer 'Informationsordnung'". *In*: BADURA, Peter; DREIER, Horst (Coord.). *Festschrift 50 Jahre Bundesverfassungsgericht*. Tübingen: Mohr Siebeck, 2001, p. 228, com

ção dos estoques públicos e privados de conhecimento; essa troca dos respectivos estoques de conhecimento é necessária para criar novas formas de conhecimento, o que não ilustra, no entanto, que as fronteiras entre as áreas individuais do conhecimento estejam se tornando cada vez mais tênues.[1287]

O paradigma da radiodifusão pública, que é apontada como "diretriz" para os esforços de integração, parece, então, anacrônico. É correto entender a radiodifusão como uma "instituição de formação da memória social, na qual se armazenam partes cada vez maiores do conhecimento social e cultural".[1288] Essa visão corresponde à conhecida máxima de Luhmann de que o que sabemos sobre o mundo, sabemos por meio da mídia de massa.[1289] Entretanto, a indispensável transmissão midiática do conhecimento mundial não remete à concepção de um mundo unificado. Por outro lado, a multiplicação dos meios de comunicação de massa é a manifestação mais óbvia da impossibilidade geral de "pensar o mundo e a história de um ponto de vista uniforme".[1290] Em vez de defender a reintegração com base

---

referência a GROYS, Boris. *Unter Verdacht*: Eine Phänomenologie der Medien. München: Hanser, 2000, p. 14.

1287 Cf. a discussão análoga no mercado comum quanto ao desenvolvimento científico em GIBBONS, Michael *et al*. *The New Production of Knowledge*: The Dynamics of Science and Research in Contemporary Society. Londres: SAGE Publications, 1994, por um lado WEINGART, Peter. *Wissenschaftssoziologie*. Bielefeld, 2004, pp. 136 e ss.; por outro lado, do prisma jurídico, ver AUGSBERG, Ino. "Wissenschaftsverfassungsrecht". *In*: VESTING, Thomas; KORIOTH, Stefan (Coord.). *Der Eigenwert des Verfassungsrechts*: Was bleibt von der Verfassung nach der Globalisierung? Tübingen: Mohr Siebeck, 2011, pp. 187 e ss.

1288 VESTING, Thomas. "Rundfunk in der Informationsgesellschaft. Ein Bericht über neuere Entwicklungen des Rundfunkverfassungsrechts". *Der Staat*, 39, 1992, pp. 585 e ss. (588).

1289 Cf. LUHMANN, Niklas. *Die Realität der Massenmedien*. 2ª ed. Opladen: Westdeutscher Verlag, 1996, p. 9.

1290 VATTIMO, Gianni. *Die transparente Gesellschaft*. Wien: Passagen, 1992, p. 17.

nos padrões do serviço público de radiodifusão, deve-se acentuar a irredutível pluralidade de olhares, que, segundo a realidade, é apenas "o resultado da passagem, da 'contaminação' (no sentido latino) do diversas imagens, interpretações e reconstruções que os meios de comunicação divulgam em competição umas com as outras ou sem nenhuma coordenação 'central'".[1291] Em vez de entender essa diversidade como um problema que deve ser combatido por uma autoridade central, ela também pode ser concebida não apenas como um objetivo regulatório inevitável, mas também bem-vindo. Voltando aos requisitos da lei de radiodifusão, isso representaria um modelo regulatório que favorece a pluralidade de perspectivas da mídia. O sistema dual de radiodifusão pode, portanto, dar uma contribuição decisiva, na medida em que "permite diferentes lógicas de ação por parte de atores públicos e privados".[1292] Isso pressupõe que a emissora de serviço público também assuma esse papel independente e, com efeito, posicione sua programação não apenas como fundamentalmente semelhante à concorrência, mas como uma alternativa consciente à oferta privada. Essa postura, como afirma com razão *Hans-Heinrich Trute*, "exige que a radiodifusão pública seja perfilada em termos de formação de opinião individual e coletiva, informação, cultura e entretenimento, sem que ela se restrinja a um nicho de uma programação cultural que só interessa a alguns".[1293]

3. Mirando a concepção dogmática dos direitos fundamentais de maior ênfase à sua dimensão objetiva e, especialmente, no tocante ao Direito Privado, há que se registrar algumas relevantes preocupações. Em particular, a decisão de garantia da Corte Constitucional foi criticada por não refletir suficientemente as diferentes

---

1291 VATTIMO, Gianni. *Die transparente Gesellschaft*. Wien: Passagen, 1992, p. 17.

1292 TRUTE, Hans-Heinrich. "Öffentlich-rechtliche Rahmenbedingungen einer Informationsordnung". *VVDStRL*, 57, 1998, p. 234.

1293 TRUTE, Hans-Heinrich. "Öffentlich-rechtliche Rahmenbedingungen einer Informationsordnung". *VVDStRL*, 57, 1998, p. 235.

lógicas de ação nas áreas sociais afetadas.[1294] Essas preocupações podem ser assumidas de um ponto de vista epistêmico e desdobradas em termos dogmáticos quanto aos direitos fundamentais.[1295] Com efeito, a lógica de atuação das diferentes áreas sociais protegidas pelos direitos fundamentais individuais[1296] – como a economia, a arte ou a religião[1297] – inclui também a capacidade de criar construções autônomas da realidade, que se podem sobrepor, mas não são completamente, evidenciando seu caráter construtivo. Assim, a proteção dos direitos fundamentais atende justamente à diversidade de projeções da realidade, ou seja, à diversidade de epistemologias sociais.[1298] Negativamente, há uma incompreensão dessa necessária

---

1294 Cf. TEUBNER, Gunther. "Ein Fall von struktureller Korruption? Die Familienbürgschaft in der Kollision unverträglicher Handlungslogiken – BVerfGE 89". *Kritische Vierteljahresschrift für Gesetzgebung und Rechtswissenschaft*, 2000, pp. 214 e ss. e 388 e ss.

1295 Cf. LADEUR, Karl-Heinz. *Postmoderne Rechtstheorie*: Selbstreferenz – Selbstorganisation – Prozeduralisierung. 2ª ed. Berlim: Duncker & Humblot, 1995, pp. 205 e ss.

1296 Nessa perspectiva de entender os direitos fundamentais como garantidor da diferenciação funcional da sociedade, ver LUHMANN, Niklas. *Grundrechte als Institution*: Ein Beitrag zur politischen Soziologie. 2ª ed. Berlim: Duncker & Humblot, 1974; também em WILLKE, Helmut. *Stand und Kritik der neueren Grundrechtstheorie*: Schritte zu einer normativen Systemtheorie. Berlim: Duncker & Humblot 1975.

1297 Sobre as dificuldades particulares para garantir a liberdade religiosa como direito fundamental, ver AUGSBERG, Ino. "Noli me tangere. Funktionale Aspekte der Religionsfreiheit". *Der Staat*, 48, 2009, pp. 239 e ss.

1298 A partir daqui, podem ser traçados paralelos, por exemplo, com o conceito de "nomos" de Robert Cover, que pretende expressamente incluir aspectos cognitivos; cf. COVER, Robert. "Nomos and Narrative". *In*: MINOW, Martha; RYAN, Michael; SARAT, Austin (Coord.). *Narrative, Violence, and the Law*: The Essays of Robert Cover. Ann Arbor: University of Michigan Press, 1993, pp. 95 e ss. (128), e para mais detalhes, ver AUGSBERG, Ino. "Observing (the) Law: The 'Epistemological Turn' in Public Law and the Evolution of Global Administrative Law". *In*: JURČYS, Paulius; KJAER, Poul F.; YATSUNAMI, Ren (Coord.). *Regulatory Hybridization in the Transnational Sphere*. Leiden: Martinus

diversidade na tendência de querer apenas resolver os conflitos de direitos fundamentais segundo o modelo da ponderação de interesses.[1299] O imbróglio deve ser situado desde o início de maneira a descartar possíveis incomensurabilidades, ou seja, de modo que todas as diferenças qualitativas pareçam ser resolvidas qualitativamente. Em todo o caso, é necessária uma racionalidade superior que supere as diferenças e, portanto, compense as posições divergentes entre si. Contudo, é mais provável que uma visão da diversidade de epistemologias sociais leve à suposição oposta, que põe em questão a superioridade dessa razão pública e, portanto, ao mesmo tempo, o clássico conflito entre o Estado de Direito e o princípio democrático, não apenas no sentido da diferença entre a soberania popular e os direitos individuais, ou entre o princípio da proteção das minorias versus o da maioria,[1300] mas sob a perspectiva do potencial cognitivo da sociedade, como a distinção entre variadas formas de racionalidade. "Os próprios direitos fundamentais", observa *Karl-Heinz Ladeur*,

> institucionalizam um princípio acêntrico de ordem que deve ser diferenciado do processo democrático de autolegislação, operando de acordo com uma racionalidade relacional distribuída

---

Nijhoff Publishers, 2013, pp. 11 e ss. No entanto, paralelos também são possíveis com o conceito de "constitucionalismo societal"; cf. para tanto SCIULLI, David. *Theory of Societal Constitutionalism*: Foundations of a Non-Marxist Critical Theory. Cambridge: Cambridge University Press, 1992, ver também TEUBNER, Gunther. *Verfassungsfragmente*: Gesellschaftlicher Konstitutionalismus in der Globalisierung. Berlim: Suhrkamp, 2012, pp. 67 e ss.

1299 Cf. fundamentalmenteLADEUR, Karl-Heinz. *Kritik der Abwägung in der Grundrechtsdogmatik*: Plädoyer für eine Erneuerung der liberalen Grundrechtstheorie. Tübingen: Mohr Siebeck, 2004, passim; LADEUR, Karl-Heinz. *Der Staat gegen die Gesellschaft*: Zur Verteidigung der Rationalität der "Privatrechtsgesellschaft". Tübingen: Mohr Siebeck, 2006, pp. 347 e ss.

1300 Cf., por exemplo MOUFFE, Chantal. *Das demokratische Paradox*. Wien: Turia + Kant, 2010, pp. 87 e ss., com referência às posições correspondentes de Habermas, por um lado, e Rawls, por outro.

> e reconhecendo padrões e regras que não são refletidos apenas publicamente, logo, os quais a racionalidade pública não tem monopólio pode reivindicar.[1301]

Uma distribuição estatal do conhecimento baseada nesse modo de racionalidade teria, portanto, de se concentrar menos na tarefa positiva – impossível e contraproducente – de distribuir o conhecimento da forma mais homogênea possível e mais na necessidade de manter e de aumentar a diversificação do conhecimento no sentido de "preservar a capacidade de automodificação do conhecimento social em condições de incerteza".[1302] Em um longo prazo, isso deve aumentar a margem de ação de todos os atores sociais[1303] e, assim, beneficiar também a burocracia estatal, bem como o cumprimento de suas funções.[1304] Nesse panorama, o reconhecimento de posições jurídicas subjetivas (fundamentais) tem como objetivo primordial dotar a sociedade como um todo, e o Direito em particular, de possibilidades de percepções adicionais e, assim, evitar que "os sistemas se prendam a um comportamento médio estável".[1305] Isso requer uma conexão mais estreita e de uma vinculação sistemática da proteção

1301 LADEUR, Karl-Heinz. *Der Staat gegen die Gesellschaft*: Zur Verteidigung der Rationalität der "Privatrechtsgesellschaft". Tübingen: Mohr Siebeck, 2006, p. 348.

1302 LADEUR, Karl-Heinz. *Postmoderne Rechtstheorie*: Selbstreferenz – Selbstorganisation – Prozeduralisierung. 2ª ed. Berlim: Duncker & Humblot, 1995, p. 205.

1303 Cf. LADEUR, Karl-Heinz. *Kritik der Abwägung in der Grundrechtsdogmatik*: Plädoyer für eine Erneuerung der liberalen Grundrechtstheorie. Tübingen: Mohr Siebeck, 2004, p. 17.

1304 Cf. nesse contexto LUHMANN, Niklas. *Grundrechte als Institution*: Ein Beitrag zur politischen Soziologie. 2ª ed. Berlim: Duncker & Humblot, 1974, p. 23.

1305 LADEUR, Karl-Heinz. *Postmoderne Rechtstheorie*: Selbstreferenz – Selbstorganisation – Prozeduralisierung. 2ª ed. Berlim: Duncker & Humblot, 1995, p. 89; cf. em relação ao problema LADEUR, Karl-Heinz. "Das subjektive Recht und der Wunsch nach Gerechtigkeit als sein Parasit". *ZfRsoz*, 29, 2009, pp. 109 e ss.

constitucional dos direitos fundamentais com os mecanismos correspondentes, como os que o Direito Privado prevê para a proteção da propriedade intelectual (e, portanto, simultaneamente: para sua interação com o público em geral).[1306] Ambas as perspectivas teriam de ser ajustadas entre si e à pluralidade de racionalidades intrínsecas sistêmicas, as quais acarretam peculiaridades cognitivas.[1307] Por uma visão negativa, isso poderia levar a uma espécie de "Direito antitruste" especificamente relacionado às condições epistêmicas, que se voltaria contra a "formação de monopólios" e as resultantes "intervenções" destrutivas nos processos de formação do conhecimento social,[1308] incluindo, também, precauções contra acumulações autodinâmicas

1306 Cf. quanto a uma perspectiva correspondente VESTING, Thomas. "Subjektive Freiheitsrechte als Elemente von Selbstorganisations- und Selbstregulierungsprozessen in der liberalen Gesellschaft – dargestellt am Beispiel der Bedeutung der Intellectual Property Rights in der neuen Netzwerkökonomie". *In*: BERG, Wilfried (Coord.). *"Regulierte Selbstregulierung", Die Verwaltung, Beiheft aus Anlaß des 60. Geburtstags von Wolfgang Hoffmann-Riem*. Berlim: Duncker & Humblot, 2000, pp. 21 e ss.; para "disfuncionalidades no direito da propriedade intelectual" (perceptíveis a partir de uma perspectiva epistêmica), ver RÖHL, Hans. "Christian Der rechtliche Kontext der Wissenserzeugung". *In*: ______. (Coord.). *Wissen – Zur kognitiven Dimension des Rechts* (DV Beiheft 9). Berlim: Duncker & Humblot, 2010, pp. 70 e ss.

1307 Cf. nessa direção WIELSCH, Dan. *Zugangsregeln*: Die Rechtsverfassung der Wissensteilung. Tübingen: Mohr Siebeck, 2008, pp. 31 e ss.; WIELSCH, Dan. "Die epistemische Analyse des Rechts. Von der ökonomischen zur ökologischen Rationalität in der Rechtswissenschaft". *JuristenZeitung*, 2009, pp. 67 e ss. (70). Além disso, usando o exemplo do mercado financeiro e da democracia WILLKE, Helmut. "Transparency after the Financial Crisis. Democracy, Transparency, and the Veil of Ignorance". *In*: JANSEN, Stephan A.; SCHRÖDER, Eckhard; STEHR, Nico (Coord.). *Transparenz*: Multidisziplinäre Durchsichten durch Phänomene und Theorien des Undurchsichtigen. Wiesbaden: VS Verlag, 2010.

1308 Cf. uma demanda correspondente no campo do direito científico em STREINZ, Rudolf. "Diskussionsbemerkung". *VVDStRL*, 65, 2005, p. 226, que pede medidas contra "cartéis de avaliação e citação" para garantir que "coisas alternativas e incomuns também sejam promovidas".

de vantagens, que foram observadas no campo científico e referidas como o "efeito Matthew" – "quem tem, será recompensado".[1309]

Partindo de uma abordagem epistêmica, torna-se plausível uma concepção de democracia que modifique a concepção tradicionalmente dominante, deslocando-se da identidade (especialmente: de governantes e de governados, mas também em geral do consenso social que deve ser gerado na medida do possível) para a diferença (especificamente: entre governo e oposição,[1310] mas também entre as várias opções de tomada de decisão social) e, portanto, não mais enfatizando o pensamento em cadeias lineares de legitimação[1311] no processo democrático, mas, sim, a pluralização das possibilidades de ação e de conhecimento por meio do encadeamento do exercício do poder estatal.[1312] Nessa mudança de perspectiva, não haveria um distanciamento dos vínculos constitucionalmente previstos,[1313] mas

1309 Cf. MERTON, Robert K. "Der Matthäus-Effekt in der Wissenschaft". *In*: ______. *Entwicklung und Wandel von Forschungsinteressen*: Aufsätze zur Wissenschaftssoziologie. Frankfurt am Main: Suhrkamp, 1985, pp. 147 e ss.

1310 Cf. LUHMANN, Niklas. "Die Zukunft der Demokratie". *In*: ______. *Soziologische Aufklärung 4*: Beiträge zur funktionalen Differenzierung der Gesellschaft. Opladen: Westdeutscher Verlag, 1987, pp. 126 e ss.

1311 *Locus classicus* jurídico: BÖCKENFÖRDE, Ernst-Wolfgang. "Demokratie als Verfassungsprinzip". *In*: ISENSEE, Josef; KIRCHHOF, Paul (Coord.). *Handbuch des Staatsrechts der Bundesrepublik Deutschland*. vol. I. Heidelberg: Müller, 1987, § 22, pp. 887 e ss. (894); BÖCKENFÖRDE, Ernst-Wolfgang. "Demokratische Willensbildung und Repräsentation". *In*: ISENSEE, Josef; KIRCHHOF, Paul (Coord.). *Handbuch des Staatsrechts der Bundesrepublik Deutschland*. vol. II. Heidelberg: Müller, 1987, § 30, pp. 29 e ss. (36 e ss.).

1312 Em referência a Claude Lefort, ver AUGSBERG, Ino. *Die Lesbarkeit des Rechts*: Texttheoretische Lektionen für eine postmoderne juristische Methodologie. Weilerswist: Velbrück, 2009, S 115 e ss.

1313 Cf. sobre a possibilidade de correspondentes modificações do ideal norteador da democracia e o problema de sua consolidação em certo sentido na jurisprudência do tribunal constitucional – o que não é excluído pela imprecisa redação legal do Art. 20 § 2º GG, ver MÖLLERS, Christoph. "Legalität, Legitimität und Legitimation

uma releitura à luz dos desafios epistêmicos atuais.[1314] Ao invés de postular uma racionalidade uniforme que abarque tanto o Direito quanto a política, o processo democrático é, ao mesmo tempo, reduzido à sua própria racionalidade específica, que não só contém inconsistências e contradições[1315] que não podem ser toleradas na perspectiva da clássica "racionalidade da modernidade",[1316] mas também a incerteza implicada como condição constitutiva do processo político.[1317]

4. Em suma, isso significa que as preocupações devem ser associadas em relação às reivindicações – pelo menos entendidas materialmente – a um "sistema de informação pública" a ser garantido por meios jurídicos. Por outro lado, quando se trata de controlar o conteúdo, a responsabilidade do Estado deve limitar-se prioritariamente à dimensão organizacional no sentido de assegurar

---

des Bundesverfassungsgerichts". *In*: JESTAEDT, Matthias. *Das entgrenzte Gericht*: Eine kritische Bilanz nach sechzig Jahren Bundesverfassungsgericht. Berlim: Suhrkamp, 2011, pp. 281 e ss. (336 f., 395 e ss.).

1314 Cf. também à teoria da democracia sob signos epistêmicos LADEUR, Karl-Heinz. "Soziale Epistemologie der Demokratie. Theoretische Überlegungen zur Bindung von Unbestimmtheit durch Institutionen in der postmodernen Gesellschaft". *In*: AUGSBERG, Ino (Coord.). *Ungewissheit als Chance*: Perspektiven eines produktiven Umgangs mit Unsicherheit im Rechtssystem. Tübingen: Mohr Siebeck, 2009, pp. 135 e ss.

1315 Cf. MÖLLERS, Christoph. "Legalität, Legitimität und Legitimation des Bundesverfassungsgerichts". *In*: JESTAEDT, Matthias. *Das entgrenzte Gericht*: Eine kritische Bilanz nach sechzig Jahren Bundesverfassungsgericht. Berlim: Suhrkamp, 2011, p. 398.

1316 TEUBNER, Gunther. *Verfassungsfragmente*: Gesellschaftlicher Konstitutionalismus in der Globalisierung. Berlim: Suhrkamp, 2012, p. 62.

1317 Cf. fundamentalmente em LEFORT, Claude. "Die Frage der Demokratie". *In*: RÖDEL, Ulrich (Coord.). *Autonome Gesellschaft und libertäre Demokratie*. Frankfurt am Main: Suhrkamp, 1990, pp. 281 e ss.

uma – rudimentar – infraestrutura comunicativa para a sociedade, o que envolve, portanto, principalmente, as "condições de enquadramento *estrutural* de um sistema de informação".[1318] Isso sugere uma autodescrição mais contida da tarefa jurídica: "o Direito 'abrange' os processos de geração e de transferência de conhecimento, mas não os controla em detalhes".[1319] Implicações materiais com efeito perante terceiros de direitos fundamentais no Direito Privado não são descartadas; entretanto, para prevenir o perigo de efeitos epistemicamente disfuncionais, eles devem estar mais sintonizados com a racionalidade epistemológica intrínseca da "sociedade privada".[1320] A distribuição administrativa do conhecimento como uma atividade estatal não deve contrariar a distribuição do conhecimento como uma condição social já existente, mas, sim, apoiá-la.

1318 SCHOCH, Friedrich. "Öffentlich-rechtliche Rahmenbedingungen einer Informationsordnung". *Veröffentlichungen der Vereinigung der Deutschen Staatsrechtslehrer*, 57, 1998, p. 186.

1319 HOFFMANN-RIEM, Wolfgang. "Wissen, Recht und Innovation". *In*: RÖHL, Hans Christian (Coord.). *Wissen – Zur kognitiven Dimension des Rechts*. (DV Beiheft 9). Berlim: Duncker & Humblot, 2010, p. 193.

1320 Cf. pra mais detalhes em LADEUR, Karl-Heinz. *Der Staat gegen die Gesellschaft*: Zur Verteidigung der Rationalität der "Privatrechtsgesellschaft". Tübingen: Mohr Siebeck, 2006.

CAPÍTULO VII

A ADMINISTRAÇÃO DA INCERTEZA: ESTRATÉGIAS PARA LIDAR COM A FALTA DE CONHECIMENTO PERMANENTE

7.1 Incerteza como certeza

O enfrentamento da incerteza como desafio para a sociedade e, especificamente, para o Direito (Administrativo) não é um fenômeno novo – ainda que não se possa negar, é claro, que as disputas na década de 1980, no curso dos debates sociológicos sobre a "sociedade de risco",[1321] realmente ganharam corpo, tendo o tema sido debatido

1321 Cf. BECK, Ulrich. *Risikogesellschaft*: Auf dem Weg in eine andere Moderne. Frankfurt am Main: Suhrkamp, 1986; BECK, Ulrich. *Weltrisikogesellschaft*. Frankfurt am Main: Suhrkamp, 2007. A crítica à abordagem de Beck vem de NASSEHI, Armin. *Der soziologische Diskurs der Moderne*. Frankfurt am Main: Suhrkamp, 2006, pp. 57 e ss. e 175 e ss. Sobre a expansão do discurso de risco, ver POWER, Michael. *Organized Uncertainty*: Designing a World of Risk Management. Oxford: Oxford University Press, 2007, pp. 1 e ss.

recorrentemente e intensamente do ponto de vista jurídico.[1322] Por essa perspectiva, o problema básico é conhecido há muito tempo. Por exemplo, em *Uma teoria econômica da democracia*, publicado no original, em inglês, em 1957, *Anthony Downs* afirma sucintamente que a "batalha contra a incerteza (...) [está] entre as principais tarefas de quase todas as instituições significativas da sociedade e, portanto, (...) [molda] todas elas".[1323] Caso se queira ir ainda mais longe, pode-se até descrever a busca pela certeza como uma característica do pensamento moderno em geral.[1324]

Mais recentemente, no entanto, a percepção sobre a inevitabilidade da incerteza caminha de mãos dadas com uma mudança fundamental de visão: na medida em que a incerteza é entendida como indisfarçável, as estratégias para lidar com ela também devem mudar. Logo, não se trata de tentar "combater" a incerteza, ou seja,

---

1322 Cf. do ponto de vista jurídico sobre a histórica classificação do desenvolvimento, ver WAHL, Rainer. *Herausforderungen und Antworten*: Das Öffentliche Recht der letzten fünf Jahrzehnte. Berlim: De Gruyter, 2005, pp. 70 e ss.; no tocante ao problema objetivo ver as contribuições de BORA, Alfons (Coord.). *Rechtliches Risikomanagement*: Form, Funktion und Leistungsfähigkeit des Rechts in der Risikogesellschaft. Berlim: Duncker & Humblot, 1999; além da discussão sintetizada em JAECKEL, Liv. *Gefahrenabwehrrecht und Risikodogmatik*: Moderne Technologie im Spiegel des Verwaltungsrechts. Tübingen: Mohr Siebeck, 2010 AUGSBERG, Ino. "Von der Gefahrenabwehr zu Risikomanagement und Opportunitätswahrnehmung – Neue Paradigmen im Verwaltungsrecht". *In*: FUNCKE, Dorett; PETER, Claudia (Coord.). *Wissen an der Grenze*: Zum Umgang mit Ungewissheit und Unsicherheit in der modernen Medizin. Frankfurt am Main: Campus Verlag, 2013, pp. 209 e ss.

1323 DOWNS, Anthony. Ökonomische Theorie der Demokratie. Tübingen: Mohr, 1968, p. 13.

1324 Cf. com mais detalhes, com referência acima de tudo a Descartes, AUGSBERG, Ino. "Il faut être absolument postmoderne: Ladeurs Rechtstheorie". *In*: AUGSBERG, Ino; GOSTOMZYK, Tobias; VIELLECHNER, Lars. *Denken in Netzwerken*: Zur Rechts- und Gesellschaftstheorie Karl-Heinz Ladeurs. Tübingen: Mohr Siebeck, 2009, pp. 5 e ss. (8 e ss.).

de eliminá-la em absoluto, pois seria inútil, mas, sim, de lidar com ela de maneira produtiva.[1325] Um olhar comparativo sobre a tradicional confiança na ciência e na tecnologia, que ainda era completamente dominante no século XIX, o qual as via como polos opostos quanto ao problema da incerteza,[1326] deixa claro que essa relação não é natural (e, portanto, tem ser posteriormente "interiorizada" pelo Direito):

> *today we may know that all engineering incorporates standardized responses to risk based on certain professional conventions of cost risk trade-offs, but 19th Century engineers carefully hid that knowledge even from themselves. To them, and those around them, a locomotive was either safe or unsafe. It either met the established engineering standard or it did not.*[1327]

1325 Sobre essa mudança de paradigma em relação ao direito, ver AUGSBERG, Ino. "Einleitung: Ungewissheit als Chance – eine Problemskizze". *In*: ______. (Coord.). *Ungewissheit als Chance*: Perspektiven eines produktiven Umgangs mit Unsicherheit im Rechtssystem. Tübingen: Mohr Siebeck, 2009, pp. 1 e ss. (v.a. 9 e ss.); do ponto de vista sociológico, por exemplo, sobre a necessidade de "reintroduzir a incerteza", ver BAECKER, Dirk. "Durch diesen schönen Fehler mit sich selbst bekannt gemacht". *In*: ______. *Organisation und Management*: Aufsätze. Frankfurt am Main: Suhrkamp, 2003, pp. 18 e ss. (36 e ss.); sobre a "importância constitutiva da incerteza" em particular na economia BAECKER, Dirk. *Information und Risiko in der Marktwirtschaft*. Frankfurt am Main: Suhrkamp, 1988, pp. 31 e ss.

1326 Cf. a tradição retórica anterior, que foi suprimida no curso do estabelecimento da ciência matemático-empírica e que ainda era determinada por um fascínio mais forte pelos paradoxos (e pela incerteza que eles evocavam), LUHMANN, Niklas. "Die Paradoxie des Entscheidens". *In*: BALKE, Friedrich; SCHWERING, Gregor; STÄHELI, Urs (Coord.). *Paradoxien der Entscheidung*: Wahl/Selektion in Kunst, Literatur und Medien. Bielefeld: Transcript, 2004, pp. 17 e ss. (23 e ss.).

1327 SHAPIRO, Martin. "The Frontiers of Science Doctrine: American Experiences with the Judicial Control of Science-Based Decision-Making". *In*: JOERGES, Christian; LADEUR, Karl-Heinz; VOS, Ellen (Coord.). *Integrating Scientific Expertise into Regulatory Decision-Making*: National Traditions and European Innovations. Baden-Baden:

Essa confiança não existe mais hoje.[1328] Responsáveis por sua erosão não são apenas as experiências com cenários de catástrofes modernas, nomeadamente antropogênicas, de que *pars pro toto* se destacam nomes como Sandoz, Chernobyl ou Fukushima. A própria filosofia moderna minou a confiança.[1329] Com uma visão sobre um emaranhado insolúvel do observador e da observação, ela introduziu incertezas novas e adicionais em todas as descobertas científicas e em todos os processos de observação em geral, que não podem ser simplesmente superados por novos saberes.[1330]

> O observador deve reconhecer a condição de uma ignorância essencial: uma espécie de *objective ignorance* que não é simplesmente uma questão de ausência ou de destruição da

---

Nomos, 1997, pp. 325 e ss. Tradicionalmente, essa confiança é representada pela – naturalmente paradoxal – crença no "desencantamento do mundo", segundo a qual se "pode – em princípio – controlar todas as coisas através do cálculo" (WEBER, Max. "Wissenschaft als Beruf". *In*: ______. *Gesammelte Aufsätze zur Wissenschaftslehre*. 6ª ed. Tübingen: J. C. B. Mohr, 1985, pp. 582 e ss. (594).

1328 Cf. somente em HOFFMANN-RIEM, Wolfgang. "Wissen als Risiko – Unwissen als Chance. Herausforderungen auch an die Rechtswissenschaft". *In*: AUGSBERG, Ino. *Ungewissheit als Chance*: Perspektiven eines produktiven Umgangs mit Unsicherheit im Rechtssystem. Tübingen: Mohr Siebeck, 2009, pp. 17 e ss. (18 f.) além de outras referências.

1329 Cf. assim como sob o prismo jurídico SCHERZBERG, Arno. "Wissen, Nichtwissen und Ungewissheit im Recht". *In*: ENGEL, Christoph; HALFMANN, Jost; SCHULTE, Martin (Coord.). *Wissen – Nichtwissen – Unsicheres Wissen*. Baden-Baden: Nomos, 2002, pp. 113 e ss. (115 f.); HOFFMANN-RIEM, Wolfgang. "Wissen als Risiko – Unwissen als Chance. Herausforderungen auch an die Rechtswissenschaft". *In*: AUGSBERG, Ino. *Ungewissheit als Chance*: Perspektiven eines produktiven Umgangs mit Unsicherheit im Rechtssystem. Tübingen: Mohr Siebeck, 2009, pp. 19 e ss.

1330 Cf. LUHMANN, Niklas. *Die Wissenschaft der Gesellschaft*. Frankfurt am Main: Suhrkamp, 1990, p. 103.

verdade e, portanto, um *non-knowledge* que pressupõe a possibilidade de se ter um conhecimento totalmente definido.[1331]

A aceitação positiva da incerteza já não mais é vista, como ocorria no século XIX, apenas como contrafigura polêmica, ou seja, como revalorização das atitudes de preferência dominantes na sociedade contemporânea;[1332] ao contrário, a inescapável incerteza se apresenta hoje como uma nova certeza paradoxal.[1333] O conhecimento não elimina a ignorância, mas constantemente dá origem a mais incerteza, que, por sua vez, gera outras reflexões.[1334] "Quanto mais você sabe, mais você sabe o que não sabe, e mais sua consciência sobre o risco se desenvolve".[1335] O ponto nevrálgico dessa frase trivial reside – naturalmente, o conhecimento a mais pode "primeiro mostrar quão incertas são as premissas nas quais os métodos de medição, avaliações, definições de valor limite, metas de qualidade e modelos

---

1331 ESPOSITO, Elena. *Soziales Vergessen*: Formen und Medien des Gedächtnisses der Gesellschaft. Frankfurt am Main: Suhrkamp, 2002, p. 319; a citação comum em relação à "objective ignorance" pode ser vista em SMITHSON, Michael. *Ignorance and Uncertainty*: Emerging Paradigms. Nova York: Springer, 1989, p. 5.

1332 Cf. NIETZSCHE, Friedrich. "Jenseits von Gut und Böse". *In*: NIETZSCHE, Friedrich; COLLI, Giorgio; MONTINARI, Mazzino (Coord.). *Werke*: Kritische Gesamtausgabe. vol. VI/2. Berlim: De Gruyter, 1968, pp. 1 e ss. (9): "Assumindo que queremos a verdade: por que não a mentira? E a incerteza? Até a ignorância?"

1333 Cf. LADEUR, Karl-Heinz. "Die rechtliche Steuerung von Entwicklungsrisiken zwischen zivilrechtlicher Produkthaftung und administrativer Sicherheitskontrolle. Prozeduralisierung von Sicherheitspflichten in vergleichender Perspektive". *BB*, 1993, pp. 1303 e ss. (1305).

1334 Cf. LUHMANN, Niklas. "Die Soziologie des Wissens: Probleme ihrer theoretischen Konstruktion". *In*: ______. *Gesellschaftsstruktur und Semantik*: Studien zur Wissenssoziologie der modernen Gesellschaft. Band 4. Frankfurt am Main: Suhrkamp, 1995, pp. 151 e ss. (177).

1335 LUHMANN, Niklas. *Soziologie des Risikos*. Berlim: De Gruyter, 1991, p. 37.

de controle se baseiam"[1336] – em sua última parte: o conhecimento, agora, admitido como ignorância não pode simplesmente ser deixado sem processamento, mas, sim, cabe tentar se valer de novas figuras de atribuição[1337] – no contexto do Direito, em particular, a distinção: perigo ou risco? – para lidar com a questão da maneira mais produtiva possível.[1338] A reflexiva "própria inclusão", ou seja, do observador e de sua perspectiva – e, portanto, o ponto cego do inobservável que inevitavelmente acompanha a perspectiva de todo observador[1339] – deixa claro, ao mesmo tempo, que o conteúdo "objetivo" da ignorância não é visto como um aspecto das circunstâncias "atuais", ou seja, como um dado meramente verificável.[1340] Ao contrário, ele é concebido como conhecimento, a ignorância é "'uma construção social *independente*, não um fato 'natural' simplesmente encontrado ou apenas a ausência ou 'distorção' do conhecimento".[1341] Não saber dentro das condições da sociedade

---

1336 APPEL, Ivo. "Grenzen des Risikorechts". *In*: APPEL, Ivo; HERMES, Georg; SCHÖNBERGER, Christoph (Coord.). Öffentliches Recht im offenen Staat: Festschrift für Rainer Wahl zum 70. Geburtstag. Berlim: Duncker & Humblot, 2011, pp. 463 e ss. (476).

1337 Cf. sobre essa diferenciação como uma questão de atribuição, ver LUHMANN, Niklas. *Soziologie des Risikos*. Berlim: De Gruyter, 1991, passim. Sobre a distinção entre risco e perigo como um problema epistêmico, também abaixo, na seção 7.5.

1338 Cf. JAPP, Klaus Peter. "Die Beobachtung von Nichtwissen". *Soziale Systeme*, 3, 1997, pp. 289 e ss. (290).

1339 Cf. mais detalhes sobre o conceito de ponto cego (e suas limitações) em STÄHELI, Urs. *Sinnzusammenbrüche*: Eine dekonstruktive Lektüre von Niklas Luhmanns Systemtheorie. Weilerswist: Velbrück Wissenschaft, 2000, pp. 77 e ss.

1340 Cf. SMITHSON, Michael. *Ignorance and Uncertainty*: Emerging Paradigms. Nova York: Springer, 1989, pp. 5 e ss.

1341 WEHLING, Peter. *Im Schatten des Wissens*: Perspektiven der Soziologie des Nichtwissens. Konstanz: UVK Verlagsgesellschaft, 2006, p. 94, com referência a SMITHSON, Michael. "Toward a Social Theory of Ignorance". *Journal for the Theory of Social Behaviour*, 15, 1985, pp. 151 e ss. (168).

moderna é "ignorância gerada operacionalmente".[1342] Em outras palavras, isso vale não só para a ignorância especificada, muitas vezes definida como mero ainda-não-saber, sobretudo, com enfoque no conhecimento científico, mas também à ignorância inespecífica no sentido dos *unmarked spaces* produzidos em todos os processos de observação.[1343]

Assim, emerge a questão da função dessa construção social. Em todo caso, ela não pode limitar-se a "oferecer o impulso para o desenvolvimento de conhecimento ampliado e mais confiável";[1344] porque, então, a incerteza seria, por sua vez, definida apenas como um ainda-não-saber específico. Por outro lado, as definições que usam a incerteza como condição funcional da tomada de decisão vão muito além do mero reconhecimento da incerteza em sua inevitabilidade. Em um primeiro nível, de certo modo empírico, das correspondentes considerações, pode-se questionar o valor acrescentado de uma informação tão abrangente quanto possível, para o dizer negativamente: é provavelmente uma falácia concluir que um aumento

---

1342 JAPP, Klaus Peter. "Struktureffekte öffentlicher Risikokommunikation auf Regulierungsregime". *In*: ENGEL, Christoph; HALFMANN, Jost; SCHULTE, Martin (Coord.). *Wissen – Nichtwissen – Unsicheres Wissen*. Baden-Baden: Nomos, 2002, pp. 35 e ss. (46). Cf. uma visão geral da moderna "sociologia da ignorância" em BOGNER, Alexander. *Grenzpolitik der Experten*: Vom Umgang mit Ungewissheit und Nichtwissen in pränataler Diagnostik und Beratung. Weilerswist: Velbrück, 2005, pp. 67 e ss.

1343 Cf. JAPP, Klaus Peter. "Die Beobachtung von Nichtwissen". *Soziale Systeme*, 3, 1997, p. 296 e seguinte, com referência a LUHMANN, Niklas. *Die Wissenschaft der Gesellschaft*. Frankfurt am Main: Suhrkamp, 1990, pp. 68 e ss.

1344 HOFFMANN-RIEM, Wolfgang. "Methoden einer anwendungsorientierten Verwaltungsrechtswissenschaft". *In*: SCHMIDT-A.ßMANN, Eberhard; HOFFMANN-RIEM, Wolfgang (Coord.). *Methoden der Verwaltungsrechtswissenschaft*. Baden-Baden: Nomos, 2004, pp. 9 e ss. (63).

constante da informação melhora a qualidade das decisões.[1345] Isso fala a favor de determinar uma certa quantidade de incerteza como apoio à decisão. Se o conhecimento não for entendido como um estoque fixo de conhecimento no sentido de dados, mas como uma competência específica para o processamento de informações, com a ajuda da qual se determina quais diferenças no ambiente do sistema fazem diferença para o próprio sistema, ou seja, são relevantes,[1346] cabe a formulação mais geral no sentido de: "se houver muito pouco conhecimento, as informações a serem processadas não podem ser adequadamente perfiladas. Quando há muito conhecimento, uma diferença faz tantas diferenças que é difícil perceber a diferença".[1347] Um certo grau de incerteza ou de ignorância é, portanto, necessário ou, pelo menos, útil para transformar uma mera irritação em informação interna ao sistema, que pode ser seguida por outros atos comunicativos.[1348]

Essa forma generalizada de definição do problema leva ao segundo nível realmente relevante dessa posição aqui esposada. Nela, o elemento de incerteza pode ser descrito como um ingrediente necessário em qualquer situação de tomada de decisão: somente quando os critérios de tomada de decisão são incompletos, ou seja, onde uma "fresta" entre as premissas decisórias e o próprio ato de decidir, pode-se, de acordo com essa perspectiva, tomar uma decisão

---

1345 Cf. em geral: BEN-SHAHAR, Omri; SCHNEIDER, Carl E. "The Failure of Mandated Disclosure". *University of Pennsylvania Law Review*, 159, 2011, pp. 647 e ss.; especialmente sob o signo do direito em DÖHMANN, Indra Spiecker Genannt. "Wissensverarbeitung im Öffentlichen Recht". *Rechtswissenschaft*, 1, 2010, pp. 247 e ss. (267 e ss.).

1346 Para a definição correspondente, ver acima, 1.4.

1347 BAECKER, Dirk. "Die Strategie der Organisation". *In*: ______. *Organisation und Management*: Aufsätze. Frankfurt am Main: Suhrkamp, 2003, pp. 152 e ss. (164).

1348 Cf. BOLZ, Norbert. *Ratten im Labyrinth*: Niklas Luhmann und die Grenzen der Aufklärung. München: Fink, 2012, p. 29, que fala abertamente de "ignorância funcional".

significativa e não apenas falar da execução mais ou menos automática de uma sequência fixa de planejamento *ex ante*. Nesse sentido, toda decisão é paradoxal, pois decide algo para o qual, em verdade, não tem capacidade de decidir.[1349] *Heinz von Foerster* resumiu este problema: "*only 'those' questions that in principle undecidable, 'we' can decide*".[1350] Ou pior ainda: as decisões não são apenas dependentes da incerteza, mas também elas mesmas a produzem, na medida em que não apenas alcançam uma decisão em um futuro incerto por definição, mas, ao mesmo tempo, apresentam o passado como baseado em decisões e, portanto, fundamentalmente contingente. Essa é a única maneira de tomar decisões – e possivelmente se arrepender depois.[1351] Toda decisão "*cria* (...) *um futuro incerto* ao fixar o resultado de seu passado como alternativa. Ao apresentar uma pluralidade de possibilidades como dadas simultaneamente, cria *ignorância* sobre como as coisas continuarão".[1352] Em outras palavras, a decisão é necessariamente especulativa e arriscada.[1353] Nessa toada, decisão e risco – entendidos como uma "forma de observar

---

1349 Do ponto de vista da sociologia, ver LUHMANN, Niklas. *Organisation und Entscheidung*. Opladen: Westdeutscher Verlag, 2000, pp. 123 e ss.; sob o prisma da filosofia, ver DERRIDA, Jacques. *Gesetzeskraft*: Der "mystische Grund der Autorität". Frankfurt am Main: Suhrkamp, 1991, p. 50 f.; DERRIDA, Jacques. *Préjugés*: Vor dem Gesetz. 3ª ed. Wien: Passagen, 2005, pp. 22 e ss.; em relação ao problema metodológico do direito, ver LADEUR, Karl-Heinz; AUGSBERG, Ino. "Auslegungsparadoxien. Zu Theorie und Praxis juristischer Interpretation". *Rechtstheorie*, 36, 2005, pp. 143 e ss. (146 e ss.).

1350 FOERSTER, Heinz von. "Ethics and Second-Order Cybernetics". *Cybernetics and Human Knowing* I, 1992, pp. 9 e ss. (14).

1351 Cf. LUHMANN, Niklas. *Organisation und Entscheidung*. Opladen: Westdeutscher Verlag, 2000, p. 170.

1352 LUHMANN, Niklas. *Organisation und Entscheidung*. Opladen: Westdeutscher Verlag, 2000, p. 167.

1353 Em relação à economia, ver ESPOSITO, Elena. *Die Fiktion der wahrscheinlichen Realität*. Frankfurt am Main: Suhrkamp, 2007, pp. 102 e ss.

decisões",[1354] não como um fenômeno ontológico[1355] – são mutuamente dependentes.[1356] A fala da "sociedade de risco" é, portanto, apenas outra forma de expressar o fato de que na modernidade os dados ontológicos – e também as certezas teológicas[1357] – são substituídos por eventos que dependem de decisões, ou seja, estabilidade por variância e contingência.[1358]

A incerteza é, portanto, não apenas inevitável, mas funcionalmente necessária. Para a tarefa de gestão do conhecimento administrativo e de seu controle jurídico, isso significa que a gestão do conhecimento deve ser complementada pela gestão da ignorância que não mais descreve a ignorância como um mero fenômeno deficitário,[1359] mas classifica seu manejo como um componente independente do desafio cognitivo geral para a ação administrativa.[1360] A estrutura

---

1354 LUHMANN, Niklas. *Organisation und Entscheidung*. Opladen: Westdeutscher Verlag, 2000, p. 169.

1355 Cf. também POWER, Michael. *Organized Uncertainty*: Designing a World of Risk Management. Oxford: Oxford University Press, 2007, pp. 3 e ss. e 24 e ss.

1356 Cf. LUHMANN, Niklas. *Organisation und Entscheidung*. Opladen: Westdeutscher Verlag, 2000, p. 169, com referência a LUHMANN, Niklas. "Risiko und Gefahr". *In*: ______. *Soziologische Aufklärung*: Konstruktivistische Perspektiven. vol. 5. Opladen: Westdeutscher Verlag, 1990, pp. 131 e ss.; LUHMANN, Niklas. *Soziologie des Risikos*. Berlim: De Gruyter, 1991.

1357 Cf. para mais detalhes em BERNSTEIN, Peter L. *Against the Gods*: The Remarkable Story of Risk. Nova York: John Wiley & Sons, 1996.

1358 Cf. LUHMANN, Niklas. "Entscheidungen in der 'Informationsgesellschaft'". *In*: CORSI, Giancarlo; ESPOSITO, Elena (Coord.). *Reform und Innovation in einer unstabilen Gesellschaft*. Stuttgart: Lucius & Lucius, 2005, pp. 27 e ss. (38).

1359 Cf. sobre a "gestão da ignorância", por exemplo, SMITHSON, Michael. *Ignorance and Uncertainty*: Emerging Paradigms. Nova York: Springer, 1989, passim.

1360 Cf. WEHLING, Peter. *Im Schatten des Wissens*: Perspektiven der Soziologie des Nichtwissens. Konstanz: UVK Verlagsgesellschaft, 2006, p. 14.

exata do tratamento (especialmente: jurídico) da incerteza precisa ser esclarecida:[1361] como o confronto excessivamente direto com a incerteza não apenas permite a tomada de decisões, mas também pode ter um efeito perturbador ou mesmo paralisante sobre ela, a incerteza não pode ser simplesmente eliminada. Tampouco é o simples reconhecimento de sua inevitabilidade para superar o problema de decisão. É necessária uma estratégia dupla:

> a incerteza deve ser reproduzida repetidamente para que as decisões possam ser mantidas em aberto e o esforço em tomá-las possa ser motivado. Por outro lado, a limitação dessa incerteza é também condicionante da possibilidade de sua circulação, pois, do contrário, se perderia a conectividade das operações.[1362]

A resposta a essa dupla tarefa é o conceito de "absorção da incerteza",[1363] que foi inicialmente desenvolvido num contexto sociológico organizacional geral,[1364] mas é tão (e possivelmente ainda mais) transferível para o Direito (Administrativo), que é tradicionalmente

---

1361 De uma perspectiva do direito sobre o problema da incerteza, ver SCHERZBERG, Arno. "Wissen, Nichtwissen und Ungewissheit im Recht". *In*: ENGEL, Christoph; HALFMANN, Jost; SCHULTE, Martin (Coord.). *Wissen – Nichtwissen – Unsicheres Wissen*. Baden-Baden: Nomos: 2002; APPEL, Ivo. "Methodik des Umgangs mit Ungewissheit". *In*: SCHMIDT-A.ßMANN, Eberhard; HOFFMANN-RIEM, Wolfgang (Coord.). *Methoden der Verwaltungsrechtswissenschaft*. Baden-Baden: Nomos, 2004, pp. 327 e ss.; mais detalhadamente em DÖHMANN, Indra Spiecker Genannt. *Staatliche Entscheidungen unter Unsicherheit*. Tübingen: Mohr Siebeck, 2012 (i.E.).

1362 LUHMANN, Niklas. *Die soziologische Beobachtung des Rechts*. Frankfurt am Main: Alfred Metzner, 1986, p. 36.

1363 Cf. em geral. LUHMANN, Niklas. *Organisation und Entscheidung*. Opladen: Westdeutscher Verlag, 2000, pp. 183 e ss.

1364 Cf. para o conceito de "uncertainty absorption" originalmente em MARCH, James G.; SIMON, Herbert A. *Organizations*. Nova York, 1958, p. 165.

destinado a garantir determinada certeza de expectativas. Essa técnica especial de lidar com a incerteza deve, por sua vez, ser entendida em duplo sentido, de acordo com a estratégia dual já mencionada: não significa apenas que a incerteza é "cada vez mais reduzida", mas também que a incerteza é "construída, ou seja, renovada, ao mesmo tempo, torna-se".[1365] Enquanto o primeiro aspecto da absorção da incerteza ou da insegurança se apresenta como uma estratégia de compensação, ou seja, como busca de equivalentes funcionais para a falta de certeza (7.2), o segundo aspecto, baseado em um produto do mercado financeiro, conforme *Helmut Willke*, pode ser descrito como o desenvolvimento de "derivativos da ignorância" (7.3). Com efeito, deve-se enfatizar que os aspectos mostram numerosas transições e indefinições e, portanto, podem, na melhor das hipóteses, ser distinguidos idealmente – mesmo assim, não no sentido de uma diferença substancial, mas, sim, de uma mudança de perspectiva. No que diz respeito ao Direito Administrativo, podem ser mencionadas estratégias abstratas e exemplos concretos das regras aplicáveis, cuja descrição pode aguçar a percepção do problema geral que sempre foi abordado pelo Direito, mas, agora, vem cada vez mais à tona. Em ambas as compreensões, trata-se de entender a gestão do conhecimento administrativo juridicamente controlada ao mesmo tempo que a gestão do não conhecimento. Isso, por sua vez, não deve ser entendido apenas como uma reação do Direito aos desenvolvimentos fáticos, mas também tem um lado genuinamente normativo na forma de ignorância juridicamente exigida (7.4). Com base nessas análises gerais, inicialmente mais descritivas relativas aos mecanismos existentes, tendo como pano de fundo os desafios específicos da sociedade da informação enquanto risco, a gestão da incerteza administrativa deve também ser encarada numa perspectiva mais prescritiva (7.5). Por fim, serão delineadas as possíveis e arriscadas

1365 LUHMANN, Niklas. *Organisation und Entscheidung*. Opladen: Westdeutscher Verlag, 2000, p. 167.

repercussões que uma correspondente exposição à incerteza poderia ter sobre a concepção jurídica clássica (7.6).

7.2 Estratégias de compensação

A inevitabilidade da incerteza não significa que estratégias de compensação com o objetivo de absorver a ignorância não possam ou devam ser buscadas. A incerteza não pode e não deve ser eliminada dessa forma,[1366] ou seja, transformada em certeza, mas pode ser limitada e, assim, pelo menos, parecer mais fácil de lidar. Em outras palavras, trata-se de procedimentos "que podem satisfazer necessidades mutáveis de certeza sem nunca estabelecer certeza".[1367] Procuram-se mecanismos que forneçam um substituto funcionalmente equivalente para o que a certeza supostamente faz com o processo de tomada de decisão.[1368] As estratégias correspondentes podem ser explicadas tanto no nível procedimental (1.) quanto no nível organizacional (2.). A absorção da incerteza também ocorre por meio do desenvolvimento de conceitos relacionados ao conteúdo – pelo menos é frequentemente o objetivo desses esforços (3.).

1. A dimensão processual é muitas vezes referida como o momento central da compensação da insegurança jurídica devido à

1366 Cf. quanto a essa diferenciação LADEUR, Karl-Heinz. "'Finding our text...': Der Aufstieg des Abwägungsdenkens als ein Phänomen der 'sekundären Oralität' und die Wiedergewinnung der Textualität des Rechts in der Postmoderne". *In*: AUGSBERG, Ino; LENSKI, Sophie-Charlotte (Coord.). *Die Innenwelt der Außenwelt der Innenwelt des Rechts*: Annäherungen zwischen Rechts- und Literaturwissenschaft. München: Fink, 2012, pp. 173 e ss. (183).

1367 BAECKER, Dirk. *Information und Risiko in der Marktwirtschaft*. Frankfurt am Main: Suhrkamp, 1988, p. 33.

1368 Sobre este requisito de "construção de equivalentes de certeza", ver BOGNER, Alexander. *Grenzpolitik der Experten*: Vom Umgang mit Ungewissheit und Nichtwissen in pränataler Diagnostik und Beratung. Weilerswist: Velbrück, 2005, pp. 160 e 169 e ss.

"processualização" geral do Direito.[1369] Por isso, não surpreende a adoção de um conceito aberto de procedimentalização, que coincide, em grande parte, com a exigência de reflexividade e de capacidade de aprender.[1370] Para o ordenamento jurídico, a processualização significa que ele "deve mudar sua função para manter e para aumentar a capacidade de gerar conhecimento internamente por meio da organização, evitando, assim, o bloqueio geral por meio de uma ação estratégica exógena".[1371]

1369 Cf. APPEL, Ivo. "Methodik des Umgangs mit Ungewissheit". *In*: SCHMIDT-A.ßMANN, Eberhard; HOFFMANN-RIEM, Wolfgang (Coord.). *Methoden der Verwaltungsrechtswissenschaft*. Baden-Baden: Nomos, 2004, pp. 354 e ss. Em geral, a uma "medida jurídica do desenvolvimento (...), segundo a qual onde se perde a certeza do sentido, ganha peso a ideia processual", SCHMIDT-ASSMANN, Eberhard. "Der Verfahrensgedanke in der Dogmatik des öffentlichen Rechts". *In*: LERCHE, Peter; GLAESER, Walter Schmitt; SCHMIDT-ASSMANN, Eberhard. *Verfahren als staats- und verwaltungsrechtliche Kategorie*. Heidelberg: v. Decker Müller, 1984, pp. 1 e ss. (11). Para uma crítica das consequências associadas para o funcionamento básico do sistema jurídico, ver HILLER, Petra. "Probleme prozeduraler Risikoregulierung". *In*: BORA, Alfons (Coord.). *Rechtliches Risikomanagement*: Form, Funktion und Leistungsfähigkeit des Rechts in der Risikogesellschaft. Berlim: Duncker & Humblot, 1999, pp. 29 e ss.

1370 Cf. com mais detalhes em referência à teoria jurídica de Ladeur em ver AUGSBERG, Ino. "Il faut être absolument postmoderne: Ladeurs Rechtstheorie". *In*: AUGSBERG, Ino; GOSTOMZYK, Tobias; VIELLECHNER, Lars. *Denken in Netzwerken*: Zur Rechts- und Gesellschaftstheorie Karl-Heinz Ladeurs. Tübingen: Mohr Siebeck, 2009, pp. 36 e ss.

1371 LADEUR, Karl-Heinz. "Gesetzesinterpretation, 'Richterrecht' und Konventionsbildung in kognitivistischer Perspektive. Handeln unter Ungewißheitsbedingungen und richterliches Entscheiden". *ARSP*, 77, 1991, pp. 176 e ss. (190). Cf. para um conceito relacionado, mas um pouco diferentemente acentuado, de processualização, que entende a processualização como um sistema de comunicação que tenta aumentar sua própria racionalidade estabelecendo padrões processuais específicos, CALLIESS, Gralf-Peter. *Prozedurales Recht*. Baden-Baden: Nomos, 1999.

A absorção de incertezas implica a processualização, a qual, por sua vez, se completa com a absorção de incertezas – para o qual as técnicas processuais específicas que lidam com a incerteza são de particular interesse. As disposições processuais garantem que o aspecto da incerteza não prevaleça na situação concreta de tomada de decisão, mas seja trabalhado em detalhes no processo e, portanto, em certo sentido, ocultado, rechaçando qualquer efeito paralisante. "A organização agrega certezas criadas por ela mesma e deixa toda incerteza para uma segmentação e um refinamento, de maneira que ela passe despercebida".[1372] Um primeiro aspecto fundamental para lidar com a incerteza é o fato de que a ação administrativa é processada por meio de decisões individuais, sobretudo, no formato de atos administrativos. Em uma perspectiva voltada aos problemas cognitivos, essa determinação básica da forma de tomada de decisão administrativa significa que a inevitável incerteza deve se limitar à decisão individual e não se estender à organização como um todo.

> Por mais incerta que seja a base de cada decisão individual, essa incerteza não aparece mais na própria decisão. Qualquer decisão, uma vez tomada, pode ter eventual incerteza equacionada, eliminada para decisões de acompanhamento e "absorvida" pela organização como um todo.[1373]

O ato administrativo como forma de atuação e seus efeitos vinculativos para os respectivos processos, normativamente definidos, sobretudo, nos §§ 43 e seguintes da VwVfG, concretizam essa concepção geral de maneira quase paradigmática. Trata-se de uma especificação da decisão, abstraindo o máximo possível o processo

---

1372 BAECKER, Dirk. "Durch diesen schönen Fehler mit sich selbst bekannt gemacht". *In*: ______. *Organisation und Management*: Aufsätze. Frankfurt am Main: Suhrkamp, 2003, p. 35.

1373 BAECKER, Dirk. "Durch diesen schönen Fehler mit sich selbst bekannt gemacht". *In*: ______. *Organisation und Management*: Aufsätze. Frankfurt am Main: Suhrkamp, 2003, p. 34.

de sua produção e registrando apenas seu resultado. A clássica justificação da "segurança jurídica"[1374] no sentido da confiabilidade da atuação administrativa[1375] (particularmente em relação ao cidadão) surge em contraposição como mais um, mas não o único, ou mesmo primário, aspecto desses dispositivos normativos especiais.[1376]

Entendida como a absorção da incerteza, a técnica também pode ser estudada a partir dos precedentes judiciais. É verdade que os reduzir a "princípios norteadores" não faz jus à complexidade original – e, portanto, à incerteza – da situação decisória. Contudo, não se trata tanto de um vício digno de crítica, que pode ser sanado por uma reconstrução mais complexa do contexto histórico-factual

1374 Cf. KOPP, Ferdinand O.; RAMSAUER, Ulrich. *Verwaltungsverfahrensgesetz*. 10ª ed. München: Beck, 2008, § 43 parágrafo 1a.

1375 Cf. sobre o problema e seus fundamentos constitucionais em MERTEN, Detlef. "Bestandskraft von Verwaltungsakten". *NJW*, 1983, pp. 1993 e ss.

1376 Essa segurança jurídica no sentido de uma "inércia autocriada do ordenamento jurídico" resistente ao aprendizado (MORLOK, Martin. "Vom Reiz und vom Nutzen, von den Schwierigkeiten und von den Gefahren der Ökonomischen Theorie für das Öffentliche Recht". *In*: ENGEL, Christoph; MORLOK, Martin (Coord.). Öffentliches Recht als Gegenstand ökonomischer Forschung. Tübingen: Mohr Siebeck, 1998, pp. 1 e ss. [26]) também pode ser lida como uma forma de absorção da incerteza. O mesmo vale para a clássica definição do ato administrativo de Otto Mayer, segundo a qual essa instituição jurídica em meio à "massa inundante da atividade administrativa (...) constantemente [permite] que apareçam pontos fixos, que dão amparo ao indivíduo e garantem que ele vá bem" (MAYER, Otto. *Deutsches Verwaltungsrecht*, Erster Band. 3ª ed. Berlim, 1923 [Nachdruck Berlin 1961], p. 92 f.). Para a "função estabilizadora" do ato administrativo, ver BUMKE, Christian. "Verwaltungsakte". *In*: HOFFMANN-RIEM, Wolfgang; SCHMIDT-ASSMANN, Eberhard; VOSSKUHLE, Andreas (Coord.). *Grundlagen des Verwaltungsrechts*: Informationsordnung – Verwaltungsverfahren – Handlungsformen. 2ª ed. vol. II. München: C. H. Beck, 2012, § 35, parágrafo 85.

da decisão,[1377] mas, sim, de uma estratégia consciente de criar consistência com o objetivo de absorver a incerteza, na qual as decisões são continuamente transformadas em premissas decisórias para novas decisões[1378] – o que as torna inevitavelmente descontextualizadas.[1379] Isso porque a premissa só pode assumir uma função efetiva para o próximo processo decisório, se não precisar ser verificada e novamente analisada quando for utilizada,[1380] o que evidencia que essa forma de absorção da incerteza a partir da transformação e da vinculação da decisão se deve em grande parte à própria memória da organização, cuja tarefa aqui, como sempre, não consiste apenas no armazenamento de eventos passados, mas, principalmente, em escolhas implicitamente ou explicitamente feitas com relação ao que

---

1377 Nesse sentido, LEPSIUS, Oliver. "Die maßstabsetzende Gewalt". *In*: JESTAEDT, Matthias. *Das entgrenzte Gericht*: Eine kritische Bilanz nach sechzig Jahren Bundesverfassungsgericht. Berlim: Suhrkamp, 2011, pp. 159 e ss. (v.a. 171 e ss.); cf. também LEPSIUS, Oliver. "Zur Bindungswirkung von Bundesverfassungsgerichtsentscheidungen". *In*: SCHOLZ, Rupert. *Realitätsprägung durch Verfassungsrecht*: Kolloquium aus Anlass des 80. Geburtstages von Peter Lerche. Berlim: Duncker & Humblot, 2008, pp. 103 e ss.

1378 Cf. LUHMANN, Niklas. *Organisation und Entscheidung*. Opladen: Westdeutscher Verlag, 2000, p. 193.

1379 Cf. sobre a função da descontextualização como meio de dogmática jurídica, ver JESTAEDT, Matthias. "Wissenschaftliches Recht. Rechtsdogmatik als gemeinsames Kommunikationsformat von Rechtswissenschaft und Rechtspraxis". *In*: KIRCHHOF, Gregor; MAGEN, Stefan; SCHNEIDER, Karsten (Coord.). *Was weiß Dogmatik? Was leistet und wie steuert die Dogmatik des Öffentlichen Rechts?* Tübingen: Mohr Siebeck, 2012, pp. 117 e ss. (125): "A descontextualização serve, não muito diferente dos correspondentes processos de limpeza e concentração no setor alimentar, para conservar e reciclar".

1380 Cf. LUHMANN, Niklas. *Organisation und Entscheidung*. Opladen: Westdeutscher Verlag, 2000, p. 222. De maneira mais clara em LUHMANN, Niklas. "Die Paradoxie des Entscheidens". *In*: BALKE, Friedrich; SCHWERING, Gregor; STÄHELI, Urs (Coord.). *Paradoxien der Entscheidung*: Wahl/Selektion in Kunst, Literatur und Medien. Bielefeld: Transcript, 2004, p. 34.

se escolheu lembrar, ou seja, esquecendo deliberadamente outros trechos.[1381] O sistema

> esquece a incerteza fundante, na medida em que ela não entra na própria decisão como dúvida ou como possibilidade de mudança. Além disso, ele esquece as inúmeras decisões do gestor (o convite para a reunião, as tentativas malsucedidas de resolver certos assuntos), por isso, reprime a maior parte do que contribui para a autopoiese do sistema. Em geral, ele apenas registra (...) o que pode ser usado como base para decisões futuras.[1382]

Essa compreensão das organizações como sistemas sociais pode ser ainda mais alargada e, posteriormente, ressignificada para o Direito: uma maneira clássica de lidar com a incerteza é uma forma específica de temporalizar as decisões,[1383] que não é voltada para o futuro da decisão, o qual aponta adiante, constituindo um elemento incerto, mas, sim, o que já foi pré-determinado e, portanto, é aparentemente fixo, ou seja, o passado da organização e seus processos. "A melhor maneira de lidar com a incerteza é agarrar-se ao que já aconteceu".[1384] Essa estratégia é típica dos processos jurídicos tradicionais, independentemente da referência ao passado, como no *common law*, surgir explicitamente através de "precedentes" ou,

---

1381 Cf. LUHMANN, Niklas. *Organisation und Entscheidung*. Opladen: Westdeutscher Verlag, 2000, pp. 102 e ss.; quanto à memória administrativa e sua função para processamento de informações, ver acima, capítulo V.

1382 LUHMANN, Niklas. *Organisation und Entscheidung*. Opladen: Westdeutscher Verlag, 2000, p. 193 (desconsideração da prova).

1383 Cf. também para uma disposição divergente deste termo em WOLLENSCHLÄGER, Burkard. *Wissensgenerierung im Verfahren*. Tübingen: Mohr Siebeck, 2009, pp. 129 e ss., cujo conceito de temporalização corresponde mais de perto ao que aqui se entende por pontualização e sequenciamento do processo decisório.

1384 LUHMANN, Niklas. *Organisation und Entscheidung*. Opladen: Westdeutscher Verlag, 2000, p. 48.

como no *civil law* do continente, que, sob a forma de normas gerais abstratas (que na sua forma jurídica positiva, especialmente porque estão sujeitos a mudanças relativamente rápidas), é mais fortemente ocultada por uma aparente mudança da dimensão do tempo para a dimensão factual. Com efeito, as decisões preliminares não se limitam a decisões de casos concretos; ao contrário, elas também se referem à sua forma condensada de figuras dogmáticas[1385] e também a pressupostos metodológicos básicos ou padrões argumentativos reconhecidos.[1386] O conhecimento cotidiano juridicamente reconhecido também pode assumir essa função, por exemplo, na forma de "experiência de vida" geral.[1387] A incerteza é absorvida aqui pelo uso de "rotinas cognitivas",[1388] às quais o sistema concede a si mesmo como um "crédito de realidade" que não é mais validado,

---

1385 Sobre parte da memória jurídica, ver acima, 5.7. Em geral, sobre a "função exculpatória" da dogmática, ver ver BROHM, Winfried. "Die Dogmatik des Verwaltungsrechts vor den Gegenwartsaufgaben der Verwaltung". *VVDStRL*, 30, 1971, pp. 245 e ss. (246 e ss.).

1386 Cf. HOFFMANN-RIEM, Wolfgang. "Methoden einer anwendungsorientierten Verwaltungsrechtswissenschaft". *In*: SCHMIDT-A.ßMANN, Eberhard; HOFFMANN-RIEM, Wolfgang (Coord.). *Methoden der Verwaltungsrechtswissenschaft*. Baden-Baden: Nomos, 2004, p. 64. Também aquele que é difundido no meio jurídico como *topos* de argumentação, ainda sob a infame (cf. por exemplo PILNIOK, Arne. "'h.M.' ist kein Argument. Überlegungen zum rechtswissenschaftlichen Argumentieren für Studierende in den Anfangssemestern". *JuS*, 2009, pp. 394 e ss.) referência à "opinião predominante" na literatura e na jurisprudência constitui um argumento fundamentalmente válido (quem afirma o contrário deve se questionar: o que mais – se é obviamente usado como tal?) – que por outros, mais argumentos factuais e, portanto, talvez "melhores" podem, é claro, ser superados.

1387 Cf. Por exemplo, tendo em vista as reações do público que se espera depois no chamado "Peep-Shows", BVerwGE 64, 274 (278).

1388 Cf. LUHMANN, Niklas. *Organisation und Entscheidung*. Opladen: Westdeutscher Verlag, 2000, pp. 250 e ss. Em geral, sobre a relevância das rotinas na ação administrativa acima, ver 5.7.

mas simplesmente assumido como coberto.[1389] Em um nível ainda mais abstrato, a suposição geral de que o tempo corre linearmente constitui um mecanismo de absorção de incerteza;[1390] isso porque somente com base nela é possível construir condições unilaterais e irreversíveis,[1391] ou seja, não descrever o efeito como a causa de sua causa.[1392] Só assim a decisão é o resultado do procedimento que ela conduz – e não vice-versa.

Todavia, a incerteza não é apenas absorvida por meio da vinculação seletiva e direcionada de decisões individuais; essas próprias decisões também muitas vezes precisam encobrir sua própria complexidade para alcançar algum resultado. Para tanto, o Direito também fornece uma série de mecanismos consolidados. Em geral, eles podem ser descritos como "normas cognitivas de freio" que se referem ao próprio Direito – por exemplo, sob a forma de precedentes[1393] que podem ser tomados de pronto como premissa, ou

1389 Cf. LUHMANN, Niklas. *Organisation und Entscheidung*. Opladen: Westdeutscher Verlag, 2000, p. 251.

1390 Cf. KIRSTE, Stephan. *Die Zeitlichkeit des Rechts und die Geschichtlichkeit des Rechtsbewußtseins*: Momente einer Ideengeschichte und Grundzüge einer systematischen Begründung. Berlim: Duncker & Humblot, 1998, p. 297.

1391 Cf. LUHMANN, Niklas. *Organisation und Entscheidung*. Opladen: Westdeutscher Verlag, 2000, p. 213.

1392 Cf. para um tratamento mais aprofundado do problema, ver MAUCH, Philipp. "Nietzsches Reihenfolgenargument. Friedrich Nietzsches Kritik der Kausalität als Einwand gegen die Transzendentalphilosophie am Beispiel *Die vier grossen Irrthümer* aus *Götzendämmerung*". *In*: GERHARDT, Volker; RESCHKE, Renate (Coord.). *Nietzsche im Film*: Projektionen und Götzen-Dämmerungen. Berlim: Akademie Verlag, 2009, pp. 161 e ss.

1393 Cf. geralmente de uma perspectiva jurídico-teórica sobre a relevância da força vinculante dos precedentes, em contraste com uma "invocação de princípios gerais", LADEUR, Karl-Heinz. "Das subjektive Recht und der Wunsch nach Gerechtigkeit als sein Parasit". *ZfRsoz*, 29, 2009, pp. 109 e ss. (121), com referência a ROSENZWEIG, Franz. *Der Stern der Erlösung*. Frankfurt am Main: Suhrkamp, 1988, p. 130.

mesmo como "jurisprudência estabelecida"[1394] –, mas também e sobretudo à forma jurídica especial de "captação da realidade".[1395] Ela é particularmente característica da crescente complexidade interna do sistema e da incerteza a ele associada, a qual é atribuída a eventos ambientais externos. Nessas normas, que se referem a um fato extrajudicial, há de imediato uma absorção da incerteza, na medida em que os elementos potencialmente perturbadores do processo decisório são exteriorizados e, só então, em uma segunda etapa, são admitidos novamente como um problema jurídico para que sejam posteriormente retrabalhados.

Um modelo clássico para lidar com a incerteza é fornecido pelas normas de presunção ou, ainda mais direta, ficções legais.[1396] Com elas, o Direito se "emancipa" de exigências cognitivas que lhe parecem externas,[1397] na medida em que uma incerteza inicialmente

---

1394 Sobre o problema do "conhecimento jurídico" especializado, ver abaixo, 8.4.

1395 Cf. de maneira geral em HOFFMANN-RIEM, Wolfgang. "Methoden einer anwendungsorientierten Verwaltungsrechtswissenschaft". *In*: SCHMIDT-ASSMANN, Eberhard; HOFFMANN-RIEM, Wolfgang (Coord.). *Methoden der Verwaltungsrechtswissenschaft*. Baden-Baden: Nomos, 2004, pp. 63 e ss.

1396 Cf. sobre a construção a partir de uma perspectiva teórico-jurídica KELSEN, Hans. "Zur Theorie der juristischen Fiktionen". *In*: KLECATSKY, Hans; MACIC, René; SCHAMBECK, Herbert (Coord.). *Die Wiener rechtstheoretische Schule*: Schriften von Hans Kelsen, Adolf Merkl, Alfred Verdross. vol. 1. Wien: Europa Verlag, 1968, pp. 1215 e ss., e que se opõe a ele em ESSER, Josef. *Wert und Bedeutung der Rechtsfiktionen*. 2ª ed. Frankfurt am Main: V. Klostermann, 1969; em relação à controvérsia ver PFEIFER, Manfred. *Fiktionen im öffentlichen Recht, insbesondere im Beamtenrecht*. Berlim: Duncker & Humblot, 1980, pp. 25 e ss. Resumidamente sobre o estado da arte da aplicação do direito vigente em JACHMANN, Monika. *Die Fiktion im öffentlichen Recht*. Berlim: Duncker & Humblot, 1998.

1397 Cf. NOLTE, Jakob. "Die Verarbeitung von extrajuridischem Wissen im Verwaltungsgerichtsverfahren". *In*: AUGSBERG, Ino (Coord.). *Extrajuridisches Wissen im Verwaltungsrecht*: Analysen und Perspektiven. Tübingen: Mohr Siebeck, 2013, pp. 241 e ss.

atribuída ao ambiente do ordenamento jurídico é "anulada" por meios sistêmicos e normativos, para que não possa impedir o andamento do processo de tomada de decisão. O Direito Administrativo já não precisa se preocupar com a celeridade com que um funcionário dos correios executa o seu trabalho e entrega um ofício que se destina a notificar um ato administrativo ao cidadão interessado, ou seja, a encaminhá-lo efetivamente, uma vez que, de qualquer forma, se considera que a notificação ocorre no terceiro dia após a postagem da carta (§ 41, parágrafo 2º, inciso 1 da VwVfG). Em um certo sentido, ao contrário da estratégia de especificação da tomada de decisão como referência para casos individuais, a incerteza do procedimento individual é empurrada para um momento anterior. A concepção factual também muda com a perspectiva cronológica: a observação de casos individuais é substituída por uma visão generalizante, cujo efeito presumido ou ficcional não é afetado pela possibilidade de desvios individuais. A premissa de decisão pontual assume a forma de um programa de decisão abstrato,[1398] o que não exclui fundamentalmente a possibilidade de que os respectivos desvios ainda possam ser reintroduzidos no procedimento – por exemplo, se, de acordo com o § 41, parágrafo 2º, inciso 2, alínea 2 da VwVfG, o acesso estiver realmente em um ponto posterior no tempo ou ainda não ter acontecido.[1399] Em termos conceituais, essa possibilidade de correção marca o ponto em que a norma da presunção e a ficção jurídica divergem no sentido mais estrito: enquanto a primeira afirma implicitamente ou explicitamente (§ 34, parágrafo 2º da GenTG) que a presunção legal também pode ser invalidada, ou seja, a regra do "efeito presumido" anulada pela lei que traz a cláusula de "exclusão da presunção" (cf., por exemplo, §§ 6 e 7 da Lei de Responsabilidade

1398 Cf. sobre a diferenciação geral de concepções em LUHMANN, Niklas. *Organisation und Entscheidung*. Opladen: Westdeutscher Verlag, 2000, pp. 256 e ss.

1399 Cf. mais em detalhes em KOPP, Ferdinand O.; RAMSAUER, Ulrich. *Verwaltungsverfahrensgesetz*. 10ª ed. München: Beck, 2008, § 41 parágrafo 45.

Ambiental [*Umwelthaftpflichtversicherungsgesetz*- UmweltHG]), a segunda é caracterizada por sua particularmente teimosa "relutância em aprender", uma vez especificada normativamente, também *ex post*, devido ao agora "melhor conhecimento", determinada, assim, como não corrigível – ou no máximo como um esforço de justificação massivamente aumentado, também processualmente mais difícil.[1400] O que parece ser "regra" normalmente assumida para o processo de tomada de decisão e o que parece ser uma exceção – e, portanto, requer uma justificativa em separado – não são mais baseados nas circunstâncias reais do ambiente do sistema, mas, sim, nas avaliações normativas internas (as quais, para usar o exemplo do § 41 VwVfG, apenas põem em jogo a ficção do acesso em favor do cidadão, mas não igualmente em favor da Administração).

As disposições legais sobre o ônus da prova[1401] são semelhantes às regras de ficção e de presunção em relação aos efeitos, mas estruturalmente diferentes delas (ainda que muitas vezes ligadas a elas).[1402] O deslocamento do problema do nível material para o pro-

---

1400 Nos demais casos de desconhecimento juridicamente exigidos, ver abaixo, na seção 7.4.

1401 Cf. mais sobre isso – embora com o foco principal no direito constitucional – AUGSBERG, Ino; AUGSBERG, Steffen. "Prognostische Elemente in der Rechtsprechung des Bundesverfassungsgerichts". *VerwArch*, 98, 2007, pp. 290 e ss. (293 e ss.). Além disso, maior aprofundamento sobre a questão do ponto de vista do Direito Administrativo, ver BERG, Wilfried. *Die verwaltungsrechtliche Entscheidung bei ungewissem Sachverhalt*. Berlim: Duncker & Humblot, 1980, pp. 164 e ss.; PESCHAU, Hans-Hermann. *Die Beweislast im Verwaltungsrecht*: Zur Verteilung des Aufklärungsrisikos im Verwaltungsprozeß. Berlim: Duncker & Humblot, 1983; BERG, Thomas. *Beweismaß und Beweislast im öffentlichen Umweltrecht*: Instrumente eines verantwortungsvollen Umgangs mit technologiebedingten Risiken. Baden-Baden: Nomos, 1995.

1402 Cf. novamente, por exemplo, no âmbito da notificação de ato administrativo sobre os requisitos de apresentação fundamentada do cidadão, que tem a regra de presunção do § 41 parágrafo 2º inciso 1 da VwVfG rompendo o acesso e passando à autoridade o ônus da prova, KOPP,

cessual é particularmente evidente nesse caso. Além disso, como já demonstrado com o exemplo da ficção jurídica, pode-se constatar aqui também a antecipação da decisão e sua passagem da área cognitiva para a normativa. Contudo, enquanto a própria ficção jurídica já dá a resposta material, o ônus da prova apenas dita os rumos do processo: apenas esclarece o alcance da obrigação de motivação das partes no processo; se e até que ponto isso é fornecido ou pode ser fornecido, é deixado para a contingência do procedimento individual. Nessa dinâmica, a operação básica é o estabelecimento de um esquema regra-exceção que não é factual, mas normativo.[1403] Esse esquema não é, pois, imutável, podendo também ser sucessivamente modificado no processo, inclusive, convertido em seu oposto pela figura da "inversão do ônus da prova".[1404] Como um "princípio de distribuição" no que diz respeito ao ônus da argumentação em processos judiciais, esse esquema geral pode ser definido com mais precisão em relação ao seu fundamento normativo, ou seja, apontado geralmente como "constitucional" ou, mais especificamente, como "direito fundamental".[1405] Esse exemplo bem conhecido deixa claro que o caráter normativo determinado pela regra pode ser apresentado mais facilmente onde a disposição correspondente na estrutura dos

---

Ferdinand O.; RAMSAUER, Ulrich. *Verwaltungsverfahrensgesetz*. 10ª ed. München: Beck, 2008, § 41 parágrafo 45.

1403 Cf. as diferentes formas dessa ideia básica- desde a "distribuição do ônus da prova de acordo com o tipo de ação e posição partidária" ao princípio "in dubio pro libertate" até a distribuição do ônus da prova de acordo com a "razoabilidade e equidade": BERG, Thomas. *Beweismaß und Beweislast im öffentlichen Umweltrecht*: Instrumente eines verantwortungsvollen Umgangs mit technologiebedingten Risiken. Baden-Baden: Nomos, 1995, pp. 78 e ss.

1404 Cf., por exemplo, APPEL, Ivo. "Methodik des Umgangs mit Ungewissheit". *In*: SCHMIDT-ASSMANN, Eberhard; HOFFMANN-RIEM, Wolfgang (Coord.). *Methoden der Verwaltungsrechtswissenschaft*. Baden-Baden: Nomos, 2004, pp. 349 e ss.

1405 Cf. SCHMITT, Carl. *Verfassungslehre*. 6ª ed. Berlim: Duncker & Humblot, 1983, p. 126 f., 157 e ss.

níveis normativos pode reivindicar um nível superior – neste caso, é claro: o *status* constitucional.

Os processos de subjetivação são constituídos por uma técnica comparável. Referem-se, primeiramente, à adoção de modelos enfáticos de verdade, especialmente nos processos judiciais, onde "a verdade" é substituída pela formação judicial de convicções,[1406] que – de acordo com o § 108, parágrafo 1º, inciso 1 da VwGO[1407] – visa se diferenciar da exigência de certeza absoluta.[1408] Entretanto, os procedimentos de subjetivação não se limitam à área processual, podendo também ser encontrados no Direito Administrativo material. A discussão sobre um conceito subjetivo ou objetivo de perigo no direito de política é particularmente proeminente.[1409] Com isso, a visão subjetiva do servidor em exercício – apenas objetivada com vistas ao seu exercício do dever – é reconhecida *ex ante* como um parâmetro para a base cognitiva da decisão, que não pode mais ser

1406 Cf. em contraposição ENGISCH, Karl. "Wahrheit und Richtigkeit im juristischen Denken". *In*: ENGISCH, Karl; BOCKELMANN, Paul; KAUFMANN, Arthur (Coord.). *Beiträge zur Rechtstheorie*. Frankfurt am Main: V. Klostermann, 1984, pp. 286 e ss. (290): "A chamada 'livre apreciação da prova' não significa, como ocasionalmente foi dito, o exercício da discricionariedade judicial – o que significaria que as diferentes opiniões sobre o resultado da obtenção da prova são igualmente justificáveis – mas não estar vinculado por regras estatutárias de prova para a própria verdade, que aqui só pode ser inequívoca" (desconsideração da prova).

1407 Sobre o princípio da livre apreciação da prova, ver capítulo VIII.

1408 Cf. apenas KOPP, Ferdinand O.; SCHENKE, Wolf-Rüdiger. *Verwaltungsgerichtsordnung*: VwGO. 14ª ed. München: C. H. Beck, 2005, § 108 parágrafo 5. Em mais detalhes BERG, Wilfried. *Die verwaltungsrechtliche Entscheidung bei ungewissem Sachverhalt*. Berlim: Duncker & Humblot, 1980, pp. 71 e ss.

1409 Cf. para a discussão POSCHER, Ralf. *Gefahrenabwehr*: Eine dogmatische Rekonstruktion. Berlim: Duncker & Humblot, 1999, por um lado; e JAECKEL, Liv. *Gefahrenabwehrrecht und Risikodogmatik*: Moderne Technologie im Spiegel des Verwaltungsrechts. Tübingen: Mohr Siebeck, 2010; por outro.

corrigida por conhecimento posterior melhor, ou seja, estabeleceu-se uma base resistente ao aprendizado e, mesmo, à prova do controle administrativo. Visto sob o aspecto da temporalização, o procedimento também pode ser descrito como preconizador da dimensão presente da tomada de decisão. Figuras jurídicas como prerrogativas de avaliação ou margem de apreciação e de avaliação também podem ser nomeadas como formas especiais difundidas das respectivas técnicas de subjetivação.[1410] Funcionalmente equivalentes, mas formadas em uma leitura mais objetiva (mais precisamente: intersubjetiva), são apresentadas estratégias de argumentação jurídica que se apoiam na "evidência" ou na "notoriedade" de um determinado fenômeno a ser comprovado. Não só abrem a possibilidade de se proceder a uma "visão global" dos diversos fatores que podem ser relevantes para responder à questão jurídica a esclarecer;[1411] com a alegada acessibilidade intersubjetiva, eles almejam, ao mesmo tempo, garantir que não sejam feitas mais perguntas sobre no que exatamente o elemento questionável pode ser baseado. Em verdade, há uma espécie de inversão do ônus da prova: as evidências apresentadas devem, agora, ser especialmente rejeitadas.

As disposições gerais relativas à responsabilidade pelas consequências do caso fortuito vão também no mesmo sentido do ônus da prova. Elas têm uma longa tradição; na forma proverbial clássica

---

1410 Cf., por exemplo, KAUTZ, Steffen. "Die Bewältigung des Zweifels. Über den rechtlichen Umgang mit fachwissenschaftlichen Erkenntnissen und Erkenntnislücken, dargestellt am Beispiel des Naturschutzrechts in der Planfeststellung". *In*: HÖSCH, Ulrich (Coord.). *Zeit und Ungewissheit im Recht*: Liber amicorum zum 70. Geburtstag von Wilfried Berg. Stuttgart: Boorberg, 2011, pp. 161 e ss. (173 e ss.). Além de BERG, Wilfried. *Die verwaltungsrechtliche Entscheidung bei ungewissem Sachverhalt*. Berlim: Duncker & Humblot, 1980, pp. 140 e ss.

1411 Cf. com base nesse panorama, por exemplo, a violação flagrante do direito no contexto da legislação europeia de responsabilidade do Estado, *Arnim von Bogdandy/Marc Jacob*, em: GRABITZ, Eberhard; HILF, Meinhard; NETTESHEIM, Martin (Coord.). *Das Recht der Europäischen Union*, Art. 340 parágrafo 161 e ss.

como "*casum sentit dominus*",[1412] são um meio jurídico de construir um julgamento de uma decisão que é inevitavelmente estruturada de maneira dicotômica, especialmente em processos judiciais mais comuns,[1413] ainda que na ausência de responsabilidade individual. O acaso avança, assim, para se tornar uma variável juridicamente administrável para a qual, caso ocorra, é dada uma resposta normativa *ex ante*. A contingência torna-se juridicamente operacionalizável.[1414]

O fator da responsabilização pelas consequências conduz a outro elemento tradicional da absorção da incerteza, que aponta expressamente para ele e, assim, desloca o problema de um nível fático-cognitivo para um financeiro: as normas de responsabilidade.[1415] A possível compensação financeira *ex ante* por quaisquer consequências danosas de uma atividade de tomada de decisão – em certas circunstâncias, ou seja, no caso de responsabilidade objetiva: mesmo sem configurar culpa[1416] – garante que a incerteza no processo

---

1412 Quanto a esse exemplo, ver NICKLISCH, Fritz. "Das Recht im Umgang mit dem Ungewissen in Wissenschaft und Technik". *NJW*, 1986, pp. 2287 e ss. (2289).

1413 Para uma terceira opção possível – "incerta e indefinida" –, ver BUMKE, Christian. *Relative Rechtswidrigkeit*: Systembildung und Binnendifferenzierungen im Öffentlichen Recht. Tübingen: Mohr Siebeck, 2004, pp. 163 e ss. e 260.

1414 Sobre a aparência moderna de "gerenciamento de consequências jurídicas", ver APPEL, Ivo. "Methodik des Umgangs mit Ungewissheit". *In*: SCHMIDT-ASSMANN, Eberhard; HOFFMANN-RIEM, Wolfgang (Coord.). *Methoden der Verwaltungsrechtswissenschaft*. Baden-Baden: Nomos, 2004, p. 353.

1415 Com vista ao desenvolvimento gradual da jurisprudência no direito civil, ver LADEUR, Karl-Heinz. "Die rechtliche Steuerung von Entwicklungsrisiken zwischen zivilrechtlicher Produkthaftung und administrativer Sicherheitskontrolle. Prozeduralisierung von Sicherheitspflichten in vergleichender Perspektive". *BB*, 1993.

1416 Cf. sob o prisma da sociologia SCHMIDT, Johannes F. K. "Politische Risikoregulierung als Risikoerzeugung? Zur Bedeutung von Gefährdungshaftung und Versicherung im Rahmen gesellschaftlicher Risikobearbeitung". *In*: HILLER, Petra; KRÜCKEN, Georg (Coord.). *Risiko und Regulierung*: Soziologische Beiträge zu Technikkontrolle

possa ser aceita mais facilmente, logo, não tendo efeito bloqueador. Nesse sentido, as regras de responsabilidade referem-se à "ocorrência e à domesticação simultâneas de riscos".[1417]

Ademais, as obrigações conceituais[1418] também podem ser apontadas como uma variante moderna da processualização de como lidar com a incerteza. Nessa toada, conceitos elaborados pela própria Administração substituem um amplo arcabouço legislativo de tomada de decisões administrativas.[1419] A fundamentação desses procedimentos é explicada, nomeadamente, tendo em vista a exigência de segurança jurídica: se, devido à complexidade das circunstâncias da vida, as quais exigem regulamentação, a lei já não pode antecipar as situações relevantes e, consequentemente, não pode simplesmente ser "implementada", mas, sim, essencialmente, reelaborada com auxílio das formas variadas de geração de conhecimento, que mesclam o programa normativo relevante com o conhecimento necessário da regra que é usado no processo de aplicação da norma,[1420] não podendo

---

und präventiver Umweltpolitik. Frankfurt am Main: Suhrkamp, 1997, pp. 279 e ss. (287 e ss.).

1417 DAMM, Reinhard. "Rechtliche Risikoregulierung aus zivilrechtlicher Sicht. Theoretische Steuerungskonzepte und empirische Steuerungsleistungen". *In*: BORA, Alfons (Coord.). *Rechtliches Risikomanagement*: Form, Funktion und Leistungsfähigkeit des Rechts in der Risikogesellschaft. Berlim: Duncker & Humblot, 1999, pp. 93 e ss. (115).

1418 Cf. WOLLENSCHLÄGER, Burkard. *Wissensgenerierung im Verfahren*. Tübingen: Mohr Siebeck, 2009, pp. 202 e ss.

1419 Cf. HOFFMANN-RIEM, Wolfgang. "Eigenständigkeit der Verwaltung". *In*: HOFFMANN-RIEM, Wolfgang; SCHMIDT-ASSMANN, Eberhard; VOSSKUHLE, Andreas (Coord.). *Grundlagen des Verwaltungsrechts*: Methoden, Maßstäbe, Aufgaben, Organisation. 2ª ed. vol. I. München: C. H. Beck, 2012, § 10 parágrafo 116 e ss.

1420 Cf. APPEL, Ivo. "Methodik des Umgangs mit Ungewissheit". *In*: SCHMIDT-ASSMANN, Eberhard; HOFFMANN-RIEM, Wolfgang (Coord.). *Methoden der Verwaltungsrechtswissenschaft*. Baden-Baden: Nomos, 2004, p. 356.

mais a lei por si só garantir a segurança jurídica constitucionalmente exigida.[1421] A consequência disso é que

> o próprio processo de concretização jurídica administrativa [deve] gerar proteção da confiança e certeza das expectativas. O princípio do Estado Democrático de Direito exige, portanto, que o procedimento administrativo estabeleça momentos reintegrativos de autoestabilização.[1422]

Isso é exatamente o que (dentre outras coisas) as obrigações conceituais devem alcançar.[1423]

2. No tocante às organizações, a estrutura hierárquica é o mecanismo de absorção da incerteza: "a forma clássica de absorção da incerteza chama-se autoridade",[1424] porque "autoridade significa poder tomar decisões sem ter que esperar consultas, ou ser capaz de recusar essas consultas com base na autoridade".[1425] Nesse contexto, a autoridade não designa um atributo especial de uma pessoa, por exemplo, no sentido weberiano de carisma, mas, sim, a suposição, que não pode ser verificada, "encurtando, assim, o processo de

---

1421 Cf. QUABECK, Christian. *Dienende Funktion des Verwaltungsverfahrens und Prozeduralisierung*. Tübingen: Mohr Siebeck, 2010, p. 196.

1422 WOLLENSCHLÄGER, Burkard. *Wissensgenerierung im Verfahren*. Tübingen: Mohr Siebeck, 2009, p. 209.

1423 Cf. alguns exemplos em: HOFFMANN-RIEM, Wolfgang. "Eigenständigkeit der Verwaltung". *In*: HOFFMANN-RIEM, Wolfgang; SCHMIDT-ASSMANN, Eberhard; VOSSKUHLE, Andreas (Coord.). *Grundlagen des Verwaltungsrechts*: Methoden, Maßstäbe, Aufgaben, Organisation. 2ª ed. vol. I. München: C. H. Beck, 2012, parágrafo 117.

1424 LUHMANN, Niklas. *Die Religion der Gesellschaft*. Frankfurt am Main: Suhrkamp, 2000, p. 103.

1425 BAECKER, Dirk. "Zum Problem des Wissens in Organisationen". *In*: ______. *Organisation als System*: Aufsätze. Frankfurt am Main: Suhrkamp, 1999, pp. 68 e ss. (72).

comunicação",[1426] de que a decisão seria suficientemente e adequadamente justificada.[1427] Em relação à tarefa geral de gestão do conhecimento, um ponto autorreferencial dessa estratégia especial de *coping* consiste no fato de que a autoridade reivindicada pode ser justificada pela suposição de conhecimento superior, que não foi realmente verificado, mas que é assumido como um substituto para a certeza.[1428] Uma estratégia similar pode ser observada no campo da ciência em particular, quando as referências a autoridades cientificamente reconhecidas são destinadas a justificar a própria erudição e, portanto, a própria autoridade e, assim, impedir novas investigações relacionadas ao conteúdo. Aí reside uma função típica das notas de rodapé em textos acadêmicos: "você não sabe o que está por trás delas, mas está impressionado e convencido".[1429]

Isso também se aplica à prova abstrata de conhecimentos especializados por meio de títulos profissionais ou acadêmicos etc. O problema fica claro quando se olha para a legislação do serviço público: requisitos legais para a qualificação (profissional) dos candidatos a cargos no serviço público – regulados com destaque pela Constituição a partir do art. 33, parágrafo 2º da Constituição Federal e pela lei ordinária (por exemplo, no § 7, parágrafo 1º, inciso 3 da Lei de Formação Profissional [*Berufsbildungsgesetz*- BBG]) – têm, então,

---

1426 LUHMANN, Niklas. *Organisation und Entscheidung*. Opladen: Westdeutscher Verlag, 2000, p. 204.

1427 Cf. LUHMANN, Niklas. "Die Paradoxie des Entscheidens". *In*: BALKE, Friedrich; SCHWERING, Gregor; STÄHELI, Urs (Coord.). *Paradoxien der Entscheidung*: Wahl/Selektion in Kunst, Literatur und Medien. Bielefeld: Transcript, 2004, pp. 32 e ss.

1428 Para a conexão entre conhecimento e autoridade (estatal) exigida dos tempos modernos, ver LUHMANN, Niklas. *Die Wissenschaft der Gesellschaft*. Frankfurt am Main: Suhrkamp, 1990, p. 149; sobre o problema, ver também acima, capítulo II, seção 2.1.

1429 Assim, o professor de sociologia e aluno de Luhmann (autoridade!) BAECKER, Dirk. "Zum Problem des Wissens in Organisationen". *In*: ______. *Organisation als System*: Aufsätze. Frankfurt am Main: Suhrkamp, 1999, p. 94.

uma função dupla: por um lado, eles devem garantir a qualidade dos resultados das atividades de tomada de decisão pelos servidores.[1430] Por outro, devem, ao mesmo tempo, absorver a incerteza entre os outros funcionários, fornecendo uma razão factual para assumir que o novo colega é tecnicamente competente e, assim, evitar redundâncias no processamento do problema, por exemplo, devido a pressões de controle. Nesse diapasão, a gradação hierárquica pode ser vista como um equivalente funcional à especificação do processo de tomada de decisão: ambos tratam de garantir a conectividade por não ter que começar a trabalhar em um problema novamente, mas podem continuar usando os resultados apresentados sem questioná-los.[1431] Se evitarmos uma interpretação muito estreita, puramente individual-psicológica, o conceito de confiança – indispensável para a capacidade de aprendizagem de uma organização – presta-se a essa conquista.[1432] No entanto, é evidente a partir de uma perspectiva cognitiva que essa confiança dificilmente pode ser forçada. Reivindicar autoridade só funciona implicitamente no contexto baseado em conhecimento, não explicitamente. "Qualquer um que hoje recorre

---

1430 Quanto ao problema em geral, ver REIMER, Franz. *Qualitätssicherung*: Grundlagen eines Dienstleistungsverwaltungsrechts. Baden-Baden: Nomos, 2010.

1431 Certa forma de "economia do trabalho (outros diriam: a típica inércia) dos membros de uma organização" também pode funcionar como uma absorção de incerteza: própria carga de trabalho", não se preocupam mais com a dos outros (cf. LUHMANN, Niklas. "Die Paradoxie des Entscheidens". *In*: BALKE, Friedrich; SCHWERING, Gregor; STÄHELI, Urs (Coord.). *Paradoxien der Entscheidung*: Wahl/Selektion in Kunst, Literatur und Medien. Bielefeld: Transcript, 2004, p. 33).

1432 Cf. sobre a confiança como uma "forma prática de lidar e operar com a incerteza" em LADEUR, Karl-Heinz. "Risikooffenheit und Zurechnung – insbesondere im Umweltrecht". *In*: HOFFMANN-RIEM, Wolfgang; SCHMIDT-ASSMANN, Eberhard (Coord.). *Innovation und Flexibilität des Verwaltungshandelns*. Baden-Baden: Nomos, 1994, pp. 111 e ss. (125). Em linhas gerais, sobre o conceito de confiança tendo em vista o problema da transferência de conhecimento, ver acima, capítulo III, seção 3.1.

à autoridade corre risco".[1433] Isso aponta para as dificuldades a que as estruturas organizacionais hierárquicas estão expostas em tempos de sociedade do conhecimento.[1434]

Essas dificuldades não excluem a relevância contínua da autoridade e, portanto, da hierarquia como forma de organização.[1435] Ao invés da questão do que foi decidido, como e por quais razões, é, principalmente, uma questão de quem tomou a decisão relevante, o que demonstra um ponto de vista confiável, especialmente para o Direito Público com seu foco crescente em problemas de competência.[1436] Sua relevância torna-se evidente, sobretudo, quando combinada com o âmbito de avaliação concedido ao decisor em tela – ou seja, uma discricionariedade jurídica ou administrativa: as decisões tomadas normalmente oferecem apenas poucas possibilidades de verificação, ou seja, criam um forte efeito vinculativo para operações subsequentes.[1437] Em outras palavras, elas absorvem uma grande quantidade de incerteza.

1433 LUHMANN, Niklas. *Organisation und Entscheidung*. Opladen: Westdeutscher Verlag, 2000, p. 205.

1434 Cf. em relação ao problema, acima, capítulo III, seção 3.5.

1435 Cf. quanto ao significado relativizado, mas duradouro, por exemplo, ver LUHMANN, Niklas. "Die Paradoxie des Entscheidens". *In*: BALKE, Friedrich; SCHWERING, Gregor; STÄHELI, Urs (Coord.). *Paradoxien der Entscheidung*: Wahl/Selektion in Kunst, Literatur und Medien. Bielefeld: Transcript, 2004, p. 33, que descreve a ordem hierárquica não mais como o caso normal da organização, mas como uma "unidade de emergência, como uma rede para a qual você pode voltar se os problemas não puderem ser resolvidos de outra forma".

1436 Cf., por exemplo, a crítica da pouca consideração da dimensão competente do direito em relação a questões substantivas diante da jurisprudência do Tribunal Constitucional Federal, LEPSIUS, Oliver. "Die maßstabsetzende Gewalt". *In*: JESTAEDT, Matthias. *Das entgrenzte Gericht*: Eine kritische Bilanz nach sechzig Jahren Bundesverfassungsgericht. Berlim: Suhrkamp, 2011, pp. 221 e ss.

1437 Cf. apenas QUABECK, Christian. *Dienende Funktion des Verwaltungsverfahrens und Prozeduralisierung*. Tübingen: Mohr Siebeck, 2010, pp. 206 e s.

3. A absorção da incerteza nesse primeiro sentido, predominantemente negativo, a ser considerado aqui pode, em última análise, também ser o objetivo de concepções específicas de conteúdo recentemente introduzidas no Direito especificamente para esse fim. Eles normalmente se baseiam nas técnicas gerais mencionadas, mas, ao mesmo tempo, modificam-nas. Um entendimento (pelo menos específico) do conceito jurídico de risco pode ser citado como exemplo dessa estratégia:[1438] sua função é que as possíveis consequências da incerteza sejam "tornadas calculáveis e responsáveis, de modo que a incerteza seja calculada e transformada em decisões racionais".[1439] Uma abordagem matemática que queira conceber as análises de risco como operações aritméticas é, portanto, decisiva para essa perspectiva. Essa visão corresponde aproximadamente à definição de risco emitida pela *British Royal Society* em 1992 como "*the chance, in quantitative terms, of a defined hazard occurring*".[1440] A esperança é, portanto, usar o conhecimento científico para superar, pelo menos aproximadamente, a incerteza associada ao conceito de risco, realizando análises de custo-benefício tão precisas e extensas quanto possível. Logo, não se trata especificamente de lidar com a incerteza remanescente, mas, sim, de uma variante da geração de conhecimento, que também deve envolver a incerteza. Isso permite uma nova perspectiva sobre os processos de gestão do conhecimento (administrativo): a sua função não é apenas sfornecer à Administração novos conhecimentos adicionais, ou seja, eliminar tanto quanto possível a ignorância existente. A criação de um *pool* organizacional

---

1438 Cf. SCHERZBERG, Arno. "Wissen, Nichtwissen und Ungewissheit im Recht". *In*: ENGEL, Christoph; HALFMANN, Jost; SCHULTE, Martin (Coord.). *Wissen – Nichtwissen – Unsicheres Wissen*. Baden-Baden: Nomos: 2002, p. 140.

1439 SCHERZBERG, Arno. "Risikosteuerung durch Verwaltungsrecht: Ermöglichung oder Begrenzung von Innovationen?" *VVDStRL*, 63, 2003, pp. 214 e ss. (217) (omissão de prova).

1440 Cf. POWER, Michael. *Organized Uncertainty*: Designing a World of Risk Management. Oxford: Oxford University Press, 2007, p. 13.

de conhecimento, que pode ser usado também na tomada de decisões, serve para suprimir as incertezas inevitáveis.[1441]

Desse modo, o que aparece como "*risk analysis*", sobretudo, em contextos empresariais[1442] e também se propaga como "*risked-based approach*",[1443] em particular na área anglo-americana, tem seu lado negativo no "princípio da precaução",[1444] particularmente difundido no contexto jurídico alemão. Isso porque esse princípio também visa absorver a incerteza: sua função é possibilitar medidas preventivas, evitando riscos, mesmo com base na incerteza. "Sob a égide da precaução, a lei pode ser aplicada e medidas cautelares podem ser tomadas em face da incerteza e da base factual imune

---

1441 Cf. BAECKER, Dirk. "Zum Problem des Wissens in Organisationen". *In*: ______. *Organisation als System*: Aufsätze. Frankfurt am Main: Suhrkamp, 1999, p. 94.

1442 Em relação a essa perspectiva, ver POWER, Michael. *Organized Uncertainty*: Designing a World of Risk Management. Oxford: Oxford University Press, 2007.

1443 Cf. do ponto de vista alemão SCHERZBERG, Arno. "Risikoabschätzung unter Ungewissheit – Preliminary risk assessment im Kontext der Nanotechnologie". *ZUR*, 2010, pp. 303 e ss. (306 e ss.); APPEL, Ivo. "Grenzen des Risikorechts". *In*: APPEL, Ivo; HERMES, Georg; SCHÖNBERGER, Christoph (Coord.). Öffentliches Recht im offenen Staat. Festschrift für Rainer Wahl zum 70. Geburtstag. Berlim: Duncker & Humblot, 2011, pp. 469 e ss., que aponta que, devido à abordagem científica e economicamente orientada, seria melhor falar uma "Science and Cost-Based Approach" (APPEL, Ivo. "Grenzen des Risikorechts". *In*: APPEL, Ivo; HERMES, Georg; SCHÖNBERGER, Christoph (Coord.). Öffentliches Recht im offenen Staat. Festschrift für Rainer Wahl zum 70. Geburtstag. Berlim: Duncker & Humblot, 2011, p. 471). Da perspectiva estadunidense, ver SUNSTEIN, Cass. *Gesetze der Angst*: Jenseits des Vorsorgeprinzips. Frankfurt am Main: Suhrkamp, 2007.

1444 Sob o prisma jurídico de maneira mais detalhada, ver WAHL, Rainer; APPEL, Ivo. "Prävention und Vorsorge – Von der Staatsaufgabe zu den verwaltungsrechtlichen Instrumenten". *In*: WAHL, Rainer (Coord.). *Prävention und Vorsorge*: Von der Staatsaufgabe zur rechtlichen Ausgestaltung. Bonn, 1995, pp. 1 e ss.

a prognósticos, desde que haja motivo suficiente para preocupação".[1445] Assim, "também devem ser considerados possíveis danos que não podem ser descartados porque, com base no estado atual do conhecimento, certas relações causais não podem ser afirmadas nem negadas".[1446] Precisamente nessa situação, com premissas de decisão que não podem ser determinadas nem positivamente nem negativamente, entra em jogo a funcionalidade do conceito de precaução: ele substitui a certeza ao permitir uma decisão, por um lado, e ao votar normativamente pela ignorância, ou seja, a recusa de obter mais experiência, por outro.[1447]

Em termos epistemológicos, a *risk-based approach* e o *precautionary principle* mostram uma relação estrutural próxima, precisamente porque eles normalmente chegam a resultados opostos na avaliação de risco (é por isso que ambos os métodos são tipicamente estilizados como contramodelos).[1448] Ambos podem ser lidos como variantes do procedimento de ônus da prova em um nível altamente abstrato.[1449] Enquanto a abordagem da precaução vê a inocuidade

---

1445 APPEL, Ivo. "Grenzen des Risikorechts". *In*: APPEL, Ivo; HERMES, Georg; SCHÖNBERGER, Christoph (Coord.). Öffentliches Recht im offenen Staat: Festschrift für Rainer Wahl zum 70. Geburtstag. Berlim: Duncker & Humblot, 2011, p. 466.

1446 BVerwGE 72, 300 (315).

1447 Para fins de precaução como uma "contraproposta normativa à sociedade de risco" e sua função como um "substituto de segurança e certeza", ver WOLF, Rainer. "Die Risiken des Risikorechts". *In*: BORA, Alfons (Coord.). *Rechtliches Risikomanagement*: Form, Funktion und Leistungsfähigkeit des Rechts in der Risikogesellschaft. Berlim: Duncker & Humblot, 1999, pp. 65 e ss. (80 f.); seguindo a mesma linha APPEL, Ivo. "Methodik des Umgangs mit Ungewissheit". *In*: SCHMIDT-ASSMANN, Eberhard; HOFFMANN-RIEM, Wolfgang (Coord.). *Methoden der Verwaltungsrechtswissenschaft*. Baden-Baden: Nomos, 2004, p. 332.

1448 Cf., por exemplo, SUNSTEIN, Cass. *Gesetze der Angst*: Jenseits des Vorsorgeprinzips. Frankfurt am Main: Suhrkamp, 2007.

1449 Cf. sobre a "inversão do ônus da prova" no modelo previdenciário – e os problemas associados – também DAELE, Wolfgang van den. "Von

de um projeto que exige prova,[1450] a *risk-based approach* procede exatamente no caminho oposto: "a regulamentação do risco estatal deve exigir justificativas mais eficazes baseadas em evidências científicas compreensíveis para justificá-lo".[1451] Ambas as abordagens são, portanto, baseadas em uma decisão normativa fundamental que é notoriamente incerta, mas que oculta esse fato.

Na implementação prática, o gerenciamento de risco se resume principalmente a precauções processuais:[1452]

> Assegurar um gerenciamento de risco adequado envolve (...) a não menos importante padronização dos procedimentos e de convenções anteriormente não regulamentados de avaliação de risco, bem como a garantia de uma revisão contínua do sucesso da gestão.[1453]

---

rechtlicher Risikovorsorge zu politischer Planung. Begründungen für Innovationskontrollen in einer partizipativen Technikfolgenabschätzung zu gentechnisch erzeugten herbizidresistenten Pflanzen". *In*: BORA, Alfons (Coord.). *Rechtliches Risikomanagement*: Form, Funktion und Leistungsfähigkeit des Rechts in der Risikogesellschaft. Berlim: Duncker & Humblot, 1999, pp. 259 e ss. (269 e ss.).

1450 Cf. POWER, Michael. *Organized Uncertainty*: Designing a World of Risk Management. Oxford: Oxford University Press, 2007, p. 16. Além de CALLIESS, Christian. "Vorsorgeprinzip und Beweislastverteilung im Verwaltungsrecht". *DVBl*, 2001, pp. 1725 e ss.

1451 APPEL, Ivo. "Grenzen des Risikorechts". *In*: APPEL, Ivo; HERMES, Georg; SCHÖNBERGER, Christoph (Coord.). Öffentliches Recht im offenen Staat: Festschrift für Rainer Wahl zum 70. Geburtstag. Berlim: Duncker & Humblot, 2011, p. 471.

1452 Em particular sobre a "processualização das medidas cautelares", ver KÖCK, Wolfgang. "Grundzüge des Risikomanagements im Umweltrecht". *In*: BORA, Alfons (Coord.). *Rechtliches Risikomanagement*: Form, Funktion und Leistungsfähigkeit des Rechts in der Risikogesellschaft. Berlim: Duncker & Humblot, 1999, pp. 129 e ss. (169 e ss.).

1453 SCHERZBERG, Arno. "Risikosteuerung durch Verwaltungsrecht: Ermöglichung oder Begrenzung von Innovationen?" *VVDStRL*, 63, 2003, p. 244 (Nachweise weggelassen).

No curso avançado do projeto da lei de risco, os regulamentos sobre o ônus da prova também entram em jogo.[1454] É característico dele uma perspectiva basilar sobre o risco, na qual ele é entendido como um déficit de conhecimento que idealmente precisa ser superado, ou seja, o objetivo é eliminar ou pelo menos suprimir a incerteza na medida do possível. Desse modo, essa gestão do risco difere de qualquer outra com um enfoque diferente, que colocaria maior ênfase na inevitável exposição à incerteza.[1455]

7.3 Operacionalização da incerteza: os derivativos da ignorância no Direito

1. Conforme o conceito de absorção da incerteza delineado até agora, "as organizações são descritas como sistemas sociais que transformam a incerteza em segurança em um mundo que lhes é opaco. Ao fazer isso, a organização se compromete com um mundo que ela mesma construiu e no qual acredita".[1456] Se alguém procurar a partir daqui maneiras de se envolver produtivamente com a incerteza,[1457] a primeira coisa a fazer é dar uma olhada nas estratégias

---

1454 Cf. SCHERZBERG, Arno. "Risikosteuerung durch Verwaltungsrecht: Ermöglichung oder Begrenzung von Innovationen?" *VVDStRL*, 63, 2003, pp. 247 e s.; de maneira mais aprofundada, ver CALLIESS, Christian. "Vorsorgeprinzip und Beweislastverteilung im Verwaltungsrecht". *DVBl*, 2001, pp. 1725 e ss.

1455 Cf. sobre essa mudança de paradigma em LADEUR, Karl-Heinz. "Risikowissen und Risikoentscheidung". *KritV*, 1991, p. 241 (255); assim como de maneira mais aprofundada na seção 7.5 abaixo.

1456 LUHMANN, Niklas. *Organisation und Entscheidung*. Opladen: Westdeutscher Verlag, 2000, p. 216.

1457 Sobre o conceito de "aceitação" da incerteza em seu nascedouro, ver LADEUR, Karl-Heinz. "Die Akzeptanz von Ungewißheit – Ein Schritt auf dem Weg zu einem 'ökologischen' Rechtskonzept. Zum Verhältnis von Recht und gesellschaftlichem Wissen am Beispiel der Kernenergie". *In*: VOIGT, Rüdiger (Coord.). *Recht als Instrument der Politik*. Opladen: Westdeutscher Verlag, 1986, pp. 60 e ss.; da mesma forma em TEUBNER, Gunther. "'So ich aber die Teufel durch Beelzebub

jurídicas clássicas: o Direito não exerce necessariamente sua tarefa atribuída de estabilizar as expectativas normativas simplesmente tomando decisões,[1458] criando, portanto, certezas sociais. Ao contrário, ele também tem "possibilidade de adiar decisões e operar no escuro por um tempo".[1459] Nesses casos, o ordenamento jurídico, "já que o futuro é sempre visto como incerto, utiliza esse horizonte temporal para criar e para manter a própria incerteza com a perspectiva de mais tarde chegar a uma decisão (ainda não tangível)".[1460] A incerteza, por conseguinte, não é absolutamente destrutiva para o Direito; sua manutenção (e até mesmo: sua nova produção) por meio de processos próprios pode até servir funcionalmente.[1461] Tradicionalmente, isso é "incerteza autocriada, porque não é o mundo em si que está sendo questionado, mas apenas a atribuição dos valores codificados de maneira obscura atualmente".[1462] No esteio da dicotomia de Luhmann, trata-se de uma insegurança normativa, não cognitivamente determinada.

Coloca-se, assim, a questão de saber se e, em caso afirmativo, como a estratégia delineada poderia ser estendida para incluir a

---

austreibe,... ': Zur Diabolik des Netzwerkversagens". *In*: AUGSBERG, Ino. *Ungewissheit als Chance*: Perspektiven eines produktiven Umgangs mit Unsicherheit im Rechtssystem. Tübingen: Mohr Siebeck, 2009, pp. 109 e ss. (133).

1458 Cf. em relação a isso LUHMANN, Niklas. *Rechtssoziologie*. 2ª ed. Opladen: Westdeutscher Verlag, 1983, pp. 131 e ss.

1459 LUHMANN, Niklas. *Das Recht der Gesellschaft*. Frankfurt am Main: Suhrkamp, 1993, p. 207.

1460 LUHMANN, Niklas. *Das Recht der Gesellschaft*. Frankfurt am Main: Suhrkamp, 1993, p. 207.

1461 Para a "ignorância" como "a única condição sob a qual os vivos sobrevivem e prosperam", ver NIETZSCHE, Friedrich. *Nachgelassene Fragmente Frühjahr–Herbst 1884*: Kritische Gesamtausgabe, hrsg. von Giorgio Colli und Mazzino Montinari. vol. VII/2. Berlim: De Gruyter, 1973, p. 226.

1462 LUHMANN, Niklas. *Das Recht der Gesellschaft*. Frankfurt am Main: Suhrkamp, 1993, p. 207.

dimensão cognitiva do Direito em sentido estrito. O fato de que isso não é apenas possível, mas mesmo necessário, é sugerido por uma consideração teórica fundamental da decisão, que determina a condição dos atos sistêmicos de comunicação em curso precisamente na incerteza da situação de tomada de decisão: a incerteza aparece então como "o recurso mais importante da autopoiese do sistema. Isso porque sem incerteza nada restaria para ser decidido, a organização terminaria em estado de completa autodeterminação e deixaria de existir por falta de atividade".[1463] *Heinrich Popitz* apresentou uma análise menos abstrata da relevância específica da ignorância no sistema jurídico, principalmente com vistas ao Direito Penal. Nela, ele explica a necessidade funcional da opacidade para todo sistema de ordem social:

> Nenhum sistema de normas sociais poderia ser submetido à perfeita transparência comportamental sem se envergonhar até a morte. Uma sociedade que descobrisse todos os desvios de comportamento arruinaria ao mesmo tempo a validade de suas normas.[1464]

Para não negar a relação regra-exceção factualmente existente que é implicitamente embutida em todo mandamento normativo, a estabilidade dos sistemas normativos depende de uma certa ignorância da extensão real do comportamento desviante da norma, ou seja, a manutenção de uma "figura não relatada":[1465] o cumprimento da função normativa requer déficits cognitivos no sentido de uma

---

1463 LUHMANN, Niklas. *Organisation und Entscheidung*. Opladen: Westdeutscher Verlag, 2000, p. 186.

1464 POPITZ, Heinrich. "Über die Präventivwirkung des Nichtwissens". *In*: ______. *Soziale Normen, hrsg. v. Friedrich Pohlmann und Wolfgang Eßbach*. Frankfurt am Main: Suhrkamp, 2006, pp. 158 e ss. (164).

1465 O subtítulo (que foi excluído da coleção de ensaios) da obra originalmente publicada (Tübingen 1968) como uma pequena monografia dizia: "Cifras ocultas, norma e punição".

"renúncia consciente à informação".[1466] *Gerd Roellecke* ampliou essa lógica e mostrou que o que, segundo *Popitz*, se aplica ao Direito Penal também vale às atividades administrativas: "a Administração não poderia mais funcionar se seguisse tudo. Dogmaticamente e positivamente, não se pode descartar os casos de menor de bagatela".[1467] Contudo, isso significa que o Direito (Administrativo) também deve fornecer mecanismos que regulem tanto o conhecimento quanto a ignorância.

Essa possibilidade de efeitos produtivos da incerteza e da ignorância implica a questão de saber se e, em caso afirmativo, como essa incerteza também pode ser usada de maneira mais direcionada para que perca seu terror paralisante, que ainda domina a percepção usual. *Helmut Willke* apresentou uma proposta para a economia do conhecimento com referência a um conhecido produto do campo das finanças. Segundo ele, a estratégia consistiria em

> apropriar-se de uma inovação central da economia financeira: o desenvolvimento de derivativos, mas agora de *derivativos da ignorância*, a fim de dissolver uma ignorância excessivamente compacta – e, portanto, impenetrável e potencialmente ameaçadora do sistema – por meio de uma decomposição da ignorância e de uma dispersão de incertezas, trazendo mais conhecimento também no tocante à ignorância.[1468]

Em contraposição ao procedimento de absorção de incerteza exposto acima, o objetivo aqui não é ocultar as incertezas existentes;

1466 POPITZ, Heinrich. "Über die Präventivwirkung des Nichtwissens". *In*: ______. *Soziale Normen, hrsg. v. Friedrich Pohlmann und Wolfgang Eßbach*. Frankfurt am Main: Suhrkamp, 2006, p. 168.

1467 ROELLECKE, Gerd. "Das Interesse der Rechtswissenschaft an Nichtwissen. Der Verwaltungsbegriff als Beispiel". *Die Öffentliche Verwaltung*, 2003, pp. 896 e ss. (901).

1468 WILLKE, Helmut. *Dystopia*: Studien zur Krisis des Wissens in der modernen Gesellschaft. Frankfurt am Main: Suhrkamp, 2002, p. 77.

pelo contrário, elas estão sendo multiplicadas, diversificadas em diferentes tipos e distribuídas a variados atores como portadores de risco para parecerem, assim, mais administráveis – na medida em que o objetivo permanece o mesmo.[1469] A partir da demanda por uma distribuição dos estoques de conhecimento[1470] que ocorre de maneira fragmentada na sociedade moderna, pode-se falar também da exigência complementar de uma distribuição da incerteza.

Com base na estreita conexão entre os dois aspectos da absorção de incerteza, não deveria ser uma surpresa que os respectivos mecanismos não apenas sejam muitas vezes muito semelhantes, mas que, em alguns casos, as mesmas figuras só possam ser diferenciadas no que tange às suas peculiaridades funcionais, como a compensação de incerteza, de um lado, e, de outro, o derivativo da ignorância. Consequentemente, uma distinção pode ser feita aqui entre uma perspectiva principalmente relacionada ao processo (2.) e uma abordagem mais relacionada à organização (3.).

2. A natureza "*de rosto de Janus*" da absorção da incerteza pode ser ilustrada de maneira particularmente clara usando os métodos já mencionados para subjetivar as bases cognitivas da decisão: por um lado, é claro, que se trata de uma tentativa de estabelecer um substituto da certeza que pode ser seguido de decisões administrativas futuras, bem como de concepções de controle judicial posterior. Ao mesmo tempo, o déficit de conhecimentos administrativos não se define apenas como um estado transitório que deve ser superado o mais rapidamente e exaustivamente possível, mas é expressamente reconhecido como um elemento operativo da ação administrativa. Nessa toada, a subjetivação expressa o reconhecimento de que as ações da administração como organização não podem se basear em uma dada "realidade" externa, mas podem ser constituídas apenas

1469 Cf. WILLKE, Helmut. *Dystopia*: Studien zur Krisis des Wissens in der modernen Gesellschaft. Frankfurt am Main: Suhrkamp, 2002, p. 78.

1470 Cf. ver acima cap. 6.

por suas próprias decisões. Levar em conta a subjetivação envolve a possibilidade de que suas formas até então dominantes tenham que ser reformuladas em prol de uma maior atenção ao elemento de incerteza: por exemplo, o conceito proposto de discricionariedade administrativa,[1471] muito diferente ainda da ideia de um espectro de concorrentes, mas ainda o fundamental das decisões conhecidas, deve ser substituído pela liberdade de experimentar da Administração, mais orientada para a discricionariedade do planeamento e que visa ser baseado na "verificação sistemática e na avaliação do novo".[1472] O fato de que um aperfeiçoamento parece possível é demonstrado pelo potencial epistêmico fundamentalmente existente da construção geral.

Nesse panorama, como a incerteza não é apenas ocultada por completo, mas é explicitamente reintroduzida e processada no processo geral de tomada de decisão, outra técnica de absorção pode ser descrita, agora, como sequenciamento ou fracionamento. Em condições de incerteza, "as decisões são cada vez mais baseadas na divisão e na gradação".[1473] Em analogia à especificação do processo decisório, não se trata da estratificação em certezas individuais, por exemplo, dos efeitos internos de autorizações parciais.[1474] Ao contrário, o caráter especial da multiplicação da incerteza associada a esse conceito geral deve ser esclarecido usando o sequenciamento

---

1471 Cf. LADEUR, Karl-Heinz. "Risikooffenheit und Zurechnung – insbesondere im Umweltrecht". *In*: SCHMIDT-ASSMANN, Eberhard; HOFFMANN-RIEM, Wolfgang (Coord.). *Innovation und Flexibilität des Verwaltungshandelns*. Baden-Baden: Nomos, 1994, pp. 128 e ss.

1472 LADEUR, Karl-Heinz. "Risikooffenheit und Zurechnung – insbesondere im Umweltrecht". *In*: SCHMIDT-ASSMANN, Eberhard; HOFFMANN-RIEM, Wolfgang (Coord.). *Innovation und Flexibilität des Verwaltungshandelns*. Baden-Baden: Nomos, 1994, p. 130.

1473 APPEL, Ivo. "Methodik des Umgangs mit Ungewissheit". *In*: SCHMIDT-A.ßMANN, Eberhard; HOFFMANN-RIEM, Wolfgang (Coord.). *Methoden der Verwaltungsrechtswissenschaft*. Baden-Baden: Nomos, 2004, p. 352.

1474 Cf. sobre os problemas envolvidos na decisão do BVerwGE 72, 300.

como um derivativo da ignorância. Trata-se, essencialmente, de evitar efeitos cascata causados por uma incerteza cada vez maior. Seu objetivo é duplo: "aumento da irritabilidade interna e sua mudança direcionada para variáveis mais controláveis".[1475] Os muitos riscos individuais diversificados e distribuídos não devem se acumular para formar riscos sistêmicos incontroláveis em sua compatibilidade.[1476] A sociedade moderna, em particular, enfrenta um problema específico a esse respeito, porque, ao contrário da sociedade industrial, as áreas problemáticas nela não podem ser claramente separadas umas das outras de acordo com a divisão do trabalho. Em vez disso, como uma "sociedade do conhecimento", ela é "atingida por um aumento na complexidade organizada, interdependência e ubiquidade, o que dificilmente dá às muitas pequenas catástrofes o espaço e o tempo para desaparecer e, na melhor das hipóteses, até mesmo iniciar processos locais de aprendizagem".[1477]

1475 TEUBNER, Gunther. "'So ich aber die Teufel durch Beelzebub austreibe,... ': Zur Diabolik des Netzwerkversagens". *In*: AUGSBERG, Ino. *Ungewissheit als Chance*: Perspektiven eines produktiven Umgangs mit Unsicherheit im Rechtssystem. Tübingen: Mohr Siebeck, 2009, p. 133.

1476 Em relação ao problema, ver WILLKE, Helmut. *Dystopia*: Studien zur Krisis des Wissens in der modernen Gesellschaft. Frankfurt am Main: Suhrkamp, 2002, pp. 31 e ss.: "Principalmente através da invenção de derivativos, o mundo financeiro conseguiu construir arquiteturas de risco diferenciadas, aninhadas e complexas a partir de riscos compactos, como riscos de taxa de juros ou cambiais, que por um lado permitem que diferentes tipos de risco sejam atribuídos a diferentes portadores de risco de acordo com aos seus diferentes cálculos de risco a serem distribuídos, mas que, por outro lado, criam cascatas de risco cada vez mais opacas e incalculáveis e, em última análise, riscos sistêmicos". Dez anos depois, esses riscos sistêmicos se materializaram; cf. somente as contribuições em KJAER, Poul F.; TEUBNER, Gunther; FEBBRAJO, Alberto (Coord.). *The Financial Crisis in Constitutional Perspective*: The Dark Side of Functional Differentiation. Oxford: Hart, 2011.

1477 WILLKE, Helmut. *Dystopia*: Studien zur Krisis des Wissens in der modernen Gesellschaft. Frankfurt am Main: Suhrkamp, 2002, pp. 28 e ss.

Nesse caso, o sequenciamento significa que novas incertezas não são ocultadas ou empurradas para trás tanto quanto possível em cada seção processual, mas, ao mesmo tempo, essa incerteza está relacionada a apenas uma seção específica – setorial, temporal, local ou mesmo limitada por competência – de todo o processo de tomada de decisão.[1478] O sequenciamento é, portanto, semelhante à especificação pontual acima mencionada da tomada de decisão enquanto decisão de caso individual e vinculada às premissas de decisão. No entanto, ele difere disso porque a incerteza não é reprimida em cada nova etapa do procedimento, mas é conscientemente abordada e permitida de novo, ou seja, cadeias experimentais de sequências de decisão que são formadas.

Outra estratégia para operacionalizar a incerteza pode ser descrita como referencialização ou externalização. No âmbito do Direito Administrativo, encontra-se sobretudo sob a forma da referência comum ao "estado da arte da ciência e da tecnologia".[1479] Como um derivativo da ignorância – ou seja, não apenas como um mecanismo para reduzir a incerteza[1480] –, essa técnica de referência pode ser decifrada se entendermos seu ponto de referência, que parece

---

1478 Cf. o exemplo da engenharia genética em KRIES, Caroline von; WINTER, Gerd. "Komplexität und zergliederung. Die Strukturierung der Risikobewertung für die Ausbringung gentechnisch veränderter Organismen". *ZUR*, 2011, pp. 227 e ss. (234): De acordo com isso, a abordagem *step by step* serve, por um lado, para gerar conhecimento passo a passo, por outro lado, aceita-se que novos riscos possam surgir em cada nível que não puderam ser explicados no nível anterior.

1479 Cf. uma visçã geral em TRUTE, Hans-Heinrich. "Wissenschaft und Technik". *In*: ISENSEE, Josef; KIRCHHOF, Paul (Coord.). *Handbuch des Staatsrechts der Bundesrepublik Deutschland*. 3ª ed. Band IV. Heidelberg: C.F. Müller Verlag, 2006, § 88 parágrafo 47.

1480 Em contraposição, uma classificação básica como a de APPEL, Ivo. "Methodik des Umgangs mit Ungewissheit". *In*: SCHMIDT-ASSMANN, Eberhard; HOFFMANN-RIEM, Wolfgang (Coord.). *Methoden der Verwaltungsrechtswissenschaft*. Baden-Baden: Nomos, 2004, p. 337.

ser externo ao Direito, como um corpo fixo de conhecimento, mas, ao invés disso, ele enfatiza seu caráter operativo. Particularmente, o

> estado da arte sugere um tesouro compatível de experiência que poderia ser facilmente seguido. Contudo, o conhecimento científico não pode ser simplesmente determinado e aplicado; ao contrário, ele deve primeiro ser produzido e reproduzido no respectivo contexto de uso.[1481]

Ademais, o conhecimento científico é, por definição, díspar tanto em termos de tempo quanto de matéria; caracteriza-se pela permanente discordância de especialistas e pela abertura à revisão. Normalmente, portanto, não é "o" estado da arte que pode ser determinado, mas no máximo uma série de opiniões científicas.[1482] É justamente essa disparidade de conhecimento científico que é reivindicada e operacionalizada como um derivativo da ignorância. Ao fazê-lo, relaciona-se com a função social geral da ciência, que "não consiste em estabelecer conhecimento verificável, mas em uma maneira controlada de incerteza crescente que permite novas questões serem levantadas repetidamente de tal sorte que novos problemas podem ser colocados".[1483] Esse processo torna-se particularmente evidente onde geralmente não é "o estado da técnica", mas – como na questão da aprovação de biocida de acordo com § 12b parágrafo 1, nº 2, da ChemG – explicitamente "o respectivo estado da ciência

---

1481 RÖHL, Hans Christian. "Der rechtliche Kontext der Wissenserzeugung". *In*: RÖHL, Hans Christian (Coord.). *Wissen – Zur kognitiven Dimension des Rechts*. (DV Beiheft 9). Berlim: Duncker & Humblot, 2010, pp. 65 e ss. (84). Cf. da maneira similar em *Ladeur*, Risikooffenheit und Zurechnung, ibid, p. 125.

1482 Cf., por exemplo, CZAIJKA, Dieter. "Der Stand von Wissenschaft und Technik als Gegenstand richterlicher Sachaufklärung". *Die Öffentliche Verwaltung*, 1982, pp. 99 e ss.

1483 BAECKER, Dirk. "Die nächste Universität". *In*: ______. *Studien zur nächsten Gesellschaft*. Frankfurt am Main: Suhrkamp, 2007, pp. 98 e ss. (101 e s.).

e do conhecimento técnico" é referido. Por outro lado, esse caráter da ciência é mal compreendido onde o aumento científico do conhecimento é entendido como um processo dinâmico, mas, ao mesmo tempo, linear, permitindo uma acumulação gradual de conhecimento para outras áreas da sociedade a que a ele se refere.[1484]

Aliás, a técnica de referência também seria compreendida de forma incompleta, se ela fosse tomada como uma contraparte espelhada invertida da ficção jurídica, de tal sorte que a resolução do problema da incerteza fosse dada pelas decisões normativas, ou seja, com o favorecimento do interior do sistema, ocorrendo aqui um deslocamento da dimensão puramente cognitiva, como referência externa. Essa visão falha ao reconhecer que o cruzamento de autorreferências e referências externas reside justamente na técnica de referência, ou seja, a necessidade de uma transformação transfronteiriça do conhecimento jurídico-externo que com ela se expressa.[1485] É um "processo de recepção complexo que requer um alto grau de avaliação e seleção normativa".[1486] Há também uma regra de bloqueio cognitivo na referencialização, ou seja, um mecanismo de compensação da incerteza no sentido de que a Administração não

---

1484 Assim, a tendência advinda da decisão do BVerfG, NVwZ 2011, pp. 94 e ss. (98); crítico a ela é AUGSBERG, Ino. "Wem nützt die Freiheit der Wissenschaft? Zur Entgrenzung von Politik und Wissenschaft im Diskurs über Grüne Gentechnik". *In*: GRIMM, Herwig; SCHLEISSING, Stephan (Coord.). *Grüne Gentechnik*: Zwischen Forschungsfreiheit und Anwendungsrisiko. Baden-Baden: Nomos, 2012, pp. 65 e ss. (75 e ss.). Da mesma forma, a crítica ao caso Kalkar do Tribunal Constitucional Federal (BVerfGE 49, 89 [135 e ss.]) em LADEUR, Karl-Heinz. "Risikooffenheit und Zurechnung – insbesondere im Umweltrecht". *In*: SCHMIDT-ASSMANN, Eberhard; HOFFMANN-RIEM, Wolfgang (Coord.). *Innovation und Flexibilität des Verwaltungshandelns*. Baden-Baden: Nomos, 1994, p. 126.

1485 Para mais, ver capítulo VIII abaixo.

1486 KÖCK, Wolfgang. "Grundzüge des Risikomanagements im Umweltrecht". *In*: BORA, Alfons (Coord.). *Rechtliches Risikomanagement*: Form, Funktion und Leistungsfähigkeit des Rechts in der Risikogesellschaft. Berlim: Duncker & Humblot, 1999, p. 163.

é mais obrigada a se referir ao que é, por sua vez, um conhecimento científico instável. Por outro lado, para os cidadãos, sujeitos à lei, deve-se enfatizar o efeito de referências correspondentes que não eliminam a incerteza, mas a possibilitam. Isso porque elas

> aumentam as obrigações do operador, obrigam os operadores a renovarem constantemente as suas instalações, pelo menos de acordo com a tecnologia mais recente praticada, e autorizam a Administração a romper a validade dos atos administrativos por meio de despachos posteriores, a reserva de condições, a revogação ou a retomada do procedimento.[1487]

A supramencionada tendência de flexibilização da decisão administrativa, que contraria o objetivo de garantir a maior segurança jurídica possível, conduz a outro aspecto crucial: novamente, assim como na absorção da incerteza do primeiro significado, também no tocante aos derivativos da ignorância, o plano de observação da dimensão do tempo é de suma importância. Destarte, as diferenças de perspectivas também podem ser enfatizadas aqui: enquanto a temporalização da tomada de decisão compensatória da incerteza coloca o acento no passado, a temporalidade do Direito que expressamente se permite ser incerto foi corretamente definida como futurização.[1488] Isso se caracteriza pelo deslocamento da

---

1487 KAHL, Wolfgang. "Risikosteuerung durch Verwaltungsrecht: Ermöglichung oder Begrenzung von Innovationen?" *DVBl*, 2003, pp. 1105 e ss. (1112).

1488 Cf. APPEL, Ivo. "Methodik des Umgangs mit Ungewissheit". *In*: SCHMIDT-ASSMANN, Eberhard; HOFFMANN-RIEM, Wolfgang (Coord.). *Methoden der Verwaltungsrechtswissenschaft*. Baden-Baden: Nomos, 2004, pp. 352 e ss. Cf. em contrapartida o contraste entre a referência do direito ao passado e a referência ao futuro da ação política em HALTERN, Urich. "Internationales Verfassungsrecht? Anmerkungen zu einer kopernikanischen Wende". *AöR*, 128, 2003, pp. 511 e ss. (528); "Enquanto o direito constrói o futuro apenas como uma extensão dos significados do passado, a ação política promete o novo, a mudança para melhor e o progresso".

atenção das premissas da decisão para suas consequências.[1489] Essa mudança de abordagem se expressa, por exemplo, nas obrigações explicitamente estipuladas de observação – também chamadas de monitoramento na terminologia mais recente[1490] – e de avaliação. O objetivo dessas estratégias regulatórias (que agora estão sendo afirmadas não apenas contra o administrativo, mas também contra o Legislativo)[1491] não está na assunção desesperada, especialmente em condições de complexidade crescente, de fazer uma "antevisão das consequências" e, com isso, ser capaz de fornecer uma razão mais

---

1489 Cf. LUHMANN, Niklas. *Organisation und Entscheidung*. Opladen: Westdeutscher Verlag, 2000, pp. 260 e ss.; sobre a conexão entre o horizonte de tempo dominante e os padrões de argumentação orientados para input ou output LUHMANN, Niklas. *Rechtssystem und Rechtsdogmatik*. Stuttgart: W. Kohlhammer, 1974, pp. 25 e ss. Do ponto de vista jurídico, ver LÜBBE-WOLFF, Gertrude. *Rechtsfolgen und Realfolgen*: Welche Rolle können Folgenerwägungen in der juristischen Regel- und Begriffsbildung spielen? Freiburg: Alber, 1981; em relação ao problema da ignorância, ver APPEL, Ivo. "Methodik des Umgangs mit Ungewissheit". *In*: SCHMIDT-ASSMANN, Eberhard; HOFFMANN-RIEM, Wolfgang (Coord.). *Methoden der Verwaltungsrechtswissenschaft*. Baden-Baden: Nomos, 2004, pp. 352 e ss.

1490 Típico da lei de engenharia genética; cf. por exemplo WEIMANN, Cathrin; EMMERMACHER, Corinna; KLEIN, Roland; MARBURGER, Peter. "Beobachtung möglicher Umweltauswirkungen durch gentechnisch veränderte Pflanzen: Monitoring als Frühwarnsystem zur Vermeidung von Umweltschäden?" *NuR*, 2010, pp. 229 e ss. Além de HERZMANN, Karsten. "Monitoring als Verwaltungsaufgabe". *DVBl*, 2007, pp. 670 e ss.

1491 Cf. um panorama em HUSTER, Stefan. "Die Beobachtungspflicht des Gesetzgebers. Ein neues Instrument zur verfassungsrechtlichen Bewältigung des sozialen Wandels?" *ZfRsoz*, 24, 2003, pp. 1 e ss.; também ao "direito de sanar o defeito" geral correspondente a essa obrigação de observar em SCHLAICH, Klaus; KORIOTH, Stefan. *Das Bundesverfassungsgericht*: Stellung, Verfahren, Entscheidungen. 9ª ed. München: Beck, 2012, parágrafo 435 f.; da mesma forma podemos encontrar outras referências da jurisprudência.

segura para a decisão.[1492] Ao contrário, a introdução de deveres *post festum*, que se tornam relevantes após a decisão original, sinaliza o reconhecimento da fundamentação incompleta da decisão, ou seja, seu caráter inevitavelmente experimental.[1493] Mesmo quando uma decisão administrativa não é expressamente tida como meramente "provisória",[1494] ela deixa claro o *status* cognitivo instável da tomada de decisão individual e de todo o processo, levando a uma estrutura repetitiva a partir de uma crescente indefinição da decisão e de seus fundamentos. "*Recognition of the need for monitoring entails that the decision process be iterative, responding in a feedback loop to signals from the total environment of the operating system*".[1495] Nesse contexto, a observação legalmente reconhecida e até exigida das consequências da decisão, bem como a possibilidade de corrigi-la *ex post* pela incorporação de "reservas de revisão",[1496] não significa

---

1492 Cf. em relação a essa esperança APPEL, Ivo. "Methodik des Umgangs mit Ungewissheit". *In*: SCHMIDT-ASSMANN, Eberhard; HOFFMANN-RIEM, Wolfgang (Coord.). *Methoden der Verwaltungsrechtswissenschaft*. Baden-Baden: Nomos, 2004, p. 353; para a crítica das respectivas concepções ver LUHMANN, Niklas. *Rechtssystem und Rechtsdogmatik*. Stuttgart: W. Kohlhammer, 1974, p. 35.

1493 Cf. sobre esta função das obrigações de monitoramento em DAELE, Wolfgang van den. "Von rechtlicher Risikovorsorge zu politischer Planung. Begründungen für Innovationskontrollen in einer partizipativen Technikfolgenabschätzung zu gentechnisch erzeugten herbizidresistenten Pflanzen". *In*: BORA, Alfons (Coord.). *Rechtliches Risikomanagement*: Form, Funktion und Leistungsfähigkeit des Rechts in der Risikogesellschaft. Berlim: Duncker & Humblot, 1999, p. 268.

1494 Cf. em maiores detalhes BRÜNING, Christoph. *Einstweilige Verwaltungsführung*: Verfassungsrechtliche Anforderungen und verwaltungsrechtliche Ausgestaltung. Tübingen: Mohr Siebeck, 2003.

1495 RAVETZ, Jerome R. "Usable Knowledge, Usable Ignorance. Incomplete Science with Policy Implications". *Science Communication*, 9, 1987, pp. 87 e ss. (111).

1496 Cf. APPEL, Ivo. "Methodik des Umgangs mit Ungewissheit". *In*: SCHMIDT-ASSMANN, Eberhard; HOFFMANN-RIEM, Wolfgang (Coord.). *Methoden der Verwaltungsrechtswissenschaft*. Baden-Baden: Nomos, 2004, pp. 345 e ss.

apenas que os resultados da contínua geração de conhecimento interno e externo são repetidamente alimentados pelo controle jurídico da atividade de tomada de decisão, ou seja, na institucionalização da capacidade de aprender,[1497] mas que acentuam a incerteza da situação de tomada de decisão. Isso porque essa incerteza no momento da decisão também se estende à questão de saber se o conhecimento necessário algum dia estará disponível. Nessa toada, as obrigações de observação e de avaliação configuram uma forma de compartilhamento de responsabilidades entre o potencial "disruptor" e a sociedade como um todo: exige-se deles a vontade de gerar conhecimento; a natureza explicitamente experimental da aprovação do projeto, que foi determinado como arriscado, também exclui o apelo à proteção de expectativas legítimas no caso de uma mudança no conhecimento relevante do risco.[1498] Em troca, a sociedade aceita a possibilidade de que esses esforços cognitivos não produzam mais resultados. Isso distingue fundamentalmente essa forma de tomada de decisão das constelações bem conhecidas no direito de política, em particular, a "suspeita de perigo",[1499] em que o problema não é a possibilidade fundamental de aquisição de conhecimento, mas apenas sua implementação no curto tempo necessário.

Essa mudança geral no prisma temporal também se expressa na reorientação quanto à forma programática que primariamente caracteriza o Direito. Enquanto o pensamento tradicional é baseado no esquema condicional, a ação jurídica em condições de incerteza é caracterizada por uma transição crescente para programas

---

1497 Cf. acima, capítulo II.

1498 Cf. SCHERZBERG, Arno. "Risiko als Rechtsproblem. Ein neues Paradigma für das technische Sicherheitsrecht". *VerwArch*, 84, 1993, pp. 484 e ss. (508).

1499 Cf., por exemplo, BRÜNING, Christoph. *Einstweilige Verwaltungsführung*: Verfassungsrechtliche Anforderungen und verwaltungsrechtliche Ausgestaltung. Tübingen: Mohr Siebeck, 2003, p. 30 f.

finalísticos.[1500] Esse maior foco na finalidade é acompanhado pelo abandono da visão tradicionalmente relacionada aos atos jurídicos.[1501] Enquanto ela, delineada no âmbito da compensação da incerteza, se constitui, como o programa condicional,[1502] prioritariamente tendo em vista o passado e as decisões já tomadas nele, o programa finalístico é prioritariamente orientado para o futuro. Essa mudança na orientação do tempo com base nas preferências do programa tem sérias consequências.

> Aplica-se a programas condicionais: o que não é permitido, é proibido; pois o distanciamento do passado da decisão que determina a situação só pode ser feito com cautela; a alternativa básica é, portanto: seguir o programa corretamente ou incorretamente (interpretar, aplicar). Já no caso dos programas finalísticos, a indefinição do futuro exige elasticidade. Portanto, as restrições, que aqui sempre se referem à escolha dos meios, devem ser feitas explicitamente. Logo, vale o seguinte: o que não é proibido, é permitido.[1503]

1500 Cf. GRIMM, Dieter. "Der Wandel der Staatsaufgaben und die Krise des Rechtsstaats". *In*: ______. *Die Zukunft der Verfassung*. 2ª ed. Frankfurt am Main: Suhrkamp, 1994, pp. 159 e ss. (172).

1501 Cf. ENGEL, Christoph. "Herrschaftsausübung bei offener Wirklichkeitsdefinition. Das Proprium des Rechts aus der Perspektive des öffentlichen Rechts". *In*: ENGEL, Christoph; SCHÖN, Wolfgang (Coord.). *Das Proprium des Rechts*. Tübingen: Mohr Siebeck, 2002, pp. 205 e ss. (219), com referência à apresentação detalhada do tema em BUMKE, Christian. "Die Entwicklung der verwaltungsrechtswissenschaftlichen Methodik in der Bundesrepublik Deutschland". *In*: SCHMIDT-A.ßMANN, Eberhard; HOFFMANN-RIEM, Wolfgang (Coord.). *Methoden der Verwaltungsrechtswissenschaft*. Baden-Baden: Nomos, 2004, pp. 73 e ss. (75 e ss.).

1502 Cf. LUHMANN, Niklas. *Das Recht der Gesellschaft*. Frankfurt am Main: Suhrkamp, 1993, p. 197.

1503 Cf. LUHMANN, Niklas. *Organisation und Entscheidung*. Opladen: Westdeutscher Verlag, 2000, p. 266.

O movimento básico dos derivativos da ignorância pode ser paradigmaticamente esclarecido na conversão dos tipos de programas: demonstra como a incerteza – inicialmente concebida como um fenômeno externo no sentido de um ambiente que se tornou mais complexo – por mais incerteza – agora entendido como uma reação interna, no sentido de flexibilizar a própria tomada de decisão. A referencialização também pode ser redefinida nessa dimensão temporal; com a ajuda dos derivativos, "a abertura temporal é incorporada à norma jurídica".[1504] Assim, também ficam claros os custos desse processo, pois a clássica função do Direito, que deve assumir certo grau de previsibilidade das decisões, fica pressionada com essa forma de flexibilização da decisão.[1505]

Finalmente, as disposições sobre responsabilidade – por exemplo, de acordo com os §§ 32 e seguintes da GenTG, os §§ 25 e seguintes da AtG, ou de acordo com as disposições da Lei de Proteção Ambiental – podem ser entendidas não apenas como um mecanismo de ocultação, mas também como um estratégia para multiplicar a incerteza. Ao mudar a visão do nível primário para o secundário, voltando-se da compensação financeira, o antigo risco não é apenas reduzido, mas um novo risco adicional, ou seja, financeiro, é introduzido.[1506] Desse modo, como esses múltiplos riscos

---

1504 VESTING, Thomas. *Rechtstheorie*: Ein Studienbuch. München: C. H. Beck, 2007, parágrafo 44.

1505 Programas condicionais são, portanto, considerados indispensáveis para o direito em LUHMANN, Niklas. *Das Recht der Gesellschaft*. Frankfurt am Main: Suhrkamp, 1993, p. 195. Cf. a crítica a essa perspectiva em VESTING, Thomas. *Rechtstheorie*: Ein Studienbuch. München: C. H. Beck, 2007, parágrafo 42 e ss. Mais sobre a ameaça à função clássica do direito da mudança para a incerteza, ver imediatamente a seção 7.6.

1506 Cf. SCHMIDT, Johannes F. K. "Politische Risikoregulierung als Risikoerzeugung? Zur Bedeutung von Gefährdungshaftung und Versicherung im Rahmen gesellschaftlicher Risikobearbeitung". *In*: HILLER, Petra; KRÜCKEN, Georg (Coord.). *Risiko und Regulierung*: Soziologische Beiträge zu Technikkontrolle und präventiver Umweltpolitik. Frankfurt am Main: Suhrkamp, 1997, pp. 287 e ss.

são ao mesmo tempo (totalmente de acordo com o conceito geral de derivativos da ignorância)[1507] distribuídos a diferentes portadores de risco – enquanto a sociedade como um todo normalmente sofre no nível primário, particularmente no caso de danos irreversíveis, as consequências são mais fáceis de passar para um "perturbador" identificável como responsável pelo problema inicial (especialmente quando, como no caso de responsabilidade objetiva, por exemplo, como responsabilidade da planta industrial de acordo com § 1 da UmweltHG,[1508] a responsabilidade é transferida para muito à frente e não está diretamente ligada ao caso de dano)[1509] –, essa forma de repartição do risco pode aumentar a vontade de assumir riscos em primeiro lugar ou pelo menos aceitar a prática de outros que assumem riscos, cujas consequências não podem ser facilmente transmitidas à sociedade como um todo.

Nesse caso, os regulamentos de responsabilidade não expressam apenas a vontade política de permitir determinado comportamento, embora obviamente não se possa descartar sua periculosidade;[1510] eles também neutralizam as atitudes avessas ao risco na sociedade.

1507 Cf. WILLKE, Helmut. *Dystopia*: Studien zur Krisis des Wissens in der modernen Gesellschaft. Frankfurt am Main: Suhrkamp, 2002, p. 78.

1508 Cf. sobre o contexto histórico-político dessa regulamentação jurídica e os problemas concretos da sua aplicação SCHMIDT, Johannes F. K. "Politische Risikoregulierung als Risikoerzeugung? Zur Bedeutung von Gefährdungshaftung und Versicherung im Rahmen gesellschaftlicher Risikobearbeitung". *In*: HILLER, Petra; KRÜCKEN, Georg (Coord.). *Risiko und Regulierung*: Soziologische Beiträge zu Technikkontrolle und präventiver Umweltpolitik. Frankfurt am Main: Suhrkamp, 1997, pp. 295 e ss.

1509 Cf. em relação ao problema a partir da visão sociológica BONSS, Wolfgang. *Vom Risiko*: Unsicherheit und Ungewißheit in der Moderne. Hamburg: Hamburger Edition, 1995, pp. 192 e ss.

1510 Cf. com referência principalmente à responsabilidade estrita SCHMIDT, Johannes F. K. "Politische Risikoregulierung als Risikoerzeugung? Zur Bedeutung von Gefährdungshaftung und Versicherung im Rahmen gesellschaftlicher Risikobearbeitung". *In*: HILLER, Petra; KRÜCKEN, Georg (Coord.). *Risiko und Regulierung*: Soziologische Beiträge zu

As regras de responsabilidade não têm, portanto, uma função primordialmente preventiva, que, de acordo com o comportamento de risco dos particulares, deve ser evitada na medida do possível por meio de controle indireto.[1511] Em contrapartida, isso deve tender a aumentar a disposição para assumir riscos na sociedade. O caráter das disposições de responsabilidade como um derivativo da ignorância torna-se particularmente notável, se levarmos em conta[1512] a opção tipicamente usada do poluidor em potencial de se assegurar contra seu agora risco financeiro[1513] (o que obviamente também significa: aceitar o novo risco, mesmo que você já tenha se assegurado em vão na ausência de sinistro).[1514] Isso espalha ainda mais a incerteza – agora também incluindo a seguradora e possivelmente outro ressegurador – (na visão da seguradora isso significa: deslocado da área da política para a economia)[1515] e, portanto, mais suportável para todos os envolvidos.

Technikkontrolle und präventiver Umweltpolitik. Frankfurt am Main: Suhrkamp, 1997, p. 288.

1511 Cf. a posição cética em BRÜGGEMEIER, Gert. "Produkthaftung und Produktsicherheit". *ZHR*, 152, 1988, pp. 511 e ss.

1512 Cf. a combinação típica de resposta do direito civil a riscos em DAMM, Reinhard. "Rechtliche Risikoregulierung aus zivilrechtlicher Sicht. Theoretische Steuerungskonzepte und empirische Steuerungsleistungen". *In*: BORA, Alfons (Coord.). *Rechtliches Risikomanagement*: Form, Funktion und Leistungsfähigkeit des Rechts in der Risikogesellschaft. Berlim: Duncker & Humblot, 1999, p. 117.

1513 Cf. a retrospectiva histórica em BONSS, Wolfgang. *Vom Risiko*: Unsicherheit und Ungewißheit in der Moderne. Hamburg: Hamburger Edition, 1995, pp. 149 e ss.

1514 Cf. de maneira mais aprofundada em LUHMANN, Niklas. "Das Risiko der Versicherung gegen Gefahren". *Soziale Welt*, 47, 1996, p p. 273 e ss.

1515 Cf. SCHMIDT, Johannes F. K. "Politische Risikoregulierung als Risikoerzeugung? Zur Bedeutung von Gefährdungshaftung und Versicherung im Rahmen gesellschaftlicher Risikobearbeitung". *In*: HILLER, Petra; KRÜCKEN, Georg (Coord.). *Risiko und Regulierung*: Soziologische Beiträge zu Technikkontrolle und präventiver Umweltpolitik. Frankfurt am Main: Suhrkamp, 1997, pp. 291 e ss.

Esse objetivo torna-se ainda mais claro face aos montantes legais máximos de responsabilidade – o que obviamente contraria uma função preventiva do Direito da Responsabilidade: ele tem também por finalidade aumentar a disponibilidade dos particulares (empresas etc.) à inovação, *eo ipso*, assumindo processos arriscados e tentando na prática novas tecnologias etc. Com a determinação desses valores (por exemplo, de acordo com § 33 da GenTG, ou o § 31 da AtG), fica notório *ex ante* para aqueles que desejam implementar uma empresa correspondentemente arriscada qual é o ônus financeiro máximo a ser suportado por eles (e, portanto, se necessário, do ponto de vista do seguro). Aqui, a conversão da incerteza factual em certeza financeira – pelo menos parcial, relativa à extensão máxima do ônus possível – serve para aumentar a disposição para assumir riscos.

3. Em termos organizacionais, a pluralização da incerteza provavelmente está associada ao que se chama de "rede",[1516] com o devido destaque na literatura jurídica recente.[1517] Isso porque a função desse tipo de organização não reside na criação de uma "posição de negação claramente definida" ou na supressão da necessidade de justificação, como possibilita a estrutura hierárquica da organização, mas no "estabelecimento de um grande número

---

1516 Cf., por exemplo, LUHMANN, Niklas. "Die Paradoxie des Entscheidens". *In*: BALKE, Friedrich; SCHWERING, Gregor; STÄHELI, Urs (Coord.). *Paradoxien der Entscheidung*: Wahl/Selektion in Kunst, Literatur und Medien. Bielefeld: Transcript, 2004, pp. 32 e ss.

1517 Cf. para discussão em geral, por exemplo, MÖLLERS, Christoph. "Netzwerk als Kategorie des Organisationsrechts. Zur juristischen Beschreibung dezentraler Steuerung". *In*: OEBBECKE, Janbernd (Coord.). *Nicht-normative Steuerung in dezentralen Systemen*. Stuttgart: Franz Steiner, 2005, pp. 285 e ss.; AUGSBERG, Ino. "Das Gespinst des Rechts. Zur Relevanz von Netzwerkmodellen im juristischen Diskurs". *Rechtstheorie*, 38, 2007, pp. 479 e ss.; especificamente relacionado à organização administrativa, ver SCHUPPERT, Gunnar. *Folke Verwaltungswissen*schaft: Verwaltung, Verwaltungsrecht, Verwaltungslehre. Baden-Baden: Nomos, 2000, pp. 384 e ss.

de posições de observação que diferem sistematicamente umas das outras". Como se vê mais claramente nas redes intersistêmicas, a sua "epistemologia social" consiste em literalmente institucionalizar na sua multiplicidade de nós autônomos a relatividade das diferentes posições de observação.[1518] Não se trata, portanto, de harmonizar qualquer dissonância cognitiva, mas, sim, de institucionalizá-la. A força dessa forma de organização reside no fato de que as decisões não são tomadas com base no que já foi decidido. Ao contrário, as redes devem possibilitar "decisões sob condições de indecidibilidade", estabelecendo figuras mais complexas de conectividade jurídica.[1519] Nesse panorama, a estrutura em rede como categoria jurídica não mais se refere apenas a questões organizacionais em sentido estrito; em uma compreensão mais abrangente, diz respeito à maneira como as decisões individuais se vinculam umas às outras, sem que um esquema de ordenação previamente estabelecido seja capaz de orientá-las e estruturá-las.[1520]

7.4 A ignorância como requisito jurídico

Por fim, do ponto de vista jurídico, a ignorância não é apenas um fenômeno factual, ao menos ocasional ou mesmo permanente, que pode então ser posteriormente processado por meios jurídicos. Ao contrário, o próprio desconhecimento muitas vezes é juridicamente

---

1518 TEUBNER, Gunther. "'So ich aber die Teufel durch Beelzebub austreibe,...': Zur Diabolik des Netzwerkversagens". *In*: AUGSBERG, Ino (Coord.). *Ungewissheit als Chance*: Perspektiven eines produktiven Umgangs mit Unsicherheit im Rechtssystem. Tübingen: Mohr Siebeck, 2009, pp. 133 e ss.

1519 Cf. LADEUR, Karl-Heinz. *Postmoderne Rechtstheorie*: Selbstreferenz– Selbstorganisation – Prozeduralisierung. 2ª ed. Berlim: Duncker & Humblot, 1995, p. 139.

1520 Cf. a partir da perspectiva metodológica em AUGSBERG, Ino. "Methoden des europäischen Verwaltungsrechts". *In*: TERHECHTE, Jörg Philipp (Coord.). *Verwaltungsrecht der Europäischen Union*. Baden-Baden: Nomos, 2011, § 4 parágrafo 26.

fundamentado.[1521] Normalmente, as disposições correspondentes servem para proteger os direitos individuais,[1522] ou seja, destinam-se a proteger a privacidade do indivíduo, o que tem o efeito de uma "proibição de conhecimento" por parte de todos os outros que não são conhecedores da privacidade, especialmente, é claro, também por parte do Estado.[1523] Além do direito constitucionalmente assegurado distintivo da privacidade em geral e da autodeterminação informativa em particular, o sigilo fiscal e o bancário são os exemplos mais proeminentes dessa função.[1524] As respectivas posições jurídicas em favor do particular são também expressamente desenvolvidas de maneira mais pormenorizada no âmbito processual das proibições de produção de prova, especialmente quanto ao direito de recusa de produção de prova.[1525] As proibições de obtenção de provas com o objetivo de proteger os sigilos garantidos pelo direito individual são

---

1521 Cf. a "formas e estratégias de uma defesa mais ou menos consciente e direcionada contra o conhecimento" comparáveis em outras áreas do sistema, mesmo a ciência, em WEHLING, Peter. *Im Schatten des Wissens. Perspektiven der Soziologie des Nichtwissens*. Konstanz: UVK Verlagsgesellschaft, 2006, p. 321.

1522 Cf. DÖHMANN, Indra Spiecker Genannt. "Wissensverarbeitung im Öffentlichen Recht". *Rechtswissenschaft*, 1, 2010, pp. 268 e ss.

1523 Cf. ROELLECKE, Gerd. "Das Interesse der Rechtswissenschaft an Nichtwissen. Der Verwaltungsbegriff als Beispiel". *Die Öffentliche Verwaltung*, 2003, p. 896. Tendo em vista novos tipos de ameaças em conformidade com KAISER, Anna-Bettina. "Rechtlich gefordertes Nichtwissen im virtuellen Raum. Der Schutz der Privatsphäre im Web 2.0". *In*: HILL, Hermann; SCHLIESKY, Utz (Coord.). *Die Vermessung des virtuellen Raums*: E-Volution des Rechts- und Verwaltungssystems III. Baden-Baden: Nomos, 2012, pp. 55 e ss.

1524 Cf. de maneira geral KLOEPFER, Michael. *Informationsrecht*. München: Beck, 2002, § 9, pp. 368 e ss.

1525 Cf. sobre proibições correspondentes de prova para proteger a privacidade, por exemplo, em BERG, Wilfried. *Die verwaltungsrechtliche Entscheidung bei ungewissem Sachverhalt*. Berlim: Duncker & Humblot, 1980, pp. 58 e ss.

ainda reforçadas pelas prescrições subsequentes do uso de provas.[1526] Os esforços mais recentes de proteção de dados visam adicionar um "direito de não saber mais" ao conhecido "direito de não saber", nomeadamente um "direito a ser esquecido e ao apagamento" – um tema que é particularmente relevante na área *online*.[1527]

Indo além da ideia do direito individualmente concebido, a ignorância juridicamente exigida pode ser ordenada com base em razões de funcionalidade operativa do sistema. Tendo em vista as competências cognitivas notoriamente insuficientes das organizações obrigadas a tomar decisões, uma gestão bem-sucedida do conhecimento administrativo requer "formas e estratégias (...), conhecimento real ou supostamente irrelevante que não reconhece, 'não precisa saber' ou poder 'esquecer'".[1528] Tendo em vista o prisma temporal da memória administrativa, isso explica novamente a particular importância das técnicas não apenas de lembrar, mas principalmente de esquecer.[1529] Não saber não se limita a significar não saber mais,

---

1526 O caso do Tribunal Constitucional Federal parece problemático nesse contexto, segundo o qual as proibições de produção de provas e as proibições de uso da prova não devem ser consideradas como a norma, mas como uma exceção que requer justificação. Cf. BVerfG-K, Beschl. v. 2. 7. 2009 – 2 BvR 2225/08 –, NJW 2009, p. 3225 ff; crítico a essa visão do direito é SCHWABENBAUER, Thomas. "Verwertung von Zufallsfunden einer verfassungswidrigen Durchsuchung". *NJW*, 2009, pp. 3207 e ss.

1527 Cf. Art. 17 do projeto da Comissão para um regulamento de proteção de dados a nível da UE, KOM (2012) 11 v. 25.1.2012, pp. 58 e ss., e o esclarecimento em relação a isso, p. 29; para mais ver KALABIS, Lukas; SELZER, Annika. "Das Recht auf Vergessenwerden nach der geplanten EU-Verordnung. Umsetzungsmöglichkeiten im Internet". *DuD*, 2012, pp. 670 e ss.; HORNUNG, Gerrit; HOFMANN, Kai. "Ein 'Recht auf Vergessenwerden'?" *JZ*, 2013, pp. 163 e ss.

1528 WEHLING, Peter. *Im Schatten des Wissens*: Perspektiven der Soziologie des Nichtwissens. Konstanz: UVK Verlagsgesellschaft, 2006, p. 16.

1529 Cf. LUHMANN, Niklas. *Organisation und Entscheidung*. Opladen: Westdeutscher Verlag, 2000, p. 192; sobre esse significado de esquecimento também, ver acima, capítulo V, 5.6.

mas inclui barreiras para a aquisição de conhecimento que já foram estabelecidas antecipadamente. Isso pode ser exemplificado pela já tradicionalmente altamente seletiva percepção jurídica do mundo, que se baseia em uma variedade de filtros normativos. Os "fatos" de um julgamento incluem apenas informações objetivas relevantes para as razões subsequentes da decisão, e isso não é apenas um "truque" usado para justificar o resultado do processo de tomada de decisão uma vez concluído. Em contraste, a tecnologia apenas dá expressão ao que já está, de outra forma, implicitamente, acontecendo constantemente na construção jurídica da realidade. Nesse diapasão, a ignorância pode ser conformada judicialmente por questões processuais, em especial para agilizar o processo. Essa finalidade é atendida em particular por disposições da preclusão, as quais – como no § 10, parágrafo 3º, inciso 5 da BImSchG – não permitem mais objeções após um certo período e, portanto, por causa de uma decisão que encerra o procedimento, aceitam abertamente que a base de informações é, pelo menos, potencialmente incompleta.[1530] O que se aplica ao nível processual também pode estar relacionado a aspectos relacionados ao conteúdo do processo decisório. Por exemplo, as aprovações

---

1530 Cf. GUSY, Christoph. "Die Informationsbeziehungen zwischen Staat und Bürger". *In*: HOFFMANN-RIEM, Wolfgang; SCHMIDT-ASSMANN, Eberhard; VOSSKUHLE, Andreas (Coord.). *Grundlagen des Verwaltungsrechts*: Informationsordnung – Verwaltungsverfahren – Handlungsformen. 2ª ed. vol. II. München: C. H. Beck, 2012, § 23 parágrafo 57 e ss. Em linhas gerais, sobre a determinação de prazos funcionalmente análogos em BERG, Wilfried. *Die verwaltungsrechtliche Entscheidung bei ungewissem Sachverhalt*. Berlim: Duncker & Humblot, 1980, pp. 158 e ss. e 281 e ss. Considerando o direito processual civil, também poderia ser aplicado o princípio geral da aquisição, conforme os §§ 138 parágrafo 3º, 288, 331 parágrafo 1º do Código Processual Civil e a vinculação do tribunal civil às confissões de acordo com o § 288 ZPO, em particular: ambos têm a consequência de que o tribunal não deve saber "melhor" do que as partes que concordam a esse respeito. Cf. maiores detalhes NOLTE, Jakob. "Die Verarbeitung von extrajuridischem Wissen im Verwaltungsgerichtsverfahren". *In*: AUGSBERG, Ino (Coord.). *Extrajuridisches Wissen im Verwaltungsrecht*: Analysen und Perspektiven. Tübingen: Mohr Siebeck, 2013.

fictícias podem ter o efeito de interromper uma "busca indesejável de informações por parte do Estado", a qual de outra forma "teria que ser continuada pelo menos no nível administrativo, de acordo com o § 24 da VwVfG".[1531]

Portanto, a ignorância como requisito normativo pode referir-se a aspectos metodológicos individuais da geração de conhecimento: em particular na legislação ambiental relacionada a substâncias tóxicas, existem muitos mecanismos regulatórios nos quais os métodos de avaliação de risco são definidos por "lei, regulamentação ou – no caso de novas descobertas – também por ato processual em casos individuais (...), mas ao mesmo tempo outros métodos e critérios para determinar outros riscos [sejam] excluídos".[1532] Desse modo, a geração administrativa de conhecimento é colocada em um caminho específico que, por um lado, facilita o processo de geração de conhecimento; e, por outro, exclui normativamente os ganhos adicionais de conhecimento que vão além dessa especificação.

7.5 Consequências para uma gestão administrativa moderna do desconhecimento

Considerando os desafios específicos normalmente atribuídos à sociedade moderna como uma "sociedade de risco", ela não pode se contentar com a mera listagem das técnicas já disponíveis em seu arcabouço jurídico. A incerteza aparece aqui não apenas na forma abstrata do ponto cego indispensável de toda posição de observação; ela também se concretiza em problemas sociais concretos, causados principalmente pelos avanços científicos e tecnológicos do

---

1531 DÖHMANN, Indra Spiecker Genannt. "Wissensverarbeitung im Öffentlichen Recht". *Rechtswissenschaft*, vol. 1, 2010, pp. 267 e ss. (desconsideração da prova).

1532 APPEL, Ivo. "Methodik des Umgangs mit Ungewissheit". *In*: SCHMIDT-A.ßMANN, Eberhard; HOFFMANN-RIEM, Wolfgang (Coord.). *Methoden der Verwaltungsrechtswissenschaft*. Baden-Baden: Nomos, 2004, p. 341.

conhecimento e pelo aumento da incerteza que, paradoxalmente, está inevitavelmente associada a eles. O fato da própria categorização dos fenômenos como "riscos" não ser simplesmente predeterminada e universalizável, mas depender de avaliação seletiva do respectivo observador,[1533] e, por isso, a formulação conceitual do risco já representar uma primeira forma de organização da incerteza,[1534] altera o pequeno problema estrutural-epistêmico subjacente: isso porque o "conhecimento sobre os efeitos das novas tecnologias, que reside na lógica de toda inovação, (...) é constitutivamente imperfeito",[1535] toda solução científica encontrada para resolver um problema social específico cria, ao mesmo tempo, um novo problema. A "conscientização do risco e a produção de conhecimento" continuam sendo necessárias,[1536] mas a reação jurídica não deve ser limitada. É igualmente pouco possível responder a esse problema de maneira simples e sempre com uma estratégia radical de negação,[1537] porque ainda não está claro se a decisão contra a inovação não acarreta custos sociais ainda mais elevados,[1538] o que resulta na dupla estrutura

---

1533 Cf., por exemplo, HILLER, Petra. "Probleme prozeduraler Risikoregulierung". *In*: BORA, Alfons (Coord.). *Rechtliches Risikomanagement*: Form, Funktion und Leistungsfähigkeit des Rechts in der Risikogesellschaft. Berlim: Duncker & Humblot, 1999, p. 29.

1534 Cf. POWER, Michael. *Organized Uncertainty*: Designing a World of Risk Management. Oxford: Oxford University Press, 2007, p. 25.

1535 WEINGART, Peter. *Die Stunde der Wahrheit? Zum Verhältnis der Wissenschaft zu Politik, Wirtschaft und Medien in der Wissensgesellschaft.* Weilerswist: Velbrück Wissenschaft, 2001, p. 156.

1536 Cf. maiores detalhes em STOLL, Peter-Tobias. *Sicherheit als Aufgabe von Staat und Gesellschaft*: Staatsordnung, Umwelt- und Technikrecht im Umgang mit Unsicherheit und Risiko. Tübingen: Mohr Siebeck, 2004, pp. 270 e ss.

1537 Embora seja o caso mais frequente, como cf. WEINGART, Peter. *Die Stunde der Wahrheit?* Zum Verhältnis der Wissenschaft zu Politik, Wirtschaft und Medien in der Wissensgesellschaft. Weilerswist: Velbrück Wissenschaft, 2001, p. 156.

1538 Cf. para o risco de paralisia iminente SUNSTEIN, Cass. *Gesetze der Angst*: Jenseits des Vorsorgeprinzips. Frankfurt am Main: Suhrkamp,

de definições de metas relacionadas à regulamentação jurídica das inovações correspondentes: "por um lado, o objetivo é identificar e possibilitar oportunidades e benefícios de determinadas tecnologias, por outro, as consequências negativas e os efeitos devem ser evitados ou pelo menos reduzidos".[1539] O vínculo torna-se particularmente claro quando se olha para a lei de fármacos;[1540] mas também é expressamente normatizado na lei de engenharia genética,[1541] por exemplo. É precisamente esse dilema, de ser forçado a tomar uma decisão não apenas apesar, mas por causa da incerteza existente, que o termo risco descreve.[1542] "*In short, risk is not only to be governed*

2007, p. 27. Para o conceito de inovação do ponto de vista jurídico, ver HOFFMANN-RIEM, Wolfgang. "Vorüberlegungen zur rechtswissenschaftlichen Innovationsforschung". *In*: HOFFMANN-RIEM, Wolfgang; SCHNEIDER, Jens-Peter (Coord.). *Rechtswissenschaftliche Innovationsforschung*: Grundlagen, Forschungsansätze, Gegenstandsbereiche. Baden-Baden: Nomos, 1998, pp. 11 e ss. (12 e ss.).

1539 APPEL, Ivo. "Grenzen des Risikorechts". *In*: APPEL, Ivo; HERMES, Georg; SCHÖNBERGER, Christoph (Coord.). Öffentliches Recht im offenen Staat. Festschrift für Rainer Wahl zum 70. Geburtstag. Berlim: Duncker & Humblot, 2011, p. 479.

1540 Cf. JAECKEL, Liv. *Gefahrenabwehrrecht und Risikodogmatik*: Moderne Technologie im Spiegel des Verwaltungsrechts. Tübingen: Mohr Siebeck, 2010, p. 309; para mais detalhes, ver FABIO, Udo Di. *Risikoentscheidungen im Rechtsstaat*: Zum Wandel der Dogmatik im Öffentlichen Recht, insbesondere am Beispiel der Arzneimittelüberwachung. Tübingen: Mohr, 1994. Da perspectiva sociológica, ver KRÜCKEN, Georg. "Risikotransformation. Voraussetzung, Strukturen und Folgen der politischen Regulierung von Arzneimittelgefahren". *In*: HILLER, Petra; KRÜCKEN, Georg (Coord.). *Risiko und Regulierung*: Soziologische Beiträge zu Technikkontrolle und präventiver Umweltpolitik. Frankfurt am Main: Suhrkamp, 1997, pp. 116 e ss.

1541 Cf. em detalhes GRAF VITZTHUM, Wolfgang; GEDDERT-STEINACHER, Tatjana. *Der Zweck im Gentechnikrecht*: Zur Schutz- und Förderfunktion von Umwelt- und Technikgesetzen. Berlim: Duncker & Humblot, 1990.

1542 Sobre a correspondente ambivalência de inovação e risco em geral, ver KAHL, Wolfgang. "Risikosteuerung durch Verwaltungsrecht:

in a management process for the sake of enhancing the capacity to avoid or mitigate harms. It is also to be done in the name of opportunity and enterprise".[1543]

A ambivalência do risco baseada na incerteza resultante dessa situação distingue o risco do perigo.[1544] Enquanto, por um lado, o conhecimento aparece como um mero meio para combater o perigo, por outro, a ambiguidade do próprio conhecimento é o problema.[1545] Na forma de inovações técnico-científicas, o conhecimento é visto tanto como o grande responsável pela produção do risco quanto como o principal fator de possibilidade de prevenção do risco.[1546] Com isso, o risco é o nome objetivado relacionado à decisão para a incerteza: em uma frase epistêmica reflexiva, ele significa "perigo

---

Ermöglichung oder Begrenzung von Innovationen?" *DVBl*, 2003.

1543 POWER, Michael. *Organized Uncertainty*: Designing a World of Risk Management. Oxford: Oxford University Press, 2007, p. 22; cf. de maneira mais detalhada sobre essa perspectiva, pp. 66 e ss.

1544 Cf. como resultado em SCHERZBERG, Arno. "Risiko als Rechtsproblem. Ein neues Paradigma für das technische Sicherheitsrecht". *Verwaltungsarchiv*, 84, 1993, p. 498: "Nada menos, mas uma alusão ao perigo sob o poder de polícia"; igualmente em SCHERZBERG, Arno. "Risikosteuerung durch Verwaltungsrecht: Ermöglichung oder Begrenzung von Innovationen?" *VVDStRL*, 63, 2003, p. 1108.

1545 Sobre essa perspectiva epistêmica sobre a distinção comum, ver AUGSBERG, Ino. "Von der Gefahrenabwehr zu Risikomanagement und Opportunitätswahrnehmung – Neue Paradigmen im Verwaltungsrecht". *In*: FUNCKE, Dorett; PETER, Claudia (Coord.). *Wissen an der Grenze*: Zum Umgang mit Ungewissheit und Unsicherheit in der modernen Medizin. Frankfurt am Main: Campus-Verlag, 2013.

1546 Cf. WOLF, Rainer. "Die Risiken des Risikorechts". *In*: BORA, Alfons (Coord.). *Rechtliches Risikomanagement*: Form, Funktion und Leistungsfähigkeit des Rechts in der Risikogesellschaft. Berlim: Duncker & Humblot, 1999, pp. 65 e ss. (79 e ss.); conectado a ela está APPEL, Ivo. "Methodik des Umgangs mit Ungewissheit". *In*: SCHMIDT-A. ßMANN, Eberhard; HOFFMANN-RIEM, Wolfgang (Coord.). *Methoden der Verwaltungsrechtswissenschaft*. Baden-Baden: Nomos, 2004, pp. 328 e ss.

de não reconhecer perigos".[1547] A incerteza não pode ser eliminada por nenhuma decisão, mas, na melhor das hipóteses, repassada e, ao mesmo tempo, transformada: o que inicialmente poderia ser atribuído apenas ao meio ambiente como um problema, agora, também aparece como um problema político devido a uma nova regulamentação legal, "porque está se tornando evidente que existem opções (políticas) de tomada de decisão em relação a problemas ambientais específicos".[1548]

Se partirmos dessa definição do problema, fica evidente que o que frequentemente é chamado de "Direito (Administrativo) de risco"[1549] não pode ser uma área objetivamente definível, assim como o Direito Administrativo Informacional.[1550] A gestão de riscos

---

1547 SCHERZBERG, Arno. "Wissen, Nichtwissen und Ungewissheit im Recht". *In*: ENGEL, Christoph; HALFMANN, Jost; SCHULTE, Martin (Coord.). *Wissen – Nichtwissen – Unsicheres Wissen*. Baden-Baden: Nomos: 2002, p. 134.

1548 SCHMIDT, Johannes F. K. "Politische Risikoregulierung als Risikoerzeugung? Zur Bedeutung von Gefährdungshaftung und Versicherung im Rahmen gesellschaftlicher Risikobearbeitung". *In*: HILLER, Petra; KRÜCKEN, Georg (Coord.). *Risiko und Regulierung*: Soziologische Beiträge zu Technikkontrolle und präventiver Umweltpolitik. Frankfurt am Main: Suhrkamp, 1997, p. 285; sobre a transformação necessária de riscos em relação à mudança de sistema, ver pp. 285 e ss. Além disso, KRÜCKEN, Georg. "Risikotransformation. Voraussetzung, Strukturen und Folgen der politischen Regulierung von Arzneimittelgefahren". *In*: HILLER, Petra; KRÜCKEN, Georg (Coord.). *Risiko und Regulierung*: Soziologische Beiträge zu Technikkontrolle und präventiver Umweltpolitik. Frankfurt am Main: Suhrkamp, 1997.

1549 Cf. APPEL, Ivo. "Grenzen des Risikorechts". *In*: APPEL, Ivo; HERMES, Georg; SCHÖNBERGER, Christoph (Coord.). Öffentliches Recht im offenen Staat. Festschrift für Rainer Wahl zum 70. Geburtstag. Berlim: Duncker & Humblot, 2011, p. 464.

1550 Cf. a respectiva crítica em MASING, Johannes. "Transparente Verwaltung: Konturen eines Informationsverwaltungsrechts". *Veröffentlichungen der Vereinigung der Deutschen Staatsrechtslehrer*, vol. 63, 2004, pp. 377 e ss. (433); para mais sobre isso, ver acima, capítulo I, seção 1.1, e capítulo VI, seção 6.1.

legais pode ter campos de aplicação particularmente concisos em áreas regulatórias altamente dinâmicas, como leis de tecnologia e leis ambientais relacionadas. No entanto, essa gestão refere-se a um problema básico que afeta todas as áreas de ação administrativa e não pode ser reduzida à questão da regulamentação de tecnologias individuais etc.

Isso ainda não responde à questão de quais estratégias concretas são recomendadas para a ação administrativa nas condições de incerteza da sociedade moderna. O ponto de partida para essas considerações deve ser que o objetivo principal de todo o processo não é um propósito especificado externamente pelo sistema, mas, antes de mais nada, a manutenção da própria capacidade de tomar decisões. Sua perda representa o maior risco da organização. Se alguém entende uma decisão como uma eleição em um sentido bastante baseado no entendimento cotidiano,[1551] significa que o leque de opções para a tomada de decisões administrativas enquanto comportamento eleitoral não deve ser estreitado cada vez mais em si, mas, ao contrário, à medida que a atividade de tomada de decisão avança, ela deve ser ampliada.[1552] Precisamente quando as premissas e as consequências de uma decisão são incompletas e desconhecidas, em suma, incertas, está fora de questão qualquer gesto de absolutismo que exclua alternativas; em vez disso, o "princípio material fundamental" do direito adaptativo ao ambiente social funciona como permitindo "uma riqueza de alternativas na sociedade".[1553]

1551 Cf. LUHMANN, Niklas. *Organisation und Entscheidung*. Opladen: Westdeutscher Verlag, 2000, p. 123.

1552 Cf. LUHMANN, Niklas. *Organisation und Entscheidung*. Opladen: Westdeutscher Verlag, 2000, p. 199, que, portanto, considera uma "máxima sensata" "sempre tomar decisões de forma que a decisão aumente o escopo de tomada de decisão do sistema".

1553 PREUSS, Ulrich K. "Risikovorsorge als Staatsaufgabe. Die epistemologischen Voraussetzungen von Sicherheit". *In*: GRIMM, Dieter (Coord.). *Staatsaufgaben*, Frankfurt am Main: Suhrkamp, 1996, pp. 523 e ss. (546).

Sob condições de incerteza onipresente, o suposto "conhecimento indubitável" é simplesmente muito arriscado; aplicando-se a "determinações irreversíveis".[1554] (Também) por esse motivo, a incerteza não pode ser substituída por certeza ou equivalentes de certeza, mas apenas por outras incertezas. Isso fala por um aumento no uso de derivativos da ignorância no lugar dos esforços de compensação mais conhecidos.[1555] E simboliza, além de uma *neoliberal 'logic' of opportunity, enterprise, and value creation*",[1556] o aproveitamento positivo de oportunidades arriscadas, ao invés de rejeitá-las. Isso porque "as decisões rejeitadas [amarram] muito mais o sistema (...), justamente porque não podem mais ser corrigidas e não podem mais ser alteradas pelo aprendizado".[1557] Nessa linha, não é a negação, mas a tomada consciente de riscos que constitui a "competência básica para lidar com a incerteza. Se essa competência for negada por expectativas exageradas de segurança ou estratégias de segurança, a organização torna-se sem sentido".[1558]

Desse modo, perder oportunidades de aprendizado cria o problema de conceitos abrangentes – e em termos cada vez mais expansíveis[1559] – de cuidados preventivos. Isso porque eles excluem a possibilidade de obter novas compreensões a partir do caso individual

---

1554 Cf. JAPP, Klaus P. "Die Beobachtung von Nichtwissen". *Soziale Systeme*, 3, 1997, p. 306.

1555 Cf. em relação a essa perspectiva TEUBNER, Gunther. "'So ich aber die Teufel durch Beelzebub austreibe,...': Zur Diabolik des Netzwerkversagens". *In*: AUGSBERG, Ino (Coord.). *Ungewissheit als Chance*: Perspektiven eines produktiven Umgangs mit Unsicherheit im Rechtssystem. Tübingen: Mohr Siebeck, 2009.

1556 POWER, Michael. *Organized Uncertainty*: Designing a World of Risk Management. Oxford: Oxford University Press, 2007, p. 6.

1557 LUHMANN, Niklas. *Organisation und Entscheidung*. Opladen: Westdeutscher Verlag, 2000, p. 199.

1558 WILLKE, Helmut. *Dystopia*: Studien zur Krisis des Wissens in der modernen Gesellschaft. Frankfurt am Main: Suhrkamp, 2002, p. 45.

1559 Cf. APPEL, Ivo. "Methodik des Umgangs mit Ungewissheit". *In*: SCHMIDT-ASSMANN, Eberhard; HOFFMANN-RIEM, Wolfgang

isolado de uma possível ocorrência de dano, principalmente se funcionarem.[1560] Assim, a gestão de risco moderna só pode operar com conceitos de precaução na medida em que eles também são aplicados reflexivamente aos seus déficits cognitivos estruturais, ou seja, transformam seu desconhecimento inicialmente inespecífico em ignorância específica. Ao lado dessas críticas justificadas ao conceito de precaução, também deve ser concedido do ponto de vista factual que decisões positivas, que abrigam consequências potencialmente irreversíveis, devem ser evitadas tanto quanto possível.[1561]

A tarefa da gestão do risco jurídico é, então, não apenas prevenir danos aos bens jurídicos individuais, mas também prevenir dependências de trajetória que limitem a variedade de oportunidades de desenvolvimento social.

> Um "objetivo" complexo de segunda ordem poderia ser visto (...) em não esgotar ao máximo as possibilidades conhecidas nas trajetórias bem estabelecidas, mas mantendo a flexibilidade e a diversidade para a mudança e, portanto, para diferentes possibilidades. Para uma leitura social, isso significaria que a

---

(Coord.). *Methoden der Verwaltungsrechtswissenschaft*. Baden-Baden: Nomos, 2004, p. 333.

1560 Cf. APPEL, Ivo. "Methodik des Umgangs mit Ungewissheit". *In*: SCHMIDT-ASSMANN, Eberhard; HOFFMANN-RIEM, Wolfgang (Coord.). *Methoden der Verwaltungsrechtswissenschaft*. Baden-Baden: Nomos, 2004, pp. 333 e ss., com referêcia a JAPP, Klaus Peter. "Struktureffekte öffentlicher Risikokommunikation auf Regulierungsregime". *In*: ENGEL, Christoph; HALFMANN, Jost; SCHULTE, Martin (Coord.). *Wissen – Nichtwissen – Unsicheres Wissen*. Baden-Baden: Nomos, 2002, pp. 51 e 58.

1561 Cf., por exemplo, WAHL, Rainer; APPEL, Ivo. "Prävention und Vorsorge – Von der Staatsaufgabe zu den verwaltungsrechtlichen Instrumenten". *In*: WAHL, Rainer (Coord.). *Prävention und Vorsorge*: Von der Staatsaufgabe zur rechtlichen Ausgestaltung. Bonn, 1995, pp. 92 e ss.

manutenção do desequilíbrio e da mutabilidade tem um valor maior do que o equilíbrio e a ordem.[1562]

Se o princípio de preservar a finalidade para a tomada de decisão deve permanecer em vigor também, então, paradoxalmente, o foco em questões de conteúdo deve ser abandonado. A única opção que resta é "sair da dimensão factual de 'apenas conceitos certos' e entrar na dimensão temporal das opções de ajuste subsequentes que se destinam a ser revisáveis".[1563]

7.6 Riscos do Direito

A aceitação da incerteza não é uma técnica que permanece externa ao Direito. Lidar com a incerteza, especialmente no sentido de aceitar derivativos da ignorância, tem efeito retroativo na concepção jurídica clássica. O risco é "arriscado para o próprio Direito".[1564] A questão não é apenas até que ponto a compreensão anterior do Direito e de suas funções deve ser fundamentalmente alterada no contexto da mudança na perspectiva geral para a natureza baseada na incerteza de cada decisão, mas também muito mais radicalmente se essa mudança é possível, caso se continue em uma direção de que o "Direito" deve ser discutido.[1565] O que precisa ser

---

1562 LADEUR, Karl-Heinz. *Postmoderne Rechtstheorie*: Selbstreferenz–Selbstorganisation – Prozeduralisierung. 2ª ed. Berlim: Duncker & Humblot, 1995, p. 88.

1563 JAPP, Klaus Peter. "Risikoreflexion – Beobachtung der Gesellschaft im Recht". *In*: BORA, Alfons (Coord.). *Rechtliches Risikomanagement*: Form, Funktion und Leistungsfähigkeit des Rechts in der Risikogesellschaft. Berlim: Duncker & Humblot, 1999, pp. 239 e ss. (254).

1564 SCHERZBERG, Arno. "Risikosteuerung durch Verwaltungsrecht: Ermöglichung oder Begrenzung von Innovationen?" *VVDStRL*, 63, 2003, p. 256.

1565 Cf. em relação ao problema – de um ponto de vista cético sobre a possibilidade de sua solução – HILLER, Petra. "Probleme

esclarecido é como o clássico entendimento jurídico-sociológico da função do Direito, como estabilização de expectativas normativas em uma situação de incerteza permanente, não é mais de salvaguardar expectativas existentes, mas de "manter opções para a ação aberta e para a capacidade de aprender".[1566] Mais de perto, a questão é se as características delineadas da ação judicial em condições de incerteza, nomeadamente a flexibilização e a temporalização para uma tomada de decisão futurista, podem ser combinadas com as tarefas normativas. Em outras palavras, a competência decisória organizacional que foi convertida em condições de incerteza ainda pode, ao mesmo tempo, ser estruturada normativamente?

Em alguns casos, é exatamente isso que é negado.[1567] Especialmente na "definição funcional do sistema jurídico" das sociedades ocidentais,[1568] deveria constar "uma condição (...) para a inadequação estrutural da tomada de decisão baseada em normas relacionadas

---

prozeduraler Risikoregulierung". *In*: BORA, Alfons (Coord.). *Rechtliches Risikomanagement*: Form, Funktion und Leistungsfähigkeit des Rechts in der Risikogesellschaft. Berlim: Duncker & Humblot, 1999.

1566 SCHERZBERG, Arno. "Risikosteuerung durch Verwaltungsrecht: Ermöglichung oder Begrenzung von Innovationen?" *VVDStRL*, 63, 2003, p. 256.

1567 Cf. HILLER, Petra. "Probleme prozeduraler Risikoregulierung". *In*: BORA, Alfons (Coord.). *Rechtliches Risikomanagement*: Form, Funktion und Leistungsfähigkeit des Rechts in der Risikogesellschaft. Berlim: Duncker & Humblot, 1999. Pelo menos duvidoso na medida em que também aponta JAPP, Klaus Peter. "Risikoreflexion – Beobachtung der Gesellschaft im Recht". *In*: BORA, Alfons (Coord.). *Rechtliches Risikomanagement*: Form, Funktion und Leistungsfähigkeit des Rechts in der Risikogesellschaft. Berlim: Duncker & Humblot, 1999; SCHMIDT, Johannes F. K. "Politische Risikoregulierung als Risikoerzeugung? Zur Bedeutung von Gefährdungshaftung und Versicherung im Rahmen gesellschaftlicher Risikobearbeitung". *In*: HILLER, Petra; KRÜCKEN, Georg (Coord.). *Risiko und Regulierung*: Soziologische Beiträge zu Technikkontrolle und präventiver Umweltpolitik. Frankfurt am Main: Suhrkamp, 1997, p. 287.

1568 Cf., por exemplo, LUHMANN, Niklas. *Das Recht der Gesellschaft*. Frankfurt am Main: Suhrkamp, 1993, pp. 38 e ss.

aos problemas que são descritos como problemas específicos da sociedade de risco".[1569] O sistema jurídico, segundo se especula, está abrindo mão de sua autonomia ao passar do sistema específico, ou seja, normativo (e isso significa: resistente ao aprendizado) para o inespecífico, cognitivo (isto é, postulando a capacidade de aprender), com expectativas que também moldam o ambiente do sistema. Essa mudança traz sérias consequências: "o Direito Processual mudou sua estrutura para a generalização de expectativas de incerteza"; o que equivale, portanto, "à eliminação da possibilidade de decepção – e, portanto, à abolição da norma".[1570]

Essa ideia segue a nítida diferenciação de *Luhmann*, que descreve todo sistema funcional como operacionalmente fechado (isto é, no caso do Direito: normativamente) e cognitivamente aberto.[1571] Se essa premissa for aceita, então, há de fato muito a ser dito sobre a "gestão de riscos por meios jurídicos (...) só pode ocorrer sob a condição de certeza normativa das expectativas – caso contrário, não é mais uma questão de gerenciamento de risco *jurídica*".[1572] Por outro lado, os processos aqui delineados, há muito consagrados no ordenamento jurídico e, obviamente, por ele controlados sem perdas

---

1569 Cf. HILLER, Petra. "Probleme prozeduraler Risikoregulierung". *In*: BORA, Alfons (Coord.). *Rechtliches Risikomanagement*: Form, Funktion und Leistungsfähigkeit des Rechts in der Risikogesellschaft. Berlim: Duncker & Humblot, 1999, p. 30.

1570 HILLER, Petra. "Probleme prozeduraler Risikoregulierung". *In*: BORA, Alfons (Coord.). *Rechtliches Risikomanagement*: Form, Funktion und Leistungsfähigkeit des Rechts in der Risikogesellschaft. Berlim: Duncker & Humblot, 1999, p. 32.

1571 Cf., por exemplo, LUHMANN, Niklas. *Rechtssoziologie*. 2ª ed. Opladen: Westdeutscher Verlag, 1983, p. VII; LUHMANN, Niklas. *Das Recht der Gesellschaft*. Frankfurt am Main: Suhrkamp, 1993, p. 77.

1572 BORA, Alfons. "Einleitung: Mehr Optionen und gesteigertes Risiko – Zur Stellung des Rechts in der Risikogesellschaft". *In*: ______. (Coord.). *Rechtliches Risikomanagement*: Form, Funktion und Leistungsfähigkeit des Rechts in der Risikogesellschaft. Berlim: Duncker & Humblot, 1999, pp. 9 e ss. (14) (que assim apenas resume a posição de Hiller).

funcionais significativas, não podem ser usados para compensar a incerteza, mas, especialmente, porque os derivados da ignorância apontam que essa diferenciação não pode ser mantida, pelo menos na nitidez conhecida, devendo, em verdade, o entrelaçamento entre a dimensão puramente normativa e a dimensão puramente cognitiva ser enfatizado com muito mais força do que com *Luhmann*.[1573] Nesse cerne, o conceito de diferenciação funcional poderá ser definido, levando em conta as condições da própria sociedade (mundial) atual, por exemplo, prestando mais atenção à figura da interpenetração[1574] e ao seu potencial teórico – não menos relacionado com a dimensão cognitiva desenvolvida, indo além do contexto de aplicação original e bastante estreito de *Luhmann*.[1575]

Portanto, essa mudança de perspectiva deve ser vinculada às figuras e às questões jurídicas gerais. O que está em jogo é a metodologia e os dogmas jurídicos que se baseiam expressamente

---

1573 Cf. VESTING, Thomas. *Rechtstheorie*: Ein Studienbuch. München: C. H. Beck, 2007, parágrafo 44, 64 e ss.

1574 Cf. fundamentalmente LUHMANN, Niklas. *Soziale Systeme*: Grundriß einer allgemeinen Theorie. Frankfurt am Main: Suhrkamp, 1984, pp. 286 e ss. Com referência indutiva ao direito LUHMANN, Niklas. *Das Recht der Gesellschaft*. Frankfurt am Main: Suhrkamp, 1993, p. 90 f.

1575 Com referência a uma visão mais aprofundada no trabalho de Marc Amstutz, ver KJAER, Poul F. "Laws of the Worlds. Towards an Inter-Systemic Theory". *In*: KELLER, Stefan; WIPRÄCHTIGER, Stefan (Coord.). *Recht zwischen Dogmatik und Theorie*: Marc Amstutz zum 50. Geburtstag. Zürich: Dike, 2012, pp. 159 e ss. (161 e ss.). Além disso, no contexto dos atuais desafios cognitivos, existe a necessidade de qualquer comunicação "intersistêmica" – o que obviamente não é possível no sentido da teoria clássica dos sistemas como em AUGSBERG, Ino. "Observing (the) Law: The 'Epistemological Turn' in Public Law and the Evolution of Global Administrative Law". *In*: JURČYS, Paulius; KJAER, Poul F.; YATSUNAMI, Ren (Coord.). *Regulatory Hybridization in the Transnational Sphere*. Leiden: Martinus Nijhoff Publishers, 2013, pp. 11 e ss., assim como abaixo, no capítulo VIII, seções 8.3 e 8.4.

na incerteza como base paradoxal para a tomada de decisões.[1576] O que isso poderia significar em termos dogmáticos já foi indicado tendo em vista as novas obrigações conceituais administrativas e um possível entendimento ampliado sobre as possibilidades de avaliação concedidas à Administração.[1577] Em termos metodológicos, isso pode ser exemplificado a partir da teoria clássica da metodologia, que é principalmente voltada para questões de interpretação.[1578] Diante do paradoxo da tomada de decisão e da inescapabilidade da incerteza, a "função da interpretação" deve ser repensada de uma maneira que reflita o duplo caráter do tratamento da incerteza:

> servindo para vincular temporariamente a incerteza, ou seja, protegê-la na confiança na estabilidade das regras jurídicas (certeza da expectativa), mas, ao mesmo tempo, talvez, até principalmente, em uma sociedade dinâmica, franqueando a possibilidade do novo (da variação).[1579]

A ambiguidade da expressão linguística não é mais entendida como um mero problema que deve ser tratado por uma abordagem hermeneuticamente treinada, ou seja, devendo ser transformada em inequívoca. Ao contrário, a dinâmica associada pode ser entendida como uma condição de possibilidade para que a tomada de decisões jurídicas seja relacionada a uma ampla variedade de circunstâncias da

---

1576 Cf. SCHERZBERG, Arno. "Risikosteuerung durch Verwaltungsrecht: Ermöglichung oder Begrenzung von Innovationen?" *VVDStRL*, 63, 2003, pp. 256 e ss., que também diferencia entre consequências teóricas e práticas associadas a uma mudança de perspectiva correspondente.

1577 Cf. acima seções II. 1. e III. 2.

1578 Sobre esse estreitamento hermenêutico de perspectiva e os problemas associados a ele, ver AUGSBERG, Ino. "Methoden des europäischen Verwaltungsrechts". *In*: TERHECHTE, Jörg Philipp (Coord.). *Verwaltungsrecht der Europäischen Union*. Baden-Baden: Nomos, 2011, passim.

1579 VESTING, Thomas. *Rechtstheorie*: Ein Studienbuch. München: C. H. Beck, 2007, parágrafo 227.

vida e, assim, seja incentivada.[1580] Para além da rígida estruturação por uma concepção jurídica hierarquicamente pensada e por uma hermenêutica textual fixa, a ela subordinada não há necessariamente uma orientação puramente individual do caso, o que é problemático pela sua falta de previsibilidade. Em contraposição a essa "oralidade secundária",[1581] como é particularmente expressa na teoria da ponderação,[1582] deve ser considerada uma modificação da textualidade jurídica,[1583] a fim de continuar a atender aos requisitos de consistência do Direito, mesmo sob as condições alteradas da modernidade.[1584]

1580 Cf. LADEUR, Karl-Heinz; AUGSBERG, Ino. "Auslegungsparadoxien. Zu Theorie und Praxis juristischer Interpretation". *Rechtstheorie*, 36, 2005; além de AUGSBERG, Ino. *Die Lesbarkeit des Rechts*: Texttheoretische Lektionen für eine postmoderne juristische Methodologie. Weilerswist: Velbrück Wissenschaft, 2009.

1581 Cf. em relação ao conceito de ONG, Walter J. *Orality and Literacy*. Nova York: Routledge, 2002, pp. 133 e ss.

1582 Cf. LADEUR, Karl-Heinz. "'Finding our text...': Der Aufstieg des Abwägungsdenkens als ein Phänomen der 'sekundären Oralität' und die Wiedergewinnung der Textualität des Rechts in der Postmoderne". *In*: AUGSBERG, Ino; LENSKI, Sophie-Charlotte (Coord.). *Die Innenwelt der Außenwelt der Innenwelt des Rechts*: Annäherungen zwischen Rechts- und Literaturwissenschaft. München: Fink, 2012, pp. 175 e ss.; igualmente nessa direção está VESTING, Thomas. "Medialität des Rechts. Zur Genese des Verhältnisses von Sprache und Schrift in der 'westlichen Rechtstradition'". *In*: AUGSBERG, Ino; LENSKI, Sophie-Charlotte (Coord.). *Die Innenwelt der Außenwelt der Innenwelt des Rechts*: Annäherungen zwischen Rechts- und Literaturwissenschaft. München: Fink, 2012, pp. 149 e ss. (170).

1583 Cf. LADEUR, Karl-Heinz. "'Finding our text...': Der Aufstieg des Abwägungsdenkens als ein Phänomen der 'sekundären Oralität' und die Wiedergewinnung der Textualität des Rechts in der Postmoderne". *In*: AUGSBERG, Ino; LENSKI, Sophie-Charlotte (Coord.). *Die Innenwelt der Außenwelt der Innenwelt des Rechts*: Annäherungen zwischen Rechts- und Literaturwissenschaft. München: Fink, 2012.

1584 Também sobre a exigência de "coerência do contexto decisório", ver SCHERZBERG, Arno. "Risikosteuerung durch Verwaltungsrecht: Ermöglichung oder Begrenzung von Innovationen?" *VVDStRL*, 63, 2003, pp. 256 e ss.

Em suma, essa compreensão ampliada não mais reconheceria no elemento textual o aspecto da fundamentação de uma decisão a ser hermeneuticamente justificada, mas, sim, na textualidade do processo jurídico, as diversas e futuras possibilidades de expansão de uma estrutura não mais primariamente vertical, mas a conexão organizada horizontalmente das decisões entre si.[1585]

Diante disso, a visão tradicionalmente estreita da interpretação como um esclarecimento da *quaestio iuris* aparentemente compreensível[1586] deve ser abandonada ou sua interdependência com a *quaestio facti* deve ser mais aberta, ou seja, deve ser reconhecido que já "dentro do próprio processo de especificação jurídica, (...) Direito e realidade [não são] grandezas existentes independentemente; a lei e a realidade ordenada estão interligadas".[1587] A metodologia jurídica deve estar aberta ao problema da geração do conhecimento e, portanto, aos seus limites, ou seja, tendo que lidar com a incerteza,[1588] o que não significa necessariamente que todos os seus mecanismos devam ser flexibilizados de tal sorte a prejudicar qualquer previsibilidade da

---

1585 Cf. com mais detalhes em AUGSBERG, Ino. *Die Lesbarkeit des Rechts*: Texttheoretische Lektionen für eine postmoderne juristische Methodologie. Weilerswist: Velbrück Wissenschaft, 2009, passim. A partir daqui, uma avaliação da metodologia jurídica com os conceitos de rede mencionados acima (III. 3) poderia ser abordada, cf. a visão relativa a essa perspectiva em ibid. pp. 164 e ss. Elas também defendem uma "coerência relativa através da rede", que deve substituir as ideias clássicas de unidade como em MÜLLER, Friedrich; CHRISTENSEN, Ralph. *Juristische Methodik*: Europarecht. 2ª ed. vol. II. Berlim: Duncker & Humblot, 2007, p. 266.

1586 Cf. sobre esta distinção clássica e sua origem histórica já acima mencionada em 2.1.

1587 TRUTE, Hans-Heinrich. "Staatsrechtslehre als Sozialwissenschaft?" *In*: SCHULZE-FIELITZ, Helmuth (Coord.). *Staatsrechtslehre als Wissenschaft*. DV Beiheft 7. Berlim: Duncker & Humblot, 2007, pp. 115 e ss. (130).

1588 Cf. AUGSBERG, Ino. "Methoden des europäischen Verwaltungsrechts". *In*: TERHECHTE, Jörg Philipp (Coord.). *Verwaltungsrecht der Europäischen Union*. Baden-Baden: Nomos, 2011, parágrafo 15 e ss.

decisão. De qualquer forma, uma grande parte dos processos ainda poderá ser executada com base na confiança. Agora, o Direito deve observar mais de perto seus próprios pré-requisitos cognitivos e deve adaptar seus processos ao seu próprio caráter instável. Em outras palavras, ele deve desenvolver sua própria reflexividade com vistas a fortalecer a interação dos elementos cognitivos e normativos em seus processos.[1589]

[1589] Cf. abaixo, no capítulo VIII, seção 8.5.

CAPÍTULO VIII

A TRANSFORMAÇÃO DO CONHECIMENTO: METARREGRAS DO TRABALHO INTER E TRANSDISCIPLINAR NO SISTEMA JURÍDICO

8.1 A diferença epistemológica das formas de conhecimento como fundamento da necessidade de uma transformação do conhecimento

A atual diferenciação entre geração de conhecimento interno e externo da Administração Pública, que está na base do conceito de produção de conhecimento[1590] e que se manifesta particularmente no conceito de especialização,[1591] pressupõe que, em ambos os lados da distinção, dentro e fora da organização, a construção de uma estrutura decisória relevante, suficiente – normalmente significa que – pode lidar com um conhecimento cientificamente consolidado e

1590 Para mais detalhes, ver seções 2.1 e 2.2 acima.

1591 Cf. acima capítulo IV.

desenvolvê-lo para seu uso posterior em um contexto jurídico. Essa visão parece superficial em relação ao controle jurídico da tomada de decisões administrativas, já que ela não evoca de pronto a questão de se e em que medida as diferentes formas de comunicação do Direito, por um lado e pelo seu âmbito externo, especialmente a ciência em sua concepção setorizada pela especialização disciplinar; por outro, são determinadas por uma racionalidade própria, que simplesmente exclui o intercâmbio entre esferas sociais ou, ao menos, a dificultam e, portanto, apontam para a necessidade de institucionalizar procedimentos específicos para compatibilizar as formas de conhecimento.[1592] Uma troca de conhecimento que extrapola as fronteiras do sistema demanda uma transformação do conhecimento?[1593]

1592 A partir dessa perspectiva tendo em vista principalmente o Direito Administrativo, ver AUGSBERG, Ino. "Multi-, inter-, transdisziplinär? Zum Erfordernis binnenjuristischer Metaregeln für den Umgang mit extrajuridischem Wissen im Verwaltungsrecht". *In*: ______. (Coord.). *Extrajuridisches Wissen im Verwaltungsrecht*: Analysen und Perspektiven. Tübingen: Mohr Siebeck, 2013, pp. 3 e ss.

1593 Cf. de uma perspectiva jurídica sobre a exigência de uma correspondente "transformação orientada normativamente [dos elementos estruturais da área disciplinar a ser classificada] para uma descrição normativa da 'realidade'" em TRUTE, Hans-Heinrich. "Staatsrechtslehre als Sozialwissenschaft?" *In*: SCHULZE-FIELITZ, Helmuth (Coord.). *Staatsrechtslehre als Wissenschaft*. DV Beiheft 7. Berlim: Duncker & Humblot, 2007, pp. 115 e ss. (129), que afirma: "A esse respeito, o direito sempre atende às descrições de outras ciências, que ele deve integrar de acordo com seus próprios critérios" (TRUTE, Hans-Heinrich. "Staatsrechtslehre als Sozialwissenschaft?" *In*: SCHULZE-FIELITZ, Helmuth (Coord.). *Staatsrechtslehre als Wissenschaft*. DV Beiheft 7. Berlim: Duncker & Humblot, 2007). Para um tipo diferente de transformação do conhecimento, que se torna um problema no contexto da globalização, ou seja, a transição entre os estoques de conhecimento 'modernos', funcionalmente diferenciados, e o conhecimento 'tradicional', que está intimamente inserido no ambiente social geral como em TEUBNER, Gunther. *Verfassungsfragmente*: Gesellschaftlicher Konstitutionalismus in der Globalisierung. Berlim: Suhrkamp, 2012, pp. 242 e ss.

Isso se torna plausível na medida em que as categorias de conhecimento e de informação são desontologizadas,[1594] ou seja, não estão mais relacionadas a um mundo "comum" a todos os sistemas (como objeto de conhecimento e de informação), e, sim, à referência ao seu respectivo sistema. Essa perspectiva advém de uma concepção de informação que não a entende como uma comunicação objetiva e neutra sobre fatos fixos e imutáveis, mas a define a partir do próprio horizonte de expectativa, necessariamente seletivo, do sistema.[1595] Assim, "cada informação é específica e dependente dos critérios de relevância desse sistema particular".[1596] Isso também se aplica ao conhecimento entendido como a próxima forma de processamento de nível superior da informação que foi obtida[1597] – mais precisamente: informação que já foi trabalhada; isso também é "altamente sistêmico".[1598] De acordo com esse horizonte de compreensão, o conhecimento não consiste em conhecimento simples e na capacidade

---

1594 Para a ontologia e sua desconstrução, ver CLAM, Jean. *Was heißt, sich an Differenz statt an Identität orientieren? Zur De-Ontologisierung in Philosophie und Sozialwissenschaft*. Konstanz: UVK Verlagsgesellschaft, 2002, pp. 9 e ss.; à "desontologização da realidade" como efeito da teoria dos sistemas em LUHMANN, Niklas. "Das Erkenntnisprogramm des Konstruktivismus und die unbekannt bleibende Realität". *In*: ______. *Soziologische Aufklärung 5*: Konstruktivistische Perspektiven. 4ª ed. Wiesbaden: VS Verlag für Sozialwissenschaften, 2009, pp. 31 e ss. (35).

1595 Cf. esse conceito de informação acima, no capítulo I, seção 1.6.

1596 WILLKE, Helmut. *Systemisches Wissensmanagement*. 2ª ed. Stuttgart: Lucius & Lucius, 2001, pp. 10 e ss.

1597 Cf. VESTING, Thomas. "Die Bedeutung von Information und Kommunikation für die verwaltungsrechtliche Systembildung". *In*: HOFFMANN-RIEM, Wolfgang; SCHMIDT-ASSMANN, Eberhard; VOSSKUHLE, Andreas (Coord.). *Grundlagen des Verwaltungsrechts*: Informationsordnung – Verwaltungsverfahren – Handlungsformen. 2ª ed. vol. II. München: C. H. Beck, 2012, § 20 parágrafo 19.

1598 LENK, Klaus; WENGELOWSKI, Peter. "Wissensmanagement für das Verwaltungshandeln". *In*: EDELING, Thomas; JANN, Werner; WAGNER, Dieter (Coord.). *Wissensmanagement in Politik und Verwaltung*. Wiesbaden: VS Verlag für Sozialwissenschaften, 2004, pp. 147 e ss. (148).

de reproduzir fatos "objetivos"; mas, sim, também denota um processo de seleção, ou seja, o movimento de diferenciação, no qual o relevante é distinguido do irrelevante e é integrado a contextos de uso existentes.[1599] Ele pode, portanto, ser descrito mais como um entendimento pragmático do que como um mero procedimento de armazenamento; dessa forma, ele depende "das estruturas em que se desenvolveu e das práticas que o levam a cabo".[1600] É por isso que, por causa de sua relevância prática específica funcional,[1601] o próprio conhecimento do sistema, tanto sobre si mesmo quanto sobre o ambiente sistêmico, é configurado de maneira específica, e seu significado e sua relevância não podem ser simplesmente transferidos para outras esferas sociais.[1602]

No entanto, sua correspondência, em um sentido mais amplo, à teoria dos sistemas e à epistemologia construtivista[1603] associada a

---

1599 Cf. BREIDBACH, Olaf. *Neue Wissensordnungen*: Wie aus Informationen und Nachrichten kulturelles Wissen entsteht. Frankfurt am Main: Suhrkamp, 2008, pp. 11 e 26.

1600 BREIDBACH, Olaf. *Neue Wissensordnungen*: Wie aus Informationen und Nachrichten kulturelles Wissen entsteht. Frankfurt am Main: Suhrkamp, 2008, p. 15.

1601 Cf. respectivamente WILLKE, Helmut. *Einführung in das systemische Wissensmanagement*. 2ª ed. Heidelberg: Carl-Auer-Systeme, 2007, p. 33, que define o conhecimento como "uma prática baseada na experiência, comunicativamente constituída e confirmada".

1602 Cf., por exemplo TEUBNER, Gunther. *Recht als autopoietisches System*. Frankfurt am Main: Suhrkamp, 1989, pp. 97 e ss.; além de LUHMANN, Niklas. *Die Realität der Massenmedien*. 2ª ed. Opladen: Westdeutscher Verlag, 1996, pp. 40 e ss.

1603 Cf., por exemplo, LUHMANN, Niklas. "Das Erkenntnisprogramm des Konstruktivismus und die unbekannt bleibende Realität". *In*: _____. *Soziologische Aufklärung 5*: Konstruktivistische Perspektiven. 4ª ed. Wiesbaden: VS Verlag, 2009. Da perspectiva da Teoria do Direito ver TEUBNER, Gunther. "Die Episteme des Rechts. Zu erkenntnistheoretischen Grundlagen des reflexiven Rechts". *In*: GRIMM, Dieter (Coord.). *Wachsende Staatsaufgaben – sinkende Steuerungsfähigkeit des Rechts*. Baden-Baden: Nomos, 1990, pp. 115 e ss.

ela deve ser debatida com ceticismo. Em particular, a crítica aponta problemas dessas abordagens vinculadas à autoimunização: "a teoria dos sistemas", de acordo com *Oliver Lepsius*,

> cria sua própria epistemologia e, portanto, exclui a verificabilidade de suas afirmações com quaisquer métodos não teóricos de sistemas. (...) Em outras palavras: a teoria dos sistemas é baseada em um patamar máximo de pressupostos de modelos construídos, de maneira que sua capacidade descritiva e analítica é direcionada apenas para o modelo e não para a realidade subjetivamente experimentada.[1604]

Além disso, para ser tomada como referencial, a experiência subjetiva da realidade precisa ser acessível à verificação, e a melhor forma de fazê-lo é reconstruir o contexto do problema em questão em outras linguagens e em outras tradições teóricas, libertando-a, assim, da acusação de enclausuramento autista. Por óbvio, essa tentativa não pode e não deve abolir a pluralidade de perspectivas. Seu objetivo não é confirmar nenhum metadiscurso científico existente. Ela pode e deve relativizar o status amplamente monádico do modelo teórico de Luhmann, mostrando, ao menos, uma convergência parcial das observações. Nesse sentido, a variedade de visões não é negada, mas tornada frutífera para o argumento.

Desse modo, em um prisma filosófico-linguístico, deve-se destacar que o conhecimento no sentido de compreender uma expressão significa: ser capaz de usá-la substancialmente.[1605] "Entender uma

---

1604 LEPSIUS, Oliver. *Steuerungsdiskussion, Systemtheorie und Parlamentarismuskritik*. Tübingen: Mohr Siebeck, 1999, p. 46.

1605 Cf. sobre a relação entre uso e significado em WITTGENSTEIN, Ludwig. "Philosophische Untersuchungen". *In*: ______. Schriften. vol. 1. Frankfurt am Main: Suhrkamp, 1963, pp. 279 e ss., passim, por exemplo § 30 (p. 304) e principalmente § 43 (p. 311); mais detalhadamente em SAVIGNY, Eike von. *Die Philosophie der normalen Sprache*: Eine

linguagem significa dominar uma técnica".[1606] O último ponto de referência para a compreensão é, portanto, uma prática concreta renovada; falar a língua figura como "parte de uma atividade, ou um modo de vida".[1607] Intimamente ligada a isso está a tese, hoje também consagrada no âmbito jurídico, de que "os termos só podem ter sentido no contexto de uma disciplina (entendida como uma comunidade linguística)".[1608] Consequentemente, os conceitos não podem simplesmente ser "pulverizados" em diferentes áreas disciplinares sem maiores considerações.[1609]

De forma análoga, a tradição hermenêutico-fenomenológica demonstrou esse aspecto prático da compreensão por meio de objetos simples do cotidiano, como uma cadeira ou um martelo,[1610] a qual

---

kritische Einführung in die "ordinary language philosophy". Frankfurt am Main: Suhrkamp, 1969, pp. 59 e ss., principalmente pp. 76 e ss.

1606 WITTGENSTEIN, Ludwig. "Philosophische Untersuchungen". *In*: ______. Schriften. vol. 1. Frankfurt am Main: Suhrkamp, 1963, § 199 (p. 381).

1607 WITTGENSTEIN, Ludwig. "Philosophische Untersuchungen". *In*: ______. Schriften. vol. 1. Frankfurt am Main: Suhrkamp, 1963, § 23 (p. 300).

1608 TRUTE, Hans-Heinrich. "Staatsrechtslehre als Sozialwissenschaft?" *In*: SCHULZE-FIELITZ, Helmuth (Coord.). *Staatsrechtslehre als Wissenschaft*. DV Beiheft 7. Berlim: Duncker & Humblot, 2007, p. 127, com – embora crítica – referência a MÖLLERS, Christoph. "Theorie, Praxis und Interdisziplinarität in der Verwaltungsrechtswissenschaft". *VerwArch*, 93, 2002, pp. 22 e ss.

1609 Cf. em relação ao problema KAISER, Anna-Bettina. "Multidisziplinäre Begriffsverwendungen. Zum verwaltungsrechtswissenschaftlichen Umgang mit sozialwissenschaftlichen Konzepten". *In*: AUGSBERG, Ino (Coord.). *Extrajuridisches Wissen im Verwaltungsrecht*: Analysen und Perspektiven. Tübingen: Mohr Siebeck, 2013, pp. 99 e ss.

1610 Cf. ao correspondente paralelismo entre a ontologia fundamental e o pensamento do último Wittgenstein em GLAUNER, Friedrich. *Sprache und Weltbezug*: Adorno, Heidegger, Wittgenstein. Freiburg: K. Alber, 1997, p. 9.

(no sentido de uma pluralização da ontologia,[1611] ou seja, o acréscimo da "existência" das coisas, anteriormente tidas como singulares, no aspecto de sua utilização") apontou que uma descrição puramente externa desses objetos, sem acrescentar seu contexto especial de uso, permite, na melhor das hipóteses, um conhecimento incompleto.[1612] Em certa medida, a teoria dos sistemas apenas radicaliza essas perspectivas ao abstrair[1613] a instância mediadora, a qual ainda é considerada na tradição filosófica e que conecta os jogos plurais de linguagem ou as ontologias múltiplas entre si – seja sob o signo humano, sujeito ou ser autocompreendido – e, ao substituí-la[1614] pelo portador da comunicação concebido, enquanto pessoa, que concentra sua atenção no próprio ato comunicativo como a "unidade elementar da autoconstituição" do sistema.

Na medida em que o conhecimento e a informação são submetidos a critérios de relevância que não são universalmente válidos, mas diferenciados segundo sua função, a "troca" de conhecimento e de informação não ocorre mais como algo natural.[1615] Ao contrário:

1611 Cf. sobre essa exigência em FUCHS, Peter. *Das Maß aller Dinge*: Eine Abhandlung zur Metaphysik des Menschen. Weilerswist: Velbrück, 2007, p. 143.

1612 Cf. fundamentalmente HEIDEGGER, Martin. *Sein und Zeit*. 17ª ed. Tübingen, 1993, v.a. §§ 15-18, pp. 66 e ss.

1613 Nesse sentido, o construtivismo teórico-sistêmico é "pós-humanista", cf. LUHMANN, Niklas. "Das Erkenntnisprogramm des Konstruktivismus und die unbekannt bleibende Realität". *In*: ______. *Soziologische Aufklärung 5*: Konstruktivistische Perspektiven. 4ª ed. Wiesbaden: VS Verlag für Sozialwissenschaften, 2009, p. 49.

1614 Cf. em linhas gerais. LUHMANN, Niklas. *Soziale Systeme*: Grundriß einer allgemeinen Theorie. Frankfurt am Main: Suhrkamp, 1984, pp. 191 e ss.; a citação em p. 241. Para uma análise mais detalhada da comparação da teoria de Luhmann com a ontologia básica ver CLAM, Jean. *Was heißt, sich an Differenz statt an Identität orientieren? Zur De-Ontologisierung in Philosophie und Sozialwissenschaft*. Konstanz: UVK Verlagsgesellschaft, 2002, pp. 67 e ss.

1615 Cf. em relação à questão em VESTING, Thomas. "Die Bedeutung von Information und Kommunikation für die verwaltungsrechtliche

"uma troca de informações bem-sucedida só é possível se os atores e os sistemas envolvidos tiverem previamente se dado ao trabalho de adaptar seus critérios de relevância uns aos outros e de, assim, chegar a uma linguagem comum".[1616] Isso normalmente já causa problemas práticos no âmbito interna da Administração Pública,[1617] sendo que a principal dificuldade diz respeito à troca de informações entre esferas sociais funcionalmente diferentes: aqui, uma homogeneização de longo alcance dos respectivos critérios de relevância dificilmente terá sucesso sem levar em conta, concomitantemente, as vantagens da especificação funcional, ou seja, a elaboração de uma desdiferenciação da ordem social. Afora a questão de saber até que ponto isso seria possível ou, pelo menos, desejável do prisma do desenvolvimento social,[1618] uma tentativa nessa direção a partir do ponto de vista normativo também pode ser rechaçada pelo sistema constitucional de variados direitos fundamentais, visto que essa abordagem em sua forma diferenciada interpreta a garantia de proteção não apenas oriunda dos direitos individuais do cidadão, mas, principalmente, da diferenciação social da coletividade como um todo.[1619] Além do problema cognitivo fundamental de como se obter um conhecimento suficientemente complexo sobre o mundo

---

Systembildung". *In*: HOFFMANN-RIEM, Wolfgang; SCHMIDT-ASSMANN, Eberhard; VOSSKUHLE, Andreas (Coord.). *Grundlagen des Verwaltungsrechts*: Informationsordnung – Verwaltungsverfahren – Handlungsformen. 2ª ed. vol. II. München: C. H. Beck, 2012, parágrafo 18 e ss.

1616 WILLKE, Helmut. *Einführung in das systemische Wissensmanagement*. 2ª ed. Heidelberg: Carl-Auer-Systeme Verlag, 2007, p. 32.

1617 Cf. em relação a isso, ver acima o, cap. ítulo III, 3 seção 3.1I.

1618 Em relação ao problema, ver NASSEHI, Armin. *Der soziologische Diskurs der Moderne*. Frankfurt am Main: Suhrkamp, 2006, pp. 396 e ss.

1619 Cf. fundamentalmente LUHMANN, Niklas. *Grundrechte als Institution*: Ein Beitrag zur politischen Soziologie. 2ª ed. Berlim: Duncker & Humblot, 1974. Sobre a relevância epistemolígica dos regimes diferenciados de proteção constitucional, ver acima, capítulo VI.

contemporâneo, há a dificuldade de uma diferença epistemológica – assegurada normativamente pelas garantias dos direitos fundamentais – entre as áreas funcionalmente diferenciadas da sociedade e entre suas respectivos formas específicas de construir a realidade[1620] – e, com isso, a questão de como superar essa diferença, ou seja, como é possível uma transferência de conhecimento que extrapola as fronteiras do sistema, mas ainda não abole as especializações sistêmicas.[1621] De modo mais geral, a questão é como a transformação da irritação atribuída ao ambiente do sistema em informação interna pode ser bem-sucedida.[1622] Isso porque a mera afirmação desse processo de conversão isoladamente não ajuda muito: "*the question remains how the environment impinges on the system, and what relevance this has for the system's self-reproduction, for the continuation of its own operations*".[1623] A diferenciação da sociedade leva o Direito a um dilema: "por um lado, a dinâmica da diferenciação social força o discurso jurídico a produzir construções autônomas da realidade

---

1620 Em relação a isso, ver TEUBNER, Gunther. *Recht als autopoietisches System*. Frankfurt am Main: Suhrkamp, 1989, pp. 97 e ss.

1621 Cf. em relação a essa questão ver BORA, Alfons. "Scientific Norms, Legal Facts, and the Politics of Knowledge". *In*: STEHR, Nico; WEILER, Bernd (Coord.). *Who Owns Knowledge? Knowledge and the Law*, New Brunswick: Transaction Publishers, 2008, pp. 67 e ss. (68).

1622 Em relação ao processo e sua relevância, ver BAECKER, Dirk. "Die Strategie der Organisation". *In*: ______. *Organisation und Management*: Aufsätze. Frankfurt am Main: Suhrkamp, 2003, pp. 152 e ss. (167 e ss.).

1623 LUHMANN, Niklas. "Closure and Openness: On Reality in the World of Law". *In*: TEUBNER, Gunther (Coord.). *Autopoietic law*: a new approach to law and society. Berlim: De Gruyter, 1988, pp. 335 e ss. (335). Em relação ao problema como um ""caso epistemológico", "ver TEUBNER, Gunther. "Die Episteme des Rechts. Zu erkenntnistheoretischen Grundlagen des reflexiven Rechts". *In*: GRIMM, Dieter (Coord.). *Wachsende Staatsaufgaben – sinkende Steuerungsfähigkeit des Rechts*. Baden-Baden: Nomos, 1990, pp. 126 e 130 e ss.

e, por outro, a mesma dinâmica torna o direito dependente de uma multiplicidade de epistemes autônomas concorrentes".[1624]

Assim, a tentativa de responder às questões levantadas deve primeiramente esclarecer com mais detalhes como as respectivas construções sistêmicas específicas da realidade devem ser compreendidas. O conceito geral deve ser diferenciado de mal-entendidos que podem gerar equívocos (8.2). A partir disso, a (im)possibilidade da comunicação que extrapola as fronteiras do sistema pode ser discutida com mais detalhes (8.3), a fim de desenvolver o caráter especial de uma "tradução" das respectivas formas de conhecimento no sentido de eventualmente modificar aquelas internas à Administração Pública (8.4). Essa percepção do problema permite, finalmente, uma visão abrangente sobre a mudança do *status* do conhecimento jurídico, que requer, em particular, uma compreensão alterada da metodologia jurídica (8.5).

8.2 A realidade como uma construção operacional

O fato de cada sistema desenvolver sua própria forma de informação e de conhecimento pode ser ainda generalizado: a percepção de mundo, se desenvolvida, pode levar a dois equívocos: segundo um deles, a realidade é uma construção arbitrária do observador. A adoção construtivista de uma ontologia unificada, independente do observador e, nesse sentido, aparentemente "neutra",[1625] equivaleria

---

1624 TEUBNER, Gunther. "Die Episteme des Rechts. Zu erkenntnistheoretischen Grundlagen des reflexiven Rechts". *In*: GRIMM, Dieter (Coord.). *Wachsende Staatsaufgaben – sinkende Steuerungsfähigkeit des Rechts*. Baden-Baden: Nomos, 1990, pp. 130 e ss.

1625 Cf. um "ideal de neutralidade" correspondente, por exemplo, em HARDING, Sandra. "Starke Objektivität". *In*: VOGEL, Matthias; WINGERT, Lutz (Coord.). *Wissen zwischen Entdeckung und Konstruktion*: Erkenntnistheoretische Kontroversen. Frankfurt am Main: Suhrkamp, 2003, pp. 162 e ss.

a um compromisso com um relativismo epistemológico; o imperativo metodológico do "vale tudo", que obviamente corresponde a isso, não foi usado de forma irônica (como originalmente pretendido por seu criador),[1626] mas, sim, foi tomado ao pé da letra. Essa posição falha em reconhecer que o construtivismo não se preocupa em postular uma visão superior, segundo a qual "a realidade das circunstâncias do mundo é negada", mas apenas em "aceitar as limitações das possibilidades cognitivas das perspectivas do observador".[1627]

Conforme o outro equívoco, mesmo com a mudança para uma visão de mundo dependente do observador, permanece a suposição básica de uma realidade comum, que é meramente percebida de diferentes perspectivas e, portanto, em diferentes "tons",[1628] ou seja, encurtada perspectivamente em sua reconhecibilidade.[1629] Típica dessa posição implícita ou explicitamente relacionada é a solução de simplesmente combinar as diferentes perspectivas para obter

---

1626 Cf. FEYERABEND, Paul. *Wider den Methodenzwang*. Frankfurt am Main: Suhrkamp, 1986, p. 11.

1627 VESTING, Thomas. "Politische Verfassung? Der moderne (liberale) Verfassungsbegriff und seine systemtheoretische Rekonstruktion". *In*: CALLIESS, Gralf-Peter (Coord.). *Soziologische Jurisprudenz*: Festschrift für Gunther Teubner zum 65. Geburtstag. Berlim: De Gruyter, 2009, pp. 609 e ss. (609).

1628 Cf. de maneira mais detalhada sobre a questão em HUSSERL, Edmund. *Ideen zu einer reinen Phänomenologie und phänomenologischen Philosophie*. Erstes Buch: Allgemeine Einführung in die reine Phänomenologie, Husserliana Vol. III. Den Haag: Martinus Nijhoff, 1950, § 41, pp. 91 e ss.

1629 Cf. uma crítica relevante à abordagem de MÜLLER, Friedrich; CHRISTENSEN, Ralph. *Juristische Methodik*: Grundlagen des Öffentliches Rechts. 9ª ed. vol. I. Berlim: Duncker & Humblot, 2004. TRUTE, Hans-Heinrich. "Staatsrechtslehre als Sozialwissenschaft?" *In*: SCHULZE-FIELITZ, Helmuth (Coord.). *Staatsrechtslehre als Wissenschaft*. DV Beiheft 7. Berlim: Duncker & Humblot, 2007, p. 131, parágrafo. 87.

uma imagem abrangente.[1630] Além do ponto de fuga formal de um "em si" que ainda é concebível, mas completamente indeterminado em termos de conteúdo e, portanto, não adequado como ponto de referência comum para diferentes visões de mundo, a realidade é concebida de acordo com o padrão de uma ontologia pré-kantiana. Ao mesmo tempo, ainda não está claro quais consequências devem resultar dessa consideração. O fator decisivo é se as diferenças ou as semelhanças na observação de mundo devem prevalecer para a respectiva compreensão da realidade. Conforme qual padrão, se não novamente a realidade – pelo menos parcialmente particular –, essa decisão deve ser baseada? E como as perspectivas podem ser reunidas quando deveriam, por sua vez, estar separadas?

Os dois equívocos podem ser evitados a partir de uma comunhão ontológica afirmada, mas não mais precisamente substanciada, de todas as visões de mundo, por um lado, e de uma construção relativista-arbitrária do mundo, por outro, se recorrermos a um conceito de mundo da vida que a tradição filosófica, em particular, introduziu nos debates epistemológicos no século XIX e que, portanto, só precisa ser mais desenvolvida em sua leitura relacionada ao sistema. O fenômeno da "resistência" especificamente tratado por Dilthey, que, como o outro do conhecimento, também designa aquele elemento no qual a "realidade" se manifesta,[1631] deve, então, ser relacionado

---

1630 Cf., por exemplo, MORLOK, Martin. "Vom Reiz und vom Nutzen, von den Schwierigkeiten und von den Gefahren der Ökonomischen Theorie für das Öffentliche Recht". *In*: ENGEL, Christoph; MORLOK, Martin (Coord.). Öffentliches Recht als Gegenstand ökonomischer Forschung. Tübingen: Mohr Siebeck, 1998, pp. 1 e ss. (23 e ss.): "Como forma de acesso às ciências sociais, a economia institucional complementa a visão normativa da realidade do jurista. No entanto, ele usa apenas uma das várias abordagens das ciências sociais, razão pela qual, para fins de completude, é aconselhável ativar outras abordagens para fins de jurisprudência, ou seja, para usar também a riqueza de teorias psicológicas e sociológicas".

1631 Cf. DILTHEY, Wilhelm. "Beiträge zur Lösung der Frage vom Ursprung unseres Glaubens an die Realität der Außenwelt und seinem

aos processos internos do sistema e, assim, ser reconstruído como um efeito coproduzido nas próprias operações.[1632] A "realidade" é, portanto, "gerada na forma de resistência contra si mesma".[1633] Nessa toada, não se trata de uma condição a ser meramente declarada passivamente, mas, sim, de um evento ativo no sentido de uma "contraoperacionalidade para outras operações do sistema".[1634]

> Apenas a resistência das observações às observações conta como realidade. Para tudo o que se supõe funcionar como realidade, deve-se, portanto, supor um sistema operacionalmente fechado, pois somente em um sistema assim a resistência resiste contra si mesmo.[1635]

Essa versão da problemática epistemológica, segundo a qual a realidade "não é mais do que condensações resistentes, internas ao sistema",[1636] responde às dificuldades associadas às outras duas concepções de realidade mencionadas; é apenas – mas ainda assim

---

Recht". *In*: ______. *Die geistige Welt*: Einleitung in die Philosophie des Lebens. Erste Hälfte: Abhandlungen zur Grundlegung der Geisteswissenschaften, Gesammelte Schriften, Vol. V. Stuttgart: B. G. Teubner, 1957, pp. 90 e ss. (v.a. 98 e ss.).

1632 Cf. LUHMANN, Niklas. *Die Gesellschaft der Gesellschaft*. Frankfurt am Main: Suhrkamp, 1997, p. 127.

1633 LUHMANN, Niklas. *Organisation und Entscheidung*. Opladen: Westdeutscher Verlag, 2000, p. 137.

1634 Cf. no tocante à dignidade da pessoa humana em LADEUR, Karl-Heinz; AUGSBERG, Ino. *Die Funktion der Menschenwürde im Verfassungsstaat*: Humangenetik – Neurowissenschaft – Medien. Tübingen: Mohr Siebeck, 2008, p. 15.

1635 LUHMANN, Niklas. *Organisation und Entscheidung*. Opladen: Westdeutscher Verlag, 2000, p. 137.

1636 CLAM, Jean. *Was heißt, sich an Differenz statt an Identität orientieren? Zur De-Ontologisierung in Philosophie und Sozialwissenschaft*. Konstanz: UVK Verlagsgesellschaft, 2002, p. 40 Anm. 38.

– com base nesse mais valor funcional que se justifica. Situado para além do modelo ontológico, o sistema não tem como confrontar sua própria percepção do ambiente com o "original", por assim dizer. A única opção que resta é colocar os requisitos básicos de consistência contra a conexão contínua de suas próprias operações individuais e submeter seus próprios processos, que convertem irritação externa em informação interna, a um procedimento de teste de resistência. Reconhecidamente, essa abordagem também requer um "relativismo radical; mas um relativismo que, como mostra a observação dos sistemas de observação, não equivale a um 'vale tudo', mas, ao contrário, a um processo de autovinculação, de desflexibilização, de formação de tradições".[1637] O que é reconhecido como "realidade" nesse contexto não é, portanto, arbitrário, mas, sim: estruturado em uma forma específica do sistema.[1638] A relevância dessa especificidade do sistema reside no fato de que, desse modo, a construção da realidade aparece necessariamente no plural. O que distingue o construtivismo moderno do idealismo clássico é a multiplicação radical de perspectivas. Nesse diapasão, a posição construtivista corresponde à tese sociológica de uma diferenciação funcional da sociedade.[1639]

1637 LUHMANN, Niklas. "Vorwort". *In*: ______. *Soziologische Aufklärung*: Konstruktivistische Perspektiven. vol. 5. Opladen: Westdeutscher Verlag, 1990, pp. 7 e ss. (11).

1638 Cf., por exemplo, TEUBNER, Gunther. *Recht als autopoietisches System*. Frankfurt am Main: Suhrkamp, 1989, p. 82: "O direito [produz] uma 'realidade jurídica autônoma' por meio da geração de informações estritamente internas ao sistema"

1639 Cf., por exemplo, LUHMANN, Niklas. "Vorwort". *In*: ______. *Soziologische Aufklärung*: Konstruktivistische Perspektiven. vol. 5. Opladen: Westdeutscher Verlag, 1990, p. 11; além de LUHMANN, Niklas. "Das Erkenntnisprogramm des Konstruktivismus und die unbekannt bleibende Realität". *In*: ______. *Soziologische Aufklärung* 5: Konstruktivistische Perspektiven. 4ª ed. Wiesbaden: VS Verlag für Sozialwissenschaften, 2009, pp. 53 e ss., com referência especificamente aos problemas de reflexão que surgem de um sistema científico independente diferenciado.

No tocante aos procedimentos jurídicos, isso significa que as racionalidades externas de outras áreas do sistema – por exemplo, as considerações de eficiência da economia[1640] – não podem ser implementadas sem maiores adaptações ao Direito e às suas concepções próprias da realidade.[1641] Mesmo no que diz respeito à realidade econômica, deve ser sublinhado o seu carácter construtivo,[1642] que não deve ser obnubilado por concepções equivocadas de um "empirismo puro", ostensivamente mais acessível às ciências sociais.[1643] Fica assim excluída uma perspectiva que procure complementar a doutrina, enquanto "ciência da norma", com os resultados de outras disciplinas que figuram como "ciências da realidade".[1644] A preocupação jurídica

---

1640 Cf. fundamentalmente EIDENMÜLLER, Horst. *Effizienz als Rechtsprinzip*: Möglichkeiten und Grenzen der ökonomischen Analyse des Rechts. 3ª ed. Tübingen: Mohr Siebeck, 2005.

1641 Com vista à integração de conhecimentos econômicos, por exemplo, ver MORLOK, Martin. "Vom Reiz und vom Nutzen, von den Schwierigkeiten und von den Gefahren der Ökonomischen Theorie für das Öffentliche Recht". *In*: ENGEL, Christoph; MORLOK, Martin (Coord.). Öffentliches Recht als Gegenstand ökonomischer Forschung. Tübingen: Mohr Siebeck, 1998, pp. 10 e ss., principalmente. p. 25; com relação à racionalidade própria do processo, ver MÖLLERS, Christoph. "Legalität, Legitimität und Legitimation des Bundesverfassungsgerichts". *In*: JESTAEDT, Matthias. *Das entgrenzte Gericht*: Eine kritische Bilanz nach sechzig Jahren Bundesverfassungsgericht. Berlim: Suhrkamp, 2011, pp. 281 e ss. (398).

1642 Cf. na dependência do método do conhecimento econômico, por exemplo, como em DOWNS, Anthony. Ökonomische Theorie der Demokratie. Tübingen: Mohr Siebeck, 1968, pp. 4 e ss.; no tocante à pluralidade dos respectivos métodos, ver SPOERR, Wolfgang. "Der Einfluss ökonomischer Modellbildung auf rechtliche Maßstäbe der Regulierung". *In*: TRUTE, Hans-Heinrich (Coord.). *Allgemeines Verwaltungsrecht – zur Tragfähigkeit eines Konzepts*. Tübingen: Mohr Siebeck, 2008, pp. 613 e ss. (617).

1643 Cf. AUGSBERG, Ino. "Von einem neuerdings erhobenen empiristischen Ton in der Rechtswissenschaft". *Der Staat*, 51, 2012, pp. 117 e ss.

1644 Cf. no que tange à economia em MORLOK, Martin. "Vom Reiz und vom Nutzen, von den Schwierigkeiten und von den Gefahren der Ökonomischen Theorie für das Öffentliche Recht". *In*: ENGEL,

com as lógicas econômicas internas não deve conduzir à assunção de uma espécie de Direito Natural de segunda potência, em que as "leis internas do mercado e da organização" são fixadas conforme a "natureza da sociedade moderna", a qual "deve refletir também a constituição jurídica da economia e da sociedade".[1645]

No âmbito jurídico, a diferença entre as respectivas linhas de construção é particularmente evidente na forma como os "equívocos" epistêmicos são tratados: "em todas as operações cognitivas, o sistema jurídico pretende ser capaz de cometer um erro juridicamente válido e, depois, de decidir por si próprio se algo deve ser feito e o que exatamente, quando o erro é revelado".[1646] Em contrapartida, um erro que conduza à mera paralisação de uma determinada tecnologia, por exemplo, pode permanecer juridicamente imperceptível fora do Direito.[1647] Ambas as constelações mostram que o (mau) desempenho epistêmico de um sistema não tem automaticamente um efeito sobre o outro, mas aparentemente requer um outro ato

---

Christoph; MORLOK, Martin (Coord.). Öffentliches Recht als Gegenstand ökonomischer Forschung. Tübingen: Mohr Siebeck, 1998, pp. 8 e ss.

1645 Assim – uma autocompreensão correspondente da economia com uma intenção crítica – em *Teubner*, Verfassungsfragmente, ibid, p. 61. Cf. em contraste, afirmativa em relação a um potencial explicativo correspondentemente abrangente da economia, por exemplo, em BECKER, Gary P. *Der ökonomische Ansatz zur Erklärung menschlichen Verhaltens*. Tübingen: Mohr, 1982. Reflete, por outro lado, no sentido da "questão especificamente jurídica de como o direito deve reagir aos limites cognitivos da teoria econômica" como em KLÖHN, Lars. "Recht und Ökonomik – gestern, heute und morgen". *In*: DIEDRICH, Ralf; HEILEMANN, Ulrich (Coord.). Ökonomisierung der Wissensgesellschaft: Wie viel Ökonomie braucht und wie viel Ökonomie verträgt die Wissensgesellschaft? Berlim: Ducker & Humblot, 2011, pp. 455 e ss. (465).

1646 LUHMANN, Niklas. *Das Recht der Gesellschaft*. Frankfurt am Main: Suhrkamp, 1993, p. 90.

1647 LUHMANN, Niklas. *Das Recht der Gesellschaft*. Frankfurt am Main: Suhrkamp, 1993, p. 90.

sistêmico de ligação. O acoplamento epistêmico intersistêmico é, na melhor das hipóteses, afrouxado.

8.3 Comunicação "intersistêmica"?

Contudo, um acoplamento afrouxado também é um acoplamento. A cooperação epistêmica entre os sistemas não está, ainda, excluída. Em todo o caso, o componente cognitivo no processo de constituição do sistema não pode ser descrito como um fenômeno meramente secundário aos atos operacionais aparentemente mais relevantes. Cada sistema não só tem a possibilidade de observar o seu ambiente e de gerar informação a partir dele, como tem de fazê-lo "para poder estabelecer uma relação consigo próprio".[1648] Isso também está antevisto na tradição filosófica. Nessa toada, a "resistência" não marca apenas o "mundo"; o contato com ele constitui também a forma como o eu se encontra.[1649] O fato de os respectivos processos sistêmicos em sentido estrito, como decisões judiciais, pagamentos, decisões políticas etc., não poderem se substituir alternadamente,[1650] e de, nesse sentido, não poder se falar de uma unidade operacional,[1651] não significa uma identidade prévia que só numa segunda fase seria exposta a um ambiente que pode então ser experimentado como diferente. Ao contrário, o sistema é determinado pelo seu "ser-no-mundo (ambiente)", como se poderia

---

1648 LUHMANN, Niklas. *Organisation und Entscheidung*. Opladen: Westdeutscher Verlag, 2000, p. 209.

1649 Cf. DILTHEY, Wilhelm. *Weltanschauungslehre*: Abhandlungen zur Philosophie der Philosophie, Gesammelte Schriften, vol. VIII. Stuttgart: Teubner, 1960, pp. 17 e ss.

1650 Cf., por exemplo, LUHMANN, Niklas. *Die soziologische Beobachtung des Rechts*. Frankfurt am Main: Alfred Metzner, 1986, p. 13.

1651 Cf. LUHMANN, Niklas. *Das Recht der Gesellschaft*. Frankfurt am Main: Suhrkamp, 1993, p. 77.

dizer – mais uma vez seguindo a terminologia de *Heidegger*.[1652] A reflexividade da racionalidade própria ao sistêmica é extática ou excêntrica.[1653]

No entanto, essa excentricidade não abole simplesmente a fronteira entre as áreas funcionalmente diferentes; ela é concebida apenas como uma estrutura móvel, como resultado de um processo permanente de diferenciação, que se reproduz continuamente. O Direito difere-se daquilo que não é Direito não no sentido estático-substancial, mas na direção processual operacional; "ele não apenas está na diferença, mas *realiza* sua diferença do não jurídico como sua própria operação de distinção".[1654] O primordial não é a identidade sistêmica, mas a diferença ecológica entre sistema e ambiente gerada no processo;[1655] é isso que distingue o modelo construtivista do modelo idealista clássico.[1656] Entretanto, embora toda diferença separe e conecte,[1657] porque apenas o que é diferente pode

---

1652 Cf. HEIDEGGER, Martin. *Sein und Zeit*. 17ª ed. Tübingen, 1993, §§ 12 e ss. e pp. 52 e ss.

1653 Cf. em relação à reflexividade excêntrica STEINHAUER, Fabian. "Zeitgenössische Verfassungstheorie". *In*: VESTING, Thomas; KORIOTH, Stefan (Coord.) *Der Eigenwert des Verfassungsrechts*: Was bleibt von der Verfassung nach der Globalisierung? Tübingen: Mohr Siebeck, 2011, pp. 41 e ss. (67 e ss.).

1654 MENKE, Christoph. *Recht und Gewalt*. Berlim: August Verlag, 2011, pp. 68 e ss.

1655 Cf., por exemplo, LUHMANN, Niklas. *Soziale Systeme*: Grundriß einer allgemeinen Theorie. Frankfurt am Main: Suhrkamp, 1984, p. 242 e seguinte. Além de uma visão mais geral em CLAM, Jean. *Was heißt, sich an Differenz statt an Identität orientieren? Zur De-Ontologisierung in Philosophie und Sozialwissenschaft*. Konstanz: UVK Verlagsgesellschaft, 2002, passim.

1656 Cf. LUHMANN, Niklas. "Das Erkenntnisprogramm des Konstruktivismus und die unbekannt bleibende Realität". *In*: ______. *Soziologische Aufklärung 5*: Konstruktivistische Perspektiven. 4ª ed. Wiesbaden: VS Verlag für Sozialwissenschaften, 2009, p. 48.

1657 Cf. DERRIDA, Jacques. *Glas*. München, 2006, p. 186b.

ser conectado,[1658] nenhuma base segura para a comunicação entre sistemas pode ser derivada dessa primazia da diferença. Ao contrário, o *status* epistêmico da experiência limítrofe é em si precário. Isso se aplica ainda mais à ideia de sua transgressão. "O problema dos limites é o paradoxo de conhecer e de impor um limite que não pode ser ultrapassado ou experimentado de fora".[1659] A referência à necessidade de uma "tradução", muitas vezes dada como resposta à questão da possibilidade de uma interdisciplinaridade bem-sucedida,[1660] desconhece esse problema na medida em que ignora os pré-requisitos dessa resposta, ou seja, a condição da possibilidade dessa tradução, subestimada.[1661] Onde se encontram terminologias

---

1658 Cf. LUHMANN, Niklas. "Das Erkenntnisprogramm des Konstruktivismus und die unbekannt bleibende Realität". *In*: ______. *Soziologische Aufklärung 5*: Konstruktivistische Perspektiven. 4ª ed. Wiesbaden: VS Verlag für Sozialwissenschaften, 2009, p. 48.

1659 CLAM, Jean. *Was heißt, sich an Differenz statt an Identität orientieren? Zur De-Ontologisierung in Philosophie und Sozialwissenschaft*. Konstanz: UVK Verlagsgesellschaft, 2002, p. 95.

1660 Cf., por exemplo, PETERSEN, Niels. "Braucht die Rechtswissenschaft eine empirische Wende?" *Der Staat*, 49, 2010, pp. 435 e ss. (454); TRUTE, Hans-Heinrich. "Staatsrechtslehre als Sozialwissenschaft?" *In*: SCHULZE-FIELITZ, Helmuth (Coord.). *Staatsrechtslehre als Wissenschaft*. DV Beiheft 7. Berlim: Duncker & Humblot, 2007, p. 128. Fala-se também de "processos de tradução complexos" que "extrapolam as fronteiras do sistema" como em TEUBNER, Gunther. *Verfassungsfragment*: Gesellschaftlicher Konstitutionalismus in der Globalisierung. Berlim: Suhrkamp, 2012, p. 149, sem, no entanto, explicar com mais detalhes como se dão esses processos e qual a distância que as aspas utilizadas pretendem expressar em relação ao entendimento comum da tradução.

1661 Nesse contexto, é interessante notar que WHITE, James Boyd. "'Law and Literature' – no manifesto". *In*: ______. *From Expectation to Experience*: Essays on Law and Legal Education. Ann Arbor: University of Michigan Press, 1999, pp. 52 e ss. [70]), que também adere à necessidade fundamental da tradução, mas descreve essa tarefa não mais como científica, mas literária. A razão para isso pode ser que, do ponto de vista de White, a compreensão literária da linguagem já contém os problemas da intraduzibilidade de forma refletida: "*By a literary understanding of*

altamente especializadas, o recurso à "linguagem coloquial" como mediador indica pouco sucesso.[1662] Se levarmos em conta a independência operacional das áreas sociais, também fica claro que não só falta uma "língua comum"[1663] para uma tradução bem-sucedida, mas também falta um ponto de referência fixo e igualmente acessível de ambos os lados, que, por exemplo, corresponda a uma "ação humana comum"[1664] como um terceiro elo de ligação e, assim, como base para processos de tradução sem perdas entre as diversas áreas do conhecimento. Nesse caso, um acoplamento "do mundo da vida" das comunicações específicas do sistema, em particular, pode permitir conectividade mútua no sentido de opções simples de tomada de decisão – ou seja, uma condenação judicial correspondente leva ao pagamento pela parte vencida –, porém não permite a transferência

---

language I mean one that recognizes the incompleteness of language, its inadequacies, its gaps and its imperfections, and does so largely by the continual recognition of other possibilities" (WHITE, James Boyd. "'Law and Literature' – no manifesto". *In*: ______. *From Expectation to Experience*: Essays on Law and Legal Education. Ann Arbor: University of Michigan Press, 1999, pp. 58 e ss.).

1662 Cf. WITTGENSTEIN, Ludwig. "Philosophische Untersuchungen". *In*: ______. Schriften. vol. 1. Frankfurt am Main: Suhrkamp, 1963, § 206 (p. 383).

1663 Em relação a isso, ver MORLOK, Martin. "Vom Reiz und vom Nutzen, von den Schwierigkeiten und von den Gefahren der Ökonomischen Theorie für das Öffentliche Recht". *In*: ENGEL, Christoph; MORLOK, Martin (Coord.). Öffentliches Recht als Gegenstand ökonomischer Forschung. Tübingen: Mohr Siebeck, 1998, p. 25.

1664 Cf. sobre a impossibilidade de tradução entre os diversos jogos de linguagem de LYOTARD, Jean-François. "'Nach' Wittgenstein". *In*: ______. *Grabmal des Intellektuellen*. Wien: Passagen, 1985, pp. 68 e ss. (70). Mais precisamente sobre o problema geral de conexão entre traduzibilidade e intraduzibilidade, ver DÜTTMANN, Alexander. García "Von der Übersetzbarkeit". *In*: NIBBRIG, Christiaan L. Hart (Coord.). Übersetzen: Walter Benjamin. Frankfurt am Main: Suhrkamp, 2001, pp. 131 e ss.

de conhecimento específico do sistema altamente especializado.[1665] Portanto, continua sendo o caso: "não há (...) nenhuma transferência de informações de sistema para sistema".[1666]

Ao mesmo tempo, porém, a respectiva dependência dos meios de comunicação pode também ser observada como um traço comum das estratégias comunicativas, que se diferem nos seus temas e categorias básicas, os quais precisam ser levados em conta, porque eles permitem, quando não a comunicação intersistêmica direta,[1667] pelo menos, processos coevolutivos entre as áreas setorizadas do sistema.[1668] Mesmo a observação puramente autorreferencial que

---

1665 Esse aspecto genuinamente cognitivo não me parece ser adequadamente considerado na concepção de *Teubner* de "interferência no sistema"; a clara diferenciação entre comunicação "simples" – potencialmente comum – e a compreensão diferente pode classificar a comunicação muito fortemente como um evento constativo relacionado ao conteúdo que não é ao mesmo tempo um evento performativo e, portanto, subestima o embasamento normativo e cognitivo dos aspectos jurídicos Cf. TEUBNER, Gunther. *Recht als autopoietisches System*. Frankfurt am Main: Suhrkamp, 1989, pp. 106 e ss.; principalmente p. 109. Também cético quanto a uma correspondente "confiança na autoidentidade da informação" encontrada em Luhmann, que só parece possível ao preço de um encurtamento do conceito de informação "ao seu conteúdo proposicional" como em STÄHELI, Urs. *Sinnzusammenbrüche*: Eine dekonstruktive Lektüre von Niklas Luhmanns Systemtheorie. Weilerswist: Velbrück Wissenschaft, 2000, p. 113, com referência a LUHMANN, Niklas. *Die Gesellschaft der Gesellschaft*. Frankfurt am Main: Suhrkamp, 1997, p. 310.

1666 LUHMANN, Niklas. *Die Realität der Massenmedien*. 2ª ed. Opladen: Westdeutscher Verlag, 1996, p. 41.

1667 Cf. informações teóricas midiáticas com vistas ao ordenamento jurídico em particular em VESTING, Thomas. *Die Medien des Rechts*: Sprache. Weilerswist: Velbrück, 2011; VESTING, Thomas. *Die Medien des Rechts*: Schrift. Weilerswist: Velbrück, 2011. Em linhas gerais, especialmente sobre a relevância cognitiva da mídia, ver também acima o capítulo V.

1668 Cf. em relação aos trabalhos de Marc Amstutz em KJAER, Poul F. "Laws of the Worlds. Towards an Inter-Systemic Theory". *In*: KELLER, Stefan; WIPRÄCHTIGER, Stefan (Coord.). *Recht zwischen Dogmatik*

melhor exprime o fechamento sistêmico "deve estar ligada à linguagem/escrita da autodescrição com a qual opera a observação"[1669] e, portanto, já deve estar relacionada a algo diferente do processo sistêmico aparentemente puro, que pode (tem que) se vincular a ela.[1670] O Direito como sistema social "*makes use of language and of a more or less consistent use of words inside and outside the legal system*".[1671] Geralmente, os meios de comunicação do Direito podem ser descritos como um "material reflexivo que ainda mostra traços de ressonância entre o Direito e seu ambiente no apelo que a comunicação jurídica faz a si mesma".[1672] Assim, a formatação midiática alternada das áreas de comunicação social indica que a diferença ecológica e, ao mesmo tempo epistemológica, não designa

---

und Theorie: Marc Amstutz zum 50. Geburtstag. Zürich: Dike, 2012, pp. 159 e ss. (161 e ss.). TEUBNER, Gunther. *Recht als autopoietisches System*. Frankfurt am Main: Suhrkamp, 1989, p. 100, também fala de "co-variações" observadas.

1669 LADEUR, Karl-Heinz. *Postmoderne Rechtstheorie*: Selbstreferenz – Selbstorganisation – Prozeduralisierung. 2ª ed. Berlim: Duncker & Humblot, 1995, p. 132.

1670 Cf. as abordagens nesse sentido em LUHMANN, Niklas. "Closure and Openness: On Reality in the World of Law". *In*: TEUBNER, Gunther (Coord.). *Autopoietic law*: a new approach to law and society. Berlim: De Gruyter, 1988, pp. 339 e ss., que a esse respeito fala de um "continuum de materialidade". Crítico com razão disso é TEUBNER, Gunther. *Recht als autopoietisches System*. Frankfurt am Main: Suhrkamp, 1989, pp. 105 e ss., na medida em que Luhmann (LUHMANN, Niklas. "Closure and Openness: On Reality in the World of Law". *In*: TEUBNER, Gunther (Coord.). *Autopoietic law*: a new approach to law and society. Berlim: De Gruyter, 1988, p. 340) iguala essa materialidade com "linguagem" e mesmo "palavras".

1671 LUHMANN, Niklas. "Closure and Openness: On Reality in the World of Law". *In*: TEUBNER, Gunther (Coord.). *Autopoietic law*: a new approach to law and society. Berlim: De Gruyter, 1988, p. 340.

1672 STEINHAUER, Fabian. *Bildregeln*: Studien zum juristischen Bilderstreit. München: Fink, 2009, p. 32.

um limite absoluto, mas, sim, uma passagem do limite[1673] – a ser determinado em detalhes – como uma "reintrodução mais complexa da diferenciação sistema/ambiente no ordenamento jurídico",[1674] a qual aparentemente permanece possível.[1675] Se levarmos em conta a resistência no sentido da – mais uma vez: inerente ao sistema – contraoperacionalidade como critério de realidade, não é surpreendente que essa reintrodução da distinção do diferenciado, ou seja, a repetição reflexivamente contrária do "oposto ao não jurídico, por meio do qual o Direito é produzido",[1676] justamente quando cumpre sua função, aparece também como "*reintrodução* (...) de uma indeterminação que não só funciona no horizonte do sistema, mas também opera contra ele".[1677]

Com isso, permanece a questão de como a fronteira entre as áreas do conhecimento pode ser superada e, ao mesmo tempo, em prol da manutenção da diferenciação social, reconhecida e,

---

1673 Cf. sobre o problema do extrapolamento de esferas com mais detalhes – com referência principalmente a Spencer Brown e Luhmann – em STEINHAUER, Fabian. *Bildregeln*: Studien zum juristischen Bilderstreit. München: Fink, 2009, pp. 17 e ss.

1674 LADEUR, Karl-Heinz. *Postmoderne Rechtstheorie*: Selbstreferenz – Selbstorganisation – Prozeduralisierung. 2ª ed. Berlim: Duncker & Humblot, 1995, p. 164.

1675 Cf. a uma forma específica desse entrelaçamento, tendo em vista sobretudo a relação entre direito e literatura, por exemplo AUGSBERG, Ino. "Innen des Außen des Innen: Verfaltungen zwischen Rechts- und Literaturwissenschaft". *In*: AUGSBERG, Ino; LENSKI, Sophie-Charlotte (Coord.). *Die Innenwelt der Außenwelt der Innenwelt des Rechts*: Annäherungen zwischen Rechts- und Literaturwissenschaft. München: Fink, 2012, pp. 11 e ss.

1676 MENKE, Christoph. *Recht und Gewalt*. Berlim: August Verlag, 2011, p. 69.

1677 STÄHELI, Urs. *Sinnzusammenbrüche*: Eine dekonstruktive Lektüre von Niklas Luhmanns Systemtheorie. Weilerswist: Velbrück Wissenschaft, 2000, p. 47, com referência a BAECKER, Dirk. "Einleitung". *In*: ______. (Coord.). *Probleme der Form*. Frankfurt am Main: Suhrkamp, 1993, pp. 9 e ss. (13).

possivelmente até, confirmada como um limite lindeiro. Destarte, a integração do conhecimento estrangeiro não deve produzir nenhum fenômeno híbrido como resultado – o que obviamente não exclui a possibilidade de que as novas esferas híbridas ainda possam se formar repetidamente por meio da interação, especialmente nas franjas dos sistemas[1678] –, mas deve ocorrer claramente como um processo de recepção de um sistema, ao final do qual o conhecimento recém-adquirido é marcado como próprio concomitantemente, sem que a estranheza do conhecimento externo recebido seja simplesmente suprimida.

8.4 Metarregras jurídicas comuns como elementos de transformação do conhecimento extrajurídico

No tocante ao Direito, isso significa que a comunicação aparentemente transfronteiriça necessária só pode ser formada de dentro do sistema, ou seja, como uma forma fundamentalmente jurídica.[1679] Há necessidade de mecanismos jurídicos internos específicos

1678 Cf., por exemplo, *Steinhauer*, Bildregeln, ibid, p. 288. Allg. zu solchen Tendenzen auch KOSCHORKE, Albrecht. "Die Grenzen des Systems und die Rhetorik der Systemtheorie". *In*: KOSCHORKE, Albrecht; VISMANN, Cornelia (Coord.). *Widerstände der Systemtheorie*: Kulturtheoretische Analysen zum Werk von Niklas Luhmann. Berlim: Akademie Verlag, 1999, p. 9 (10 e ss.).

1679 Cf. em relação às regras de colisão de interesses em TEUBNER, Gunther. *Verfassungsfragment*: Gesellschaftlicher Konstitutionalismus in der Globalisierung. Berlim: Suhrkamp, 2012, p. 229: "A saída, se é que existe, (...) só pode ser buscada na perspectiva interna das esferas de sentido envolvidas. não há ponto de vista objetivo e neutro de resolução de colisão, ele não pode ser revelado nem razoavelmente inferido. A solução só pode ser encontrada no respectivo subsistema. O conflito de racionalidade não está 'resolvido', mas é 'tolerável'". Isso se aplica tanto a colisões cognitivas normativas quanto intersistêmicas; sobre uma reflexão paralela sobre a necessidade de construção da referência interna-externa do sistema, com referência à operacionalização do

que transformem formas de conhecimento externas ao Direito em juridicamente compatíveis.[1680] Ao se tratar de saberes de outras disciplinas, trata-se de um duplo movimento que não apenas assimila juridicamente esse saber em sua totalidade, ou seja, o torna inteligível em sua origem e, assim, dissolve completamente a diferença em relação ao sistema receptor, mas, ainda, o torna utilizável para operações jurídicas posteriores. Para tanto, são necessárias regulamentações especiais, as quais não devem ter um caráter transdisciplinar geral, mas devem ser expressamente concebidas pelo sistema receptor, ou seja, no caso do Direito, devem ser de natureza jurídica.[1681] A cooperação cognitiva bem-sucedida, portanto, não requer apenas uma "metateoria transdisciplinar" no sentido de que sejam estabelecidas disposições gerais como

> transparência, honestidade de método, necessidade de justificar cada transferência de teoria e de conceito, identificação de diferentes horizontes de uso e desenvolvimento de proteções mecanismos, que são, portanto, um aumento improdutivo de

---

"interesse" como conceito jurídico, ver SCHRÖDER, Rainer "Interesse als normativ-institutionelles Faktum. Zum Stellenwert sozialwissenschaftlicher Öffnungen der Verwaltungsrechtsdogmatik". *Rechtstheorie*, 43, 2012, pp. 207 e ss.(principalmente pp. 218 e ss.).

1680 Cf. AUGSBERG, Ino. "Multi-, inter-, transdisziplinär? Zum Erfordernis binnenjuristischer Metaregeln für den Umgang mit extrajuridischem Wissen im Verwaltungsrecht". *In*: ______. (Coord.). *Extrajuridisches Wissen im Verwaltungsrecht*: Analysen und Perspektiven. Tübingen: Mohr Siebeck, 2013. Sobre a demanda de uma "metadogmática que desenvolva regras de colisão para o conflito de conhecimento entre direito e ciência", ver TEUBNER, Gunther. "Die Episteme des Rechts. Zu erkenntnistheoretischen Grundlagen des reflexiven Rechts". *In*: GRIMM, Dieter (Coord.). *Wachsende Staatsaufgaben – sinkende Steuerungsfähigkeit des Rechts*. Baden-Baden: Nomos, 1990, p. 144.

1681 Cf. em relação ao problema em LADEUR, Karl-Heinz "Kommunikation über Risiken im Rechtssystem. Das Beispiel Nanotechnologie". *In*: BÜSCHER, Christian; JAPP, Klaus Peter (Coord.). Ökologische Aufklärung: 25 Jahre "Ökologische Kommunikation". Wiesbaden: VS Verlag, 2010, pp. 131 e ss. (135).

complexidade por meio do fornecimento externo de conhecimento, além de permitirem um fechamento parcial do Direito Administrativo ao meio científico.[1682]

Desse modo, certamente faz sentido determinar com mais precisão os "pontos de ancoragem" para a transferência de conhecimento tanto do lado do sistema "exportador", por exemplo, a economia, quanto do lado do Direito "importador", ou seja, para esclarecer de quem e qual tipo de conhecimento por quem é recebido.[1683] O processo específico de transformação, que não tende a abolir a policontexturalidade da sociedade moderna em direção a universais transdisciplinares, que expressamente o reconhece e apenas trabalha sobre ele, só é nomeado com esse requisito se o próprio for entendido como uma contribuição interna do sistema receptor. A

1682 VOSSKUHLE, Andreas "Neue Verwaltungsrechtswissenschaft". *In*: HOFFMANN-RIEM, Wolfgang; SCHMIDT-ASSMANN, Eberhard; VOSSKUHLE, Andreas (Coord.). *Grundlagen des Verwaltungsrechts*: Methoden, Maßstäbe, Aufgaben, Organisation. 2ª ed. vol. I. München: C. H. Beck, 2012, § 1 parágrafo 39, com referência a VESTING, Thomas "Nachbarwissenschaftlich informierte und reflektierte Verwaltungsrechtswissenschaft– Verkehrsregeln und Verkehrsströme". *In*: SCHMIDT-ASSMANN, Eberhard; HOFFMANN-RIEM, Wolfgang (Coord.). *Methoden der Verwaltungsrechtswissenschaft*. Baden-Baden: Nomos, 2004, pp. 253 e ss. (275 e ss. e 280). Cf. semelhante à necessidade de se desenvolver uma „teoria da recepção", cuja tarefa é "formular e armazenar regras científico-teóricas de cautela e prudência que facilitem o manejo produtivo da teoria externa ao direito e protejam contra e interpretações erradas", ver LÜDEMANN, Jörn "Öffentliches Wirtschaftsrecht und ökonomisches Wissen". *In*: AUGSBERG, Ino (Coord.). *Extrajuridisches Wissen im Verwaltungsrecht*: Analysen und Perspektiven. Tübingen: Mohr Siebeck, 2013 (i.E.); para mais ver LÜDEMANN, Jörn "Netzwerke, Öffentliches Recht und Rezeptionstheorie". *In*: BOYSEN, Sigrid (Coord.). *Netzwerke*. Baden-Baden: Nomos, 2007, pp. 266 e ss. (principalmente pp. 278 e ss.).

1683 Cf. KAUFHOLD, Ann-Katrin "Transfer und Transformation ökonomischen Wissens im Recht der Bankenaufsicht". *In*: AUGSBERG, Ino (Coord.). *Extrajuridisches Wissen im Verwaltungsrecht*: Analysen und Perspektiven. Tübingen: Mohr Siebeck, 2013, pp. 151 e ss.

"transformação do conhecimento" não deve ser entendida de maneira que informações provenientes do ambiente jurídico propriamente dito sejam introduzidas nos processos sistêmicos e, assim, meramente adaptadas para os novos propósitos. No que concerne ao caráter sistêmico do conhecimento, trata-se antes de reconstruir os estoques não jurídicos de conhecimento dentro e com os meios do Direito.[1684]

Essa forma de descrição do problema não é uma ideia prescritiva de que primeiramente deveria ser levada à consideração do Direito como um postulado e por ele implementado. Ao contrário, a consideração correspondente apenas traz à mente uma prática jurídica de longa data. Nesse panorama, o caráter jurídico das metanormas já se depreende dos dispositivos legais existentes, por exemplo, sobre a questão do direito à prova, da intervenção de peritos etc.:[1685] "o fato de o Direito legitimar o uso do não direito nas decisões jurídicas já mostra que as cognições que se referem a outros são sempre aspectos das operações dentro do sistema jurídico".[1686] A única coisa que precisa ser enfatizada enfaticamente sobre essas disposições é seu caráter transformacional, algumas das quais já são explicitamente aparentes, sendo que outras estão implícitas. Não se trata necessariamente de provisões totalmente independentes que sirvam exclusivamente para transformar o conhecimento. Normalmente, é o caso que os regulamentos, que já são familiares de outros contextos

---

1684 Cf. TEUBNER, Gunther. "Die Episteme des Rechts. Zu erkenntnistheoretischen Grundlagen des reflexiven Rechts". *In*: GRIMM, Dieter (Coord.). *Wachsende Staatsaufgaben – sinkende Steuerungsfähigkeit des Rechts*. Baden-Baden: Nomos, 1990, p. 128, que por isso critica o conceito de transformação (cf. p. 140).

1685 Cf. TRUTE, Hans-Heinrich. "Staatsrechtslehre als Sozialwissenschaft?" *In*: SCHULZE-FIELITZ, Helmuth (Coord.). *Staatsrechtslehre als Wissenschaft*. DV Beiheft 7. Berlim: Duncker & Humblot, 2007, p. 130.

1686 LUHMANN, Niklas. *Das Recht der Gesellschaft*. Frankfurt am Main: Suhrkamp, 1993, p. 90 f.

funcionais, também têm um mais valor funcional nesse aspecto epistêmico especial, o qual só precisa ser explicitado.

Esse caráter transformacional emerge de maneira particularmente nítida onde a incapacidade de saber sobre o conhecimento e sobre o ambiente do sistema não é um problema exclusivamente cognitivo, mas, simultaneamente, um problema normativo.[1687] É o caso dos direitos fundamentais. Especificamente, em relação à liberdade de arte, ciência e religião, em particular, há o estabelecimento de proibições sobre o comportamento de tomada de decisão dos funcionários do Estado, não apenas em termos operacionais; eles também contêm limitações cognitivas legalmente exigidas,[1688] às quais o sistema jurídico reage com uma estratégia concreta: a figura da

> autocompreensão como critério jurídico responde ao dilema básico de que, por um lado, o Estado e seus órgãos não podem definir o que é arte, ciência ou religião,[1689] por outro, o conhecimento do objeto protegido é funcionalmente necessário para a aplicação do regime de proteção adequado (por exemplo, em contraposição a outras formas de proteção dos direitos fundamentais).[1690]

1687 Cf. maiores detalhes do problema com fulcro na liberdade de religião em AUGSBERG, Ino. "Taking Religion Seriously. On the Legal Relevance of Religious Self-Concepts, Journal of Law". *Religion and State*, 1, 2012, pp. 291 e ss.

1688 Sobre outras formas de ignorância legalmente exigidas, ver acima, no capítulo VII, seção 7.4.

1689 Em relação à ciência, ver RIDDER, Helmut. *Die soziale Ordnung des Grundgesetzes*: Leitfaden zu den Grundrechten einer demokratischen Verfassung. Opladen: Westdeutscher Verlag, 1975, p. 135: "A ciência é um processo que determina a definição da própria ciência. Tudo o que é aceito como 'científico' neste processo deve ser aceito como científico pelas autoridades não científicas. (...) A liberdade acadêmica implica, portanto, a proibição não acadêmica de definições de ciência".

1690 Cf. fundamentalmente MORLOK, Martin. *Selbstverständnis als Rechtskriterium*. Tübingen: Mohr, 1993, no que tange à liberdade religiosa, ver ISAK, Axel. *Das Selbstverständnis der Kirchen und*

Assim, o Estado recebe uma orientação para a autodescrição subjetiva do (potencial) titular de direitos fundamentais, que pode, no máximo, renunciá-los,[1691] caso haja suspeitas conflitantes concretas com a ajuda de técnicas epistêmicas "objetivas", como o laudo pericial.[1692] Em suma, o Direito aceita sua própria incompetência cognitiva,[1693] mas encontra solução, deslocando seu foco para a observação da autocompreensão religiosa ou artística – que deve ser articulada de forma juridicamente processável –, para que possa permanecer capaz de tomar decisões, apesar desse déficit cognitivo: ele "traduz" a própria incapacidade de cognição em uma regra própria, que proíbe o Direito de ter seu próprio conhecimento material, para, em vez disso, passar para uma estratégia combinada processual-competente. As respectivas normas constitucionais, que garantem a liberdade de arte, ciência ou religião, não têm apenas um efeito limitante sobre as tendências de autoempoderamento dos

---

Religionsgemeinschaften und seine Bedeutung für die Auslegung des staatlichen Rechts. Berlim: Duncker & Humblot, 1994; no tocante à liberdade científica – no sentido de relevância da "scientific community"– ver AUGSBERG, Ino. "Subjektive und objektive Dimensionen der Wissenschaftsfreiheit". *In*: VOIGT, Friedemann (Coord.). *Freiheit der Wissenschaft*: Beiträge zu ihrer Bedeutung, Normativität und Funktion. Berlim: De Gruyter, 2012, pp. 65 e ss. (77 e ss.). No que diz respeito à relação entre o direito moderno e o direito tradicional "indígena" – que, como tal, só pode ser construído a partir da perspectiva moderna, funcionalmente diferenciada de qualquer maneira – ver TEUBNER, Gunther. *Verfassungsfragment*: Gesellschaftlicher Konstitutionalismus in der Globalisierung. Berlim: Suhrkamp, 2012, pp. 249 e ss.

1691 Cf. em linhas gerais sobre o problema ISENSEE, Josef. *Wer definiert die Freiheitsrechte? Selbstverständnis der Grundrechtsträger und Grundrechtsauslegung des Staates*. Heidelberg: Müller, 1980.

1692 Com mais detalhes sobre a questão da liberdade religiosa, ver MUCKEL, Stefan. *Religiöse Freiheit und staatliche Letztentscheidung*. Berlim: Duncker & Humblot, 1997, pp. 1 e ss., 27 e ss. e 121 e ss.

1693 Em relação a isso WHITE, James Boyd. "Talking About Religion in the Language of Law". *In*: ______. *From Expectation to Experience*: Essays on Law and Legal Education. Ann Arbor: University of Michigan Press, 1999, pp. 124 e ss. (130 e ss.).

subsistemas políticos e outros afetados.[1694] Ao contrário, elas, concomitantemente, estabelecem limites às reivindicações cognitivas do Direito Administrativo. Dessa forma, o saber jurídico-externo aparece de forma duplamente modificada: como autocompreensão do titular de direitos fundamentais, que é, por um lado, marcada como fenômeno expressamente extrajurídico. Por outro, essa figura da importância do autoconhecimento é reconhecida como critério jurídico, podendo, portanto, ser vinculada ao Direito.

De resto, nada muda nessa constelação fundamental de encapsulamento jurídico do conhecimento extrajurídico, ainda que se troque a visão subjetiva pela perspectiva aparentemente "objetiva" do laudo pericial. Como toda opinião pericial deve primeiro ser avaliada juridicamente, ela não pode substituir a decisão judicial específica.[1695] Essa assunção compulsória de responsabilidade pelo Direito, que do ponto de vista de uma análise epistêmica do Direito descreve um evento normativo e cognitivo, é expressa, em particular, no princípio paradoxal da livre apreciação judicial da prova, de acordo com o § 286, parágrafo 1º, inciso 2 do Código de Processo Civil, e § 108, parágrafo 1º, inciso 1 da Lei do Processo Administrativo:[1696] um juiz que, por sua própria admissão, é incompetente na questão fática relevante – se o assunto fosse diferente, a opinião do especialista não teria sido exigida preliminarmente –, no final, no entanto, toma sua própria decisão independente, com a notável consequência de que "o conhecimento extrajurídico integrado é de

1694 No tocante a essa função do direito constitucional, ver TEUBNER, Gunther. *Verfassungsfragment*: Gesellschaftlicher Konstitutionalismus in der Globalisierung. Berlim: Suhrkamp, 2012, pp. 124 e ss.

1695 Para mais sobre as justificativas constitucionais e teórico-democráticas usualmente mencionadas a esse respeito, ver acima, capítulo IV.

1696 Sobre o direito processual da prova e sua relevância epistêmica – especialmente com vistas à interação com a Lei do Processo Administrativo e o Código de Processo Civil – ver NOLTE, Jakob. "Die Verarbeitung von extrajuridischem Wissen im Verwaltungsgerichtsverfahren" *In*: AUGSBERG, Ino (Coord.). *Extrajuridisches Wissen im Verwaltungsrecht*: Analysen und Perspektiven. Tübingen: Mohr Siebeck, 2013, pp. 241 e ss.

certa forma não vinculante"[1697] só é compreensível do ponto de vista epistêmico se alguém entender o que está acontecendo como um ato de transformação do conhecimento, com o qual o ordenamento jurídico se responsabiliza pela decisão, bem como por seus fundamentos cognitivos.[1698] Esse processo de transformação do conhecimento encontra expressão marcante como assunção de responsabilidade na justificação do juízo exigido nos termos do § 286, parágrafo 1, inciso 2 da ZPO, e § 108, parágrafo 1, inciso 2 da VwGO, sendo o juiz decisório independente da formação de convicção individual-psicológica "real", sendo, pelo menos, a forma legal preservada e o processamento posterior dentro do sistema jurídico garantido. O processo também pode ser exemplificado com base em especificações normativas para a "seleção e ponderação" do conhecimento especializado não jurídico.[1699] Isso porque, aqui, também, uma análise qualitativa que poderia justificar a decisão do ponto de vista factual é descartada devido à falta de conhecimento especializado superior correspondente; em contraste, trata-se principalmente da atribuição da decisão, incluindo seus fundamentos cognitivos, ao Direito. A seleção necessária não é feita nem com base em critérios fornecidos pelo próprio campo do conhecimento – porque isso abriria uma regressão infinita da questão dos critérios dos critérios dos critérios –, nem com base em considerações gerais de uma "boa prática científica" a ser garantida como uma conquista transformacional do Direito, uma vez que ela é baseada em critérios jurídicos e específicos

---

1697 NOLTE, Jakob. "Die Verarbeitung von extrajuridischem Wissen im Verwaltungsgerichtsverfahren" *In*: AUGSBERG, Ino (Coord.). *Extrajuridisches Wissen im Verwaltungsrecht*: Analysen und Perspektiven. Tübingen: Mohr Siebeck, 2013, p. 250.

1698 Cf. NOLTE, Jakob. "Die Verarbeitung von extrajuridischem Wissen im Verwaltungsgerichtsverfahren" *In*: AUGSBERG, Ino (Coord.). *Extrajuridisches Wissen im Verwaltungsrecht*: Analysen und Perspektiven. Tübingen: Mohr Siebeck, 2013.

1699 Cf. KAUFHOLD, Ann-Katrin. "Transfer und Transformation ökonomischen Wissens im Recht der Bankenaufsicht". *In*: AUGSBERG, Ino (Coord.). *Extrajuridisches Wissen im Verwaltungsrecht*: Analysen und Perspektiven. Tübingen: Mohr Siebeck, 2013, p. 175.

do sistema. A perícia extrajurídica não é aceita imutavelmente como "verdade objetiva",[1700] mas é sempre empurrada pelo "filtro de uma determinada idoneidade para o uso"[1701] e isso significa: reconstruída por meios jurídicos.[1702]

As metarregras jurídicas comuns são, portanto, menos sobre requisitos substantivos e mais sobre disposições processuais que sinalizam adesão ao sistema jurídico, sem necessariamente terem acesso direto aos aspectos substantivos reivindicados. Nesse diapasão, as definições legais gerais de competência, como a assunção da responsabilidade do Estado exigida pelo Direito democrático para decisões administrativas com envolvimento de *expertise* externa, em

---

1700 Cf. com um foco semelhante na ciência econômica está LÜDEMANN, Jörn "Öffentliches Wirtschaftsrecht und ökonomisches Wissen". *In*: AUGSBERG, Ino (Coord.). *Extrajuridisches Wissen im Verwaltungsrecht*: Analysen und Perspektiven. Tübingen: Mohr Siebeck, 2013 (sub. IV.): "A recepção da teoria econômica e do empirismo não envolve importar verdades prontas às quais o direito está à mercê. Em vez disso, é sempre apenas uma questão de aumentar a racionalidade de encontrar a lei, não apenas agregando conexões empíricas com teorias cotidianas e conhecimento empírico, mas usando métodos e abordagens científicos".

1701 Assim (no tocante fundamentalmente à teoria social do conhecimento), ver HOFFMANN-RIEM, Wolfgang. "Sozialwissenschaften im Verwaltungsrecht: Kommunikation in einer multidisziplinären Scientific Community". *In*: *Die Wissenschaft vom Verwaltungsrecht. Werkstattgespräch aus Anlaß des 60. Geburtstages von Prof. Dr. Eberhard Schmidt-Aßmann*. (DV Beiheft 2). Berlim: Duncker & Humblot, 1999, pp. 83 e ss. (85).

1702 Cf. crítico dessa metáfora de filtros é TEUBNER, Gunther. "Die Episteme des Rechts. Zu erkenntnistheoretischen Grundlagen des reflexiven Rechts". *In*: GRIMM, Dieter (Coord.). *Wachsende Staatsaufgaben – sinkende Steuerungsfähigkeit des Rechts*. Baden-Baden: Nomos, 1990, p. 128, que, ao mesmo tempo, porém, também nomeia o "teste da pertinência (relevância para o código legal e programas legais aplicáveis) como um aspecto decisivo no "processo jurídico-interno de 'reconstrução' do conhecimento social". (p. 135).

particular,[1703] ou em virtude da reserva parlamentar, em geral,[1704] também podem ser explicadas como mecanismos de transformação do conhecimento, além de suas definições funcionais usuais. Em cada caso, não é um processo de apropriação jurídica que está em questão, mas, no máximo, de atribuição – mais precisamente, uma dupla atribuição, em que o conhecimento é marcado primeiramente como um fenômeno do ambiente e, posteriormente, em uma segunda etapa, o conhecimento que é determinado como externo ao Direito é, no entanto, atribuído a ele. Trata-se de um processo de reflexão em que as próprias limitações epistêmicas do Direito são reconhecidas e aplicadas no sentido de uma nova e independente realização epistêmica que lida com essas limitações.

8.5 Conhecimento e metodologia jurídica

Por fim, a virada reflexiva do Direito ao próprio *status* cognitivo aqui abordado permite uma explicação mais aprofundada sobre o que significa a exigência de transformação do conhecimento jurídico. O conhecimento do Direito, até agora, tem sido entendido, principalmente, no sentido do genitivo *subiectivus*: quando falamos da dimensão cognitiva do Direito, trata-se principalmente da estruturação jurídica interna de referências externas; diante dessas referências externas, a necessidade de transformação foi identificada como um problema de internalização. No entanto, a expressão é igualmente um genitivo *obiectivus*, que descreve o conhecimento jurídico não apenas como um procedimento, mas também como uma área disciplinar. O "conhecimento jurídico" significa, então, em contraste com o "conhecimento factual", o conhecimento do próprio Direito, isto é, suas regras gerais e específicas, figuras dogmáticas

---

1703 Para mais detalhes, ver acima, capítulo IV.

1704 Cf. sobre este aspecto da reserva legal (particularmente baseada em direitos fundamentais) em AUGSBERG, Ino. "Subjektive und objektive Dimensionen der Wissenschaftsfreiheit". *In*: VOIGT, Friedemann (Coord.). *Freiheit der Wissenschaft*: Beiträge zu ihrer Bedeutung, Normativität und Funktion. Berlim: De Gruyter, 2012, p. 81.

etc.[1705] Até que ponto o Direito vigente, em particular, o Direito Processual, se baseia nessa diferença[1706] é ilustrado pelo brocardo "*iura novit curia*", que ainda é considerado atual. Contudo, a diferença permanece insuficientemente esclarecida enquanto não se enfatizar que os fatos aparentemente alheios ao Direito não são simplesmente apreendidos do ambiente, sendo apenas reduzidos à questão do "detalhe juridicamente relevante".[1707] Ao contrário, os próprios fatos processados pelo Direito são "nada mais do que (...) construções sociais do sistema jurídico".[1708] Nessa perspectiva, ou seja, do ponto de vista do Direito, a categoria de "fatos jurídicos",[1709] ainda muito comum nos livros didáticos pandécticos, mormente, aparece como mero pleonasmo. Claro que não se pretende com isso negar que os processos jurídicos também podem ser observados pela própria lei como fatos aparentemente externos ao Direito. Por exemplo, o § 293 da ZPO prevê expressamente uma exceção ao princípio de que o tribunal deve conhecer a lei aplicável, na medida em que o regramento dispensa a produção de prova[1710] – ou seja, tratamento como um "fato" (sujeito a fortes objeções processuais) que vincula a instância recursal – em relação ao Direito estrangeiro, ao Direito

---

1705 No tocante a essa diferenciação e à de outras possíveis formas de conhecimento, ver VOSSKUHLE, Andreas. "Expertise und Verwaltung". *In*: TRUTE, Hans-Heinrich (Coord.). *Allgemeines Verwaltungsrecht – zur Tragfähigkeit eines Konzepts*. Tübingen: Mohr Siebeck, 2008, pp. 637 e ss. (645).

1706 Cf., por exemplo, NOLTE, Jakob. "Die Verarbeitung von extrajuridischem Wissen im Verwaltungsgerichtsverfahren". *In*: AUGSBERG, Ino (Coord.). *Extrajuridisches Wissen im Verwaltungsrecht*: Analysen und Perspektiven. Tübingen: Mohr Siebeck, 2013.

1707 Cf. LUHMANN, Niklas. *Das Recht der Gesellschaft*. Frankfurt am Main: Suhrkamp, 1993, p. 91.

1708 TRUTE, Hans-Heinrich. "Staatsrechtslehre als Sozialwissenschaft?" *In*: SCHULZE-FIELITZ, Helmuth (Coord.). *Staatsrechtslehre als Wissenschaft*. DV Beiheft 7. Berlim: Duncker & Humblot, 2007, p. 130.

1709 Cf. WINDSCHEID, Bernhard. *Lehrbuch des Pandektenrechts*. vol. 1. 6ª ed. Frankfurt am Main: Rütten & Loening, 1887, § 79.

1710 Cf. BVerwG, NVwZ-RR 2011, pp. 210 e ss.

Consuetudinário e aos estatutos sociais.[1711] Todavia, também aqui a forma "fato" já está juridicamente esquematizada. As perspectivas estão mais entrelaçadas do que sugere a abordagem clássica, a qual, em si e sobretudo quando acentua as dificuldades práticas de separar os fatos puros e as avaliações que a eles se vinculam, ainda pressupõe a diferença e a mantém estável.[1712]

Isso também pode ser visto do lado aparentemente oposto. Também é verdade que o que é trazido à forma de fato jurídico pelo Direito muitas vezes já possui em si elementos normativos – como convenção social, costume, norma etc. –, o que pode ser ilustrado a título de exemplo usando-se o termo "direito de responsabilidade por negligência", que em sua interpretação de Direito Civil comum é "caracterizado por uma forte objetivação" e, nesse sentido – com vistas especificamente à responsabilidade estatal – se refere aos "cuidados exigidos no decurso da atividade, e não aos cuidados habituais da administração ou à precaução esperada de acordo com o nível de desempenho do funcionário público individual".[1713] Por sua vez, isso permite uma visão mais ampla sobre a relação entre os elementos normativos e os cognitivos no Direito: a fragmentação do conhecimento, que impossibilita a vinculação do Direito a um "saber comum" e que obriga a geração explícita de conhecimento a estar atrelada ao diversificado estoque de conhecimento socialmente disperso e parcial, gerado *ad hoc*,[1714] tem, ao mesmo tempo, um lado

---

1711 Cf. detalhadamente NOLTE, Jakob. "Die Verarbeitung von extrajuridischem Wissen im Verwaltungsgerichtsverfahren". *In*: AUGSBERG, Ino (Coord.). *Extrajuridisches Wissen im Verwaltungsrecht*: Analysen und Perspektiven. Tübingen: Mohr Siebeck, 2013.

1712 Cf. em relação a NOLTE, Jakob. "Die Verarbeitung von extrajuridischem Wissen im Verwaltungsgerichtsverfahren". *In*: AUGSBERG, Ino (Coord.). *Extrajuridisches Wissen im Verwaltungsrecht*: Analysen und Perspektiven. Tübingen: Mohr Siebeck, 2013.

1713 Cf. *Hans-Jürgen Papier*, em: *Münchener Kommentar zum BGB*. 5ª ed. München, 2009, § 823 parágrafo 288.

1714 Cf. LADEUR, Karl-Heinz. *Das Umweltrecht der Wissensgesellschaft*: Von der Gefahrenabwehr zum Risikomanagement. Berlim: Duncker & Humblot, 1995, passim.

normativo, na medida em que se reconhece "que as '*communities of practice*' nas quais a aprendizagem se operacionaliza não só geram 'conhecimento', mas também vínculos, certificações, confiança, sem os quais o conhecimento não é conectável".[1715] Consequentemente, ambos os elementos reaparecem em ambos os lados da distinção aparentemente clara entre normativo e cognitivo. O Direito afeta o conhecimento, o conhecimento afeta o Direito.[1716] Entretanto, essa situação não simplesmente anula a diferença e a torna irrelevante; ao contrário, o cruzamento de dimensões aponta mais uma vez para a necessidade de metarregras jurídicas para a transformação do conhecimento:

> Para a recepção de formas mais complexas de conhecimento que não podem ser filtradas por "fatos" jurídicos, especialmente normas sociais, o Direito demanda regras metaprocessuais de "gestão de regras": regras de colisão para a distinção entre normas jurídicas e sociais, procedimentos jurídicos híbridos para a geração de normas sociais, conceitos-ponte para as conexões com o Direito, competências para tomar decisões com base em conhecimento, regras *ex ante* de argumentação e de suposições, regras de avaliação para as consequências da aplicação *ex post*; só para citar algumas.[1717]

1715 LADEUR, Karl-Heinz. "Die Evolution des Rechts und die Möglichkeit eines 'globalen Rechts' jenseits des Staates – zugleich eine Kritik der 'Selbstkonstitutionalisierungsthese'". Ancilla Iuris, 2012, pp. 220 e ss. (250).

1716 Cf. BORA, Alfons. "Scientific Norms, Legal Facts, and the Politics of Knowledge". *In*: STEHR, Nico; WEILER, Bernd (Coord.). *Who Owns Knowledge? Knowledge and the Law*. New Brunswick: Transaction Publishers, 2008, p. 73.

1717 LADEUR, Karl-Heinz. "Die Evolution des Rechts und die Möglichkeit eines 'globalen Rechts' jenseits des Staates – zugleich eine Kritik der 'Selbstkonstitutionalisierungsthese'". *Ancilla Iuris*, 2012, pp. 250 e ss. No que tange a essa questão, ver LADEUR, Karl-Heinz. "The Postmodern Condition of Law and Societal "Management of Rules". Facts and Norms Revisited". *ZfRsoz*, 27, 2006, pp. 87 e ss.

O "conhecimento jurídico" não pode mais ser nitidamente colocado em camadas contra o conhecimento factual, pois descreve os procedimentos complexos nos quais as diferentes dimensões do Direito são simultaneamente entrelaçadas e, ainda assim, mantidas operacionalmente separadas. Uma metodologia jurídica moderna deve abordar essas questões.[1718]

A mudança na metodologia jurídica indicada pelo termo "conhecimento jurídico" mais uma vez esclarece o caráter geral da consideração do Direito Administrativo como Direito Administrativo Informacional: não se trata tanto de adaptar o sistema anterior às alterações do ambiente – eventualmente motivadoras de propostas jurídico-políticas –, mas, antes, de uma mudança de perspectiva trazida para o conceito a partir da dimensão epistêmica "desde sempre"[1719] implicitamente contida no Direito e, assim, em um giro reflexivo, possibilitando seu tratamento mais preciso. Nesse horizonte ampliado de entendimento, o "Direito reflexivo" não mais designa apenas um Direito mais sensível ao ambiente em geral, que reflete, especialmente, os efeitos potencialmente destrutivos de suas próprias decisões e dos processos sobre seu ambiente,[1720] mas também um Direito que compara as concepções cognitivas já contidas nos seus próprios procedimentos normativos quanto à sua compatibilidade com os correspondentes conceitos do ambiente – que, em princípio, só são acessíveis *ex negativo* devido à diferença de ambiente.[1721]

1718 Cf. acima, no capítulo VII, seção 7.6.

1719 Assim expressamente em TRUTE, Hans-Heinrich. "Staatsrechtslehre als Sozialwissenschaft?" *In*: SCHULZE-FIELITZ, Helmuth (Coord.). *Staatsrechtslehre als Wissenschaft*. DV Beiheft 7. Berlim: Duncker & Humblot, 2007, p. 129.

1720 Cf. fundamentalmente em TEUBNER, Gunther. "Reflexives Recht. Entwicklungsmodelle des Rechts in vergleichender Perspektive". *ARSP*, 68, 1982, pp. 13 e ss.; na perspectiva geral relacionada a todas as áreas sociais, ver TEUBNER, Gunther. *Verfassungsfragment*: Gesellschaftlicher Konstitutionalismus in der Globalisierung. Berlim: Suhrkamp, 2012, p. 258.

1721 Cf. em contraposição a isso em TEUBNER, Gunther. *Recht als autopoietisches System*. Frankfurt am Main: Suhrkamp, 1989, p. 100,

Se entendermos essa forma de negatividade refletida[1722] do Direito como um elemento geral das Constituições,[1723] então, poderemos falar de uma constitucionalização – no sentido de uma reflexividade intensificada[1724] – do Direito Administrativo Informacional a partir de uma perspectiva especificamente epistêmica, ou seja, colocando o Direito Administrativo Informacional ao lado do direito constitucional da informação.

---

que, a esse respeito, tende a resolver operacionalmente o problema cognitivo, tratando-o como uma questão de "interação" sistêmica. No entanto, especificamente para a exigência epistêmica de uma "coerência social" das diferentes construções específicas do sistema da realidade, ver TEUBNER, Gunther. "Die Episteme des Rechts. Zu erkenntnistheoretischen Grundlagen des reflexiven Rechts". *In*: GRIMM, Dieter (Coord.). *Wachsende Staatsaufgaben – sinkende Steuerungsfähigkeit des Rechts*. Baden-Baden: Nomos, 1990, p. 130 ff, v.a. pp. 134 e ss.

1722 Cf. o conceito comparável de um "direito autorreflexivo" que "se reflete em contraste com o não-jurídico" em ver MENKE, Christoph. *Recht und Gewalt*. Berlim: August Verlag, 2011, pp. 59 e ss. (citação, p. 68), que define esse direito como aquele que " como disse Adorno sobre o gosto estético, 'reage contra si mesmo' e se reconhece como não tendo direitos: o direito autorreflexivo, horrorizado, é um direito que tem aversão a si mesmo" (p. 102 e seguinte.; citação comum de ADORNO, Theodor W. *Minima Moralia*: Reflexionen aus dem beschädigten Leben. Frankfurt am Main: Suhrkamp, 1978, p. 191).

1723 Cf. fundamentalmente em relação a esse instituto em STEINHAUER, Fabian. *Bildregeln*: Studien zum juristischen Bilderstreit. München: Fink, 2009, p. 247. Conectado a isso está a relação entre a religião no direito constitucional e no Direito Administrativo em AUGSBERG, Ino. "Vom Staatskirchenrecht zum Religionsverfassungsrecht – Ein Beitrag zur Begriffsdiskussion". *In*: HOLZNER, Thomas; LUDYGA, Hannes (Coord.). *Entwicklungstendenzen des Staatskirchen- und Religionsverfassungsrechts*: Ausgewählte begrifflich-systematische, historische, gegenwartsbezogene und biographische Beiträge. Paderborn: Schöningh, 2013, pp. 73 e ss.

1724 Cf. em contraposição a esse conceito bastante formal os requisitos para um programa de constitucionalização materialmente substancial como em TEUBNER, Gunther. *Verfassungsfragment*: Gesellschaftlicher Konstitutionalismus in der Globalisierung. Berlim: Suhrkamp, 2012, pp. 118 e ss.

REFERÊNCIAS BIBLIOGRÁFICAS

ADEN, Menno. "Wissenszurechung in der Körperschaft". *NJW*, 1999.

ADORNO, Theodor W. *Minima Moralia*: Reflexionen aus dem beschädigten Leben. Frankfurt am Main: Suhrkamp, 1978.

AGAMBEN, Giorgio. *Was ist ein Dispositiv?* Berlim: Diaphanes, 2008.

ALBERS, Marion. "Die Komplexität verfassungsrechtlicher Vorgaben für das Wissen der Verwaltung. Zugleich ein Beitrag zur Systembildung im Informationsrecht". *In*: DÖHMANN, Indra Spiecker Genannt; COLLIN, Peter (Coord.). *Generierung und Transfer staatlichen Wissens im System des Verwaltungsrechts*. Tübingen: Mohr Siebeck, 2008.

______. "Information als neue Dimension im Recht". *Rechtstheorie*, vol. 33, 2002.

______. "Umgang mit personenbezogenen Informationen und Daten". *In*: HOFFMANN-RIEM, Wolfgang; SCHMIDT-ASSMANN, Eberhard; VOSSKUHLE, Andreas (Coord.). *Grundlagen des Verwaltungsrechts*: Informationsordnung – Verwaltungsverfahren – Handlungsformen. vol. II. 2ª ed. München: C. H. Beck, 2012.

______. "Zur Neukonzeption des grundrechtlichen 'Daten'schutzes". *In*: HARNISCH, Andreas; KUGELMANN, Dieter; REPKEWITZ, Ulrich (Coord.). *Herausforderungen an das Recht der Informationsgesellschaft*. Stuttgart, 1996.

______. *Informationelle Selbstbestimmung*. Baden-Baden: Nomos, 2005.

APPEL, Ivo. "Eigenwert der Verfassung im Umweltrecht". *In*: VESTING, Thomas; KORIOTH, Stefan (Coord.). *Der Eigenwert des Verfassungsrechts*: Was bleibt von der Verfassung nach der Globalisierung? Tübingen: Mohr Siebeck, 2011.

_____. "Grenzen des Risikorechts". *In*: APPEL, Ivo; HERMES, Georg; SCHÖNBERGER, Christoph (Coord.). *Öffentliches Recht im offenen Staat. Festschrift für Rainer Wahl zum 70*. Geburtstag. Berlim: Duncker & Humblot, 2011.

_____. "Methodik des Umgangs mit Ungewissheit". *In*: SCHMIDT-ASSMANN, Eberhard; HOFFMANN-RIEM, Wolfgang (Coord.). *Methoden der Verwaltungsrechtswissenschaft*. Baden-Baden: Nomos, 2004.

_____. "Privatverfahren". *In*: HOFFMANN-RIEM, Wolfgang; SCHMIDT-ASSMANN, Eberhard; VOSSKUHLE, Andreas (Coord.). *Grundlagen des Verwaltungsrechts*: Personal – Finanzen – Kontrolle – Sanktionen – Staatliche Einstandspflichten. vol. III. München: Beck, 2009.

ARNAULD, Andreas von. "Zum Status quo des europäischen Verwaltungsrechts". *In*: TERHECHTE, Jörg Philipp (Coord.). *Verwaltungsrecht der Europäischen Union*. Baden-Baden: Nomos, 2011.

ASSMANN, Aleida. "Archive im Wandel der Mediengeschichte". *In*: EBELING, Knut; GÜNZEL, Stephan (Coord.). *Archivologie*: Theorien des Archivs in Philosophie, Medien und Künsten. Berlim: Kulturverlag Kadmos, 2009.

_____. *Erinnerungsräume*: Formen und Wandlungen des kulturellen Gedächtnisses. München: Beck, 1999.

ASSMANN, Jan. "Nachwort". *In*: ESPOSITO, Elena. *Soziales Vergessen*: Formen und Medien des Gedächtnisses der Gesellschaft. Frankfurt am Main: Suhrkamp, 2002.

_____. *Das kulturelle Gedächtnis*: Schrift, Erinnerung und politische Identität in frühen Hochkulturen. 3ª ed. München: C. H. Beck, 2000.

AUGSBERG, Ino. "Das Gespinst des Rechtp. Zur Relevanz von Netzwerkmodellen im juristischen Diskurs". *Rechtstheorie*, vol. 38, 2007.

_____. "Einleitung: Ungewissheit als Chance – eine Problemskizze". *In*: _____. (Coord.). *Ungewissheit als Chance*: Perspektiven eines produktiven Umgangs mit Unsicherheit im Rechtssystem. Tübingen: Mohr Siebeck, 2009.

______. "Il faut être absolument postmoderne: Ladeurs Rechtstheorie". *In*: AUGSBERG, Ino; GOSTOMZYK, Tobias; VIELLECHNER, Lars. *Denken in Netzwerken*: Zur Rechts- und Gesellschaftstheorie Karl-Heinz Ladeurs. Tübingen: Mohr Siebeck, 2009.

______. "Innen des Außen des Innen: Verfaltungen zwischen Rechts- und Literaturwissenschaft". *In*: AUGSBERG, Ino; LENSKI, Sophie-Charlotte (Coord.). *Die Innenwelt der Außenwelt der Innenwelt des Rechts*: Annäherungen zwischen Rechts- und Literaturwissenschaft. München: Fink, 2012.

______. "Konzepte rechtlicher Steuerung und die Verteilung von Wissen". *In*: RÖHL, Hans Christian; TRUTE, Hans Heinrich (Coord.). *Wissen/ Nichtwissen in Organisationen und Netzwerken*. Alemanha: University of Konstanz 2013.

______. "Methoden des europäischen Verwaltungsrechts". *In*: TERHECHTE, Jörg Philipp (Coord.). *Verwaltungsrecht der Europäischen Union*. Baden-Baden: Nomos, 2011.

______. "Multi-, inter-, transdisziplinär? Zum Erfordernis binnenjuristischer Metaregeln für den Umgang mit extrajuridischem Wissen im Verwaltungsrecht". *In*: ______. (Coord.). *Extrajuridisches Wissen im Verwaltungsrecht*: Analysen und Perspektiven. Tübingen: Mohr Siebeck, 2013.

______. "Natur als Norm: Zum Problem der Bestimmung der 'Umwelt in ihrem Wirkungsgefüge' als Schutzobjekt des Gentechnikgesetzes". *In*: SOLL, Jürgen (Coord.). *Norm und Narration der Grünen Gentechnik*. Göttingen, 2012.

______. "Noli me tangere. Funktionale Aspekte der Religionsfreiheit". *Der Staat*, 48, 2009.

______. "Observing (the) Law: The 'Epistemological Turn' in Public Law and the Evolution of Global Administrative Law". *In*: JURČYS, Paulius; KJAER, Poul F.; YATSUNAMI, Ren (Coord.). *Regulatory Hybridization in the Transnational Sphere*. Leiden: Martinus Nijhoff, 2013.

______. "Subjektive und objektive Dimensionen der Wissenschaftsfreiheit". *In*: VOIGT, Friedemann (Coord.). *Freiheit der Wissenschaft*: Beiträge zu ihrer Bedeutung, Normativität und Funktion. Berlim: De Gruyter, 2012.

______. "Taking Religion Seriously. On the Legal Relevance of Religious Self-Concepts, Journal of Law". *Religion and State*, 1, 2012.

_____. "Vom Staatskirchenrecht zum Religionsverfassungsrecht – Ein Beitrag zur Begriffsdiskussion". *In*: HOLZNER, Thomas; LUDYGA, Hannes (Coord.). *Entwicklungstendenzen des Staatskirchen- und Religionsverfassungsrechts*: Ausgewählte begrifflich-systematische, historische, gegenwartsbezogene und biographische Beiträge. Paderborn: Schöningh, 2013.

_____. "Von der Gefahrenabwehr zu Risikomanagement und Opportunitätswahrnehmung – Neue Paradigmen im Verwaltungsrecht". *In*: FUNCKE, Dorett; PETER, Claudia (Coord.). *Wissen an der Grenze*: Zum Umgang mit Ungewissheit und Unsicherheit in der modernen Medizin. Frankfurt am Main: Campus-Verlag, 2013.

_____. "Von einem neuerdings erhobenen empiristischen Ton in der Rechtswissenschaft". *Der Staat*, vol. 51, 2012.

_____. "Wem nützt die Freiheit der Wissenschaft? Zur Entgrenzung von Politik und Wissenschaft im Diskurs über Grüne Gentechnik". *In*: GRIMM, Herwig; SCHLEISSING, Stephan (Coord.). *Grüne Gentechnik*: Zwischen Forschungsfreiheit und Anwendungsrisiko. Baden-Baden: Nomos, 2012.

_____. "Wissenschaftsverfassungsrecht". *In*: VESTING, Thomas; KORIOTH, Stefan (Coord.). *Der Eigenwert des Verfassungsrechts*: Was bleibt von der Verfassung nach der Globalisierung? Tübingen: Mohr Siebeck, 2011.

_____. *Die Lesbarkeit des Rechtp*: Texttheoretische Lektionen für eine postmoderne juristische Methodologie. Weilerswist: Velbrück Wissenschaft, 2009.

AUGSBERG, Ino; AUGSBERG, Steffen. "Kombinationsgrundrechte. Die Verkoppelung von Grundrechtstatbeständen als Herausforderung für die Grundrechtsdogmatik". *Archiv des öffentlichen Rechts*, vol. 132, 2007.

_____. "Prognostische Elemente in der Rechtsprechung des Bundesverfassungsgerichts". *VerwArch*, 98, 2007.

AUGSBERG, Steffen. "Der Staat als Informationsmittler – Robin Hood oder Parasit der Wissensgesellschaft?" *DVBl*, 2007.

_____. "Europäisches Verwaltungsorganisationsrecht und Vollzugsformen". *In*: TERHECHTE, Jörg Philipp (Coord.). *Verwaltungsrecht der Europäischen Union*. Baden-Baden: Nomos, 2011.

_____. "Wertpapieraufsicht". *In*: EHLERS, Dirk; FEHLING, Michael; PÜNDER, Hermann (Coord.). *Besonders Verwaltung*: Öffentliches Wirtschaftsrecht. vol. 1. 3ª ed. Heidelberg, 2012.

AUSTIN, John L. *Zur Theorie der Sprechakte* (How to do things with words). Edição alemã de Eike von Savigny. 2ª ed. Stuttgart: Reclam, 2002.

BACHELARD, Gaston. *Der neue wissenschaftliche Geist*. Frankfurt am Main: Suhrkamp, 1988.

BÄCKER, Matthias. *Wettbewerbsfreiheit als normgeprägtes Grundrecht*: Eine dogmatische Neubestimmung am Beispiel des Abwehrrechts des Konkurrenten gegen eine Subvention. Baden-Baden: Nomos, 2007.

BAECKER, Dirk. "Das Quantum Management". *In*: JANSEN, Stephan A.; SCHRÖDER, Eckhard; STEHR, Nico (Coord.). *Transparenz*: Multidisziplinäre Durchsichten durch Phänomene und Theorien des Undurchsichtigen. Wiesbaden: VS Verlag, 2010.

_____. "Die nächste Universität". *In*: _____. *Studien zur nächsten Gesellschaft*. Frankfurt am Main: Suhrkamp, 2007.

_____. "Die Strategie der Organisation". *In*: _____. *Organisation und Management*: Aufsätze. Frankfurt am Main: Suhrkamp, 2003.

_____. "Durch diesen schönen Fehler mit sich selbst bekannt gemacht". *In*: _____. *Organisation und Management*: Aufsätze. Frankfurt am Main: Suhrkamp, 2003.

_____. "Einleitung". *In*: _____. (Coord.). *Probleme der Form*. Frankfurt am Main: Suhrkamp, 1993.

_____. "Mit der Hierarchie gegen die Hierarchie". *In*: _____. *Organisation als System*: Aufsätze. Frankfurt am Main: Surhkamp, 1999.

_____. "Wenn es im System rauscht". *In*: _____. *Organisation als System*: Aufsätze. Frankfurt am Main: Suhrkamp, 1999.

_____. "Zum Problem des Wissens in Organisationen". *In*: _____. *Organisation als System*: Aufsätze. Frankfurt am Main: Suhrkamp, 1999.

_____. *Information und Risiko in der Marktwirtschaft*. Frankfurt am Main: Suhrkamp, 1988.

BECK, Ulrich Gegengifte. *Die organisierte Unverantwortlichkeit*. Frankfurt am Main: Suhkamp, 1988.

_____. *Risikogesellschaft*: Auf dem Weg in eine andere Moderne. Frankfurt am Main: Suhrkamp, 1986.

______. *Weltrisikogesellschaft*. Frankfurt am Main: Suhrkamp, 2007.

BECKER, Florian; BLACKSTEIN, Ylva. "Der transparente Staat – Staatliche Verbraucherinformation über das Internet". *NJW*, 2011.

BECKER, Gary P. *Der ökonomische Ansatz zur Erklärung menschlichen Verhaltens*. Tübingen: Mohr, 1982.

BEN-SHAHAR, Omri; SCHNEIDER, Carl E. "The Failure of Mandated Disclosure". *University of Pennsylvania Law Review*, vol. 159, 2011.

BENZ, Arthur. *Kooperative Verwaltung*: Funktionen, Voraussetzungen und Folgen. Baden-Baden: Nomos, 1994.

BERG, Thomas. *Beweismaß und Beweislast im öffentlichen Umweltrecht*: Instrumente eines verantwortungsvollen Umgangs mit technologiebedingten Risiken. Baden-Baden: Nomos, 1995.

BERG, Wilfried. *Die verwaltungsrechtliche Entscheidung bei ungewissem Sachverhalt*. Berlim: Duncker & Humblot, 1980.

BERGER, Peter L.; LUCKMANN, Thomas. "Die Episteme des Rechts. Zu erkenntnistheoretischen Grundlagen des reflexiven Rechts". *In*: GRIMM, Dieter (Coord.). *Wachsende Staatsaufgaben – sinkende Steuerungsfähigkeit des Rechts*. Baden-Baden: Nomos, 1990.

______. *Die gesellschaftliche Konstruktion der Wirklichkeit*: Eine Theorie der Wissenssoziologie. Frankfurt am Main: Fischer, 1969.

BERNSTEIN, Peter L. *Against the Gods*: The Remarkable Story of Risk. Nova York: John Wiley & Sons, 1996.

BETTI, Emilio. *Allgemeine Auslegungslehre als Methodik der Geisteswissenschaften*. Tübingen: Mohr Siebeck, 1967.

BIZER, Johann. "Beweissicherheit im elektronischen Rechtsverkehr". *In*: HARNISCH, Andreas; KUGELMANN, Dieter; REPKEWITZ, Ulrich (Coord.). *Herausforderungen an das Recht der Informationsgesellschaft*. Stuttgart: Boorberg, 1996.

BLEUTGE, Peter. "Öffentliche Bestellung von Sachverständigen. Neuere Gesetzgebung und Rechtsprechung". *GewArch*, 2011.

BLOOM, Frederic M. "Information Lost and Found". *California Law Review*, vol. 100, 2012.

BLUMENBERG, Hans. *Theorie der Lebenswelt*. Frankfurt am Main, 2010.

BÖCKENFÖRDE, Ernst-Wolfgang. "Demokratie als Verfassungsprinzip". *In*: ISENSEE, Josef; KIRCHHOF, Paul (Coord.). *Handbuch des Staatsrechts der Bundesrepublik Deutschland*. vol. I. Heidelberg: Müller, 1987.

______. "Demokratische Willensbildung und Repräsentation". *In*: ISENSEE, Josef; KIRCHHOF, Paul (Coord.). *Handbuch des Staatsrechts der Bundesrepublik Deutschland*. vol. II. Heidelberg: Müller, 1987.

BOGDANDY, Armin von. "Die Informationsbeziehungen im europäischen Verwaltungsverbund". *In*: HOFFMANN-RIEM, Wolfgang; SCHMIDT-ASSMANN, Eberhard; VOSSKUHLE, Andreas (Coord.). *Grundlagen des Verwaltungsrechts*: Methoden, Maßstäbe, Aufgaben, Organisation. 2ª ed. vol. I. München: C. H. Beck, 2012.

______. "Die Informationsbeziehungen im europäischen Verwaltungsverbund". *In*: HOFFMANN-RIEM, Wolfgang; SCHMIDT-ASSMANN, Eberhard; VOSSKUHLE, Andreas (Coord.). *Grundlagen des Verwaltungsrechts*: Informationsordnung – Verwaltungsverfahren – Handlungsformen. vol. II. 2ª ed. München: C. H. Beck, 2012.

BOGNER, Alexander. *Grenzpolitik der Experten*: Vom Umgang mit Ungewissheit und Nichtwissen in pränataler Diagnostik und Beratung. Weilerswist: Velbrück, 2005.

BOGNER, Alexander; MENZ, Wolfgang; SCHUMM, Wilhelm. "Ethikexpertise in Wertkonflikten. Zur Produktion und politischen Verwendung von Kommissionsethik in Deutschland und Österreich" *In*: NEIDHARDT, Friedhelm *et al.* (Coord.). *Wissensproduktion und Wissenstransfer*: Wissen im Spannungsfeld von Wissenschaft, Politik und Öffentlichkeit. Bielefeld: Transcript, 2008.

BOHANNON, John. "Searching for the Google Effect on People's Memory". *Science*, 333, 2011.

BÖHM, Monika. "Risikoregulierung und Risikokommunikation als interdisziplinäres Probem". *NVwZ*, 2005.

BOLZ, Norbert. *Ratten im Labyrinth*: Niklas Luhmann und die Grenzen der Aufklärung. München: Fink, 2012.

BONSS, Wolfgang. *Vom Risiko*: Unsicherheit und Ungewißheit in der Moderne. Hamburg: Hamburger Edition, 1995.

BORA, Alfons (Coord.). *Rechtliches Risikomanagement*: Form, Funktion und Leistungsfähigkeit des Rechts in der Risikogesellschaft. Berlim: Duncker & Humblot, 1999.

BORA, Alfons. "Einleitung: Mehr Optionen und gesteigertes Risiko – Zur Stellung des Rechts in der Risikogesellschaft". *In*: ______. (Coord.). *Rechtliches Risikomanagement*: Form, Funktion und Leistungsfähigkeit des Rechts in der Risikogesellschaft. Berlim: Duncker & Humblot, 1999.

______. "Scientific Norms, Legal Facts, and the Politics of Knowledge". *In*: STEHR, Nico; WEILER, Bernd (Coord.). *Who Owns Knowledge? Knowledge and the Law*. New Brunswick: Transaction Publishers, 2008.

BRAUN, Rainer. "Mitteilung von im Besteuerungsverfahren bekannt gewordenen Tatsachen an externe Stellen". *EFG*, 2008.

BREIDBACH, Olaf. *Neue Wissensordnungen*: Wie aus Informationen und Nachrichten kulturelles Wissen entsteht. Frankfurt am Main: Suhrkamp, 2008.

BREUER, Rüdiger. "Konditionale und finale Rechtssetzung". *Archiv des öffentlichen Rechts*, vol. 127, 2002.

______ "Probabilistische Risikoanalysen im Gentechnikrecht". *NuR*, 1994.

BRIN, David. *The Transparent Society*: Will Technology Force Us to Choose Between Privacy and Freedom? Cambridge: Perseus Books, 1998.

BRITZ, Gabriele. "Elektronische Verwaltung". *In*: HOFFMANN-RIEM, Wolfgang; SCHMIDT-ASSMANN, Eberhard; VOSSKUHLE, Andreas (Coord.). *Grundlagen des Verwaltungsrechts*: Informationsordnung – Verwaltungsverfahren – Handlungsformen. vol. II. 2ª ed. München: C. H. Beck, 2012.

BROEMEL, Roland. "Wissensgenerierung im Regulierungsverfahren". *In*: RÖHL, Hans Christian; TRUTE, Hans Heinrich (Coord.). *Wissen/Nichtwissen in Organisationen und Netzwerken*. Alemanha: University of Konstanz 2013.

______. *Strategisches Verhalten in der Regulierung*. Tübingen: Mohr Siebeck, 2010.

BROHM, Winfried. "Die Dogmatik des Verwaltungsrechts vor den Gegenwartsaufgaben der Verwaltung". *VVDStRL*, 30, 1972.

______. "Die Dogmatik des Verwaltungsrechts vor den Gegenwartsaufgaben der Verwaltung". *VVDStRL*, 30, 1971.

______. "Sachverständige Beratung des Staates". *In*: ISENSEE, Josef; KIRCHHOF, Paul (Coord.). *Handbuch des Staatsrechts der Bundesrepublik Deutschland*. 2ª ed. vol. II. Heidelberg: C. F. Müller, 1998.

BRÜGGEMEIER, Gert. "Produkthaftung und Produktsicherheit". *ZHR*, 152, 1988.

BRÜNING, Christoph. *Einstweilige Verwaltungsführung*: Verfassungsrechtliche Anforderungen und verwaltungsrechtliche Ausgestaltung. Tübingen: Mohr Siebeck, 2003.

BUCK, Petra. *Wissen und juristische Person*: Wissenszurechnung und Herausbildung zivilrechtlicher Organisationspflichten. Tübingen: Mohr Siebeck, 2001.

BULL, Hans Peter. *Informationelle Selbstbestimmung – Vision oder Illusion? Datenschutz im Spannungsverhältnis von Freiheit und Sicherheit.* 2ª ed. Tübingen: Mohr Siebeck, 2011.

BUMKE, Christian. "Die Entwicklung der verwaltungsrechtswissenschaftlichen Methodik in der Bundesrepublik Deutschland". *In*: SCHMIDT-A. ßMANN, Eberhard; HOFFMANN-RIEM, Wolfgang (Coord.). *Methoden der Verwaltungsrechtswissenschaft*. Baden-Baden: Nomos, 2004.

_____. "Publikumsinformation. Erscheinungsformen, Funktionen und verfassungsrechtlicher Rahmen einer Handlungsform des Gewährleistungsstaates". *Die Verwaltung*, 37, 2004.

_____. "Verwaltungsakte". *In*: HOFFMANN-RIEM, Wolfgang; SCHMIDT--ASSMANN, Eberhard; VOSSKUHLE, Andreas (Coord.). *Grundlagen des Verwaltungsrechts*: Informationsordnung – Verwaltungsverfahren – Handlungsformen. 2ª ed. vol. II. München: C. H. Beck, 2012.

_____. *Relative Rechtswidrigkeit*: Systembildung und Binnendifferenzierungen im Öffentlichen Recht. Tübingen: Mohr Siebeck, 2004.

BURGI, Martin. "Das Bedarfserörterungsverfahren: Eine Reformoption für die Bürgerbeteiligung bei Großprojekten". *NVwZ*, 2012.

_____. *Funktionale Privatisierung und Verwaltungshilfe*: Staatsaufgabendogmatik – Phänomenologie – Verfassungsrecht. Tübingen: Mohr Siebeck, 1999.

BUSCH, Christoph. *Informationspflichten im Wettbewerbs- und Vertragsrecht*: Parallelen in UWG und BGB. Tübingen: Mohr Siebeck, 2008.

CAHN, Andreas; GÖTZ, Jürgen. "Ad-hoc-Publizität und Regelberichterstattung". *Institute for law and finance*, 2007.

CALLIESS, Christian. "Vorsorgeprinzip und Beweislastverteilung im Verwaltungsrecht". *DVBl*, 2001.

_____. *Rechtsstaat und Umweltstaat*: Zugleich ein Beitrag zur Grundrechtsdogmatik im Rahmen mehrpoliger Verfassungsrechtsverhältnisse. Tübingen: Mohr Siebeck, 2001.

CALLIESS, Gralf-Peter. *Prozedurales Recht*. Baden-Baden: Nomos, 1999.

CAMIC, Charles; GROSS, Neil; LAMONT, Michèle. "The Study of Social Knowledge Making". *In*: _____. (Coord.). *Social Knowledge in the Making*. Chicago: The University of Chicago Press, 2011.

CANCIK, Pascale. *Verwaltung und Öffentlichkeit in Preußen*: Kommunikation durch Publikation und Beteiligungsverfahren im Recht der Reformzeit. Tübingen: Mohr Siebeck, 2007.

CASSESE, Sabino. "Global Standards for National Administrative Procedures". *Law and Contemporary Problems*, vol. 68, 2005.

CASTELLS, Manuel. *The Rise of the Network Society – The Information Age*: Economy, Society, and Culture. vol. 1. Second Edition, with a new Preface. Oxford: Wiley-Blackwell, 2009.

CHRISTENSEN, Ralph; LERCH, Kent D. "Dass das Ganze das Wahre ist, ist nicht ganz unwahr". *JuristenZeitung*, 2007.

_____. "Performanz. Die Kunst, Recht geschehen zu lassen". *In*: LERCH, Kent D. (Coord.). *Die Sprache des Rechts*: Recht vermitteln. Strukturen, Formen und Medien der Kommunikation im Recht. vol. 3. Berlim: De Gruyter, 2005.

CLAM, Jean. *Was heißt, sich an Differenz statt an Identität orientieren? Zur De-Ontologisierung in Philosophie und Sozialwissenschaft*. Konstanz: UVK Verlagsgesellschaft, 2002.

COLLIN, Peter. "Archive und Register. Verlorenes Wissen oder Wissensressource der Zukunft?" *In*: SCHUPPERT, Gunnar Folke; VOSSKUHLE, Andreas (Coord.). *Governance von und durch Wissen*. Baden-Baden: Nomos, 2008.

_____ "Die Organisation der binnenadministrativen Kommunikation in der preußischen Verwaltung des 19. Jahrhunderts". *In*: BECKER, Peter (Coord.). *Sprachvollzug im Amt*: Kommunikation und Verwaltung im Europa des 19. und 20. Jahrhunderts. Bielefeld: Transcript, 2011.

_____. "Ordnungsüberlegungen zum Organisationsrecht des binnenadministrativen Wissenstransfers". *In*: DÖHMANN, Indra Spiecker Genannt; COLLIN, Peter (Coord.). *Generierung und Transfer staatlichen Wissens im System des Verwaltungsrechts*. Tübingen: Mohr Siebeck, 2008.

COLLIN, Peter; HORSTMANN, Thomas (Coord.). *Das Wissen des Staates*: Geschichte, Theorie und Praxis. Baden-Baden: Nomos 2004.

COLLINS, Ronald K. L.; SKOVER, David M. "Paratexts". *Stanford Law Review*, vol. 44, 1992.

COVER, Robert. "Nomos and Narrative". *In*: MINOW, Martha; RYAN, Michael; SARAT, Austin (Coord.). *Narrative, Violence, and the Law*: The Essays of Robert Cover. Ann Arbor: University of Michigan Press, 1993.

CREVELD, Martin van. *Aufstieg und Untergang des Staates*. München: Gerling Akademie Verlag, 1999.

CROUCH, Colin. *Postdemokratie*. Frankfurt am Main: Suhrkamp, 2008.

CZAIJKA, Dieter. "Der Stand von Wissenschaft und Technik als Gegenstand richterlicher Sachaufklärung". *Die Öffentliche Verwaltung*, 1982.

DAELE, Wolfgang van den. "Von rechtlicher Risikovorsorge zu politischer Planung. Begründungen für Innovationskontrollen in einer partizipativen Technikfolgenabschätzung zu gentechnisch erzeugten herbizidresistenten Pflanzen". *In*: BORA, Alfons (Coord.). *Rechtliches Risikomanagement*: Form, Funktion und Leistungsfähigkeit des Rechts in der Risikogesellschaft. Berlim: Duncker & Humblot, 1999.

______. "Wahrheitsschäden – Gibt es eine soziale Verantwortung für wissenschaftliche Hypothesen?" *In*: VOIGT, Friedemann (Coord.). *Freiheit der Wissenschaft*: Beiträge zu ihrer Bedeutung, Normativität und Funktion. Berlim: De Gruyter, 2012.

DÄLLENBACH, Lucien; NIBBRIG, Christian L. Hart (Coord.). *Fragment und Totalität*. Frankfurt am Main: Suhrkamp, 1984.

DAMM, Reinhard. "Rechtliche Risikoregulierung aus zivilrechtlicher Sicht. Theoretische Steuerungskonzepte und empirische Steuerungsleistungen". *In*: BORA, Alfons (Coord.). *Rechtliches Risikomanagement*: Form, Funktion und Leistungsfähigkeit des Rechts in der Risikogesellschaft. Berlim: Duncker & Humblot, 1999.

DANWITZ, Thomas von. *Verfassungsfragen staatlicher Produktempfehlungen*. Köln: Heymann, 2003.

______. *Verwaltungsrechtliches System und Europäische Integration*. Tübingen: Mohr Siebeck, 1996.

DASTON, Lorraine. "Baconsche Tatsachen". *Rechtsgeschichte*, vol. 1, 2002.

DASTON, Lorraine; GALISON, Peter. *Objektivität*. Frankfurt am Main: Suhrkamp, 2007.

DAVIDSON, Donald. "Radikale Interpretation". *In*: ______. *Wahrheit und Interpretation*. Frankfurt am Main: Suhrkamp, 1990.

DELEUZE, Gilles. *Differenz und Wiederholung*. 2ª ed. München: Wilhelm Fink Verlag, 1997.

DELEUZE, Gilles; GUATTARI, Félix. *Anti-Ödipus*: Kapitalismus und Schizophrenie I. Frankfurt am Main: Suhrkamp, 1974.

______. *Kapitalismus und Schizophrenie*: Tausend Plateaus. Berlim: Merve Verlag, 1992.

______. *Was ist Philosophie?* Frankfurt am Main, 1991.

DERNBURG, Heinrich. *Pandekten*. vol. 1. 4ª ed. Berlim: H. W. Müller, 1894.

DERRIDA, Jacques. "Platons Pharmazie". *In*: ______. *Dissemination*. Wien: Passagen, 1995.

______. "Signatur Ereignis Kontext". *In*: ______. *Limited Inc*. Wien: Passagen, 2001.

______. *Dem Archiv verschrieben*: Eine Freudsche Impression. Berlim: Brinkmann+Bose, 1997.

______. *Gesetzeskraft*: Der "mystische Grund der Autorität". Frankfurt am Main: Suhrkamp, 1991.

______. *Préjugés*: Vor dem Gesetz. 3ª ed. Wien: Passagen, 2005.

DETTLING, Heinz-Uwe. "EFSA als wissenschaftliche Behörde. Allgemeine Kernbedingungen und spezifische Rahmenbedingungen der Wissenschaftlichkeit". *LMuR*, 2011.

______. "Wissenschaftlichkeit im Arzneimittelrecht – Zum Begriff des jeweils gesicherten Standes der wissenschaftlichen Erkenntnisse". *PharmR*, 2008.

DEUTSCH, Markus. *Die heimliche Erhebung von Informationen und deren Aufbewahrung durch die Polizei*. Heidelberg: Müller, 1992.

DIDI-HUBERMAN, Georges. "Das Archiv brennt". *In*: DIDI-HUBERMANN, Georges; EBELING, Knut. *Das Archiv brennt*. Berlim: Kulturverlag Kadmos, 2007.

DIE BUNDESREGIERUNG. *Regierungsprogramm "Vernetzte und transparente Verwaltung"*. Disponível em: http://www.bmi.bund.de/SharedDocs/Downloads/DE/Themen/OED_Verwaltung/ModerneVerwaltung/regierungsprogramm_verwaltung.pdf?__blob=publicationFile. Acessado em: 11.09.2023.

DILTHEY, Wilhelm. "Beiträge zur Lösung der Frage vom Ursprung unseres Glaubens an die Realität der Außenwelt und seinem Recht". *In*: _____. *Die geistige Welt*: Einleitung in die Philosophie des Lebens. Erste Hälfte: Abhandlungen zur Grundlegung der Geisteswissenschaften, Gesammelte Schriften, Vol. V. Stuttgart: B. G. Teubner, 1957.

_____. *Weltanschauungslehre*: Abhandlungen zur Philosophie der Philosophie, Gesammelte Schriften, vol. VIII. Stuttgart: Teubner, 1960.

DÖHMANN, Indra Spiecker Genannt. "Die informationelle Inanspruchnahme des Bürgers im Verwaltungsverfahren: Der Amtsermittlungsgrundsatz nach § 24 VwVfG". *In*: DÖHMANN, Indra Spiecker Genannt; COLLIN, Peter (Coord.). *Generierung und Transfer staatlichen Wissens im System des Verwaltungsrechts*. Tübingen: Mohr Siebeck, 2008.

_____. "Informationsgewinnung im Umweltrecht durch materielles Recht". *DVBl*, 2006.

_____. "Staatliche Informationsgewinnung im Mehrebenensystem – ein Überblick". *In*: OEBBECKE, Janbernd (Coord.). *Nicht-normative Steuerung in dezentralen Systemen*. Stuttgart: Franz Steiner, 2005.

_____. "Teil-Verfassungsordnung Datenschutz". *In*: VESTING, Thomas; KORIOTH, Stefan (Coord.). *Der Eigenwert des Verfassungsrechts*: Was bleibt von der Verfassung nach der Globalisierung? Tübingen: Mohr Siebeck, 2011.

_____. "Wissensverarbeitung im Öffentlichen Recht". *Rechtswissenschaft*, vol. 1, 2010.

_____. *Staatliche Entscheidungen unter Unsicherheit*. Tübingen: Mohr Siebeck, 2012.

DÖHMANN, Indra Spiecker Genannt; EISENBARTH, Markus. "Kommt das 'Volkszählungsurteil' nun durch den EuGH? – Der Europäische Datenschutz nach Inkrafttreten des Vertrags von Lissabon". *Juristen-Zeitung*, 2011.

DOMEA. *Organisationskonzept 2.1*. nov. 2005. Disponível em: https://www.verwaltung-innovativ.de/SharedDocs/Publikationen/Presse__Archiv/domea_konzept_organisationskonzept_2_1.pdf?__blob=publicationFile&v=1. Acessado em: 11.09.2023.

DOWNS, Anthony. Ökonomische Theorie der Demokratie. Tübingen: Mohr Siebeck, 1968.

DREIER, Horst. *Hierarchische Verwaltung im demokratischen Staat*: Genese, aktuelle Bedeutung und funktionelle Grenzen eines Bauprinzips der Exekutive. Tübingen: Mohr, 1991.

DRUEY, Jean Nicolas. *Information als Gegenstand des Rechtp*: Entwurf einer Grundlegung. Baden-Baden: Nomos, 1995.

DURNER, Wolfgang. "Materieller Konflikt, Informationsgewinnung und informationelle Kooperation in der Raumplanung". *In*: DÖHMANN, Indra Spiecker Genannt; COLLIN, Peter (Coord.). *Generierung und Transfer staatlichen Wissens im System des Verwaltungsrechts*. Tübingen: Mohr Siebeck, 2008.

DÜTTMANN, Alexander. García "Von der Übersetzbarkeit". *In*: NIBBRIG, Christiaan L. Hart (Coord.). Übersetzen: Walter Benjamin. Frankfurt am Main: Suhrkamp, 2001.

EBELING, Knut. "Die Asche des Archivs". *In*: DIDI-HUBERMAN, Georges; EBELING, Knut. *Das Archiv brennt*. Berlim: Kadmos, 2007.

EBELING, Knut; GÜNZEL, Stephan. "Einleitung". *In*: EBELING, Knut; GÜNZEL, Stephan (Coord.). *Archivologie*: Theorien des Archivs in Philosophie, Medien und Künsten. Berlim: Kulturverlag Kadmos, 2009.

EDELING, Thomas. "Einleitung: Was lässt sich von Wissenssteuerung und Wissensmanagement erwarten?" *In*: EDELING, Thomas; JANN, Werner; WAGNER, Dieter (Coord.). *Wissensmanagement in Politik und Verwaltung*. Wiesbaden: VS Verlag für Sozialwissenschafter, 2004.

EIDENMÜLLER, Horst. *Effizienz als Rechtsprinzip*: Möglichkeiten und Grenzen der ökonomischen Analyse des Rechts. 3ª ed. Tübingen: Mohr Siebeck, 2005.

EIFERT, Martin. "Das Verwaltungsrecht zwischen klassischem dogmatischen Verständnis und steuerungswissenschaftlichem Anspruch". *VVDStRL*, 67, 2008.

______. "Europäischer Verwaltungsverbund als Lernverbund". *In*: DÖHMANN, Indra Spiecker Genannt; COLLIN, Peter (Coord.). *Generierung und Transfer staatlichen Wissens im System des Verwaltungsrechts*. Tübingen: Mohr Siebeck, 2008.

______. "Legitimationsstrukturen internationaler Verwaltung". *In*: TRUTE, Hans-Heinrich. (Coord.). *Allgemeines Verwaltungsrecht – zur Tragfähigkeit eines Konzepts*. Tübingen: Mohr Siebeck, 2008.

______. *Electronic Government*: Das Recht der elektronischen Verwaltung. Baden-Baden: Nomos, 2006.

______. *Grundversorgung mit Telekommunikationsleistung im Gewährleistungsstaat*. Baden-Baden: Nomos, 1998.

ENGEL, Christoph. "Herrschaftsausübung bei offener Wirklichkeitsdefinition. Das Proprium des Rechts aus der Perspektive des öffentlichen Rechts". *In*: ENGEL, Christoph; SCHÖN, Wolfgang (Coord.). *Das Proprium des Rechts*. Tübingen: Mohr Siebeck, 2002.

______. "Rechtliche Entscheidungen unter Unsicherheit". *In*: ENGEL, Christoph; HALFMANN, Jost; SCHULTE, Martin (Coord.). *Wissen – Nichtwissen – Unsicheres Wissen*. Baden-Baden: Nomos: 2002.

ENGEL, Christoph; HALFMANN, Jost; SCHULTE, Martin (Coord.). *Wissen – Nichtwissen – Unsicheres Wissen*. Baden-Baden: Nomos: 2002.

ENGELKE, Karsten. "Rechtliche Rezeption von Wissen in der Arzneimittelregulierung und gerichtliche Kontrolle". *GesR*, 2011.

ENGISCH, Karl. "Wahrheit und Richtigkeit im juristischen Denken". *In*: ENGISCH, Karl; BOCKELMANN, Paul; KAUFMANN, Arthur (Coord.). *Beiträge zur Rechtstheorie*. Frankfurt am Main: V. Klostermann, 1984.

______. *Logische Studien zur Gesetzesanwendung*. 2ª ed. Heidelberg: Carl Winter, 1960.

ERNST, Christian. "Die Einführung eines einheitlichen Ansprechpartners i.p. der EU-DLR durch das 4. Gesetz zur Änderung verwaltungsverfahrensrechtlicher Vorschriften". *DVBl*, 2009.

ERNST, Wolfgang. *Das Gesetz des Gedächtnisses. Medien und Archive am Ende (des 20. Jahrhunderts)*. Berlim: Kulturverlag Kadmos, 2007.

______. *Das Rumoren der Archive*: Ordnung aus Unordnung. Berlim: Merve, 2002.

ESPOSITO, Elena. "Geplante Neuheit: die Normalität der Reform". *In*: CORSI, Giancarlo; ESPOSITO, Elena (Coord.). *Reform und Innovation in einer unstabilen Gesellschaft*. Stuttgart: Lucius & Lucius, 2005.

______. *Die Fiktion der wahrscheinlichen Realität*. Frankfurt am Main: Suhrkamp, 2007.

______. *Soziales Vergessen*: Formen und Medien des Gedächtnisses der Gesellschaft. Frankfurt am Main: Suhrkamp, 2002.

ESSER, Josef. *Vorverständnis und Methodenwahl in der Rechtsfindung*: Rationalitätsgarantien der richterlichen Entscheidungspraxis. Frankfurt am Main: Athenäum Verlag, 1970.

______. *Wert und Bedeutung der Rechtsfiktionen*. 2ª ed. Frankfurt am Main: V. Klostermann, 1969.

FABIO, Udo Di. "Verwaltungsentscheidung durch externen Sachverstand. Am Beispiel des arzneimittelrechtlichen Zulassungs- und Überwachungsverfahrens". *VerwArch*, 81, 1990.

______. *Das Recht offener Staaten*: Grundlinien einer Staats- und Rechtstheorie. Tübingen: Mohr Siebeck, 1998.

______. *Risikoentscheidungen im Rechtsstaat*: Zum Wandel der Dogmatik im Öffentlichen Recht, insbesondere am Beispiel der Arzneimittelüberwachung. Tübingen: Mohr Siebeck, 1994.

FARGE, Arlette. *Le goût de l'archive*. Paris: Seuil, 1989.

FARNBACHER, Wolfgang. "Vom Posteingang bis ins Archiv – technische und organisatorische Konzepte des ArchiSig-Projekts". *In*: HERING, Rainer; SCHÄFER, Udo (Coord.). *Digitales Verwalten – Digitales Archivieren*: 8. Tagung des Arbeitskreises "Archivierung von Unterlagen aus digitalen Systemen" am 27. und 28. April 2004 im Staatsarchiv Hamburg. Hamburg: Hamburg University Press, 2004.

FASSBENDER, Bardo. "Wissen als Grundlage staatlichen Handelns". *In*: ISENSEE, Josef; KIRCHHOF, Paul (Coord.). *Handbuch des Staatsrechts der Bundesrepublik Deutschland*. 3ª ed. Band IV. Heidelberg: C.F. Müller Verlag, 2006.

FEHLING, Michael. "Das Verhältnis von Recht und außerrechtlichen Maßstäben". *In*: TRUTE, Hans-Heinrich. (Coord.). *Allgemeines Verwaltungsrecht – zur Tragfähigkeit eines Konzepts*. Tübingen: Mohr Siebeck, 2008.

______. "Europäisches Verwaltungsverfahren und Verwaltungsprozessrecht". *In*: TERHECHTE, Jörg Philipp (Coord.). *Verwaltungsrecht der Europäischen Union*. Baden-Baden: Nomos, 2011.

______. *Verwaltung zwischen Unparteilichkeit und Gestaltungsaufgabe*. Tübingen: Mohr Siebeck, 2001.

FEIK, Rudolf. Öffentliche Verwaltungskommunikation: Öffentlichkeitsarbeit, Aufklärung, Empfehlung, Warnung. Wien: Springer, 2007.

FEYERABEND, Paul. *Wider den Methodenzwang*. Frankfurt am Main: Suhrkamp, 1986.

FISAHN, Andreas. "Beschleunigung und der Schadensbegriff im Gentechnikrecht". *NuR*, 2004.

______. *Demokratie und Öffentlichkeitsbeteiligung*. Tübingen: Mohr Siebeck, 2022.

FISCHER-DIESKAU, Stefanie; ROSSNAGEL, Alexander; STEIDLE, Roland. "Beweisführung am seidenen Bit-String? Die Langzeitaufbewahrung elektronischer Signaturen auf dem Prüfstand". *MMR*, 2004.

FLECK, Ludwik. *Entstehung und Entwicklung einer wissenschaftlichen Tatsache*: Einführung in die Lehre vom Denkstil und Denkkollektiv. Frankfurt am Main: Suhrkamp, [1935] 1980.

FLEISCHER, Holger. "Director's Dealings". *ZIP*, 2002.

______ *Informationsasymmetrie im Vertragsrecht*: Eine rechtsvergleichende und interdisziplinäre Abhandlung zu Reichweite und Grenzen vertragsschlußbezogener Aufklärungspflichten. München: C. H. Beck, 2001.

FLUCK, Jürgen. "Aufzeichnungs-, Aufbewahrungs- und Vorlagepflichten bei gentechnischen Arbeiten". *DÖV*, 1991.

FOERSTER, Heinz von. "Ethics and Second-Order Cybernetics". *Cybernetics and Human Knowing* I, 1992.

______. "Prinzipien der Selbstorganisation im sozialen und betriebswirtschaftlichen Bereich". *In*: ______. *Wissen und Gewissen*: Versuch einer Brücke. Frankfurt am Main: Suhrkamp, 1993.

______. "Was ist Gedächtnis, daß es Rückschau und Vorschau ermöglicht?" *In*: ______. *Wissen und Gewissen*: Versuch einer Brücke. Frankfurt am Main: Suhrkamp, 1993.

______. *Der Anfang von Erde und Himmel hat keinen Namen*: Eine Selbsterschaffung in 7 Tagen. Berlim: Kulturverl. Kadmos, 2005.

FÖGEN, Marie. *Theres Römische Rechtsgeschichten*: Über Ursprung und Evolution eines sozialen Systems. Göttingen: Vandenhoeck & Ruprecht, 2002.

FOLKE, Gunnar. *Schuppert, Verwaltungswissenschaft*: Verwaltung, Verwaltungsrecht, Verwaltungslehre. Baden-Baden: Nomos, 2000.

FONK, Friedrich. *Die Problematik der Sonderbehörden*: Zum Verhältnis von allgemeiner Verwaltung und Sonderverwaltung. Köln: Grote, 1969.

FORSTHOFF, Ernst. *Der Staat der Industriegesellschaft*: Dargestellt am Beispiel der Bundesrepublik Deutschland. München: C. H. Beck, 1971.

______. *Die Verwaltung als Leistungsträger*. Stuttgart: W. Kohlhammer, 1938.

FOUCAULT, Michel. "Das Spiel des Michel Foucault (Gespräch)". *In*: ______. *Schriften in vier Bänden – Dits et Ecrits*: 1976-1979. Vol. III. Frankfurt am Main: Suhrkamp, 2003.

______. "Die Wahrheit und die juristischen Formen". *In*: ______. *Schriften in vier Bänden – Dits et Ecrits*, vol. II: 1970-1975. Frankfurt am Main: Suhrkamp, 2002.

______. *Archäologie des Wissens*. Frankfurt am Main: Suhrkamp, 1973.

FRANCK, Georg. Ökonomie der Aufmerksamkeit: Ein Entwurf. München: Hanser, 1998.

FREEMAN, Jody; MINOW, Martha (Coord.). *Government by Contract*: Outsourcing and American Democracy. Cambridge: Harvard University Press, 2009.

FRENZ, Walter. *Handbuch Europarecht*: Europäische Grundrechte. vol. 4. Berlim: Springer, 2009.

FREUD, Sigmund. "Fetischismus". *In*: ______. *Gesammelte Werke*: Werke aus den Jahren 1925-1931. 5ª ed. vol. XIV. Frankfurt am Main: Fischer, 1972.

______. "Notiz über den 'Wunderblock'". *In*: ______. *Gesammelte Werke*: Werke aus den Jahren 1925-1931. 5ª ed. vol. XIV. Frankfurt am Main: Fischer, 1972.

______. *Briefe an Wilhelm Fließ 1887-1904*. Frankfurt am Main: Fischer, 1986.

FRIED, Johannes. "Wissen als soziales System: Wissenskultur im Mittelalter". *In*: FRIED, Johannes; STOLLEIS, Michael (Coord.). *Wissenskulturen*: Über die Erzeugung und Weitergabe von Wissen. Frankfurt am Main: Campus Verlag, 2009.

FRIEDLAND, Julia; PRALL, Ursula. "Schutz der Biodiversität: Erhaltung und nachhaltige Nutzung in der Konvention über die Biologische Vielfalt". *ZUR*, 2004.

FRUTOS, M. Ángeles de; MANZANO, Carolina. "Risk Aversion, Transparency, and Market Performance". *Journal of Finance*, 57, 2002.

FUCHS, Peter. *Das Maß aller Dinge*: Eine Abhandlung zur Metaphysik des Menschen. Weilerswist: Velbrück, 2007.

FUNTOWICZ, Silvio O.; RAVETZ, Jerome R. "Science for the Post-Normal Age". *Futures*, 25, 1993.

GADAMER, Hans-Georg. *Wahrheit und Methode*: Grundzüge einer philosophischen Hermeneutik. Gesammelte Werke vol. 1. Tübingen: Mohr, 1990.

GANE, Nicholas; BEER, David. *New Media*: The Key Concepts. Oxford: Berg, 2008.

GÄRDITZ, Klaus Ferdinand. "'Regulierungsermessen' und verwaltungsgerichtliche Kontrolle". *NVwZ*, 2009.

_____. "Die Abwehr von Risiken gentechnischer Freisetzungen". *ZUR*, 2009.

_____. "Pharmakologisches Neuro-Enhancement als Rechtsproblem". *PharmR*, 2011.

_____. "Regulierungsrechtliche Auskunftsanordnungen als Instrument der Wissensgenerierung". *DVBl*, 2009.

GEHRING, Petra. *Foucault*: Die Philosophie im Archiv. Frankfurt am Main: Campus, 2004.

GENENGER, Angie. "Das neue Gendiagnostikgesetz". *NJW*, 2010.

GIBBONS, Michael *et al. The New Production of Knowledge*: The Dynamics of Science and Research in Contemporary Society. Londres: SAGE Publications, 1994.

GIDDENS, Anthony. *Jenseits von Links und Rechts*: Die Zukunft radikaler Demokratie. Frankfurt am Main: Suhrkamp, 1997.

GLAUNER, Friedrich. *Sprache und Weltbezug*: Adorno, Heidegger, Wittgenstein. Freiburg: K. Alber, 1997.

GLEICK, Shannon James. *The Information*: a history, a theory, a flood. Nova York: Pantheon Books, 2011.

GOODRICH, Peter. *Reading the Law*: a critical Introduction to Legal Method and Techniques. Oxford: Blackwell, 1986.

GRAF VITZTHUM, Wolfgang; GEDDERT-STEINACHER, Tatjana. *Der Zweck im Gentechnikrecht*: Zur Schutz- und Förderfunktion von Umwelt- und Technikgesetzen. Berlim: Duncker & Humblot, 1990.

GRIMM, Dieter. "Der Wandel der Staatsaufgaben und die Krise des Rechtsstaats". *In*: ______. *Die Zukunft der Verfassung*. 2ª ed. Frankfurt am Main: Suhrkamp, 1994.

______ "Verfassungsrechtliche Anmerkungen zum Thema Prävention". *In*: ______. *Die Zukunft der Verfassung*. 2. Aufl. Frankfurt am Main: Suhrkamp, 1994.

GRÖSCHNER, Rolf. "Transparente Verwaltung: Konturen eines Informationsverwaltungsrechts". *VVDStRL*, 63, 2004.

GROSS, Thomas. "Die Beziehungen zwischen dem Allgemeinen und dem Besonderen Verwaltungsrecht". *In*: *Die Wissenschaft vom Verwaltungsrecht*. Werkstattgespräch aus Anlaß des 60. Geburtstages von Prof. Dr. Eberhard Schmidt-Aßmann, DV Beiheft 2. Berlim: Duncker & Humblot, 1999.

______. "Die Informatisierung der Verwaltung". *VerwArch*, 95, 2004.

______. "Die Kooperation zwischen europäischen Agenturen und nationalen Behörden". *EuR*, 2005.

______. "Ressortforschung, Agenturen und Beiräte – zur notwendigen Pluralität der staatlichen Wissensinfrastruktur". *In*: RÖHL, Hans Christian (Coord.). *Wissen – Zur kognitiven Dimension des Rechts* (DV Beiheft 9). Berlim: Duncker & Humblot, 2010.

GROYS, Boris. *Unter Verdacht*: Eine Phänomenologie der Medien. München: Hanser, 2000.

GUCKELBERGER, Annette. "Informatisierung der Verwaltung und Zugang zu Verwaltungsinformationen". *VerwArch*, 97, 2006.

______. "Veröffentlichung der Leistungsempfänger von EU-Subventionen und unionsgrundrechtlicher Datenschutz". *EuZW*, 2011.

GUÉHENNO, Jean-Marie. *Das ende der demokratie*. München: Artemis & Winkler, 1994.

GUGERLI, David. *Suchmaschinen*: Die Welt als Datenbank. Frankfurt am Main: Suhrkamp, 2009.

GURLIT, Elke. "Das Informationsverwaltungsrecht im Spiegel der Rechtsprechung". *Die Verwaltung*, vol. 44, 2011.

______. "Konturen eines Informationsverwaltungsrechts". *DVBl*, 2003.

GUSSONE, Peter; MICHALCZYK, Roman. "Der Austausch von Informationen im ECN – wer bekommt was wann zu sehen?" *EuZW*, 2011.

GUSY, Christoph. "Die Informationsbeziehungen zwischen Staat und Bürger". *In*: HOFFMANN-RIEM, Wolfgang; SCHMIDT-ASSMANN, Eberhard; VOSSKUHLE, Andreas (Coord.). *Grundlagen des Verwaltungsrechts*: Informationsordnung – Verwaltungsverfahren – Handlungsformen. 2ª ed. vol. II. München: C. H. Beck, 2012.

_____. "Gefahraufklärung zum Schutz der öffentlichen Sicherheit und Ordnung". *JA*, 2011.

_____. "Polizeiliche Befragung am Beispiel des § 9 NRWPolG". *NVwZ*, 1991.

_____. "Polizeiliche Datenverarbeitung zur Gefahrenabwehr". *ZJS*, 2012.

_____. "Verwaltung durch Information – Empfehlungen und Warnungen als Mittel des Verwaltungshandelns". *NJW*, 2000.

HAGEN-ECK, Regine; WIRSCH, Stefan. "Gestaltung von Directors' Dealings und die Pflichten nach § 15a WpHG". *DB*, 2007.

HALBWACHS, Maurice. *Das Gedächtnis und seine sozialen Bedingungen*. Frankfurt am Main: Suhrkamp, 1985.

HALTERN, Ulrich. "Internationales Verfassungsrecht? Anmerkungen zu einer kopernikanischen Wende". *Archiv des öffentlichen Rechts*, vol. 128, 2003.

HAN, Byung-Chul. *Transparenzgesellschaft*. Berlim: Matthes & Seitz, 2012.

HÄNGER, Andrea; WETTMANN, Andrea. "Das DOMEA-Konzept – eine Zwischenbilanz aus archivischer Sicht". *Der Archivar*, 60, 2007.

HARDING, Sandra. "Starke Objektivität". *In*: VOGEL, Matthias; WINGERT, Lutz (Coord.). *Wissen zwischen Entdeckung und Konstruktion*: Erkenntnistheoretische Kontroversen. Frankfurt am Main: Suhrkamp, 2003.

HARTMANN, Kirsten. *Grundsätze guter wissenschaftlicher Praxis unter qualitätssicherungs- und rechtsfolgenbezogenem Blickwinkel*: Gleichzeitig eine wissenschaftstheoretische und verfassungsrechtliche Betrachtung. Hamburg: Kovac, 2005.

HAVELOCK, Eric A. *Als die Muse schreiben lernte*. Frankfurt am Main: Hain, 1992.

HEBELER, Timo. *Verwaltungspersonal*: Eine rechts- und verwaltungswissenschaftliche Strukturierung. Baden-Baden: Nomos, 2007.

HECKER, Jan. *Marktoptimierende Wirtschaftsaufsicht*: Öffentlich-rechtliche Probleme staatlicher Wirtschaftsinterventionen zur Steigerung der Funktionsfähigkeit des Marktes. Tübingen: Mohr Siebeck, 2007.

HECKMANN, Dirk. "Perspektiven des IT-Einsatzes in der öffentlichen Verwaltung". *Die Verwaltung*, 46, 2013.

HEIDEGGER, Martin. *Sein und Zeit*. 17ª ed. Tübingen: Max Niemeyer Verlag, 1993.

HELLER, Christian. *Post-Privacy*: Prima leben ohne Privatsphäre. München: C. H. Beck, 2011.

HELLGARDT, Alexander. *Kapitalmarktdeliktrecht Haftung von Emittenten, Bietern, Organwaltern und Marktintermediären – Grundlagen, Systematik, Einzelfragen*. Tübingen: Mohr Siebeck, 2008.

HENNING, Brita. *Wissenszurechnung im Verwaltungsrecht*: Am Beispiel der verwaltungsverfahrensrechtlichen Regelungen der Ausschlußfristen bei der Rücknahme und dem Widerruf von Verwaltungsakten. Baden--Baden: Nomos, 2003.

HEPPE, Hansjörg. "Zu den Mitteilungspflichten nach § 21 WpHG im Rahmen der Umwandlung von Gesellschaften". *WM*, 2002.

HERRMANN, Stephanie. *Informationspflichten gegenüber der Verwaltung*: Dargestellt am Recht der Gefahrenabwehr. Frankfurt am Main: P. Lang, 1997.

HERZMANN, Karsten. "Monitoring als Verwaltungsaufgabe". *DVBl*, 2007.

______. *Konsultationen*: Eine Untersuchung von Prozessen kooperativer Maßstabskonkretisierung in der Energieregulierung. Tübingen: Mohr Siebeck, 2010.

HEUSSNER, Kristina. *Informationssysteme im Europäischen Verwaltungsverbund*. Tübingen: Mohr Siebeck, 2007.

HILL, Hermann. "Verfahrensermessen der Verwaltung". *Neue Zeitschrift für Verwaltungsrecht*, 1985.

HILLER, Petra. "Probleme prozeduraler Risikoregulierung". *In*: BORA, Alfons (Coord.). *Rechtliches Risikomanagement*: Form, Funktion und Leistungsfähigkeit des Rechts in der Risikogesellschaft. Berlim: Duncker & Humblot, 1999.

HOFFMANN-RIEM, Wolfgang. "Das Recht des Gewährleistungsstaates". *In*: SCHUPPERT, Gunnar Folke (Coord.). *Der Gewährleistungsstaat – ein Leitbild auf dem Prüfstand*. Baden-Baden: Nomos, 2005.

______. "Eigenständigkeit der Verwaltung". *In*: HOFFMANN-RIEM, Wolfgang; SCHMIDT-ASSMANN, Eberhard; VOSSKUHLE, Andreas (Coord.). *Grundlagen des Verwaltungsrechts*: Methoden, Maßstäbe, Aufgaben, Organisation. 2ª ed. vol. I. München: C. H. Beck, 2012.

______. "Enge oder weite Gewährleistungsgehalte der Grundrechte?" *In*: BÄUERLE, Michael (Coord.). *Haben wir wirklich Recht? Zum Verhältnis von Recht und Wirklichkeit – Beiträge zum Kolloquium anlässlich des 60. Geburtstags von Brun-Otto Bryde*. Baden-Baden: Nomos, 2004.

______. "Ermöglichung von Flexibilität und Innovationsoffenheit im Verwaltungsrecht – Einleitende Problemskizze". *In*: HOFFMANN--RIEM, Wolfgang; Schmidt-Aßmann, Eberhard (Coord.). *Innovation und Flexibilität des Verwaltungshandelns*. Baden-Baden: Nomos, 1994.

______. "Gesetz und Gesetzesvorbehalt im Umbruch. Zur Qualitäts-Gewährleistung durch Normen". *Archiv des öffentlichen Rechts*, vol. 130, 2005.

______. "Gesetz und Gesetzesvorbehalt im Umbruch. Zur Qualitäts-Gewährleistung durch Normen". *Archiv des öffentlichen Rechts*, 130, 2005.

______. "Informationelle Selbstbestimmung in der Informationsgesellschaft. Auf dem Wege zu einem neuen Konzept des Datenschutzes". *Archiv des öffentlichen Rechts*, vol. 123, 1998.

______. "Innovationsoffenheit und Innovationsverantwortung durch Recht. Aufgaben rechtswissenschaftlicher Innovationsforschung". *Archiv des öffentlichen Rechts*, vol. 131, 2006.

______. "Methoden einer anwendungsorientierten Verwaltungsrechtswissenschaft". *In*: SCHMIDT-ASSMANN, Eberhard; HOFFMANN-RIEM, Wolfgang (Coord.). *Methoden der Verwaltungsrechtswissenschaft*. Baden-Baden: Nomos, 2004.

______. "Sozialwissenschaften im Verwaltungsrecht: Kommunikation in einer multidisziplinären Scientific Community". *In*: *Die Wissenschaft vom Verwaltungsrecht. Werkstattgespräch aus Anlaß des 60. Geburtstages von Prof. Dr. Eberhard Schmidt-Aßmann*. (DV Beiheft 2). Berlim: Duncker & Humblot, 1999.

______. "Über Wikis und FOSS – zum Wirken von 'Non Profit Non Organizations' (NPNO's) in offenen kollaborativen Prozessen". *In*: KOHL, Helmut (Coord.). *Zwischen Markt und Staat. Gedächtnisschrift für W. Rainer Walz*. Köln: Heymann, 2008.

______. "Verfahrensprivatisierung als Modernisierung". *DVBl*, 1996.

______. "Verwaltungsrecht in der Informationsgesellschaft – Einleitende Problemskizze". *In*: HOFFMANN-RIEM, Wolfgang; SCHMIDT-ASSMANN, Eberhard (Coord.). *Verwaltungsrecht in der Informationsgesellschaft*. Baden-Baden: Nomos, 2000.

______. "Vorüberlegungen zur rechtswissenschaftlichen Innovationsforschung". *In*: HOFFMANN-RIEM, Wolfgang; SCHNEIDER, Jens-Peter (Coord.). *Rechtswissenschaftliche Innovationsforschung*: Grundlagen, Forschungsansätze, Gegenstandsbereiche. Baden-Baden: Nomos, 1998.

______. "Wissen als Risiko – Unwissen als Chance. Herausforderungen auch an die Rechtswissenschaft". *In*: AUGSBERG, Ino (Coord.). *Ungewissheit als Chance*: Perspektiven eines produktiven Umgangs mit Unsicherheit im Rechtssystem. Tübingen: Mohr Siebeck, 2009.

______. "Wissen, Recht und Innovation". *In*: RÖHL, Hans Christian (Coord.). *Wissen – Zur kognitiven Dimension des Rechts*. (DV Beiheft 9). Berlim: Duncker & Humblot, 2010.

HOFMANN, Ekkehard. "Externer Sachverstand im Verwaltungsverfahren". *In*: DÖHMANN, Indra Spiecker Genannt; COLLIN, Peter (Coord.). *Generierung und Transfer staatlichen Wissens im System des Verwaltungsrechts*. Tübingen: Mohr Siebeck, 2008.

HOLZNAGEL, Bernd. "Informationsbeziehungen in und zwischen Behörden". *In*: HOFFMANN-RIEM, Wolfgang; SCHMIDT-ASSMANN, Eberhard; VOSSKUHLE, Andreas (Coord.). *Grundlagen des Verwaltungsrechts*: Informationsordnung – Verwaltungsverfahren – Handlungsformen. vol. II. 2ª ed. München: C. H. Beck, 2012.

HOLZNER, Thomas. "Die 'Pankower Ekelliste' – Zukunftsweisendes Modell des Verbraucherschutzes oder rechtswidriger Pranger?" *NVwZ*, 2010.

HOPPE, Werner. "Die 'Zusammenstellung des Abwägungsmaterials' und die 'Einstellung der Belange' in die Abwägung 'nach Lage der Dinge' bei der Planung". *DVBl*, 1977.

HÖRNING, Karl H. *Experten des Alltags*: Die Wiederentdeckung des praktischen Wissens. Weilerswist: Velbrück Wissenschaft, 2001.

HORNUNG, Gerrit. "Staatliche Daten als Güter. Informationen öffentlicher Stellen zwischen Arkantradition und wirtschaftlicher Nutzung". *In*: TOWFIGH, Emanuel V. (Coord.). *Recht und Markt*: Wechselbeziehungen zweier Ordnungen. Bandne-Baden: Nomos, 2009.

HORNUNG, Gerrit; HOFMANN, Kai. "Ein 'Recht auf Vergessenwerden'?" *JZ*, 2013.

HORSTMANN, Thomas; PELTZER, Jörg. "Die Wissensbasierung des Staates in historischer Perspektive". *In*: SCHUPPERT, Gunnar Folke; VOSSKUHLE, Andreas (Coord.). *Governance von und durch Wissen*. Baden-Baden: Nomos, 2008.

HUBER, Peter M. "Die Informationstätigkeit der öffentlichen Hand – ein grundrechtliches Sonderregime aus Karlsruhe?" *JuristenZeitung*, 2003.

HUFEN, Friedhelm. *Fehler im Verwaltungsverfahren*. 4ª ed. Baden-Baden: Nomos, 2002.

HUSSERL, Edmund. *Ideen zu einer reinen Phänomenologie und phänomenologischen Philosophie – Erstes Buch*: Allgemeine Einführung in die reine Phänomenologie. (Husserliana, vol. III). Den Haag: Nijhoff, 1950.

______. *Ideen zu einer reinen Phänomenologie und phänomenologischen Philosophie*. Erstes Buch: Allgemeine Einführung in die reine Phänomenologie, Husserliana Vol. III. Den Haag: Martinus Nijhoff, 1950.

______. *Vorlesungen zur Phänomenologie des inneren Zeitbewußtseins*. 2ª ed. Tübingen: Max Niemeyer, 1980.

HUSTER, Stefan. "Die Beobachtungspflicht des Gesetzgebers. Ein neues Instrument zur verfassungsrechtlichen Bewältigung des sozialen Wandels?" *ZfRsoz*, 24, 2003.

HWANG, Shu-Perng. "Beurteilungsspielräume zugunsten außerrechtlicher Bewertung? Kritische Bemerkungen zur Einräumung behördlicher Beurteilungsspielräume im Umwelt- und im Telekommunikationsrecht". *VerwArch*, 103, 2012.

______. "Gesetzesbindung durch unbestimmte Rechtsbegriffe: Eine kompetenzielle Überlegung". *VerwArch*, 102, 2011.

INGOLD, Albert. *Desinformationsrecht*: Verfassungsrechtliche Vorgaben für staatliche Desinformationstätigkeit. Berlim: Duncker & Humblot, 2011.

ISAK, Axel. *Das Selbstverständnis der Kirchen und Religionsgemeinschaften und seine Bedeutung für die Auslegung des staatlichen Rechts*. Berlim: Duncker & Humblot, 1994.

ISENSEE, Josef. "Grundrechtsvoraussetzungen und Verfassungserwartungen". *In*: ISENSEE, Josef; KIRCHHOF, Paul (Coord.). *Handbuch des*

Staatsrechts der Bundesrepublik Deutschland: Allgemeine Grundrechtslehren. 2ª ed. vol. 5. Heidelberg: 2000.

_____. *Wer definiert die Freiheitsrechte? Selbstverständnis der Grundrechtsträger und Grundrechtsauslegung des Staates*. Heidelberg: Müller, 1980.

JACHMANN, Monika. *Die Fiktion im öffentlichen Recht*. Berlim: Duncker & Humblot, 1998.

JAECKEL, Liv. *Gefahrenabwehrrecht und Risikodogmatik*: Moderne Technologie im Spiegel des Verwaltungsrechts. Tübingen: Mohr Siebeck, 2010.

JAMES, Henry. "The Real Thing". *In*: _____. *The Turn of the Screw and Other Stories*. Köln: Konemann, 1996.

JANICH, Peter. *Was ist Information? Kritik einer Legende*. Frankfurt am Main: Suhrkamp, 2006.

JAPP, Klaus Peter. "Die Beobachtung von Nichtwissen". *Soziale Systeme*, 3, 1997.

_____ter. "Risikoreflexion – Beobachtung der Gesellschaft im Recht". *In*: BORA, Alfons (Coord.). *Rechtliches Risikomanagement*: Form, Funktion und Leistungsfähigkeit des Rechts in der Risikogesellschaft. Berlim: Duncker & Humblot, 1999.

_____. "Struktureffekte öffentlicher Risikokommunikation auf Regulierungsregime". *In*: ENGEL, Christoph; HALFMANN, Jost; SCHULTE, Martin (Coord.). *Wissen – Nichtwissen – Unsicheres Wissen*. Baden-Baden: Nomos, 2002.

JAUCH, Oliver. "Das Hamburgische Transparenzgesetz (HmbTG) – Ein Paradigmenwechsel in der Informationsfreiheit". *DVBl*, 2013.

JESCH, Dietrich. *Gesetz und Verwaltung*: Eine Problemstudie zum Wandel des Gesetzmäßigkeitsprinzipes. Tübingen: Mohr Siebeck, 1961.

JESTAEDT, Matthias. "Das Geheimnis im Staat der Öffentlichkeit. Was darf der Verfassungsstaat verbergen?" *Archiv des öffentlichen Rechts*, 126, 2001.

_____. "Phänomen Bundesverfassungsgericht. Was das Gericht zu dem macht, was es ist". *In*: _____. *et al. Das entgrenzte Gericht*: Eine kritische Bilanz nach sechzig Jahren Bundesverfassungsgericht. Berlim: Suhrkamp, 2011.

_____. "Wissenschaftliches Recht. Rechtsdogmatik als gemeinsames Kommunikationsformat von Rechtswissenschaft und Rechtspraxis".

In: KIRCHHOF, Gregor; MAGEN, Stefan; SCHNEIDER, Karsten (Coord.). *Was weiß Dogmatik? Was leistet und wie steuert die Dogmatik des Öffentlichen Rechts?* Tübingen: Mohr Siebeck, 2012.

JONAS, Hans. *Technik, Medizin und Ethik*. Frankfurt am Main: Insel, 1985.

KADELBACH, Stefan. *Allgemeines Verwaltungsrecht unter europäischem Einfluß*. Tübingen: Mohr Siebeck, 1999.

KAHL, Wolfgang. "Der Europäische Verwaltungsverbund: Strukturen – Typen – Phänomene". *Der Staat*, 50, 2011.

______. "Neuere Entwicklungslinien der Grundrechtsdogmatik. Von Modifikationen und Erosionen des grundrechtlichen Freiheitsparadigmas". *Archiv des öffentlichen Rechts*, 131, 2006.

______. "Risikosteuerung durch Verwaltungsrecht: Ermöglichung oder Begrenzung von Innovationen?" *DVBl*, 2003.

______. "Vom weiten Schutzbereich zum engen Gewährleistungsgehalt. Kritik einer neuen Richtung der deutschen Grundrechtsdogmatik". *Der Staat*, 43, 2004.

KAISER, Anna-Bettina. "Multidisziplinäre Begriffsverwendungen. Zum verwaltungsrechtswissenschaftlichen Umgang mit sozialwissenschaftlichen Konzepten". *In*: AUGSBERG, Ino (Coord.). *Extrajuridisches Wissen im Verwaltungsrecht*: Analysen und Perspektiven. Tübingen: Mohr Siebeck, 2013.

______. "Rechtlich gefordertes Nichtwissen im virtuellen Raum. Der Schutz der Privatsphäre im Web 2.0". *In*: HILL, Hermann; SCHLIESKY, Utz (Coord.). *Die Vermessung des virtuellen Raums*: E-Volution des Rechts- und Verwaltungssystems III. Baden-Baden: Nomos, 2012.

______. "Wissensmanagement im Mehrebenensystem". *In*: SCHUPPERT, Gunnar Folke; VOSSKUHLE, Andreas (Coord.). *Governance von und durch Wissen*. Baden-Baden: Nomos, 2008.

______. *Die Kommunikation der Verwaltung*: Diskurse zu den Kommunikationsbeziehungen zwischen staatlicher Verwaltung und Privaten in der Verwaltungsrechtswissenschaft der Bundesrepublik Deutschland. Baden-Baden: Nomos, 2009.

KALABIS, Lukas; SELZER, Annika. "Das Recht auf Vergessenwerden nach der geplanten EU-Verordnung. Umsetzungsmöglichkeiten im Internet". *DuD*, 2012.

KATSH, M. Ethan. *Law in a Digital World*. Nova York: Oxford University Press, 1995.

KAUFHOLD, Ann-Katrin "Transfer und Transformation ökonomischen Wissens im Recht der Bankenaufsicht". *In*: AUGSBERG, Ino (Coord.). *Extrajuridisches Wissen im Verwaltungsrecht*: Analysen und Perspektiven. Tübingen: Mohr Siebeck, 2013.

______. "Gegenseitiges Vertrauen. Wirksamkeitsbedingung und Rechtsprinzip der justiziellen Zusammenarbeit im Raum der Freiheit, der Sicherheit und des Rechts". *EuR*, 2012.

______. "Transfer und Transformation ökonomischen Wissens im Recht der Bankenaufsicht". *In*: AUGSBERG, Ino (Coord.). *Extrajuridisches Wissen im Verwaltungsrecht*: Analysen und Perspektiven. Tübingen: Mohr Siebeck, 2013.

KAUTZ, Steffen. "Die Bewältigung des Zweifels. Über den rechtlichen Umgang mit fachwissenschaftlichen Erkenntnissen und Erkenntnislücken, dargestellt am Beispiel des Naturschutzrechts in der Planfeststellung". *In*: HÖSCH, Ulrich (Coord.). *Zeit und Ungewissheit im Recht*: Liber amicorum zum 70. Geburtstag von Wilfried Berg. Stuttgart: Boorberg, 2011.

KAZELE, Norbert. *Interessenkollisionen und Befangenheit im Verwaltungsrecht*. Berlim: Duncker & Humblot, 1990.

KELSEN, Hans. "Zur Theorie der juristischen Fiktionen". *In*: KLECATSKY, Hans; MACIC, René; SCHAMBECK, Herbert (Coord.). *Die Wiener rechtstheoretische Schule*: Schriften von Hans Kelsen, Adolf Merkl, Alfred Verdross. vol. 1. Wien: Europa Verlag, 1968.

______. *Der soziologische und der juristische staatsbegrif*: Kritische Untersuchung des Verhältnisses von Staat und Recht. 2ª ed. Tübingen, 1928 (2. Neudruck Aalen 1981).

KEMMERER, Alexandra. "Akten". *In*: RAULFF, Ulrich; LEPPER, Marcel (Coord.). *Handbuch Archiv*. Stuttgart: J. B. Metzler Verlag 2013.

KERSTEN, Jens. "Die Entwicklung des Konzepts der Daseinsvorsorge im Werk von Ernst Forsthoff". *Der Staat*, 44, 2005.

KHURANA, Thomas. *Sinn und Gedächtnis*: Die Zeitlichkeit des Sinns und die Figuren ihrer Reflexion. München: Wilhelm Fink, 2007.

KINGSBURY, Benedict; KRISCH, Nico; STEWART, Richard B. "The Emergence of Global Administrative Law". *Law and Contemporary Problems*, vol. 68, 2005.

KIRSTE, Stephan. "Das System der Europäischen Agenturen – Erläutert am Beispiel des Europäischen Innovations- und Technologieinstituts (EIT)". *VerwArch*, 102, 2011.

______. *Die Zeitlichkeit des Rechts und die Geschichtlichkeit des Rechtsbewußtseins*: Momente einer Ideengeschichte und Grundzüge einer systematischen Begründung. Berlim: Duncker & Humblot, 1998.

KITTLER, Friedrich. *Die Nacht der Substanz*. Bern: Benteli, 1989.

KJAER, Poul F. "Laws of the Worlds. Towards an Inter-Systemic Theory". *In*: KELLER, Stefan; WIPRÄCHTIGER, Stefan (Coord.). *Recht zwischen Dogmatik und Theorie*: Marc Amstutz zum 50. Geburtstag. Zürich: Dike, 2012.

______. "Laws of the Worlds. Towards an Inter-Systemic Theory". *In*: KELLER, Stefan; WIPRÄCHTIGER, Stefan (Coord.). *Recht zwischen Dogmatik und Theorie*: Marc Amstutz zum 50. Geburtstag. Zürich: Dike, 2012.

KJAER, Poul F.; TEUBNER, Gunther; FEBBRAJO, Alberto (Coord.). *The Financial Crisis in Constitutional Perspective*: The Dark Side of Functional Differentiation. Oxford: Hart, 2011.

KLINDT, Thomas; WENDE, Susanne. "Behördliche Risikobewertung nach den RAPEX-Leitlinien". *NVwZ*, 2011.

KLOEPFER, Michael. *Informationsrecht*. München: C. H. Beck, 2002.

KLÖHN, Lars. "Recht und Ökonomik – gestern, heute und morgen". *In*: DIEDRICH, Ralf; HEILEMANN, Ulrich (Coord.). Ökonomisierung der Wissensgesellschaft: Wie viel Ökonomie braucht und wie viel Ökonomie verträgt die Wissensgesellschaft? Berlim: Ducker & Humblot, 2011.

KLUTH, Winfried. "Die Strukturierung von Wissensgenerierung durch das Verwaltungsorganisationsrecht". *In*: DÖHMANN, Indra Spiecker Genannt; COLLIN, Peter (Coord.). *Generierung und Transfer staatlichen Wissens im System des Verwaltungsrechts*. Tübingen: Mohr Siebeck, 2008.

KNAUER, Jana; SANDER, Axel; ZUMDICK, Ulf. "Die Qualifikation des Informationsbeauftragten gemäß § 74a AMG– Wertungswiderspruch zu den Anforderungen an die Sachkunde des Stufenplanbeauftragten". *PharmR*, 2010.

KOBOR, Hagen. *Kooperative Amtsermittlung im Verwaltungsrecht*: Mitwirkungspflichten und Informationshilfe im Lichte des verfassungsdirigierten Leitbildes des Untersuchungsgrundsatzes. Baden-Baden: Nomos, 2009.

KOCH, Hans-Joachim. "Vereinfachung des materiellen Umweltrechts". *NVwZ*, 1996.

KÖCK, Wolfgang. "Grundzüge des Risikomanagements im Umweltrecht". *In*: BORA, Alfons (Coord.). *Rechtliches Risikomanagement*: Form, Funktion und Leistungsfähigkeit des Rechts in der Risikogesellschaft. Berlim: Duncker & Humblot, 1999.

______. "Risikovorsorge als Staatsaufgabe". *Archiv des öffentlichen Rechts*, 121, 1996.

KOPP, Ferdinand O.; RAMSAUER, Ulrich. *Verwaltungsverfahrensgesetz*. 10ª ed. München: Beck, 2008.

KOPP, Ferdinand O.; SCHENKE, Wolf-Rüdiger. *Verwaltungsgerichtsordnung*: VwGO. 14ª ed. München: C. H. Beck, 2005.

KOPP, Ferdinand. *Verfassungsrecht und Verwaltungsverfahrensrecht*: Eine Untersuchung über die verfassungsrechtlichen Voraussetzungen des Verwaltungsverfahrens in der Bundesrepublik und die Bedeutung der Grundentscheidungen in der Verfassung für die Feststellung, Auslegung und Anwendung des geltenden Verwaltungsverfahrensrechts. München: C. H. Beck, 1971.

KORIOTH, Stefan. "Finanzen". *In*: HOFFMANN-RIEM, Wolfgang; SCHMIDT-ASSMANN, Eberhard; VOSSKUHLE, Andreas (Coord.). *Grundlagen des Verwaltungsrechts*: Personal – Finanzen – Kontrolle – Sanktionen – Staatliche Einstandspflichten. vol. III. München: Beck, 2009.

KOSCHORKE, Albrecht. "Die Grenzen des Systems und die Rhetorik der Systemtheorie". *In*: KOSCHORKE, Albrecht; VISMANN, Cornelia (Coord.). *Widerstände der Systemtheorie*: Kulturtheoretische Analysen zum Werk von Niklas Luhmann. Berlim: Akademie Verlag, 1999.

______. "Vismann, Cornelia Einleitung". *In*: ______. (Coord.). *Widerstände der Systemtheorie*: Kulturtheoretische Analysen zum Werk von Niklas Luhmann. Berlim: Bibliothek der Universität Konstanz, 1999.

______. *Wahrheit und Erfindung*: Grundzüge einer Allgemeinen Erzähltheorie. Frankfurt am Main: Fischer, 2012.

KRAJEWSKI, Markus. *Zettelwirtschaft*: Die Geburt der Kartei aus dem Geiste der Bibliothek. Berlim: Kulturverlag Kadmos, 2002.

KRÄMER, Sybille. *Medium, Bote, Übertragung. Kleine Metaphysik der Medialität*. Frankfurt am Main: Suhrkamp, 2008.

KREIBICH, Rolf. *Die Wissenschaftsgesellschaft*: Von Galilei zur High-Tech Revolution, Frankfurt am Main: Suhrkamp, 1986.

KRIES, Caroline von; WINTER, Gerd. "Komplexität und Zergliederung. Die Struktur der Risikobewertung für die Ausbringung gentechnisch veränderter Organismen". *ZUR*, 2011.

KROHN, Wolfgang. "Realexperimente – Die Modernisierung der 'offenen Gesellschaft' durch experimentelle Forschung". *Erwägen – Wissen – Ethik*, 18, 2007.

KROPP, Cordula; WAGNER, Jost. "Wissensaustausch in Entscheidungsprozessen: Kommunikation an den Schnittstellen von Wissenschaft und Agrarpolitik". *In*: NEIDHARDT, Friedhelm *et al*. (Coord.). *Wissensproduktion und Wissenstransfer*: Wissen im Spannungsfeld von Wissenschaft, Politik und Öffentlichkeit. Bielefeld: Transcript, 2008.

KRÜCKEN, Georg. "Risikotransformation. Voraussetzung, Strukturen und Folgen der politischen Regulierung von Arzneimittelgefahren". *In*: HILLER, Petra; KRÜCKEN, Georg (Coord.). *Risiko und Regulierung*: Soziologische Beiträge zu Technikkontrolle und präventiver Umweltpolitik. Frankfurt am Main: Suhrkamp, 1997.

KÜHLING, Jürgen; BOHNEN, Simon. "Zur Zukunft des Datenschutzrechts – Nach der Reform ist vor der Reform". *JuristenZeitung*, 2010.

KUHN, Thomas S. *Die Struktur wissenschaftlicher Revolutionen*. Frankfurt am Main: Suhrkamp, 1973.

LADEUR, Karl-Heinz (Coord.). *The Europeanisation of Administrative Law*: Transforming National Decision-Making Procedures. Aldershot: Ashgate, 2002.

LADEUR, Karl-Heinz. "Kommunikation über Risiken im Rechtssystem. Das Beispiel Nanotechnologie". *In*: BÜSCHER, Christian; JAPP, Klaus Peter (Coord.). Ökologische Aufklärung: 25 Jahre "Ökologische Kommunikation". Wiesbaden: VS Verlag, 2010.

______. "'Finding our text...': Der Aufstieg des Abwägungsdenkens als ein Phänomen der 'sekundären Oralität' und die Wiedergewinnung der Textualität des Rechts in der Postmoderne". *In*: AUGSBERG, Ino; LENSKI, Sophie-Charlotte (Coord.). *Die Innenwelt der Außenwelt der*

Innenwelt des Rechts: Annäherungen zwischen Rechts- und Literaturwissenschaft. München: Fink, 2012.

______. "Das Recht auf informationelle Selbstbestimmung: Eine juristische Fehlkonstruktion?" *Die Öffentliche Verwaltung*, 2009.

______. "Das subjektive Recht und der Wunsch nach Gerechtigkeit als sein Parasit". *ZfRsoz*, 29, 2009.

______. "Datenschutz – vom Abwehrrecht zur planerischen Optimierung von Wissensnetzwerken". *DuD*, 2000.

______. "Der Staat der 'Gesellschaft der Netzwerke': Zur Fortentwicklung des Paradigmas des 'Gewährleistungsstaats'". *Der Staat*, 48, 2009.

______. "Die Akzeptanz von Ungewißheit – Ein Schritt auf dem Weg zu einem 'ökologischen' Rechtskonzept. Zum Verhältnis von Recht und gesellschaftlichem Wissen am Beispiel der Kernenergie". *In*: VOIGT, Rüdiger (Coord.). *Recht als Instrument der Politik*. Opladen: Westdeutscher Verlag, 1986.

______. "Die Beobachtung der kollektiven Dimension der Grundrechte durch eine liberale Grundrechtstheorie. Zur Verteidigung der Dominanz der abwehrrechtlichen Dimension der Grundrechte". *Der Staat*, vol. 50, 2011.

______. "Die Drittwirkung der Grundrechte im Privatrecht – 'Verfassungsprivatrecht' als Kollisionsrecht". *In*: CALLIESS, Gralf-Peter (Coord.). *Soziologische Jurisprudenz, Festschrift für Gunther Teubner zum 65. Geburtstag*. Berlim: De Gruyter, 2009.

______. "Die Europäische Umweltagentur und die Perspektiven eines europäischen Netzwerkes der Umweltverwaltungen". *NuR*, 1997.

______. "Die Evolution des Rechts und die Möglichkeit eines 'globalen Rechts' jenseits des Staates – zugleich eine Kritik der 'Selbstkonstitutionalisierungsthese'". *Ancilla Iuris*, 2012.

______. "Die Kommunikationsinfrastruktur der Verwaltung". *In*: HOFFMANN-RIEM, Wolfgang; SCHMIDT-ASSMANN, Eberhard; VOSSKUHLE, Andreas (Coord.). *Grundlagen des Verwaltungsrechts*: Informationsordnung, Verwaltungsverfahren, Handlungsformen. vol. II. München: Verlag C. H. Beck, 2012.

LADEUR, Karl-Heinz. "Die Kommunikationsinfrastruktur der Verwaltung". *In*: HOFFMANN-RIEM, Wolfgang; SCHMIDT-ASSMANN, Eberhard; TRUTE, Hans-Heinrich (Coord.). *Grundlagen des Verwaltungsrechts*:

Methoden – Maßstäbe – Aufgaben – Organisation. vol. I. 2ª ed. München: C. H. Beck, 2012.

______. "Die Kommunikationsinfrastruktur der Verwaltung". *In*: HOFFMANN-RIEM, Wolfgang; SCHMIDT-ASSMANN, Eberhard; VOSSKUHLE, Andreas (Coord.). *Grundlagen des Verwaltungsrechts*: Informationsordnung – Verwaltungsverfahren – Handlungsformen. vol. II. 2ª ed. München: C. H. Beck, 2012.

______. "Die Netzwerke des Rechts". *In*: BOMMES, Michael; TACKE, Veronika (Coord.). *Netzwerke in der funktional differenzierten Gesellschaft*. Wiesbaden: VS Verlag, 2010.

______. "Die objektiv-rechtliche Dimension der wirtschaftlichen Grundrechte – Relativierung oder Abstützung der subjektiven Freiheitsrechte?" *Die Öffentliche Verwaltung*, 2007.

______. "Die rechtliche Steuerung von Entwicklungsrisiken zwischen zivilrechtlicher Produkthaftung und administrativer Sicherheitskontrolle. Prozeduralisierung von Sicherheitspflichten in vergleichender Perspektive". *BB*, 1993.

______. "Die Zukunft des Verwaltungsakts – Kann die Handlungsformenlehre aus dem Aufstieg des 'informalen Verwaltungshandelns' lernen?" *VerwArch*, 86, 1995.

______. "Drittschutz bei der Genehmigung gentechnischer Anlagen". *NVwZ*, 1992.

______. "Ein Recht der Netzwerke für die Weltgesellschaft oder Konstitutionalisierung der Völkergemeinschaft?" *Archiv des Völkerrechts*, vol. 49, 2011.

______. "Gefahrenabwehr und Risikovorsorge bei der Freisetzung von gentechnisch veränderten Organismen nach dem Gentechnikgesetz". *NuR*, 1992.

______. "Gesetzesinterpretation, 'Richterrecht' und Konventionsbildung in kognitivistischer Perspektive. Handeln unter Ungewißheitsbedingungen und richterliches Entscheiden". *ARSP*, 77, 1991.

______. "Innovation der Telekommunikation durch Regulierung". *In*: HOFFMANN-RIEM, Wolfgang (Coord.). *Innovation und Telekommunikation*: Rechtliche Steuerung von Innovationsprozessen durch Regulierung. Baden-Baden: Nomos, 2000.

______. "Innovation der Telekommunikation durch Regulierung. Monitoring und Selbstrevision als Formen einer Prozeduralisierung des Rundfunkrechts". *In*: HOFFMANN-RIEM, Wolfgang (Coord.). *Innovation und Telekommunikation*: Rechtliche Steuerung von Innovationsprozessen in der Telekommunikation. Baden-Baden: Nomos, 2000.

______. "Kommunikation über Risiken im Rechtssystem. Das Beispiel Nanotechnologie". *In*: BÜSCHER, Christian; JAPP, Klaus Peter (Coord.). Ökologische Aufklärung: 25 Jahre "Ökologische Kommunikation". Wiesbaden: VS Verlag, 2010.

______. "Privatisierung öffentlicher Aufgaben und die Notwendigkeit der Entwicklung eines neuen Informationsverwaltungsrechts". *In*: HOFFMANN-RIEM, Wolfgang; SCHMIDT-ASSMANN, Eberhard (Coord.). *Verwaltungsrecht in der Informationsgesellschaft*. Baden-Baden: Nomos, 2000.

______. "Risiko Sozialstaat. Expansion des Sozialstaats ohne verfassungsrechtliche Schranken". *Der Staat*, 46, 2007.

______. "Risikooffenheit und Zurechnung – insbesondere im Umweltrecht". *In*: SCHMIDT-ASSMANN, Eberhard; HOFFMANN-RIEM, Wolfgang (Coord.). *Innovation und Flexibilität des Verwaltungshandelns*. Baden-Baden: Nomos, 1994.

______. "Risikowissen und Risikoentscheidung". *KritV*, 1991.

______. "Soziale Epistemologie der Demokratie. Theoretische Überlegungen zur Bindung von Unbestimmtheit durch Institutionen in der postmodernen Gesellschaft". *In*: AUGSBERG, Ino (Coord.). *Ungewissheit als Chance*: Perspektiven eines produktiven Umgangs mit Unsicherheit im Rechtssystem. Tübingen: Mohr Siebeck, 2009.

______. "Staat und Gesellschaft. Von der liberalen zur postmodernen Gesellschaft". *In*: DEPENHEUER, Otto; GRABENWARTER, Christoph (Coord.). *Verfassungstheorie*. Tübingen: Mohr Siebeck, 2010.

______. "The Evolution of General Administrative Law and the Emergence of Postmodern Administrative Law". *Osgoode CLPE Research Paper Series*, vol. 7, nº 4, 2011.

______. "The Postmodern Condition of Law and Societal 'Management of Rules': Facts and Norms Revisited". *Zeitschrift für Rechtssoziologie*, vol. 27, 2006.

_____. "Was leistet die Netzwerkanalyse für die Verwaltungswissenschaft?" *In*: MEHDE, Veith; RAMSAUER, Ulrich; SECKELMANN, Margrit (Coord.). *Staat, Verwaltung, Information*: Festschrift für Hans Peter Bull zum 75. Geburtstag. Berlim: Duncker & Humblot, 2011.

_____. "Wissenserzeugung im und durch Recht – und das Problem der 'evidenzbasierten Medizin'". *GesundheitsRecht*, 2011.

_____. *Das Medienrecht und die Ökonomie der Aufmerksamkeit*: In Sachen Dieter Bohlen, Maxim Biller, Caroline von Monaco u.a. Köln: Halem, 2007.

_____. *Das Umweltrecht der Wissensgesellschaft*: Von der Gefahrenabwehr zum Risikomanagement. Berlim: Duncker & Humblot, 1995.

_____. *Der Staat gegen die Gesellschaft*: Zur Verteidigung der Rationalität der "Privatrechtsgesellschaft". Tübingen: Mohr Siebeck, 2006.

_____. *Kritik der Abwägung in der Grundrechtsdogmatik*: Plädoyer für eine Erneuerung der liberalen Grundrechtstheorie. Tübingen: Mohr Siebeck, 2004.

_____. *Negative Freiheitsrechte und gesellschaftliche Selbstorganisation*: Zur Erzeugung von Sozialkapital durch Institutionen. Tübingen: Mohr Siebeck, 2000.

_____. *Postmoderne Rechtstheorie*: Selbstreferenz – Selbstorganisation – Prozeduralisierung. 2ª ed. Berlim: Duncker & Humblot, 1995.

LADEUR, Karl-Heinz; AUGSBERG, Ino. "Auslegungsparadoxien. Zu Theorie und Praxis juristischer Interpretation". *Rechtstheorie*, 36, 2005.

_____. *Die Funktion der Menschenwürde im Verfassungsstaat*: Humangenetik – Neurowissenschaft – Medien. Tübingen: Mohr Siebeck, 2008.

LADEUR, Karl-Heinz; GOSTOMZYK, Tobias. "Der Gesetzesvorbehalt im Gewährleistungsstaat". *Die Verwaltung*, vol. 36, 2003.

LAMB, Irene. *Kooperative Gesetzeskonkretisierung*: Verfahren zur Erarbeitung von Umwelt- und Technikstandards. Baden-Baden: Nomos, 1995.

LATOUR, Bruno. *Die Hoffnung der Pandora*: Untersuchungen zur Wirklichkeit der Wissenschaft. Frankfurt am Main: Suhrkamp, 2002.

LAWSON, Hilary. *Reflexivity*: The Post-Modern Predicament. Londres: Hutchinson, 1985.

LECHELER, Helmut. *Verwaltungslehre*: Kurzlehrbuch. Stuttgart: Boorberg, 1988.

LEE, Kye Il. *Die Struktur der juristischen Entscheidung aus konstruktivistischer Sicht*. Tübingen: Mohr Siebeck, 2010.

LEFORT, Claude. "Die Frage der Demokratie". *In*: RÖDEL, Ulrich (Coord.). *Autonome Gesellschaft und libertäre Demokratie*. Frankfurt am Main: Suhrkamp, 1990.

______. *The Political Forms of Modern Society*: Bureaucracy, Democracy, Totalitarianism. Cambridge: Polity Press, 1986.

LEGENDRE, Pierre. Über die Gesellschaft als Text: Grundzüge einer dogmatischen Anthropologie. Wien: Turia + Kant, 2012.

LENK, Klaus. "Ausserrechtliche Grundlagen für das Verwaltungsrecht in der Informationsgesellschaft: Zur Bedeutung von Information und Kommunikation in der Verwaltung". *In*: HOFFMANN-RIEM, Wolfgang; SCHMIDT-ASSMANN, Eberhard (Coord.). *Verwaltungsrecht in der Informationsgesellschaft*. Baden-Baden: Nomos, 2000.

LENK, Klaus; WENGELOWSKI, Peter. "Wissensmanagement für das Verwaltungshandeln". *In*: EDELING, Thomas; JANN, Werner; WAGNER, Dieter (Coord.). *Wissensmanagement in Politik und Verwaltung*. Wiesbaden: VS Verlag für Sozialwissenschaften, 2004.

______. "Wissensmanagement für das Verwaltungshandeln". *In*: EDELING, Thomas; JANN, Werner; WAGNER, Dieter (Coord.). *Wissensmanagement in Politik und Verwaltung*. Wiesbaden: VS Verlag, 2004.

______. "Wissensmanagement für das Verwaltungshandeln". *In*: EDELING, Thomas; JANN, Werner; WAGNER, Dieter (Coord.). *Wissensmanagement in Politik und Verwaltung*. Wiesbaden: VS Verlag, 2004.

LEPSIUS, Oliver. "Die maßstabsetzende Gewalt". *In*: JESTAEDT, Matthias. *Das entgrenzte Gericht*: Eine kritische Bilanz nach sechzig Jahren Bundesverfassungsgericht. Berlim: Suhrkamp, 2011.

______. "Zur Bindungswirkung von Bundesverfassungsgerichtsentscheidungen". *In*: SCHOLZ, Rupert. *Realitätsprägung durch Verfassungsrecht*: Kolloquium aus Anlass des 80. Geburtstages von Peter Lerche. Berlim: Duncker & Humblot, 2008.

______. *Steuerungsdiskussion, Systemtheorie und Parlamentarismuskritik*. Tübingen: Mohr Siebeck, 1999.

LERCH, Kent D. "Vom Kerbholz zur Konzernbilanz? Wege und Holzwege zu einem autonomen Recht der global economy". *Rechtsgeschichte*, 5, 2004.

LEUERING, Dieter. "Die Ad-hoc-Pflicht aufgrund der Weitergabe von Insiderinformationen (§ 15 I 3 WpHG)". *NZG*, 2005.

LÜBBE-WOLFF, Gertrude. *Rechtsfolgen und Realfolgen*: Welche Rolle können Folgenerwägungen in der juristischen Regel- und Begriffsbildung spielen? Freiburg: Alber, 1981.

LÜBBE-WOLFF, Gertrude; STEENKEN, Annette. "Privatisierung umweltbehördlicher Aufgaben". *ZUR*, 1993.

LÜDEMANN, Jörn. "Netzwerke, Öffentliches Recht und Rezeptionstheorie". *In*: BOYSEN, Sigrid (Coord.). *Netzwerke*. Baden-Baden: Nomos, 2007.

_____. "Öffentliches Wirtschaftsrecht und ökonomisches Wissen". *In*: AUGSBERG, Ino (Coord.). *Extrajuridisches Wissen im Verwaltungsrecht*: Analysen und Perspektiven. Tübingen: Mohr Siebeck, 2013.

LÜDEMANN, Jörn. *Edukatorisches Staatshandeln*: Steuerungstheorie und Verfassungsrecht am Beispiel der staatlichen Förderung von Abfallmoral. Baden-Baden: Nomos, 2004.

LÜDEMANN, Susanne. *Metaphern der Gesellschaft*: Studien zum soziologischen und politischen Imaginären. München: Wilhelm Fink, 2004.

LUDWIG, Thorsten. "Internationaler Informationsaustausch der Finanzbehörden". *PStR*, 1998.

LUDWIGS, Markus. "Das Regulierungsermessen als Herausforderung für die Letztentscheidungsdogmatik im Verwaltungsrecht". *Juristen-Zeitung*, 2009.

LUHMANN, Niklas. "Biographie, Attitüden, Zettelkasten". *In*: _____. *Archimedes und wir*: Interviews. Berlim: Merve, 1987.

_____. "Closure and Openness: On Reality in the World of Law". *In*: TEUBNER, Gunther (Coord.). *Autopoietic Law*: a New Approach to Law and Society. Berlim: De Gruyter, 1988.

_____. "Das Erkenntnisprogramm des Konstruktivismus und die unbekannt bleibende Realität". *In*: _____. *Soziologische Aufklärung 5*: Konstruktivistische Perspektiven. 4ª ed. Wiesbaden: VS Verlag für Sozialwissenschaften, 2009.

_____. "Das Risiko der Versicherung gegen Gefahren". *Soziale Welt*, 47, 1996.

_____. "Die Form 'Person'". *Soziale Welt*, 42, 1991.

______. "Die Paradoxie des Entscheidens". *In*: BALKE, Friedrich; SCHWERING, Gregor; STÄHELI, Urs (Coord.). *Paradoxien der Entscheidung*: Wahl/Selektion in Kunst, Literatur und Medien. Bielefeld: Transcript, 2004.

______. "Die Soziologie des Wissens: Probleme ihrer theoretischen Konstruktion". *In*: ______. *Gesellschaftsstruktur und Semantik*: Studien zur Wissenssoziologie der modernen Gesellschaft. Band 4. Frankfurt am Main: Suhrkamp, 1995.

______. "Die Zukunft der Demokratie". *In*: ______. *Soziologische Aufklärung 4*: Beiträge zur funktionalen Differenzierung der Gesellschaft. Opladen: Westdeutscher Verlag, 1987.

______. "Einige Probleme mit 'reflexivem Recht'". *Zeitschrift für Rechtssoziologie*, vol. 6, 1985.

______. "Entscheidungen in der 'Informationsgesellschaft'". *In*: CORSI, Giancarlo; ESPOSITO, Elena (Coord.). *Reform und Innovation in einer unstabilen Gesellschaft*. Stuttgart: Lucius & Lucius, 2005.

______. "Enttäuschungen und Hoffnungen. Zur Zukunft der Demokratie". *In*: ______. *Soziologische Aufklärung 4*: Beiträge zur funktionalen Differenzierung der Gesellschaft. Opladen: Westdeutscher, 1987.

______. "Lob der Routine". *In*: ______. *Politische Planung*: Aufsätze zur Soziologie von Politik und Verwaltung. Opladen: Westdeutscher, 1971.

______. "Risiko und Gefahr". *In*: ______. *Soziologische Aufklärung*: Konstruktivistische Perspektiven. vol. 5. Opladen: Westdeutscher Verlag, 1990.

______. "Vorwort". *In*: ______. *Soziologische Aufklärung*: Konstruktivistische Perspektiven. vol. 5. Opladen: Westdeutscher Verlag, 1990.

______. "Wie ist Bewußtsein an Kommunikation beteiligt?" *In*: GUMBRECHT, Hans Ulrich; PFEIFFER, K. Ludwig (Coord.). *Materialität der Kommunikation*. Frankfurt am Main: Suhrkamp, 1988.

______. "Zeit und Gedächtnis". *Soziale Systeme*, 2, 1996.

______. *Beobachtungen der Moderne*. Opladen: Westdeutscher, 1990.

______. *Das Recht der Gesellschaft*. Frankfurt am Main: Suhrkamp, 1993.

______. *Die Gesellschaft der Gesellschaft*. Frankfurt am Main: Suhrkamp, 1997.

______. *Die Realität der Massenmedien*. 2ª ed. Opladen: Westdeutscher Verlag, 1996.

_____. *Die Religion der Gesellschaft*. Frankfurt am Main: Suhrkamp, 2000.

_____. *Die soziologische Beobachtung des Rechts*. Frankfurt am Main: Alfred Metzner, 1986.

_____. *Die Wissenschaft der Gesellschaft*. Frankfurt am Main: Suhrkamp, 1990.

_____. *Grundrechte als Institution*: Ein Beitrag zur politischen Soziologie. 2ª ed. Berlim: Duncker & Humblot, 1974.

_____. *Legitimation durch Verfahren*. Neuwied: Luchterhand, 1969.

_____. Ökologische Kommunikation: Kann die moderne Gesellschaft sich auf ökologische Gefährdungen einstellen? 3ª ed. Opladen: Westdeutscher Verlag, 1990.

_____. *Organisation und Entscheidung*. Opladen: Westdeutscher Verlag, 2000.

_____. *Rechtssoziologie*. 2ª ed. Opladen: Westdeutscher Verlag, 1983.

_____. *Rechtssystem und Rechtsdogmatik*. Stuttgart: W. Kohlhammer, 1974.

_____. *Soziale Systeme*: Grundriß einer allgemeinen Theorie. Frankfurt am Main: Suhrkamp, 1984.

_____. *Soziologie des Risikos*. Berlim: De Gruyter, 1991.

_____. *Theorie der Verwaltungswissenschaft*. Köln: Grote, 1966.

LYOTARD, Jean-François. "'Nach' Wittgenstein". *In*: _____. *Grabmal des Intellektuellen*. Wien: Passagen, 1985.

_____. *Das postmoderne Wissen*: Ein Bericht. 4ª ed. Wien: Passagen--Verlag, 1999.

MALAVIYA, Nina. *Verteilungsentscheidungen und Verteilungsverfahren*: Zur staatlichen Güterverteilung in Konkurrenzsituationen. Tübingen: Mohr Siebeck, 2009.

MANDELARTZ, Herbert. "Öffentlichkeitsarbeit der Regierung. Begriff, Instrumente und Begrenzungen in der Vorwahlzeit". *Die Öffentliche Verwaltung*, 2009.

MANEGOLD, Bartholomäus. *Archivrecht*: Die Archivierungspflicht öffentlicher Stellen und das Archivzugangsrecht des historischen Forschers im Licht der Forschungsfreiheitsverbürgung des Art. 5 Abs. 3 GG. Berlim: Duncker & Humblot, 2002.

MARCH, James G.; SIMON, Herbert A. *Organizations*. Nova York, 1958.

MARCHART, Oliver. *Die politische Differenz*: Zum Denken des Politischen bei Nancy, Lefort, Badiou, Laclau und Agamben. Berlim: Suhrkamp, 2010.

MARX, Fritz. "Morstein Hierarchie und Entscheidungsweg". *In*: ______. (Coord.). *Verwaltung*: Eine einführende Darstellung. Berlim: Duncker & Humblot, 1965.

MASING, Johannes. "Post und Telekommunikation". *In*: ISENSEE, Josef; KIRCHHOF, Paul (Coord.). *Handbuch des Staatsrechts der Bundesrepublik Deutschland*. 3ª ed. Band IV. Heidelberg: C.F. Müller Verlag, 2006.

______. "Transparente Verwaltung: Konturen eines Informationsverwaltungsrechts". *Veröffentlichungen der Vereinigung der Deutschen Staatsrechtslehrer*, vol. 63, 2004.

______. "Transparente Verwaltung: Konturen eines Informationsverwaltungsrechts". *VVDStRL*, 63, 2004.

MAUCH, Philipp. "Nietzsches Reihenfolgenargument. Friedrich Nietzsches Kritik der Kausalität als Einwand gegen die Transzendentalphilosophie am Beispiel *Die vier grossen Irrthümer* aus *Götzendämmerung*". *In*: GERHARDT, Volker; RESCHKE, Renate (Coord.). *Nietzsche im Film*: Projektionen und Götzen-Dämmerungen. Berlim: Akademie Verlag, 2009.

MAURER, Hartmut. *Allgemeines Verwaltungsrecht*. 16ª ed. München: C. H. Beck, 2006.

MAYER, Franz. "Geschäftsgang". *In*: MARX, Fritz Morstein (Coord.). *Verwaltung*: Eine einführende Darstellung. Berlim: Duncker & Humblot, 1965.

MAYER, Otto. *Deutsches Verwaltungsrecht*, Erster Band. 3ª ed. Berlim, 1923 [Nachdruck Berlin 1961].

MEIREIS, Rolf. "Elektronische Führung der Personenstandsregister durch die Standesämter". *StAZ*, 2008.

MENKE, Christoph. *Recht und Gewalt*. Berlim: August Verlag, 2011.

MERTEN, Detlef. "Bestandskraft von Verwaltungsakten". *NJW*, 1983.

MERTON, Robert K. "Der Matthäus-Effekt in der Wissenschaft". *In*: ______. *Entwicklung und Wandel von Forschungsinteressen*: Aufsätze zur Wissenschaftssoziologie. Frankfurt am Main: Suhrkamp, 1985.

MEYER, Evelyn. "Persönlichkeitsschutz durch 'Recht auf Nichtwissen' am Beispiel der Genomanalyse. Aktuelle und zukünftige Rechtsprobleme". *ArztR*, 2001.

MITTELSTRAß, Jürgen. *Leonardo-Welt*: Über Wissenschaft, Forschung und Verantwortung. Frankfurt am Main: Suhrkamp, 1992.

MOHL, Robert von. *Das Staatsrecht des Königreiches Württemberg*: das Verwaltungsrecht. Tübingen: Laupp, 1831.

_____. *Das Staatsrecht des Königreiches Württemberg*: Zweiter Theil, das Verwaltungsrecht. Tübingen: Laupp, 1831.

MÖLLERS, Christoph. "Globalisierte Verwaltungen zwischen Verselbständigung und Übervernetzung". *Rechtstheorie*, 39, 2008.

_____. "Historisches Wissen in der Verwaltungsrechtswissenschaft". *In*: SCHMIDT-ASSMANN, Eberhard; HOFFMANN-RIEM, Wolfgang (Coord.). *Methoden der Verwaltungsrechtswissenschaft*. Baden-Baden: Nomos, 2004.

_____. "Legalität, Legitimität und Legitimation des Bundesverfassungsgerichts". *In*: JESTAEDT, Matthias. *Das entgrenzte Gericht*: Eine kritische Bilanz nach sechzig Jahren Bundesverfassungsgericht. Berlim: Suhrkamp, 2011.

_____. "Materielles Recht – Verfahrensrecht – Organisationsrecht. Zu Theorie und Dogmatik dreier Dimensionen des Verwaltungsrechts". *In*: TRUTE, Hans-Heinrich. (Coord.). *Allgemeines Verwaltungsrecht – zur Tragfähigkeit eines Konzepts*. Tübingen: Mohr Siebeck, 2008.

_____. "Netzwerk als Kategorie des Organisationsrechts. Zur juristischen Beschreibung dezentraler Steuerung". *In*: OEBBECKE, Janbernd (Coord.). *Nicht-normative Steuerung in dezentralen Systemen*. Stuttgart: Franz Steiner, 2005.

_____. "Philosophie – Recht – Kultur: Zur kulturwissenschaftlichen Perspektiverweiterung einer Philosophie des Rechts". *In*: RUSTEMEYER, Dirk (Coord.). *Symbolische Welten*: Philosophie und Kulturwissenschaften. Würzburg: Königshausen & Neumann, 2002.

_____. "Theorie, Praxis und Interdisziplinarität in der Verwaltungsrechtswissenschaft". *VerwArch*, 93, 2002.

_____. "Transnationale Behördenkooperation. Verfassungs- und völkerrechtliche Probleme transnationaler administrativer Standardsetzung". *Zeitschrift für ausländisches öffentliches recht und völkerrecht*, vol. 65, 2005.

_____. *Gewaltengliederung*: Legitimation und Dogmatik im nationalen und internationalen Rechtsvergleich. Tübingen: Mohr Siebeck, 2005.

MÖLLERS, Christoph; TERHECHTE, Jörg Philipp. "Europäisches Verwaltungsrecht und Internationales Verwaltungsrecht". *In*: TERHECHTE, Jörg Philipp (Coord.). *Verwaltungsrecht der Europäischen Union*. Baden-Baden: Nomos, 2011.

MÖLLERS, Christoph; VOSSKUHLE, Andreas; WALTER, Christian (Coord.). *Internationales Verwaltungsrecht*: Eine Analyse anhand von Referenzgebieten. Tübingen: Mohr Siebeck, 2007.

MORLOK, Martin. "Vom Reiz und vom Nutzen, von den Schwierigkeiten und von den Gefahren der Ökonomischen Theorie für das Öffentliche Recht". *In*: ENGEL, Christoph; MORLOK, Martin (Coord.). Öffentliches Recht als Gegenstand ökonomischer Forschung. Tübingen: Mohr Siebeck, 1998.

MORLOK, Martin. *Selbstverständnis als Rechtskriterium*. Tübingen: Mohr, 1993.

MÖSTL, Markus. "Informationsinteresse und Geheimhaltungsbedürfnis als Antipoden im Verbraucherinformationsgesetz". *In*: LEIBLE, Stefan (Coord.). *Verbraucherschutz durch Information im Lebensmittelrecht*. Bayreuth: Verlag PCO, 2010.

MOUFFE, Chantal. *Das demokratische Paradox*. Wien: Turia + Kant, 2010.

MUCKEL, Stefan. *Religiöse Freiheit und staatliche Letztentscheidung*. Berlim: Duncker & Humblot, 1997.

MÜLLER, Friedrich. *Strukturierende Rechtslehre*. Berlim: Duncker & Humblot, 1984.

MÜLLER, Friedrich; CHRISTENSEN, Ralph. *Juristische Methodik*: Europarecht. 2ª ed. vol. II. Berlim: Duncker & Humblot, 2007.

______. *Juristische Methodik*: Grundlagen des Öffentliches Rechts. 9ª ed. vol. I. Berlim: Duncker & Humblot, 2004.

MÜLLER-MALL, Sabine. *Performative Rechtserzeugung*: Eine theoretische Annäherung. Weilerswist: Velbrück, 2012.

NANCY, Jean-Luc. *Die Erschaffung der Welt oder die Globalisierung*. Berlim: Diaphanes, 2003.

NASSEHI, Armin. "Von der Wissensarbeit zum Wissensmanagement – Die Geschichte des Wissens ist die Erfolgsgeschichte der Moderne". *In*: MAAR, Christa; OBRIST, Hans Ulrich; PÖPPEL, Ernst (Coord.). *Weltwissen – Wissenswelt*: Das globale Netz von Text und Bild. Köln: DuMont, 2000.

_____. *Der soziologische Diskurs der Moderne*. Frankfurt am Main: Suhrkamp, 2006.

NEIDHARDT, Friedhelm *et al.* "Wissensproduktion und Wissenstransfer. Zur Einleitung". *In*: _____. (Coord.). *Wissensproduktion und Wissenstransfer*: Wissen im Spannungsfeld von Wissenschaft, Politik und Öffentlichkeit. Bielefeld: Transcript, 2008.

NICKLISCH, Fritz. "Das Recht im Umgang mit dem Ungewissen in Wissenschaft und Technik". *NJW*, 1986.

NIETZSCHE, Friedrich. "Jenseits von Gut und Böse". *In*: NIETZSCHE, Friedrich; COLLI, Giorgio; MONTINARI, Mazzino (Coord.). *Werke*: Kritische Gesamtausgabe. vol. VI/2. Berlim: De Gruyter, 1968.

_____. *Nachgelassene Fragmente Frühjahr–Herbst 1884*: Kritische Gesamtausgabe, hrsg. von Giorgio Colli und Mazzino Montinari. vol. VII/2. Berlim: De Gruyter, 1973.

NOLTE, Jakob. "Die Verarbeitung von extrajuridischem Wissen im Verwaltungsgerichtsverfahren". *In*: AUGSBERG, Ino (Coord.). *Extrajuridisches Wissen im Verwaltungsrecht*: Analysen und Perspektiven. Tübingen: Mohr Siebeck, 2013.

NONAKA, Ikujiro. "The Knowledge-Creating Company". *In*: HARVARD BUSINESS PRESS (Coord.). *Harvard Business Review on Knowledge Management*. Boston: Harvard Business Press, 1987.

NOWOTNY, Helga. *Es ist so – Es könnte auch anders sein*: Über das veränderte Verhältnis von Wissenschaft und Gesellschaft. Frankfurt am Main: Suhrkamo, 1999.

NOWOTNY, Helga; SCOTT, Peter; GIBBONS, Michael. *Re-Thinking Science*: Knowledge and the Public in an Age of Uncertainty. Cambridge: Polity Press, 2001.

NUSSBERGER, Angelika. "Sachverständigenwissen als Determinante verwaltungsrechtlicher Einzelentscheidungen". *Archiv des öffentlichen Rechts*, 129, 2004.

OEBBECKE, Janbernd. "Beratung durch Behörden". *DVBl*, 1994.

OETER, Stefan. "'Drittwirkung' der Grundrechte und die Autonomie des Privatrechts". *Archiv des öffentlichen Rechts*, 119, 1994.

OHLER, Christoph. "Europäisches und nationales Verwaltungsrecht". *In*: TERHECHTE, Jörg Philipp (Coord.). *Verwaltungsrecht der Europäischen Union*. Baden-Baden: Nomos, 2011.

ONG, Walter J. *Oralität und Literalität*: Die Technologisierung des Wortes. Opladen: Westdeutscher Verlag, 1987.

______. *Orality and Literacy*. Nova York: Routledge, 2002.

OSSENBÜHL, Fritz. "Vorsorge als Rechtsprinzip im Gesundheits-, Arbeits- und Umweltschutz". *NVwZ*, 1986.

OST, François; KERCHOVE, Michel van de. *De la pyramide au réseau?* Pour une théorie dialectique du droit. Bruxelles: FUSL, 2002.

PALM, Thomas. *Akteneinsicht im öffentlichen Recht*: Eine Darstellung der Voraussetzungen für die Gewährung von Akteneinsicht in behördlichen und in gerichtlichen Verfahren. Frankfurt am Main: P. Lang, 2002.

PEINE, Franz-Joseph. "Probleme des Chemikalienrechts". *Jura*, 1993.

PESCHAU, Hans-Hermann. *Die Beweislast im Verwaltungsrecht*: Zur Verteilung des Aufklärungsrisikos im Verwaltungsprozeß. Berlim: Duncker & Humblot, 1983.

PETERSEN, Niels. "Braucht die Rechtswissenschaft eine empirische Wende?" *Der Staat*, vol. 49, 2010.

PFEIFER, Manfred. *Fiktionen im öffentlichen Recht, insbesondere im Beamtenrecht*. Berlim: Duncker & Humblot, 1980.

PICKERING, Andrew. "Vorwort". *In*: ______. *Kybernetik und neue Ontologien*. Berlim: Merve, 2007.

PICOT, Arnold; NEUBURGER, Rahild. "Neuartige Organisationsformen durch IuK. Grenzenlose Unternehmen". *In*: KLUMPP, Dieter; KUBICEK, Herbert; ROSSNAGEL, Alexander (Coord.). *Next generation information society? Notwendigkeit einer Neuorientierung*. Mössingen-Talheim: Talheimer, 2003.

PIETZCKER, Jost. "Verwaltungsverfahren zwischen Verwaltungseffizienz und Rechtsschutzauftrag". *VVDStRL*, 41, 1983.

PILNIOK, Arne. "'h.M.' ist kein Argument. Überlegungen zum rechtswissenschaftlichen Argumentieren für Studierende in den Anfangssemestern". *JuS*, 2009.

______. "Wissensgenerierung in der europäischen Netzwerkverwaltung". *In*: RÖHL, Hans Christian; TRUTE, Hans Heinrich (Coord.). *Wissen/Nichtwissen in Organisationen und Netzwerken*. Alemanha: University of Konstanz 2013.

PITSCHAS, Rainer. "Allgemeines Verwaltungsrecht als Teil der öffentlichen Informationsordnung". *In*: HOFFMANN-RIEM, Wolfgang; SCHMIDT-ASSMANN, Eberhard; SCHUPPERT, Gunnar Folke (Coord.). *Reform des Allgemeinen Verwaltungsrechts*. Grundfragen. Baden-Baden: Nomos, 1993.

_____ "Das Informationsverwaltungsrecht im Spiegel der Rechtsprechung". *Die Verwaltung*, vol. 33, 2000.

_____. *Verwaltungsverantwortung und Verwaltungsverfahren*: Strukturprobleme, Funktionsbedingungen und Entwicklungsperspektiven eines konsensualen Verwaltungsrechts. München: C. H. Beck, 1990.

POHL, Joachim. *Informationsbeschaffung beim Mitbürger*. Berlim: Duncker & Humblot, 2002.

POLANYI, Michael. "Für eine solche Überführung aber *Bardo Fassbender*, Wissen als Grundlage staatlichen Handelns". *In*: ISENSEE, Josef; KIRCHHOF, Paul (Coord.). *Handbuch des Staatsrechts der Bundesrepublik Deutschland*. 3ª ed. Band IV. Heidelberg: C.F. Müller Verlag, 2006.

_____. *Implizites Wissen*. Frankfurt am Main: Suhrkamp, 1985.

POPITZ, Heinrich. "Über die Präventivwirkung des Nichtwissens". *In*: _____. *Soziale Normen, hrsg. v. Friedrich Pohlmann und Wolfgang Eßbach*. Frankfurt am Main: Suhrkamp, 2006.

POSCHER, Ralf. *Gefahrenabwehr*: Eine dogmatische Rekonstruktion. Berlim: Duncker & Humblot, 1999.

POWER, Michael. *Organized Uncertainty*: Designing a World of Risk Management. Oxford: Oxford University Press, 2007.

PREUSS, Ulrich K. "Risikovorsorge als Staatsaufgabe. Die epistemologischen Voraussetzungen von Sicherheit". *In*: GRIMM, Dieter (Coord.). *Staatsaufgaben*. Frankfurt am Main: Suhrkamp, 1996.

PRIDDAT, Birger P. "Wissen, Recht und Organisation – Perspektiven der Politischen Ökonomie". *In*: DÖHMANN, Indra Spiecker Genannt; COLLIN, Peter (Coord.). *Generierung und Transfer staatlichen Wissens im System des Verwaltungsrechts*. Tübingen: Mohr Siebeck, 2008.

PÜSCHEL, Jan. "Ole Vom Informationszugang zur Informationsweiterverwendung". *DuD*, 2006.

_____. *Ole Informationen des Staates als Wirtschaftsgut*. Berlim: Duncker & Humblot, 2006.

PUTNAM, Hilary. *The Collapse of the Fact/Value Dichotomy and other Essays*. Cambridge: Harvard University Press, 2002.

QUABECK, Christian. *Dienende Funktion des Verwaltungsverfahrens und Prozeduralisierung*. Tübingen: Mohr Siebeck, 2010.

RAVETZ, Jerome R. "Usable Knowledge, Usable Ignorance. Incomplete Science with Policy Implications". *Science Communication*, 9, 1987.

REHBERG, Markus. "Der staatliche Umgang mit Information – Das europäische Informationsmodell im Lichte von Behavioral Economics". *In*: EGER, Thomas; SCHÄFER, Hans-Bernd (Coord.). Ökonomische Analyse der europäischen Zivilrechtsentwicklung. Tübingen: Mohr Siebeck, 2007.

REILING, Katharina. "Hybride als Wissensmittler". *In*: RÖHL, Hans Christian; TRUTE, Hans Heinrich (Coord.). *Wissen/Nichtwissen in Organisationen und Netzwerken*. Alemanha: University of Konstanz 2013.

REIMER, Franz. "Adverse Publizität. Der Pranger im Verwaltungsrecht". *JöR*, 58, 2010.

______. "Das Parlamentsgesetz als Steuerungsmittel und Kontrollmaßstab". *In*: HOFFMANN-RIEM, Wolfgang; SCHMIDT-ASSMANN, Eberhard; VOSSKUHLE, Andreas (Coord.). *Grundlagen des Verwaltungsrechts*: Methoden, Maßstäbe, Aufgaben, Organisation. 2ª ed. vol. I. München: C. H. Beck, 2012.

______. *Qualitätssicherung*: Grundlagen eines Dienstleistungsverwaltungsrechts. Baden-Baden: Nomos, 2010.

REINHARDT, Markus. *Wissen und Wissenszurechnung im öffentlichen Recht*: Unter besonderer Berücksichtigung von Anforderungen an die Organisation und Folgen ihrer Verletzung im Rahmen öffentlich-rechtlicher Verwaltungstätigkeit. Berlim: Duncker & Humblot, 2010.

RENGELING, Hans-Werner. *Die immissionschutzrechtliche Vorsorge*: Inhalt und Grenzen der Pflicht gemäß § 5 Nr. 2 BImSchG bei der Anlagengenehmigung. Baden-Baden: Nomos, 1982.

RENGER, Silke; STACHEL, Carolin. "Die Amtliche Sammlung von Untersuchungsverfahren nach § 64 LFBG, § 35 Vorläufiges Tabakgesetz und § 28b Gentechnikgesetz – ein Instrument der amtlichen Lebensmittelüberwachung". *In*: BUSCH, Ulrich (Coord.). *Molekularbiologische Methoden der Lebensmittelanalytik*: Grundlegende Methoden und Anwendungen. Berlim: Springer, 2010.

RENN, Ortwin; ROCO, Mihail C. "Nanotechnology and the need for risk governance". *Journal of Nanoparticle Research*, 8, 2006.

RHEINBERGER, Hans-Jörg. *Epistemologie des Konkreten*: Studien zur Geschichte der modernen Biologie. Frankfurt am Main: Suhrkamp, 2006.

______. *Iterationen*. Berlim: Merve, 2005.

RIDDER, Helmut. *Die soziale Ordnung des Grundgesetzes*: Leitfaden zu den Grundrechten einer demokratischen Verfassung. Opladen: Westdeutscher Verlag, 1975.

RITTER, Ernst-Hasso. "Das Recht als Steuerungsmedium im kooperativen Staat". *In*: GRIMM, Dieter (Coord.). *Wachsende Staatsaufgaben – sinkende Steuerungsfähigkeit des Rechts*. Baden-Baden: Nomos, 1990.

______. "Organisationswandel durch Expertifizierung und Privatisierung im Ordnungs- und Planungsrecht". *In*: SCHMIDT-ASSMANN, Eberhard; HOFFMANN-RIEM, Wolfgang (Coord.). *Verwaltungsorganisationsrecht als Steuerungsressource*. Baden-Baden: Nomos, 1997.

RIXEN, Stephan. *Sozialrecht als öffentliches Wirtschaftsrecht*: Am Beispiel des Leistungserbringungsrechts der gesetzlichen Krankenversicherung. Tübingen: Mohr Siebeck, 2005.

ROEHL, Heiko. *Organisationen des Wissens*: Anleitung zur Gestaltung. Stuttgart: Klett-Cotta, 2002.

ROELLECKE, Gerd. "Das Interesse der Rechtswissenschaft an Nichtwissen: Der Verwaltungsbegriff als Beispiel". *Die öffentliche Verwaltung*, 2003.

RÖHL, Hans Christian (Coord.). *Wissen – Zur kognitiven Dimension des Rechts*. (DV Beiheft 9). Berlim: Duncker & Humblot, 2010.

RÖHL, Hans Christian. "Ausgewählte Verwaltungsverfahren". *In*: HOFFMANN-RIEM, Wolfgang; SCHMIDT-ASSMANN, Eberhard; VOSSKUHLE, Andreas (Coord.). *Grundlagen des Verwaltungsrechts*: Personal – Finanzen – Kontrolle – Sanktionen – Staatliche Einstandspflichten. vol. III. München: Beck, 2009.

______. "Der rechtliche Kontext der Wissenserzeugung". *In*: RÖHL, Hans Christian (Coord.). *Wissen – Zur kognitiven Dimension des Rechts*. (DV Beiheft 9). Berlim: Duncker & Humblot, 2010.

______. "Staatliche Verantwortung in Kooperationsstrukturen. Organisationsrechtsfragen am Beispiel des Wissenschaftsrates und der Deutschen Forschungsgemeinschaft". *Die Verwaltung*, 29, 1996.

_____. "RÖHL, Hans. "Christian Der rechtliche Kontext der Wissenserzeugung". *In*: _____. (Coord.). *Wissen – Zur kognitiven Dimension des Rechts* (DV Beiheft 9). Berlim: Duncker & Humblot, 2010.

_____. "Ausgewählte Verwaltungsverfahren". *In*: HOFFMANN-RIEM, Wolfgang; SCHMIDT-ASSMANN, Eberhard; VOSSKUHLE, Andreas (Coord.). *Grundlagen des Verwaltungsrechts*: Informationsordnung – Verwaltungsverfahren – Handlungsformen. 2ª ed. vol. II. München: C. H. Beck, 2012.

ROSANVALLON, Pierre. *Counter-Democracy*: Politics in an Age of Distrust. Cambridge: Cambridge University Press, 2008.

ROSEN, Lawrence. *Law as Culture*: an Invitation. Princeton: Princeton University Press, 2006.

ROSENKRANZ, Karl. *Georg Wilhelm Friedrich Hegels Leben*. Berlim: Duncker & Humblot, 1844 (Nachdruck Darmstadt, 2ª ed. 1988).

ROSENZWEIG, Franz. *Der Stern der Erlösung*. Frankfurt am Main: Suhrkamp, 1988.

ROSSEN, Helge. *Vollzug und Verhandlung*: Die Modernisierung des Verwaltungsvollzugs. Tübingen: Mohr Siebeck, 1999.

ROSSI, Matthias. "Das Informationsfreiheitsrecht in der gerichtlichen Praxis". *DVBl*, 2010.

_____. *Informationszugangsfreiheit und Verfassungsrecht*: Zu den Wechselwirkungen zwischen Informationsfreiheitsgesetzen und der Verfassungsordnung in Deutschland. Berlim: Duncker & Humblot, 2004.

ROSSNAGEL, Alexander. "Die ‚Überwachungs-Gesamtrechnung' – Das BVerfG und die Vorratsdatenspeicherung". NJW, 2010.

_____ "Möglichkeiten für Transparenz und Öffentlichkeit im Verwaltungshandeln – unter besonderer Berücksichtigung des Internet als Instrument der Staatskommunikation". *In*: HOFFMANN-RIEM, Wolfgang; SCHMIDT-ASSMANN, Eberhard (Coord.). *Verwaltungsrecht in der Informationsgesellschaft*. Baden-Baden: Nomos, 2000.

ROSSNAGEL, Alexander; FISCHER-DIESKAU, Stefanie; PORDESCH, Ulrich; BRANDNER, Ralf. "Erneuerung elektronischer Signaturen. Grundfragen der Archivierung elektronischer Dokumente". *CR*, 2003.

RUDLOFF, Wilfried. "Verwissenschaftlichung der Politik? Wissenschaftliche Politikberatung in den sechziger Jahren". *In*: COLLIN, Peter;

HORSTMANN, Thomas (Coord.). *Das Wissen des Staates*: Geschichte, Theorie und Praxis. Baden-Baden: Nomos, 2004.

RUFFERT, Matthias. "Art. 197 AEUV". *In*: CALLIESS, Christian; RUFFERT, Matthias (Coord.). *EUV/AEUV*: Kommentar. 4ª ed. München: Beck, 2011.

______. "Begriff". *In*: FEHLING, Michael; RUFFERT, Matthias (Coord.). *Regulierungsrecht*. Tübingen: Mohr Siebeck, 2009.

______. *Vorrang der Verfassung und Eigenständigkeit des Privatrechts*: Eine verfassungsrechtliche Untersuchung zur Privatrechtswirkung des Grundgesetzes. Tübingen: Mohr Siebeck, 2001.

SAENGER, Paul. *Space between Words*: The Origins of Silent Reading. Stanford: Stanford University Press, 1997.

SAUER, Heiko. "Grundrechtskollisionsrecht für das europäische Mehrebenensystem. Konkurrenzbestimmung– Kollisionsvermeidung – Kohärenzsicherung". *In*: MATZ-LÜCK, Nele; HONG, Mathias (Coord.). *Grundrechte und Grundfreiheiten im Mehrebenensystem – Konkurrenzen und Interferenzen*. Berlim: Springer, 2011.

SAURER, Johannes. "Individualrechtsschutz gegen das Handeln der Europäischen Agenturen". *EuR*, 2010.

SAVIGNY, Eike von. *Die Philosophie der normalen Sprache*: Eine kritische Einführung in die "ordinary language philosophy". Frankfurt am Main: Suhrkamp, 1969.

SCHÄFER, Udo. "Authentizität: Elektronische Signaturen oder Ius Archivi?" *In*: HERING, Rainer; SCHÄFER, Udo (Coord.). *Digitales Verwalten – Digitales Archivieren*: 8. Tagung des Arbeitskreises "Archivierung von Unterlagen aus digitalen Systemen" am 27. und 28. April 2004 im Staatsarchiv Hamburg. Hamburg: Hamburg University Press, 2004.

SCHARPF, Fritz. *Demokratietheorie zwischen Utopie und Anpassung*. Konstanz: Universitätsverlag, 1970.

SCHERZBERG, Arno. "Die öffentliche Verwaltung als informationelle Organisation". *In*: HOFFMANN-RIEM, Wolfgang; SCHMIDT-ASSMANN, Eberhard (Coord.). *Verwaltungsrecht in der Informationsgesellschaft*. Baden-Baden: Nomos, 2000.

______. "Risiko als Rechtsproblem. Ein neues Paradigma für das technische Sicherheitsrecht". *Verwaltungsarchiv*, 84, 1993.

______. "Risikoabschätzung unter Ungewissheit – Preliminary risk assessment im Kontext der Nanotechnologie". *ZUR*, 2010.

______. "Risikosteuerung durch Verwaltungsrecht: Ermöglichung oder Begrenzung von Innovationen?" *VVDStRL*, 63, 2003.

______. "Wissen, Nichtwissen und Ungewissheit im Recht". *In*: ENGEL, Christoph; HALFMANN, Jost; SCHULTE, Martin (Coord.). *Wissen – Nichtwissen – Unsicheres Wissen*. Baden-Baden: Nomos: 2002.

______. "Zum Umgang mit implizitem Wissen – eine disziplinenübergreifende Perspektive". *In*: SCHUPPERT, Gunnar Folke; VOSSKUHLE, Andreas (Coord.). *Governance von und durch Wissen*. Baden-Baden: Nomos, 2008.

SCHIMMELPFENG-SCHÜTTE, Ruth. "Die Entscheidungsbefugnisse des Gemeinsamen Bundesausschusses". *NZS*, 2006.

SCHLAICH, Klaus; KORIOTH, Stefan. *Das Bundesverfassungsgericht*: Stellung, Verfahren, Entscheidungen. 9ª ed. München: Beck, 2012.

SCHLINK, Bernhard. "Datenschutz und Amtshilfe". *NVwZ*, 1986.

______. *Die Amtshilfe*: Ein Beitrag zu einer Lehre von der Gewaltenteilung in der Verwaltung. Berlim: Duncker & Humblot, 1982.

SCHMANDT-BESSERAT, Denise. *Before Writing*: From Counting to Cuneiform. vol. 1. Austin: University of Texas Press, 1992.

SCHMEHL, Arndt. "Staatswissen und Steuerverwaltung". *In*: DÖHMANN, Indra Spiecker Genannt; COLLIN, Peter (Coord.). *Generierung und Transfer staatlichen Wissens im System des Verwaltungsrechts*. Tübingen: Mohr Siebeck, 2008.

SCHMIDT, Arno. "Der Platz, an dem ich arbeite". *In*: ______. *Essays und Aufsätze 2*: Bargfelder Ausgabe III/4. Zürich: Haffmans Verlag, 1995.

SCHMIDT, Johannes F. K. "Politische Risikoregulierung als Risikoerzeugung? Zur Bedeutung von Gefährdungshaftung und Versicherung im Rahmen gesellschaftlicher Risikobearbeitung". *In*: HILLER, Petra; KRÜCKEN, Georg (Coord.). *Risiko und Regulierung*: Soziologische Beiträge zu Technikkontrolle und präventiver Umweltpolitik. Frankfurt am Main: Suhrkamp, 1997.

SCHMIDT, Reiner. "Die Internationalisierung des öffentlichen Wirtschaftsrechts". *In*: *Die Wissenschaft vom Verwaltungsrecht*. [s/d].

SCHMIDT, Walter. "Amtshilfe durch Informationshilfe". *Zeitschrift für Rechtspolitik*, 1979.

SCHMIDT-ASSMANN, Eberhard. "Der Verfahrensgedanke im deutschen und europäischen Verwaltungsrecht". *In*: HOFFMANN-RIEM, Wolfgang; SCHMIDT-ASSMANN, Eberhard; VOSSKUHLE, Andreas (Coord.). *Grundlagen des Verwaltungsrechts*: Informationsordnung – Verwaltungsverfahren – Handlungsformen. vol. II. 2ª ed. München: C. H. Beck, 2012.

_____. "Der Verfahrensgedanke in der Dogmatik des öffentlichen Rechts". *In*: LERCHE, Peter; GLAESER, Walter Schmitt; SCHMIDT-ASSMANN, Eberhard. *Verfahren als staats- und verwaltungsrechtliche Kategorie*. Heidelberg: v. Decker Müller, 1984.

_____. "Die Herausforderung der Verwaltungsrechtswissenschaft durch die Internationalisierung der Verwaltungsbeziehungen". *Der Staat*, vol. 45, 2006.

_____. "Die Lehre von den Rechtsformen des Verwaltungshandelns. Ihre Bedeutung im System des Verwaltungsrechts und für das verwaltungsrechtliche Denken der Gegenwart". *DVBl*, 1989.

_____. "Die Wissenschaftsfreiheit nach Art. 5 Abs. 3 GG als Organisationsgrundrecht". *In*: BECKER, Bernd; BULL, Hans Peter; SEEWALD, Otfried (Coord.). *Festschrift für Werner Thieme zum 70. Geburtstag*. Köln: Heymann, 1993.

_____. "Einige Überlegungen zum Thema: Die Wissenschaft vom Verwaltungsrecht". *In*: *Die Wissenschaft vom Verwaltungsrecht. Werkstattgespräch aus Anlaß des 60. Geburtstages von Prof. Dr. Eberhard Schmidt-Aßmann*. (DV Beiheft 2). Berlim: Duncker & Humblot, 1999.

_____. "Einleitung: Der Europäische Verwaltungsverbund und die Rolle des Europäischen Verwaltungsrechts". *In*: SCHMIDT-ASSMANN, Eberhard; SCHÖNDORF-HAUBOLD, Bettina (Coord.). *Der europäische Verwaltungsverbund*: Formen und Verfahren der Verwaltungszusammenarbeit in der EU. Tübingen: Mohr Siebeck, 2006.

_____. "Methoden der Verwaltungsrechtswissenschaft – Perspektiven der Systembildung". *In*: SCHMIDT-ASSMANN, Eberhard; HOFFMANN-RIEM, Wolfgang (Coord.). *Methoden der Verwaltungsrechtswissenschaft*. Baden-Baden: Nomos, 2004.

_____. "Verfassungsprinzipien für den Europäischen Verwaltungsverbund". *In*: HOFFMANN-RIEM, Wolfgang; SCHMIDT-ASSMANN, Eberhard; VOSSKUHLE, Andreas (Coord.). *Grundlagen des Verwaltungsrechts*:

Methoden, Maßstäbe, Aufgaben, Organisation. 2ª ed. vol. I. München: C. H. Beck, 2012.

______. "Verwaltungsrecht in der Informationsgesellschaft: Perspektiven der Systembildung". *In*: HOFFMANN-RIEM, Wolfgang; SCHMIDT--ASSMANN, Eberhard (Coord.). *Verwaltungsrecht in der Informationsgesellschaft*. Baden-Baden: Nomos, 2000.

______. "Zur Funktion des Allgemeinen Verwaltungsrechts". *Die Verwaltung*, 27, 1994.

______. *Das allgemeine Verwaltungsrecht als Ordnungsidee*. 2ª ed. Berlim: Springer, 2004.

______. *Grundrechtspositionen und Legitimationsfragen im öffentlichen Gesundheitswesen*. Berlim: De Gruyter, 2001.

SCHMIEDER, Susanne. *Risikoentscheidungen im Gentechnikrecht. Beurteilungsspielräume der Verwaltung gegenüber den Gerichten?* Berlim: Duncker & Humblot, 2004.

SCHMITT, Carl. *Verfassungslehre*. 6ª ed. Berlim: Duncker & Humblot, 1983.

SCHNEIDER, Jens-Peter. "Informationssysteme als Bausteine des Europäischen Verwaltungsverbunds". *NVwZ*, 2012.

______. "Öko-Audit als Scharnier in einer ganzheitlichen Regulierungsstrategie". *Die Verwaltung*, 28, 1995.

______. "Telekommunikationsrecht". *In*: FEHLING, Michael; RUFFERT, Matthias (Coord.). *Regulierungsrecht*. Tübingen: Mohr Siebeck, 2009.

______. "Vorüberlegungen zum Informationsmanagement in europäischen Verwaltungsverfahren". *In*: LIPOWICZ, Irena; SCHNEIDER, Jens-Peter (Coord.). *Perspektiven des deutschen polnischen und europäischen Informationsrechts*. Göttingen: V& R Unipress, 2011.

SCHNEIDER, Sven H. *Informationspflichten und Informationssystemeinrichtungspflichten im Aktienkonzern*: Überlegungen zu einem Unternehmensinformationsgesetzbuch. Berlim: Duncker & Humblot, 2006.

SCHNEIDER, Uwe H. "Der pflichtenauslösende Sachverhalt bei 'Directors' Dealings". *BB*, 2002.

SCHOCH, Friedrich. "Aktuelle Fragen des Informationsfreiheitsrechts". *NJW*, 2009.

_____. "Der deutsche Professorenentwurf für ein deutsches Informationsgesetzbuch unter besonderer Beachtung des Ausgleichs zwischen Informationsfreiheit und Datenschutz". *In*: Irena Lipowicz; Jens-Peter Schneider (Coord.). *Perspektiven des deutschen polnischen und europäischen Informationsrechts*: Ergebnisse einer deutsch-polnischen Alexander von Humboldt-Institutspartnerschaft. Göttingen: V & R Unipress, 2011.

_____. "Der Entwurf eines Informationsweiterverwendungsgesetzes des Bundes". *NVwZ*, 2006.

_____. "Der Zugang zu amtlichen Dokumenten nach Europarecht". *In*: DIX, Alexander *et al*. *Informationsfreiheit und Informationsrecht*: Jahrbuch 2011. Berlim: Lexxion Verlagsgesellschaft Mbh, 2012.

_____. "Der Zugang zu amtlichen Dokumenten nach Europarecht". *Jahrbuch Informationsfreiheit und Informationsrecht*, 2011.

_____. "Die Schwierigkeiten des BVerfG mit der Bewältigung staatlichen Informationshandelns". *NVwZ*, 2011.

_____. "Diskussionsbemerkung". *VVDStRL*, 63, 2004.

_____. "Entformalisierung staatlichen Handelns". *In*: ISENSEE, Josef; KIRCHHOF, Paul (Coord.). *Handbuch des Staatsrechts der Bundesrepublik Deutschland*. 3ª ed. vol. III. Heidelberg: Müller, 2005.

_____. "Information und Kommunikation im Lebensmittelrecht: Europarechtliche und verfassungsrechtliche Grundlagen staatlichen Informationshandelns und privater Informationspflichten". *ZLR*, 2010.

_____. "Informationszugangsfreiheit des Einzelnen und Informationsverhalten des Staates". *AfP*, 2010.

_____. "Modernisierung des Archivrechts in Deutschland". *Die Verwaltung*, 39, 2006.

_____. "Neuere Entwicklungen im Verbraucherinformationsrecht". *NJW*, 2010.

_____. "Öffentlich-rechtliche Rahmenbedingungen einer Informationsordnung". *Veröffentlichungen der Vereinigung der Deutschen Staatsrechtslehrer*, 57, 1998.

_____. "Polizei- und Ordnungsrecht". *In*: SCHMIDT-ASSMANN, Eberhard (Coord.). *Besonderes Verwaltungsrecht*. 12ª ed. Berlim: C. F. Müller, 2003.

_____. "Staatliche Informationspolitik und Berufsfreiheit". *DVBl*, 1991.

______. *Informationsfreiheitsgesetz* (IFG): Kommentar. München: C. H. Beck, 2009.

SCHOCH, Friedrich; KLOEPFER, Michael; GARSTKA, Hansjürgen. *Archivgesetz (ArchG-ProfE)*: Entwurf eines Archivgesetzes des Bundes. Berlim: Duncker & Humblot, 2007.

SCHOLL, Patrick. *Der private Sachverständige im Verwaltungsrecht*: Elemente einer allgemeinen Sachverständigenlehre. Baden-Baden: Nomos, 2005.

SCHÖNDORF-HAUBOLD, Bettina. "Europäisches Sicherheitsverwaltungsrecht". *In*: TERHECHTE, Jörg Philipp (Coord.). *Verwaltungsrecht der Europäischen Union*. Baden-Baden: Nomos, 2011.

______. *Europäisches Sicherheitsverwaltungsrecht*. Baden-Baden: Nomos, 2010.

SCHRÖDER, Rainer "Interesse als normativ-institutionelles Faktum. Zum Stellenwert sozialwissenschaftlicher Öffnungen der Verwaltungsrechtsdogmatik". *Rechtstheorie*, 43, 2012.

______. *Verwaltungsrechtsdogmatik im Wandel*. Tübingen: Mohr Siebeck, 2007.

SCHULTE, Martin. "The Use of Knowledge in the Legal System: The Relationship Between Scientific Expertise and Legal Decisions". *In*: STEHR, Nico (Coord.). *The Governance of Knowledge*. New Brunswick: Transaction, 2004.

SCHULTE, Martin; APEL, David. "Recht der Umwelt- und Humangentechnik". *In*: SCHULTE, Martin; SCHRÖDER, Rainer (Coord.). *Handbuch des Technikrechts*: Allgemeine Grundlagen – Umweltrecht – Gentechnikrecht – Energierecht – Telekommunikations- und Medienrecht – Patentrecht – Computerrecht. 2ª ed. Heidelberg: Springer, 2011.

SCHULZ, Wolfgang. "Beurteilungsspielräume als Wissensproblem – am Beispiel Regulierungsverwaltungsrecht". *Rechtswissenschaft*, vol. 3, 2012.

______. "Institute der Wissensverteilung zwischen Verwaltung und Gerichten und ihre Konsequenzen". *In*: RÖHL, Hans Christian; TRUTE, Hans Heinrich (Coord.). *Wissen/Nichtwissen in Organisationen und Netzwerken*. Alemanha: University of Konstanz 2013.

SCHULZE-FIELITZ, Helmuth. "Verwaltungsrechtsdogmatik als Prozeß der Ungleichzeitigkeit. Eine einleitende Vorbemerkung". *Die Verwaltung*, 27, 1994.

SCHUPPERT, Gunnar Folke. "Verwaltungsrechtswissenschaft als Steuerungswissenschaft". *In*: HOFFMANN-RIEM, Wolfgang; SCHMIDT-ASSMANN, Eberhard; SCHUPPERT, Gunnar Folke (Coord.). *Reform des Allgemeinen Verwaltungsrechts*. Baden-Baden: Nomos, 1993.

_____. *Verwaltungswissenschaft*: Verwaltung, Verwaltungsrecht, Verwaltungslehre. Baden-Baden: Nomos, 2000.

_____. "Folke Rückzug des Staates?" *In*: _____. *Rückzug des Staates?* Zur Rolle des Staates zwischen Legitimationskrise und politischer Neubestimmung: Ein Cappenberger Gespräch. Köln: Grote, 1996.

_____. *Folke Verwaltungswissenschaft*: Verwaltung, Verwaltungsrecht, Verwaltungslehre. Baden-Baden: Nomos, 2000.

SCHÜTTPELZ, Erhard. "Was ist eine Akte?" NCCR Mediality. Medienwandel – Medienwechsel – Medienwissen. Historische Perspektiven, Newsletter nº 7/2012

SCHÜTZ, Alfred; LUCKMANN, Thomas. *Strukturen der Lebenswelt*. Konstanz: UVK Medien Verlagsgesellschaft, 2003.

SCHWAB, Martin. *Rechtsfragen der Politikberatung im Spannungsfeld zwischen Wissenschaftsfreiheit und Unternehmensschutz*. Tübingen: Mohr Siebeck, 1999.

SCHWABENBAUER, Thomas. "Kommunikationsschutz durch Art. 10 GG im digitalen Zeitalter". *Archiv des öffentlichen Rechts*, 137, 2012.

_____. "Verwertung von Zufallsfunden einer verfassungswidrigen Durchsuchung". *NJW*, 2009.

_____. *Heimliche Grundrechtseingriffe*: Ein Beitrag zum Umfang und zu den Grenzen sicherheitsbehördlicher Ausforschung. München: Mohr Siebeck, 2012.

SCIULLI, David. *Theory of Societal Constitutionalism*: Foundations of a Non-Marxist Critical Theory. Cambridge: Cambridge University Press, 1992.

SEIDEL, Achim. *Privater Sachverstand und staatliche Garantenstellung im Verwaltungsrecht*. München: C. H. Beck, 2000.

SEIFTER, Miriam. "Rent-a-Regulator. Design and Innovation in Environmental Decision Making". *In*: FREEMAN, Jody; MINOW, Martha (Coord.). *Government by Contract*: Outsourcing and American Democracy. Cambridge: Harvard University Press, 2009.

SELIGMAN, Adam B. *The Problem of Trust*. Princeton: Princeton University Press, 1997.

SELLMANN, Christian; AUGSBERG, Steffen. "Chancen und Risiken des Bundesinformationsfreiheitsgesetzes". *WM*, 2006.

SENDLER, Horst. "Richter und Sachverständige". *NJW*, 1986.

SHAPIRO, Martin. "The Frontiers of Science Doctrine: American Experiences with the Judicial Control of Science-Based Decision-Making". *In*: JOERGES, Christian; LADEUR, Karl-Heinz; VOS, Ellen (Coord.). *Integrating Scientific Expertise into Regulatory Decision-Making*: National Traditions and European Innovations. Baden-Baden: Nomos, 1997.

SHIRVANI, Foroud. "Public Private Partnership und die Subsidiaritätsprüfung bei öffentlichen Unternehmensbeteiligungen". *Die Öffentliche Verwaltung*, 2011.

SIMITIS, Spiros. *Informationskrise des Rechts und Datenverarbeitung*. Karlsruhe: C.F. Müller, 1970.

SIMON, Herbert A. "From Substantive to Procedural Rationality". *In*: LATSIS, Spiro J. (Coord.). *Method and Appraisal in Economics*. Cambridge: Cambridge University Press, 1976.

SIMON, Herbert A. *Homo rationalis*: Die Vernunft im menschlichen Leben. Frankfurt am Main: Campus-Verlag, 1993.

SLAUGHTER, Anne-Marie. "Global Government Networks, Global Information Agencies, and Disaggregated Democracy". *In*: LADEUR, Karl-Heinz (Coord.). *Public Governance in the Age of Globalization*. Aldershot: Ashgate, 2004.

______. *A New World Order*. Princeton: Princeton University Press, 2004.

SMITHSON, Michael. "Toward a Social Theory of Ignorance". *Journal for the Theory of Social Behaviour*, 15, 1985.

______. *Ignorance and Uncertainty*: Emerging Paradigms. Nova York: Springer, 1989.

SOBOTA, Katharina. "Zum Umfang der behördlichen Untersuchungspflicht gemäß § 24 VwVfG, § 31 VermG". *Die Öffentliche Verwaltung*, 1997.

SOMMER, Julia. "Informationskooperation am Beispiel des europäischen Umweltrechts". *In*: SCHMIDT-ASSMANN, Eberhard; SCHÖNDORF-HAUBOLD, Bettina (Coord.). *Der europäische Verwaltungsverbund*: Formen und Verfahren der Verwaltungszusammenarbeit in der EU. Tübingen: Mohr Siebeck, 2006.

_____. *Verwaltungskooperation am Beispiel administrativer Informationsverfahren im Europäischen Umweltrecht*. Berlim: Springer, 2003.

SPOERR, Wolfgang. "Der Einfluss ökonomischer Modellbildung auf rechtliche Maßstäbe der Regulierung". *In*: TRUTE, Hans-Heinrich (Coord.). *Allgemeines Verwaltungsrecht – zur Tragfähigkeit eines Konzepts*. Tübingen: Mohr Siebeck, 2008.

STÄHELI, Urs. *Sinnzusammenbrüche*: eine dekonstruktive Lektüre von Niklas Luhmanns Systemtheorie. Weilerswist: Velbrück Wissenschaft, 2000.

STEHR, Nico. "Wissen". *In*: ENGEL, Christoph; HALFMANN, Jost; SCHULTE, Martin (Coord.). *Wissen – Nichtwissen – Unsicheres Wissen*. Baden-Baden: Nomos, 2002.

_____. *Arbeit, Eigentum und Wissen*: Zur Theorie von Wissensgesellschaften. Frankfurt am Main: Suhrkamp, 1994.

STEINBERG, Rudolf. *Der ökologische Verfassungsstaat*. Frankfurt am Main: Suhrkamp, 1998.

STEINBICKER, Jochen. *Pfade in die Informationsgesellschaft*: Eine historisch-komparative Analyse der Entwicklung der Informationsgesellschaft in Europa. Weilerswist: Velbrück, 2010.

STEINHAUER, Fabian. "Zeitgenössische Verfassungstheorie". *In*: VESTING, Thomas; KORIOTH, Stefan (Coord.) *Der Eigenwert des Verfassungsrechts*: Was bleibt von der Verfassung nach der Globalisierung? Tübingen: Mohr Siebeck, 2011.

_____. *Bildregeln*: Studien zum juristischen Bilderstreit. München: Fink, 2009.

_____. *Gerechtigkeit als Zufall*: Zur rhetorischen Evolution des Rechts. Nova York: Springer, 2007.

STELKENS, Ulrich. *Verwaltungsprivatrecht*: Zur Privatrechtsbindung der Verwaltung, deren Reichweite und Konsequenzen. Berlim: Duncker & Humblot, 2005.

STICHWEH, Rudolf. "Differenzierung der Wissenschaft". *In*: _____. *Wissenschaft, Universität, Professionen*: Soziologische Analysen. Frankfurt am Main: Suhrkamp, 1994.

STIEGLER, Bernard. *Die Logik der Sorge*: Verlust der Aufklärung durch Technik und Medien. Frankfurt am Main: Suhrkamp, 2008.

STOBER, Rolf. "Zum Leitbild eines modernen Regulierungsverwaltungsrechts. Stand und Perspektiven des öffentlich-rechtlichen Privatisierungsfolgenrecht". *In*: PITSCHAS, Rainer; UHLE, Arnd (Coord.). *Wege gelebter Verfassung in Recht und Politik*: Festschrift für Rupert Scholz zum 70. Geburtstag. Berlim: Duncker & Humblot, 2007.

STOHRER, Klaus. *Informationspflichten Privater gegenüber dem Staat in Zeiten von Privatisierung, Liberalisierung und Deregulierung*: Ein Beitrag zur Systematisierung und Vereinheitlichung des Allgemeinen Informationsrechts. Berlim: Duncker & Humblot, 2007.

STOLL, Peter-Tobias. *Sicherheit als Aufgabe von Staat und Gesellschaft*: Staatsordnung, Umwelt- und Technikrecht im Umgang mit Unsicherheit und Risiko. Tübingen: Mohr Siebeck, 2004.

STOLLEIS, Michael. "Der lernfähige und lernende Staat". *In*: FRIED, Johannes; STOLLEIS, Michael (Coord.). *Wissenskulturen*: Über die Erzeugung und Weitergabe von Wissen. Frankfurt am Main: Campus Verlag, 2009.

______. *Geschichte des öffentlichen Rechts in Deutschland Zweiter Band*: Staatsrechtslehre und Verwaltungswissenschaft 1800-1914. München: C. H. Beck, 1992.

STREINZ, Rudolf. "Diskussionsbemerkung". *VVDStRL*, 65, 2005.

______. "Gesundheitsschutz und Verbraucherinformation im Lebensmittelrecht der Europäischen Gemeinschaften". *In*: DAMM, Reinhard; HART, Dieter (Coord.). *Rechtliche Regulierung von Gesundheitsrisiken*. Baden-Baden: Nomos, 1993.

STRUCK, Gerhard. "Recht als Tohuwabohu und als Menschheitstraum – Oder: Gibt es einen Begriff des Rechts?" *Ancilla Iuris*, 2009.

SUDMEYER, Jan. "Mitteilungs- und Veröffentlichungspflichten nach §§ 21, 22 WpHG". *BB*, 2002.

SUNSTEIN, Cass. *Gesetze der Angst*: Jenseits des Vorsorgeprinzips. Frankfurt am Main: Suhrkamp, 2007.

SÜSSMANN, Rainer. "Meldepflichten nach § 9 Wertpapierhandelsgesetz". *WM*, 1996.

SYDOW, Gernot. "Informationsgesetzbuch häppchenweise". *NVwZ*, 2008.

______. *Verwaltungskooperation in der Europäischen Union*: Zur horizontalen und vertikalen Zusammenarbeit der europäischen Verwaltungen am Beispiel des Produktzulassungsrecht. Tübingen: Mohr Siebeck, 2004.

SZUBA, Dorothee. *Vorratsdatenspeicherung*: Der europäische und deutsche Gesetzgeber im Spannungsfeld zwischen Sicherheit und Freiheit: Baden-Baden: Nomos, 2011.

TAUPITZ, Jochen. "Das Recht auf Nichtwissen". *In*: HANAU, Peter; LORENZ, Egon; MATTHES, Hans-Christoph (Coord.). *Festschrift für Günther Wiese zum 70. Geburtstag*. Neuwied: Luchterhand, 1998.

TERHECHTE, Jörg Philipp. "Das Internationale Kartell- und Fusionskontrollverfahrensrecht zwischen Kooperation und Konvergenz". *ZaöRV*, 68, 2008.

_____. "Europäisches Verwaltungsrecht und europäisches Verfassungsrecht". *In*: _____. (Coord.). *Verwaltungsrecht der Europäischen Union*. Baden-Baden: Nomos, 2011.

TEUBNER, Gunther. "'So ich aber die Teufel durch Beelzebub austreibe,...': Zur Diabolik des Netzwerkversagens". *In*: AUGSBERG, Ino (Coord.). *Ungewissheit als Chance*: Perspektiven eines produktiven Umgangs mit Unsicherheit im Rechtssystem. Tübingen: Mohr Siebeck, 2009.

_____. "Altera pars audiatur: Das Recht in der Kollision anderer Universalitätsansprüche". *In*: PAWLOWSKI, Hans-Martin; ROELLECKE, Gerd (Coord.). *Der Universalitätsanspruch des demokratischen Rechtsstaats*, ARSP-Beiheft 65. Stuttgart, 1996.

_____. "Die Episteme des Rechts. Zu erkenntnistheoretischen Grundlagen des reflexiven Rechts". *In*: GRIMM, Dieter (Coord.). *Wachsende Staatsaufgaben – sinkende Steuerungsfähigkeit des Rechts*. Baden-Baden: Nomos, 1990.

_____ "Ein Fall von struktureller Korruption? Die Familienbürgschaft in der Kollision unverträglicher Handlungslogiken – BVerfGE 89". *Kritische Vierteljahresschrift für Gesetzgebung und Rechtswissenschaft*, 2000.

_____. "Reflexives Recht: Entwicklungsmodelle des Rechts in vergleichender Perspektive". *ARSP*, vol. 68, 1982.

_____. *Recht als autopoietisches System*. Frankfurt am Main: Suhrkamp, 1989.

_____. *System*. Frankfurt am Main: Suhkamp, 1989.

_____ *Verfassungsfragment*: Gesellschaftlicher Konstitutionalismus in der Globalisierung. Berlim: Suhrkamp, 2012.

TEUBNER, Gunther; NOBLES, Richard; SCHIFF, David. "The Autonomy of Law: Introduction to Legal Autopoiesis". *In*: PENNER, James; SCHIFF,

David; NOBLES, Richard (Coord.). *Introduction to Jurisprudence and Legal Theory*: Commentary and Materials. Londres: Butterworths, 2002.

TEUBNER, Gunther; WILLKE, Helmut. "Kontext und Autonomie. Gesellschaftliche Selbststeuerung durch reflexives Recht". *Zeitschrift für Rechtssoziologie*, vol. 6, 1984.

THOMPSON, John B. "The Globalization of Communication". *In*: HELD, David; MCGREW, Anthony (Coord.). *The Global Transformations Reader*: An Introduction to the Globalization Debate. 2ª ed. Cambridge: Polity Press, 2003.

THOUET, Horst; THOUET, Philipp. "Zur Wissenszurechnung bei Finanzbehörden". *DStZ*, 1999.

TIETJE, Christian. "Internationalisiertes Verwaltungshandeln". *Rechtstheorie*, vol. 39, 2008.

TIETJE, Christian. *Internationalisiertes Verwaltungshandeln*. Berlim: Ducker & Humblot, 2001.

TRUTE, Hans-Heinrich. "Democratizing Science: Expertise and Participation in Administrative Decision Making". *In*: NOWOTNY, Helga *et al. The Public Nature of Science under Assault*: Politics, Markets, Science and the Law. Berlim: Springer, 2005.

______. "Die demokratische Legitimation der Verwaltung". *In*: HOFFMANN-RIEM, Wolfgang; SCHMIDT-ASSMANN, Eberhard; VOSSKUHLE, Andreas (Coord.). *Grundlagen des Verwaltungsrechts*: Methoden, Maßstäbe, Aufgaben, Organisation. 2ª ed. vol. I. München: C. H. Beck, 2012.

______. "Die konstitutive Rolle der Rechtsanwendung". *In*: ______. (Coord.). *Allgemeines Verwaltungsrecht – zur Tragfähigkeit eines Konzepts*. Tübingen: Mohr Siebeck, 2008.

______. "Die Verwaltung und das Verwaltungsrecht zwischen gesellschaftlicher Selbstregulierung und staatlicher Steuerung". *DVBl*, 1996.

______. "Funktionen der Organisation und ihre Abbildung im Recht". *In*: SCHMIDT-ASSMANN, Eberhard; HOFFMANN-RIEM, Wolfgang (Coord.). *Verwaltungsorganisationsrecht als Steuerungsressource*. Baden-Baden: Nomos, 1997.

______. "Öffentlich-rechtliche Rahmenbedingungen einer Informationsordnung". *Veröffentlichungen der Vereinigung der Deutschen Staatsrechtslehrer*, vol. 57, 1998.

_____. "Staatsrechtslehre als Sozialwissenschaft?" *In*: SCHULZE-FIELITZ, Helmuth (Coord.). *Staatsrechtslehre als Wissenschaft*. DV Beiheft 7. Berlim: Duncker & Humblot, 2007.

_____. "Wissen – Einleitende Bemerkungen". *In*: RÖHL, Hans Christian (Coord.). *Wissen – Zur kognitiven Dimension des Rechts*. (DV Beiheft 9). Berlim: Duncker & Humblot, 2010.

_____. "Wissen – Einleitende Bemerkungen". *In*: RÖHL, Hans Christian; TRUTE, Hans Heinrich (Coord.). *Wissen/Nichtwissen in Organisationen und Netzwerken*. Alemanha: University of Konstanz 2013.

_____. "Wissen – Einleitende Bemerkungen". *In*: RÖHL, Hans Christian (Coord.). *Wissen – Zur kognitiven Dimension des Rechts* (DV Beiheft 9). Berlim: Duncker & Humblot, 2010.

_____. "Wissenschaft und Technik". *In*: ISENSEE, Josef; KIRCHHOF, Paul (Coord.). *Handbuch des Staatsrechts der Bundesrepublik Deutschland*. 3ª ed. Band IV. Heidelberg: C.F. Müller Verlag, 2006.

_____. *Die Forschung zwischen grundrechtlicher Freiheit und staatlicher Institutionalisierung*: Das Wissenschaftsrecht als Recht kooperativer Verwaltungsvorgänge. Tübingen: Mohr Siebeck, 1994.

VATTIMO, Gianni. *Die transparente Gesellschaft*. Wien: Passagen, 1992.

VESTING, Thomas. "Nachbarwissenschaftlich informierte und reflektierte Verwaltungsrechtswissenschaft– Verkehrsregeln und Verkehrsströme". *In*: SCHMIDT-ASSMANN, Eberhard; HOFFMANN-RIEM, Wolfgang (Coord.). *Methoden der Verwaltungsrechtswissenschaft*. Baden-Baden: Nomos, 2004.

_____. "Die Bedeutung von Information und Kommunikation für die verwaltungsrechtliche Systembildung". *In*: HOFFMANN-RIEM, Wolfgang; SCHMIDT-ASSMANN, Eberhard; VOSSKUHLE, Andreas (Coord.). *Grundlagen des Verwaltungsrechts*: Informationsordnung – Verwaltungsverfahren – Handlungsformen. 2ª ed. vol. II. München: C. H. Beck, 2012.

_____. "Medialität des Rechts. Zur Genese des Verhältnisses von Sprache und Schrift in der 'westlichen Rechtstradition'". *In*: AUGSBERG, Ino; LENSKI, Sophie-Charlotte (Coord.). *Die Innenwelt der Außenwelt der Innenwelt des Rechts*: Annäherungen zwischen Rechts- und Literaturwissenschaft. München: Fink, 2012.

______. "Nachbarwissenschaftlich informierte und reflektierte Verwaltungsrechtswissenschaft – Verkehrsregeln und Verkehrsströme". *In*: SCHMIDT-ASSMANN, Eberhard; HOFFMANN-RIEM, Wolfgang (Coord.). *Methoden der Verwaltungsrechtswissenschaft*. Baden-Baden: Nomos, 2004.

______. "Politische Verfassung? Der moderne (liberale) Verfassungsbegriff und seine systemtheoretische Rekonstruktion". *In*: CALLIESS, Gralf-Peter (Coord.). *Soziologische Jurisprudenz*: Festschrift für Gunther Teubner zum 65. Geburtstag. Berlim: De Gruyter, 2009.

______. "Rechtstheorie als Medientheorie (Supplement I) – Überlegungen zur Notwendigkeit der Verknüpfung von Sprachtheorie und Medientheorie". *Ancilla Iuris*, 2010.

______. "Rundfunk in der Informationsgesellschaft. Ein Bericht über neuere Entwicklungen des Rundfunkverfassungsrechts". *Der Staat*, 39, 1992.

______. "Subjektive Freiheitsrechte als Elemente von Selbstorganisations- und Selbstregulierungsprozessen in der liberalen Gesellschaft – dargestellt am Beispiel der Bedeutung der Intellectual Property Rights in der neuen Netzwerkökonomie". *In*: BERG, Wilfried (Coord.). *"Regulierte Selbstregulierung", Die Verwaltung, Beiheft aus Anlaß des 60. Geburtstags von Wolfgang Hoffmann-Riem*. Berlim: Duncker & Humblot, 2000.

______. "Zur Entwicklung einer 'Informationsordnung'". *In*: BADURA, Peter; DREIER, Horst (Coord.). *Festschrift 50 Jahre Bundesverfassungsgericht*. Tübingen: Mohr Siebeck, 2001.

______. "Zwischen Gewährleistungsstaat und Minimalstaat. Zu den veränderten Bedingungen der Bewältigung öffentlicher Aufgaben in der 'Informations- oder Wissensgesellschaft". *In*: HOFFMANN-RIEM, Wolfgang; SCHMIDT-ASSMANN, Eberhard (Coord.). *Verwaltungsrecht in der Informationsgesellschaft*. Baden-Baden: Nomos, 2000.

______. *Die Medien des Rechts*: Buchdruck. Weilerswist: Velbrück Wissenschaft, 2013.

______. *Die Medien des Rechts*: Schrift. Weilerswist: Velbrück, 2011.

______. *Die Medien des Rechts*: Sprache. Weilerswist: Velbrück, 2011.

______. *Rechtstheorie*: Ein Studienbuch. München: C. H. Beck, 2007.

______. "Die Bedeutung von Information und Kommunikation für die verwaltungsrechtliche Systembildung". *In*: HOFFMANN-RIEM, Wolfgang; SCHMIDT-ASSMANN, Eberhard; VOSSKUHLE, Andreas

(Coord.). *Grundlagen des Verwaltungsrechts*: Informationsordnung, Verwaltungsverfahren, Handlungsformen. vol. II. München: Verlag C. H. Beck, 2012.

VEYNE, Paul. *Foucault*: Der Philosoph als Samurai. Stuttgart: Reclam, 2009.

VISMANN, Cornelia. *Akten*: Medientechnik und Recht. Frankfurt am Main: Fischer, 2000.

_____. *Medien der Rechtsprechung*. Frankfurt am Main: Fischer, 2011.

VOGL, Joseph. *Das Gespenst des Kapitals*. Zürich: Diaphanes 2010.

VOSSKUHLE, Andreas. "Neue Verwaltungsrechtswissenschaft". *In*: HOFFMANN-RIEM, Wolfgang; SCHMIDT-ASSMANN, Eberhard; VOSSKUHLE, Andreas (Coord.). *Grundlagen des Verwaltungsrechts*: Methoden, Maßstäbe, Aufgaben, Organisation. 2ª ed. vol. I. München: C. H. Beck, 2012.

_____. "Beteiligung Privater an der Wahrnehmung öffentlicher Aufgaben und staatliche Verantwortung". *VVDStRL*, 62, 2003.

_____. "Das Konzept des rationalen Staates". *In*: SCHUPPERT, Gunnar Folke; VOSSKUHLE, Andreas (Coord.). *Governance von und durch Wissen*. Baden-Baden: Nomos, 2008.

_____. "Der Wandel von Verwaltungsrecht und Verwaltungsprozeßrecht in der Informationsgesellschaft". *In*: HOFFMANN-RIEM, Wolfgang; SCHMIDT-ASSMANN, Eberhard (Coord.). *Verwaltungsrecht in der Informationsgesellschaft*. Baden-Baden: Nomos, 2000.

_____. "Expertise und Verwaltung". *In*: TRUTE, Hans-Heinrich (Coord.). *Allgemeines Verwaltungsrecht – zur Tragfähigkeit eines Konzepts*. Tübingen: Mohr Siebeck, 2008.

_____. "Expertise und Verwaltung". *In*: TRUTE, Hans-Heinrich (Coord.). *Allgemeines Verwaltungsrecht – zur Tragfähigkeit eines Konzepts*. Tübingen: Mohr Siebeck, 2008.

_____. "Neue Verwaltungsrechtswissenschaft". *In*: HOFFMANN-RIEM, Wolfgang; SCHMIDT-ASSMANN, Eberhard; VOSSKUHLE, Andreas (Coord.). *Grundlagen des Verwaltungsrechts*: Methoden, Maßstäbe, Aufgaben, Organisation. 2ª ed. vol. I. München: C. H. Beck, 2012.

_____. "Personal". *In*: HOFFMANN-RIEM, Wolfgang; SCHMIDT-ASSMANN, Eberhard; VOSSKUHLE, Andreas (Coord.). *Grundlagen des Verwaltungsrechts*: Personal – Finanzen – Kontrolle – Sanktionen – Staatliche Einstandspflichten. vol. III. München: C. H. Beck, 2009.

_____. "Sachverständige Beratung des Staates". *In*: ISENSEE, Josef; KIRCHHOF, Paul (Coord.). *Handbuch des Staatsrechts der Bundesrepublik Deutschland*. 3ª ed. vol. III. Heidelberg: Müller, 2005.

WAGNER-KERN, Michael. "Der polizeiliche Zugriff auf Zeugen. Zur geplanten Erscheinens- und Aussagepflicht von Zeugen bei der Polizei". *RuP*, 2010.

WAHL, Rainer (Coord.). *Prävention und Vorsorge*: Von der Staatsaufgabe zu den verwaltungsrechtlichen Instrumenten. Berlim: Economica-Verlag, 1995.

WAHL, Rainer. *Herausforderungen und Antworten*: Das Öffentliche Recht der letzten fünf Jahrzehnte. Berlim: De Gruyter, 2005.

WAHL, Rainer; APPEL, Ivo. "Prävention und Vorsorge – Von der Staataufgabe zu den verwaltungsrechtlichen Instrumenten". *In*: WAHL, Rainer (Coord.). *Prävention und Vorsorge*: Von der Staatsaufgabe zur rechtlichen Ausgestaltung. Bonn, 1995.

WARNKE, Martin. "Digitale Archive". *In*: POMPE, Hedwig; SCHOLZ, Leander (Coord.). *Archivprozesse*: Die Kommunikation der Aufbewahrung. Köln: DuMont, 2002.

WEBER, Max. "Die drei reinen Typen der legitimen Herrschaft". *In*: _____. *Gesammelte Aufsätze zur Wissenschaftslehre*. Editado por Johannes Winckelmann. 6ª ed. Tübingen: Mohr, 1985.

_____. "Wissenschaft als Beruf". *In*: _____. *Gesammelte Aufsätze zur Wissenschaftslehre*. 6ª ed. Tübingen: J. C. B. Mohr, 1985.

_____. *Wirtschaft und Gesellschaft*: Grundriß der verstehenden Soziologie. (editado por Johannes Winckelmann). 5ª ed. Tübingen: Mohr, 1980.

WEGENER, Bernhard W. *Der geheime Staat – Arkantradition und Informationsfreiheitsrecht*. Göttingen: Morango, 2006.

WEHLING, Peter. *Im Schatten des Wissens. Perspektiven der Soziologie des Nichtwissens*. Konstanz: UVK Verlagsgesellschaft, 2006.

WEIMANN, Cathrin; EMMERMACHER, Corinna; KLEIN, Roland; MARBURGER, Peter. "Beobachtung möglicher Umweltauswirkungen durch gentechnisch veränderte Pflanzen: Monitoring als Frühwarnsystem zur Vermeidung von Umweltschäden?" *NuR*, 2010.

WEINGART, Peter. *Die Stunde der Wahrheit?* Zum Verhältnis der Wissenschaft zu Politik, Wirtschaft und Medien in der Wissensgesellschaft. Weilerswist: Velbrück Wissenschaft, 2001.

_____ *Die Wissenschaft der Öffentlichkeit*. 2ª ed. Weilerswist: Velbrück, 2006.

_____. *Wissenschaftssoziologie*. Bielefeld, 2004.

WEINGART, Peter; CARRIER, Martin; KROHN, Wolfgang. *Nachrichten aus der Wissensgesellschaft*: Analysen zur Veränderung der Wissenschaft. Weilerswist: Velbrück Wissenschaft, 2007.

WEISS, Wolfgang. *Der Europäische Verwaltungsverbund*: Grundfragen, Kennzeichen, Herausforderungen. Berlim: Duncker & Humblot, 2010.

WENGER, Etienne. *Communities of practice*: learning, meaning, and identity. Cambridge: Cambridge University Press, 1998.

WESSLING, Ewald. *Individuum und Information*: Die Erfassung von Information und Wissen in ökonomischen Handlungstheorien. Tübingen: Mohr, 1991.

WETTNER, Florian. *Die Amtshilfe im europäischen Verwaltungsrecht*. Tübingen: Mohr Siebeck, 2005.

WHITE, Harrison C. *Identity and Control*: How Social Formations Emerge. 2ª ed. Princeton: Princeton University Press, 2008.

WHITE, James Boyd. "'Law and Literature' – no manifesto". *In*: _____. *From Expectation to Experience*: Essays on Law and Legal Education. Ann Arbor: University of Michigan Press, 1999.

_____. "Talking About Religion in the Language of Law". *In*: _____. *From Expectation to Experience*: Essays on Law and Legal Education. Ann Arbor: University of Michigan Press, 1999.

WIDDER, Stefan; GALLERT, Jan. "Ad-hoc-Publizität infolge der Weitergabe von Insiderinformationen – Sinn und Unsinn von § 15 I 3 WpHG". *NZG*, 2006.

WIELSCH, Dan. "Die epistemische Analyse des Rechtp. Von der ökonomischen zur ökologischen Rationalität in der Rechtswissenschaft". *JuristenZeitung*, 2009.

_____. *Zugangsregeln*: Die Rechtsverfassung der Wissensteilung. Tübingen: Mohr Siebeck, 2008.

WILHOLT, Torsten. *Die Freiheit der Forschung*: Begründungen und Begrenzungen. Berlim: Suhrkamp, 2012.

WILKESMANN, Uwe; RASCHER, Ingolf. "Lässt sich Wissen durch Datenbanken managen? Motivationale und organisationale Voraussetzungen beim Einsatz elektronischer Datenbanken". *In*: EDELING, Thomas; JANN, Werner; WAGNER, Dieter (Coord.). *Wissensmanagement in Politik und Verwaltung*. Wiesbaden: VS Verlag, 2004.

WILKESMANN, Uwe; RASCHER, Ingolf. "Lässt sich Wissen durch Datenbanken managen? Motivationale und organisationale Voraussetzungen beim Einsatz elektronischer Datenbanken". *In*: EDELING, Thomas; JANN, Werner; WAGNER, Dieter (Coord.). *Wissensmanagement in Politik und Verwaltung*. Wiesbaden: VS Verlag, 2004.

WILLKE, Helmut. "Transparency after the Financial Crisis. Democracy, Transparency, and the Veil of Ignorance". *In*: JANSEN, Stephan A.; SCHRÖDER, Eckhard; STEHR, Nico (Coord.). *Transparenz*: Multidisziplinäre Durchsichten durch Phänomene und Theorien des Undurchsichtigen. Wiesbaden: VS Verlag, 2010.

_____. *Dystopia*: Studien zur Krisis des Wissens in der modernen Gesellschaft. Frankfurt am Main: Suhrkamp, 2002.

_____. *Einführung in das systemische Wissensmanagement*. 2ª ed. Heidelberg: Carl-Auer-Systeme Verlag, 2007.

_____. *Stand und Kritik der neueren Grundrechtstheorie*: Schritte zu einer normativen Systemtheorie. Berlim: Duncker & Humblot 1975.

_____. *Systemisches Wissensmanagement*. 2ª ed. Stuttgart, 2011.

_____. *Systemisches Wissensmanagement*. 2ª ed. Stuttgart: Lucius & Lucius, 2001.

WINDSCHEID, Bernhard. *Lehrbuch des Pandektenrechts*. vol. 1. 6ª ed. Frankfurt am Main: Rütten & Loening, 1887.

WISSMANN, Hinnerk. "Verbraucherschutz als Aufgabe staaticher Regulierung. Grundfragen der intradisziplinären Systembildung im Wirtschaftsrecht". *In*: HÖSCH, Ulrich (Coord.). *Zeit und Ungewissheit im Recht. Liber amicorum zum 70. Geburtstag von Wilfried Berg*. Stuttgart: Boorberg, 2011.

WITTGENSTEIN, Ludwig. "Philosophische Untersuchungen". *In*: _____. Schriften. vol. 1. Frankfurt am Main: Suhrkamp, 1963.

WOLF, Rainer. "'Herrschaft kraft Wissen' in der Risikogesellschaft". *Soziale Welt*, vol. 39, 1988.

_____. "Die Risiken des Risikorechts". *In*: BORA, Alfons (Coord.). *Rechtliches Risikomanagement*: Form, Funktion und Leistungsfähigkeit des Rechts in der Risikogesellschaft. Berlim: Duncker & Humblot, 1999.

A Editora Contracorrente se preocupa com todos os detalhes de suas obras! Aos curiosos, informamos que este livro foi impresso no mês de outubro de 2023, em papel Pólen Natural 80g.

WOLLENSCHLÄGER, Bernward. *Effektive staatliche Rückholoptionen bei gesellschaftlicher Schlechterfüllung*. Baden-Baden: Nomos, 2006.

WOLLENSCHLÄGER, Burkard. *Wissensgenerierung im Verfahren*. Tübingen: Mohr Siebeck, 2009.

WOLLENSCHLÄGER, Ferdinand. "Der Drittbezug prädiktiver Gendiagnostik im Spannungsfeld der Grundrechte auf Wissen, Nichtwissen und Geheimhaltung. Krankheitsveranlagungen im Familienverbund und das neue Gendiagnostikgesetz". *Archiv des öffentlichen Rechts*, 138, 2013.

WOLLENSCHLÄGER, Ferdinand. "Die Gewährleistung von Sicherheit im Spannungsfeld der nationalen, unionalen und EMRK-Grundrechtsordnungen. Überlegungen zu Grundrechtsregimekonkurrenzen und ihrer Bewältigung im Europäischen Mehrebenensystem". *In*: ILIOPOULOS-STRANGAS, Julia; DIGGELMANN, Oliver; BAUER, Hartmut (Coord.). *Rechtsstaat, Freiheit und Sicherheit in Europa*. Baden-Baden: Nomos, 2010.

______. "Staatliche Verbraucherinformation als neues Instrument des Verbraucherschutzes. Möglichkeiten und Grenzen der Informationsbefugnis nach dem Verbraucherinformationsgesetz am Beispiel der Pankower Ekelliste und das Problem staatlicher Marktinformation". *VerwArch*, 102, 2011.

______. *Verteilungsverfahren – Die staatliche Verteilung knapper Güter*: Verfassungs- und unionsrechtlicher Rahmen, Verfahren im Fachrecht, bereichsspezifische verwaltungsrechtliche Typen- und Systembildung. Tübingen: Mohr Siebeck, 2010.

WYDUCKEL, Dieter. "Archivgesetzgebung im Spannungsfeld von informationeller Selbstbestimmung und Forschungsfreiheit". *DVBl*, 1989.

ZEDELMAIER, Helmut. "Buch, Exzerpt, Zettelschrank, Zettelkasten". *In*: WARNKE, Martin. "Digitale Archive". *In*: POMPE, Hedwig; SCHOLZ, Leander (Coord.). *Archivprozesse*: Die Kommunikation der Aufbewahrung. Köln: DuMont, 2002.

ZEITZ, Dominik. "Der Begriff des 'Geschäfts' im Lichte des § 9 WpHG". *WM*, 2008.

ZIMMERMANN, Christian. *Der Gemeinsame Bundesausschuss*: Normsetzung durch Richtlinien sowie Integration neuer Untersuchungs- und Behandlungsmethoden in den Leistungskatalog der GKV. Heidelberg: Springer, 2012.